BIBLIOTHEQUE NATIONALE DE FRANCE – PARIS

Tout usage public de reproductions de documents conservés
A la Bibliothèque nationale de France est soumis à 'obtention
D'une autorisation préalable et à l'acquittement d'une redevance.

Ainsi chaque usage public des documents reproduits
sur ce disque compact doit faire l'objet d'une déclaration
à l'aide du formulaire disponible auprès du service reproduction.

MÉMOIRES

SUR

LA LIGUE DANS LE LAONNOIS

LAON. — IMPRIMERIE H. DE COQUET ET G. STENGER,
Rue Sérurier, 22.

Mᵉ Anthoine Richart natif
de Leuze pres Aubenton
Controlleur antien et alternatif
pour le Roy en lelection de
LAON

~ 1596 ~

MÉMOIRES

SUR

LA LIGUE DANS LE LAONNOIS

Par **Antoine RICHART**

PUBLIÉS

Par la Société Académique de Laon

Laon, 1869

A LAON,
Chez tous les Libraires et au Secrétariat de la Société.

A PARIS,
Chez Didron-Neveu, rue St-Dominique-St-Germain, 23.

INTRODUCTION.

En publiant les mémoires d'Antoine Richart sur les agitations politiques et les guerres civiles de la Ligue, la Société académique de Laon veut manifester, par un acte significatif, son intention de faire concourir à l'œuvre d'une histoire locale les travaux inédits de ses devanciers.

Antoine Richart est né à Leuze, près d'Aubenton, dans la première moitié du xvie siècle. Il habitait Laon, où il exerçait la charge de contrôleur à l'Élection, quand il a écrit son livre. C'est, avec les détails que nous révèle son testament, tout ce qu'on sait de sa vie. Mais si Béranger a pu dire :

> Mes chansons, c'est moi !

les mémoires de Richart peuvent au besoin lui servir de biographie.

En tête du manuscrit, figure du reste un bon portrait au crayon de couleur, qui représente l'auteur à la date de 1596. C'est alors un vieillard à la figure austère, au front large dessiné en cœur par une chevelure épaisse et blanche. La bouche voilée par la moustache est mélancoliquement railleuse ; le nez est grand et fort, les yeux petits et méditatifs.

Ce manuscrit appartient à la bibliothèque de la ville de Laon. Il contient 336 feuillets in-folio d'une bonne écriture tracée d'une main jeune encore, initiée aux habitudes graphiques du xvie siècle, mais familiarisée avec celles du xviie. Les dernières pages, qui relatent des événements de 1612, sont au surplus de la même écriture que les premières. Or, à cette époque, Richart ne vivait plus car l'insinuation de son testament, qui n'a pu être faite qu'après sa mort, est du 15 avril 1603. Ce manuscrit n'est donc point autographe comme on a pu le croire. Il n'est pas d'avantage, en totalité, l'œuvre d'Antoine Richart, comme l'a pensé M. Melleville.

Le même volume comprend en effet deux ouvrages différents. Le premier : *Les Mémoires de ce qui s'est passé en la ville de Laon depuis le commencement des dernières guerres civiles jusqu'à l'année 1596 ;* c'est l'œuvre de Richart. Le second intitulé : *Autres mémoires*, est une chronique, analogue à celles qui s'écrivaient dans les monastères, qui s'étend de 1342 à 1612, et dont l'auteur a pris le soin consciencieux de dire : *Je ne fais ici aucune mention de ce qui est advenu dans la ville de Laon depuis le mois de février 1589 jusqu'après le siège que le roi entra dedans qui fut le troisième jour d'aoust de l'année 1594, à raison que le tout est ci-devant rédigé par écrit aux mémoires de Me Antoine Richart.*

Les mémoires de Richart commencent de fait à la dissolution des Etats de Blois, en 1589, et finissent a l'assemblée des Notables, en 1596.

La journée des barricades avait vu triompher la ligue et chasser le roi de sa capitale. Le duc de Guise était maître de Paris et, si le souverain avait pour lui la royauté, système social entouré encore d'un grand prestige, alors même que le monarque traînait la pourpre dans la fange; s'il avait pour lui le Parlement qui se rattachait à ce système comme à la seule puissance politique légitime, la Ligue avait pour elle le flot des mécontents toujours nombreux et agités, les ambitieux, le clergé, et les huguenots dont le chef, Henri de Navarre, était aussi habile politique que grand capitaine.

Dans cette situation, le roi avait déclaré déchu de ses droits au trône tout prince non catholique, nommé le duc de Guise lieutenant-général du royaume et convoqué les Etats à Blois.

Or, les Etats n'étant composés que de ligueurs, Henri III y vit son autorité réduite à la présidence d'une assemblée ennemie et sentit que sa popularité monarchique, seul pouvoir qui lui restait, serait définitivement perdue si les Etats ne la fortifiaient énergiquement.

Dans cette position, il fit assassiner le duc et le cardinal de Guise et s'applaudit de cette solution en disant : *Morte la bête, mort le venin,* comme si le crime pouvait servir le parti qu'il déshonore.

A la nouvelle de cet événement, la fureur éclata dans Paris ; la Sorbonne déclara le peuple français délié du serment de fidélité. Le pape excommunia Henri III, l'assemblée de Blois fut dissoute, les députés regagnèrent leurs provinces, et c'est au retour de ceux du Laonnois, Geoffroy de Billy, abbé de Saint-Vincent, Adrien Defer, président, et Claude Legras, conseiller au siége présidial, que commence le récit d'Antoine Richart.

Bientôt la ligue triomphe à Laon, les principaux royalistes sont jetés en prison et l'agitation devint extrême, car *il suffit,* dit Richart, *pour agiter le peuple d'un séditieux qui parle et qui crie,* et il ajoute dans son langage pittoresque : *Le peuple est comme une mer qui ne se remue jamais sans vent et un vaisseau qui se laisse manier au premier qui met la main au timon.*

Emprisonné lui-même comme suspect, Richart fut presqu'aussitôt relaxé, en faveur sans doute de ses habitudes et de son extérieur pacifiques, mais le diable, comme on dit vulgairement, n'y perdait rien, car on sent quelquefois le sang lui monter à la tête, et alors son style s'échauffe, s'anime, et sa prose imagée ne suffisant même plus à peindre ses pensées, il parle la langue des Dieux.

La Ligue, dit-il :

« La Ligue a du surplus les deux piedz griffonnez,
« Pour aller et venir vers les plus obstinez ;
« Elle a le cueur d'assier, le corps d'une diablesse,
« La langue de sorcière et l'habit d'une abbesse.

L'homme, dans ces moments, devient presqu'aussi curieux que son livre.

Les mémoires de Richart, dit M. Devisme, dans son histoire de Laon, « sont d'un excellent citoyen. Sa haine pour

« les excès des ligueurs a de la franchise et ne dégénère ja-
« mais en esprit de parti. Il rend les faits avec netteté : il
« parle des hommes sans passion. Tout ce qu'il peint atta-
« che parce qu'on sent que la vérité conduit ses pinceaux. »

Nous reconnaîtrons volontiers que Richart était un homme convaincu, honnête, modéré, consciencieux, mais, dans toutes ses pages, nous trouvons l'homme de parti. On s'attache à ses récits parce qu'on sent qu'ils sont vrais sans doute, mais aussi parce qu'il les anime de ses vives impressions, parce qu'il peint comme il sent, et qu'il sent comme tous les hommes qui se sont passionnés à une idée qu'ils croyaient la seule bonne.

L'histoire n'est pas seulement, du reste, un récit fidèle des événements. Elle en juge les effets et les causes. Elle n'est n'ont plus ni un calque, ni une reproduction géométrique, mais une peinture suivant l'expression de M. Devisme et chaque peintre a sa couleur. Et ceci nous rappelle avoir vu, au musée du Louvre, derrière trois futurs artistes appliqués à la copie du même tableau le public qui souriait en passant, après avoir jeté un rapide coup-d'œil sur leur œuvre, parce que l'horizon qui s'empourprait dans une des toiles, prenait dans les deux autres des tons roses ou azurés. Les trois copistes reproduisaient fidèlement l'original, mais l'œil ne voyant pas de la même manière, la couleur n'était pas la même.

Prenons donc Richart tel qu'il est, et certes sa mémoire, pas plus que son livre, n'aura à souffrir des libres jugements du public.

Richart était royaliste comme on l'était de son temps. Pour lui, le roi c'était la nation ; la patrie qu'on aime comme une mère à qui on pardonne quand elle est injuste, qu'on relève et qu'on réhabilite quand elle est coupable, qu'on défend toujours de tout son cœur et de toutes ses forces.

Placé à ce point de vue, on ne s'étonnera pas de le voir s'attaquer avec amertume aux Jésuites parce que le vœu d'obéissance exclusive de leur ordre au pape, avait pour conséquence de *le reconnoistre souverain en terre*. On ne s'étonnera pas davantage de l'entendre accuser les papes d'ingratitude envers les rois de France, à cause de la suprématie temporelle qu'ils ont voulu exercer sur ceux-ci. Quand il va plus loin, quand il écrit qu'on voit les papes en faveur des biens de la terre, *laisser petit à petit la mémoire du salut des âmes et des commandements de Dieu*, il se fait simplement l'éditeur responsable de l'historien de Florence, Guichardini, dont il emprunte un discours tout entier.

Richart, nous l'avons dit, n'est donc point un simple chroniqueur. A mesure que s'accomplissent les événements, il juge les hommes et les choses, et s'il est sans cesse ramené par son sujet au récit des faits locaux, son esprit embrasse le rayonnement des causes générales, et son œuvre, à ce point de vue, participe du philosophe et de l'historien.

Mais cette appréciation, hâtons-nous de le dire, ne s'applique qu'à la partie de son livre qui est antérieure à 1590. Plus tard, soit qu'il ait cessé d'écrire au contact des événements, ce qui est probable ; soit que la prison l'ait rendu circonspect ; soit que les antécédents religieux de Henri IV aient arrêté les expansions de son royalisme, soit que la carte à payer par les peuples après le triomphe du monarque légitime eût refroidi son enthousiasme, Richart descend insensiblement au rôle de simple chroniqueur. Ses jugements alors se localisent comme ses récits, et son style perd son abondance et ses images.

Le style de Richart est bien, du reste, un peu rocailleux, mais les apologues, empruntés à l'antiquité, qui s'en détachent comme du milieu des broussailles, indiquent de l'érudition et une certaine finesse d'esprit. — A toutes les époques d'agitations civiles et de brusques revirements politiques, on trouve des hommes qui inclinent successivement vers tous les partis et crient tour à tour:

Vive le roi, vive la Ligue !

en murmurant tout bas:

On ne sait pas ce qui peut arriver !

Ces types de prudence ne manquaient point à Laon.

Richart signale notamment dans cette catégorie un personnage fort curieux, devenu historique, Jean Bodin, auteur de la *Démonomanie* qui semble l'œuvre d'un fou, et *De la République,* livre qu'on a exalté jusqu'à le comparer à l'*Esprit des Lois* de Montesquieu (1). Il conte enfin au sujet

---

(1) Jean Bodin, député aux Etats de Blois par le Tiers-Etat du Vermandois, exerçait à Laon la charge de procureur du Roi, et y mourut de la peste en 1596. Indépendamment des deux ouvrages que nous avons cités on a de lui une *Méthode pour étudier l'histoire* ; le *Théâtre de la Nature, Universæ naturæ theatrum,* imprimés en 1566 et 1596, et le *Colloquium heptaplœneron,* ou dialogue entre les diverses religions, qui est resté manuscrit.

de la versatilité politique un apologue qui paraît être de son invention et qui, dans tous les cas, est assez court et assez piquant pour être rapporté ici.

Une bonne vieille femme, après avoir fait dévotement sa prière devant un tableau représentant Saint-Michel, alla placer deux petits cierges allumés l'un devant l'image du saint, l'autre devant la figure du démon terrassé. Témoin de cette action et scandalisé, un prêtre s'approcha de la vieille et lui en fit remarquer l'inconvenance, mais celle-ci répondit : « Que voulez-vous ? chacun pense à soi. Ne sachant où j'irai quand je serai morte, je veux, de mon vivant, me mettre bien avec tout le monde. »

Marié trois fois, Richart est mort sans enfant. Le nom de sa première femme ne nous est pas connu, mais on sait que la seconde était veuve avec quatre enfants de Thomas Moussette quand il l'épousa, et que la troisième, Périne Galland, lui a survécu.

Il habitait la paroisse St-Jean lorsque, le 10 avril 1602, il rédigea ses dispositions de dernières volontés, et ce fut, conformément à son désir qu'il fut inhumé dans l'église Saint-Pierre qu'il dit être son patron, ce qui indiquerait qu'il se nommait Pierre-Antoine.

Après une longue série de legs pieux, Richart prit soin dans son testament de régler le cérémonial de ses funérailles ; il rédigea lui-même son épitaphe, légua ses biens patrimoniaux de Leuze à ses héritiers naturels et institua pour légataires universels conjointement Charles Demange, lieutenant particulier au bailliage de Vermandois près le siége présidial de Laon, et Claude Leclerq, femme de ce dernier.

Les armoiries d'Antoine Richart, qu'il a oublié de décrire, furent placées à ses obsèques au milieu de douze torches ardentes. Quant à son épitaphe, elle fut gravée en ces termes sur une dalle tumulaire :

<blockquote>
Cy gist honneste homme Me Antoine Richart, natif de Leuze près Aubenton en son vivant contrôleur ancien et alternatif pour le roy en l'eslection de Laon, qui trespassa le jour de . . . . . .Priez Dieu pour son âme.
</blockquote>

On connaît plusieurs exemplaires des mémoires d'Antoine Richart. Ayant eu à notre disposition celui qui appartient à la bibliothèque de la ville de Rouen, nous donnons ci-après à ce sujet une note qui sera suivie du testament de l'auteur.

Et maintenant que, pour satisfaire à la mission que la Société académique de Laon a bien voulu nous confier, nous avons ouvert au public le livre de Richart, nous dirons à tous, lisez vous-mêmes et jugez.

Le secrétaire général,
DÉY.

Laon, le 16 mai 1868.

NOTE

SUR LE MANUSCRIT DE ROUEN.

Il existe à la bibliothèque de la ville de Rouen un second exemplaire des mémoires de Richart, relié en deux volumes petit in-folio, sous le titre ANTIQU. DE LAON. Ce manuscrit, qui provient de la collection DE MONTBRET, n'est pas non plus autographe. Il comprend l'œuvre de Richart dans son entier, mais non les *autres mémoires* qui terminent le manuscrit de Laon.

En revanche, le manuscrit de la bibliothèque de Rouen contient quelques accessoires de plus.

1° Au verso du feuillet qui porte le titre, se trouve ce sonnet qui ne vaut pas un long poëme, mais qui est du temps et du cru.

SONNET
SUR LE SUBJET DES MÉMOIRES
de Me Anthoine Richart
par M^o Mathieu Aguet conseiller
au siege présidial de Laon,

—

AU PEUPLE
DE LAON.

Saige est celluy qui scait en ung temps perilleux
Destourner le malheur qui luy pend sur la teste
Mais celluy qui daultruy voiant le mal sarreste
Pour craindre dy tomber je le tiens bien heureux.

> Tu vois (peuple de Laon) en ces mémoires affreux
> Comme dans ung tableau la terrible tempeste
> Des bigarrees humeurs quune ligue funeste
> A cidevant faict naistre aux cœurs de tes ayeux
>
> Jectez souvent les yeulx dessus ceste peinture
> Qui represente au vray linsigne forfaicture
> De tes peres qui ont mis la ville en desarroy
>
> Si tes peres ont failly du moings que leur dommaige
> Tapprenne desormais durant un tel orraige
> A ne quicter jamais le party de ton Roy.

2º Sous le portrait de l'auteur et dans le même encadrement, un second avis au lecteur, également versifié, est ainsi conçu :

> *Sur le pourtraict de Mº Anthoine Richart*
>
> AU LECTEUR
>
> Tu veoy au vif le controlleur Richart
> Lis ses escriptz et peze sa parolle
> Si tu doubte enquier toy de toute part
> Et tu verras quil est sans contre-rolle

3º Un troisième avis enfin se remarque au verso du portrait. Il est en ces termes :

> *Aux lecteurs sur le stil de lautheur.*
>
> Savez vous pourquoy Richart
> Qui soulloit assez bien dire
> Sest ainsy mesle descripre
> Sans eloquence et sans part
> Expres il a rejecté
> Les traictz de lart oratoire
> Recongnoissant que l'histoire
> Nayme que la vérité

4º Le manuscrit de Rouen se termine par l'ampliation de deux patentes du 2 juillet 1569 portant rétablissement par Charles IX de l'office de la prévôté de Laon qui avait été supprimé et instituant l'une pour prévôt Charles Martin, royaliste zélé, qui joue un rôle assez important dans les mémoires de Richart, et l'autre pour lieutenant de cette prévôté Jean Martin, de la même ville.

Ces deux pièces, reliées avec les feuilles du manuscrit, semblent indiquer que cet exemplaire des mémoires de Richart a appartenu à la famille Martin.

D.

TESTAMENT D'ANTOINE RICHART.

Je Anthoine Richart, controlleur antien et alternatif pour le roy sur le faict des aydes et tailles en la ville et eslection de Laon, y demeurant, estant en bon sens et entendement comme jay toujours dict et déclaré estre la vérité excepté toutefois que j'ay ung mal d'estomac avec une courte haleine qui me tourmente des il y a ung an ou environ, qui m'a incité de faire et rédiger par escript ce présent mon testament et ordonnance de dernière volunté, que j'ay fait et escript de ma propre main, sans conseil ni induction de personne en la forme et manière qui ensuit.

Premièrement je rend mon âme à Dieu moy mort et expiré, je prie estre ensevely honnestement et mis en sépulture en l'église Monsieur saint Pierre mon patron à laquelle je donne pour y estre enterré dans icelle, deux escus prians les paroissiens dire chacun Pater noster et Ave Maria.

Item le jour de mon enterrement, je veulx et ordonne qu'il soyt chanté et célébré douze messes cest ascavoir quatre haultes et huit basses, avecq Vigilles et recommandasses et les....... acoustumés avecq le De profundis sur ma tombe.

Et aultant le jour de mon service et bout de lan, qui se diront en ensuivant l'une l'autre et tousjours après mon dit trespas.

Et au bout de l'an jour et date de mon trépas je veulx et ordonne qu'il soit chanté et célébré aultant de messes que le jour de mon enterrement.

Et par chacun jour tant de mon service que bout de l'an, je donne et veult quil soyt donné et distribué aux pauvres à chacun des dits jours deux asnées de bled et mestail cuit en pain.

Item je donne et veulx quil soyt délivré et distribué a treize pauvres vefves du village de Leuze, lieu de ma nativité, qui se trouveront estre pauvres et necessiteuses, par l'advis de l'executeur de mon présent testament, sera donné à chacune dicelles vefves ung quartel de bled s'il se trouve en nature, sinon à la première despouille, et ce jusques à treize seulement.

Et aultant à autres treize pauvres veuve de la paroisse Saint-Jehan, duquel je suis paroissien.

Item je veulx et ordonne qu'il soit baillé et délivré aux églises de Leuxe et

Lappion, à chacune nng escu, quy sera délivré par le curé à son prosne et prye les paroissiens dire chacun Pater noster et Ave Maria.

Item le jour de mon enterrement ou service sera fet six moyens cierges et douze torches auxquels je veulx et ordonne mon armoirie y estre attaché avecq les autres petits luminaires acoustumés.

Item je donne veulx et ordonne qu'il soit baillé et délivré à l'église de Nisy-le-Conte, Saint-Quentin-le-Petit, La Selve et Bussy-les-Pierrepont, à chacune vingt sols et prie estre recommandé aux paroissiens de chacun uu Pater noster et Ave Maria.

Comme en pareil je donne et veulx qu'il soit délivré à l'église de Dizy, Boncourt et Sissonne chacune quinze sols, priant les paroissiens dire chacun Pater noster et Ave Maria.

Item je donne et veulx qu'il soit délivré à ceulx qui porteront mon corps à la sépulture la somme de cinquante sols.

Item je veult et ordonne qu'il me soit faict ung luzeau de planche dedans lequel sera mis mon corps pour y estre consommé dedans la terre.

Item je prie veult et ordonne qu'il soit mis une tumbe de pierre sur moy escripte par ces mots : cy gist honneste homme Me Antoine Richart, natif de Leuze près Aubenton, en son vivant controlleur ancien et alternatif pour le roy en l'eslection de Laon qui trespassa le   jour de   priez Dieu pour son âme.

Item je veulx et ordonne qu'il soit chanté et célébré à l'église de Leuze ung obit tous les ans et pour tousjours asscavoir une messe haulte vigilles et recommandasses tous les ans, le jour de mon trespas sy faire se peult, et pour ce faire, je donne et veulx qu'il soit baillé et délivré au curé dudit Leuze dix sols au clercq cinq sols et pris ung cierge le jour de notre obit sera donné à ladite église cinq sols qui est en tout vingt solz.

Item je veulx et ordonne que les obitz de mes père et mère soyent chantez et continuez et entretenus tous les ans et pour tousjours comme à présent, pourquoy faire j'ay obligé affecté et ypothecqué ma maison grange court estable jardin et lieu contenant six jallois ou environ seant à Leuze, tenant des deux lisières en rue, dun petit bout aux hoirs de Monsieur de Sarpes d'autre aux hoirs Andrien Raulin, à moy appartenant de ma naissance, pourquoy je veulx et ordonne que ce présent testament pour seureté de ce que dessus, soit enregistré au registre de la justice de Leuze du moings ce present article en ce dit testament je veulx qu'il soit accomply pourquoy faire jay lié et obligé tout ce que dessus.

Item et quant aux huit cens livres que j'estois tenu bailler aux quatre enfans de Thomas Moussette fils de ma seconde femme, qui estoit à chacun deux cens livres lorsque lun et chacun deulx prendroit estat de mariage, et pour le surplus j'en ay baillé mon obligation. J'ay payé a Antoine Moussette le plus ancien desdits quatre enfants la somme de 200 livres qui est sa part.

Item j'ay aussi payé à Martin Chemin mari et bail de Geneviefve Moussette fille de Thomas Moussette auquel jay payé les autres 200 livres qui estoit sa part.

Et quant à Toussaint et Nicolas Moussette les deux derniers enfans je leur doibs à chacun deux 100 livres sauf à leur déduire et rabatre chacun dix escus 2 s. 9 d. que jay payés pour eulx à deffunt Thomas Moussette leur père, pour le retirer hors des prisons de la Cappelle ou il estoit detenu prisonnier par les Espagnols, comme du tout appert par sa quittance, dont je veulx qu'ils soient entièrement payés du reste sans forme de procès qui est à Nicolas Moussette le plus jeune 200 livres sur quoy il fault rabatre dix escus 2 s. 9 d. que son feu pere a receu comme dit est.

Et à Toussaint Moussette luy est deub les 200 livres, sauf à déduire dix escus deux sols 9 d. que son pere a receu comme les aultres et ly me doibt neuf escus que je lui ay presté. Jen ay sa cedulle.

Item et quant au mariage accordé entre moy et Perinne Galland à present ma femme, je veulx quil ay lieu et prendra son douaire sur mes plus clairs biens.

Item et que aux villaiges de Leuze, lieu de ma naissance, et sépulture de mes deffunts père et mere freres et sœur, je donne veulx et ordonne que le plus tost que faire se pourra sera chanté ung service solennel tant pour moy que pour mes amys trespassés, ou quil sera employé jusques à la somme de 20 l. laquelle somme je donne et sera prise sur Guillaume Cherpin mon censier audit Leuze, sur ce quil me doibt ou debvra sauf a luy de s'en remplacer sur les debtes à moy deues par le village de Leuze et demoiselle Cherpin. Je veulx et ordonne quil soit baillé à tous les pauvres qui assisteront au service chacun ung sol et pour une foys seulement.

Item et d'aultant que j'ay entendu et recougneu n'avoir plus de mon costé paternel que quatre ou cinq cousins ou cousines germains, et du costé maternel deux ou trois cousins ou cousines ysus de germains auxquels j'ay donné donne et délaisse veult et ordonne quils en jouissent entierement de toute ma terre de Leuze et autres villages circonvoisins à moy appartenant et a moy venu et exheu tant de mes deffunts pere et mère que d'acquisitions par moi faites, et consistant en une maison grange estables court jardin et lieu, la dite maison assise a Leuze sur ung grand jardin contenant six jallois quinze verges environ avecq la quantité de huit muids de terre ou environ tant en terre qu'en prez lesquelles terres je veult et ordonne que mes dicts cousins et cousines tant du costé paternel que maternel ayent entierement toute ma dite terre sans autres charges, sinon les rentes anciennes et aussy sans estre tenus de payer aucune debtes sinon les obitz de mes deffuntz père et mère et le mien tous les ans avecq ung pot de vin et un plat de corneaux aussy tous les ans le jeudy absolut pour lame ou aultres que mon deffunt père a ordonné lui mesme de son vivant. La dite terre a moy venue et exheue par le decez de mes deffuntz père et mère y compris 33 jallois et demi de terre acquis par moy et Périnne Galland ma femme je la prie me quitter sa part pour donner à mes dits cousins ce quelle a faut, cela sera et aussi de les rendre esgaulx en leurs partages.

Item j'ay donné veult et ordonne quil soit baillé delivré comptant a N. Scellier mon serviteur qui m'a esté loué pour récompenser du bon service qu'il m'a fait, la somme de 12 escus sols pour lui aider à aprendre ung mestier ou aultrement à la charge qu'il servira sa maitresse jusques au jour Saint-Martin diver.

Item fault notter que je doibz à Simon Hubert bourgeois de Laon la somme de six vingtz escus à l'acquit et descharge de Antoine de Rumigny et Claudine Moussette sa femme quil lui ont vendu par transport moyennant dix escus de rente au jour de Saint-Martin de laquelle je me suis chargé d'acquitter. Il n'y a point d'arrérage mais je veulx et ordonne quil soit payé et remboursé des deniers par moi delaissez provenant de la résignation de mon estat et office de controlleur et ce sera quant bon semblera à lexécuteur de mon présent testament.

Item et quant à tous et chacun mes autres biens tant meubles quimmeubles de quelque nature et qualité quils soient, que mes acquestz conquestz et immeubles je les donne legue et delaisse par ce présent mon testament et donation de dernière volonté, et ce après mon trespas à Monsieur le lieutenant Demange, lieutenant particulier au bailliage de Vermandois, demeurant en ceste ville de Laon et a damoiselle Claude Leclercq sa femme, voulant et entendant que au dernier survivant d'eulx deux soit et appartienne tous les dits biens et telle jay declairé et declare estre ma volunté pourvu que les donations puissent valloir conjoinctement faites a eulx deux, sinon je donne legue et delaisse tous mes dits biens tant meubles, acquestz, conquestz et immeubles au sr Demange seulement et ce en considération de la bonne amitié et bon office qui jay eu et receu et prétend encore avoir à l'advenir du dit sr Demange et de sa dite femme s'il plaist à Dieu que revienne en convalescence de santé, à la charge toutefois que le dit sr Demange et sa femme seront tenus et ont promis d'acquitter toutes et chacune mes dettes que je peult debvoir à qui et pour quelque cause que ce soit, ensemble d'acquitter tout le contenu en ce présent mon testament, et lequel testament me confiant à la bonne preudhommie que que jai tousjours eu et ai encore de la personne du dit s' Demange et de sa femme je l'ay prié et requis de prendre la charge de mettre ce présent mon testament à execution selon sa forme et teneur, m'asseurant que je n'ay parens et amis pour mieux s'acquitter de ceste charge que luy, lequel present testament j'ay escript et signé de ma main fait à Laon le 10e jour d'apvril 1602. Signé A. Richart.

Ce jourd'hui 6e du mois de septembre 1602, nous nottaires royaulx au bailliage de Vermandois demeurant à Laon soubsignés suivant le mandement faict de noz personnes par Me Anthoine Richart, controleur en l'eslection de Laon sommes transportez en lhostel du dit Richart ou nous l'avons trouvé en bon sens et entendement, comme il nous est apparu par l'inspection de sa personne qui nous a dict et déclaré que dès le 10e jour du mois d'apvril dernier passé il auroit fait minutté et rassis son testament et ordonnance de dernière volonté qu'il avoit escript et signé de sa propre main, lequel testament escript cidessus en quatre feuillets de papier et la demi page dessus escripte il nous a monstré et exhibé, nous déclarant que sa volonté estoit quil fut executé de point en point, en la sorte qu'il estoit et entendoit, et n'avoit volonté d'en faire autre, révocquant tous autres testaments et codiciles quil pourroit avoir faict; nous a aussy le dict Richart dit et déclaré que son intention estoit que l'original de son dit testament demeurat en ses papiers tant quil plairoit à Dieu le laisser vivre, mais que après sa mort il vouloit aussi tost qu'il fut mis ès mains de l'executeur de son dit testament et non en main d'aucune autre personne et le prioit son executeur qui a dit estre la personne de noble homme Charles Demange lieutenant particulier au bailliage de Vermandois et siége présidial de Laon de soy saisir dicelui testament et de ses biens et veult qu'il s'en saisisse de sa propre authorité sans autre forme pour remettre le dit testament es mains de nous notaires affin den délivrer coppie et extrait à qui il appartiendra lequel susdit testament avec la présente déclaration a esté par l'un de nous notaires presents leu et relu intelligiblement mot à mot au dit sieur Richart qui a dit de rechef estre sa volonté et entend quil soit du tout accomply. Ce fait est comparue damoiselle Periune Galland femme du s' Richart et de lui authorisee laquelle a déclaré que pour le désir quelle a de satisfaire à la volonté de son dit mari portée par le susdit testament quelle pretend ores ny a ladvenir aucune chose aux 18 jallois de terre assises au terroir de Leuze par lui légués en son testament consentant et en tant que a elle touche que le dit testament leu sorte son plain et entier effet dont dhuy le s' Richart nous a requis acte que luy avons accordé ce present et en ceste forme pour sen aider et servir en temps et lieu que de raison les jour et an que dessus et ont signé et en oultre le dit s' Richart a dict encore qu'il veult et entend que tous et chacun ses biens soient mis es mains dudit executeur de son testament jusqua lentier accomplissement d'icelui signé A. Richart avec la marq. de la damoiselle Perine Galland et plus bas signé Delabre et Deherissart notaires royaulx en ce bailliage.

Insinué et registré ce réquerant noble homme M° Charles Demange lieutenant particulier au bailliage de Vermandois et siége présidial de Laon le dit testament par le dit sus nommé pour lui servir et valloir en temps et lieu ce que de raison comme il a requis acte a lui octroyé le 15° jour d'apvril 1603.

(Extrait du registre des insinuations du bailliage de Vermandois, liasse 116, série C des archives du greffe du tribunal civil de Laon).

LES
MEMOIRES

De ce qui sest passé en la ville de Laon depuis le commencement des dernieres guerres civilles jusques a lannée M V^c IIII^{xx} XVI

Par M⁰ Anthoine RICHART

Controlleur en lElection de Laon.

CICERON

LHistoire est le tesmoing des temps
La lumiere de verité
La vie de la memoire
La maistresse de la vie
       et
La messagere de lancienneté.

VIVÈS

Le temps consomme toutes choses
Et esclarsit les choses faulses
Et faict que les vraies sont congnues.

F. B.

Mestant (amy lecteur) tumbé fortuitement en main ung gros cahier de pappier contenant les mémoires de ce qui sest passé en ceste ville de Laon depuis le commencement des guerres civiles que la Ligue y a este establie allencontre du Roy et de ses serviteurs jusques a lannee M V^c IIII^{xx} xvi, jay recongneu par la lecture et consideration que jen ay faicte, que Me Anthoine Richart controlleur en lelection de Laon (autheur diceulx comme prodigue de sa plume et de ses peines) a travaillé avec verité a rediger par escript ce qui sestoit passé en ladicte ville, comme chacun poura juger sans passion : Aussi faict il protestation par ses escriptz qu'il aymoit mieulx offenser avec verité que delecter avec mensonges, en appellant a tesmoignaige la veritable fidelité des gens de bien de notre ville qui estoient dedans en ce temps tenebreux : Il na voullu (ce dict il) se servir des oiz dire quil estime comme fumée en laer et les a rejectez, mais bien des vraiz memoires et instructions a luy baillez par gens dhonneur et de foy qui sestoient trouvez aux affaires, aussy que en la plus saine partie il estoit tesmoing oculaire. Or jay jugé estre raisonnable (pour proffiter au publicq) de vous en faire part, non pour nous entretenir en haine reciproque, mais pour deux bonnes raisons : l'une, afin que le tout ne demeure enseveli comme ont esté ceulx des guerres passez pour le faict de la relligion en ce pais, signamment de l'année M V^c LXVII pour la prise de Soissons, Coucy, Chaulny, Bruieres, Vailly, Feismes, Aulnoy, et aultres places detenuz par les protestans françois : Et des exploictz et faictz d'armes qui se sont faicts en ce temps la pour leur resister par les catholicques jusques au mois de mars de lannee M V^c LXVIII qui méritoient bien destre congneuz, et qui ont mancqué destre inserré au gros volume de lhistoire de ce temps la pour navoir faict aucuns memoires comme on a faict aux aultres provinces

de France, qui nont esté parresseux de mectre la main a la plume pour servir de perpetuelle memoire a la posterité. Ce n'est pas que ceste ville de Laon ait mancqué de bons esprictz, mais il peult estre que lon sattendoit lun a laultre, les grandz personnaiges de scavoir ne se voullant employer a telle affaire estimant nestre chose digne de leur merite, le delaissant a moindre qu'eulx a y satisfaire, ce que nous voyons souvent par ung rebours de nature, qui peult, ne veult, et qui veult, ne peust, nestans guerres souvent ensemble voulloir et pouvoir, demeurant par ce moyen les ungs a garder leur scavoir pour eulx mesmes sans en rien mectre en evidence : ressemblans aux gentilzhommes cazaniers qui gardent leurs harnois fourby et poly pour parer leurs maisons sans en tirer ni faire service. Daultres y en a si asnes et ygnorans qui ne font profession que de calomnier ce qui surpasse la capacité de leurs grandes oreilles, en ceulx cy quant il y a moings de merite tant y a plus de présumption arrogance et envie : Et telles manieres de gens ne peuvent endurer que les aultres se mectent a louables entreprises : disans que l'on ne doibt escripre le souvenir et consideration de noz miseres passees, mais plus tost le suprimer, daultant que ce nest quung raffrechissement de noz vieilles plaies qui ne sont encorres du tout consolidees et qui feroit plus tost enfanter nouvelles factions et plus dangereuses que les premieres, comme nous allons tousjours de mal en pis ; Ausquelz je respond que de toute memoire et de temps en temps les choses memorables se sont redigez par escript pour sen servir scelon les occurrences : Les Rois et princes y ont tousjours tenu la main, soit pour sen servir contre la malice du temps au remede, soit pour le chastiment du mauvais ou recompense des bons ou aultrement, dont il s'en trouve infiniz exemples tant sainctes que profanes. L'aultre raison est pour donner congnoisssance a noz successeurs des estranges accidens et toutes sortes de calamnitez qu'avons souffertz pour sestre par les principaulx de la ville divisez par haines particullieres comme ilz estoient au commencement de ses troubles ; aussi de sestre laissé imprudement et legerement couller aux desseings des seducteurs comme nous avons faict, ce qui nous a produict aussi tost une pernicieuse guerre civille et intestine avec ung grand desordre
toutes bonnes choses en changeant la vertu au vice, enfin une

ruyne de la ville et de la province, et la mort de la pluspart des bons habitans par la rigueur des trois fleaux que justement Dieu nous a faict sentir en lannee M V^{c} IIII^{xx} quinze; Afin que noz successeurs soient plus saiges promptz et dilligens que nous a repousser les subtilz allechemens et artifices des impies et meschans, dabhorrer leurs vices et mauvaises inclinations, courir aux remedes de telz accidens sil leur en survient, ne prester jamais consentement a chose qui puisse prejudicier au service du Roy; que ce faisant ilz puissent heureusement paisiblement et en plus grand repos que nous passer leurs aages en ce siecle en louant et magnifiant la bonté de notre Dieu auquel soit honneur et gloire a tousjours.

Redime me a calumniis hominum.

Le bruict commun des sa naissance et quant il **Janvier M Ve IIII^x IX.** vient premierement a sortir en evidence est ordinairement accompagné de tant de mensonges qu'en son accroissement elles multiplient, de sorte qu'avant estre espandu jusques aux lieux ou il prent fin se trouve tant perverty desguisé et corrompu qu'il n'a plus rien de conforme a la verité. Et ce advient premierement pour deux occasions, l'une pour estre mal affecté à la cause, l'aultre pour ce faire sçavant des choses que lon na veu, dont la première induict à enrichir le compte de ce qui sert a la cause exposée et taire et desguiser ce qui est au contraire ; la seconde faict rapporter tout ce qu'on imagine de vray semblable pour tres certain et veritable par ung desir de satisfaire a la curiosité de ceulx qui sen enquierent. Or les choses ou les hommes se monstrent plus curieux et se rendent plus affectez sont celles dune mutation et changement destat ou de relligion qui en rend la verité sy peu congneue qu'a grand peine se peult elle scavoir que bien obscurcie et masquee de quelque fiction mensongere. Ce qu'ayant considéré, moy Anthoine Richart ay entrepris de garantir aulcuns sur lesquelz on a voullu jecter la cause dune emolution populaire advenue en ceste ville de Laon le soir du jeudy seiziesme jour de febvrier mil v^e quatre vingtz et neuf, sur laquelle plusieurs mutins seditieux et perturbateurs du repos publicq appelans nouveaultez se veullent excuser davoir pris ouvertement les armes le lendemain de ce jour, jectans la faulte sur les serviteurs du Roy. Ad ce que tel evenement bien entendu au vray retourne à la confuzion et lieux de la part que lon jugera avoir le tort, pour ce que de la provient la

Pourquoy la verité est incongneue par ung bruict commun.

Se stoit le lendemain du jour des cendres.

— 8 —

Janvier 1589. source de la ruyne de notre pauvre ville de Laon et du plat pais, si que a ceste occasion les habitants ont souffertz grandz maulx et incomoditez pour la guerre civille et linimitié qui sy est longtemps entretenue, comme jespere deduire cy apres, promectant de memployer du tout a dire verité et de ne reciter que les choses dont en la plus grande partie je suis tesmoing occulaire; et en laultre je me suis estudié den scavoir le vray par hommes d'honneurs et de bonnes reputations que jay curieusement enquis et qui ont tousjours demeuré dedans la ville y tenans telz degrez quilz avoient congnoissance des affaires publicques, me soubmectant aux reproches de tous ceulx qui estoient en icelle qui en vouldront parler sans affection.

Doncq pour y parvenir je diray que pour le trouble advenue aux estatz de Blois a cause de la mort du duc de Guise et de Monsieur le Cardinal son frere, les depputez des provinces de France furent congediez a raison de quoy frere Geoffroy de Builly abbé de St-Vincent lez Laon de la noble maison de Prunay, Me Adrien de Fer lieutenant general au baillaige de Vermandois et president au siege presidial de Laon, et Me Claude le Gras conseillier audict siege depputez de ceste province reprindrent leur chemin pardeca avec passeport de Sa Majesté qui leur recommanda sa ville de Laon pour lentretenir en son obeissance, le debveoir et respect envers leur gouverneur et la concorde et bonne intelligence entre eulx ainsy quil les avoit recongneu en lannee m v^c iiii^{xx} cinq contre les trouppes du duc d'Aumalle, et arriverent en ceste ville de Laon le xxe jour de janvier mil v^c iiii^{xx} neuf, apres toutefois avoir traversé la ville de Paris ou ilz feirent quelzques conferences en l'hostel de ville pendant leur sejour denviron quinze jours quilz furent logez a la cloche perse rue St-Jacques, lieu et place quilz jugerent d'estre a couvert de la veue des gens de ce pais et

Les duc et cardinal de Guise sont mortz le vendredy xxiiie décembre 1588.

Jacques Baillon de Vrevin estoit leur greffier.

L'arrivée des depputez de Laon.

Les depputez de Laon conferrent à Paris et y sejournent.

plus que de deca les pontz : ayans demeuré en leur voyaige environ six mois.

Janvier 1589.

Auparavant leur arrivee les ecclesiasticques et aultres de leur faction se mirent en doubte que ceste ville de Laon pourroit estre muny de force pour le Roy a raison quilz scavoient bien que Monsieur de Longueville veuilloit a plusieurs places de ce pais, aussy que le baron de Cardaillacq levoit des gens de guerre pour dresser ung regiment pour le Roy, pour ces causes poursuivirent une assemblee particulliere qui fut faicte le seiziesme janvier ou apres quelzques propos simulez tenuz par ces bonnes gens, il fut conclud que le gouverneur seroit prié de ne permectre aux estrangers leur sejour dans la ville plus d'une nuict, et a ung seigneur dy passer la nuict quelque affaire qu'il y eust afin (disoient ilz) que ladite ville fust conservee en lobeissance du Roy. Ces derniers motz contenterent aucunement les serviteurs du Roy qui ne jugerent pas que cestoit en attendant le retour des depputez, lesquelz arrivez comme il a esté dict plusieurs de la ville en furent bien joyeulx pour lesperance quilz avoient de scavoir au vray ce qui sestoit passé à Blois. Afin de faire cesser les diversitez des nouvelles qui sespandoient partout, chacun attendoit journellement quil se feit une assemblee en la chambre du conseil pour entendre le recit que le lieutenant general et Legras debveoient faire de leur voiaige comme cest la coustume a telle affaire, mais ilz nen feirent rien et ne s'acquicterent nullement de leur debveoir ny des promesses quilz avoient faict a Sa Majesté. Il est vray qu'il se feit une assemblee particulliere le xxvi⁰ janvier ou comme par maniere dacquit et faire cesser le bruict mauvais contre eulx, ilz feirent entendre fort succintement une partie de leur voiaige avec le trouble advenu aux estatz ; mais ilz teurent fort bien leur sejour et conference quilz avoient faict dedans Paris à leur retour ;

Les ecclésiasticques & les ligueurs de Laon sont en doubte.

Le peuple de Laon désire scavoir au vray de ce qui sestoit passé à Blois.

Les depputez font ung tel quel rapport de leur oiaige.

Les depputez de Laon taissent leur conferrence qu'ilz ont faict avec la ligue à Paris.

Janvier 1589.

Simulation des ligueurs de Laon.

et sur la simulation quilz feirent destre affectionnez au service du Roy et a la conservation de la ville, il fut conclud en ceste mesme assemblee particulliere que les habitans feroient la garde en personne, que les gouverneurs et depputez du conseil et les cappitaines exhorteroient chacun en leur quartier de se maintenir a la conservation de ladicte ville soubz lobeissance de Dieu et du Roy, et que silz oyoient mal parler du Roy et des princes les reprendre de parrolles, que silz trouvoient la malice trop grande le denoncer en justice pour estre proceddé contre ceulx qui auroient failly. Voila une belle conclusion. Mais au partir de ce lieu, ilz se mirent en secret avec leurs confederez pour consulter et adviser des moyens pour parvenir à faire advancer la ligue a laquelle ilz avoient du tout leur inclination, en se servant de Me Claude

Boilleau, cappitaine des ecclesiasticques de Laon.

Boilleau chanoine de l'eglise cathedralle de Laon et cappitaine des ecclésiasticques des longtemps par eulx esleu a ceste charge pour le congnoistre homme factieux seditieux et propre a telle affaire, trassans les moyens et industrie de se rendre les plus forts. Et a ceste effect ce Boilleau alloit renarder et espier les plus signalez de la ville de Laon lun apres laultre pour juger a peu pres leur volunté, entre aultres alla

Le Sr Rocourt incapable de commander dans une ville.

sonder celle du sieur de Rocourt, gouverneur de la place, homme assez debonnaire et paisible, incapable toutcffois a la charge ou il estoit, comme il la bien monstré, plus propre a carresser les dames avec sa blonde chevelure qu'a la garde dune place d'importance, auquel apres quelque simulation d'affaires ce viel renard de Boilleau se meit a discourir du doubteux evenement des affaires du Roy, en lui disant qu'il estoit delaissé et habandonné de tous les siens, sans ayde ny assistance de qui que ce fust, sans gens deguerre, sans

La Roine mere est deceddee le Ve janvier 1589.

argent, la Royne sa mère deceddee, tous les potentatz bendez contre lui et plus des trois partz des princi-

palles villes de ce royaulme rebelles, que le Roy estoit
grandement troublé de la faulte quil avoit commise a
Blois, quil desiroit fort de quicter la couronne pour
vivre le reste de ses jours en seureté, que ces choses
estoient vraies pour le scavoir de bonne part, adjoustant encores que toutes les villes du Royaulme seroient de bref visitees pour y continuer les gouverneurs en leurs charges ou en commectre daultres,
que le Roy ne le pouvoit empescher, partant quil debveoit regarder a lui, que ce quil lui en disoit estoit
pour lamitie quil lui portoit afin quil regardast a ses
affaires la dessus : De quoy le gouverneur le remer-
cia avecq le chappeau au poing, lequel au lieu de recongnoistre les faulx attraictz de ce viel renard et le
chastier comme il pouvoit bien faire lors de telz temeraires propos, il commenca a demeurer perplex et fort
pensif, luy faisant seullement une telle quelle response
qui faisoit appertement congnoistre sa craincte et thimidité, delaissant a considerer les merveilles ordinaire de la bonté coustumiere de notre Dieu, de secourir et rellever les affaires d'importances lorsquelles
sont plus desesperees et que la force et la prudence
humaine y sont inutiles ; Boilleau recongnoissant
ceste thimidité en feit le récit a ses partizans et les asseura du peu de hardiesse et de resolution du gouverneur, jusques la quil leur dit quil ne scavoit sil estoit
homme ou femme. Surquoy et afin de descouvrir si le
prevost de la citté et les gouverneurs de la ville (qui
nestoient de leur faction) navoient poinct receu quelque lettre ou advis de Sa Majesté, ilz feirent faire une
assemblée particulliere le deuxieme febvrier, ou apres
quelzques propos tenuz sur ce faict, fut conclud que
lon envoiroit au Roy lettres de ce qui sestoit passé en
ce pais digne de lui mander et que lon feroit registre
des lettres quil envoiroit. Et afin que le memoire ou
minutte des lettres fussent veuz par les simulateurs

Janvier 1589

Le gouverneur de Laon se rend craintif.

Subtillité des ligueurs pour descouvrir les lettres du Roy.

Janvier et febvrier 1589.

Les ligueurs de Laon sont nommez simulateurs jusques au xxie mars.

Le messaiger envoié a Sa Majesté ne bouge de Soissons.

Faulx rapport du messagier.

Trois parisiens deleguez vont de ville en ville pour les induire à se revolter.

Ils sont attrappez au chemin de Soissons par gens incongneuz.

(car je les nommeray ainsy jusques au xxie mars prochain) pour congnoistre sil y avoit quelque chose au prejudice de la ligue, ilz feirent faire le lendemain troys^e febvrier aultre assemblee particullière ou fut rapporté la minutte de ces lettres qui fut trouvé bonne, et fut conclud que lon les envoiroit en dilligence à Sa Majesté par homme expres avec la coppie des lettres que Ballagny avoit nouvellement envoié a ladite ville, ce qui fut executé promptement; mais le porteur neust pas grand peine en son voiaige, car instruict par les simulateurs de ce quil avoit affaire, il ne bougea de Soissons de quatre jours au bout desquelz il revint bien eschauffé et mandé en une assemblee particulliere qui se feit le viiie febvrier ; il feit rapport de son voiaige et de l'impossibilité de passer pour aller en court pour les empeschemens quil y avoit aux champs tant par les volleurs que gens de guerre, que en son regard il y avoit couru grand fortune mesme contrainct de se destourner plusieurs foys de son chemin et se cacher dans les hayes et buissons pour se saulver des volleurs, rend a la compagnie ses lectres et se retire. Et combien que ces parolles fussent faulses et controuvees, neaulmoings elles furent tenues pour véritables par la pluspart de la compaignie parce que le vi^e jour de ce mois trois Parisiens deleguez par la ligue de Paris pour aller de ville en ville seduire les habitans dicelles pour la revolte vindrent en ceste ville, lesquelz apres avoir conferez avec noz simulateurs et ecclesiastiques sen retournerent le chemin de Soissons ce mesme jour, mais ilz furent attrappez par gens de chevaulx et menez en lieu incongneu, ce qu'estant venu a la congnoissance de noz simulateurs le viie febvrier feirent faire ce jour la en dilligence en la maison de la ville une assemblee particulliere ou ilz remonstrerent la conséquence de ce faict par plusieurs raisons. La y fut conclud que le prevost des mareschaulx seroit prié monter en dilligence a cheval avec ses archers pour faire perquisition et sinformer partout ou on pourroit avoir mené ces trois Parisiens, et que sil estoit possible de les retrouver les mectre en plaine liberté et mesmes de se transporter a Soissons pour advertir les habitans de ladicte prise afin que de leur part ilz feissent leur debveoir au recouvrement, pourquoy ce porteur de lectres ne fut enquis comme il eust esté sans la prise de ces Parisiens. Et apres la sortye de ceste assemblee noz simulateurs prindrent resolution entre eulx de passer oultre a leurs desseings et entreprises en semploiant chacun et particullierement a gaigner gens pour entrer a la ligue. Et de faict de la part du lieutenant general il tira aisement a soy Mes Nicolas Thuret et Symon Hubert qui estoient deux cappitaines de quartier pour estre ses nepveu et cousin, au regard de Charles Delancy le troys^e il ne fut mis en doubte pour estre recongneu de bonne volunté a ceste faction ligueuse, laiant faict parroistre en lan mil v^c iiii^{xx} cinq, lorsque les trouppes du duc d'Aumalle vindrent aux faulxbourgs de ceste ville. Voila doncques trois de ces cappitaines arrestez, de ceste faction restoit le quatriesme qui estoit lesleu Delamer homme provide et de peu de parolles duquel ilz ne pouvoient si tost congnoistre sa volunté demeurans quelque temps en doubte de sa personne pour lui avoir oy dire quil faisoit fort chatouilleux de se jouer a son maître, aussy quil se rendoit froict a la révolte, touteffois il sinclina en fin de leur party a la suscitation de Mes Charles et Cezar Despinois ses beaufreres. Pour encores davantaige asseurer leurs affaires ilz trouverent neccessaire de gaigner les douze centeniers de la ville ausquelz commandoient ces quatre cappitaines, ce quilz feirent dune bonne partie qui aisement se rendirent des leurs, nobeissans plus que aux commandemens de ces cappitaines qui subtillement

Febvrier 1589.

Le prevost des mareschaulx est prié daller chercher les trois Parisiens.

Les simulateurs font résolution de passer oultre à leurs entreprises.

Les quatre cappitaines de quartier de Laon tiennent le party de la ligue.

Une bonne partie des centeniers se rendent ligueurs.

— 14 —

Febvrier 1589.

Le gouverneur de Laon se laisse despouiller de son auctoritee par les cappitaines de quartiers et se laisse manier par les simulateurs seelon leur volunté.

avoient despouille le gouverneur de son auctoritee par la fondation de la leur auparavant petite et subjecte au gouverneur auquel il ne restoit plus que le nom pour estre mesprisé et comme cassé, se laissoit des lors manier a la baguette tant par eulx que par le sieur abbé de St-Vincent, Boilleau, Crespel chanoines et aultres ainsy que bon leur sembloit qui ne le laissoient nullement sans quil y eust tous jours quelzques ungs deulx pres lui afin de descouvrir ceulx a qui il parloit, des propos quil tenoit, de sa contenance des lettres quil recepveoit et de quel part, de fasson quil estoit esclaré entretenu et promené par ces simulateurs par tout ou bon leur sembloit, mesmes a desjuner, disner et soupper tantost chez lun tantost chez laultre, et a ces convives et festins ils ne parloient que de choses joyeuses pour faire croire au gouverneur quilz ne penssoient et ne prevoioient a aulcune chose ; touteffois ung jour au soupper chez le cappitaine de Lancy ung de la compaignie ne se peult contenir quil ne dict tout hault que ceulx qui tiendroient le party du Roy seroient en danger destre a jamais miserables pour ce que le Roy lestoit ja lui mesme, ce que le gouverneur conivant endura sans repart.

Or pendant ceste traynee les simulateurs ne cessoient de gaigner le plus de gens quilz pouvoient et par tous artifices, faisans des lors leur compte que compris les ecclesiasticques de la ville de quoy elle est plus que suffisamment garnie comme chanoines, chappellains, prebtres, vicaires, moynes, cordelliers, beneficiers, domesticques, officiers, detempteurs de leurs heritaiges et aultres leurs adherans et complices quilz

Les deux tiers des habitans de Laon prennent le party de la ligue.

estoient les deux tiers de la ville, ce qu'ayant recongneu ilz prindrent hardiesse aussi tost de se munir darmes, dachepter cuirasses, cuirassines, quasques, brassartz, gantelletz, cuissotz, hallebardes, pertuisanes, mousquetz, harquebuzes, pistolletz et bon nombre de picques partie desquelles furent envoyez nuictamment et en secret es abbaies de St-Martin, de St-Jehan et Cordelliers pour en armer ces devotz relligieulx qui ja estoient fourniz de mandilles de coulleur, fournirent aussy aux centeniers de leur faction des meilleurs harquebuzes a crocq de la ville avec pouldre et balles a suffisance, et les ecclesiasticques feirent remonter de neuf toutes les leurs sur des chevalletz et accomodez pour sen servir par les rues et places et non pour les murailles ; de quoy et des assemblees secretes qui se faisoient souvent par les simulateurs et leurs complices ès maisons de Mᵉ Berthelemy de Bausset official, de Boilleau, de Crespel, Delettres chanoines et aultres lieux le gouverneur en fut suffisaument adverty par des honnestes habitans et non sans grande difficulté, pour ce que oultre ce quil estoit souvent assisté comme il a esté dict il avoit aussi pour sa garde des soldatz habitans devotieux a la ligue et mesmes son secretaire qui tous descouvroient ses faictz et gestes. A cest advertissement le gouverneur ne feit aultre response quil consideroit la fasson et maniere des ligueurs quil y donneroit bon ordre, mais quil desiroit fort de conferer de ce faict et daultres neccessaires avec Mᵉ Charles Martin prevost de la ville juge politien et gouverneur inmuable quil congnoissoit serviteur du Roy. De ce desir de conference le prevost estoit en pareille peine, mais il ne voulloit ou bien nozoit aller chez le gouverneur comme pareillement le gouverneur ne voulloit aller en la maison du prevost, renduz tous deulx thimides et negligerent plusieurs certains advis a eulx donnez depuis tant du dedans que dehors la ville pour eviter le desastre futur sans y adviser au remedes signaument celluy du baron de Cardaillacq qui vint expres en la ville ou il ne peult par quelque moyen que ce feust parler au gouverneur qui lors estoit entretenu au jeu de tarrot par les si-

Febvrier 1589.

Les relligieulx sont garniz darmes et de mandilles.

Le gourverneur est adverty des secrettes assemblees des simulateurs.

Guillaume Rascart, Thomas Lebon, soldatz de la garde du gouverneur.

Guillaume Bullin, greffier du guet et secretaire du gouverneur.

Le gouverneur et le prevost de la cité de Laon reçoivent plusieurs advis quilz negligent par leur thimidité.

Le baron de Cardaillacq dans Laon

Febvrier 1589.

Mᵉ Philippes Courtier et Loïs Lamy.

Advis donné a la femme du gouverneur.

Grande faulte du gouverneur.

mulateurs, aulcuns desquelz suivoient le baron partout ou il alloit pour lespionner en ses actions et descouvrir à qui il parloit et ou il alloit, ce que scachant le baron il sortist la ville et pria quelzques habitans quil congnoissoit fidelles de bailler advis au gouverneur quil y avoit une signalee entreprise par les ligueurs sur sa personne et sur la ville, ce que ces habitans feirent voluntiers, mais le gouverneur leur feit response quil ne les pouvoit croire et quil ny voyoit aulcune apparance nayant personne dedans la place que les habitans quil congnoissoit tous proches parens et alliez. Et daultant que lors il estoit fort difficille de parler a lui librement pour lui faire veoir clair, on sadressa à sa femme luy donnant le pareil advis, laquelle apprehendant l'inconvenient plus que son mary sur lapparence quelle voyoit, feit tout effort de luy faire croire ce qui en estoit, et trouvant par le gouverneur ceste affaire de consequence print quelque goust a ce dernier advis sur lequel il feit une lourde faulte, car il sen alla le descouvrir a de Lancy lun des cappitaines de quartier lui disant quil lavoit toujours congneu pour lun de ses inthimes amis, le conjure au nom de Dieu de lui dire ce qui estoit de ce faict, sur quoy de Lancy lasseura quil ny avoit aulcune entreprise et quil en pourroit scavoir quelque chose pour lacces quil avoit au clergé duquel il avoit esté recepveur des decimes, ce qui contenta aucunement le gouverneur qui en feit le recit a sa femme, laquelle touteffois nen voullut rien croire pour la congnoissance quelle avoit que la ligue sadvancoit fort joinct le peu d'asseurance quelle avoit a ce cappitaine de quartier quelle congnoissoit grand dissimulateur, ne se pouvant mectre hors d'oppinion quil tromperoit son mary. De ceste descouverte le cappitaine de Lancy en bailla advis au sieur abbé de St Vincent qui print soubson desire contrepoincté, pourquoy les principaulx simulateurs sassemblerent en lieu secret sur ce faict, lesquelz apres avoir recongneu leurs forces estre bastantes contre une emotion populaire en cas quil en advinst, concluerent de sesaisir des personnes du gouverneur et du prevost de la citté pour ce comme ilz disoient que la teste d'un saulmon valloit mieulx que les testes de cinquante grenoilles, et que les serviteurs du Roy se voyans sans chefz aisement ilz demeureroient les maistres de la ville. Ceste conclusion faicte ilz demeurerent court sur lexecution ne trouvans entre eulx personne qui la voullust ou ozast entreprendre, ce qui ressembloit aux ratz et souriz assemblez en une maison en grande quantitee pour consulter sur le chat de ceste maison qui leur faisoit la guerre jour et nuict faisant resolution quil failloit pendre au chat une sonnette au col afin davoir advertissement quel part tireroit ce chat pour eulx destourner arriere de ses pattes; mais quant ce vint a trouver entre eulx ung attacheur de sonnette ilz demeurerent court sur lexecution de leur conclusion, ce qui advint a ceste saincte assemblee ligueuse, cause pourquoi il sadviserent daultres moiens, asscavoir de faire entrer secretement dedans quelzques maisons de chanoines qui sont grandes et spacieuses quelzques hommes de commandement ou soldatz de dehors la ville qui mirent en avant et propre a tel affaire, ce qui fut executé en dilligence; et y entra le cappitaine Farsin, Carrolé, Carron, le viel chambellan, Vrevin, et quelzques aultres soldatz fil à fil jusques environ douze ou quinze sans armes pour ce que les prebtres et chanoines en estoient fourniz en grande quantitee. Pendant ce temps labbé de St-Vincent qui congnoissoit le naturel du gouverneur pour l'entretenir et de plus le rendre son obligé, lui oster tout soubson et chasser une bonne partie du broullar quil avoit en sa cervelle, luy envoia une pièce de son bon vin quil feit trayner (sans len

Febvrier 1589.

Assemblee secrette des simulateurs.

Les simulateurs se trouvent bien empescheza l'execution de leur conclusion.

Similitude.

Soldatz pour la ligue qui entrent secretement dans Laon.

Une piece de vin envoiee au gouverneur par labbé de St-Vincent

advertir) jusques au devant de sa porte, laquelle lui fut presentee par ung des gens dudict S^r abbé en luy disant que son maître se recommandoit a ses bonnes graces, et qu'ayant sceu quil deffailloit en bon vin il luy envoioit ceste piece qui estoit du pareil vin que celluy quil avoit gousté ces jours passez au logis de Crespel chanoine (qui estoit lors le domicil de labbé), que quant elle seroit failly il luy en renvoiroit une aultre; a quoy le gouverneur feit response que si ladicte piece neust esté devant sa porte comme elle estoit il ne leust jamais acceptee ni receue pour ce quil ne voulloit incomoder ledit S^r abbé de sa boisson, que cestoit la verité quil estoit mal pourveu de bon vin, mais quil esperoit en trouver pour de largent chez quelque bourgeois de la ville non pas (comme il disoit) si bon questoit celluy dudit sieur abbé, touteffoys que puisque ceste piece estoit traynee jusques la quil la feroit mectre dedans a protestation de sen revenger allieurs vers ledit sieur abbé, lequel il remercioit de bon cœur : voila lobligation ou le gouverneur s'est liee, qui pour une piece de vin quil na sceu depuis boire na ozé se roidir ny sopposer aux secrettes assemblees qui se faisoient journellement au prejudice de la ville. La reception de ceste piece de vin estant rapporté audit sieur abbé avec les susdits propos, il en receut grand contentement soubz lesperance quil se donnoit que le gouverneur ne la beuroit du tout avant que le jeu ne fust joué.

Le xie febvrier deux lettres furent apportees en ceste ville de Laon de la part de M. de Longeville, lune adressante aux mayeur et eschevins de ladicte ville contenant offre de sa personne et moyens pour la conservation de la place au service du Roy, sur laquelle il se feit le mesme jour assemblee particuliere ou il fut conclud de le remercier de sa bonne volunté, comme aussy en la mesme assemblee il fut conclud que les gouverneurs de ladicte ville feroient faire deux fortes serrures de diverses fassons au fleau de la grande porte de la court du Roy, et que lune des clefz seroit baillé au gouverneur de la place et l'aultre au cappitaine Branche, et au petit guichet trois aultres clefz pour delivrer lune au gouverneur une aultre audit capitaine et la iii⁰ aux gouverneurs de ladicte ville. Laultre lettre sadressoit à M⁰ Jehan Danie prevost des mareschaulx portant mandement de se saisir de la personne de M⁰ Claude Dennet advocat, accusé davoir solicité plusieurs habitans de la ville de La Fere a les faire revolter contre leur debveoir au service du Roy, que pour y parvenir et a detenir la place Dennet ses complices et adherans avoient uzé de tous les artifices quilz avoient peu inventer, ce qui estoit deuement veriffié, et sans la dilligence que ce prince apporta a dissouldre ceste entreprise par sa presence la place estoit en grand hazart, occasion que Dennet sestoit secretement évadé de la ville de La Fere pour se saulver en ceste ville de Laon ou il fut le bien venu par ses semblables et en plus grande seureté qu'a La Fere. Mais au lieu d'executer le mandement de ce prince par le prevost des mareschaulx il communicqua ses lettres a Dennet et mesmes a aulcuns des juges presidiaulx amis dicelluy quil alla trouver nuictamment en la chambre du conseil ou ilz alloient quelque foys boire et manger par le moien de la clef du petit guichet qui leur estoit baillé par le cappitaine Branche, afin doccuper la place assé forte, craignant que les serviteurs du Roy ne sen fussent saisiz les premiers en cas demotion populaire comme on nattendoit que l'heure; de quoy adverty le gouverneur y alla veoir, mais il ny oza uzer de son auctorité et nen dict mot non plus qu'il feit des marchans libraires et merciers strangiers logez en lhostellerie du barillié vendans publicquement des lectres et pappiers escriptz contre

Febvrier 1589.

Clefz qui se debvoient faire a la grande porte de la court du Roy.

Lettres de M. de Longueville au prevost des mareschaulx pour se saisir de la personne de M. Claude Dennet.

Les juges presidiaulx simulateurs occuppent de nuict la chambre du Conseil a Laon ou est la forteresse.

Livres et pourtraictz contre le Roy venduz publicquement a Laon sans reprehension.

et au prejudice du Roy qu'il debveoit reprimer, lesquelz furent empoignez du depuis par M⁰ Olivier Allart lieutenant criminel de courterobbe qui les mena prisonniers, mais ilz en sortirent le xvi⁰ de ce mois en vertu dun acte dassemblee particulier de ce jour par lequel deffenses leur fut faicte de ne plus vendre lesdits livres et escriptz sans aulcune aultre condamnation, ce qui fut aussi tost divulgué par toute la ville, et qui feit croistre davantaige la hardiesse dun certain cordellier preschant à la grande église de prescher ouvertement sedition, contre lequel le prevost de la citté noza se plaindre a levesque ny rien dire non plus quavoit faict le gouverneur contre ces vendeurs de livres et escriptz de libelles diffamatoires. Ce fut alors que les simulateurs ligueurs congnurent appertement le dessus de leurs affaires et que leurs forces contenoient les trois quartz des habitans de la ville par le moyen qu'a eulx sadjoignit aussi tost les craintifz et les neultres qui regardoient jouer le jeu penssans esquiver les dangers futurs ou se mectre a labry du mauvais vent qui se preparoit pour accabler la ville joinct quils voioient que les serviteurs du Roy estoient sans chefz, lesquelz sestoient renduz pusillanimes au besoing, car indubitablement si le gouverneur eust marché de corraige avec seulement dix ou douze hommes comme il debveoit les simulateurs et ligueurs neussent auzé parroistre quelque nombre quilz fussent, aussy que a luy se fussent joinctz beaucoup dhommes dhonneur qui nattendoient aultre chose que son commandement pour le suivre, mais il nen eut jamais la hardiesse encores quil en eust esté incité; cest une chose sans doubte en emulte de ville que quiconque chemine le premier en rue il reçoit le plus de gens et grossie sa trouppe ainsy quon faict une plotte de neige a la rouller.

Or ayant les simulateurs et ligueurs a ceste occasion

levé les cornes plus hault quilz navoient encores faict
desirans mectre a fin leur entreprise de longtemps
pourpensee apres avoir manifestement congneu la
thimidité et couardise de leurs contraires, sassemblerent en plus grand nombre que devant et plus librement quilz navoient encores faict pour adviser des
moiens quilz tiendroient. Les ungs concluoient a y
procedder par la rigueur des armes toutes accomodees
a bien faire, les aultres qui avoient beaucoup de parens
et amis du party contraire concluoient à la doulceur
en remonstrans que telle chose se pourroit aisement
faire attendu la craincte et estonnement notoire de
leurs adversaires, touteffois la resolution nen fut prise
pour ce coup ny du jour ny de lheure, pour ce que
les principaulx de ceste assemblee ouirent qu'aulcuns
de la compaignie se vantoient qu'estans enveloppez
parmi le desordre la licence leur donneroit le moien
de se venger de leurs querelles particullieres avec la
force des armes, a raison de quoy lexecution fut surcize. De ceste assemblee le prevost Martin en eut
advis qui sen trouva bien estonné scachant fort bien
quil estoit rendu odieux vers le menu peuple pour le
faict de la police quil avoit exercé en sa qualité de
prevost et que a ceste occasion il courroit grand fortune, sadvisa avec quelzques ungs du conseil de la
ville de son party dy donner remede et faire esteindre
(sil lui estoit possible) ce feu ja fort allumee en con-
vocquant (comme il feit) une assemblee particulliere
pour y faire quelque remonstrance ou se trouva tout
le conseil de la ville la pluspart simulateurs et affulez
de peaux de renard, desireux de scavoir les pretentions de leurs adversaires, et sur plusieurs remonstrances qui seroient trop prolixes a deduire, supplication se faisoit aux assistans dapporter le remedde
propre pour eviter la ruyne de la ville qui se voioit a
l œil. La fin de ceste conclusion fut que la ville ne se

Febvrier 1589.

*Aultre assem-
blee des simula-
teurs et plus libre
que devant.*

*Advis donné au
prevost de la citté
de l'assemblee des
simulateurs.*

*Les simulateurs
entrent au conseil
affulez de peaux
de renard.*

Febvrier 1589.

declareroit ny pour le Roy ny pour la ligue, quelle se maintiendroit neultre en entretenant les deux parties au mieulx qu'on pourroit, et cependant que bonne et seure garde se feroit par les habitans en personne a layde et support de quelzques soldatz de congnoissance quon prendroit aux despens de la ville, ce que la partie ligueuse accorda tres voluntiers (encores quelle nen eust la volunté) pour deux raisons, lune pour esblouir les yeulx au prevost de la ville et les siens afin quilz neussent plus de doubte de leur entreprise, et laultre qui est la principalle afin que le regiment du baron de Cardaillacq qui se promenoit a deux ou trois lieues de la ville (et duquel ilz avoient grand doubte) se reculast arriere comme il feit a son grand regret, apres avoir sceu la conclusion de la ville au grand contentement des simulateurs qui estoient tousjours en cervelle de ce regiment et qui faisoit surceoir leur execution, lesquelz deuement adverty du partement de ce regiment qui tournoit teste vers le païs de labeur se rassemblerent en conseil secret ou il fut resolu lexecution de leurs affaires au mardy gras, qui estoit de se saisir sur le minuict des personnes du gouverneur, du prevost de la citté et de quelzques autres mis en une liste, et pour soubstenir ceste execution advertir leurs confederez, et ce faict adviser sur les occurences des affaires qui se presenteroient le matin de ceste nuict la. Comme doncq de main en main le signal se donnoit pour lheure et la place du rendevous, le cappitaine Thuret intervint qui rompit ce coup, remonstrant que lheure de ce jour la nestoit propre, pour ce que sur le bruict et esmeute qui se pourroit faire le menu peuple ayant pris vin plus que lordinaire pour estre ce jour la jour de recreation et de desbauche, sans discretion ni jugement se jecteroit a corps perdu sur les premiers quilz trouveroient en rue, quoy advenant ilz courroient risque eulx mesmes avec ung

Les yeulx du prevost de la citté sont esblouiz par les simulateurs.

Le cappitaine Thuret faict changer le jour de l'entreprise.

Les simulateurs craignent levenement de leurs entreprises.

grand desordre et confuzion qui sy pourroit engendrer, rendant par ce moien leffect de lentreprise doubteuse et hazardeuse de leur costé, joinct que toutes executions de guerre faictes de nuict ont de la confuzion; pourquoy il estoit dadvis de la remectre a ung aultre jour et que pour lattente on ny scauroit rien perdre au contraire du proffict en ce que ce regiment du baron lesloigneroit de tant plus arriere de la ville, advis qui fut trouvé bon et suivi, et sur ce l'execution remise en grand secret a ung aultre jour qui seroit pris par la compaignie, et pourquoy les chanoines prebtres, moynes et aultres du party contremandez, auparavant lequel M^r levesque de Laon de la maison d'Arrency se departit de la ville ne voullant assister a telle journee quil jugeoit sanguinaire, soit pour craincte quil eust de sa personne ou bien pour sexcuser a ladvenir sur son absence en cas quil se commist quelque inhumanité, et se retira a son chasteau de Presles distant de la ville dune petite lieue seullement donnant charge aux siens de lui donner souvent advis de ce qui se passeroit. Dailleurs le cordellier predicateur continuoit de plus en plus avec auctorité a esmouvoir le peuple, jusques a dire quil ne failloit plus dissimuler et quil estoit temps de paroistre; occasion que ung quidam se faisant appeller le cappitaine Ledoulx (qui ne scavoit le jour ni lheure pris par les simulateurs) voyant a la place du bourq Anthoine Estienne qu'il congnoissoit affectionné au party du Roy, sans aulcun subject lalla attacquer de parrolles injurieuses et haultement lappella volleur de calice, quil lui feroit bien rendre ceulx quil avoit desrobbé a Soissons; de quoy Estienne fut bien estonné, aussi que soudain il se veit affronté de deux cocquins de cuisiniers pour le frapper mectans la main a leurs grandz cousteaux, pourquoi a grand pas de vitesse il se jecta dans la maison dun mercier du costé de la hure ou il se ga-

Febvrier 1589.

M^r levesque de Laon se retire arriere du hazart.

Ung cordellier predicateur esmeut fort le peuple.

Le cappitaine Ledoulx veult commencer la sedition

Florent Marcq et Jehan Mouri,

Febvrier 1589. rantit de ces seditieux qui faillerent a leur entreprise et disoient quil ny avoit que le premier pot de vin qui coustoit; lesquelz ne se voians poussez en besoigne se retirerent pas a pas, comme feit Anthoine Estienne quelque temps apres en sa maison, fort mal edifié de cest affront.

Injures proferees contre le Roy par le commun peuple. Cestoit en ce temps la que plusieurs habitans samassoient en trouppes es places publicques avec lesquels se mesloient des ligueurs qui en peu de temps par leurs praticques feirent grande moisson de mauvaises voluntez et qui semoient librement parolles injurieuses contre le Roy, disans qu'il avoit avec lui ung diable familier duquel souvent il senqueroit du succes de ses affaires, quil alloit ordinairement a ung oratoire soubz terre ou il communicquoit fort librement avec le diable faignant dy faire ses prieres et oraisons, quil avoit esté trouvé en ce lieu par ung grand personnaige qui fut en hazard de perdre la vie par ce diable qui lors communicquoit avec le Roy. Bref infiniz aultres parolles injurieuses estoient dictes contre Sa Majesté sans aucune reprehension.

Lettres secondes de M. de Longueville. Le jeudi seiziesme jour de febvrier du matin lettres missives furent apportees au corps de ceste ville de la part de Monsieur de Longueville qui par icelles mandoit avoir receu advis que plusieurs de ladite ville inclinoient fort au party de la ligue, touteffoys qu'il ne lavoit voullu croire pour lasseurance quil avoit de la fidelité des habitans ausquelz il faisoit secondes offres de sa personne gens et moiens pour la conservation de la place a Sa Majesté, laquelle il leur recommandoit.

Lettres des parisiens ligueurs a la ville de Laon pour le faict des tailles. Ce mesme jour avant midi fut aussi apporté à ladite ville ung pacquet de lettres de la part des parisiens ligueurs adressans aux eschevins de ladite ville pour le faict des tailles de ceste ellection, avec une commission du grand Conseil de l'Union a Paris pour la forme

quil failloit observer tant aux mandemens que a la
recepte, sur lesquelles lettres et de celles du seigneur
de Longueville fut assemblé le Conseil particullier en
la maison de la ville ledit jour xvi⁰ febvrier ou assista
le S⁰ de Rocourt, gouverneur, le lieutenant general
Defer, le prevost de la citté et tous les depputez tant
ecclesiasticques que seculiers, et apres avoir veu et
leu ces lettres il fut conclud par la compaignie a la
pluralité de voix et prononcé par ledict lieutenant
general comme president en ladite assemblee, quil
seroit faict response aux parisiens le plus doulcement
et honnestement que faire se pourroit par laquelle on
leur manderoit que les affaires des tailles se doibvent
adresser aux presidens et esleuz de ceste ellection et
non aux habitans de la ville qui nont aucune congnoissance des affaires des tailles et impositions (ce sont
les vraiz motz de ceste conclusion); et quant aux lettres
dudict S⁰ de Longueville que lon ne lui feroit aulcune
response quant a present. Au regard de la commission
trouvé dans le pacquet des parisiens, elle fut sequestree et retenue par le lieutenant general et par lui
delivree a lesleu Delamer le xviii⁰ avril ensuivant
et lorsque la ligue feut bien asseuree dans la ville; il
ne failloit au gouverneur et au prevost de la citté plus
belles lunettes de cristal pour veoir cler que ceste derniere conclusion pour le grand advancement de la
ligue ou ilz virent la doulce et gratieuse response faicte
aux parisiens ligueurs et le mespris et contempnement
dun tel prince que le seigneur de Longueville avec les
libres parolles qui furent dictes a ceste assemblee par
les depputez ecclesiasticques et de quelzques seculiers
qui ne se pouvoient plus contenir; les aultres du party
contraire demeurans muetz, immobilles et sans sen-
timent, et a la sortie de ceste assemblee ilz ne se dirent
lun a laultre que adieu, au contraire les simulateurs
mirent gens aux aguetz devant et derriere les maisons

Febvrier 1589

*Doulces res-
ponces faictes aux
parisiens ligueurs*

*Mespris faict
aux lettres de
M. de Longueville.*

*Pauvre juge-
ment du gouver-
neur et du pre-
vost de la citté
sur leur debveoir.*

Febvrier 1589. du gouverneur et du prevost de la citté pour congnoistre silz conferoient ensemble et ceulx qui les alloient veoir, et puis se mirent en consultation tant sur la doubte quilz faisoient du seigneur de Longueville, du regiment du barron de Cardaillacq qui ne faisoit qu'aller et venir, sur leur descouverte faicte par les parisiens ligueurs par leurs lettres que sur leurs trop libres parrolles proferees par aulcuns deulx en ceste derniere assemblee; et ayans le tout consideré, ils arresterent de se mectre en besoingne la nuict de ce jour la, et pour ce faire bailler secretement a leurs confederez le rendez vous aux places et rues quilz jugerent neccessaire ou ilz ne faillerent se trouver. Et ainsy comme M⁰ Jehan Delettres chanoine (qui demeuroit dans le cloistre) environ deux heures de nuict assembloit en sa maison plusieurs jeunes chanoines vicaires et chappelains avec leurs armes pour sacheminer au rendez vous, deux habitans faisans patrouilles par le commandement du gouverneur en feirent la descouverte, lesquelz aussi tost et pour le plus court en advertirent le prevost de la citté qui dailleurs en avoit receu le pareil advis, et que cestoit ceste nuict la que les ligueurs voulloient executer leurs desseings tant sur lui que sur aultres de la rue du Blocq, qui fut cause qu'il advertist quelzques siens amis pour y adviser, se doubtant bien qu'il seroit le premier semond a la feste : Pourquoi il ne trouva lors plus expedient que de prier six ou sept de ses familliers de se tenir avec lui comme ilz feirent pour se conserver ensemble jusques a laubbe du jour quil adviseroit plus amplement aux affaires du publicq; mais au lieu de veuiller par le prevost la nuict avec eulx en sa maison comme estoit son debveoir sur les occurrences, il se retira en sa chambre pour dormir et pria ses hommes quil avoit mandé se pozer chez le greffier distant de la seullement dun ject de pierre et quil les yroit trouver, ce

Le jour arrestee de la sedition estoit le jeudi la nuict xvi° febvrier 1589.

Anthoine Coche et Jehan de Villers laisnel baillent advis au prevost de la citté de l'assemblee des prebtres.

Le prevost de la citté assemble vi ou vii de ses amys.

quilz feirent. Ilz ne furent longtemps en ce lieu que le
lieutenant general avec bonne assistance ne les allast
trouver conduict par Nicolas Mignot laisnel et Pasquier
Parisis qui avoient descouvert ceste retraicte et les
ayant appelé hors, leur dict que cette assemblee en
armes estoit illicite pour nestre advoué des magistratz, que plusieurs des habitants ne la trouvoient
bonne et de quoy il y avoit murmure par toute la
ville, desiroit deulx entendre les raisons qui les avoient
meu a ce faire, a quoy lun deulx respondit que tel petit nombre de six ou sept personnes comme ilz estoient
seullement ne se debveoit appeler assemblee, que ce
quilz sestoient la trouvez estoit par la priere que leur
en avoit faict M⁰ Charles Martin prevost de la ville
pour se conserver ensemble et se deffendre allencontre
dun grand amas de chanoines armez quon avoit descouvert en la maison M⁰ Jehan Delettres en cas quilz
les vinssent assaillir comme ilz sestoient vantez. Le
lieutenant leur demanda si le prevost estoit en ce lieu,
respondirent que non et quil estoit en son logis ou le
lieutenant se transporta avec aulcuns des susdits. Le
lieutenant parlant au prevost lui demanda s'il advouoit
une assemblee quil se faisoit soubz son nom en la maison de son greffier, a quoy le prevost respondit que
oy et quil lui estoit loisible de ce faire tant a cause de
sa qualité de prevost que de gouverneur immuable
quil estoit en la ville, que neaulmoings ce quil en faisoit nestoit que pour conserver sa personne et repousser leffort que pretendoit faire ceste nuict plusieurs
chanoines ligueurs assemblez au logis M⁰ Jehan Delettres. Le lieutenant (qui avoit secretement donné
ordre de faire rompre ceste assemblee de chanoines
par lenvoy quil avoit faict de la personne de Helye Bris-
guette lorsquil se departit de devant la maison du
greffier allant chez le prévost) luy dict quil nen pouvoit
rien croire, que cestoit ung faulx rapport quon lui

Febvrier 1589.

Le lieutenant general parle au prevost de la citté de l'assemblee faicte chez son greffier.

Le lieutenant general envoie vers les prebtres pour les faire escarter.

avoit faict, le pria instamment denvoyer quelque ung des siens en ce lieu avec lui et que sur sa foi et son honneur il ne luy seroit faict aulcun tort ce quil accorda, ou ilz ni trouverent plus que le nid, et par ce moyen le lieutenant feit aisement retirer le prevost et les aultres chacun en sa maison. Pendant ces allees et venues les cappitaines de quartier donnoient ordre avec leurs centeniers ligueurs (laissans dormir les aultres) d'assembler le plus de gens de leur faction quilz pouvoient, comme ilz feirent les distribuans aussi tost ou bon leur sembla avec charge dattendre leur commandement en revenant des patrouilles ou ilz allerent avec plusieurs aultres pour descouvrir sil y avoit quelzques ungs a laer pour leur nuire, escoutans aux huis et frenestres des soupsonnez pour entendre s'ilz estoient debouz; faisans ces patrouilles eurent a la rencontre le gouverneur assisté de deux de ses gens qui navoient pour toutes armes que lespée a la saincture qui alloit visiter le principal corps de garde de la ville appellé la chambrette; auquel deux de ces capitaines de quartiers dirent que plusieurs huguenotz sestoient joinctz ensemble en une maison de la rue du Blocq ou le peuple sestoit voullu jecter avec armes et quilz avoient esté bien empeschez a les destourner, que telle chose causeroit ung grand rumeur a la ville et tourneroit a grande consequence, ce qu'entendu par le gouverneur alla en grande dilligence en ceste rue du blocq pour y donner ordre, ou estant il ni trouva personne, hurte a la porte du prevost, parle a lui pour scavoir au vrai ce qui sestoit passé qui lui en feit recit, luy donne le bon soir, le prie de ne poinct sortir de sa maison et quil alloit faire retirer chacun. Comme il retournoit a la chambrette dou il estoit party il se trouva estonné de veoir plusieurs corps de garde dressez garniz dhommes les armes au poing qui lui demanderent permission daller recongnoistre la rue du Blocq,

ce quil refuza disant nen estre besoing, quil en venoit
et quil ny avoit personne. Sur ce refuz il survint une
occasion telle quilz desiroient pour les pousser a lexecution de leurs mauvaises voluntez, qui fut que M˚
Jehan Maunier chirurgien (le plus proche voisin du
cappitaine Hubert) maniant sa harquebuze dans sa maison lascha par cas fortuit ung coup dicelle, sitost le
son oy une trouppe de maraudailles dentre deulx portes lors pozee a la place du Bourq croians que sestoit le
signal daller a la besoingne, se departirent de la a corps
perdu et pesle mesle courrurent au corps de garde de
la chambrette afin dy joindre leurs semblables pour de
la donner à la rue du Blocq ; mais ilz furent arrestez
par le gouverneur qui sestoit la retenu a deviser leur
remonstrant quilz tournoient le doz vers le coup donné
et que ce navoit esté a ceste rue du Blocq qu'on avoit
tiré ou on ne voioit personne, comme il se descouvroit
aisement de la ou il estoit. Aussi a la verité il ne se
parut aulcuns dicelle, synon Anthoine Estienne (duquel
est cy devant parlé) qui au son de ce coup dharquebuze estoit sorty (avec ses armes) de sa maison qui
est size a trente ou quarante apas de la chambrette au
corps de garde de laquelle il salla rendre (comme sest
la coustume dy aller par les habitans a toutes allarmes
qui surviennent a la ville), en ce lieu il ne fut si tost
arrivé qu'un de ses amis lui donna advis secretement
de faire sa retraicte et en dilligence, pour ce qu'on marchandoit desja (pour commencer la noize) de lui donner ung coup de pistollet dans la teste, ce quil feit en
faignant daller lascher de leaue contre une muraille
dont bien lui en print quil compta pour le deuxieme
hazart de sa vie de ce temps present. Les cappitaines
de quartiers retournez de leurs patrouilles et de la
visitation et recongnoissance de leurs moynes de labbaie St-Martin furent fort faschez de leur absence au
faict susdit, reprindrent aigrement ces mutins de leur

Febvrier 1589.

Anthoine Estienne se trouve au hazart de sa vie.

Les cappitaines de quartiers sont faschez de l'impatience de leurs seditieux.

Febvrier 1589.   impatience, leur remonstrerent que ce navoit esté sans cause quilz leur avoient ordonné voire commandé dattendre leur retour pour les mectre en besoingne, quilz avoient gasté tous leurs projectz pour ce quilz avoient resoluz daller ensemble prendre par le collet tous les huguenotz en leur assemblee, mais qu'a present ilz sestoient escartez ça et la en lieux secretz, touteffois quil estoit neccessaire daller en patrouilles allentour de la citté pour recongnoistre ce qui sy passoit, et pour ce faire allerent demander au gouverneur (qui estoit encores pres la chambrette) sil lui plaisoit faire ung tour de citté avec eulx, ce quil accorda faisant laisser a ces cappitaines les deux tiers de leurs gens en ce lieu pour nen estre besoing de tant avec eulx. Estans de retour nayans veu personne en leur voiaige et les portes des maisons fermees, le gouverneur pria ces cappitaines deulx retirer avec leurs gens et chacun en sa maison pour y reposer, ce quilz promirent faire pour donner subject au gouverneur de se retirer lui mesmes, pour par apres consulter sur leurs affaires avec le conseil secret comme ilz feirent, ou il

Déliberation des simulateurs.   fut deliberé que a la dyane ilz feroient dresser forces barricades de tous costez, signaument a la citté ou ils jugeoient debveoir estre le plus fort de leurs affaires, et ce faict aller vers le gouverneur lui demander justice de lassemblee du prevost et de ses gens, et pour ce faire ladmener a la court du Roy, et le tenant en ce lieu quilz luy feroient faire ce quilz vouldroient et du surplus se gouverner ainsy que loccasion se presenteroit.

Les cappitaines de quartiers rassemblent leurs seditieux   Suivant ceste resolution deux de ces cappitaines mirent peine a rassembler secretement et sans bruict le plus de ligueurs quilz peurent et quilz nourrissoient en mauvaises humeurs soubz couleur de la relligion catholicque, nestant en ces peines le cappitaine Thuret pour navoir licentié ses plus grandz seditieux (desquelz il estoit le mieulx garni) qui les avoient tous envoié

en sa maison pour les rechauffer et faire boire atten- Febvrier 1589.
dant la dyane pendant laquelle ce cappitaine se presenta
a eulx et dune fasson superbe leur remonstra le danger Le cappitaine Thuret incite ses seditieux a leur debveoir.
ou ilz avoient esté ceste nuict la silz neussent descou-
vertz lassemblee des huguenotz qui avoient juré leur
ruyne et celle de la relligion catholicque, quil se failloit hardiment opposer a leurs desseings, ayant pour
ce faire des forces plus que bastantes et mesmes les
principaulx de la ville de leur partie, quil ne failloit
craindre leurs ennemis qui estoient gens thimides et
sans corraige, que de sa part il marcheroit le premier
et leur trasseroit le chemin pour faire leur debveoir.
Tous a linstant ces mutins feirent response quilz estoient prestz a faire leur debveoir, priant ce cappitaine
de les conduire ou il vouldroit et les mectre en besoingne;
Thuret voyant leur bonne volunté et le jour venu
se planta avec eulx a la rue Chastellaine et es environs,
ou sadjoignit a eulx plusieurs aultres dressans barri- Barricades dressées.
cades au plus pres de la rue du Blocq ou ilz jugeoient
neccessaire. Boilleau cappitaine des prebtres ne soublia
de son costé a faire son debveoir avec sa compaignie,
parmi laquelle estoit meslé quelques soldatz quil avoit
faict entrer secretement dans la ville (comme il a esté
dict), et se planta au petit marchet ou il avoit faict
trayner une piece de vin quil feit mectre sur cul pour Ruze de Boilleau pour attirer a soy le menu peuple.
faire boire les compaignons; ruze assez subtille pour
attirer a soi le menu peuple auquel avec impression
de mensonges il donnoit a boire tout le saoul pour le
rendre furieulx et hors des gondz de la raison. De la
part des deux aultres cappitaines ils feirent bon debveoir en leur quartier, demeurant le cappitaine Delamer sans exercice pour estre la plus part de ses gens
du party du Roy ou soupsonnez den estre. Au regard
du sieur abbé de St-Vincent, sur la remonstrance qu'on
lui feit que sil marchoit en rue en personne il incite-
roit beaucoup de personnes a suivre son party pour

Febvrier 1589.

Labbé de Saint-Vincent chemine par les rues la cuirasse au doz.

estre congneu homme dauctoritee et de creance duquel on jugeroit quil ne faisoit telle chose mal a propos, il se meit ung cuirasse au dos et accompaigne du cappitaine Farsin, du prieur Chambellain, Vrevin, quelzques chanoines et aultres gens que lodeur de sa cuisine lui avoit attiré, salla promener au long de la ville depuis le cloistre des chanoines ou il demeuroit lors jusques a la maison du petit St-Vincent ou estoit logé le lieutenant general, lequel apres quelque conference feit aller le lieutenant vers le gouverneur lors logé a la maison du recepveur Pestellet, ou au nom du peuple lui demanda justice de lassemblee illicite quil disoit le prévost de la citté avoit faict la nuict passee, de laquelle demande le lieutenant neust telle response quil

Le cappitaine Thuret va vers le gouverneur demander justice de lassemblee du prevost de la citté.

desiroit, sen retourna faire le recit a labbé, ou consultation faicte fut advisé que le cappitaine Thuret avec ses gens yroit trouver le gouverneur a pareille fin, ce quil feit avec trente ou quarante harquebuziers, ou estant dune fasson superbe et arrogante demanda au gouverneur justice de leurs adversaires pour lassemblee quilz avoient faict en laquelle (comme il disoit) ilz avoient conspiré contre la ville et les habitans, que sil ne la faisait promptement il iroit la faire avec ses gens, que cestoit trop convivé, que le peuple en estoit tellement esmeu par la ville quil estoit presque impossible de le retenir, qu'à cela il debveoit remedier promptement afin quil nen fust argué cy apres, et pourquoi il lui estoit neccessaire aller presentement a la

Thimidité du gouverneur.

court du Roy ou estoit la assemblé Messieurs du Conseil pour y adviser, a quoy le gouverneur saccorda inthimidé a la veue de ses gens armez, et passans ensemble les rues il se trouva bien estonné dy voir les barricades dressees sy drues, encores plus quant il oyt ces mutins crier apres lui et dire ces motz: conspiration, conspiration, nous en demandons justice; incitez a ce cri par Boilleau envoié expres a chacun corps de

garde pour les convertir en tigres et lions et les acher-
ner contre leurs compatriotes par impression de mensonges, disantque toute la trahison estoit descouverte
etqu'on avoit trouvé chez le prevost de la citté plusieurs
signatures des huguenotz comme ilz avoient promis
de rendre la place au barron de Cardaillacq et, ce faict,
tuer et massacrer tous les prebtres, leur fendre le ventre, jecter leurs bouailles aux chiens, faire manger de
lavoine aux chevaulx dans les corps des occis au lieu
de bacq, les bons katholicques zelés rotiz et mis en
pieces et ruyner leurs familles jusques aux enffans du
berceau, ce qui debveoit estre executé (comme il disoit)
silz neussent esté saisiz et descouvertz la nuict passee
en leur assemblee, a laquelle on avoit trouvé ce pappier
qui contenoit ceste deliberation, et que le baron de
Cardaillacq attendoit en ces quartiers lexecution de
leur promesse, qui estoit pour abhorrer et mectre en
mauvaise odeur envers le peuple ceulx quon pretendoit prendre prisonnier tenant le party du Roy. De
malheur pour eulx et qui engrava en la cervelle du
menu peuple ces mensonges et leur fit croire ces
faulses nouvelles, ce fut que ce jour la le baron avec
son regiment partant dun quartier pour se loger a ung
aultre se parust a la veue de plusieurs de la ville estans sur les murailles pour monstrer ses forces qui
estoient de mil ou douze cens hommes tant de pied
que de cheval. Plus ce qui feit davantaige croistre
leur malheur, ce fut le curé de Liesse qui apporta a la
porte a Lupsault (lors fermee) une lettre artificielle laquelle lui avoit esté baillé le jour preceddent par ung
quidam ligueur de la ville, pour sur icelle prendre ung
subject de sedition que les simulateurs ne pouvoient
encores trouver, et laquelle lettre fut tiré avec une petite corde et levé devant tous, qui contenoit en somme
quil estoit tres necessaire de veuiller pour dissouldre
et renverser une meschante conspiration qui se deb-

Febvrier 1589.

Boilleau invente plusieurs mensonges pour rendre odieux les serviteurs du Roy.

Le curé de Liesse porteur dune faulce lettre a Laon pour faire commencer la sedition.

veoit de bref executer par aulcuns habitans de la ville sur les vraiz catholicques, qui fut cause (le tout rapporté aux corps de garde et barricades) que les mutins se prindrent a jurer de tester et dire que silz congnoissoient les trahistres quilz les yroient tous tailler en pieces, occasion que le gouverneur conduicta la court du Roy en passant receut beaucoup doprobes de ces mutins et luy disoient haultement quil ne scavoit rien de la conspiration descouverte non plus que Judas avoit faict de la prise de Notre Seigneur. Sitost le gouverneur entré dans la cour du Roy, la grande porte fut fermee a ses tallons, ne demeurant ouvert qung petit guichet a lentré duquel fut aussitost mis ung gros corps de garde; de quoi le gouverneur en receut fraieur, et lui monté au hault des degrez de la grande salle trouva le lieutenant general seul avec lequel il se meit a deviser du temps present. Ce faict et apres que les cappitaines de quartiers eurent commandé a ce corps de garde de ne laisser sortir le gouverneur, sen allerent par la ville avec leurs gens pour recongnoistre sil y avoit quelque ung qui branslast; comme aussi feirent plusieurs moynes et cordelliers vestuz de mandilles et pourpoinctz de coulleur, marchans en reng avec picques et bastons de guerre, chose qui sembloit prodigieuse a ceulx qui les avoient congneu en habit de relligieulx signaument par la teste en descouvrant leur grande couronne, lesquelz eurent a la rencontre le S[r] abbé de St-Vincent qui faisoit retraicte en son logis apres avoir donné corraige a tous les bons katholicques zelés, et les avoir incité a bien faire leur debveoir et de nabandonner leurs corps de garde. Arrivé quil fut en son logis se feit oster la cuirasse de laquelle il se trouva las pour nestre acoustumé a telle charge, en attendant le parachevement des affaires qui fut tel que deux de ces cappitaines assistez de Hector de Grasset dict de Paris, licutenant du prevost des maréchaulx, de

Febvrier 1589.

Le gouverneur est arresté dans la court du Roy pour luy faire executer la volunté des simulateurs.

Les moynes et cordelliers armez cheminent par les rues.

quelzques archers et de plusieurs mutins assemblez au son du toxin dune des grosses cloches de leglise Notre-Dame (quilz feirent servir d'appeau de sedition), allerent prendre le prevost de la ville en sa maison et le menerent dans ceste court du Roy avec plusieurs aultres admenez a diverses fois jusques au nombre de vingt trois qui sont cy apres nommez mis en memoire par le conseil secret, partie desquelz estoient ceulx qui avoient esté a lassemblee du prevost, aultre partie pour avoir de grandes querelles et inimitiés du passé avec aulcuns du conseil secret, et aultre partie qui avoient commandement et charge de centeniers en deux extremitez de la ville pour davantaige faire croire au peuple la pretendue conspiration predicte. Passans par les barricades ilz se trouverent en tres grand danger de leurs personnes par les mutins. Parvenuz a ceste court du Roy ilz ne virent aultres personnes que le lieutenant general, les deux Despinois et Legras, iceulx Despinois garnis de gros espieux frangez de soie rouge au lieu de leurs robbes de justice. Aussi y estoit le gouverneur, auquel le lieutenant dict que pour faire cesser lesmutte du peuple de la ville quil avoit veu en passant, il estoit expedient quil meist tous ces hommes la (quil monstroit a la main) prisonniers, a cause quil estoit question dune conspiration au faict des armes du dedans de la ville de laquelle pour ce faict il en estoit le superieur, que dilaiant ou faisant le contraire linconvenient en seroit fort perilleux tant a sa personne qu'a plusieurs aultres. Le gouverneur se voiant de telle sorte embeguiné et forcé dy satisfaire et quil ne pouvoit faire aultrement, pria ces hommes (quil congnoissoit neaulmoings tous gens de bien et dhonneur) dentrer en la prison jusques a ung petit de temps (comme il disoit) quil reviendroit les faire sortir afin quilz fussent cause dappaiser le peuple, ce quilz trouverent de tres mauvaise digestion, et toutef-

Febvrier 1589

Le toxin se donne a leglise Notre-Dame.

xxiii habitans serviteurs du Roy menez prisonniers

Le gouverneur est forcé de mectre prisonniers les serviteurs du Roy.

Ce fut le xviie febvrier 1589 lendemain du jour des Cendres.

fois a faire le fault, ilz ne voullurent beaucoup contester pour se veoir pris aux lacs et entre les mains des seditieux qui regrettoient de ne les avoir massacrez au passaige des barricades, joinct quilz consideroient que quant on les eust renvoiez en leurs maisons ilz neussent jamais eschappez de la mort; pourquoy ilz furent contrainctz dobeyr, et a leur grand regret entrerent dedans la prison ou ilz furent comptez par le geollier xxiii les noms desquelz ensuivent :

Les noms des prisonniers.

M⁰ Charles Martin, prevost de la citté de Laon.

M⁰ Jehan Dassonneville, procureur et centenier.

Jehan Mercigay, bourgeois et l'un des gouverneurs de ville.

M⁰ Theodor Delamer, procureur.

M⁰ Anthoine Estienne, procureur et nottaire royal.

M⁰ Nicolas Martin, maistre des eaues et forestz au baillaige de Vermandois.

M⁰ Nicolas Estienne, greffier de la prevosté.

Jehan Roullier, bourgeois et centenier.

M⁰ Anthoine Desmontz, advocat au siège presidial de Laon.

M⁰ Daniel Delamer, advocat.

M⁰ Jehan Levoirier, procureur.

M⁰ Claude Bottée, procureur.

M⁰ Olivier Allart, lieutenant de courterobbe.

M⁰ Claude Chauveau, procureur.

M⁰ Claude Daigneau, le jeune, greffier au baillaige.

Ferri Barengier, sergent royal et centenier.

M⁰ Claude Martin, procureur.

Jehan Gerault, sergent royal.

M⁰ François Cauche, procureur et greffier des eaues et forestz.

Theophile Lamy, bourgeois.

M⁰ Jehan Estienne, greffier.

Robert Demange, sergent royal, et

Robert Sollon, sergent royal.

Ayans failliz par ces cappitaines de quartiers a deux pour fournir le nombre des xxv a eulx baillé par memoire au moyen quilz navoient peu trouver Mᵉ Nicolas Martin, procureur, et Mᵉ Jehan Martin, advocat, freres du prevost de la citté pour sestre evadez hors leurs maisons, permirent a des mutins et seditieux de mectre prisonniers Remy de Louvain et Jehan Devillers le jeune, pauvres gens, pour avoir seullement dict que cestoit grand pitié de mectre ainsi tant de gens de bien prisonniers sur des faulses nouvelles, et les meslerent avec les autres xxiii, pourquoi leur nombre de xxv fut parfaict et acompli. Le gouverneur ayant faict ce beau exploict sen retourna bien doulcement en sa maison recepvant neaulmoings beaucoup dinjures en son retour, bien honteux de se veoir en tel estat ; il trouva sa femme bien espleuree davoir entendu tout ce qui sestoit passé, mais il ny scavoit aucun remede, seullement baissoit la teste et haussoit les espaulles, et a la verité il fut en partie cause de la mise en possession de ceste pernicieuse ligue dans la ville de Laon.

 Le soir venu du lendemain de ce jour la, le lieutenant général assisté dun des Despinois alla visiter les prisons et soubz coulleur de voulloir accomoder ces prisonniers quil voioit en une chambrette quasy lun sur laultre, il en tira de la, treize quil meit en une grosse tour (appelee la tour du Roy), laquelle par bas et scelon le retz de chaussee du pont est despesseur de xxiiii a xxv piedz, revenant a l'extremité en hault de xiii piedz, dedans laquelle espesseur est comprise une haulte montee a vis de pierre qui contient cent cinquante cinq degrez fourni au reste par le dedans d'une grande obscurité pour son espesseur et habité de bon nombre de ratz, souris, limasses et aultres vermines, pour entrer a laquelle tour il convient passer un assé long pont faict de vieil bois eslevé sur ung profond et large fossé a fond de cuve, sa contre escarpe estant

Febvrier 1589.

Deux aultres mis prisonniers au lieu de N. Martin et Mᵉ Jehan Martin cachez.

Le gouverneur receoit plusieurs injures au retour en sa maison.

Visitation faicte par le lieutenant general et Despinois dans la prison.

revestu de haulte et forte muraille. En ce lieu il les logea dedans ung tenebreux cachot fort aquaticq pour laer qui y deffault ou il leur feit distribuer quelque peu de paille pour eulx coucher, ayant laissé le prevost de la citté pour chef du reste des aultres prisonniers en ceste petite chambrette, le voullant en cela grattiffier pour estre son beau frere, entre lesquelz neaulmoings lamitié estoit aussi asseuree quelle est entre le chien et le chat. Ce faict le lieutenant sortit hors commandant au geollier den faire bonne et seure garde, duquel touteffois il sasseuroit pour le congnoistre en sa nature et recongneu de tous pour ung homme cruel et inhumain qui neust porté faveur a son propre frere prisonnier, chagrin et farouche de ce qui se pouvoit dire, le cerveau fort eventé, dun fiert regard rempli de malice comme ung viel cinge, sans raison quelconque, nul ne le pouvant complaire, impetueux et dune rude parolle au son de laquelle et de son gros trousseau de clefz faisoit trembler tous ces pauvres gens et les rengeoit à tel poinct quil voulloit, fort enclin a tourmenter de toutes fassons les prisonniers, prenant en soi ung singulier plaisir quant ung juge lui ordonnoit de serrer estroictement ung prisonnier; et lorsquil estoit en humeur de rire (qui estoit peu souvent) cestoit de bailler aprehension a quelque prisonnier criminel en faignant avoir entendu de son juge quil yroit bien tost en paradis par escallade, et layant faict demeurer pensif et tremblant il se mectoit a rire; pourquoy il estoit surnommé Maupiteux; bref peu de gens ont eschappé de ses mains qui sen soient loué. En ce lieu il avoit sa femme, laquelle a peu pres le suivoit de complexion et qui entendoit fort bien a destourner en arriere bonne partie des aulmosnes qui estoient envoyé aux prisonniers neccessiteux par les bons bourgeois de la ville. Pour vous donner a entendre sa subtilité scelon que quelzques ungs de ces prisonniers icy

ont descouvertz en leur temps, cestoit que quant on
hurtoit a la porte de devant, elle regardoit a ceste premiere porte par des troux qui sont a une platine de fer,
voiant que cestoient aulmosnes elle prioit les porteurs
davoir patience et quelle alloit querir la clef pour leur
faire ouverture (combien quelle leust pendu a sa saincture), mais cestoit pour fermer ung huis qui conduict
a la court afin doster la veue de ces aulmosnes aux
prisonniers qui sy promeinent, puis ouvrant la premiere porte faisoit entrer les porteurs par un troy-
sieme huis qui est a costé gauche descendant a la cuisine ou elle survidoit les marmittes plaines de chair
et potaige, et prenoit les groz pains de mesnaige qui y
estoient portez disant a lune de ses filles quelle allast
appeller les prisonniers neccessiteux, ce quelle faignoit
faire en rapportant que la plus part deulx estoient
encores couchez et qu'il failloit attendre quilz fussent
levez et qu'on feroit bien rechauffer le potaige par
apres, qui estoit pour faire retourner les porteurs sans
veoir faire la distribution de laulmosne. Cela se faisoit
au matin, mais si cestoit apres disner, pour faire sortir
les porteurs, celle qui avoit la clef de la premiere
porte faignoit daller a la ville et faisoit sortir ces porteurs quant et elle en leur disant quilz demeureroient
la trop longtemps pour ce quelle ne reviendroit si tost
dou elle alloit, et en ceste fasson les faisoit sortir. Il y
avoit aussy une femme faicte a leur poste, laquelle avec
une hotte alloit demander laulmosne par les maisons
de la ville pour les prisonniers, revenant en la maison
du geollier on lui faisoit wyder sa hotte sur la table,
de laquelle on ostoit tous les bons morceaux de pain
blanc qui se serroit a part et mis avec le gros pain
bourgeois, le pain bis demeuroit la, puis on appelloit
es prisonniers neccessiteux ausquelz on donnoit le
pain bis. Quant a largent qui sy donnoit daulmosne
pour ces prisonniers, sil nestoit distribué a eulx mes-

Febvrier 1589.

Aultre larcin faict sur le pain daulmosne donné aux prisonniers.

— 40 —

Febvrier 1589.

Invention des filles du geollier pour tirer argent des prisonniers.

mes ilz nen voyoient que bien peu. Voila une partie de lexercice que ceste femme faisoit en ce lieu la avec ses deux grandes filles, lesquelles voians ceste multitude de nouveaux prisonniers ne voullurent perdre loccasion de tirer la quintescence de leurs bources, et pour y parvenir s'adviserent de les tenir au commencement bien serrez et ne leur permectre sortir hors leur cachot pour aller faire leur neccessité, comme ilz demandoient, mais seullement leur bailloient des grandz vieulx potz pour telle affaire, ce qui leur causoit ladedans une tres grande putrefaction pour ny avoir aulcun aer que par ung trou de largeur et de haulteur denviron quinze poulces faict dedans lespesseur de la muraille qui est en cest endroict denviron xviii piedz ; de fasson que plusieurs dentre eulx non acoustumés a tel parfum vomissoient jusques au sang. Pour a quoy remedier furent contrainctz de composer avec ces filles qui promirent de leur ouvrir (comme elles feirent) tous les matins a huict heures la porte du cachot pour aller tous faire leurs neccessitez a la gallerie qui est au hault de ceste tour sans touteffois se faire parroistre a ceulx de dehors, car (comme elles disoient) si les mutins de la ville vous avoient descouvertz, ilz viendroient ceans vous massacrer et nous en serions en peine, pour ce que notre pere nentend point ceste permission; pour laquelle courtoisie elles estoient paiez comptent par chacun jour de leur convention et sans estre remises au lendemain, oultre aultres comoditez quelles recepvoient des aultres prisonniers qui estoient a ceste petite chambrette dont est cy devant parlé, de sorte quelles tirerent beaucoup dargent de ces prisonniers par lespace de xxi jours quilz furent ainsy estroictement logez, de quoy ces filles de geollier saccomederent de demisain dargent, de manches de taffetas et garderobbes de sarge neufve et daultres bonnes hardes auparavant mal fournyz.

Daultre costé pour tirer argent dindustrie par les deux filz de ce geollier, ils allerent visiter ces prisonniers en contrefaisant les faschez de leurs miseres et captivitez, soffrirent de les ayder en ce quilz pourroient, signaument de faire messaiges secretz a leurs femmes et amis, a quoi ilz furent emploiez par aulcuns pour les affaires de leur mesnaige et pour seurement rapporter argent pour subvenir aux fraiz quil convenoit faire en ce lieu, soit pour avoir du bois pour se chauffer et chasser lhumidité du cachot ou il degoustoit eaue ordinairement, aussi pour avoir des chandeilles pour y veoir clair en plain midi, ou il leur falloit a chacun pour le moings une livre par jour ; a faire chacun messaige par ces filz de geollier ilz tiroient une piece de dix solz ou demi quart descu au moings, encorres ny voulloient ilz plus retourner a sy bon marché parce (comme ilz disoient) quilz estoient espiez en leurs messaiges, et que pour les faire asseurement il leur convenoit aller droict a la maison de leur pere size rue des Cocqueletz, se repozer la quelque temps pour oster la doubte et soupson des mutins, et apres en cachette sen aller jecter dans les maisons de ceulx qui les envoient, a raison de quoy ilz disoient courir grand fortune. Daultre part pour appaiser le geollier qui contrefaisoit le fasché et se tourmentoit de ce que Jehan Mercigay lun des prisonniers emploioit trop souvent ses enffans en ses affaires particullieres, il lui fut donné une piece de vin et trainee en sa maison rue des Cocqueletz quil but durant le caresme. Voila doncq comme par lartiffice de ces charitables geollier femme et enffans, ilz tiroient argent et comoditez de ces prisonniers, pour la garde et seureté desquelz le pere ni les enffans ne se soucioient gueres parce quil y avoit ung gros corps de garde tant de nuict que de jour contre la porte de sa geole, le commandeur duquel corps de garde estoit garni dune clef faicte a une forte

Febvrier 1589.

Industrie des filz du geollier pour tirer argent des prisonniers.

Une piece de vin donné au geollier pour faire cesser sa malice.

Febvrier 1589.

serrure nouvellement attachée par le dehors contre la premiere porte de ceste prison, de sorte que le geollier mesme ne pouvoit sortir sans la permission de ce commandeur; et combien que pour aller par les prisonniers jusques sur le pavé de la ville il convenoit (de la ou ilz estoient) ouvrir huict fortes portes et bien fermees, toutefoys ilz furent contrainctz par ung longtemps (et scelon les actes dassemblee) payer ce corps de garde scelon leurs facultez et moyens congnuz par les roolles des tailles, et a faulte de payement leurs meubles estoient venduz sur le champ.

Les prisonniers sont contrainctz au paiement de leurs gardes.

Du commencement que ces prisonniers icy furent si estroictement enfermez (comme il a esté dict), ung nommé Jehan Moyen laisnel, menusier de son mestier, homme superbe et seditieux, par grande malice et pour donner subject de sedition et de massacre, salla mectre dedans le grenier de devant une maison size a la place du Bourq assez pres de lhostellerie de la Hure, et en lieu par la fenestre feust par le commandement du maistre de la maison ou aultrement environ les neuf heures de nuict tira ung coup dharquebuze en laer pour parvenir a sa mauvaise intention. Sitost le coup donné deux ou trois des siens se promenans sur le pavé donnerent lalarme avec ung fort grand bruict, disans que ce coup venoit de la gallerie den hault de la grosse tour du Roy et que les prisonniers de la dedans lavoient tiré sur eulx. Sur quoy intervint un grand rumeur par le peuple qui aborda la de tous costez ou chacun parloit de ce faict scelon son oppinion. La plus part des mutins dentre deulx portes furent dadvis daller par la force massacrer les prisonniers. Touteffois leur fureur fut retenue par deux honnestes hommes qui affermerent par grandz sermens avoir veu sortir le feu du coup dharquebuze de la fenestre du grenier de la susdite maison, et que lors ilz se promenoient vis a vis dicelle et pres la maison Mathieu Be-

Malice de Jehan Moien pour parvenir a une sedition.

lotte. Pour congnoistre la verité de ce faict, ung centenier envoia a la prison deux de ces mutins qui rapporterent que le geollier leur avoit faict veoir les prisonniers bien enfermez plus bas que la gallerie dans ung grand cachot dou il leur estoit impossible sortir sans leur faire ouverture, et aussi que parmi eulx estoit Laurent de la tour, filz du geollier qui avoit souppé et debveoit coucher ceste nuict la avec les prisonniers pour les espier en leurs parrolles scelon que le geollier leur avoit secretement dict. Sur ce rapport, avec les conjectures, ceste troupe mutine sappaisa, et peu a peu se retira de la place y delaissant les gardes et sentinelles faire leur debveoir. Et depuis environ le my mars ensuivant, ce Jehan Moyen icy confessa voluntairement sa malice et par jactance dict quil avoit tiré le coup dharquebuze pour esmouvoir le peuple et le provocquer a aller tuer les prisonniers quil croioit estre lors logez au plus haut de ceste tour avec permission daller a ceste gallerie pour leur comodité, mais que a ceste faulte il recouvriroit quelque jour.

<small>Febvrier 1589.</small>

Nous laisserons doncq la ces pauvres prisonniers estroictement enfermez, jusques a une aultre fois que nous reviendrons a eulx pour parler du lendemain du jour de leur emprisonnement, que Monsr levesque de Laon (qui sestoit retiré au chasteau de Presles arriere du bruict) revint en la ville apres avoir receu lettres de son official de tout ce qui sestoit passé, et que les katholicques zelés sestoient renduz les plus fortz. Estant doncq M. de Laon en sa maison de levesché soubz coulleur de laller veoir par les simulateurs, se feit la une assemblee quilz appellerent neccessaire. Suivant leur conclusion et en lexecutant, on manda le gouverneur sy transporter pour adviser des affaires du publicq, ce quil feit; y estant on lui parla hault disant que le bruict estoit commun par tout quil scavoit bien la conspiration faicte par les prisonniers contre la ville

<small>M^r levesque de Laon revient a levesché.</small>

<small>Le gouverneur est mandé à levesché.</small>

Febvrier 1589.

pour la livrer au baron de Cardaillacq, chose quil debveoit reveller au Conseil de la ville pour limportance de la chose, que ne layant faict il encourroit grand peine, que pour ceste cause il estoit la mandé afin de scavoir de lui par sa bouche ce qui en estoit et leur dire la vérité. Le gouverneur jugeant en soi qu'on le voulloit desmonter de sa place leur respondit franchement et demi en collere qu'on voulloit faire de sa personne comme le loup avoit faict a la breby buvant au ruisseau au dessoubz de lui qui laccusoit de troubler leaue, daultant que eulx tous scavoient bien que lui ny les prisonniers navoient faict aulcune conspiration, mais que cestoit ung artifice inventé par aulcuns sur ce subject pour induire le peuple a establir la ligue dans la ville de Laon qui y couvoit de longtemps et qui ne se voulloit encores manifester, quil avoit tolleré beaucoup de choses par la doulceur a raison de la congnoissance quil avoit que les citoiens de la ville estoient quasi tous parens et alliez, ce quil neust jamais permis sil eust plustost recongneu leur haine et inimitié secrette comme il a faict du depuis, signaument lorsque contre sa conscience il feit entrer dans la prison plusieurs habitans desquelz il navoit congneu aulcune mauvaise volunté ni conspiration comme lon disoit, aussy quil ny avoit aulcune apparence, pour ce que la ville tenant le party du Roy comme elle faisoit encores pour le jourdhui et le baron de Cardaillacq le mesme il ne se pouvoit dire entre eulx une conspiration pour le mesme party, quant ainsi seroit vrai ce que lon leur mectoit sus davoir mandé le secours du baron, ce que touteffois les prisonniers nyoient fort et ferme, juroit en son ame que de sa part et en son regard il nen avoit jamais oy parler a pas ung deulx en fasson quelconque, prioit les assistans ainsy le croire. A quoy le cappitaine Thuret dune audace meslee de collere dict au gouverneur qu'on avoit assé

Response du gouverneur aux simulateurs.

Le gouverneur se repent davoir mis prisonnier les serviteurs du Roy.

Bonne raison pourquoy il ny avoit aulcune conspiration de la part des prisonniers.

Le cappitaine Thuret repplicque sur la response du gouverneur.

congneu ci devant les entreprises secrettes des prison- Febvrier 1589.
niers, lesquelz il ne debveoit excuser, quil leur avoit
tousjours porté faveur comme mesmes a present on
congnoissoit par ses parrolles, quil ne pouvoit nier que
Mercigay lun des gouverneurs de ville ne lui eust demandé nuictamment les clefz du beuffroi ou il avoit volunté dy mectre des forces pour faire piller la ville, quil
scavoit bien encores plus grandes choses quil ne voulloit declarer craignant qu'on en donnast advis aux
prisonniers avant leurs interrogatoires, esquelles on
pourroit descouvrir lintention quilz avoient a la conspiration notoire ; quil estoit dadvis (si la compaignie
le trouvoit bon) darrester en ce lieu le gouverneur
jusques ad ce que les signalez des prisonniers fussent
interrogez tant sur ce faict que daultres qui se bailleroient par memoires. Le gouverneur se retournant vers
Thuret lui dict : Vrayment M. Thuret vous vous monstrez bien oultrecuidé de parler ainsy de ceste fasson
avant que la compaignie vous eust demandé votre advis,
je vous estimois plus saige et advisé que cela. Et sur ce
Thuret lui voullant respondre se leva ung grand bruict
parmi lassistance. Surquoy et sans qu'on sceut qui
lordonnoit, le gouverneur fut arresté prisonnier en ce Le gouverneur est arresté pri-
lieu de levesché, ses armes ostez et sa personne mis a sonnier a levesché
la garde de xv ou xx habitans des plus mutins, ou il
sejourna jusques au commencement du moys de mars
que a la dilligence et solicitude de Monsr de Laon et
pour en estre quicte, il fut mené et conduict par ses
gardes en une maison claustralle size devant la porte
de leglise Ste Geneviefve appartenant au secretaire dudit Sr Evesque, en laquelle sa femme et famille lallerent trouver qui receurent des grandes injures et op-
probres par leurs gardes ad ce instruictz, pour leur
donner subject de demander la sortie de la ville comme
on desiroit.

Voila le faict a la verité de tout ce qui sest passé de

Febvrier 1589. ceste prise des armes, scelon quil mest apparu pour la plus saine partie devant les yeulx comme demeurant en une des principalles rues de la ville, joinct la dilligence et exacte recharche que jy ai apporté pour congnoistre la vraie origine du faict que jay deduict. Mais je ne me puis contenter davoir si nuement narré une chose tant memorable faicte en notre ville de Laon, bien que jay quasi attainct au but que je mestois proposé, comme ainsy soit que desja assé evidemment apparoist de quelle part tourne le tort et que on ne peut plus doubter qui sont les premiers moteurs de la mutinerie et prise des armes; je me licentiray de passer plus oultre a faire un bref recueil de certaines circonstances qui sen est ensuivi par apres en consequence de ceste mutinerie bien digne destre remarquee, ensemble du faict des armes et detemption de la place contre le service du Roy, par le moyen desquelz se descouvrira encores davantaige la source premiere motive et origine de la malice et meschanceté des ligueurs, et mesmes que cestoit une entreprise par eulx brassee de longue main et apparroissant le danger avoir esté plus grand que n'en avoit lapparence. Les gens de bien auront plus ample matiere et plus grande occasion de rendre graces a Dieu qui par sa bonté et seure veuille a delivré les siens de loppression et du massacre inhumain que les meschans et impies avoient projectez dexecuter, et quil ne leur a permis despandre le sang que par plusieurs fois ilz avoient volunté faire.

Les simulateurs remectent la naissance de la ligue a Laon le xxi mars. Les affaires de la ville estans jusques la ainsy demenees comme il a esté dict, les simulateurs se trouverent empeschez en leur assemblee secrete sur la declaration quilz voulloient faire pour la naissance de la ligue a Laon a raison des divers advis qui se trouva entre eulx; en fin pour plusieurs raisons rapportez, ceste declaration fut surcize jusques au xxie mars prochain comme il sera dict en son lieu. Pendant ce

temps chacun travailloit a inventer choses nouvelles
et scelon leur fantasie sur la police et art millitaire.
Dailleurs le gouverneur arresté prisonnier a levesché
faisoit en sa cervelle de beaux discours et projectz.
Il se meit en oppinion que les Ligueurs se serviroient
de lui dans la place en sa qualité de gouverneur, pour
ce quil avoit tousjours gouverné les habitans par la
doulceur ny gueres travaillé a dissouldre les desseings
et entreprises des simulateurs; mais il sabuzoit. car on
nen voulloit poinct pour lavoir congneu trop jeune en
commandement sur lart millitaire, variable et de peu
deffect, aussi que le commun peuple ne leust jamais
consenti, il lui avoit faict beaucoup dinjures. L'abbé
de St-Vincent en voulloit bien ung aultre a sa devotion
quil avoit minutté; cestoit le seigneur de Bouchavenne
gentilhomme du pais, cornette de la compaignie dordonnance du deffunct duc de Guise, retiré en sa maison
a Quincy, auquel le S^r abbé envoia ung mot de lettre
pour lui faire entendre que les habitans de Laon desiroient fort sa personne pour leur gouverneur et quilz
sen tiendroient bien honnorez pour la congnoissance
quilz avoient de lui et de son experience, a quoy le
dict Sr de Bouchavenne feit response quil remercioit
ledict S^r abbé et les habitans de Laon de lhonneur
quilz lui faisoient, ausquelz il desiroit faire tout plaisir,
quilz avoient encores leur gouverneur dans la ville
contre lequel il seroit tres mary dentreprendre aulcune chose a son prejudice, pourquoi il les prie lexcuser.
Ceste response qui estoit ung doulx refuz se faisoit a
deux fins, lune pour faire le rencheri sur la demande
de sa personne qui peult-estre neust esté trouvé bonne
de laccepter sur le champ, laultre pour faire sortir hors
la ville le Sr de Marly auparavant quil eust accepté
le gouvernement pour eviter les querelles que les
gentilzhommes se gardent longtemps lun a laultre.
Touteffois quelque peu de temps apres soubz pretexte

Febvrier 1589.

Le seigneur de Bouchavenne est mandé au gouvernement de la ville de Laon.

— 48 —

Febvrier 1589.

Innocent Labiche poursuict davoir le sieur Diuxent pour gouverneur.

de quezlques affaires particullieres que ledit Sr de Bouchavenne disoit avoir en la ville, il vint visiter les S^r abbé et Boilleau qui confererent ensemble de ce faict, occasion que plusieurs avoient oppinion quil venoit au gouvernement de la ville, mais il nen feit aulcun semblant pour lors et sen retourna en sa maison a Quincy. Daultre part Innocent Labiche se meit en oppinion quil estoit ung des principaulx de la ville pour estre fort affectionné a la cause, se meit en conference avec ses alliez sur la personne dun gouverneur, et de faict fut si presumptueux que de son auctorité privee et comme sil eust esté advoué de tous les habitans il en escripvit au sieur Diuxent, de quoi ledit sieur abbé adverti en fut extremement fasché, trouva Labiche en la rue peu apres ou il le menassa pour sa temerité et entreprise, et de collere lappella copault en la presence de plusieurs personnes sans que Labiche eust ozé repartir la dessus et se retira arriere bien doulcement.

Assemblee generale soubz faulx pretexe et ou fut aresté les articles qui suivent.

Le dimenche xixe jour de febvrier du matin se tint une assemblee particullière ou il fut conclud que pour traicter des affaires qui estoient neccessaires pour le trouble advenu en ladite ville la sepmaine precceddente, lon tiendroit ledit jour de dimenche apres midy assemblee generalle aux halles pour paciffier sil estoit possible les troubles et divisions qui estoient lors en ladite ville, mais on ny tendoit pas, ce nestoit que pour bailler coulleur a ceste assemblee generalle, laquelle se feit apres midi le mesme jour ou se trouva Mr de Laon, labbé de St-Vincent, le lieutenant general Defer et trois personnes choisiz en chacune centaine. Il sy redigea par escript par lorgane dudit sieur lieutenant que ceste assemblee generalle se faisoit a cause du trouble advenu pour la prise des armes la nuict du jeudi xvie febvrier par le prevost de la citté et aultres contre le gré et volunté de Monsr le lieutenant general et du Sr de Marly gouverneur, et pourquoi lesdits prevost et complices estoient prisonniers es prisons du Roy, et aussi pour le faict de la police de la ville. Mais ce narré estoit faulx, car si on eust seullement emprisonné le prevost de la citté et ceulx qui sestoient assemblez par sa priere, il ny eust pas eu le tiers de prisonniers, car la plus part des aultres demeuroient es deux extremitez de la ville qui ne scavoient rien de la pretendue assemblee du prevost. Aussy, comme il sest veu ci dessus, le gouverneur fut aussi faict prisonnier a levesché sans aucun subject. Apres ce narré redigé par escript, fut leu aux assistans ung memoire composé par le lieutenant sur lequel fut conclud et arresté ce qui s'ensuict.

Febvrier 1589.

Sur ce que ledict sieur lieutenant general a requis la compaignie eslire quelque aultre juge pour la perfection du proces par lui encommencé allencontre du prevost de la citté et aultres pour plusieurs excuses proposées par ledit sieur lieutenant, sera linstruction et confection du proces desdits prisonniers delaissé a honnorables hommes Mes Charles Despinois, Jehan Vairon laisnel et Claude Legras, conseillers, pour instruire et parfaire le proces desdits prisonniers, et pour greffier dudict proces pourront lesdits sieurs commissaires prendre Me Claude Grignon le jeune nottaire royal.

Que Mes Jehan Vairon, Charles Despinois et Claude Legras sont depputez pour instruire le procès aux prisonniers, et Claude Grignon pour greffier.

Quil se feroit quatre corps de garde en la ville durant que lesdits prisonniers seroient en prison, a leurs despens et executez en leurs biens nonobstant oppositions ou appellations quelzconques, a chacun desquelz corps de garde seroient mis et posez douze hommes qui auroient chacun dix solz tournois pour la garde tant de nuict que de jour, et en chacun corps de garde seroient mis deux hommes dapparence pour y commander qui seroient pris et extraictz des guetz de la ville.

Quil seroit mis xii hommes pour la garde des prisonniers tant de nuict que de jour et qui seroient paiez par eulx.

Et pour labsence du Sr de Marly gouverneur (qui ne tient pas quilz le tiennent prisonnier a levesché) il fut arresté que le cappitaine Branche et les cappitaines de quartiers auront la charge et le gouvernement de la ville pour le faict des armes, et que la garde de la moictié des clefz des portes dicelle leur sera baillé et se chargeront alternatifvement les cappitaines de quartiers et laultre moictié en la puissance du cappitaine Branche en la maniere accoustumée.

Quil seroit enjoinct a tous habitans dobeir a leurs cappitaines et centeniers en peine damende arbitraire et de prison.

Deffenses seroient faictes aux habitans de sortir la ville sans congé de leurs cappitaines, et seroit signifié aux maisons des absens de retourner en ceste ville en dedans huict jours en peine damende.

Que lon esliroit deux gouverneurs de ville au lieu de Jehan Mercigay et Guillaume Paris, ce qui fut faict des personnes de Nicolas Gerault et Regnault Chastellain qui accepterent le lendemain de ce jour la charge et presterent le serment ausquelz fut baillé les clefz du magazin et du chartrier et ce jusques a lassemblee de Pasques ensuivant.

Item quatre centeniers au lieu de Jehan Dassonneville, Jehan Roullier, Bonnaventure Leclercq et Ferry Barengier, ce qui fut faict des personnes de André Dentart, Claude Torlet, Jehan Blondel et Nicolas Mignot laisnel qui accepterent ceste charge et presterent le serment en la maniere acoustumee.

Pour juge de la prevosté Me Jacques Faultré,
Pour greffier Me Felix Desmaretz,
Pour chef du conseil particullier de laditte ville et de la police Me Claude Legras comme plus ancien conseiller dudit conseil particullier.

Que tous les habitans qui seroient trouvez suspectz scelon les memoires qui seroient baillez par les cappitaines de quartiers seroient desarmez, et a eulx faict deffenses de sortir leurs maisons apres la cloche du guet sonnée, et lesdites armes baillez aux pauvres gens a la discretion desdits cappitaines de quartiers.

<small>Febvrier 1589.</small>

Que les centeniers visiteroient en la presence de leurs cappitaines les maisons de leurs centaines pour scavoir quelz gens et armes il y a.

<small>Que les centeniers visiteront les maisons de leurs centaines.</small>

Que les cappitaines faisans la reveu des armes enjoigneroient aux habitans qui ont moyens davoir en leurs maisons i, ii, iii, ou plusieurs hommes aguerriz desquelz ilz responderoient en peine de cinq escus damende applicquable a la paie dun soldat qui y seroit commis.

<small>Que les habitans de moiens auront en leurs maisons des hommes aguerriz.</small>

Le lendemain lundy xx^e febvrier, aultre assemblee generalle se feit au mesme lieu des halles ou presidoit ledit sieur lieutenant general, et apres quelzques discours fut conclud que doresnavant pour chose de consequence lon appelleroit en lassemblee de ladite ville avec le conseil particullier trois personnes qui seroient depputez et esleuz en chacune centaine, et que pour ce faire les centeniers yroient par les centaines pour estre faict ceste ellection et quelle seroit rapportee au greffe du conseil de ladite ville.

<small>Quil seroit esleu trois personnes en chacune centaine pour assister au conseil en chose de conséquence.</small>

Le lendemain xxie jour de febvrier se feit aultre assemblee generalle en la maison du lieutenant general qui se tenoit a lhostel du petit St-Vincent pres le puis St-Jullien ou fut rapporté par les centeniers les noms de trois personnes en chacune centaine qui furent esleuz pour assister au conseil et affaires dimportance comme dessus est dict desquelz les noms ensuict.

<small>Les trois personnes esleuz en chacune centaine pour assister au conseil de la ville.</small>

    1   De la centaine de Jehan Blondel
Ledict Blondel, lesleu Desmaretz et Henry de Bayne.
    2   De la centaine Charles Barengier
Claude Maynon, Claude Aubelin et Pasquier Lestoffé.
    3   De la centaine Pierre Regnault
Claude Aulbert, Laurent Ponssin et Guillaume de Leury
    4   De la centaine Anthoine de Lettres
Me Claude Dennet, le receveur Tambour et Zacarie Marteau.

Febvrier 1589.   5   De la centaine Claude Bugnatre
Mᵉ Jacques Aulbert, Nicolas Branche et Regnault Doulcet.
  6   De la centaine Regnault Branche
Ledict Branche, le recepveur Muyau et Charles Levent.
  7   De la centaine Regnault Doulcet
Lesleu Delamer, Pierre Cauche et Claude Grignon laisnel.
  8   De la centaine André Dentart
M. le lieutenant Despinois, Mᵉ Remy Bobillart et Christofle Duchesne.
  9   De la centaine Pasquier Parisis
Lesleu Blondel, Loys Lespicier et Claude Gourel.
  10   De la centaine Nicolas Mignot
Charles Leclercq, Jacques Marteau et ledit Mignot.
  11   De la centaine Mᵉ Mathieu Aguet
Ledit Aguet, Jehan Belotte et Adrien Moury.
  12   De la centaine Pierre Marquette
Anthoine Gosset, Gabriel Rouen et Estienne Monacle.
  13   De la centaine Jehan Davenne
Olivier Laborde, Pierre Corna et Nicolas Grignon.
  14   De la centaine Claude Torlet
Nicolas Forestier, Ysaac Faulcheur et Anthoine Quiboulle.

Ilz ne faillerent de comparoir tous signaument les petitz compaignons pour recepveoir ce grand honneur dassister au conseil de consequence, et pour leur com-

Les articles arrestez en ceste assemblée. mencement ilz se mirent aussi tost en besoingne et arresterent les articles qui suivent :

1   Que lartillerie seroit racomodé;

2   Que les troux du beuffroi et aultres lieux mesmes les eaues seroient visitees pour retoupper les troux ;

3   Que les fossez de la ville seroient nettoiez et a ceste fin les deniers des pauvres seroient cueuillez et mis es mains de Claude Pezé ;

Que les parapetz des murailles seroient rellevez de haulteur competente ;

Febvrier 1589.
4

Que toutes les maisons seroient visitees pour congnoistre les armes quil y avoit, et a ceste fin que lon feroit recherche des harquebuzes a crocq ;

5

Que les pouldres du magazin seroient visitez ;

6

Que les maisons des habitans qui se trouveroient suspectes par ladvis des commissaires seroient visitees pour oster et retirer les armes qui se trouveroient estre esdites maisons et icelles baillez es mains des cappitaines de quartier ;

7

Que lon retireroit hors des maisons Nicolas Estienne nagueres greffier du conseil, du prevost de la citté, de Jehan Mercigay et de Guillaume Paris, tous les cartulaires, registres, pappiers et enseignemens concernans les droictz de la ville, et ce par inventaire ;

8

Pour fournir aux plus neccessaires fraiz quil convient faire pour la garde de ladite ville seroit demandé par emprunt cent escus ;

9

Que la taille prise a lever par Jehan Roullier ne seroit levee que les roolles ne soient reformez pour la diminution quil faudra faire dicelle ;

10

Quil seroit faict quatre corps de garde a chacun douze hommes qui auront chacun dix sols tant pour le jour que la nuict montans VIII escus, sur quoy ilz ont conclud et arresté que ladicte somme sera assize sur les prisonniers et scelon le roolle de la taille, et iceulx cottisez par Jehan Aubelin et Christofle Duchesne pour ce depputez commenceant des le lundi precedent ;

11
Article au grand prejudice des prisonniers qui estoient lors renfermez dans la grosse tour du Roy.

Deffenses sont faictes a toutes personnes de jecter ou faire jecter aucunes imundices dans les fossez de la ville en peine du fouet pour les serviteurs et servantes et de dix escus entre les maistres et maistresses ;

12

Febvrier 1589.

13 Pareilles deffenses de jecter aulcunes imundices aux rues et ruelles ;

14 Quil seroit enjoinct a tous habitans ayans harquebuzes davoir en leurs maisons deux livres de pouldre a canon pour leur fourniture ;

15 Que les habitans ne sortiront de la ville sans passe-ports de leurs cappitaines ;

16 Enjoinct a tous habitans de porter les espees en la rue et deffenses aux estrangiers de porter armes par la ville.

Voila leur ordonnance et conclusion de ce jour ; il ne fault demander quel bruict et confuzion il y avoit; chacun y voulloit apporter du sien, et des lors le lieutenant general veit bien que ce grand nombre de gens napporteroit aux affaires que confuzion ; mais il avoit esté ainsy arresté au conseil secret afin que les petitz compaignons et mutins desquelz on se voulloit aider par apres se tinssent bien honnorez par leur assistance.

Suivant le premier article de la conclusion de lassemblee generalle tenu aux halles laprès midy du dimenche xix⁰ jour de febvrier, M⁰ˢ Jehan Vairon, Charles Despinois et Claude Legras, conseillers au siege presidial de Laon, et Claude Grignon le jeune leur greffier se transportèrent es prisons royalles de laditte ville le mardy xxi⁰ de ce mois de febvrier, et eulx mesmes feirent scavoir aux prisonniers leur nomination et ellection pour procedder a linstruction de leur proces, leur signifiant que tous les habitans de la ville se rendoient

Les prisonniers acceptent pour juges leurs ennemis.

parties civilles contre eulx ; et combien que ces prisonniers eussent justes occasions de les recuser et quilz peussent bien dire et exclamer *Inimici nostri sunt indices* pour estre leurs vraiz parties et ennemis mortelz. Touteffois ilz les accepterent a juges scachant leur accusation estre faulse et qu'avec justice ilz ne les pouvoient offenser, ou apres quelzques propos tenuz entre eulx ilz sortirent hors faisant le recit de leur acceptation ; et lors on commença a chercher tesmoings de tous costez pour trouver une conspiration, mais ilz ne sceurent trouver personne pour depposer a leur intention, sinon des oyz dire, bien y en avoit il, qui parloient de lassemblee du prevost de la citté qui ne leur estoit denyee. Et a la verité ces juges icy et leurs complices furent deceuz de leur oppinion, car ilz avoient pour certain quilz seroient recusez, pour de la prendre subject denvoyer a Paris aux despens des prisonniers querir le president Lesueur et le conseiller Destrappes quilz avoient ja mandez pour se servir par leur presence a reigler et policer la ville de Laon et la province et pour juger souverainement ces prisonniers avec quelzques conseillers de la ville de Rheims, ce qui fut cause que ces juges deleguez travaillerent a ce proces assez lentement en y faisant de telz quelz interrogatoires, a quoi ilz contrefaisoient les bien empeschez, et sourdement faisoient courir le bruict que ja la plus part des prisonniers estoient convaincuz de trahison par leur confession mesmes, afin dentretenir tousjours ce peuple en leur permiere impression ; aussy cela leur servoit a inthimider les femmes parens et amis des prisonniers et les rendre odieux a tous ; qui fut cause que Me Jehan Demange, procureur du Roy en lelection, alla trouver secretement le greffier Grignon quil tenoit pour ung de ses bons amis, et le pria de lui dire au vray ce qui en estoit parcequil avoit ung sien frere prisonnier, lequel contrefaisant le bien fasché respondit quil souhaittoit son frere et les aultres prisonniers devant la face de Jesuscrist pour saulver linjure que leurs parens recepvront de leur supplice qui ne se pouvoit eviter (comme il disoit) ce qui espouvanta tellement Demange qu'il en devint mallade.

Le conseil secret et les simulateurs voyant que les prisonniers n'avoient recusez Messieurs Vairon, Despi-

Febvrier 1589.

nois et Legras (comme ilz estimoient) mais au contraire quilz proceddoient voluntairement pardevant eulx, se trouverent bien empeschez pour les fraiz quil convenoit faire du voiaige de Messieurs les commissaires de Paris (quilz avoient secretement mandez) daultant quilz avoient arrestez, si tost les causes de recusations proposees par les prisonniers, denvoyer querir a leurs despens les commissaires; pourquoy frustrez de leurs projectz, ordonnerent une assemblee generalle en la maison du lieutenant general qui fut faicte le xxiiii̇e jour de febvrier tant sur ce faict que daultres baillez par memoire pour couvrir les premier et deuxieme article qui suivent ou il fut conclud :

Assemblee generalle.

1   Que lon envoiroit de ceste ville de Laon personnaige de qualité et de creance vers Messieurs de la court de Parlement a Paris avec lettres par lesquelles seroient suppliez de depputer et commectre deux de leurs corps pour venir en ceste ville achever linstruction du proces encommencez allencontre des prisonniers ;

2   Que pour fournir aux fraiz du voiaige des commissaires que le recepveur de la ville advanceroit quatre cens escus ;

3   Que le sieur de Marly, gouverneur pour le Roy, seroit prié de sortir de bonne volunté de la maison episcopalle dudit Laon pour se retirer et se loger en la maison de Mr Maugarny, chanoine. Cest article avoit esté sollicité par Mr de Laon pour lincomodité quil souffroit en sa maison par ledict Sr de Marly ;

4   Que, au lieu de ce que, ès assemblees precedentes il avoit esté arresté que les habitans (qui avoient des moiens) auroient des hommes en leurs maisons, que lon auroit soixante soldatz a chacun desquelz seroit paié x livres par mois revenant le total a deux cens escus, et daultant que la levee des deniers ne pouvoit

estre si tost faicte, fut conclud que les gouverneurs de la ville prendroient des deniers des tailles par forme demprunct seullement pour le premier mois ;

Que les prisonniers pour la pretendue conspiration faicte contre la ville seroient contrainctz de payer portes et guetz, et si ne laisseroient destre compris a l'assiette des soixante soldatz ;

Que pour la consequence M° Jehan Martin ne pourroit sortir la ville et neaulmoings que toute seureté lui seroit promise et donnée de tous les habitans en general et de chacun en particullier ;

Fut aussi arresté que par le moyen des quatre corps de garde tous aultres corps de garde et barricades seroient levez et ostez du dedans ladite ville.

Voila assez travaillé pour ce jour, voyons ce quil fut arresté le lendemain xxv° febvrier en une assemblee particulliere, cest

Que les gouverneurs et cappitaines de la ville seullement nommeront et esliront entre eulx ung personnaige propre pour aller a Paris qui seroit nommé en secret pour limportance de laffaire, et auquel seroit baillé quinze escus pour faire le voiaige ;

Et le mesme jour fut nommé et esleu par lesdits gouverneur et cappitaines de quartiers la personne de M° Jacques Aulbert pour faire le voiaige, qui auroit accepté ceste charge.

Le dimenche xxvi° febvrier la ville de Laon receut lettres de la part du S' de Ballagny, gouverneur de Cambray et du Cambrezy qui par icelles ne mancquoit de faire belles offres a ladite ville, qui furent le lendemain lundy xxvii° veues et leues au conseil particullier où fut conclud que pour limportance du contenu esdites lettres lon feroit assemblée generalle des centaines.

Le dernier febvrier tant sur les lettres de Ballagny

Febvrier 1589.

Aultre assemblee.

Lettres de la part de Ballagny a la ville de Laon.

Assemblee generale.

Febvrier 158?.   que sur des memoires il se tint assemblee generalle on il fut conclud :

1   Que responce seroit faicte ausdites lettres contenant que ladite ville remercioit ledit Sr de Ballagny des offres quil lui faisoit ;

2   Que Felix Desmaretz seroit deschargé du greffe de la prevosté attendu les affaires de la ville esquelles il est continuellement empesché ;

3   Que le gouverneur seroit de rechef prié de sortir hors levesché et se loger au logis de Mr Maugarny ou a la maison du secretaire de Monsr de Laon size devant leglise Ste-Geneviefve, et a son refuz que serviteurs domesticques et aultres comoditez lui seroient desniées et ostées, aussy quil seroit requis et sommé de declarer sil entendoit respondre pardevant les juges commissaires pour se justiffier suivant la requeste par lui presentée ;

4   Que au lieu de soixante soldatz que on en leveroit cent ;

5   Pour recepveoir les deniers quil conviendroit pour la paie desdits soldatz et faire leur paiement fut commis et depputé la personne de lesleu Blondel, et pour controlleur du clergé Boilleau, et pour greffier Ballin greffier du guet, et pour commissaire pour prendre le serment M. Legras.

6   Que lon prendroit sur les deniers des tailles et des decimes de ladite ville par emprunct telles sommes de deniers quil seroit advisé pour estre converty au paiement desdits cent soldatz, et moyennant lesquelz cent soldatz il fut conclud quil ny auroit plus que deux corps de garde pour la garde des prisonniers lesquelz contriburoient a la solde desdits cent soldatz.

7   Que Jehan Aubelin continuroit a faire la cueillette pour trois jours comme aussi Pierre Regnault continuroit a cueuiller lesdits deniers et faire les executions.

Le lendemain premier jour de mars, aultre assemblee generalle se tint sur les lettres receues ce mesme jour de la part du duc Daumalle qui furent veues et leues et le gentilhomme porteur dicelles oy au conseil ou il fut conclud que lon y feroit responce contenant remerciment des offres quil faisoit a ladite ville et de la bonne affection quil lui portoit. *Mars 1589. Assemblee generalle faicte sur les lettres du duc Daumalle.*

Voicy ung grand honneur que la ville de Laon receoit destre ainsy carressé de ces deux seigneurs qui se preparoient dentrer au cueur de la France pour y guerroyer.

Nous avons cy devant laissé le regiment du baron de Cardaillacq voguer ca et la comme oisif a la campaigne, mais sur ladvis quil receut que Ballagny estoit deslogé du Cambrezy avec VIII cents chevaulx et trois mil fantassins, il minutta sa retraicte, et de faict la nuict du IXe mars il surprint le bourq de Pierrepont qui nestoit gardé que par les habitans et sy logea quelque temps attendant veoir quelle brisee prendroit Ballagny, lequel tourna teste a Ribemont ou avoit sommé le cappitaine Alexis qui y commandoit pour le Roy et se rendit a composition le XVe mars. Ballagny passant oultre feit estendre ses trouppes au large a la campaigne pour faire parroistre plus de gens quil navoit. Sa personne salla loger a Marle ou il fut honnorablement receu, et en ce lieu augmenta beaucoup ses trouppes par la ruyne du regiment du baron de Cardaillacq qui se deffit soi mesme par faulte dexercice. Ce baron estoit jeune en conduicte dhommes, peu respecté et mal obey, prenant advis particullier tantost dun de ses cappitaines tantost dun aultre, de quoy il sengendra une jalousie et confuzion entre eulx qui causa leur division, partie desquelz salla joindre aux trouppes de Ballagny qui les avoit faict solliciter soubz promesses de bon appoinctement. *Pierrepont surpris par le baron de Cardaillacq. Le cappitaine Alexis rend Ribemont a Ballagny. Ballagny se loge dans Marle. Division du regiment du baron de Cardaillacq.*

Comme on fut asseuré en ceste ville de Laon que

Ballagny estoit a Marle, il se tint une assemblee particulliere le xviiie mars, ou il fut conclud que les gouverneurs de la ville acompaignez de Symon Hubert yroient lui porter du vin de la part de ladite ville et le prier dinvestir le bourq de Pierrepont et faire en sorte que le baron avec ses gens fust contrainct den sortir.

Mars 1589.

Vin de present envoié à Ballagny.

Le xxe mars se tint a Laon une assemblee secrette par les simulateurs sur les moyens et facillité qu'on tiendroit pour faire declarer ouvertement la ville ligueuse, a laquelle pour estre la cappitale du pais se rangeroit aisement (comme il leur sembloit) toutes les petites villes fortz et chasteaux des environs au mesme party, pour la craincte et terreur que Ballagny bailloit lors a tout le pais en exerceant par ses gens (comme ilz faisoient) beaucoup de cruaultez et dinhumanitez, ou il fut advisé qu'on feroit faire ung grand rumeur a la ville par les mutins pour congnoistre par quelque subject qu'on prendroit sil y avoit gens contraire a la ligue, les jecter par terre sil sen trouvoit, et si besoing estoit donner une bonne saignee a la republicque. Pour executer ceste conclusion on procedda ainsy. Ce fut que le soir du mesme jour environ les six heures Mes Charles Despinois et Claude Legras furent a la chambre du conseil, y manderent Me Nicolas Martin, maistre des eaues et forestz, et Me Olivier Allart, lieutenant criminel de robbe courte, prisonniers avec les aultres, ausquelz ilz feirent entendre avoir veu leur proces et par icelluy congneu leur innocence. Quilz desiroient les eslargir en baillant neaulmoings cautions bourgeoises residens en la rue du Blocq pour les representer toutes les fois quilz en seroient requis, que partant ilz eussent a adviser promptement a fournir de leurs cautions pour sortir aussitost, ce que ces deux prisonniers feirent en dilligence, lun desquelz fournit Me Adam Martin son pere et laultre la vefve Me Pierre Bobillart sa sœur, es maisons desquelz ces deux prison-

Conclusion des simulateurs pour ouvertement se declarer ligueurs et leur invention pour y parvenir.

Faincte des juges deleguez a eslargir deux prisonniers.

niers furent conduictz par ces juges qui enjoignirent
a leurs cautions de les retenir en leurs maisons pour
quelque temps et ne les laisser sortir hors, y mectant
oultre ce des gardes tant devant que derriere dhommes
sans aulcuns armes afin que lon ne sen apperceut, et
jusques environ trois heures apres (scelon le project
faict a ceste assemblee) que le cappitaine Thuret se
transporta vers Jehan Davenne et Pierre Marquette
centeniers soubz lui, leur commandant daller en dilligence faire esmouvoir tous les mutins de leurs centaines quilz congnoissoient et les envoier avec leurs
armes empescher la sortie des prisonniers desquelz
il affermoit y en avoir ja deux hors, ce quilz feirent.
Lassemblee de ces mutins se voyant en bon nombre,
donnerent vers le corps de garde de la chambrette ou
ilz sarresterent y faisant grand bruict qui donna
lalarme partout; de la, sen allerent a la maison de ces
juges demander leurs prisonniers eslargiz qui faignerent avoir grand peur de ce peuple mutiné, et en la
presence des plus sedicieux allerent requerir ces
pauvres gens ja couchez quilz ramenerent en la prison
avec ung tres grand hazart de leur vie ayans failli par
deux ou trois fois destre massacrez entre les mains
et au millieu de ces deux juges qui apres se retirerent
en leurs maisons. Ceste trouppe mutine faschée de
navoir aultrement emploié son voiaige se joignit avec
daultres survenuz a la placette ou ilz delibererent de
massacrer tous les prisonniers, et pour y parvenir
Jehan Courteau lun des principaulx mutins dict a ses
compaignons nouveaux venuz que ce nestoit assez davoir
veu ces deux prisonniers rentrer a la prison, mais quil
falloit veoir aussi si tous les aultres y estoient, et a ce
subject furieusement se departirent de la, passans a
travers ung corps de garde pozé a la grande porte de
la court du Roy, et arrivans a la premiere porte de la
prison demanderent au geollier louverture qui leur

Mars 1589.

On faict esmu-
voir tous les mu-
tins de la ville.

Les deux pri-
sonniers eslargiz
sont remis dans la
prison avec hazar
de leurs person-
nes

Mutins.
Jehan Davenne
Pierre Marquette
  centeniers
Jehan Courteau
Jacques Marcotte
Jehan Revela
Claude Patar
Jehan Moien
Nicolas Dupont
Michel Rousseau
Jehan Katherin
Jehan Henri
Jacques Hinsselin
Jehan Marcq
Jehan Mouri
Laurens Ponssin
Pierre Marounier
Jehan Guerdin
  comparans à ce
  faict.

Mars 1589.

Les cappitaines de Lancy et Hubert habandonnent les prisonniers a la rage des mutins.

Les mutins et seditieux sefforcent de brisser les portes de la prison pour massacrer les prisonniers.

Grand fraieur du XXe mars ainsi appellé par les prisonniers.

Providence divine.

Le cappitaine Delamer empesche les mutins et seditieux dexecuter leur meschante volunté

Remonstrance du cappitaine Delemer aux seditieux.

fut desniée. Tost apres y arriva de Lancy et Hubert, cappitaines de quartiers qui faignirent de destourner arriere ces seditieux, mais scachans de Courteau leur délibération qui convenoit a leur volunté ilz sen departirent en disans qu'aussi bien failloit il que ces prisonniers mourussent. Ces mutins se voyans comme advouez et en leur liberté par le retour que feirent ces deux cappitaines, ilz commencerent a rompre la porte dun plat cellier ou se mectoit les buches et fagotz de Messieurs les juges presidiaulx, de la tirerent des plus grosses busches et avec cordaiges accomodez autour dicelles sen allerent hurter tant contre la premiere porte de la prison que contre une aultre porte qui est au bas des degrez de la chambre criminelle ou on avoit mis nouvellement le prevost de la citté en deliberation dexterminer tous ces prisonniers, mais leurs desirs pervers ne parvint a effect, car ces pauvres prisonniers icy encores quilz fussent a lumbre de la mort sy ne pouvoient ilz tumber daultant que Dieu avoit soing deulx, et pour monstrer aux hommes que leurs effortz ne vallent rien contre les arrests de sa divine providence. Voicy arriver lobstacle quil envoie a leur meschante volunté. Ainsy doncq comme le grand effort se faisoit, se presenta le cappitaine Delamer plus pitoiable que les deux aultres cappitaines (qui scavoit fort bien que lemprisonnement de ces hommes navoit esté faict a aultre subject que pour advancer la ligue et non pour aulcune conspiration quilz eussent faict) pria doucement ces mutins de ne passer oultre, en leur remonstrant que ce faict estoit de grande consequence, a quoi ilz ne voullurent entendre, occasion que ce cappitaine voiant le peril eminent dun massacre pernicieux en ce lieu pour de la aller au general se meit au hazart le premier en se plassant le doz contre la plus foible porte de ces prisons, et en pozant ses armes par terre leur dict quil endureroit plus tost estre le premier tué que de recepveoir une telle injure quil fauldroit recepveoir lorsque les president et conseillier de Paris viendroient pour juger a mort les prisonniers, ce qui se debveoit faire dans peu de jours, que pour leur descharge il valloit mieulx les faire mourir par justice que aultrement afin que la confiscation de leurs biens servist a la cause, quil les prioit au nom de Dieu davoir patience encores deux ou trois jours seullement, ce quil disoit afin de les desmouvoir de leur execution, mais ilz nen voullurent rien faire disans quils voulloient aller compter leurs prisonniers dans la prison parce qu'on en avoit faict sortir deux sans leur sceu ; toutefois a la fin vainquz des doulces et continuelles prieres de ce cappitaine, ilz cesserent leur fureur soubz promesses a eulx faict que a la dyane on leur monstreroit tous les prisonniers, attendant quoi ilz se tindrent en ce lieu faisant bon feu du bois de Messieurs les presidiaulx. Pendant ce temps ung de ces seditieux nommé Jehan Revela boullenger de son mestier se mectant hors des bornes du respect publicq, scachant que le prevost de la citté estoit proche de la, vomit contre lui plusieurs injures, lappellant meschant borgne, prevost pilate traistre et desloyal, quil lavoit cy devant condamné en amende pour son petit pain, mais quil le verroit bien tost aller en paradis par escallade. Sur le matin ces mutins abbatuz de sommeil et de froict (comme il faisoit) commencerent a se retirer peu a peu lun apres laultre en leur maison, principallement les plus signalez. Du reste ilz furent doulcement appaisez et renvoiez par ce cappitaine qui les avoit entretenu grande partie de la nuict a deviser sappaisans jusques a une aultreffois, et quant il plairoit Messieurs du conseil de se servir de leur rumeur et mutinerie qui estoit assé souvent, delaissant bon feu de reste au millieu de la place. De ceste doulce retraicte ces pauvres prisonniers louerent la bonté et providence de ce

Mars 1589.

Les mutins appaisent leur furie et la dilaient.

Injures proferees contre le prevost de la citté par un coquin.

Les prisonniers louent Dieu de la retraicte des mutins.

Mars 1589. grand Dieu qui les avoit preservez dun tel neufraige, et a sa louange composerent des beaux canticques en musicque quilz chantoient souvent au soir lorsquilz estoient renfermez au hault de cette grosse tour, en remerciant Dieu de son assistance paternelle. Il fault croire quilz eurent une grande fraieur la nuict tant a cause du grand bruict quilz oyoient de ceste mutinerie, qu'aussy ilz oirent aussi tost le geollier ouvrir toutes *Malice du geollier.* les serrures des portes de ceste prison excepté la premiere porte pour son excuse quil estimoit les mutins et seditieux debvoir rompre et briser, ce quil faisoit afin que ces prisonniers fussent plustost expediez tant *Olivier Allart se jette aux pieds du geollier pour le saulver.* il leur estoit ennemy, lun desquelz touchés de plus grande fraieur que les aultres se meit a genoulx devant ce geollier le priant a mains joinctes et lui offrant argent pour le mectre dans ung de ses petitz cachotz, mais il nen voullut rien faire luy faisant responce que ce ne seroit que peine perdu parce quil failloit tous mourir ceste nuict la, touteffois Dieu le feit menteur.

Le matin du XXI° mars ayant recongnu par ce Conseil secret la grande fraieur qui avoit esté baillé ceste nuict la a tous ceulx qui eussent desiré le party du Roy, aussy que nul ne sestoit paru pour sopposer au *La ville de Laon se declare ouvertement ligueuse.* rumeur de ces mutins qui avoient faict courir le bruict par toute la ville qu'on alloit massacrer les prisonniers. Se voians du tout au dessus de leurs affaires, feirent publier avec la trompette par tous les carrefours de la ville, que injonction estoit faicte aux habitans deulx trouver a la predication a la grande eglise, sur peine de grosse amende, baillerent au cordellier *Predication faicte par ung cordellier pour induire le peuple à la ligue.* predicateur instruction de sa predication de ce jour ou il ne faillit dampliffier son memoire pour induire le peuple de prendre le party de la ligue quil nommoit la saincte union des catholicques, dict quil ne failloit dilaier tant qu'on faisoit, interpelloit voire conjuroit a haulte voix les superieurs de la ville a y entendre et se joindre a une si saincte union allencontre dun tiran ennemi de nature qui avoit si inhumainement faict massacrer par ses coppes jaretz ung si valeureux prince, que pour ceste cause Messieurs de la Sorbonne de Paris avoient proceddé par excommunication allencontre du tiran de Vallois vray enchanteur, layant bien faict parroistre a lendroict de ce bon pillier de l'eglise catholicque lequel ne sestoit peu evader de ses sortz et enchantemens a Blois ; et en continuant feit lecture en son sermon en latin et en françois de cest acte sorbonicq attendant (comme il disoit) lexcommunication de sa saincteté quil debveoit envoyer dans les pasques prochaines. Ceste saincte et salubre predication du cordellier achevee avec une telle hardiesse pour les injures contre le Roy estonna plusieurs de la compaignie ou estoit la plus saine partie des habitans de la ville ausquelz de main en main on disoit quil ne failloit bouger de la. Et aussy tost se feit une assemblee generalle devant le crucifix de ladite eglise ou assistoit levesque de Laon, labbé de St-Vincent, labbé de St-Jehan de Laon et de St-Denis de Reims, le prieur et grand vicaire de l'abbaie St-Martin representant labbé absent, les chanoines, moynes, prebtres et aultres gens deglise, pareillement le lieutenant general Defer, les conseilliers du siege et gens du Roy, le cappitaine Branche, les quatre cappitaines des quartiers, les centeniers et aultres officiers, ou le lieutenant general Defer feit une harangue tendant a se joindre avec les aultres villes ligueuses quil cottoit en grand nombre pour ensemblement chasser Henry de Vallois, lequel il disoit ne pouvoir durer longtemps pour estre habandonné de tous en recepvant le guerdon de son forfaict, admonestant le peuple et toute lassistance de jurer et signer une si saincte union que le predicateur avoit sy doctement donné a entendre, laquelle lui mesme avoit longtemps auparavant juré et signé

Mars 1589.

Assemblee generalle faicte dedans la grande eglise de Laon pour faire serment à la ligue.

Harangue du lieutenant general

Mars 1589.

Harangue de M⁰ Jehan Bodin procureur du Roy.

Les mutins murmurent contre Bodin.

Serment de fidelité faict à la ligue.

Feuz de joie et grande allegresse pour la naissance de la ligue a Laon.

et pris grand travail a lintroduire dans ceste ville de Laon, de quoi il y avoit gens notables en la compaignie qui le pouvoit ainsi certiffier. Sa harangue finie M⁰ Jehan Bodin dict de St-Aman procureur du Roy en ce bailliage feit la sienne assé longue et confuze se qualifiant en icelle procureur du publicq et de lestat royal et non du Roy, dict en se jactant que si Mʳ le lieutenant general avoit ordonné que pour lutilité publicq chacun jureroit et signeroit la saincte union des catholicques, aussi l'avoit il auparavant requis en la chambre du conseil pour son debveoir, que au demeurant il requeroit quil fust informé et faict justice de plusieurs personnes de la ville qui de leur auctorité privée la nuict passée sestoient efforcez dentrer es prisons par violence et bris des portes, ce qu'oyans par la plus part des mutins neurent la patience de le laisser achever ses parolles et commencèrent a murmurer et crier hault apres Bodin, disans quil failloit dresser une potence et y mectre Bodin le premier. Labbé de St Vincent oyans ces mutins renforcer leurs voix avec grand peine les feit taire, pacifia le tout par son auctorité et ordonna que le faict passé seroit mis soubz pied et que personne nen seroit recherché a ladvenir. Le tout estant ainsy appaisé, les grandz scelon leur dignitez et qualitez feirent à la ligue chacun lun apres laultre le serment de fidelité, comme aussy feit apres le peuple tout ensemble. En signe de rejouissance de laquelle ligue et de tant plus faire parroistre sa naissance en ceste ville et la divulguer partout comme chose arrestée du tout, ce mesme jour il fut faict procession generale ou tous les susdits assisterent, fut chanté le *Te Deum* avec musicque et son des orgues, lartillerie tirée, le feu de joie faict dedans le cloistre devant le grand portail de ladicte eglise ou avec grande solempnité levesque ayant la mitre en teste meit le feu. De quoy partie des habitans (appelans nouveaultez et croians destre exemptz de tailles subcides et impotz, mesmes de paier leurs propres debtes) en menerent grand joie et burent daultant, et les aultres en prindrent deuil et tristesse pour la ruyne et le malheur du tout visible a ceulx qui voulloient ouvrir les yeulx. Voila doncq la ligue plantée dedans la ville de Laon et bien carressée par plusieurs endebtez qui avoient deservy punition et justice pour leurs forfaictz, comblez de toutes meschancetez, nottez d'infamie, pressez de dissette, voire mesmes dartisans et gaigne deniers qui estoient ennuiez de travailler davantaige de leur mestier et de telles aultres manieres de gens. Laquelle par sa naissance a rompu et dissippé tous les cornetz des vaschers et les houllettes des bergers charrues et aultres ustancilles du labouraige, et au lieu diceulx a produict forces harquebuzes pistolletz pertuisannes et hallebardes, enfin beaucoup dheritiers par benefice dinventaire separations de biens et encores plus de curateurs aux biens vaccans.

Pour achever deffectuer une si saincte deliberation fut ordonné aux centeniers daller en toutes les maisons de leurs centaines faire a chacun signer la ligue et des refuzans sil y en avoit les mectre par escript pour les notiffier au conseil, de quoy chacun s'acquicta pour la doubte destre proscript et de perdre ses moyens. Et des lors se feit des assemblees dhommes en plusieurs places de la ville lesquelz pour parvenir a plaire aux mutins il falloit desplaire a Dieu au Roy et a sa propre conscience, car il estoit mal venu qui ne detestoit lexecution de Blois, reciter la liste des faictz memorables du duc de Guise, les eslever jusques au ciel, mesdire a bouche ouverte du Roy, deschirer ses figures et pourtraictz, detester ses actions et representer l'acte dernier a Blois comme cruel inhumain et barbare, aultrement il nes-

Mars 1589.

La ligue est bien receue par les endebtez.

La ligue a sa naissance a dissippé les cornetz des vachers et produict des curateurs aux biens vaccans.

Les centeniers font signer la ligue a tous.

Le peuple mesdict de son Roy pour exalter le duc de Guise.

— 68 —

Mars 1589.

Les cappitaines de quartiers jurent de nayder leurs parens prisonniers

toit pas reputé bon catholicque bien affectionné [
bien zelé a la religion. Pour ceulx du conseil secret
cappitaines de quartiers ilz feirent des executions te[r]-
ribles contre celluy dentre eulx qui decelleroit leu[r]
desseings et projectz et qui aideroit a ses parens p[ri]-
sonniers. Eulx ne scachant les imprecations qui
avoient faictz escripvoient et envoioient souvent ve[rs]
ces cappitaines leurs femmes et enffans pour implor[er]
leur ayde, mais cestoit en vain quilz y alloient c[ar]
ilz ne les debvoient ayder en fasson quelconque. D[e]

Bodin est habandonné de tous.

Bodin il demeura seul sans frequentation de personn[e]
combien qu'en sa harangue il se fust efforcé de monstrer son affection a la ligue en foullant aux piedz devant tous vraiz françois les droictz et auctoritez de[s]
estatz de France, mais en vain, car il estoit bien congneu en la ville pour ung politicque et dangereux catholicque, dont cest une chose tres vraie que le[s]
hommes saiges nont pas tousjours une discretion ou
jugement parfaict. De quoy il est neccessaire que souvent se demonstrent des signes de la foiblesse de len-
tendement humain tel quil arriva a Bodin en sa harangue quil feit a ceste eglise cathederalle ou il uza
des parolles assez mal sonnantes que je ne veulx reciter. Cest acte lui donna une grande tache entre les
gens dhonneur, il luy sembla ces parolles estre propres pour se rendre (contre sa conscience) plus agreable aux ligueurs a sestendre ainsy par trop en sa harangue au mespris de son Roy, et comme depuis il

Regardez au 28ᵉ jour d'apvril 1589.

feit encores a une responce quil signa en ung exploit
dun huissier ainsy quil sera dict cy apres, mais
pour tout cela Bodin nen fut davantaige emploié aux
affaires publicques, les ligueurs se servans de lui
seullement comme d'un baston a ruer aux noix. Voila
doncq Bodin demeuré seul a faire comme on dict des

Mouchardz establiz.

chasteaux en Espaigne. Au regard du commun peuple
il fut estably entre eulx des mouchars en plusieurs

coings des rues pour par les frenestres et trilliz oyr veoir et considerer les actions des soupsonnez, fut entretenu aussi des mutins pour sen servir a faire du rumeur scelon les occurrences, ordonnant pour chef de ceste bande Jehan Courteau dont est cy devant parlé homme fort propre a tel exercice et vray flambeau de sédition populaire, car il fault tousjours quelque seditieux qui parle qui crie et qui commence le jeu, daultant que le peuple est comme une mer qui ne se remue jamais sans vent et ung vaisseau qui se laisse manier au premier qui mect la main au timon que je delaisseray a parler jusques a une aultreffois.

Cest icy le pourtraict que l'hideux Lucifer
A tiré du profond des abismes denfer
Cest ici le pourtraict de la ligue damnable
Q'un françois doibt hair beaucoup plus que le diable
Elle a dessus son chef plusieurs serpens tortus
De furie de rage et d'horreur revestus
Cest ici le pourtraict dune relligieuse
Aiant les yeulx sanglans et la cervelle creuse
Deux faces en ung corps visant de tous costez
Pour mieulx dissimuler ses grandes cruaultez
Elle a pour son appuy les plus grandz de la terre
Pour nous combler de deuil et de funeste guerre
Et de feu et de sang et de division
Soubz le prétexte faulx d'une saincte union
Lescusson espagnol qu'en sa main droicte porte
Rien que rançonnemens et tout malheur napporte
Escusson recongnu par noz afflictions
Qui nous a tant causé de maledictions
Sa main gauche ressemble a celle dune harpie
Qui aspire a noz biens et noz vies espie
Et tasche dempoigner lescusson des françois
De corrompre noz meurs et renverser noz lois
Par ses faictz glorieulx et sanglantes menées
Que nostre Roy a faict convertir en fumees
Cest nostre roy Henri lequel puissant et fort

Mars 1589.

Des ligueux forcenez a surmonté leffort
Lequel repurgera ung jour dabuz le monde
Et en France fera florir la paix feconde.
La ligue a du surplus les deux piedz griffonnez
Pour aller et venir vers les plus obstinez
Elle a le cueur dacier le corps d'une diablesse
La langue de sorciere et lhabit d'une abbesse
Les cheveux de Meduse et les yeulx d'un folet
Pour soubz un zelle sainct forrer dans son fillet
Les plus simples charmez par les faulses harangues
De ceulx qui ont vendu au plus offrant leurs langues.

La figure de la ligue a esté bruslé a Laon au champ St-Martin le mercredi au soir xvii° juing m. v° iiii°⁻ˣ xviii apres la procession generalle et feuz de joie faictz en ladicte ville pour la paix dentre les Roys de France et dEspaigne publié a Laon le jour precedent xvi° juing.

Assemblee generalle ou fut arresté les articles qui suivent.

Le xxiiii° mars il se feit une assemblee generalle ou il fut conclud les articles qui suivent.

1

Que pour garder la ville et le plat pais il y auroit cinquante chevaulx legers qui seroient logez en ceste ville, et pour la charge de cappitaine fut nommé le S⁻ de Puisieux.

2

Que lon auroit trente harquebuziers a cheval du corps des habitans de ladicte ville, et pour la solde desdites deux compaignies seroient pris tous les deniers de toute nature lesquelz a ceste fin seroient saisiz et arrestez.

3

Et pour congnoistre a quelle somme tous les deniers pourroient monter ont esté presentement nommez pour le clergé le doyen lofficial et Boilleau chanoine, et pour les seculiers M⁻ Despinois conseiller lesleu Delamer lesleu Blondel Nicolas Branche laisnel et le receveur de Lancy.

4

Fut aussi arresté que les commissions qui seroient de la en avant expediées peur les affaires de la guerre et aultres affaires concernant la ville et la province seroient intitulées : Les gens du conseil de la ville de Laon et pais de Lannois, et seroient signees du greffier du conseil et scellees du sceau de la ville.

Que les commissaires pourvoiroient aux requestes presentées par les prisonniers.

Le xxviie mars se tint aultre assemblee generalle ou (apres avoir oy le Sr de Puisieulx au conseil) fut conclud que lon lui feroit offre de mil escus pour prendre et accepter la conduicte dune compaignie de cinquante lances.

Que le revenu des abbaies St-Martin St-Nicolas-aux-Bois et Thenailles seroient saisiz pour subvenir aux affaires de la guerre.

Que le Sr de Marly seroit prié de sortir hors ladite ville lui sa femme et famille. Il taschoit par tous moiens sejourner en la ville comme gouverneur, mais on nen voulloit poinct, et de faict a lassemblee qui se tint lapres midy de ce mesme jour la forme de son passeport lui fut expedié comme il sensuict.

Les gens du conseil de la ville de Laon et pais de Laonnois supplient tous gentilzhommes cappitaines villes communeaultez et toutes aultres personnes de la Ste Union, de voulloir librement et seurement passer le Sr de Marly gouverneur de la ville de Laon sa femme enffans serviteurs et domesticques qui sen retourne en sa maison, sans lui faire ni souffrir estre faict aulcun trouble ou empeschement et faire tout ainsy quilz vouldroient leur estre faict en cas semblable. Donné a Laon soubz le contre scel de ladite ville, signé Desmaretz et scellé.

Ce passeport qui lui fut presenté par le greffier ne le feit haster davantaige, car il avoit resolu dattendre lassemblee de la derniere feste de Pasques qui estoit le iiiie apvril ensuivant, il ny avoit plus que sept jours, ses amis lui avoient promis faire merveilles a ceste

Mars 1589.

assemblee, mais ilz eurent la squilancie ceste journee la et nul nen oza parler. Le gouverneur de sa part travailla fort a composer une requeste quil y feit presenter, de laquelle sera parlé en son lieu.

Quil seroit faict monstre de C. soldatz et paiez pour 1 mois.

Apres la forme du passeport du Sr de Marly expediée, il fut conclud a ceste assemblee que la monstre des cent soldatz de ladicte ville seroit faicte et quil leur seroit baillé argent pour ung mois par lesieu Blondel sur les mil escus quil avoit en ses mains.

Il se feit rapport en ceste assemblee que le Sr de Puisieux ne se voulloit contenter de loffre quon lui avoit faicte de mille escus pour accepter la charge et conduicte de cinquante lances, ce qui feit changer dadvis ce conseil, car au lieu de lanciers on se con-

Harquebuziers a cheval au lieu de lanciers.

tenta dharquebuziers a cheval, la charge et conduicte desquelz fut baillé a ung aultre que audit sieur.

Environ ce temps ung des mutins de la ville nommé

Billetz attachez par Estienne Herbin contre les prisonniers.

Estienne Herbin feit plusieurs billetz escriptz et lettres contrefaictes quil attacha de nuict aux portaulx des eglises contenans quil estoit neccessaire pour la conservation de ladicte ville dexterminer tous les prisonniers, que faisant le contraire ou dilaiant il arriveroit du malheur a la place, incitoit le peuple a costé par des telles quelles raisons dinconveniens ; touteffois pour aultres affaires qui surviendrent on neust esgard a ces billetz qui furent deschirez.

Ordonnance du conseil pour informer de la vie et renommee des prisonniers avec excommunication

Le conseil de la ville ayant receu advis que les président et conseillier de Paris quilz avoient mandez sacheminoient en ceste ville ordonna quil seroit informé des vies estatz et renommez des prisonniers, que pour ce faire il seroit obtenu monition *ad finem revelationis nemine dempto* et par excommunication qui seroit publiée et fulminée quant besoing seroit, pour les informations faictes par les juges ad ce deleguez les joindre avec les aultres et les delivrer a ces messieurs de Paris sitost leur arrivee, pour par eulx achever lins-

truction du proces cy devant encommencé contre ces
pauvres captifz qui ne desiroient aultre chose que leur
venue pour lesperance quilz avoient de leur eslargissement, contre lesquelz cependant sexercoit des plus
grandes inhumanitez qui se pouvoient excogiter, chacun
se bandoit contre eulx par les faulx rapportz qui se
faisoient, estans leurs familles fuiz et chassees comme
pestifferez jusques a leur refuzer du feu et de leaue.
Et afin que ces pauvres gens neussent communication
a personne il fut choisy quatre des plus signalez seditieux de la ville pour commander lun apres laultre a
la garde de la premiere porte de la prison par le dehors
a laquelle il y avoit une grosse et forte serrure la clef
mis es mains du commandeur avec lequel y avoit
nombre de soldatz qui y furent assez longtemps aux
despens des prisonniers ; que quant on leur portoit a
vivre pour eviter la communication de leurs serviteurs
ou chambrieres ce commandeur faisoit de loing pozer
le pain pot et plat par terre quil visitoit sil y avoit lettres ou aultres choses, couppoit le pain en trois ou
quatre morceaux, regardoit aux bouchons des bouteilles sil y avoit de lescripture, desploioit les serviettes
chemises et mouchouers qu'on leur portoit ; durant ce
temps ilz faisoient retirer les serviteurs et chambrieres loing arriere de leurs maistres ; touteffois pour tout
cela ilz ne laissoient davoir souvent des nouvelles de
ce qui se passoit tant dedans que hors la ville dindustrie et dinvention quilz trouverent, les ungs par le
moien dune feuille ou demie feuille de pappier blanc
quilz demandoient aux serviteurs et chambrieres leur
estre apporté en la presence de ce commandeur faignant y voulloir escripre quelque requeste pour presenter a Messieurs que ce commandeur permectoit
par la priere qu'on luy faisoit auparavant, laquelle
feuille ou demie feuille de pappier blanc receue ces prisonniers alloient au hault de ceste grosse tour ou la

Mars 1589.

Jehan Courten Jehan Marc Claude Aubelin e Nicolas Morlet or donnez pour chef de la garde de prisonniers.

Moyens que te- noient les prison- niers pour avoir des nouvelles.

Mars 1589. pluspart estoient logez, et la mectant pres du feu sapparroissoit toute lescripture qui avoit esté faicte par leurs amis avec du jeu doignon ; daultres que quant on leur apportoit du vin au repas on choisissoit ung pot a ventre et petite ouverture par hault, au fond duquel estoit quelque petite lettre escripte serré enveloppant une balle de plomb qui la faisoit tousjours demeurer au fond du pot ; daultres qui estans au hault de la gallerie de ceste grosse tour regardant les murailles de la ville tirant derriere leglise St-Remy a la place ou estoit quelzques ungs de leurs amis avec signes de carracteres (qui sestoient de longtemps apris par alphabet) descouvroit les nouvelles, et neaulmoins a toutes ces choses et encores a daultres petites inventions ces quatre commandeurs nen descouvrirent rien ny mesmes le geollier et ses gens encores quilz prinssent bien garde aux actions de ces prisonniers et quilz les eussent en grand haine sans subject dont bien leur en print, car il y avoit du grand hazart a leur vie silz eussent esté descouvertz.

Le Bailly de Vermandois et aultres vont a La Fere et reviennent par auprès de Laon. Le xxvıı° jour de mars dix ou douze gentilzhommes de ce pais joinctz avec le Sr de la Bove bailly de Vermandois passerent pres ceste ville de Laon allans conferer avec le Sr Destree gouverneur de La Fere. A leur retour qui fut le lendemain xxvıııe de ce mois ilz eurent a la rencontre entre la cense de Courdault et le bois de Breuil Hector de Grasset dict de Paris lieutenant du prevost des mareschaulx de Laon acompaigné de vingt hommes de chevaulx, lesquelz au lieu de se charger pour estre de party contraire ilz se saluerent lun laultre sans aultre chose se faire au grand mescontentement de plusieurs habitans de ladite ville qui regardoient par dessus les murailles pour veoir lescarmouche quilz estimoient saller donner entre eulx, de quoy fasché douze ou quinze de ladicte ville sen departerent avec harquebuzes et en dilligence copperent chemin a ces gentilz hommes se mectans en embuscade dans une maison pres du pont dArdon ou ceste cavallerie alla passer, au travers de laquelle par plusieurs pertuis faictz a la muraille et aultres endroictz de la maison ces habitans tirerent sept ou huict coups de harquebuzes qui en blesserent quelzques ungs et jecterent le cheval du Sr Deriencourt mort par terre luy faict prisonnier et mené a Laon dou il sortit le IIIe jour dapvril ensuivant moyennant cent cinquante escus de ransson.

Le xxixe jour de mars il se tint une assemblee generalle ou il fut conclud que lon auroit seullement cinquante harquebuziers a cheval qui seroient conduictz par le Sr du Mesnil qui en avoit ja pris et accepté la charge a condition que lon lui bailleroit par advance deux cens cinquante escus.

Et que Lafosse demeurant a Neufville seroit remercié par les gouverneurs de sa bonne volunté et neaulmoins que sa despence seroit paiée.

Et sur ce que lon voioit que le Sr de Marly gouverneur ne voulloit sortir la ville et que personne ne voulloit uzer de contraincte contre lui, il fut conclud que lexecution de la conclusion contre lui prise seroit differée attendu les promptes nouvelles receuz que le president Lesueur le conseiller Destrappes, La Court substitud du procureur general de lestat royal et Vaudin leur greffier avec Me Jacques Aulbert leur conducteur estoient sortiz de Soissons pour sacheminer en ceste ville de Laon, et que quant ilz seroient icy ilz ordonneroient de ce faict ainsi quil leur plairoit. Et combien que le conseil de la ville eussent advis que lesdits Srs Parisiens fusssent conduictz par quarante ou cinquante que lanciers que hargoulletz, neaulmoings il fut uzé de grande dilligence a faire assembler le plus de gens de cheval quon peust pour aller au devant deulx, et sen trouva tant de cavalliers que dhabitans

Mars 1589.

Thuret le Boi
Jehan Courte
Adrien le Dou
Martin Caillea
Blaize Faintif
et aultres se
tent en emb
cade.

Le s^r Deri
court est faict
sonnier.

Le s^r du Me
conducteur d
harquebuziers
cheval.

Mars 1589.

L'arrivée des président et conseillier de Paris en la ville de Laon.

voluntaires jusques au nombre de cinquante ou soixante qui feirent telle dilligence en leur voiaige quilz rencontrerent ces Messieurs et leur compaignie sur la montaigne pres le Frety ou ilz congedierent la cavallerie soissonnoise et prindrent celle de Laon pour les conduire en ceste ville de Laon en laquelle ilz furent honnorablement receuz le XXIX° mars. A leur entree fut tiré lartillerie et forces salves dharquebuzades signaument a la place du bourg a lendroict des maisons ou ilz descendirent pour se loger les lieux leur estant preparez. Il ne fault dire comme ce peuple les receut en grande allegresse tenant propos entre eulx que dedans peu de jours ilz auroient le plaisir de veoir executer a mort les prisonniers, daultant (comme ilz disoient) que a ces fins ces messieurs estoient envoiez expres par le parlement de Paris. Ilz sejournerent en ceste ville de Laon depuis ce jour jusques au XXIIII° juing ensuivant qui sont trois mois moings huict jours,

Les juges de Paris ont fraié la ville de Laon de XIIII° LXIIII w.

pendant lesquelz tant pour leur despense que pour leur sallaire ilz ont fraié la ville de quatorze cens soixante quatre escus qui sont quatre mil trois cens quatre vingtz douze livres tournois comme il se recongnoist par les comptes.

Apvril 1589.

Le gouverneur de Laon a failly destre tué par ung savetier.

Le deuxième jour dapvril jour de Pasques le sieur de Marly gouverneur encores captif dans la ville et logé en une maison vis a vis de leglise Ste-Geneviefve feit tant quil eut permission daller oir la predication a la grande eglise ce jour la, ce qui lui fut octroié a intention dexecuter en lui ce qui sestoit projecté par le conseil secret afin de lui donner subject de le faire voluntairement sortir la ville et a quoi il ne voulloit entendre se nourrissant encores de lesperance quil avoit eu qu'on se serviroit de lui a la Ligue, faignant que son retard estoit a raison quil ne pouvoit encores toucher largent que la ville lui debveoit pour ses gaiges de cappitaine, mais il sabuzoit, car Boilleau cappitaine des prebtres estoit commis a lespionner en toutes actions et à trouver les moiens pour le faire sortir la ville et voluntairement sil pouvoit, pour a ce parvenir il trouva expedient davoir ce jour de Pasques ung belistre de savatier et macquereau de son vrai mestier quil congnoissoit homme fort propre a son desseing nommé Cosme Grignon, le feit bien boire avec instruction de ce quil debveoit faire, lequel demi yvre et rendu furieux en sa maniere acoustumee alla trouver le gouverneur a la sortie de leglise et sans aulcun subject se presente devant lui et d'un mauvais regard tournant les yeulx en teste commença a linjurier jurant et blasphemant le nom de Dieu disant quil le turoit, qu'aussi bien avoit il failli a faire tuer plusieurs bons catholicques de la ville, et de faigt tira ung poignard pour le frapper, mais soudain il fut retenu de sa folie par quelzques assistans sans lui faire aultre chose que la separation du gouverneur qui de ce faict print telle fraieur quil demeura longtemps sans se pouvoir rasseurer jugeant en soi que ce cocquin neust eu telle hardiesse sil neust esté advoué et secondé comme de faict il lestoit pour lui donner lespouvante et non le tuer, et de ceste fasson se retira le gouverneur en la maison qu'on lui avoit baillé ou il avoit encores quelque peu de garde, et quant au savetier il sen alla dun aultre costé se joignant avec ses semblables.

Avril 1589

Cosme Grig savatier à Laon.

Ce mesme jour de Pasques avant midy ung aultre meschant acte se feit aux prisonniers, lesquelz desirans recongnoistre leur Createur a ce bon jour prierent le commandeur de leur garde (qui lors estoit ung viel caporal de soldatz) de leur permectre daller a la chappelle du Roy qui est dedans laccinct de leur prison pour oir la messe et recepveoir le corps de Nostre Seigneur Jesuscrist, et pour a ce linduire lui remonsrerent le bon nombre de soldatz quil avoit, la grande

Algarade faie aux prisonnier voullant comunie a laultel.

et forte porte de la cour fermee dont il avoit la clef, que lui mesmes ou aultres quil lui plairoit commectre yroient a la chappelle avec eulx de laquelle ni daultres endroitz il estoit impossible sevader comme lui mesmes lavoit recongneu, quilz estoient domicilliers en la ville y ayans leurs biens femmes et enffans, lesquelz pour toutes choses ilz ne vouldroient habandonner, joinct la permission qu'ilz en avoient obtenu de Messieurs les commissaires de Paris pourveu que leurs gardes y fussent consentans. Ces choses considerées par ce caporal et quil scavoit veritables il les leur accorda et que lui mesmes avec deux ou trois des siens yroient a la messe et y communiroient avec eulx, suivant quoy il fut envoié querir deux ou trois prebtres aux despens de ces prisonniers qui furent par eulx confessez et la messe chanté ou le caporal et trois soldatz assisterent ayant ordonné le reste de ses gens a la garde de la grande porte ou il avoit establi son aspassade pour y commander en son lieu et baillé la clef du petit guichet de ceste grande porte. Le geollier curieux de ceste permission et qui ni avoit consenty ni empesché, lorsquil sceut que ces prisonniers oyoient la messe sortit hors la prison faignant avoir affaire a la ville, et aux deux premiers mutins et seditieux quil rencontra leur dict quil navoit plus en sa charge les prisonniers et quilz estoient tous sortiz, le juroit et affermoit ainsy. Ces mutins nayans la patience de lui faire compter le faict estimans quilz estoient sortiz de nuict sescrierent au corps de garde dhabitans qui estoient a la chambrette proche de la, leur feit le recit des parolles du geollier de quoy ilz feirent ensemble de grand rumeur, sen allerent au corps de garde des soldatz ou il leur fut compté la verité du faict ce qu'entendu par ceulx de la chambrette ilz nen feirent plus aucun cas et se retirerent en leur garde. De quoy faschez ces deux mutins et comme enragez de ceste liberté se departerent de la et sen allerent querir quelzques ungs de leurs semblables, et joinctz ensemble passerent a travers le corps de garde des soldatz (qui ne leur ozoit denier le passaige pour estre a la solde des habitans) et sen allerent dans cette chappelle du Roy ou ilz congnurent la messe quasi faicte, nonobstant ilz neurent patience quelle fust du tout achevee, se presenterent la dedans sans manteau garniz de gros espieux dorez et frangez leurs espees aux costez et de collere demanderent a ces prisonniers qui les avoit renduz si temeraires deulx transporter en ce lieu. Ces prisonniers leur respondirent bien doulcement que comme chretiens ilz estoient la pour faire leur salut en communiant avec le corps precieux de Nostre Seigneur Jesuscrist a ce bon jour de Pasques par la permission de Messieurs les president et conseillier de Paris et du caporal la present communiant avec eulx, quilz voyoient la fin de la messe, lestat ou ilz estoient tous, les prioient davoir encores ung peu de patience pour leur faire faire retraicte ce quilz ne voullurent accorder du commencement, touteffois importunez par les prebtres ilz laccorderent se tenans deboultz a lentree de ceste chappelle communicquans ensemble ce quilz debveoient faire. La messe faicte ces prisonniers caporal et soldatz receurent leur Createur, eulx sitost levé du lieu sans avoir patience quilz eussent remercié Dieu de leur reception ces mutins les contraignerent en dilligence de retourner en la prison, a lun desquelz Anthoine Estienne (qui estoit ung des prisonniers) dict mon nepveu je neusse jamais penssé que vous eussiez uzé dune telle rigueur en mon endroict, laultre lui respondit de collere que le temps estoit quil ne falloit congnoistre personne. Les prisonniers remis dans leur tanniere ces mutins sortirent hors, menassans les soldatz de les faire casser pour avoir baillé telle per-

Apvril 1589

Pierre Sonnet.

Apvril 1589.

mission, et de faict depuis ce jour la ce caporal comme sestant rendu soupsonné ne fut commis par apres a aucune charge par les cappitaines de quartiers sur le rapport malicieux de ces deux mutins, lesquelz se vantoient partout du beau tour et de la peur quilz avoient faict a ces prisonniers, quilz avoient eu un beau subject pour en faire lexpedition sils eussent eu davantaige de gens quilz navoient et a quoi on ne reviendroit de longtemps. A limitation de ceste

Ung coup dharquebuze tiré aux prisonniers regardans a une des frenestre de la tour du Roy.

bonne volunté ce mesme jour lapres disné quelque malicieux estant dans une petite tournelle de pierre a ung des coings du pignon de la maison Innocent Labiche du costé de la rue du Blocq tira ung coup dharquebuze apres quelzques ungs de ces prisonniers qui regardoit a une grande frenestre den hault de la grosse tour du Roy, la balle donna dans une piece de bois environ deux piedz au dessus leur teste, ce qui les feit retirer arriere bien viste.

Assemblee generalle faicte à Laon la derniere feste de Pasques 1589.

La derniere feste de Pasques qui estoit le quatriesme jour dapvril de ceste annee M. v° IIII^{xx} IX se feit en la maniere acoustumee une assemblee generalle aux halles de ceste ville de tous les habitans tant ecclesiasticques que seculiers assistez de Monsieur de Laon et de labbé de Saint-Vincent ou presidoit M^r

Remonstrance faicte a ladicte assemblee par le président Le Sueur.

Lesueur president a Paris lequel y feit une assé longue harangue avec bon silence du peuple, en laquelle il remonstra que lestat et office du magistrat estoit de deffendre les innocens, procurer le bien commun, corriger les coulpables aymer les vertueux reformer les vitieux se monstrer protecteur de justice laultel et la deffense des loix, qu'aussy falloit il considerer que les magistratz estoient proposés au peuple comme les plus excellens afin que tout ce qu'ilz deliberoient entreprenoient faisoient ou disoient tendoit au bien publicq lequel ilz policoient et gouvernoient et mesmes les affaires et commerce du populaire pour contenir leurs convoitises et desordonnées affections. Pourquoy il ne failloit revocquer en doubte que l'estat des magistratz ne fust une vocation honnorable, ung don de Dieu et incomparable dignité divinement ordonnés, afin que les terrestres et humains fussent conservez maintenuz et gardez en si bon ordre que, toute confuzion ostée, chacun fust en son rang, et que le Pere de saigesse avoit tel soing de la nature raisonnable quil navoit voullu ni permis quelle fust par desordre dissippée, ains administrée par personnes qui fussent en humaine societé, ainsy que le soleil entre les aultres corps celestes, par le ministère et conduicte desquelz les inferieurs et moings parfaictz estoient regiz et gouvernez. Que cela bien considéré debvoit induire les plus petitz a se rendre subjectz aux plus grandz a raison de la puissance qui leur est donnée de Dieu duquel ils estoient les ministres et tiennent les estatz, et en ce faisant ne passer poinct les bornes d'obeissance en recongnoissant que telle superiorité proceddoit de Dieu lequel seul oste et establit les Rois, mue et transferre les royaulmes, ordonne les republicques, seigneuries, principaultez, regnes, empires et monarchies, et qui les dispose a son plaisir et volunté ; de ce touteffois plusieurs nen tenoient compte. Que le dedans ny ne dehors d'une republicque nestoit jamais bien sil y avoit faulte de justice, ny mesmes la paix ny la guerre estre bien sans justice, laquelle on ne debveoit violer directement ou indirectement ne jamais l'enfraindre en quelque sorte et maniere que ce fust, daultant que cestoit l'ame de la republicque ayant telle force en la cité que l'ame au corps aultrement que la puanteur et corruption que avoit ung corps sans ame. Le mesme tenoit une republicque sans justice, laquelle touteffois on voioit ordinairement violée en ces deux choses, lune quant la punition du delict requiert celerité que le jugement

Apvril 1589

Sapience VI°.

Daniel 2°.

estoit différé afin que la longueur du temps puisse apporter quelque moien de saulver le delinquant. C'est pourquoi en la republicque romaine il y avoit des officiers qui estoient appellé *celeres* pour la celerité en laquelle ils uzoient en ladministration de leurs estatz. Laultre chose en quoy justice estoit violee, cestoit quant la faulte et delit meritoit le dernier supplice ou punition corporelle, elle estoit moderee et muee en quelque somme dargent, ce qui ne se debveoit faire. Que luy et Messieurs Destrappes et Delacourt là presens avoient esté deleguez par le grand conseil de la Saincte Union des catholicques establi en la ville capitalle de ce royaulme, pour venir en ceste ville de Laon tant pour policer et restablir ce qui pouvoit estre en desordre en ceste province que pour rendre la justice a chacun ainsy que contenoit amplement leur commission ; que suivant icelle ilz esperroient, moyennant la grace de Dieu, sen acquicter en rendant la justice a chacun en toute droicture et equité sans acception de personnes en ensuivant les loix, signaument a lendroict des prisonniers habitans de la ville accusez de conspiration, lesquelz sil en estoient convaincuz comme on leur avoit certiffié, le supplice de leur desloiaulté seroit remarqué en ce pais a jamais tant en eulx que en leur posterité. Puis venant tumber sur lart militaire feit ung petit discours du temps present, des vertus prouesses et excellences de ce grand duc du Mayne, lappellant brave conducteur darmée et le premier de ce royaulme, redoubtable a Henry de Vallois duquel il ne failloit non plus parler que dun Neron ou dun Eliogabale, disoit que le ciel et la terre sestoit bandé contre lui pour son delict, quil estoit bien empesché a trouver lieu de retraicte aseurée, que ce bon seigneur duc du Mayne le tenoit de si pres serré quil ne se pouvoit de ses mains tirer. Bref il ne mancquoit de parolles a exalter et magnifier le duc du Mayne,

auquel quant il en parloit et a chasque fois il mectoit
la main au chappeau avec une grande reverence de la
teste, finissant sa harangue par lincitation quil faisoit
a tous demployer leurs forces moiens et puissances
pour le party de la Saincte Union des catholicques qui
estoit soubztenu de tous les potentatz de la crestienneté allencontre de leurs adversaires qui nestoient
qu'une poignee d'hommes desquelz (comme il disoit)
on auroit bien tost la fin pour parvenir a une paix
asseuree entre les catholicques, chassant comme on
feroit hors ce royaulme tous hereticques et excommu-
niez. Sa harangue finie, Bodin comme procureur de
lestat royal en ce baillaige se leva, se meit a discourir
assez amplement du temps present, exalte le duc du
Mayne, remercie le grand conseil de la Ste Union de
Paris davoir envoié de telz personnaiges que ces messieurs la qui sestoient monstrés bien zelés et affectionnez au party en entreprenant ung si long et penible
voiaige qui navoit peu estre faict sans fatigue et grand
hazart, les en remercie au nom des habitans de la ville
et les prie de faire parroistre leur bonne volunté et
affection en ce qui concernoit la republicque afin que
si daventure le Roy venoit cy apres a estre restabli et
remis en son auctorité.... Sur ces dernieres parolles,
sans qu'on lui donnast loisir dachever ce quil voulloit
dire, fut interrompu avec ung cry merveilleux dinfiniz
mutins qui disoient que cestoit heresie duzer de telz
propos, commencerent contre Bodin a propherer milles
injures en sorte quil ne scavoit que devenir ny ou se
renger, eust desiré voluntiers davoir ung peu dau-
dience pour se couvrir de ces derniers motz ou les
interpreter, mais en vain, car le murmure estoit trop
grand et ne lui fut permis de parler davantaige de peur
que les craintifz ne fussent esbranlez de ces parrolles
ou daultres quil eust peu deduire pour fortiffier ce
quil avoit dict. Finablement apres que le bruict fut

Apvril 1589.

Mutinerie contre Bodin sur le commencement de sa harangue faicte a lassemblee.

cessé et sans aultres harangues fut presenté en la maniere acoustumee ung billet contenant les articles ordinaires a deliberer a ceste assemblee generalle, asscavoir deslire ung recepveur et gouverneur de ville conseillers juges policiens asseeurs et aultres officiers, sur quoy apres que le peuple se fut retiré par parroisse et donné leur advis tant la dessus que sur daultres articles adjoustees fut arresté :

Que Regnault Chastellain et Nicolas Gerault choisiz et esleuz pour gouverneurs de ville en lassemblée generalle du dimanche xixe febvrier preceddent au lieu de Jehan Mercigay et Guille Paris demeureroient gouverneurs en ceste année.

Zacarie de Juvigny pour recepveur.

Me Jacques Faultré plus ancien advocat pour juge de justice en la prevosté de la citté.

Me Claude Legras pour juge de police, bien fasché quil nestoit esleu en la prevosté quil avoit bien brigué et pourquoi il avoit employé tous ses alliez et mutins ; en sa place de conseillier de ville quil estoit fut esleu Me Jehan Vairon laisnel.

Pour assister au conseil fut arresté que les trois esleuz et depputez des centaines continuroient a leur assistance comme ilz soulloient faire auparavant.

Me Pierre Guynet continué pour procureur de la ville.

Me Felix Desmaretz de mesme pour greffier du conseil et pareillement les valletz de ville. Aussi fut esleu ung asseeur en chacune parroisse.

Fut aussy conclud que les biens et revenuz temporelz des abbaies seroient saisiz et arrestez pour fournir aux fraiz de la guerre.

Quil ne seroit faict aulcuns actes dhostillitez allencontre des seigneurs de ce pais nayans encores entré en l'Union.

Mes Jacques Aulbert et Regnault Doulcet furent

depputez pour aller à Paris pour scavoir comme on se gouverneroit au faict de l'Union.

Me Claude Dennet et Claude de Lancy furent esleuz et depputez pour soliciter contre les prisonniers accusez de conspiration contre la ville, administrer tesmoings et aultres expeditions a faire pour ce regard.

Le jour preceddent, les prisonniers envoièrent trois requestes, lune a Monsieur Duglas evesque de Laon, laultre a l'assemblee generalle de ceste derniere feste de Pasques, et la troisiesme aux quatre cappitaines de quartiers qui lors estoient en grande auctorité dans la ville pour ny avoir de gouverneur, remonstroient par ces requestes la misere et calamnité ou ilz estoient detenuz pour ung sy long temps, supplioient ces messieurs davoir pitié et commiseration deulx leurs femmes et petitz enffans, quilz estoient leurs concitoiens et la plus part de leurs parens et alliez, que silz avoient deffiance deulx en leur party quilz les supplioient les mectre hors la ville, pour eulx retirer en la ville de Bruieres ou telle autre ville quilz vouldroient, quilz se consommoient en ceste prison, demandoient leur ordonnance la dessus. La requeste qui sadressoit a lassemblee generalle fut leue a haulte voix, a lentherinement de laquelle pour leslargissement des prisonniers Monsieur levesque de Laon inclina fort et y apporta ce quil peult pour le tort quil scavoit qu'on leur faisoit de si longue detention, mais le contraire estoit a ces seditieux implacables qui commencerent a crier en leur maniere acoustumee et dire quilz nestoient encores prestz de sortir si ce nestoit pour les conduire au supplice en la place du Bourq, pour quoy il ne fut rien respondu a ceste requeste.

Apres fut leu une aultre requeste en ceste mesme assemblee escripte de la main et de la composition du sieur de Marly gouverneur, par laquelle il remons-

Apvril 1589.

Mes Jacqu[es] Aulbert et R[e]gnault Doulc[e] depputez pou[r] aller à Paris.

Me Claude Den[n]et et Claude d[e] Lancy deppute[z] pour solicite[r] contre les prison[n]iers.

Requestes présentees à lassemblee generalle pa[r] les prisonnier[s] pour leur eslargissement.

Apvril 1589.

Aultre requeste presentee a ladicte assemblee de la part du gouverneur pour scavoir la cause de sa detemption.

troit les bienffaictz doulceur et clemence quil avoit uzé durant le temps de sa charge a lendroict des habitans de la ville tant grandz que petitz, quil les avoit soullagez aultant quil lui avoit esté possible, de quoy il en recepveoit une pauvre recompense en le tenant captif comme il estoit, quil se pouvoit dire ressembler a laigneau qui encores quil beust au ruisseau au dessoubz du loup, touteffois le loup lui imputoit malicieusement lempeschement quil lui faisoit en son breuvaige pour lui troubler leaue, aussy qu'on lui avoit mis choses sus a quoy il navoit pensé, quil sestoit assé congneu que ce avoit esté cy devant faict tant contre les prisonniers que contre luy avoit esté pour introduire la ligue dans la ville comme elle estoit a present, a laquelle ligue on ne luy avoit faict cest honneur de lui en demander sa volunté, et pourquoy il pouvoit dire le mesme qu'une femme avoit dict a ung quidam quelle ne scavoit si elle estoit femme de bien pour navoir encore esté solicité damour; concluoit par sa requeste ad ce que le peuple qui estoit a ceste assemblee eust a dire ouvertement sil leur avoit faict tort, sil ne les avoit pas traicté doulcement le temps passé, ce quilz avoient volunté faire de sa detention de laquelle il demandoit la cause luy estre dicte et rapportée; voila le sommaire de sa conclusion. Sur ceste requeste (qui donna risée a plusieurs pour ces similitudes et aultres propos mal limez) il ne se feit aulcune response non plus que aux preceddentes, sinon ung des grandz de ceste assemblee dict tout hault qu'on navoit que faire de luy en ceste ville et qu'on lui avoit faict dire quil sen allast quant il vouldroit. Ce gouverneur avoit grandement desiré que sa requeste fustainsy leue en ceste solempnelle assemblée qui ne se faict qu'une fois lan et a tel jour, pour congnoistre si les amis quil avoit en la ville en sa prosperité lui apporteroient quelque advancement pour son desir, mais ilz devindrent muetz ; personne noza parler pour lui, soit pour le faire dresser de ses gaiges qui lui estoient deubz desquelz il avoit besoing pour sa retraicte, soit pour mectre en avant qu'on le debveoit retenir pour sen servir a la ligue. Pourquoi se voiant habandonné de tous et se remectant devant les yeulx le meschant acte que le savetier luy avoit faict deux jours auparavant, il delibera de se retirer craignant pis avoir, aussy que de plus en plus les chemins soccuppoient par les gens de guerre; et de faict en executant ceste sienne deliberation, il poursuivit leslargissement de sa personne qui lui fut accordé, par acte dassemblee generalle du xiie jour dapvril par lequel les habitans declarerent que en tant que a eulx touchoit ilz consentoient ledict eslargissement. Suivant lequel acte et avec le passeport qui lui fut baillé en la forme quil vous a esté representé, il partit de ceste ville de Laon ou bien parlant en verité il fut pressé de sortir avec sa femme et famille le xixe jour de ce mois, ce qui se feit en executant la conclusion de ce jour-là faicte en lassemblee particulliere tenue en la maison episcopalle, a laquelle il fut ordonné que le greffier bailleroit une sauvegarde de par ladite ville aux charretiers qui alloient conduire et ramener ledit sieur de Marly en sa maison pres Senlis ou il se retira tout doulcement. Voila lestat auquel par sa connivence son long silence sa variation et le peu de resolution du party quil voulloit tenir le feit tumber ballansant par trop les deux partiz, chose quil feit appertement congnoistre en lannee M v^c iiii^{xx} cinq, lorsque sans discretion et comme maladvisé en faisant bresche a son honneur sen alla a Liesse avec xii ou xv soldatz de piedz pour se faire prendre prisonnier comme il fut par trois cavalliers seullement, cuidant par la sexcuser de la conference secrette quil alla faire avec le duc de Guise ung peu plus loing pour la reddition de sa

Apvril 1589.

Le gouverneur sorte hors la ville de Laon le xixe avril 1589.

Faulte notable que le gouverneur feit en lannee 1585.

Apvril 1589.

place es mains du duc dAumalle qui sy presenta au mois de may de la mesme annee, laquelle touteffois il peust eslever encores quil eust intelligence avec le clergé de la ville, a raison de la soigneuse et bonne garde des habitans lors bien joinctz et uniz qui vertueusement sopposerent a lentree et surprise que ce duc pretendoit faire, a quoy servit grandement la hardiesse et bonne dilligence de ce bon viellart Mᵉ Jehan Martin laisnel, lequel incessamment travailla a la conservation de la ville et des habitans en renversant par plusieurs moyens les desseings des adversaires; pourquoy il fallut que ce duc dAumalle honteusement se retirast arriere de la ville avec ses trouppes qui sejournerent quatre ou cinq jours dans les faulxbourgs et les plus prochains villaiges de ladite ville pour faire la surprise.

Mᵉ Jehan Martin laisnel renversa l'entreprise du duc dAumalle en lannee 1585.

Le cinquiesme jour d'apvril, a la poursuicte et dilligence de Jehan Gosset Anthoine Doulcet et aultres de la ville de Crespy, fut envoié de la ville de Laon vingt cavalliers et xxx harquebuziers audit Crespy pour faire signer la ligue aux habitans qui la refuzerent franchement, faisant response que si les habitans de Laon avoient faict une follie quilz ne les voulloient ensuivre, et retournerent ces gens de guerre sans rien faire, seullement menasserent ceulx de Crespy.

Les habitans de Crespy sont refuzans de signer la ligue.

Fut aussy envoié et faict commandement aux habitans de plusieurs aultres villes bourgs et chasteaux du gouvernement de Laon de porter a la ville leur signature de la ligue dans certain temps, synon desclarez rebelles et comme telz pillables et mis a ransson par les gens de guerre; aulcuns y obeirent et les aultres non.

Commandement est faict a plusieurs places de signer la ligue.

Le vıᵉ jour de ce mois, le conseil de la ville ayant eu advis quil y avoit plusieurs biens meubles dans ceste ville de Laon appartenans tant aux habitans dicelle absens qu'a plusieurs gentilzhommes et aultres gens

Saisie faicte des meubles appartenans a ceulx qui tenoient le party du Roy.

du païs tenant party contraire ou qui navoient signé
la ligue (scelon la publication qui en avoit esté faicte
par les carrefours) les feit saisir et vendre au proffict
de la cause, et pour faire la découverte du reste fut
delegué gens qui se transporterent aux maisons soup-
sonnées de ceste garde en prenant des personnes leur
serment en grande solemnité pour en scavoir la verité.

Apvril 1589.

Fut aussy permis aux mutins de la ville daller aux
champs et par tout ou bon leur sembleroit piller et
ravager ceulx qui n'avoient obey a la susdite publication, suivant quoy xx ou xxv habitans des mutins
sen allerent a labbaie du Saulvoir pour y surprendre
M⁰ Martin Mairel esleu en lelection de Laon qui sy estoit refugié ; et combien que ces mutins fussent montez secretement par dessus les murailles de la fermeture de ladicte abbaie, si ne peust il estre attrapé par
le moyen quil sestoit trassé une sortie secrette vers
les bois prez et maretz ou il se saulva, mais il y perdit
les comoditez quil y avoit faict porter, signaument
quatre pièces de vin qui furent charriez a la ville et
venduz publicquement au proffict de ces mutins qui admenerent avec eulx pour prisonnier de guerre le commandeur de Coucy quilz avoient trouvé dans ceste abbaie du Saulvoir, mais il fut aussi tost eslargy pour
nestre trouvé de prise.

M⁰ Martin Mairel esleu a failly destre pris a labbaie du Saul-voir par Jehan Courteau Jacques Marcotte Nicolas Denoielles Claude du bois Nicolas du pont et aultres mutins.

Dailleurs daultres mutins dentre deux portes de ladite ville estans sur les appuis de la porte a lupsault,
veirent passer ung homme de cheval qui estoit de Retheil auquel ilz allerent copper le chemin au bas de la
montaigne, le prindrent prisonnier sur la response
quil leur feit quil alloit trouver son frere en la ville de
Coucy pour passer quelque contract avec lui pour des
affaires quilz avoient ensemble, feirent declarer par
les cappitaines de quartiers le cheval de prise encores
quil fust recongneu cheval de labeur, presupposant

Prise d'un hom-me de Retheil et de son cheval allant a la ville de Coucy.

Apvril 1589.

quil estoit mené au party du Roy pour sen servir, lequel cheval fut vendu publicquement et les deniers distribuez a ces mutins, ce qui donna subject a plusieurs daller voller ou ilz pouvoient.

Reveue generalle des habitans des faulxbourcqs de Laon.

Environ ce temps fut mandé a tous les habitans des faulxbourgs de la ville de faire une reveue generalle de ceulx qui pouvoient porter les armes afin den scavoir le nombre et den faire estat si besoing estoit, ce qui fut faict, et sembloit une chose monstrueuse a veoir ces pauvres gens armez tel et quellement pour nestre acoustumé a tel mestier, qui apres la reveue vendirent leurs veaux et vaches pour achepter harquebuzes et hallebardes.

La femme du prevost Martin parle a Ballagni estant a Sissonne.

Le viiie jour davril damoiselle Symonne Doulcet femme du prevost Martin secretement sen alla a Sissonne et avec quelques siens parens, parla au sieur de Ballagni luy remonstrant amplement tout ce qui sestoit passé pour le faict de son mary et des aultres prisonniers, lequel lui promit les faire sortir hors si tost son arrivee a la ville de Laon quil disoit estre de bref, dont ceste femme receut grande joie.

Ballagni est prié de faire cheminer ses trouppes vers Laon.

Ce mesme jour il courrut ung bruit en ceste ville que Ballagni et ses trouppes logez a Sissonne et ès environs prenoient leur chemin vers la riviere d'aisne tirant vers Soissons en delaissant le païs Laonnois, occasion quil fut envoié vers lui des deleguez de la ville de Laon pour le prier de faire tourner ses trouppes par deça pour dompter Crespy et Bruieres refuzans de signer la ligue, luy remonstrant que ces places leur importoient de beaucoup pour estre fort proches de Laon, que les principaux habitans de ces places desiroient signer mais quil y en avoit daultres qui resistoient au contraire, lesquelz il estoit neccessaire chastier afin de faire trembler les aultres, et a ceste remonstrance et supplication estoit present Anthoine Doulcet et Jehan Gosset habitans de Crespy qui se jecterent a genoulx devant ce sieur, ausquelz il promit que dedans trois jours ses trouppes y seroient.

Apvril 1589.

Les juges de Paris ayans eu vision des informations faictes par les juges deleguez en ceste ville contre les prisonniers congnurent quil n'y avoit pas grande charge contre eulx. Touteffois il fut advisé de faire achever les informations encommencees tant pour la pretendue conspiration que pour les faictz particulliers et se servir de la monition cy devant obtenue, ce qui fut faict, en vertu de laquelle et apres avoir faict toutes les proceddures publications et admonitions ordinaires, finablement le dimenche neufiesme jour dapvril fut par les curez des parroisses tant de la ville que des faulxbourgs jecté sentence dexcommunication avec les cerimonies acoustumees par le feu esteinct et la clochette sonnee, avec forces execrations et maledictions contre ceulx et celles qui celleroient les choses a eulx congneues de la pretendue conspiration, sauf quelque temps baillé de grâce, lequel passé quilz estoient retranchez arriere de l'eglise des crestiens comme membres pourriz, avec aultres parrolles de grande fraieur;

Excommunications jectées et fulminees par les parroisses de Laon contre les prisonniers.

et pour le regard des faictz particulliers pour lestat vies et renommées des prisonniers, admonestoient chacun den dire ce quilz en scavoient a Messieurs Vairon Despinois et le Gras juges deleguez la dessus.

Recharche contre les prisonniers de leur vie estat et renommee

Ceste excommunication jectée donna grand scandale a plusieurs personnes, veu que des lors il estoit manifeste à tous de l'innocence de ces prisonniers pour le faict de ceste pretendue conspiration par la bouche mesme de leurs hayneulx qui ne sceurent se contenir den dire la verité. Aussy nen sceut on rien trouver contre eulx des faicts particulliers il fut ouï quelzques esmoings, la depposition et le dire desquelz estoit si maigre et si debile quil nest besoing den rien escripre. Mais ces choses se faisoient a intention dentretenir tousjours ce peuple mutin en leur premiere impres-

Debilité preuve.

sion allencontre de ces pauvres captifz, lesquelz furent interrogez assez lentement a plusieurs et divers jours par les juges de Paris qui tenoient la chose fort secrette voiant quil ny avoit aulcune preuve a lintention des mutins, leur donnant neaulmoings bonne esperance de leurs desirs.

Processions faictes a Laon de parroisse en parroisse.

Environ ce temps se faisoit en ladicte ville des processions apres midy de parroisse en parroisse, a la discretion et volunté des curez (qui eurent aultant defficace et de vertu que celles qui furent faictes solempnellement par les eglises de Laon lors que les estatz se tenoient a Blois) où assistoient la pluspart des parroissiens parmi lesquelz se mesloient des personnes incongnuz à lassistance, estoient touz enveloppez de draps ou linges blanc; touteffois enfin fut descouvert les enffans de Innocent Labiche qui faisoient porter secretement leurs habitz blancs derriere le cœur de leur parroisse ou ilz shabilloient. De ceste forme de procession qu'on trouva fort estrange au commencement et daultres dont il sera cy apres parlé, il failloit que chacun le trouvast bon, bien ordonné, bien institué, aultrement faire estat destre proscript chassé et mis hors la ville et rendu miserable avec sa famille. Cest pourquoi

Les soupsonnez realistes sont dilligens daller aux processions.

les soupsonnez realistes ne failloient destre des premiers aux processions et les derniers de retour pour faire parroistre leur presence et avoir acte de leurs comparutions afin de nestre mis au roolle des soupsonnez, dailleurs aulcuns deulx estre si miserables que de deceller leurs propres parens de leurs parolles contre la ligue afin de faire croire leur bonne volunté au party ligueu, mais pour tout cela ilz ne furent raiez du billet et a la fin ilz nen eurent guerre meilleur marché que les aultres comme il se verra en suicte.

Le prevost Martin est solicité de resigner son estat par Le gras et Thuret.

Mᵉ Claude Legras ayant failly contre son esperance destre esleu prevost de la citté en lassemblee de pasques comme vous avez veu, feit porter parolle au pre-

vost Martin prisonnier pour avoir sa resignation, luy   Apvril 1589.
offrant la vallue de son estat avec leslargissement de
sa personne, ce qu'ayant descouvert le cappitaine Thuret y envoia aussi de sa part avec mesmes offres, a
raison de quoy il sengendra une grande inimitié entre
eulx qui aspiroient plus à ceste office par ambition et
pour executer leur malveillance soubz le manteau de
justice que aultrement. A quoy touteffois le prevost
Martin ne voullut entendre, qui donna grand hazart a
sa personne et a ses compaignons prisonniers; ce
qu'ayant recongneu le prevost il se delibera de la resigner a lun ou a laultre de ces deux icy; mais daultant
que cestoit par force et pour saulver sa personne, il
feit une declaration dans la prison en la presence de
plusieurs prisonniers que la resignation de son estat   Declaration faicte par le prevost Martin pour son estat.
de prevost quil feroit en ce lieu seroit par contraincte
et pour eviter le hazart de sa personne, de quoy il en
feit acte par escript signé de lui et des tesmoings.
Touteffois il nen feit aulcune resignation pour la querelle de ces deux contendans qui chacun deulx pretendoit de lattrapper dune aultre fasson.

   Ce neufiesme apvril, suivant la conclusion de lassemblee particulliere de ce jour, le cappitaine Hubert   Vin de present porté à Ballagni logé à Liesse.
Regnault Chastellain Nicolas Gerault gouverneurs et
Zacarie de Juvigni recepveur de la ville assistez du
prevost des mareschaulx ses archers et de plusieurs
habitans, furent a Liesse prier le sieur de Ballagni de
faire tirer ses trouppes par deca contre la ville de
Crespy refuzante de signer la ligue, ce quil promit
faire dans peu de jours, et auquel fut presenté du vin
par les sus nommez avec offre du service et de la
bonne volunté des habitans de Laon.

   Le dixiesme jour d'apvril audit an, fut faict en   Service funebre faict a Laon pour feuz M^rs le cardinal et duc de Guise.
grande magnificence et ceremonies en la grande
eglise Notre-Dame de Laon le service de Monsr le cardinal de Guise, ou assista M^r levesque de Laon, les

abbez de St-Vincent et de St-Denis de Reims, tous les ecclesiasticques et plusieurs habitans de la ville, comme le pareil fut faict le lendemain pour le duc de Guise.

Suivant les prieres et requetes souvent reiterees par le Conseil de la ville de Laon et a la sollicitude et diligence de cinq ou six des habitans de Crespy, toutes les trouppes de Ballagni qui pouvoient estre de huict cens chevaulx et quelzques trois mil fantassins allerent a Crespi le XIe jour de ce mois d'apvril, sommerent les habitans douvrir les portes de la ville pour leur faire signer la ligue, ce quilz refuzerent faire par trois fois, pourquoi Ballagni y feit marcher quelzques pieces de canon, de quoi adverty ses pauvres habitans feirent ouverture des portes a ces trouppes qui feirent dedans la ville une grande cruaulté en violant la pluspart des femmes et filles quilz y trouverent, chose deplorable, et par les rues on n'oioit que criz et lamentations qui se faisoient dans les maisons ou ces gens de guerre exercoient touz les plus grandes cruaultez quilz pouvoient adviser, soit pour tirer ransson pour leur traictement ou aultrement, et y sejournerent jusques au XIIIIe jour de ce mois quilz sortirent par le commandement de Ballagni auquel on feit entendre ce grand desordre, a quoy il dict que cestoit pour apprendre les aultres rebelles.

Ce mesme jour du XIe apvril Ballagni logé a Liesse partit de ce lieu et vint en ceste ville de Laon. A son arrivee on lui feit aultant dhonneur qu'à ung Roy, sa personne se logea a levesché et ceulx de sa suitte aux hostelleries et tavernes de la ville. Les abbez de Saint-Vincent et de Saint-Denis, le clergé et gens de justice, cappitaines de quartiers, gouverneurs et recepveur de ladite ville et plusieurs habitans, lallerent veoir dans une grande chambre ou il aborda une fort grande multitude de peuple qui produict une telle challeur que le cueur de Ballagni samatit, pourquoi il fut contrainct de demander du vin quil gousta et beut a tous ces messieurs de la ville quil voioit si curieux. On luy feit plusieurs harangues, entre aultres M° Denis Haugard docteur et chanoine de Laon lui feit celle du clergé en lexaltant jusques au ciel, faisant comparaison de lui a ung hercules et ung Sanson, disoit que tout le corps de la ville et le pais lui estoit grandement reddevable pour les avoir mis en plaine liberté par la reduction quil avoit faict des villes de Ribemont, Marle, Bruieres, Crespy, Pierrepont et aultres places contraires a l'Union des catholicques, rompu et dissippé le regiment du baron de Cardaillacq leur ennemy et aultres actes quil lui attribuoit. *Apvril 1589.*

Harangue de la part du clergé à Ballagny.

Pendant le sejour que Ballagni faisoit en ladite ville, ses trouppes semploierent a attacquer les fortz dallentour comme dAulnoy et Gizy ou le cappitaine de Provins et ung cavallier de la compaignie du sieur de Bray furent tuez et plusieurs blessez, de quoy Ballagni fasché envoya le canon, mais ceulx de dedans ne le voullurent attendre et sortirent de ces fortz le plus secretement quilz peurent excepté ung nommé Nicolas Moisnet qui demeura dedans le chasteau dAunoy, les biens duquel furent pillez et ravagez, femme et filles sequestrées et lui faict prisonnier de guerre qui paya depuis pour sa ransson viii^c escus.

Ung cappitaine et ung cavallier des trouppes de Ballagny tuez devant le fort de Gizy.

Le chasteau d'Aunoy habandonné.

Lestonnement fut grand partout le plat pais pour l'insollence de ces trouppes qui sestendoient au large a la campaigne pour se faire parroistre plus quilz nestoient, chacun se venoit plaindre en ceste ville de Laon des cruaultez et inhumanitez quilz exercoient a toutes personnes, signaument aux riches laboureurs. Sur quoy le conseil trouva bon de s'aider de ceste fraieur et estonnement pour dompter les petites villes chasteaux et fortz d'icy allentour, et a ce subject se feit ledit xie jour dapvril une assemblee generalle en la

Assemblee generalle ou fut dressé des memoires.

Apvril 1589. maison episcopalle par les gouverneurs et depputez du conseil de ladite ville tant ecclesiasticques que séculiers et des depputez des centaines assistez de Messieurs levesque de Laon, l'abbé de Saint-Vincent, le doyen et l'official de leglise cathederalle, a laquelle presidoit M. le lieutenant general Defer qui proposa que pour mettre le pais en repos il estoit neccessaire de faire entrer en l'Un on les seigneurs gentilzhommes et habitans des villes et chasteaux des environs la ville, et pour donner ordre à ce que le plat pais et à lendroict des laboureurs lon ne fasse plus dinsolence,

viii articles qui furent presentees a Ballagny estant a Laon. aussy que de la ville de Crespy lon sen puisse tenir asseuré, et pareillement que le gouverneur de la ville de Laon puisse estre estably pour ladvenir en telle sorte que lobeissance soit rendue aux magistratz et supérieurs. Sur ceste proposition et aultres mises sur le bureau (qui furent trouvé bonnes par les assistans) furent dressés les articles qui ensuivent pour presenter au sieur de Ballagny pendant quilz le tenoient en ceste ville et logé a levesché.

Premier article.
i

Plaira à Monsieur de Ballagny (afin de rendre le pais nect de gens qui pourroient estre du party contraire a la Saincte Unyon et par ce moien establir une sureté partout) de voulloir trouver bon denvoier de sa part a toutes les villes et chasteaux qui sont en ce pais gens pour les faire entrer en la Saincte Unyon par la voie de doulceur et de bonne volunté, synon par celle de contraincte et de rigueur, et en ce cas y envoier quelques troupes et compagnies ès villes chasteaux et places de ce pais les plus importantes asscavoir, La Fere, Coucy, Sainct-Gobain, Sainct-Lambert, Mauregny, Aultel., Pontarcy, Neufville, La Bove, Faucoucourt, Souppir, Anisy, Vorsaine, Commin, Bazoches, Longueval et Belval, et attendant la response que lon pourra avoir plaira audit sieur de Ballagni envoier ses forces entre lesdites villes de La Fere et Coucy.

Item de commander a son armee de lascher les prisonniers et rendre tout ce quilz ont pris appartenant aux laboureurs.

Item pour la garde de Crespy de mectre gens en tel nombre que pourra adviser.

Item sil trouvera bon davoir ung gouverneur en ceste ville pour commander pour le faict des armes ou laisser la ville en lestat quelle est.

Item ordonner que les deniers des villes bourgs et villaiges qui sont du gouvernement de Picardie et de lIsle de France seront apportez a la ville de Laon estans de lelection.

Item sur les deniers des tailles lon pourra prendre ceulx qui seront neccessaire pour la solde des gens de guerre de la garnison de Laon.

Item de donner advis sur les benefices dont les titulaires sont absens ou tiennent party contraire.

Item si ceulx qui vouldront estre du party de lUnyon y seront receuz et soubz quelles conditions.

Ces articles furent portez au sieur de Ballagny pour donner response au conseil de la ville qui se debveoit trouver ce mesme jour apres midy a une des chambres de levesché.

Venus l'apres midy environ les trois heures, les gens du conseil de ladite ville se trouverent au lieu assigné comme feit le sieur de Ballagny qui en avoit esté supplié par les gouverneurs, auquel fut faict recit a haulte voix des susdits articles (comme sil nen avoit rien veu), sur lesquels il feit response scavoir au premier article :

Qu'il luy sembloit estre besoing avant que de procedder par la force denvoier sommer les seigneurs et gentilzhommes de ce païs dentrer en lUnion et jurer et signer, et ce par ung trompette acompaigné dun

Apvril 1589.

2

3

4

5

6

7

8

Response de Ballagny aux articles a lui communicqué de la part de la ville de Laon.

7

Avril 1589.

sergent de ce baillaige qui porteroit commission pour ce signé du greffier du conseil telle qui sensuict :

De par Messieurs les princes catholicques, villes, communeaultez et peuples unyes,

Tous seigneurs gentilzhommes et aultres ayans maisons et places fortes dedans les destroictz du baillaige de Vermandois et prevosté foraine de Laon, seront sommez et interpellez de venir en ceste ville de Laon incontinent et sans delay jurer la Saincte Union des catholicques, aultrement et a faulte de ce faire leur sera signifié quil sera proceddé contre eulx comme allencontre des rebelles et desobeissance a Dieu et ennemis du publicq.

Et aussy quil seroit publié aux carrefours de ceste ville de Laon ce quil sensuict :

Il est ordonné a tous manans et habitans des villes bourgs et villaiges et aultres lieux en ce baillaige de Vermandois et prevosté foraine de Laon de jurer promptement la Saincte Union des katolicques et de faire le serment de fidellité au bien de ladite ville de Laon et Messieurs les princes et villes unies, sur peine destre declarez rebelles et desobeissans a Dieu et ennemis du publicq.

Quant aux laboureurs quil y seroit par lui pourveu au mieulx quil lui seroit possible.

Au regard de la ville de Crespy, quil delaissoit aux habitans de ceste ville de Laon a y pourveoir, daultant quilz congnoissoient la place leur importer.

Touchant le gouvernement de ceste ville, quil le remectoit a la discretion desdits habitans.

Touchant les deniers des tailles, que la matière meritoit bien une bonne deliberation.

Remectant le surplus a la discretion des habitans de ladite ville.

En ensuivant ladvis du premier article, publication fut faicte par les carrefours de ladite ville que

commandement estoit faict a tous de jurer et signer
promptement lUnion des catholicques sur les peines
que dessus, et aussitost le trompette de Ballagny
sen alla par le pais en quelzques maisons de gentilzhommes, signaument au chasteau de La Bove ou
estoit le bailly de Vermandois seigneur de ce lieu
qui avoit tousjours rallé le temps en neutralité
jusques icy, lequel inthimidé par le trompette et au
bruict des grandes trouppes de Ballagny assembla
quelzques gentilzhommes de sa mesme volunté et
des plus proches de sa maison, lesquelz ensemblement
vindrent en ceste ville de Laon jurer et signer la ligue;
Ilz en avoient esté solicitez dès le huict° apvril dernier
par ladite ville suivant la conclusion de lassemblee
generalle de ce jour, et mesmes sur leur response quilz
craignoient destre offensez en leur voiaige et leur oster
ces excuses et les nottiffier a tous, publication fut aussi
tost faicte par les carrefours de ladite ville a son de
trompe que deffenses estoient faictes a toutes personnes de faire aulcun tort ny molester en faict ni
en parolles ledit bailly de Vermandois, gentilzhommes
et aultres de sa suicte qui debveoient venir en ladite
ville signer lUnion des catholicques, afin de les faire
venir aussitost. Touteffois leur intention ni estoit
poinct daultant quilz ne tendoient que a passer le
temps en neutralité, a se mectre a labry et a garder les
gaiges dun combat pour apres prendre le party du plus
advantageux et a rire de leffusion du sang des plus resoluz qu'eulx. Telles manieres de gens servent souvent de proie aux deux partiz; nous en avons veu assez
dexperience en ce temps miserable. Lamitié dun
party est beaucoup plus seur et honorable que le neu-
tral. Aussi entre les graves loix que cest advisé personnaige Solon feit jurer aux Atheniens, ceste cy profficta de beaucoup a toute la republicque qui portoit
ces motz :

Apvril 1589

Le bailly de
Vermandois et
aultres vont a Laon
signer la ligue.

— 100 —

Apvril 1589.

Article de la loy des Atheniens.

Ceulx qui lors que les citoiens mutinez se diviseront en deux pour avec les armes maintenir lentreprise de leur faction, auront mieulx aimé regarder a leur aise et hors des coups le saug respandu des Atheniens que se joindre a lun des deux partiz, tous leurs biens confisquez et soient banniz du pais et seigneurie d'Athènes.

Il avoit fondé ceste loy sur des grandes considerations, les Grecqz punissoient mesmes telz gens quilz appelloient les amis de fortune ou du bon temps.

Sommation faicte au sr de Lamet et au conte de Maulevrier de signer la ligue.

Le mesme trompette alla sommer le Sr De Lamet gouverneur de Coucy et le comte de Maulevrier dentrer en ceste ligue et la signer, mais ces Srs feirent response que la ligue estant sans fleur de lis ilz nen pouvoient approcher et sen mocquerent par plusieurs brocardz.

Requeste presentee a Ballagny par la femme du prevost Martin.

Comme le Sr de Ballagny se promenoit dans la grande salle de levesché, se presenta a lui la femme du prevost Martin avec ung mot de requeste tendant ad ce quil lui pleust ordonner leslargissement de la personne de son mary detenu injustement lui deduisant verballement le faict tel quil estoit de son emprisonnement. Ballagny qui se veit approcher de quelzques cappitaines de quartier de la ville se tourna vers eulx et leur demanda la cause dune sy longue detemption, lesquelz luy feirent response que cestoit pour raison dune conspiration faicte contre la ville par ces prisonniers en vouldant faire entrer dedans le regiment du baron de Cardaillacq. Comment dict Ballagny, a ce que jentend de ceste femme icy il ny pouvoit avoir de conspiration en cela, veu que lors de leur emprisonnement qui fut le xviie febvrier la ville tenoit encores le party du Roy, et lunion des catholicques ny a esté signee que le xxie mars en suivant, pourquoy je suis dadvis de les faire mectre hors. A quoy ces cap-

Raison pourquoy il ne pouvoit avoir de conspiration de la part des prisonniers.

pitaines nuzerent daulcune repplicque ; mais doub- *Apvril 1589.*
tant par de Lancy lun de ces cappitaines que Ballagny ne feit effectuer son advis, sen alla en dilligence
droict a la prison ou il feit estroictement reserrer les
prisonniers pour empescher la communication quilz
eussent peu avoir prenant lui mesme la clef du premier gros huis de la grosse tour, qui estoit bien esloigner lesperance de leur eslargissement quilz avoient
eu a la venue de ce seigneur. Auquel ce jour mesme
du xII^e apvril Innocent Labiche et son filz presenterent
ung billet contenant les noms de quelzques deux cens *Billet des noms*
personnes habitans de la ville, desquelz ilz disoient se *des soupsonnez*
                                                        realistes presenté
deffier pour nestre ferme ni stable au party de la li- *a Ballagny par*
gue, entre lesquelz estoient M^r levesque de Laon et le *Innocent Labiche.*
lieutenant general Defer ; sur quoy Ballagny leur dict
que puis quilz estoient en deffiance dun si grand
nombre de gens et des principaulx il estoit dadvis
quilz allassent demeurer en quelque aultre ville, et
leur feit une reprimende de ce billet avec lequel ilz
sen retournerent assez honteux.

Le xII^e jour d'apvril il se tint une assemblee gene- *Assemblee ge-*
ralle avant midy ou il fut conclud quil seroit esleu   *neralle pour avoir*
                                                       ung gouverneur
ung gentilhomme pour gouverneur et commander en   *au lieu du s^r de*
ladite ville pour le faict des armes tant que la guerre *Rocourt.*
auroit lieu et par maniere de provision seullement,
mais M^r de St-Vincent retarda leffect de ceste conclusion parcequil desiroit y faire establir par auctorité le
Sr de Bouchavenne si tost les trouppes de Ballagny
partiz de ce pais et non pas par ellection (comme on
voulloit faire).

Les gens de guerre de Ballagny avoient ja faict
tel degast en ce pais quil ne se trouvoit plus de grain
ny gueres de pain aux bourgs et villaiges, ce que les *Douze mil pains*
                                                       d'amonitions en-
cappitaines feirent entendre a leur general qui feit estat *voiez aux trouppes*
de faire advancer ses trouppes plus loing, et pendant *de Ballagny.*
ce temps manda aux habitans de Laon lui fournir mu-

Apvril 1589.

nitions de pain pour ses gens, ce qui lui fut accordé par assemblee generalle du xiii° apvril apres midy, et la fut conclud que lon feroit faire en dilligence xii^m pains du poix de xii onces chacun.

Les cappitaines de quartiers de la ville de Laon ont peur du grand nombre des gens de Ballagny entrez dans la ville.

Ce mesme jour du treiz° apvril, les cappitaines de quartier et Boilleau cappitaine des ecclesiasticques (voyans ung grand nombre de gens de guerre la plus part armez dans la ville bien aultant ou plus que dhabitans, lesquelz sy estoient coullez peu a peu soubz pretexte de faire racomoder leurs armes faire ferrer leurs chevaulx et d'achepter quelque comodité), se trouverent empeschez a les faire sortir parcequilz nozoient user dauctorité craignant fascher le Sr de Ballagny. Touteffois les voians renforcez et quasi les rues plaines, ilz furent deffendre aux portiers de ne plus permectre lentree dans la ville a qui que ce fust, et davantaige dresserent des corps de garde en plusieurs places de ladite ville composez dhabitans et peu apres renforcez et augmentez, ce qui fut rapporté au Sr de Ballagny qui dissimula ces choses pour ce quil esperoit tirer argent de la ville, pour les raisons declarees en ung memoire quil avoit dressé a ces fins quil presenta le lendemain a lassemblee generalle qui fut faicte a levesché et dont il sera parlé a larticle suivant.

Assemblee generalle ou Ballagny bailla son advis par escript sur plusieurs propositions qui luy avoient esté faictes par le Conseil de la villa de Laon.

Le xiiii° apvril se tint une assemblee generalle a la maison episcopale de ladite ville de Laon par les gouverneurs depputez du Conseil de ladite ville tant ecclesiasticques que seculiers assistez de Monsr levesque de Laon, M^r l'abbé de St-Vincent, Messieurs les commissaires depputez de Paris pour la confection du proces des prisonniers, M^r le lieutenant general Defer et les depputez des centaines de ceste ville; presidoit en icelle Mr de Ballagny, ou ledit Sr de Balligny presenta les articles qui ensuivent qui feurent leuz a haulte voix pour sur iceulx respondre par ladvis de la compaignie.

Puisque Messieurs les president et conseillier depputez en ceste ville de Laon par Messieurs du Conseil et court de Parlement de Paris, ensemble messieurs les gouverneurs et habitans de ceste ville mont convié dy venir pour la representation du service quilz ont esperé debveoir reussir de ma presence et de lestat de mes forces sur ce qui leur pouvoit nuire es environs deulx, il ma semblé debveoir respondre ad ce quilz mont proposé et mingérer de leur donner advis sur ce que jai peu aprendre de lestat de leurs affaires, et que je juge pouvoir estre propre pour la manutention et prosperité de notre saincte union et pour la conservation et repoz des zelez et affectionnez.

Premierement que le vray moien destre dans leur ville en seureté ne conciste pas en la garnison de pied ni de cheval, mais en lunion concorde et intelligence qui doibt estre des grandz et plus accomodez avec les petitz et sans mespris diceulx et des petitz avec les grandz sans jalousie de leur auctorité et comodité, comme aussy fault il entrer en consideration quil est besoing de faire entendre aux menuz peuples la justice de notre cause par les predications et par ceulx que lon congnoist avoir quelque part avec eulx lesquelz il fault gaigner, considerant que la force principalle gist en celle des peuples ausquelz il fault (sinon tout differer) au moings quelque chose pour eviter les mouvemens et varietez, ne disant poinct cecy sans en avoir quelque subject daultant quil mest venu aux oreilles que non seullement cela est, mais quil y a dabondant quelque soupson les ungs des aultres et dont particullierement le peuple murmure, ce quil fault estaindre par les voies que lesdits S^{rs} jugeront estre propre, la meilleure desquelles ma semblé estre de leur donner quelque contentement de ce que lon veoit quilz appelent mesmement en ce qui ne tourne qu'a consequence particulliere et redonde a lutilité generalle.

Apvril 1587.

Advis de Ballagny.

Premier.

Apvril 1589.

2

Je ne puis de moings aussy adjouster a larticle cy dessus cestuy cy pour estre fondé sur mesme subject qui est que si la chaleur et animosité jusques icy tesmoigné contre les prisonniers se refroidissoit, cela leur donneroit la licence de penser aux voies de leur delivrance et audace a daultres qui desireroient faire naistre quelque changement au bon et salubre commencement qui est en ceste ville de sarmer du manteau des plainctes et doleances de leurs femmes enffans parens et aliez, sur quoy le remede gist en Messieurs les president et conseiller a qui a esté decernee la commission den congnoistre et informer, estimant ce neaulmoings que lors que lon seroit pres de la veriffication du faict, ce seroit lors que lon prendroit la couverture susdite pour parvenir par leur delivrance lexecution de leur demerite et dicelle se servir pour parvenir a la submertion du repos et seureté de la ville, laquelle deppend de la prudence soing et vigillance du gouverneur et de sa bonne intelligence avec les gouverneurs et cappitaines, de quoy je me tairay pour voulloir croire que tout ne plus ne moings que Messrs les princes a qui on doibt estre defferé lelection, asscavoir a Monseigneur du Mayne comme administrateur de lestat et couronne de France et a Monsr dAumalle comme gouverneur de Picardie et de lisle de France, en choisiront ung qui sera doué et accompaigné de lexperience et soing neccessaire a telle charge, aussy ne seroit il receu de ceulx qui doibvent repozer soubz sa vigillance et fidelité silz ne recongnoissent y en avoir en luy aultant quil en fault.

3

Et combien que je dresse pour ce qui regarde la seureté de la campaigne obstacles et barriere aux cours des ennemis le tout remectre a cellui la par garnisons et nombre de forces, je diray pour satisfaire ad ce dont jay esté requis que la demeure ordinaire

dune compaignie dharquebuziers a cheval seroit fort
a propos a Crespy avec cent hommes de piedz qui se
peuvent lever des soldatz du pais pour couvrir aucunement les principalles advenues de Coucy et de La
Fere, et pour estre le pais parfaictement couvert de la
ville de St-Quentin et de laultre advenue de La Fere,
fauldroit chevaulx legers portans lances entre cy et
Crecy ou a Crecy propre ou ilz pourroient estre en
seureté a cause de la fidelité des habitans et le bon
nombre diceulx.

Quant a lelection de cappitaine propre a servir a
cela, nestant venu en desseing dabuzer de la faveur
que je pourrois avoir envers Messieurs de ceste ville
pour la demeurance de personne et ne laiant merité
en leur endroict je ne men veulx entremectre, seullement diray je en passant que lelection que jai trouvé
avoir esté faicte du Sr de Prouvaix pour les harquebuziers a cheval nest que tres a propos l'ayant tousjours
congneu tres honneste homme et affectionné a la
cause sil est (comme je le croy) au gré du publicq,
et le semblable du Sr de Noirefontaine pour les chevaulx legers portans lances, offrant toutesfois de les
assister daulcuns de ceulx sur qui jay pouvoir et des
plus prestz si lon en a de besoing.

Les effectz de ces compaignies seroit tel qu'au
moings par leur assidu debveoir lennemi venant plus
fort qu'eulx les paisans seroient advertiz en temps et
heure de retirer leurs bestiaux en lieu de seureté, et
estant le plus foible il seroit souvent battu aux retraictes en faveur des fortz des environs des quelz sont
les passaiges.

Il fault aussi aux fortz suspectz pour tenir les
paisans en quelque debveoir et sen asseurer chasser
les cocqs des parroisses hors du pais et y introduire
quelzques soldatz a qui lon ait fiance aultrement lon
ne poura jamais empescher les paisans de se revolter,

Aprvril 1569.

et aux aultres de plus dimportance y mectre des soldatz de deux trouppes qui seront tenu en ceste ville et laultre a Crespy que je trouve estre suffisantes de fournir.

7

Et pour la seureté des marchans trafficquans dicy a Reims Soissons et aultres lieux et empescher les ennemis de courre, lon peult oultre cela ordonner aux paisans que sur peine de paier pour la première fois par une taxation publicque la prise que au deffault de leur debveoir avoir esté faict et de la vie pour la deuxieme, ilz aient a mectre tous les nuictz des escouttes aux environs de leurs haies, envoier des pauvres garsons et petites filles sur le poing du jour hors de leurs fortz pour recongnoistre les environs des garennes et petitz bois et courir avec leurs plus prochains voisins jusques ou ilz doibvent descouvrir, et pour signal que la descouverte est faicte en tout le pais avoir au hault de leurs clochetz une gerbe de paille au boult dune perche qui guindra avec une polie par la sentinelle qui doibt y monter des le matin si lon ayme mieulx y mectre ung grand pannier ou une hotte, mais je dis de la paille daultant que lon verroit de plus loing le signal du feu que lon y mecteroit si lennemy venoit dilligemment que lon ne feroit quant le pannier seroit baissé, et les allans et venans ne voiant la gerbee ou le pannier estre au hault de la perche jugeront que la descouverte ne sera faicte ou que lennemi sera a la campaigne.

8

Fault tres bien faire observer que tous les gentilzhommes fassent jurer et signer lUnion par leurs subjectz comme eulx mesmes lont signé et y abstraindre ceulx desquelz les gentilzhommes seront absens ou sen asseurer par garnisons.

9

Fault aussi que pour seureté de la cavalerie que les cappitaines lieutenans et cornettes soient congnuz en tous les fortz pour y avoir leur retraicte en cas de besoing, je dictz quilz soient congnuz non seullement

leurs cazaques mais leurs personnes, craignant que *Apvril 1589.*
lennemi ne surprint quelzques fortz dimportance avec
les mesmes livrees.

Et nonobstant que pour lutillité de la cause gene-   10
ralle il soit trop plus que neccessaire en ceste ville
avoir correspondance avec les aultres de la province,
si esse ce quelle en doibt oultre cela avoir une tres
estroicte avec celle de Reims, Soissons, Guyse et aultres de la Picardie qui sont proches delle, avoir des
messagiers secretz pour aller et venir et mesmes avoir
des chiffres par ensemble pour se donner advis des
choses qui soffriront et former a limproviste ung corps
de leurs forces pour assister cellui qui seroit le plus
pressé, et combien que Cambray soit a seize ou dix-
huict lieues loing sa force en approchera aussitost
que les plus voisines pour leur faire ung bon service.

Fault avoir des espions dans les villes soubz pré-   11
texte dy porter des marchandises ou aultrement pour
estre advertiz de leurs desseings.

Et parlant de ce que dessus comme si jestois asseu-   12
ré que tout ce qui deppend du baillaige fust reduict en
leur obeissance pour ne mestre plus parlé de rien qui
soit contraire depuis que Mr de la Bove et ses voisins
sont venuz signer hors mis ce qui est du comte de
Moulevrier, auquel lieu je ne desire differer daller estant assisté de deux pieces avec latirail et munition
neccessaire pour executer lentreprise.

Je tumberay sur le principal de la province qui est   1
quil fault faire ung effort avec noz forces et moiens
contre les lieux qui peuvent lever le menton a ceulx
de Coucy et qui font en ce quartier le mesme dommaige qu'en Picardie, a quoy la bonne volunté que
Messieurs de ceste ville ont a la cause publicque se
doibt manifester en leffect a la priere et instance que
je leur faiz comme lieutenant general en Picardie et
commandant soubz lauctorité de Messeigneurs les

Apvril 1589.

princes larmee qui est maintenant en ces quartiers, et au nom de la province si joinct le fiscal dAmyens.

14

Premierement que nous obligeans du tout en tout nos consciences de nespargner non seullement noz biens mais noz vies propres pour assister les concitoiens de leglise de Dieu, en ce que pour la delivrance de leurs oppressions seureté de leurs vies et biens ilz auroient besoing de vous Messieurs de ceste ville voulloir ne donner congnoissance de ce qui peult estre es mains de leur recepveur de toutes sortes de receptes et nature de deniers, a quoi ne sera obmis sil leur plaist ce qui a esté levee actuellement ou qui est encores deu de la derniere allienation et des deniers ordinaire, pour ayant precompté les charges que sur iceulx ont acoustumé destre prises et ce dont ilz pourront faire estat pour le besoing de leurs affaires, estre le surplus estre emploié aux frais de ceste armee ou aumoings ce qui est enclavee dans le gouvernement de Picardie et deppendant de ceste ellection, ce que nous demandons pour nous en servir a la neccessité presente comme chose qui est provenu de la Picardie, et pour nous estre a ladvenir ung exemple de ce que lon a faict entendre desirer qui est que les deniers des receptes continuent de se porter en ce lieu, a quoi nous navons eu intention de contrevenir ou innover chose quelconque, si nestoit que lon voullust lesdictz deniers (estans icy) nous interdire de nous en servir, ce qui ne seroit raisonnable, ny de tirer notre subsistance en ayant tant de besoing pour la cause generalle.

15

Et daultant que en escripvant ce present memoire, jay eu advis de limpossibilité destre assisté de pouldres et de pierres pour faire la batterie de la place ou est M^r le comte de Moulevrier, et quil ne reste plus rien qui puisse empescher de continuer le desseing que je puis avoir pour le service de Messeigneurs les princes, je supplie Messieurs de ceste ville de me faire entendre si je puisse quelque aultre chose pour le leur et mexcuser silz nont tiré de moy aultres dutillité et deffectz quilz penssent sen estre promis. *Apvril 1589.*

Et pour ce que en lassemblee du jour dhier jay touché dune chose obmise en ce present memoire, jay penssé en debveoir faire cest article qui est que Messieurs de ceste ville trouvent bon de remectre en noz mains ceulx de Picardie qui auparavant leur bonne et saincte resolution dentrer en lUnion se sont retirez en ceste ville la tenant pour estre notre ennemie, et qui depuis y estre ont assé manifesté leur mauvaise volunté par les lettres quilz ont receues et celles quilz ont escriptes pour encorrager noz ennemys, estant raisonnable quilz se justiffient devant leurs superieurs. *16*

Que tous les biens meubles qui leur appartiennent ou a daultres qui dans notre pouvoir nous font la guerre y soient compris soit argent transporté rentes ou deptes, comme de notre part nous promectons le semblable en faveur dun chacun de ceulx qui pourroient nous en requerir et de ce nous en accorder brefve expédition. Ainsy signé *De Monluc*. *17*

Responce faicte par Messieurs levesqve de Laon, l'abbé de St-Vincent, Messieurs les depputez de la court et gens depputez du Conseil de Laon, aux articles cejourdhui XIIIIe *apvril* M. Ve IIII^{xx} IX *baillez par escript par Monsieur de Ballagny, marquis de Reus, baron de Bussy, Saxefontaine, Artone, Esmours, chevallier de l'ordre de St-Michel, cappitaine de C. lances, commandant generallement en Cambrezis et lieutenant en la province de Picardie soubz lauctorité de Messeigneurs les princes.*

Responce faicte a Ballagny.

Sur le premier article :

Mesdits sieurs levesque de Laon, abbé de St-Vincent et commissaires de la court, ensemble mes-

Apvril 1589. sieurs du Conseil de ceste ville ont travaillé jusques a ceste heure et donneront ordre a ladvenir que les grandz et petitz de ce baillaige demeureront uniz de cœur et de volunté sans aulcun discord ni division, et pour le regard du proces encommencé a quelzques ungs soubsonnez davoir conspiré contre ceste ville, lesdits sieurs commissaires depuis leur venue ont vacqué incessamment et vacqueront a ladvenir sans aulcune discontinuation a lexecution de leurdite charge, et sans quilz aient permis par le passé ni quilz permectent a ladvenir que aulcunes personnes comunicquent avec iceulx prisonniers pendant la confection du proces contre les loix et ordonnance de cest estat.

Sur larticle touchant le gouverneur :

Lelection dudict gouverneur par forme de commission seullement sera remise a lauctorité et puissance de Monseig^r le duc du Mayne et de Monseig^r le duc dAumalle es qualitez declarez en larticle, et neaulmoings seront lesdits seigneurs princes suppliez den nommer ung qui soit du gouvernement de Picardie ou de lisle de France, et ce pour exercer ledit estat de gouverneur avec le mesme pouvoir que les aultres gouverneurs lont exercé cy devant et sans desroger aucunement aux droictz franchises et libertez des habitans de ladite ville.

Sur larticle faisant mention des garnisons :

Le Conseil est dadvis du contenu audit article et y satisfaire si faire se peult.

Pour le regard de larticle de Messieurs de Noirfontaine et du Mesnil :

Le Conseil est dadvis dudit article.

Et pour le regard de larticle concernant les fortz esquelz se pourroient trouver aulcuns habitants suspectz :

Le Conseil est dadvis dudit article.

En tant que touche la seureté des marchans :

Le Conseil est dadvis aussi dudit article.

Et pour larticle du serment des subjectz des gentilzhommes :

Le Conseil est de mesme advis.

Quant a congnoistre les chefs de guerre de cheval de lUnion :

Le Conseil est aussi de mesme advis.

Pour le regard de la correspondance de la ville de Laon avec Soissons, Reims, Guise et aultres villes prochaines :

Le Conseil en est dadvis.

Et en tant que touche les espions :

Le Conseil en est aussi dadvis.

Et pour le regard des finances :

Sera la disposition dicelle remise au Conseil general de lUnion, et neaulmoings en tant que touche larticle concernant les finances qui se levent en Picardie et qui sapportent en ceste ville, le Conseil est dadvis que lesdits deniers soient distribuez scelon les ordonnances des supérieurs et aultres qui pourront estre establiz pour le faict des finances, sans touteffois que lon puisse establir bureau particullier ailleurs que en ceste ville de Laon deduction faicte des gaiges rentes et aultres charges ordinaires.

Pour le regard des habitans du gouvernement de Picardie qui sont en ladite ville de Laon :

Le Conseil supplie tres humblement ledit sieur de Ballagny de les conserver en leurs estatz et biens et en la seureté publicque de lUnion generalle des catholicques pourveu quilz aient faict le serment de ladite Union et que depuis ilz ny aient contrevenu.

Et quant aux biens des ennemis de lUnion appartenant a eulx du gouvernement de Picardie et estans en la ville de Laon :

Le Conseil requiert quil soit dict que lesdits biens

Apvril 1589. seront saisiz par auctorité de justice pour en estre ordonné par ladvis du Conseil general des provinces.

Au surplus le Conseil remercie tres humblement ledit sieur de Ballagny de sa bonne volunté et des effectz tres grandz et tres heureux proceddez de sa venue en ceste contree, luy offre son tres humble service tant en general que en particullier, et le supplie continuer sa bonne volunté envers lesdits habitans et les excuser si a cause de la pauvreté du pais ilz ne peuvent a present recongnoistre les biens et faveurs quilz ont receu de luy.

Ballagny sorte de la ville de Laon mal content. Voila la response qui fut faicte au sieur de Ballagny par laquelle il recongnut quil ne toucheroit les finances de la ville quil sestoit promis. Cela le fascha fort, touteffois il le dissimula le mieux quil peust. On le jugea mal content de la ville; pourquoi le Conseil particullier sassembla, ou les assistans furent de divers advis, et ne se pouvans accorder ordonnerent une assemblee generalle qui se tint le quinze apvril ou il fust conclud que lon feroit present audict sieur de Ballagny de deux pieces de vin; mais ce nestoit pas ce quil pretendoit, cela ne le peust appaiser, aussi nen feit il pas grand cas. Il sortit hors la ville de Laon monstrant touteffois assé bon visaige au peuple et sen alla a Crespy ou il ne feit long sejour pour estre la place ruinee (comme il a esté), et dressa la teste de ses trouppes au chasteau de Vendeuil (siz au dela leaue dOize) qui tenoit le party du Roy ou il sarresta quelque temps mectant le feu a la pluspart des maisons du villaige qu'on voioit flamber de ceste ville de Laon. Il trouva en ces quartiers la peu de vivre pour les avoir mis dans La Fere, occasion quil manda a ceulx de Laon luy fournir pains dadmonitions, ce quilz feirent

xx m pains dadmonitions envoiez aux trouppes de Ballagny par la ville de Laon. de xx mille pains de poix de xii onces chacun quilz envoierent par chevaulx et charrettes des faulxbourgs qui furent retenuz pour les mener plus loing ou les chevaulx furent perduz. Ballagny sestant advancé et toutes ses trouppes passé la riviere, les garnisons de La Fere et de Coucy advertiz de la route quil prenoit pour aller joindre le duc dAumalle vers Senlis, sallerent jecter (le xviiie jour davril) dedans Crespy pour ny trouver aulcune garnison, ou ilz furent quelque temps à tourmenter et fatiguer les habitans de la ville de Laon, pour raison de quoy ilz furent contrainctz daugmenter leur cavallerie signaument celle qui estoit commandé par le Sr du Mesnil qui feit monstre en ce temps aux gaiges de dix escus pour homme chacun mois, de laquelle Me Claude Legras receut le serment de fidelité en la presence de Me François Blondel establi pour recepveur et paieur et de Nicolas Branche et Me Claude Boilleau esleuz controlleurs par lassemblee generalle de xvie apvril.

Apvril 1589.

Les garnisons de La Fere et de Coucy se jectent dedans Crespy.

La cavallerie de Laon augmentee.

Ceste compaignie nouvelle ainsy dressee avec quelque infanterie de telz et quelz gens tant soldatz qu'habitans ramassez (aultres touteffois que gens mariez par ce quil avoit esté conclud en assemblee particulliere quil ny auroit que les compaignons qui seroient receuz en compaignies), allerent prier le Conseil de la ville de leur faire delivrer deux pieces de canon pour aller devant Crespy et chasser les ennemis hors, ce qui leur fut accordé, non a intention de les faire trayner aux champs, mais seullement pour les mener jusques a la place du bourq, afin que par le bruict qui pourroit courir ceulx de dedans Crespy en fussent espouventez et les occasionner dhabandonner la place. Suivant quoy le vendredy xxie jour dapvril deux pieces de canon furent trainez jusques en ce lieu du bourq ou on feit alte faignant attendre des forces qui debvoient venir joindre celles de la ville; touteffois ceste ruze ne proffita de rien, car ceulx de Crespy ne bougerent; et daultant que le lendemain sebmedy jour ordinaire du grand marché plusieurs gens de

Faincte pour faire sortir de Crespy la garnison realiste qui y estoit.

Apvril 1589.

Mensonge des mutins de Laon.

villaige estant en la ville demandoient pourquoi ces deux pieces de canon avoient esté trainez en ceste place la boucho de lune tourné dun costé et laultre de laultre, les mutins leur donnoient a entendre que cestoit pour servir a lexecution de mort que lon alloit faire des prisonniers ce jour la, craignant que leurs parens et amis qui estoient en grand nombre dans la ville ne vinssent à seslever pour les saulver. Ce faulx bruict courut incontinent partout qui feit amasser a la place plusieurs gens des faulxbourgs et villaiges prochains, qui attendirent jusques a la nuict pour veoir faire ceste execution. Sur le soir ces mutins feirent courir aultre bruict disans que ceste execution estoit remise au mercredy en suivant et que ce jour la on feroit mourir la moictié des prisonniers. Ceste mensonge fut tellement semee pour verité en la cervelle de plusieurs de la ville quilz croioient ceste execution se debveoir faire ce jour de mercredy, mesmes la chambriere de Jehan Mercigay lun des prisonniers laiant oy certiffier pour vray, sen alla le mercredy matin porter a vivre a son maistre a lentree de la prison, et le regardant par pitié avec pleurs luy dict que cestoit la derniere fois quelle lui porteroit a vivre pour ce que le bruict estoit commun par toute la ville qu'on le feroit mourir a la place du bourq ce jour la apres midy, touteffois il ne sen estonna aucunement se doubtant bien que cestoit ung des faulx bruict acoustumé pour ce que telle chose ne se pouvoit faire que par justice, nayant encores esté seullement interrogé a raison que les commissaires de Paris avoient esté empeschez a aultres affaires pendant le sejour du Sr de Ballagny, lequel sorty de la ville de Laon, il se tint une assemblee generalle le xxi° jour davril en la maison Mr le licutenant general Defer par les gouverneurs et depputez du Conseil tant ecclesiasticques que seculiers et ceulx des depputez des centaines ou presidoit ledit S^r lieutenant, lequel remonstra que Messieurs les commissaires de Paris navoient encores fait exhibition de leur commission et pouvoir, que neaulmoings ilz proceddoient comme a une instruction nouvelle au proces contre les prisonniers, et si estoit le bruict commun quilz navoient aultre pouvoir que dinstruire ledit proces et le reporter a Paris pour y estre jugé, et a ceste fin y mener lesdits prisonniers, et daultant (disoit il) que cela seroit contre lintention de la ville qui a tousjours creu que le proces debvoit estre jugé souverainement en ceste ville scelon quil estoit porté par lacte qui en avoit esté cy devant faict, et mesmes par la missive envoié a la court de parlement qui equipoloit a une requete a ces fins, qui estoit aussi pour eviter aux fraiz et despences extraordinaire, prioit la compaignie da d-viser la dessus. Sur quoy et apres plusieurs propos particulliers tenuz les ungs aux aultres de ce faict, il fut conclud que lesdits sieurs commissaires seroient suppliez de communicquer leur commission pour icelle veue par le Conseil en adviser ainsy que de raison ; et pour faire ladicte supplication fut nommé et esleu Me Claude Dennet et les cappitaines Thuret et Delancy qui furent sur le champ vers lesdits S^rs commissaires, lesquelz leur feit apparoir de leur commission encores quilz leussent auparavant communicqué au lieutenant general, nestimans poinct quil fust si contraire (comme il estoit) au prevost Martin son beau frere prisonnier; layant veu et leu par Dennet, Thuret et de Lancy, ilz entrerent en collere disans quil nen yroit pas ainsy et que lesdits prisonniers ne sortiroit de ceste fasson, quilz manderoient a la court de parlement une aultre et plus ample commission que ceste la pour juger icy souverainement lesdits prisonniers par ladvis de tel

Apvril 1589.

Assemblee generalle pour faire exhiber aux commissaires de Paris leur pouvoir sur les prisonniers.

Dennet, Thuret et de Lancy sont faschez que la commission de depputez de Paris nest plus ample contre les prisonniers.

Apvril 1589.

nombre de conseilliers de Reims quil leur plairoit, et la dessus se retirent et en font le recit au Conseil particullier qui fut dadvis den escripre a la court. Les commissaires ayans recongneu leur volunté et intention les previndrent par lenvoy quilz feirent dun de leurs hommes vers le procureur general de lestat royal a Paris, auquel ilz feirent entendre la grande inimitié et animosité des principaulx de la ville allencontre des prisonniers qui voulloient quil fust proceddé contre eulx scelon leur desir et a toute rigueur, que ce faict estoit de consequence et perilleux pour la ville et la province ou les habitans se gouvernoient plus par mutinerie que aultrement, supplioient ledit sieur procureur general de ne les charger daultre commission que celle quilz avoient, que faisant aultrement ilz seroient en hazart de leurs personnes et a eulx malaisé a faire leur retraicte. Daultre costé le Conseil de la ville despescha homme expres avec memoires lettres et instructions pour obtenir aultre et plus ample commission que celle qu'avoient lesdits commissaires pour instruire faire et parfaire le proces ausdits prisonniers et les juger sans appel, mais il ne peust obtenir aultre commission que la premiere, et rapporta lettres missives dudit sieur procureur general adressantes aux mayeurs et eschevins de la ville de Laon, par lesquelles et pour les causes y contenues les zelateurs furent appaisez de leur grande furie.

Le conseil de Laon ne peult obtenir aultre commission que la premiere contre les prisonniers.

Le sebmedy xxiie jour dapvril le Conseil de la ville de Laon receut lettres de Mr du Mayne, par lesquelles apres avoir discouru de la joie et du grand contentement quil avoit receu du jour quil eut advis que la ville de Laon avoit embrassé le party de la Ste-Unyon des catholicques, prioit les ecclesiasticques et habitans de se mectre en oraison pour prier Dieu afin dobtenir victoire contre les

Procession faicte a Laon pour obtenir victoire contre leurs ennemis ou fut porté plusieurs fiertes.

ennemis. A ceste occasion le lendemain dimanche se feit procession generalle qui se continua par trois fois la sepmaine ou on portoit tantost quatre chasses ou fiertes tantost huit tantost dix prises a la grande eglise Notre-Dame, faisant ceste saincte ligue esmuvoir toutes les dignitez qui sestoient long-temps auparavant tenuz sans se mouvoir.

 En ce temps la ceste ville de Laon estoit remplie doisiveté, la vraie justice ensevelie, le trafficque et commerce cessé, la plus saine partie des habitans adonnez a malice et a forger faulses nouvelles de toutes sortes, cestoit a qui mensongeroit plus hardiment avec blasphemes et juremens, les marchans debteurs sestimoient a tousjours destre quictes et deschargez du paiement de leurs debtes, les aultres exemptz de toutes tailles attendans ung credit de quicte quicte et biens commungs, ne leur restoit plus qu'a trouver les moyens den attrapper par voies illicites, tout estoit comme habandonné, le vice estoit icy en son terroir, il y venoit sans planter et y croissoit sans peine tellement que les gens de bien avoient grandement a souffrir, signaument les gens de moyens, car on ne mancquoit poinct d'invention de leur jecter le chat aux jambes, tantost ilz estoient catholicques a gros grain tantost ilz ne valloient non plus qung tel leur parent realiste, bref ilz estoient renduz miserables pour la calamnité presente, estans comme contrainctz contre leurs consciences de detracter le Roy et ceulx de son party comme les aultres pour faire bonne mine, aultrement et ne disant mot ilz estoient tenuz pour suspectz, et tout ainsy quil est mal aisé que les trouppeaux de brebis paissans entre les buissons espineux ny laissent de leur laine, ainsy est il malaisé a ung homme de bien vivant parmi tant de meschans gens quil ny laisse de son innocence, touteffois scelon Dieu il valloit mieulx se taire

Apvril 1589.

Vie depravee et corrompue de plusieurs dans la ville de Laon.

Apvril 1589.

ou duzer de sobrieté en ses parolles sans detracter son Roy que den mal parler et contre sa propre conscience, car les impies congnoissoient bien leurs semblables. Les bourgeois pour leur protection et sauvegarde prenoient en leurs maisons quelques ungs de ces mutins zelateurs gens vilz et abjectz qui estoient traictez en leur table y faisant bonne chere, avec lesquelz il se failloit bien donner garde de parler au proffict du party du Roy, au contraire inventer avec eulx faulces nouvelles contre lui, contrefaire les biens faschez quant la ligue avoit receu quelque bastonnade, pour ce que lors ces mutins estoient comme forcenez. Et de telz gens les pincipaulx zelateurs de la ville sen servoient a toutes occasions et quant bon leur sembloit, les faisant aussi taire de mesme, tellement que par ce moyen la liberté leur estoit du tout baillé pour se gouverner a leur volunté contre toutes personnes non zelez comme ilz disoient, de faict ces mutins faisoient entre eulx des petites bandes a part qui tous naspiroient que au pillaige des riches, et quant les grandz sen voulloient servir pour executer leurs desseings, ilz leur promectoient que bientost se feroit la liste du massacre general pour nectoier la ville, mais que le retard se faisoit a cause que journellement leurs surveillans descouvroient gens nouveaux desquelz on ne se fust jamais doubté, et en ceste sorte ilz estoient tousjours entretenuz avec esperance et soubztenuz aussi en toutes meschancetez, ce qui donna hardiesse a ung

Massacre faict de la personne du mosnier de Polton par des séditieux de Laon. de ces mutins dentreprendre a voller cinquante ou soixante escuz quil avoit veu recepveoir en ladite ville par le mosnier de Polton nommé Claude Brisset. Pour y parvenir il communicqua de ce faict avec cinq ou six de ses semblables qui trouverent expedient daller attendre ce mosnier hors la ville, comme ilz feirent au boult de la chaussee d'Ardon ou ilz se pozerent en trois endroictz pour y avoir trois divers chemins, lun conduisant a Bruieres laultre a Vorges et laultre a Presles, par lun desquelz il failloit que ce mosnier passast pour retourner a son molin qui nest distant de la ville que dune petite demie lieue, comme il feit ce jour environ les neuf heures du soir qui estoit le lundy xxiiii° jour davril faisant fort claire de lune, et sadressa au costé ou estoit Jehan Genaille ung de ces bons marchans qui lui demanda qui va la, le mosnier estimant que cestoit quelque gosseur ne dict mot cheminant tousjours, pourquoy Genaille sapprochant luy dict : comment mordieu vous ne respondez rien — que voullez vous que je responde, dict le mosnier, laultre lui demanda sil avoit signé la ligue, qui lui feit response quil ne scavoit que cestoit de ligue, et a ce subject Genaille se jecta a lui mais il sy trouva bien empesché, car le mosnier fort et puissant quil estoit le jecta par terre, lui osta son escopette du gros de laquelle il lui en donna sur la teste, de collere ou il estoit davoir receu deux ou trois coups de poings a la face par Genaille en le voullant fouiller, lequel se sentant blessé a sang et prest a sesvanouir sescria a ses compaignons, lun desquelz plus prest que les aultres arriva en ce lieu ou il trouva ces deux hommes icy par terre se culbutans lun laultre ; a ce mosnier ce nouveau venu poza sa harquebuze contre le ventre, lui tira ung coup a travers du corps qui demeura par terre sans ame, desveloppant ainsy Genaille hors des mains du mosnier quilz fouillerent a leur aise et lui prindrent son argent ; tous ces mutins rassemblez se trouverent bien empeschez de ce faict, se forgeans des excuses de ce meurtre au mieulx quilz peurent et en ce fians sur le temps present rentrerent dasseurance dans la ville, aiant laissé Genaille blessé au faulxbourg dArdon ou M° Jacques Faultré prevost de la citté (esleu en lassemblee de Pasques dernier) se transporta,

Apvril 1589.

Jehan Courteau
Jehan Genaille
Martin Cailleau
Jacques Marcotte
Nicolas Dupont
Nicolas Denoyelles

Genaille est terrassé par le mosnier.

Jehan Courteau va au secours de Genaille.

Le mosnier est tué par Jehan Courteau.

M° Jacques Faultré va informer et faict ramener Genaille prisonnier

Apvril 1589.

informa dilligemment et secretement de ce massacre, feit prendre prisonnier Genaille tout blessé quil estoit non pas tant mallade (scelon le rapport des medecins et chirurgiens) quil le contrefaisoit, et le feit porter sur une chaière a doz dans la prison ou il fut assez long-temps sans que ce juge lui eust ozé parfaire son proces, pour les menasses qu'on luy faisoit journellement et par les plus grandz de la ville qui disoient avoir affaire dun tel homme que cestuy cy, qui se meit (attendant son yssue) a servir en ceste prison de mouchart et despionner les parolles et actions des prisonniers pour le mander a leurs hayneurs avec forces mensonges quil inventoit pour faire le bon varlet, ce qui se descouvrit a la fin par ung dixain faict contre le poil roux que ce Genaille avoit extraict dun petit livre quil envoia a labbé de St-Vincent homme rousseau, luy faisant entendre que entre les escriptz et composition que le prevost Martin faisoit contre lui a la prison il avoit trouvé ung semblable billet, ce qui porta beaucoup de dommaige et de retard a la liberté de ces pauvres captifz, estant labbé fasché de ce billet, se mectant en oppinion qu'on en faisoit bien daultres contre lui, pourquoy de jour en jour ces prisonniers estoient menassez destre massacrez, et a chasque esmutte qui se faisoit dans la ville, qui estoit assé souvent, ces muttins courroient a la prison comme si ceust esté aux prisonniers quilz debvoient commencer. Au regard du meurtrier et de ses complices nen fut faict aultre chose qu'une silence perpetuelle ordonné par le conseil secret a ce juge, lequel soigneusement garda le proces, encores quil eust donné a entendre a plusieurs que a raison de la susdite ordonnance il avoit le tout jecté au feu; du depuis ce meurtrier feit informer a son invention et pour sa descharge, faisant oir ses complices pour tesmoings comme ce mosnier feit refuz de signer la

Genaille sert de mouchart a la prison contre les prisonniers.

Le meurtrier et ses complices demeurez sans punition.

ligue, la despitant, et surquoy intervint leur querelle, finablement que ce mosnier fut tiré dun coup de harquebuze non de volunté par ce meurtrier (comme ilz disoient) mais par la faulte du contreserre qui estoit a la harquebuze ainsy quilz virent apres, avec le regret que faisoit sur lheure ce meurtrier de ce cas fortuitement advenu, lequel navoit deliberé lui faire aultre tort que de le mener prisonnier en la ville de Laon comme ilz lui avoient oy dire avant le coup donné. Avec ceste belle information il obtint ung certifficat du clergé de Laon signé de Boilleau leur cappitaine, contenant que ce personnaige icy pouvoit dire avoir mis la premiere pierre au fondement de la ligue dans la ville de Laon, a quoy faire et a dissoudre les entreprises des contraires il avoit fort hazardé sa personne, quil estoit neccessaire davoir en ce lieu ung tel homme que lui pour veuiller a toutes occurrences et avec une grande dilligence comme il faisoit journellement a la conservation des catholicques et de la place. Avec ce bel equipaige il alla a Paris sur la fin du mois de juing vers le grand conseil general pour avoir abolition de ce meurtre, ou il fut refuzé, pour ce (comme luy dict son rapporteur) que ce conseil nestoit establi ny ordonné pour lexpedition de telle affaire, tellement quil en demeura impuny. Vray est que depuis et en l'année M. V°   IIII^{xx} XV a la poursuicte et dilligence du tuteur des enffans de ce mosnier, ce meurtrier fut constitué prisonnier, son proces faict et parfaict par le prevost de la citté de Laon tant pour ce meurtre que sur aultres delictz par lui commis, et par advis du conseil il fut par sentence condamné a estre pendu et estranglé, ses biens acquis et confisquez, sur lesquelz fut adjugé une certaine somme aux enffans du deceddé; la sentence luy fut prononcé judiciairement en lauditoire de la prevosté et la corde mis au col par le bourreau, mais il se porta pour appellant, pourquoy

Apvril 1589.

Certifficatz faicts à la faveur de Jehan Courteau

Jehan Courteau a eu la corde au col en l'annee 1595.

Apvril 1589.

Delay de justice est grandement favorable au delinquant.

lexecution fut differé et lui remis en la prison, ou on a tant dilaié a le mener a Paris que finablement apres que la partie civile a esté satisfaicte il en est sorty hors a caution et pugni comme fut Barrabas en Jerusalem, au grand scandal de la justice pour nen avoir faict aultre debveoir, veu les maulx et meschancetez quil a faict a plusieurs gens de bien dans ceste ville de Laon durant ces guerres civilles, estant comme il estoit le principal des seditieux rempli dun esprict de contradiction a toutes bonnes choses et sadonnant a inventer toutes malices, Dieu le veuille amender.

Le xxvii° jour dapvril, pour aucunement retenir la furie des mutins de lexecution du massacre et pillaige par eulx souvent requis aux grandz de la ville, leur fut donné a entendre (comme il a esté dict) quil failloit encores avoir patience pour ce que journellement il se descouvroit choses nouvelles contre les soupsonnez. A ces fins on mis sus a trois habitans quilz avoient tenuz propos mal sonnans contre la foy et la saincte Unyon des catholicques, pourquoy sans aultre forma-

Guillaume Paris Nicolas Gaultier et Charles Barengier prisonniers.

lité que de leur dire quilz avoient parlé contre lUnion des catholicques encores quilz les eussent desniez et quilz se fussent submis a la mort par le rapport dun seul homme de bien, ilz furent constituez prisonniers et mis en la prison de chappitre, de quoy les zelez feirent courir ung bruict quil y en avoit encores bien daultres semblables dans la ville et quil failloit par neccessité donner une saignee a la republicque pour sy bien porter, aultrement quelle dyminuroit de force et de vertu ; voila le dire de ces bons catholicques.

M° Claude Dennet sefforce dintroduire a Laon linquisition dEspaigne.

Sur ce bruict M° Claude Dennet se meit alerte, remonstra au Conseil quil estoit grandement neccessaire en ce lieu dexercer linquisition dEspaigne pour ce que oultre les propos tenuz contre la saincte Unyon des catholicques, de quoy ces trois derniers prisonniers estoient accusez, il se tenoit aussi entre les soupsonnez aultres propos contre la religion catholicque apostolicque et romaine; quil en avoit receu plusieurs advis; se meit a corps et a cry a requerir ceste inquisition dans la ville de Laon comme chose neccessaire, ce qui fut trouvé bon, daulcuns estimans que cestoit une vraye lunette de cristal de roche pour bien veoir et congnoistre ung hereticque, comme leur avoit persuadé Dennet; touteffois quant ilz eurent veu et consideré la coppie des articles composé par Dennet et la procedure au vray de la forme que les inquisiteurs y tiennent, ilz en furent degoustez pour ce que ceste preceddure est par trop cruelle et qui ne se pouvoit exercer entre les françois, et laquelle (comme ilz disoient) eust peu admener ung tel desordre et confuzion a la ville quelle avoit faict a plusieurs villes en Flandre en lannee Mv^c LXVII qui flamboient de guerre civille a cause de ceste inquisition. Pour vous faire congnoistre la meschante invention de ceste proceddure dinquisition et telle quelle sest cy devant exercé, je lay bien voullu icy inserer au vray afin quelle soit en horreur (comme elle doibt estre) a tous gens de bien.

Forme que les inquisiteurs tiennent en leurs proceddures, par laquelle lon pourra remarquer les moyens et cerimonies que les espagnols tiennent a la distribution de la justice quilz rendent aux particulliers tant civille que criminelle.

Sy quelque ung est defferé mal sentant de la foy, luy mectent aussi tost un sergent (ou familier quilz appellent) en queue, pour luy assigner jour a comparoir pardevant eulx, a quoy il ne fault faillir, et ny sont les subterfuges si grands qu'icy ; sil ne dict rien le renvoient, mais ung mouchart le suict qui lespie soigneusement, et sil descouvre chose pernicieuse en ses dictz ou actions le rapporte aux peres qui le rappellent et proceddent contre luy comme vous entendrez. Si dès la premiere assignation il confesse librement

Avril 1589.

Forme au vray de la proceddure qu'on tient a linquisition.

Apvril 1580.

ou que long et captieux interrogatoire ilz tirent quelque tesmoignaige de luy (le delateur estant derriere la tapisserie pour leur remarquer et leur dire si cest laccusé) le renvoient le plus souvent (sil nest estrangier quilz retiennent a lheure mesme), puis appellent le proviseur vicaire ou diocesain de laccusé (car ilz ne veullent mectre la main sur la breby estrange sans ladveu de son pasteur) auquel ilz monstrent linformation, puis tous et ordinairement trois inquisiteurs soubzsignent la prise de corps ; sil fuit ou eschappe leurs mains ilz envoient apres un alguazil (forme de sergent ministre de linquisition) auquel ilz font remarquer laage, la grandeur, la face, et telles aultres circonstances de laccusé quil suict a la trace par tous les pais quil scauroit aller jusques ad ce quil lait pris (ce qu'on faict a ceulx de qualité et desquelz on crainct la doctrine quilz ne dogmatisent contre la foy catholicque); le deferé pris est dessaisi de ses clefz, puis envoient ung nottaire ou alguazil pour inventorier tous ses meubles pappiers joiaulx et telles choses quilz sequestrent es mains dun des plus riches voisins pour en respondre en fin de cause ; le sequestre tourne au proffict du Roy au fisque duquel ilz adjugent tout, si le defferé est convaincu, et tiennent mesmes que ores de la sentence nen portast aulcune adjudication que de ce quilz sont hereticques ilz se rendent indignes de rien posseder et que tout vient au Roy par le droict que le pappe lui donne en cela ; le geollier le mectant en prison recherche encores soigneusement sil na rien sur lui comme cousteau, pappiers, luy ostant tout fors lhabit; huict jours apres les peres embouchent secretement le geollier de luy faire demander audience, l'accusé le prie de la demander pour luy, ce quil faict, laccusé venu il les prie de congnoistre de son faict, lors on ladmoneste de descharger sa conscience et confesser son mal, lui promectant grace sil vient a

repentance ; sil confesse on ne laisse de lui faire son Apvril 1589.
proces comme vous entendrez ; sil ne die rien on le
renvoie en prison lui promectant de regarder a son
faict; il demande plusieurs telles audiences sans aultre fruict ne remonstrances, et ne lui communicque
on ce de quoi il est accusé si tost taschant le convain-
cre par sa bouche; apres ilz lappellent et le menassent
que sil na aultre soing de son ame qu'on lui donnera
le fisque pour partie et proceddera on contre lui par
toutes voies de droict cest a dire par gehennes et tor-
tures; le fisque cest le procureur du Roy appellé fiscal
pour ce que ses conclusions tendent au profficl du fisq
cest a dire du Roy ; si leurs inductions subtilles nes-
branslent son opiniastreté, ont recours aux ruzes, alors
ilz font apporter ung crucifix et un messel pour le
faire jurer dessus ; sil ne jure est convaincu; sil jure
senquierent de luy fort curieusement, de son pais,
parens, aage, profession, compaignon et telles aultres
choses dont ilz tirent grandz argumens, mais les plus
rusez ne respondent qu'avoir veu linformation et ce
dont ilz sont accusez; enfin luy communicquent laccu-
sation et pappier pour respondre avec un procureur
et advocat quil choisit, lesquelz prouvent ses deffenses,
et les avoir dressees scelon le stil y adjoustent les
raisons de droict, puis les donnent aux inquisiteurs
qui trois jours apres lappellent et son advocat lequel
luy conseille dire verité (seulle chose que ce liet de
justice a en recommandation) ; sil ne dict rien est
remis en prison; enfin a sa requeste on luy faict veoir
linformation, mais cest sans lui nommer les tesmoings,
car sil les veult reprocher il les luy fault deviner, en
quoy souvent advient ce quilz cherchent que laccusé
pense les avoir devinez en nomme et charge daultres
avec lesquelz il a devisé de la foi ; sil les devine les
peult reprocher ; les mieux advisez demandent coppie
et temps pour y respondre par escript sans rien dire

Apvril 1589.

sur lheure ; deux tesmoings de veue font condamner lhomme a la mort et lalcaide seul cest le geollier, ung suffit a la torture et peuvent tous accuser, le fiscal est sa partie et les delateurs ses tesmoings; trois ou quatre jours apres appelle son advocat, lui descouvre les plus griefves charges, les plus fortes deppositions, celles qui saccordent et qui non, lui dict quil devine qui sont ses tesmoings pour en objecter, sur ce on luy donne quelzques jours esquelz il songe qui et quelz sont ses ennemis desquelz ces tesmoings pourroient estre, linimitié est receue pour reproche et la contradiction des tesmoings, et sil preuve quil a souvent resisté pour le mesme faict a cellui qui laccuse, trois jours apres introduict, les prie de veoir si telz et telz ses ennemis ne sont pas ses tesmoings, sil devine mal est convaincu, si bien on ne lui dira pas, mais son advocat (qui noze parler a luy que devant eulx) lui demande quelz reproches il peult donner contre; ladvocat mect les reproches en forme qui dallieurs lui demande sil na pas moien de se purger comme prouvant quil a tousjours esté le grand ami des ecclesiasticques, observe les cerimonies ecclesiasticques, ouy les messes, honore les croix, ymaiges, et faict en somme le contraire de ce qu'on lui objecte, car il est receu par sentence den faire preuve dans neuf jours, purgation nest donné qu'a ceulx contre lesquelz ny a preuve concluante, les aultres ne sont receuz qu'a reprocher tesmoings, ses contre tesmoings oiz par le juge, on le faict conclure, et le fiscal prent telles conclusions quil veult, puis se faict la qualification de doctrine par les moynes et theologiens, cest a dire quilz espluchent curieusement tout ce quil a dict de la foi, sil a bien prouvé, absoult, pour le soupson neaulmoings quilz ont encores de lui agravent ou adoucissent le jugement, et souvent y a confiscation, prison perpetuelle ou temporelle, fouet, galleres et le sambenit, marque dapos-

tasie, mais soit qu'on lui veuille imposer quelque
legere peine ou renvoier absoult, demeure en prison
jusques apres lacte de foi afin qu'on ne le presume
lavoir pris sans ou avec legere occasion; si on ne peult
rien tirer de lui et ne se justiffie assez on le condamne
a la gehenne, puis avec son vicaire le font entrer en
ung lieu souterrain par plusieurs huis fort noir et hideux
ou les juges sont assis, incontinent le bourreau
se presente couvert dune longue robbe de thoille noire
fort estroicte (comme de ceulx qui le jeudi sainct se
fouettent par penitence), la teste et le visaige couvert
dun chappron noir qui lui descendant fort bas ne lui
baille que deux petites frenestres pour y passer la veue
de ses yeulx, et ce pour effraier et estonner davantaige
le patient comme si le diable se presentoit a lui pour
la pugnition de ses faultes ; adoncq ilz ladvertissent de
dire verité, aultrement protestent que sy on lui rompt
ou quon lui desplace quelque membre ou si la vie
cedde a la violence des tourmens, que la faulte et pesché
en tumbera sur lui ; cela faict on le despouille fors
les parties honteuses et par signe font entendre au
bourreau de quel matiere il doibt uzer, aultrement ne le
scait comme en france ou pour estre advertiz trouvent
assez de preparatifz pour soubstenir la rigueur de ces
tourmens ; les plus commungs sont les trochelles et
garuches, les nerfz eaue et feu ; pour la garuche cest
une roue et molinet qui lient les mains retournees
devant le doz a la roue, avec ce lui serrent les poulces
dune corde plus deliee, tout cela attaché a ung cable
qui tient a la roue et lui avoir chargé les piedz de gros
fer et oultre dune masse de xxv liv. lui pendant dentre
les piedz, le bourreau le guinde en hault accompaigné
des advertissemens des inquisiteurs et nottaires jusques
ad ce quil touche de la teste au molinet ou il demeure
bien longtemps, et alors ses plainctes vont en laer, puis
le descendant et adjoustant a ce que dessus encores

Apvril 1589.

Apvril 1589. aultant de poix le reguindent comme a laultreffois luy disant quil moura la pendu en laer sil ne confesse; apres le bourreau le laisse cheoir mais en sorte que ne tumbant en terre tous ses membres se deslonguent piteusement, alors il prent le troy^e poidz et le reguindent de rechef avec cela, durant le jeu des les neuf heures jusques a unze ou douze ; sil perciste le font porter en prison ou se trouve le medecin avec menasse dendurer trois fois plus au lendemain; le voiant en tel et si piteux estat lui demandent sil ne veulx pas se confesser et ce pour scavoir sa relligion, sil le demande le prebtre faict cacher le notaire qui escript toute sa confession, car il linterroge de sa foi et mesme le faict responde assez hault lasseurant davoir toute puissance des peres de labsouldre ; quelque fois les plus simples confessent et par la sont convaincus et puis puniz ; souvent ilz mectent des mouchars en prison avec eulx pour esclairer leurs actions, et mesmes silz se declarent a quelzques ungs de leurs freres sont souvent par eulx defferez quand ilz ont promesse dimpunité; silz ont ung prisonnier de qualité ou doctrine font semer le bruict quil a declaré a la gehenne tous ses confreres et aultres qui ont devisé de la foi avec lui, mesmes font tesmoigner par les voisins de la prison comme ilz lont oy crier a la torture, ces confreres craignans estre aprehendez previennent et se vont defferer, estimans la peine legere que les peres promectent a ceulx qui voluntairement confessent la faulte, ilz renvoient les mallades en prison a lhospital du cardinal ou le medecin et les serviteurs les traictent bien jusques ad ce quon les renvoie querir en prison, et mesmes tous les mois deux fois avec le geollier et nottaire pour visiter les prisonniers pour sinformer et subvenir a leurs neccessitez, punissans les geolliers silz leur desrobbent leurs vivres ou silz les incomodent en quelque chose. Sur ce vient le jour solempnel

auquel ilz prononcent et executent leurs jugemens,   Apvril 1589.
ilz le nomment l'*acte de la Foy*. Deux jours durant ilz
appellent les prisonniers ausquelz ilz font confesser
tout ce quilz ont de bien en ce monde, abjurez de nen
rien celer, afin que ceulx au logis desquelz ilz seroient
trouvez ne soient puniz comme larrons, et qu'eulx
mesmes par punition divine ne tombent roidz mortz
comme Ananie et Sapheir feirent aux piedz des apos-
tres pour avoir caché leur bien. Sur le poinct du jour
destiné, apres que des le soir chacun sest confessé, les
officiers de linquisition leur apporte la sambenite qui
est une robbe jaulne sans manches comme les palu-
damens romains toute couverte et distinguee de diables noirs ; sur la teste ilz portent une haulte mitre
de pappier en forme de tour sur laquelle est tiré ung
homme bruslant et les diables autour de lui attisant
le feu, portant au reste le baglon en bouche quilz
nomment mordazes pour leur presser la langue,
puis une longue corde de forte chanvre qui leur serre
le col et les mains devant lestomacq, ainsy vont au
theatre, puis au feu; ceulx qui se sont dedictz ne sont
aultrement parés, fors que aulieu de diables ilz portent
la croix en main, les clercs chantans marchent les
premiers suiviz des penitenciers qui sont les condamnez a quelque amende corporelle ou pecuniaire hors
la mort ; ceulx qui vont apres costoiez des familliers
de linquisition et de deux moines theatins (nous les
nommons Jesuistes) pour les consoller et confesser; la
ville suict, puis les alguazils et officiers, les jurez, les
juges, les presidens, le gouverneur et vice roy de la
province acompaigné de plusieurs seigneurs et gentilz
hommes, le clergé marche apres suivy du rabilde
(cest le chappitre de leglise principal), les abbez,
prieurs et leur suicte vont apres, laissant une espasse
pour le fiscal et procureur du Roy avec lenseigne et
estendart de velour cramoisy fort riche et magnificque,

Apvril 1589. portant dun costé la figure du pappe qui confirma linquisition avec son nom et armes, de laultre costé celle de Ferdinand, et sur le hault une croix dargent qui soubstient le crucifix; les peres de la foi assistez de leurs officiers tous a cheval suivent que le peuple ramassé de plus de vingt lieues tallonne jusques a la grande place ou il y a deux theatres, lun pour les accusez, laultre vis a vis pour les peres ou lun deulx faict la harangue a lhonneur de linquisition et confutation des heresies, puis on lict les sentences commenceans aux moings chargez; cela faict le premier inquisiteur prie pour les convers quilz ayent la grace de perseverer jusques a la mort; apres on chante le pseaulme LI *Miserere mei deus;* sur ce ayant le premier chanté quelzques versetz ausquelz le cœur respond, il leur prononce labsolution, cest assavoir de la faulte non de la peine, puis faict jurer tout le peuple de mourir en la devotion de leglise romaine, la deffendre et maintenir contre tous et linquisition pareillement. Si entre les convers et obstinez se trouve ung ecclesiasticq, le degradent en laissant lacte a levesque qui la initié; la forme est telle: lavoir habillé comme pour dire la messe, luy ostent ses habitz lun apres laultre avec certains motz et fassons contraires a celles quilz ont tenuz en lhabillant, et avec ung morceau de verre ou cousteau tranchant lui raclent le sommet de la teste, les levres et les mains pour lui oster lhuille presbiteral duquel il fut oingt; sil nest voué a la mort le degradent verballement qui est le suspendre de lestat et office jusques a ce que le pappe en ait aultrement ordonné; sur la fin de la sentence du convers qui doibt mourir pour lexecution dicelle, prononce que daultant quilz doubtent quil ne soit sainctement converty, crainte de laisser le loup soubz la peau dune brebis nonobstant sa conversion le laissent entre les mains du bras seculier (car la

punition ecclesiasticq ne sestend qu'a lanatheme et
irregularité) quilz prient de luy estre misericordieux
ne luy rompre aulcun membre et ne tirer aulcune
goutte de sang; et pour les obstinez dient que puis
qu'ainsy est que leur peine na de rien servy a le convertir, le donnent au bras seculier pour le punir scelon
le droict, lequel ilz prient touteffois sil se recongnoist
de luy estre misericordieux; les non vouez a la mort
sont renvoiez en prison, puis au fouet ou es galleres
ou en prison perpetuelle ou temporelle et a porter le
sambenit certain temps, mais sil advient quilz retournent en leurs mains sont en plus grand danger que
jamais. Voila pour montrer que les inquisiteurs sont
bien empeschez a anathemizer le corps dun pauvre
prisonnier. Retournons a notre subject.

Apvril 1589.

Le xxviiie jour davril, Jehan le moisne huissier au
siege presidial de Laon alla inthimer Me Jehan Bodin
procureur du Roy en ce baillaige en son pur et privé
nom a comparoir le xxve jour de may ensuivant en la
court de parlement a Paris, en vertu dun relief dappel
obtenu le xxviiie jour de janvier preceddent par
Mathieu Vauchart, Jehan Thomassart, Georges Jacques
et Adrienne Masnier, lequel Bodin voyant que ce
relief estoit expedié soubz le nom du Roy Henry iii^e
reprint ledit huissier davoir entrepris de le mectre a
execution et luy feit coucher en son exploict sa response quil signa qui contenoit ces propres motz: par
lequel procureur a esté faict response que moy sergent
navoit rien a lui commander par la puissance et auctorité de Henry, nagueres Roy de France et jadis Roy
de Poloigne, et que jeusse a faire corriger les lettres
de relief dappel obtenuz par les appelans, quil estoit
prest dobeyr au commandement que je lui ferois soubz
le nom et auctorité de Charles de Loraine lieutenant
general de lestat royal et couronne de France, et quil
comparestroit pardevant lesdits sieurs de la cour de

Pernicieuse res-
ponse contre le
Roy par Bodin a
une assignation a
luy donnee.

parlement, comme il a tousjours faict, les recongnoissans pour ses supericurs et ausquelz il doibt toute obeissance, et a requis coppie a lui baillé. Voila sa belle response par laquelle il pensoit bien faire croire aux zelateurs quil estoit de leur confrairie, mais ilz y eurent tel esgard que de raison.

Le premier jour de may, suivant la priere faicte a la ville de Reims par celle de Laon fut admené quelque quantité de pouldre a canon sur quatre ou cinq charrettes avec des grosses balles de fer de pezanteur chacune de xl ou l livres, faisant courir le bruict par eulx que la ville de Reims leur envoioit ceste contribution pour ruiner les fortz et chasteaux a eulx contraires dentre Reims et Laon, qui estoit pour oster la congnoissance qu'on eust peu avoir du default quil y avoit au magazin de Laon assé mal garni.

Le prevost Martin ayant receu advis que les juges de Paris linterrogeroient bientost tant sur la pretendue conspiration que sur des faictz particulliers, leur voullant faire paroistre par sa responce quil pretendoit faire que linimitié conceue contre lui estoit a loccasion des sentences quil avoit cy devant rendu comme prevost sur les proces criminelz quil avoit faict contre plusieurs personnes de la ville, signaument les garses daulcuns ecclesiasticques, et pour en faire pleine preuve a ces Messieurs les commissaires, il se feit apporter le plus secretement quil peust a la prison a diverses fois ces proces criminelz qui furent descouvertz par Genaille (mouchard dont est cy devant parlé), lequel en advertit le conseil secret, occasion que ayant par eulx consulté de ce faict executerent leur deliberation ainsy, qui fut que le deuxiesme jour de ce mois de may, Messieurs les commissaires de Paris allerent a la chambre du conseil a la court du Roy a Laon, ou en ce lieu tous les prisonniers furent mandez ensemblement et en dilligence principallement le prevost Martin qui y fut conduict par Vaudin leur greffier, faignant procedder a leur eslargissement, ou ilz furent longtemps entretenuz de propos sur loccasion de leur inimitié du peuple contre eulx, jusques ad ce que les cappitaines de Lancy et Thurel et quelzques aultres eusseut esté fouillez comme ilz feirent partout dans la prison et mesmes dans les paillasses des prisonniers, et estans a la chambrette du prevost y trouverent ces proces criminelz desquelz ilz semparerent aussitost bien joieulx de les tenir, font apres advertir ces Messieurs de leur sortie qui renvoierent tous ces prisonniers a la prison avec esperance dun bon succes de leurs affaires, se disans joieulx de les avoir ainsy oiz par leurs bouches, quilz avoient descouvertz beaucoup de faulx rapportz qu'on leur avoit faict. Ces prisonniers de retour en la prison veirent quon avoit fouillé partout, retourné leurs paillasses et petites hardes, mesmes le prevost Martin qui sapperceut aussitost de la perte de ces proces criminelz; et a la verité il estoit mal advisé en ce faict, pour ce quil ne faisoit quaugmenter linimitié et la haine qu'on avoit contre lui, sans considerer quil estoit entre les mains de ses plus grandz ennemis desquelz il debveoit rechercher lamitié par quelque moien que ce fust en ce temps plustost que de saigrir contre eulx, ce faisant il se fust faict plaisir et a ses compaignons.

 Ce mesme jour au soir deux jeunes compaignons de la ville se promenans au champ St-Martin garniz de leurs espees, comme chacun les portoit lors suivant le dernier article de la conclusion faicte en lassemblee generalle du xxi° febvrier, se prindrent de querelle, sur laquelle lun donna a laultre un coup despee qui fut fort blessé, de quoi la justice ne sesmeut si fort (pour estre les parens du delinquant partisans de la ligue) quelle feit allencontre dun aultre jeune garson fils de M° Robert Martine jadis prevost de Noion, lequel

May 1589.

Les proces criminelz que le prevost Martin s'estoit faict porter a la prison sont pris et emportez.

Claude Mignot est blessé par Benedicq Moury.

<small>May 1589.</small>

pour seullement avoir tiré son espee allencontre dun aultre fut mis en prison dont il ne pouvoit sortir pour estre son pere au nombre des soupsonnez. Touteffois apres y avoir esté longtemps il sortit a la caution de son pere et depuis sen alla hors la ville, duquel on noyt parler jusques au xxie jour daoust en suivant quon rapporta que ce jeune garson estoit en une charge qui fut faicte au bois des moutieux pres Laon, comme il sera dict en son lieu ; pourquoy Me Robert Martine fut aprehendé et mis prisonnier sur le commandement a lui faict de representer son filz, et a faulte de ce faire condamné en cent escus damende quil fut contrainct par toute rigueur a payer a la cause.

<small>Emprisonnement faict du prevost de Noion pour l'amende de son filz.</small>

Le cinquiesme jour de may, il se tint une assemblee generalle en la maison Nicolas Gerault lun des gouverneurs de la ville, ou presidoit M. Le Sueur president a Paris, a laquelle apres quelzques affaires arrestez fut esleu Me Claude Dennet procureur scindicq de lUnion des habitans de la ville de Laon pour trois mois seullement, cestoit bien a quoi il avoit aspiré pour se mesler bien avant dans le bourbier de mutinerie.

<small>Assemblee ou Me Claude Dennet est esleu procureur scindicq de lUnion des habitans de Laon.</small>

Deux jours apres qui estoit le septiesme jour de may se feit une assemblee generalle dedans les halles de Laon, a laquelle ne se feit aulcune conclusion et ou M^r Le Sueur presidoit, des assistans y avoit grand nombre de gens, entre aultres y estoient M^r labbé de St-Vincent, Me Leonard Destrappes conseiller du parlement de Paris, Me Charles Delacourt substitut du procureur general dudict parlement, M^r le lieutenant general Defer, Messieurs les Despinois, Legras, Dennet, les quatre cappitaines de quartiers de ladite ville. La ou ledit sieur president remonstra qu'en toute republicque bien policee et gouvernee pour demeurer longtemps ferme et stable, les mieulx advisez avoient pris et choisiz le gouvernement semblable a la monar-

<small>Assemblee generalle faicte aux halles ou il y eut de la grande mutinerie.</small>

<small>Harangue faicte par le president Le Sueur a la dicte assemblee.</small>

chie approuvee et mise a execution par les saiges, et
qui avoit esté tousjours preferé au gouvernement populaire (que les grecs nomment democratie), mesmes a
laristocratie qui est le gouvernement dentre les deux
aultres, nonobstant le debat qui en eust esté aultreffois
faict par les raisons et argumens des philosophes,
parceque en la democratie y ayant une multitude confuze de toutes sortes de gens, ne sy pouvoit bonnement
avoir raison ni accord a la longue, ains toute impetuosité confuzion et discord, ce qui nadvenoit pas si
aisement en ung seul chef quelque mauvais quil fust ;
que au regard de laristocratie qui est des principaulx
hommes et plus gens de bien, chacun deulx cherchoit
par tous moyens dexcedder et exceller les aultres en
gloire et reputation du peuple, premierement en auctorité et maniment, puis en puissance et richesses, dont
par telles emulations et envies sesmeuvent partialitez
haines et brigues, apres seditions mutineries injures
et violences, et finablement meurtres expulsions ban-
nissemens et persecutions jusques a guerre ouverte
qui est appellee civille, laquelle estoit plus dangereuse
et plus a craindre sans comparaison que celle qui se
faict entre les ennemis, daultant que la maladie qui est
aux membres interieurs est plus dangereuse que celle
qui est aux exterieurs, ce qui est approuvee (comme
il disoit) par infinis exemples tant antiennes que modernes quil delaissoit a reciter pour eviter prolixité ;
quil deduisoit ces choses pour exciter une si belle
assemblee (la presente) pour adviser ad ce quil leur
sembloit expedient en la ville, pour eslire et choisir
ung gouverneur au lieu du Sr de Rocourt cassé de
son gouvernement, afin de donner ordre au faict de
la guerre, gouverner et policer la place pour lart militaire comme font toutes les aultres villes; que de
penser commander a soy mesmes par ung conseil de
ville comme il sestoit faict depuis quelque temps en

May 1589

May 1589. ça, cela ne pouvoit estre de longue duree pour estre la chose trop penible, daultant que a chasque petite affaire qui survenoit, il failloit convocquer ce conseil pour y remedier y respondre ou ordonner scelon les occurences qui se presentoit, ce qui tenoit les choses en longueur la ou il estoit peult estre besoing de celerité et promptitude; que dailleurs les choses qui doibvent estre secrettes et cachees estoient divulguees et manifestees tant par soupson que aultrement en la demonstration qui se faisoit a lentree ou sortie de ce conseil la ou les espions des ennemis prenoient jugement en leur manière de faire ; dordonner aussi ou faire quelque chose par ung seul du conseil sans en conferer avec les aultres quelque petite quelle feust, cela engendreroit une jalousie qui apporteroit une dissension une querelle et une division au lieu dune vraie concorde et union qu'on doibt tenir. Cest pourquoy donnant son advis a tenir lordre du gouvernement monarchicque plustot que aultrement, il desiroit que le peuple la assemblé en grand nombre eust pour son bien et profficit a adviser deslire et choisir quelque honneste gentilhomme de leur congnoissance experimenté au faict des armes, non avaricieux, affectionné et zélé au party catholicque, pour leur gouverneur, sur lequel ilz se puissent repozer et asseurer et eulx et leurs familles ; que sil y avoit quelques ungs en la compaignie de contraire advis, il les prioit de le dire franchement et librement, que ce quil sestoit si fort advancé den dire son advis avoit esté a la priere dune partie du conseil de la ville qui lui avoit declaré ne pouvoir plus vacquer aux affaires de la guerre que lon voioit a loeil saugmenter, et la ou il leur estoit besoing dun homme dauctorité et de respect pour y commander, que a ceste occasion et a ce seul subject la presente assemblee se faisoit pour en toute liberté en donner chacun leur advis, de quoy il les prioit ; ou bien sassembler par parroisses pour en faire leur rapport scelon quil avoit entendu qu'on faisoit ordinairement en telle assemblee. Sa harangue finie, le cappitaine Thuret (advoué par labbé de Saint-Vincent et qui auparavant ceste assemblee estoit prié de prevenir en parolles Innocent Labiche et ses partisans), dict que veritablement le conseil de la ville ne pouvoit plus soubstenir la fatigue et le fardeau quil avoit journellement pour le faict de la guerre, a quoy il nestoit acoustumé, quil estoit tres neccessaire pour le soullager davoir quelque gentilhomme doué des perfections que Monsieur le president avoit depeinct ; que cy devant la plus part du conseil et aultres notables habitans de la ville avoient desiré que Monsieur de Bouchavenne, guidon de la compaignie dordonnance de feu Monseigneur de Guise, gentilhomme du pais, eust voullu accepter le gouvernement, pour estre dune bonne nature et de la condition predicte par ledict sieur president, de quoi ilz avoient doubte pour estre ce gouvernement peu de chose a ung tel personnaige et qui meritoit beaucoup davantaige, touteffois que la chose avoit esté si bien demenee et advancee en son regard quil lavoit acceptee et Monseigneur le duc de Maine eu pour agreable attendu la bonne congnoissance quil avoit de sa capacité et suffisance, ne restoit plus que le consentement de Monsieur le duc dAumalle, ce qui navoit esté trouvé bon par Innocent Labiche, homme sans aucune charge en la ville, lequel neaulmoings comme temeraire et oultrecuide sans adveu ny aultre advis que de ses enffans et de quelzques siens partisans, de son auctoritee privee, au desceu du conseil de la ville sestoit ingeré descripre au sieur Diuxent de sacheminer par deça pour recepvoir le gouvernement de la ville, lasseurant que par son auctorité et des siens il y seroit le bien receu, a quoy il avoit grandement

May 1589.

Le cappitaine Thuret donne son advis sur la personne d'un gouverneur.

failly en entreprenant sur lauctorité des magistratz et conseil de ladicte ville, et combien que sa lettre neust porté aulcun effect si esse ce que telle entreprise tiroit a grande consequence et quil en debvcoit estre multé; pour ces causes requeroit audit sieur president quil lui pleust ordonner deffenses estre faictes a Labiche et a tous aultres descripre ny faire escripre a qui que ce feust pour ce subject si ce nestoit de lauctoritee et commandement du conseil establv en ladicte ville, a qui seul telle chose appartenoit et non a aultre soubz telle peine quil lui plairoit arbitrer. Sa parolle finie elle fut trouvé bonne par plusieurs et des principaulx de la compaignie. Sur quoy intervint grand rumeur par Innocent Labiche, ses enffans, gendres et aultres leurs partisans qui estoient suscitez, qui commencerent a crier hault confuzement en la maniere acoustumee des mutins, demandant le sieur Diuxant pour gouverneur, en sorte quon ne se pouvoit oyr lun laultre, ce qui estonna fort ces messieurs de Paris nestans encores faict a telle crierie, les voyans ainsy confus et sans raison a crier au plus hault lun apres laultre, lesquelz il estoit impossible faire taire; touteffois a la fin sur linstante priere dudit sieur president il se feit quelque peu de sillence. Sur laquelle M° Claude Dennet comme procureur scindicq de lUnion des habitans demanda audience qui lui fu-accordé, lequel remonstra que toute la ville avoit grand interest au faict present, pour aultant que soubz lauctoritee et puissance dun seul homme deppendoit la conservation de leurs personnes biens et familles, que la chose meritoit bien destre pezee et la considerer de pres, que ce nestoit sans cause que M° Innocent Labiche sestoit efforcé davoir le sieur Diuxent aultrefois gouverneur de la place, lequel on avoit fort bien congneu en lexercice de son gouvernement et par longtemps pour estre bon catholicque doulx et pai-

May 1589.

Grand rumeur a lassemblee par Innocent Labiche et ses partissans.

Remonstrance faicte par M° Claude Dennet a la dicte assemblee sur la personne du gouverneur.

sible aux habitans, ce qui navoit esté experimenté au
sieur de Bouchavenne duquel on ne debveoit estre
sans soupçon pour avoir deux de ses freres au party
contraire, que plusieurs de la compaignie nestoient
dadvis de ladmectre a ce gouvernement, joinct quil y
avoit plusieurs personnes dedans la ville desquelz il
se failloit deffier pour nestre arresté au party de
lUnion, comme il sestoit remarqué en leurs actions,
mesmes par leurs devis ordinaire ou ilz rendoient
craintifz les plus asseurez au party faignans davoir
vray congnoissance des choses qui se passent a la
campaigne, que comme scindicq esleu par le peuple
quil estoit il ne le pouvoit et ne le debveoit tollerer,
au contraire le divulguer et manifester franchement et
librement daultant que en cela concistoit le salut des
habitans, quil en avoit faict un ample billet qui contenoit les noms et surnoms des soupsonnez, sur lequel
il en failloit ordonner. Ce disant jecta ce billet sur le
bureau ou il y avoit bien les noms de IIII^{xx} ou C. per-
personnes. Le lieutenant general Defer et lesleu Delamer jectans leurs veues sur ce billet sy virent des
premiers nottez; pourquoy sans attendre la lecture
commencerent a crier apres Dennet, lapellant mutin,
seditieux, perturbateur, quil ne valloit rien qu'a troubler une republicque et mectre division partout ou il
estoit. A eulx sadjoignit plusieurs de leurs parens et
alliez, du costé de Dennet estoit Labiche ses enffans
et gendre, Me Nicol Ledoux, Claude Gaurel, Charles
le Clercq, Nicolas Mignot laisné, Adam Gerault,
Charles Duchesne, procureur, Pasquier Parisis et plusieurs autres zelateurs quilz avoient suscitez par faulx
rapportz, leur faisant entendre qu'on cherchoit les
moyens de se rendre au Roy, que si cela advenoit
qu'on les pendroit tous comme rebelles. Doncq a raison de telles choses, grand rumeur et mutinerie se
leva entre tous ces gens assemblez, se mettant en tel

May 1589.

Billet produict par Dennet sur lequel il y eut de grand rumeur a lassemblee.

desordre et confuzion qu'on ne scavoit a qui on en voulloit; plusieurs se mectoient a la queste de Dennet et de Labiche pour les tuer apres avoir veu leurs noms sur ce billet pour les proscripre, lesquelz faisoient croire a daultres quilz estoient sur le billet aussi bien qu'eulx, a intention davoir de leur costé plus grande multitude de gens; et sur ce debat et contestations, les paisibles se voullant jecter hors des halles pour se retraire en leurs maisons (pour eviter les inconveniens de ceste grande mutinerie), se trouverent dailleurs espouventez quand ilz virent vis a vis de la principalle porte des halles et pres de lhostellerie de la Barbedor ung gros corps de garde composé de prebtres garniz darmes que Boilleau avoit subtillement faict venir pour sen servir si besoing estoit, se doubtant bien quil y auroit du debat en ceste assemblee pour lelection dun gouverneur, et tenoit le party du sieur de Bouchavenne, ce qui donna ung mauvais soupson a plusieurs ne scachans qui les avoit la posez ny a quel occasion, de quoy la pluspart des habitans effraiez de tel faict sortirent hors de ces halles fuians vers leurs maisons, les ungs par derriere les murailles de la ville, les aultres par aultres endroictz le plus couvert quilz pouvoient, et tous ainsy que si par ce costé la ville eust esté prise des ennemis. Ces Messieurs de Paris qui avoient veu tout ce tintamarre de mutinerie ne scavoient quel remedde y apporter ny a quel sainct se vouer, se trouvans en grand hazart parmi ces mutins qui ne scavoient a qui ilz en voulloient, sortirent hors des halles prenans leur chemin en grande dilligence vers leur logis a la place du bourcq. En leur chemin oyerent en la ville comme chacun crioit aux armes, ce qui redoubla leur fraieur, mesmes quand ilz virent en quelzques endroictz les chesnes de fer tenduz et des barricades commencez. Daultre costé les prisonniers estans au hault de la grosse tour du

Roy oyans le cri et rumeur du peuple et le toxin donné penssoient en eulx quil y avoit grande chose entre ce peuple, dressoient les oreilles, feirent aussitost plusieurs pertuis de tous costez a la couverture dardoize de ceste grosse tour par ou ilz voyoient plusieurs personnes garniz darmes, signaument le lieutenant general la hallebarde sur lespaulle accompaigné de sept ou huict hommes qui cheminoit a la place du bourq penssans quil leur arriveroit quelque bonne fortune pour leur sortie, mais rien ne se feit de bon pour eulx, combien quil y eust assez de gens en ceste volunté faulte de conducteur et de chef. Enfin le tout sappaisa tellement quellement et comme de soy mesmes ; en tout ce faict ne se donna que deux ou trois coups de poings en la place du bourq a Claude Aubelin gendre d'Innocent Labiche sur le subject quil avoit vestu une cuirasse et quil estoit hors de son quartier pour saller joindre avec son beaupere en la rue du blocq ; chacuns sestans retirez en leurs maisons pour compter à leurs femmes ce qui estoit advenu a ceste belle assemblee ou rien ne fut conclud ny arresté.

Le lendemain se passa en toutes sortes de devis de ce qui sestoit passé le jour preceddent, les ungs a la faveur dun costé et lez aultres de laultre, et ce qui feit cesser ces querelles et malveillances et parler daultres choses fut que le soir de ce jour ilz receurent advis que le cappitaine de la Noue assemble ses troupes pres Sedain et faisoit estat de passer pres la ville de Laon, occasion que pour oster les intelligences et eviter les surprises qui se pourroient faire en la ville en haine des querelles qui estoient parmi les habitans, ces messieurs les commissaires de Paris adviserent a la reconcillation des mutinez, et fut le conseiller Destrappes emploié a ceste affaire, qui feit les remonstrances neccessaires pour se rejoindre ensemble al-

May 1589.

Les prisonniers ont les oreilles ouvertes sur le son du toxin.

Grande mutinerie appaisé sur peu de chose

lencontre dun tel ennemy qui leur venoit sur les bras. Surquoy et apres ceste reconcilliation faicte, le neufiesme jour de may par ordonnance du conseil fut publié a son de trompe par tous les carrefours de la ville, que deffenses estoient faictes a tous habitans de porter espees ny aultres armes silz nalloient en garde, en peine de cent escus damende, ny se quereller ny mesmes dire aucune chose les ungs aux aultres pour le faict advenu en lassemblee des halles, ains le tout mectre en oubly.

Le Sr de la Noue ayant assemblé vers Sedain le plus de cavallerie quil avoit peu pour secourir ceulx de Senlis assiegez par le duc dAumalle, Ballagny et aultres chefz de la ligue, print son chemin vers ceste ville de Laon; comme il fut pres du villaige dAthy quelzques coureurs de ses trouppes prindrent dans ce villaige quelzques bestes chevalines appartenans a ung nommé Cazal, gentilhomme; ce Cazal nayant jugé quil y pouvoit avoir de la cavallerie derriere ces coureurs, monte a cheval, courre tant peult en Vaulx faulxbourg de Laon distant seullement dune demie lieue, ou il choisit quelzques harquebuziers habitans de Vaulx pour sen servir (comme il disoit) contre trois ou quatre cocquins qui lui avoient pris ses bestes chevallines, se meit a pied pour conduire ces harquebuziers a Athy; y allant et environ le mi chemin recongnurent trois escadrons de cavallerie qui les feit resserrer dans ung molin a vent proche de la appellé le molin du Saulvoir dou ils tirerent quelzques harquebuzades contre des coureurs, lesquelz ayans recongnuz Cazal et ses gens feirent venir bon nombre des leurs qui feirent sommer par ung trompette ces harquebuziers de se rendre, qui en feirent refuz; pourquoy pied a terre mirent le feu au pied du molin et a la faveur de lespesse fumee approcherent sy pres que a leur aise ilz tirerent plusieurs coups descoppettes a travers les

May 1589.

Publication faicte par les carrefours de la ville pour appaiser les querelles de la mutinerie des halles.

Le cappitaine La Noue pres la ville de Laon.

planches du molin, tuerent Cazal, Jehan Pillon et quelzques aultres, prindrent et emmenerent prisonniers Gilles Pezant, hoste de lange de Vaulx, Thomas Stocq et aultres desquelz ils tirerent bonnes ranssons; et de ce lieu ces trouppes de cavallerie donnerent pres Vaulx ou il y eut quelque petite escarmouche entre eulx et quelzques harquebuziers a piedz de la ville qui sestoient coullez dans les haies, et de la sallerent loger à Aippe, Chambry et aultres villaiges prochains, avec fort bon ordre et discipline et telle qu'avoit acoustumé faire ce renommé cappitaine La Noue qui laissa ceste nuict la faire bon guet aux habitans de la ville de Laon.

May 1569. — Cazal et quelques habitans de Vaulx tuez et aultres faictz prisonniers.

Le lendemain unziesmes jour de May jour de l'assention notre Seigneur, La Noue et ses trouppes qu'on estimoit estre de quatre a cinq cens chevaulz deslogerent a la dyane des villaiges susdits et passerent en ordre de combat a la veue des habitans de la ville de Laon, prenant leur chemin a La fere sur oize pour y joindre Monsieur de Longueville et ses trouppes qui lattendoient.

Deslogement de La Noue et de ses trouppes.

Ce mesme jour le conseil de la ville de Laon ordonna que levee seroit faicte sur les habitans de ladite ville de la somme de deux cens escus pour subvenir aux affaires neccessaires, ce qui fut executé.

Levee de deniers sur les habitans de Laon.

Le XII° jour de ce mois se tint une assemblee particulliere pour la police de la ville ou Dennet procureur scindicq, M° Nicolas Ledoulx, Adam Gerault et aultres presenterent ung billet nouveau contenant les noms et surnoms de XIIII ou XV habitans desquelz ilz voulloient estre asseurez pour le party catholicque, sur lequel on promit faire droict, la preuve preallablement faicte de ce qu'on mectoit sus a ces XIIII ou XV soupsonnez.

Dennet et aultres demandent asseurance de quelzques soupsonnez realistes.

Environ ce temps, les prisonniers presenterent requeste a Messieurs les president et conseillier de Paris, estans lors en la chambre du conseil de la court du Roy, leur remonstrant par icelle la cruaulté et inhumanité que le geollier exerçoit allencontre deulx de son auctorité privee et sans charge, les supplioient tres humblement leur departir quelque peu plus de comodité quilz navoient, signaument la liberté de parler a leurs femmes et domesticques en la presence du geollier ou de leur garde, ce qui leur fut verballement accordé, et pourquoy le geollier fut mandé pardevant ces Messieurs, auquel ilz enjoignerent de ne plus uzer doresnavant de si estroicte detemptiou quil avoit faict aux prisonniers et de leur permectre en sa presence parler a leurs femmes et familles, ce que le geollier ne trouva bon, pourquoy il fut si temeraire que en collere il jecta par terre son trousseau de clefz, disant a ces Messieurs que cestoient la les clefz de la prison et quilz en feissent ce quilz vouloient, de quoy ilz sestonnerent de la fasson et audace de ce personnaige qui sen alla tout refroigné, touteffois peu apres estant remandé, sur la remonstrance qui lui fut faicte par ces Messieurs de sa qualité, il se remit en son bon sens et leur promit dobeyr a leurs commandemens, et de faict le jour mesme apres disné il permit au prevost Martin de communicquer de son mesnaige avec sa femme entre la premiere porte de la prison et le corps de garde pozé a la porte de la court du Roy, mais pour ce qu'il tardoit trop a son appetit, il dict au prevost quil rentrast dedans et que cestoit assez devisé pour une fois, ce que ne voullant faire le prevost, le geollier le print par le collet et le tira dedans la prison, et en tirant il se trouva recepveur dun coup de poing assé rudement jecté soubz son menton que le prevost lui donna, pourquoy de furie sortit hors et sen alla a la place du bourq ou il scavoit que dordinaire y avoit des mutins, ausquelz il jecta son gros trousseau de clefz disant quil ne pouvoit plus garder les prisonniers

---

May 1589.

Grande rigueur exercé par le geollier contre les prisonniers.

Le geollier prent le prevost Martin par le collet et le tire dans la prison.

et quil avoit tout habandonné parcequilz lavoient battu
et oultragé a raison quil les tenoit bien enfermez, que
de par eulx il adviendroit du malheur a la ville. Ces
mutins qui ne demandoient qu'a semploier commencerent a murmurer, samasserent en grande multitude,
et avec quelzques soldatz garniz dharquebuzes allerent
droict a ceste prison pour visiter ces prisonniers, lesquelz a leur arivee ne scachant loccasion et voians
ces soldatz avoir leurs mesches au serpentin se jecterent de vitesse dans la grose tour fermant apres eulz
le gros huis, de quoi il leur en print bien, laissans a la
court ces mutins et soldatz qui sortirent incontinent
apres ne pouvans aller plus avant. Ces Messieurs de
Paris deuement informé de la verité de ce faict, manderent le geollier auquel de rechef ilz enjoignerent
de se comporter plus modestement en sa charge et de
n'estre si severe a lendroict de tous ces prisonniers
tant civilz que criminelz, comme ilz avoient entendu
quil estoit, en ce que a lun diceulx pour avoir saulté
sur un plancher et faict cheoir quelque peu de pouldre
en sa cuisine il lavoit tenu en ses cachotz serré bien
lespace de cinq sepmaines, mesmes que a ung aultre
pauvre miserable mis en ung cachot pour estre jugé a
mort par le lieutenant de Ribemont il ne voulloit permectre luy estre distribué quelque aulmosne, encores
quil ne le tinst que comme en prison emprunté ; sur
ce subject ung aultre prisonnier composa la dessus
ung petit quadrain que j'ay mis icy :

May 1589.

Les mutins ne demandent que a commencer la sédition.

> Ung pauvre prisonnier gisant sur la litierre
> Requist le geollier de compassion
> Tu sortiras (dict il) par ma permission
> Car ceans n'y a gibet ne cimetierre.

Le prevost Martin descendu en bas de ceste tour
apres que le tout fut appaisé ne se pouvoit mectre hors
de la fascherie quil avoit davoir esté ainsy tiré au

May 1589.

collet par son geollier duquel il se plaignoit fort pour son peu de respect, mais il taisoit le coup de poing quil lui avoit donné quant il le tiroit dedans.

Procession generalle et predication du M⁰ Jacob sur des faulces nouvelles.

Le xvii⁰ jour de May, fut faict en ladicte ville de Laon une procession generalle pour prier Dieu pour l'armee de la ligue ou fut porté toutes les chasses de leglise cathedralle. Apres ceste procession, Jacob chanoine et predicateur ordinaire a Laon, se meit en chaiere ou il entretint plus le peuple aux nouvelles forgez de sa cervelle que a devotion, car oultre les meschantes injures proferez contre le Roy, de quoy il estoit coustumier en ses predications, il dict que le duc du Mayne avoit pris par force les faulxbourgs de Tours, tué mil ou douze cens hommes de guerre de Henry de non valloir (ainsi lappeloit il) et faict plusieurs prisonniers, et que quant a ce Henry, il sestoit saulvé de vitesse au chasteau ou il estoit siégé de près, et le canon planté pour le battre. Mais cestoit bien le contraire; car ce jour mesmes que ce predicateur comptoit de sy belles mensonges, la bataille se donnoit

La bataille de Senlis se donna ce 17⁰ may.

devant Senlis ou les pauvres ligueurs le gaignerent a la fuicte, jectans leurs belles lances larmoiees par terre, se contentans destre bien armez par les tallons pour se destourner arriere des coups du bras de fer.

Le s' de la Focette est pris prisonnier lequel sevada pres Vaulx.

Ce mesme jour, ung nommé Deparis lieutenant du prevost des mareschaulx de Laon et les archers, advertiz que a la cense de Clermont il y avoit quelzques gens de guerre du party du Roy quilz appelloient voleurs, se partirent de Laon avec les hargouletz de la garnison, et donnans dans ceste cense de Clermont prindrent prisonnier le Sieur de la Focette et quelzques soldatz quilz admenerent en la ville; mais comme ilz furent pres le faulxbourg de Vaulx, La Focette pria le lieutenant Deparis de lui faire rendre son cheval pour entrer dans la ville de Laon, luy remonstrant quil auroit beaucoup plus dhonneur de le mener

ainsy que de le conduire mal monté comme il estoit
lors, ce que Deparis lui accorda plus pour la gloire
que aultrement sans considerer lagillité du cheval et
la ruze du maitre. Comme doncq ilz approchoient fort
pres du faulxbourg, La Focette print son chemin
du costé du hurlé vers les terres, tournant la teste de
son cheval dou il venoit, quil picqua si brusquement
que surpassant de beaucoup ceulx qui le pensoient
retraindre, se saulva à la course, laissant pour gaige
de sa retraicte son manteau rouge qui tumba en cou-
rant, lequel il ayma mieulx perdre que destre mis
entre les mains implacables du peuple quil craignoit
fort.

May 1589.

Vous avez cy devant entendu comme Innocent Labiche et ses partisans taschoient dintroduire le seigneur Diuxent au gouvernement de la ville de Laon et
le debat qui en advint ; mais depuis quil sceut que le
Sr abbé de St-Vincent lui estoit contraire, il desista de
sa poursuicte et ne parla plus daulcun gouverneur,
mais bien les principaulx habitans de ladite ville qui
allerent prier ledit Sr abbé den escripre au Sr de Bouchavenne. Et a ce subject, le xviiie jour de may, il se
feit une assemblee generalle en la maison episcopalle,
ou il fut conclud quil seroit escript de la part de ladite
ville a Monsieur Daumalle comme gouverneur general de la province, pour le supplier quil lui pleust envoier en ladite ville ung gentilhomme pour y commander en qualité de gouverneur, et que ledit gentilhomme fust de la patrie, de valleur, dhonneur et de
moiens (ce sont les vraiz motz de la conclusion, voiez
comme ilz voulloient choisir), et que a ceste fin ledit
sieur abbé en escripvroit au Sr de Bouchavenne ; mais
ilz nestoient poinct encores advertiz de la perte de la
bataille de Senlis du jour precedent, et que ledit sieur
Daumalle estoit bien empesché aillieurs.

Assemblee faicte pour avoir ung gouverneur dans la ville de Laon.

Ce peuple desireux de sçavoir nouvelles, ne prenant

May 1589.

Lois Camus est le premier rapporteur a Laon de la bataille de Senlis.

lors aultre exercice qu'a en forger, ainsy comme aulcuns estoient aux portes de la ville pour en recepveoir y arriva en lune dicelle le xix° jour de may Loys Camus habitant de ladite ville qui estoit devalizé et en tres mauvais equipaige dhabitz, les portiers de prune face le voiant ainsy penssoient quil sestoit ainsi accomodé pour passer pays en faisant voiaige comme il estoit coustumier faire pour la ville. Touteffois interrogé par quelzques curieux en la presence de plusieurs dou il venoit, cest homme (ygnorant quil failloit mentir au party de la Ligue) dict franchement quil venoit de la bataille qui sestoit donné deux jours auparavant pres Senlis, et que la ligue avoit tout perdu ; quil y avoit courru grand fortune avec beaucoup daultres ; de quoi ces portiers se fascherent fort contre lui, et avec milles injures disoient quil le failloit mectre prisonnier et lui bailler le fouet pour avoir rapporté telles faulces nouvelles ; luy daultre costé qui scavoit la verité ne voulloit se desister de ses premiers propos, les soubstenoit vraiz, a raison de quoi aulcuns de ces portiers le tirerent a part, lui dirent quil lui convenoit uzer daultre langaige pour neffraier le peuple de la ville, et que failloit quil dict avoir entendu quil sestoit faict quelque charge pres Senlis, mais quil ne scavoit qui avoit perdu ou gaigné ; neaulmoings encores quil uzast de tel langaige par apres, si en eust il des curieux

Au party de la ligue il failloit mentir.

qui lallerent secretement veoir en sa maison pour le desir den scavoir ce qui en estoit, mais il noza leur dire aultre chose que ce qu'on lui avoit embouché, craincte destre jecté hors la ville comme on lavoit menassé en disant aultrement. Touteffois ceste journee de Senlis fut divulguee peu de jours apres par le retour des fuyars qui sestoient partiz de la ville de Laon en bonne couche et revenoient en gueulx.

Sur le grand bruict qui se faisoit sourdement entre les habitans de la ville pour la perte de ceste bataille de Senlis, afin de les raffermir et les entretenir en leur premiere impression, il se tint une assemblee generalle le xx⁰ jour de may, ou le president Le Sueur recita quilz avoient receu advis quil sestoit faict quelque escarmouche pres Senlis, pendant laquelle et comme Mʳ le duc Daumalle et le Seigʳ de Ballagny sestoient mis a couvert pour envelopper le duc de Longueville qui faisoit contenance dapprocher le camp, le cappitaine La Noue avoit faict entrer quelzques hommes dans la ville pour la renforcer, et a son retour mis en route quelque compaignie escartee, et qu'aussi tost le duc de Longueville feit sa retraicte qui ne voullut hazarder sa petite trouppe contre ung si grand nombre dennemis quil voioit devant lui, ce qui avoit donné subject a ces deux chefz assiegeans de lever leur siege pour se tirer arriere lun de laultre (comme ilz desiroient); pourquoy on faisoit estat que a ladvenir le party de lUnyon feroit beaucoup plus deffect quil navoit faict, daultant que ces deux chefz ne faisoient rien de bon ensemble pour se voulloir attribuer chacun lhonneur des bons exploitz de guerre qui se faisoit; que a raison de ceste levee voluntaire du siege de Senlis, la guerre en pourroit durer davantaige; pourquoy il convenoit regarder aux affaires de la ville de Laon. Et pour y commencer, il luy sembloit expedient extraire des prisons quelque partie des prisonniers habitans des moings chargez comme il sen trouvoit et les exiller soubz les conditions qu'on adviseroit, pour ce q'ung si grand nombre de prisonniers dans une si petite ville avec leurs parens et alliez ne feroit que tenir en cervelle beaucoup de personnes et grandement a craindre pour leurs entreprises, joinct la communication ordinaire quilz faisoient avec les prisonniers de guerre logez parmi eulx pour navoir en la ville aultre prison asseuree; car de parler du beuffroy cestoit temps perdu (disoit il), pour ce que ces

May 1589.

Assemblee generalle ou le president Le Sueur desguisa ce qui estoit advenue a la bataille de Senlis.

May 1589.

jours passez il sen estoit evadé trois prisonniers de guerre par des carreaux et frenestes avec leurs chemises et linceux coppez par bandes et attachetz lune a laultre ; aussi que ce lieu la estoit assis dans les fossez de la ville et loing dhabitation; qu'a ces occasions il fauldroit beaucoup de garnison qui seroit une despense inutille, laquelle il fault eviter; que partant il les prioit tous dadviser ad ce qu'on en feroit, mesmes pour les prisonniers convaincuz de conspiration pour les sequestrez a part et les mectre en lieu seur ; prioit aussi la compaignie dadviser a ceste affaire et den resouldre.

La conclusion de lassemblee est surcise.

Sur quoy ledit s^r president fut prié de surceoir la conclusion jusques a aultre prochain jour, pour estre ceste affaire de consequence et qui meritoit bien destre communicqué a tout le peuple pour eviter le rumeur qui pourroit intervenir sur ce faict, et aussi pour la descharge de la compaignie, ce qui fut accordé et ceste affaire et la conclusion remise au xxiiie de may ensuivant.

La verité de ce qui estoit advenu a la bataille de Senlis est plainement congneu.

Des le lendemain de ceste assemblee, nonobstant le fart et desguisement qu'avoit apporté ledit s^r president, la verité fut plainement congneu a tous de ce qui estoit advenu a la bataille de Senlis, ce qui feit esbranler plusieurs signalez ligueurs; les mutins commencerent a baisser les oreilles et se rendirent beaucoup plus doux qu'auparavant, car ilz craignoient que ce coup de bastonnade ne feit descoudre les habitz dont la ligue estoit revestu; cela vint fort a propos pour le soullagement des prisonniers par ce que de la en avant ilz nen furent si mal traictez; on communicquoit librement avec eulx et leur bailloit on esperance de leur delivrance; mesmes des lors le conseil particullier de la ville minuttoit les moiens et conditions pour y parvenir qui se trouva de divers advis; daultre costé les commissaires de Paris qui desiroient faire retraicte en leurs maisons pressoient fort la fin de ceste affaire;

il ne restoit plus rien a escripre au proces, tout estoit instruict tant sur la pretendue conspiration que sur les faictz particulliers des prisonniers ; dailleurs feirent courir le bruict par tout que les principaulx desdits prisonniers ne pouvoient eviter la mort et la confiscation de leurs biens, et que pour les juger il failloit neccessairement les conduire a Paris, mais aussi quil y en avoit beaucoup quil failloit eslargir ; demanderent la dessus au conseil de la ville la convocation dune assemblee generalle ; les prisonniers qui eurent advis de ce bon vent et de lassemblee generalle qui se debvoit faire a ces fins le xxiiie jour de may emploierent tous leurs parens et amis pour ne demeurer derriere. *(Les prisonniers emploient leurs parens et amis pour sortir des prisons.)*

Venu le xxiiie de may, lassemblee generalle se tint, ou il fut faict recit de ce que ledit s^r president leur avoit proposé en la precedente assemblee, et dict que par le proces quilz avoient instruict, une bonne partie des prisonniers se trouvoient peu chargé de conspiration, et lesquelz ilz eslargiroient voluntiers si les habitans de la ville le trouvoient bon ; sur quoy et apres plusieurs discours debatz et disputtes sur ce faict ou chacun y portoit son affection, finablement il fut conclud et arresté que le tout seroit remis au jugement et discretion desdits sieurs commissaires. *(Leslargissement des prisonniers est remis à la discretion des commissaires de Paris.)*

Tout le reste de ceste journee la et de celle du lendemain, les parens et amis des prisonniers ne cesserent de soliciter lesdits s^{rs} commissaires pour la délivrance de ces pauvres captifz.

Le xxve jour de may, les depputez du conseil et ceulx des centaines sassemblerent sur ung memoire a eulx baillé touchant les conditions de leslargissement, sur lequel il fut conclud que lesdits prisonniers bailleroient caution scelon leurs moyens et facultez de se representer en justice quant ilz en seroient requis, et de promectre vivre paisiblement et sans porter les armes. *(Il fault que les prisonniers qui seront eslargiz baillent caution.)*

May 1589.

xviii des prisonniers sont eslargiz avec cautions pour satisfaire aux charges qui leur sont ordonné.

Pour mectre a execution ceste conclusion, lesdits sieurs commissaires se transporterent le lendemain xxvi° jour de may en la chambre du conseil ou ilz manderent par devers eulx vingt de ces prisonniers par noms et surnoms, et regardant leur billet qui leur estoit nouvellement renvoicz par M° Claude Legras trouverent que deux diceulx estoient raiez, lesquelz remis a la prison avec les cinq aultres restez pour sen servir par ces Messieurs a leur retraicte comme il sera dict en suicte, et pour les aultres dix huict on leur feit faire serment que estans hors la ville de Laon ilz n'habiteroient dans villes et places fortes contraires a la ligue, quilz se representeroient quant ilz en seroient requis, et de vivre paisiblement et sans porter les armes, que pour asseurance de ce ilz bailleroient caution bourgeoise dans la ville de Laon de paier les amendes lors limitees esquelles eulx et leurs cautions furent condamnez des lors silz contrevenoient a leur serment, a quoy ilz furent contrainctz satisfaire pour le grand desir quilz avoient de sortir hors de leurs miseres, pour avoir receu en la prison diverses sortes de malladies; ayans doncq ces pauvres gens satisfaict a ceste ordonnance ou sentence, ilz sortirent hors de la prison et aussitost de la ville sans leur bailler permission daller en leur maison y prendre quelque commodité; estans hors la ville, ilz se trouverent comme esperduz, ne scachant ou se retraire, et sescarterent les ungs dun costé et les aultres de laultre, que je tairay aller comme proscriptz, pour revenir a notre subject.

Le lieutenant general ne se veult trouver a lassemblée secrette.

La bataille de Senlis feit thiedir les plus eschauffez ligueurs de la ville de Laon, et qui les feit crier apres un gouverneur; la dessus et aussi pour adviser aux affaires de ladite ville, le conseil secret sassembla ou fut mandé Monsieur le lieutenant general qui sexcusa sur la gravelle qui le tourmentoit; il navoit garde de sy trouver, car il minuttoit son yssue de ladite ville et nattendoit dheure a aultre que son passeport pour saller joindre aux fleurs de lys ; touteffois il desiroit fort de se mectre en quelque place neutre pour caller le temps et juger des coups; pour son absence les aultres du conseil ne laisserent dadviser aux affaires, qui furent tous daccord quil leur estoit fort neccessaire davoir ung gouverneur dauctoritee et de credict pour les redimer des peines ou ilz se voioient journellement aux affaires de lart millitaire ; sur quoy le s^r abbé de Saint-Vincent les asseura que le s^r de Bouchavenne estoit pourveu du gouvernement par Monsieur le duc du Mayne et quil seroit bientost en la ville, mais que pendant ce temps il estoit neccessaire destablir un bon ordre afin quil trouvast le tout bien reiglé et policé ; aussi quil failloit entretenir les ennemis en doulceur pour leur oster tout subject dentreprendre sur la place. Cest avis fut trouvé bon, et pour parvenir a leffectuer, ilz feirent coucher en lassemblee generalle qui se feit le xxiiie jour de May, que la vente des meubles trouvez en la ville appartenant a ceulx du party contraire seroit surcize jusques ad ce quil y seroit aultrement advisé, et aussy que les meubles appartenans au cappitaine La Foucaudiere qui furent le jour preceddent venduz seroient retirez des mains des achepteurs et mis es mains de la femme Jehan Roullier scelon l'inventaire qui en avoit esté faicte. Ceste ordonnance se divulguoit par la ville afin que La Foucaudiere en fust adverty et quil ne feist le mauvais contre les habitans comme il sy preparoit. Et pour les affaires de la ville, on feit travailler les habitans par le dedans dicelle en plusieurs endroictz par corvee et de centaine en centaine lune apres laultre avec une assez grosse levee de deniers qui feit murmurer les habitans, signaument le menu peuple qui ja sentoit leur diminution de moyens. De ce murmure le s^r Destree gouverneur de La Fere

May 1589.

Il desire sortir la ville.

Le s^r de Bouchavenne est pourveu du gouvernement de Laon.

Le conseil de Laon faict surceoir la vente des biens des Realistes.

On travaille dedans la ville par corvee.

May 1589.

en receut advis, ensemble de la thimidité de plusieurs de la ville a raison de la bataille de Senlis, qui le feit envoier ung trompette a Laon le xxviie jour de may avec ses missives adressantes a cinq ou six des princinaulx de ladite ville pour les inciter a se remectre a lobeissance du Roy, de quoy plusieurs mutins desesperez commencerent a se jecter en place, sen allerent trouver le trompette, lequel ilz feirent retirer hativement et sans response, ne lui voullant permectre de prendre seullement sa refection.

Les mutins font retirer le trompette de La Fere.

Le lieutenant general Defer ayant receu le passeport quil attendoit tant pour luy que pour ceulx de sa suicte, avec advis de la prosperité du Roy et ladvancement de sa personne au cueur de la France avec une puissante armee, il les communicqua a Me Pierre Doulcet esleu son beau frere et a Me Jacques Delancy procureur du Roy en la prevosté de Laon qui se joignirent ensemble pour faire banqueroutte a la ligue ; et de faict apres que secretement ilz eurent donné ordre a leurs affaires particullieres et domesticques, ilz se departirent de ladite ville de Laon lun apres laultre le xxixe jour de may qui estoit le lendemain de la Trinité pour se rendre au party du Roy. Ce depart si soudain qui fut descouvert des le lendemain fit bransler beaucoup daultres habitans, signaument des officiers qui craignoient de perdre leurs offices par rebellion, mais ilz neurent pas la comodité de faire leur pacquet si a leurs aises qu'eurent ces trois icy, car on print garde de pres sur les soupsonnez et aux portes de la ville, qui fut cause quil en demeura dans la ville plus quil n'y en eust faict.

Le lieutenant general Defer, Me Pierre Doulcet et Me Jacques Delancy font bancquerotte à la ligue.

Le jour de Dieu premier jour de juing apres la procession ordinaire de tel jour, notre Me Jacob predicateur monta en chaiere et prescha en la grande eglise, ou il recita que le Roy estoit excommunié et pareillement tous ceulx qui le suivoit et tenoit son party, des-

Predication faicte par Jacob avec injures contre le Roy.

gorgeoit infiniz injures contre sa Majesté, lappellant
tiran, meurtrier, et aultres meschans propos, se tourmentoit et mectoit en telle collere en proferant ces
injures quil en suoit bien fort par la face.

En ce temps labbé de St-Vincent, Boilleau et les
cappitaines de quartiers, pour par artifice faire croire
au peuple que les affaires de la ligue prosperoient, sad-
donerent a contrefaire des lettres des grandz personnaiges quilz se faisoient apporter a louverture de la
porte de la ville par des lacquais et aultres gens apos-
tez et peu congneu en la ville quilz faisoient sortir le
soir du jour preceddent, les monstroient a tous, ou on
trouvoit forces nouvelles qui estoient incontinent divulguees et portees par toute la ville comme vraies
par les proumenades de trois ou quatre cocquins
promptz et usitez a telle affaire, ce qui entretint quelque
temps le peuple, mais a la continuation ceste ruze fut
eventee et descouverte et cessa pour ung temps.

Le dimenche IIIIe jour de juing se feit en ladite ville
une procession generalle pour prier Dieu afin dobtenir
victoire contre le cappitaine La Noue que lon disoit
estre fort pressé par le duc du Mayne de donner bataille, mais cela estoit faulx.

Ce mesme jour ung vigneron appartenant au cappitaine Branche voullant sortir la ville fut aresté a
la porte par Guillaume Rascart seditieux pour avoir
trouvé sur lui un pot de sel quil portoit a son vilaige
et lempescha de sortir hors, resistant a la volunté de
Branche qui estoit cappitaine de la ville commandant
aux habitans, pour raison de quoy ce cappitaine uzant
de son auctorité meit ce mutin prisonnier, lequel aussitost fut mis hors par ses aultres compaignons seditieux, et nul noza se presenter pour lempescher.

Le cinq{e} juing se tint une assemblee generalle en la
maison de Mr le lieutenant Despinois par les cappitaines gouverneurs et depputez du conseil de la ville

Juing 1589.

Faulses lettres pour entretenir le peuple à la ligue.

Procession generale.

Guillaume Rascart seditieux resiste à la volunté du cappitaine de la ville.

— 156 —

Juing 1589.

Me Jacques Aulbert depputté pour aller à Paris avec les commissaires.

tant ecclesiasticques que seculiers et les depputez des centaines de ladite ville, ledit sieur Despinois y presidoit, ou il fut conclud et arresté en ensuivant lacte de lassemblee de Pasques que Mᵉ Jacques Aulbert yroit a Paris avec les commissaires, auquel seroit baillé argent pour faire la despense tant pour eulx qne pour soliciter la widange du proces des prisonniers instruictz par lesditz commissaires, et pour presenter a Messieurs les gens tenans le conseil general de lUnyon les articles dressez par la ville pour les affaires du publicq qui estoient a remonstrer pour ladite ville et le plat pais, et que a ceste fin lui seroit baillé procuration de ladite ville.

Plusieurs pieces de thoilles prises a Bousson par les Realistes.

Le viiiᵉ jour de ce mois de juing environ le minuict, xii ou xv cavalliers de la garnison de Coucy donnerent dans les maison de Bousson pres Laon ou ilz prindrent et emporterent beaucoup de belles thoilles baillé pour blanchir, et en fut perdu jusques a lestimation de trois cens escus.

Les habitans de Marle demandent gens de guerre a ceulx de Laon.

Le neufiesme juing les habitans de la ville de Marle ayans advis que les sʳˢ de Monceau, de Fricain et de St-Pierre avoient assemblez plusieurs gens de guerre pour entreprendre sur eulx, manderent a ceulx de Laon de les ayder de gens, auxquelz fut respondu qu'on y adviseroit, sans aultrement les asseurer du secours.

Charge faicte pres la cense de Courdault entre le sʳ de la Bove et le sʳ du Mesnil.

Le sieur de la Bove bailly de Vermandois scachant que le Roy estoit en volunté de punir les rebelles de son royaulme, signaument les nobles qui avoient baillé leur signature a la ligue comme ils avoient faict, pour sen exempter il amassa quelque petite trouppe dhommes de cheval pour les mener au service du Roy, avec lesquelz il print son chemin le sebmedy dixᵉ jour de ce mois ; et comme il fut pres la cense de Courdault, il luy fut faict une charge par le Sʳ du Mesnil, cappitaine de la cavallerie de Laon, ou il y eut quelzquez ungs de blessez tant dune part que daultre, entre

aultre du costé du bailly, Théodor Cartin, sergent
royal a Laon fut blessé, son cheval tué et luy faict prisonnier et mené en la prison ordinaire de Laon ; entrant dedans, ung mutin de la ville luy donna ung coup
de quanivet ou dun petit cousteau dedans les fesses,
qui estoit un meschant acte, car cest homme estoit
faisoit pitié a tous pour le veoir fort blessé comme il estoit et tout tainct de son sang, ce qui le rendoit incongneu a la plus part des habitans ; a ceste charge les
deux parties feirent retraicte deulx mesme sans qu'on
eust congneu qui avoit gaigné ou perdu, pourquoy
plusieurs personnes qui les avoient veu aisement de
dessus les murailles de la ville jugerent quilz avoient
eu aussi peur lun que laultre, se monstrant plus capables a faire embuscade qu'a faire une charge. Le bailly
de Vermandois et ses gens entrerent dedans la cense
de Courdault, de laquelle ilz sortirent par ung huis de
derriere qui fut desmuraillé par ung mareschal de Barenton pour reprendre leur chemin a La Fere. Et quant
au Sr du Mesnil et les siens, ilz se retirerent au faulxbourg de Laon ou trois de ses cavalliers lallerent rejoindre, lesquelz pendant la charge sestoient mis a
couvertz derriere ung des coing du bois de Breuil y faisans alte avec grand tremblement pour veoir lennemi
si pres deulx, lesquelz du depuis au son de la trompette
ne voullurent plus monter a cheval et se retirerent hors
de ceste cavallerie pour se renger en une compaignie
dinfanterie composee de mutins et seditieux qui ne
bougeoient du dedans la ville, se trouvans ainsy en
plus grande seureté pour leurs personnes; et du depuis
lun de ces trois icy pour acomplir le vœu quil avoit
faict a ce coing de bois, il alla porter la chappe deglise
et chanter vespres salvez et aultres suffraiges dans une
petite chappelle de la maison de la commanderie de
Puisieulx en ladite ville, et en ce lieu continua quelque
temps ceste devotion, pretendant qu'on y ordonneroit

Juing 1589.

Pierre Sonnet frappe Cartin.

Francois Herbin, Laurens de la tour et Jehan Gosset.

Francois Herbin.

quelzques jours de visitation ou procession comme chose nouvelle, sestant a ces fins garni par emprunct de quelzques reliquaires pour mectre en parrade, mais il ne sen feit rien, pourquoy frustré de son intention delaissa peu a peu et habandonna ceste chappelle qui fut rempli darraignees comme elle estoit au commencement quil en print posession.

Menasses faicte a Innocent Labiche par labbé de St Vincent.

Le xii° jour de juing audit an, le s⁻ abbé de St-Vincent cheminant en la rue eut a la rencontre Innocent Labiche auquel il dict quil scavoit de bonne part quil continuoit a susciter plusieurs habitans de la ville a faire eslire le s⁻ Dieuxant pour gouverneur, mais sil sarrestoit encores a faire telles brigues il le feroit estriller comme il appartiendroit, et de faict sestant mis en collere sur la response que luy feit Labiche il le voullut frapper, toutefois il ne le toucha poinct et passa sa collere a lappeller coppault comme il avoit cy devant faict.

Le s⁻ de Magny arresté prisonnier a Laon par François Bocquillart.

Ce mesme jour le S⁻ de Magny vint a Laon apporter argent pour paier la ransson du frere de la Haiette, prisonnier, et comme il estoit a la place du marchet, François Bocquillart, marchand de saffran, a la suscitation dun nommé Noel de May le print par le collet le faisant son prisonnier et luy mectant sus quil tenoit party contraire, et sur ce a layde de ses complices le tint prisonnier dans une chambre a la garde de deux soldatz, les huis et frenestres bien ferrez et barrez. Ce S⁻ de Magny se voiant reduict a tel poinct, trouva moyen de faire presenter requeste aux magistratz, sur laquelle il fut oy par sa bouche en la presence de Bocquillart, lequel pour n'avoir sceu faire preuve dans le temps a lui baillé de ce quil avoit mis en avant contre ce prisonnier fut condamné en touz les despens et fraiz dudit S⁻ de Magny sans auleuns dommaiges et interestz quil saulva par la faveur de M⁻ Claude Legras son bon amy.

Le treiz° jour de juing audit an, M° Jehan Danie, prevost des mareschaulx de France au baillaige de Vermandois establi a Laon, passa de ce monde en laultre; il ny avoit si grand presse apres son corps que apres son estat de prevost des mareschaulx, pour lequel attrapper, brigues et menees se faisoient de tous costez; aulcuns y emploierent la force des mutins parce que on pretendoit lors que a cest estat il y seroit pourveu par la nomination du conseil et des habitans de ladite ville disans que lestat royal estoit vacquant pour y pourveoir, mais ilz s'abuzoient, car il failloit aller ailleurs; de ces poursuivans et pretendans a lestat de prevost entre aultre estoit Laurens Ponssin dit Caspot, M° Remi Bobillart, M° Claude de Lancy et M° Claude Grignon le jeune qui ny feirent rien pour ce coup a raison quil fut trouvé quil failloit estre pourveu en tiltre d'office et receu a la mareschaussée a Paris.

Juing 1589.
Deces de M° Jehan Danie prevost des mareschaulx.

A la poursuicte et dilligence du S° abbé de St-Vincent le S° de Bouchavenne obtint le gouvernement de Laon, et de quoi lettres patentes de Monseigneur le duc du Mayne se debvoient bien tost expedier, attendant lesquelles labbé pria ce S° se transporter en ladicte ville pour sinstaller au gouvernement, ce quil feit le xvii° de ce mois de juing ou il trouva beaucoup de prebtres et de mutins qui empescherent sa prise de possession, suscitez par Innocent Labiche, voullans ces mutins au prealable veoir les patentes du duc, pourquoy le S° de Bouchavenne sen retourna a sa maison de Quincy faignant les y avoir oubliees.

Le s° de Bouchavenne arrive a Laon pour prendre possession du gouvernement de la dicte, mais il en est empesché.

Ce mesme jour du xvii juing, Adrien Le Doulx cappitaine et lun des filz de Bonnaventure Le Clercq revindrent en ceste ville de Laon de la bataille de Senlis ou ilz avoient esté desvalisez de tous poinctz. Ce cappitaine Ledoulx si estoit acheminé avec une belle compaignie d'infanterie en tres bel equipaige de

Retour du cappitaine Ledoulx de la bataille de Senlis.

mousquetz fourchettes bandoullieres et aultres armes des plus belles quil avoit peu recouvrer, mais il revint en ung pauvre estat.

Le xix° juing, sur le faulx rapport et inventé par Nicolas Mignot l'aisnel, Pasquier Parisis, Claude Gaurel et aultres seditieux que M° Anthoine de Louen, lieutenant de Ribemont, Gigas et Foucquelin, refugiez a Laon, descouvroient a lennemi tout ce qui se faisoit dedans ladite ville, il fut ordonné que les susdits refugiez sortiroient, et de faict on les meit hors; apres leur sortie ilz eurent bien de la peine de se saulver des mains de Mignot et de Parisis qui avoient dressé embuscade pres les faulxbourgs pour les attraper, mais par la grace de Dieu ilz se saulverent de leurs mains par petitz destroictz.

Le xx° juing le Sr de Bouchavenne ayant receu les patentes du duc du Mayne sen vint dans la ville de Laon pour prendre possession du gouvernement; a son entree a la porte de la ville il donna aux portiers trois escus qui furent despendus sur le lieu et en feirent bonne chere; et le lendemain xxi° il se presenta a lassemblee generalle qui se feit a levesché, ou apres les patentes leu il presta le serment de fidelité au party et a la garde et conservation de la place pardevant le president Le Sueur et signa la ligue qu'on lui presenta.

Le xxi° juing quelzques mutins de la ville voyans de dessus les murailles en bas de la montaigne quelque passant y coururent pour veoir sil y avoit du gaignaige pour eulx, trouverent au chemin pres les maisonnettes des pestifferez ung des fils M° Claude Daigneau laisnel lequel ils vollerent et prindrent tout ce quil avoit, de quoy ce jeune homme se vint plaindre a la ville; ces mutins recongnuz pour nestre de la vraie bende mutine furent condamnez a la restitution, mais daultant quilz ne le purent faire sur le champ, pour estre une partie du vol ja despendu, ilz furent environ ung mois prisonnier et jusques ad ce quilz eurent faict le comptent de ce jeune homme.

Juing 1589.

Sur la publication faicte par les carrefours de la ville pour reveler les biens appartenans a ceulx du party royal, plusieurs de ladicte ville qui avoient des precieux meubles en garde, eslargissans leur conscience pour en prendre leur part, jugeant en eulx que ceste publication serviroit de couverture a leur intention, et en ceste mauvaise volunté ouvroient les coffres et bahutz quilz avoient en garde, prenoient dedans ce quilz voulloient, et apres estre refermez le denoncoient aux deleguez disans voulloir satisfaire et obeyr a ladicte publication afin de nencourir la peine portee par icelle; en ceste fasson plusieurs beaux meubles furent pillez decellez et venduz, entre aultres et pour commencement et en levant la surceance portee par lacte dune assemblee generalle faicte le XXIII° jour de may dernier fut vendu publicquement a la place du bourq ledit XXI° juing jour de mercredi plusieurs beaux meubles provenant de trois bahutz appartenans a Claude Dubiez d'Anisy, et encores daultres a M° Zacarie Prevost advocat, a la vente cueuillette et recepte de ces deniers fut commis lesleu Blondel, Laurens Sonnet, Laurens Ponssin et aultres qui sen donnerent forme et ferme parmi les joues.

Mauvais gardiens des despots.

Vente des meubles appartenant a Claude du biez et a M° Zacarie Prevost.

Le Sr de Bouchavenne estant paisible possesseur de son gouvernement, commandant absolument a la place et par ce moien les petitz mutins hors dexercice, donna subject a Messieurs les president et conseillier de Paris d'adviser a leur retraicte, laquelle ilz desiroient fort; pour a quoy parvenir ilz donnerent a entendre au conseil de la ville quil estoit temps deulx descharger des sept prisonniers restez de XXV habitans de la ville, les mener et conduire a Paris pendant que les chemins estoient encore saulcunement libres de gens de guerre,

Les president et conseiller de Paris sen retournent a leurs maisons et enmaynent les VII prisonniers restez.

Juing 1589. pour les presenter au Parlement avec leur proces afin destre jugez, et que par mesme moyen ilz feroient leur retour en leurs maisons pour nestre plus besoing de leur presence en ce lieu, la ville estant bien policee et garnie d'un bon gouverneur agreable au peuple; ce qui fut trouvé bon par le conseil qui ordonna que ces messieurs de Paris et les prisonniers seroient conduictz seurement et le plus secretement quil seroit possible jusques en la ville de Soissons pour de la prendre des forces et les conduire plus loing. Suyvant ceste conclusion et deliberation, sur le soir du xxiiie jour de juing

Les commissaires de Paris sortent de Laon la veille de la St Jehan. veuille de la St Jehan Baptiste les portes de la ville ayant esté fermees de bonne heure pour oster la cognoissance de leurs desseings, fut assemblee toute la cavallerie de la ville tant de la garnison que des habitans voluntaires jusques au nombre de iiii^{xx} ou c chevaulx; ce faict ces Messieurs les president et conseillier feirent extraire des prisons environ une heure apres minuict ces sept prisonniers, et en tel estat quilz furent trouvez mis chacun sur ung cheval, leurs jambes liez et garottez par dessoubz le ventre des chevaulx, en ceste sorte conduictz par la cavallerie et infanterie hors les portes de la ville a la clerté de plus de deux cens tant torches fallotz flambeaux que lanternes afin destre mieulx et plus manifestement veuz et contemplez par les seditieux, car il y en avoit peu daultres nayant esté permis a chacun de sortir hors leurs maisons, trop bien a infiniz garses de prebtres et moynes filz et filles de putains macquereaux et macquerelles, pour en recepveoir la joie et le contentement de leur souhaict de veoir le prevost de la ville leur partie adverse en lestat ou il estoit reduict, car oultre ce quil estoit lyé

Le prevost Martin est mené hors la ville lié de grosses cordes fourny par Regnault Chastellain. et garotté comme les aultres par les jambes, il estoit encores lié par le corps sur sa robbe fourree dune grosse corde que Regnault Chastellain avoit voluntairement fourni, de laquelle il se servoit a garrotter ses

ballotz de draps allant aux foires. En cest equipaige *Juing 1589.*
avec forces execrations et maledictions donnez par ces
bons assistans catholicques, ces sept prisonniers furent menez par dedans le faulxbourg de St-Marcel, et
de la prenans leur chemin a travers terres prez et bois
incongnuz a la pluspart deulx, sans aulcune rencontre
furent conduitz par le S⁰ de Bouchavenne, gouverneur
et le Sʳ du Mesnil, cappitaine de la cavallerie, avec
leurs trouppes et gens voluntaires jusques a la ville
de Soissons, et se logerent a lhostellerie de la grosse
teste, ou ces Messieurs de Paris et les prisonniers sejournerent jusques au mardy xxvıı⁰ juing gardez en
ladicte hostellerie par quatre mutins de Laon choisiz   *Jehan Courteau,*
a ceste fin ; avec eulx estoit Mᵉ Jacques Aulbert et   *Jacques Marcotte,*
Claude Pioche, garniz de la bource commune pour   *Guillaume Rascart et Nicolas de*
paier la despense de Messieurs les commissaires en   *Noielles gardiens des prisonniers.*
ce voiaige de Soissons, ou ilz eurent advis que la per-   *Mᵉ Jacques Aul-*
sonne de M. le duc du Mayne et ses trouppes estoient   *bert et Claude*
a La Ferté Millon ; si acheminerent avec conduicte de   *Pioche gardent la bource pour paier*
quelque cavallerie soissonnaise, ou ces Messieurs   *la despence des commissaires*
confererent avec ledit Sʳ duc et leur feit rapport de la
police et gouvernement de la ville de Laon. Leur logement fut ordonné au vieil chasteau de La Ferté ou estans ces quatre mutins de Laon penssoient tenir les
prisonniers aussi serrez que silz eussent esté en leur
ville ; mais ilz se trouverent estonnez quant ces Messieurs de Paris leur dirent quilz alloient eslargiz ces
sept prisonniers sur leur foy, afin quilz ne fussent plus
en si grand soing ; et de faict des ce jour en avant en
la presence de ces quatre mutins ces prisonniers allerent partout ou bon leur sembla sans aulcune assistance. De ce lieu de La Ferté Millon ilz sen departirent
et se joignerent avec quelzques trouppes qui alloient
a Meaulx, et de Meaulx furent en la ville de Paris sans
aulcune rencontre ; dedans laquelle ville de Paris ces
Messieurs entrerent, commandans aux prisonniers d'at-

|||

Juing 1589.	tendre les aultres compaignons qui estoient derriere eulx assez loing, pour tous ensemblement adviser de
Les prisonniers arrivent a Paris et sont logez a lhostellerie par le commandement des commissaires.	se loger en quelque bonne hostellerie pour y repaistre et sejourner en toute amitié, ce quilz feirent a la place Maubert a lescu de France, ou le lendemain fut delivré a trois de ces mutins les chevaulx des prisonniers quilz ramenerent en ceste ville de Laon; le quatriesme
Jehan Courteau.	demeura a Paris pour y obtenir remission ou abolition du grand conseil des seize establiz en ce lieu, de lassassinat par luy commis a la personne du mosnier de Polton dont a esté parlé, ce quil ne peu faire parce que ce grand conseil nestoit ordonné pour telle affaire; pourquoy il feit sa retraicte a Laon pour continuer sa mutinerie, demeurant neaulmoings tousjours pensif de son faict et sa conscience oppressee, meslee avec cela une fascherie de la perte de quelzques doublons quil avoit porté a Paris pour les fraiz de ses lettres par lastuce dun fin et ruzé savetier demeurant pres le college de Laon qui faignit les mectre et couldre entre deux semelles de soulliers a lui baillé par ce mutin, lequel en fut desniezé fort dextrement et subtillement, ne layant congneu que au retour en sa maison apres avoir descousu luy mesmes les semelles de ses soulliers encores entieres ou il se veit estre deceu par le savetier plus fin que luy, encores que ce mutin la fust estimé ung des plus ruzé du païs et lequel pour ceste cause est ordinairement nommé madré. Au regard des sept prisonniers, ils sefforcerent par tous
Les prisonniers ne peuvent faire vuyder leur proces	moyens de faire wyder leur proces mais en vain, car apres avoir parlé a la pluspart des Messieurs du nouveau parlement et y avoir emploié la faveur de leurs amis, ilz ne peurent tirer aultre responce que leur proces ne se povoit encore wyder, et questans a Paris (comme ilz y estoient libres) ilz y pouvoient vivre plus seurement que en leur païs duquel on les avoit extraict pour eviter le trouble de la province; ce quayant con-

sideré ung de ces prisonniers, avec la doubte quil faisoit dune mauvaise response de la ville de Laon a la missive de M⁰ Jacques Aulbert leur conducteur, pour scavoir comme il se gouverneroit a Paris en leur endroict, il se departit de Paris sans dire adieu pour se retirer en la ville de Senlis comme il feit avec grand hazart de sa personne sur les chemins; trois aultres de ses compaignons le lendemain feirent de mesme ; par ainsy nen demeura que trois a Paris qui se rendirent oppiniastres attendant ung arrest de ceste court souveraine quilz obtindrent finablement apres une fort grande despense pour sestre rendu (comme il failloit) *in statu* suivant lordonnance prisonnier en la conciergerie du pallais; par lequel arrest main levee leur fut baillé de leurs personnes et biens, et ordonné quil seroit signifié aux habitans ad ce quilz ne pretendissent cause dignorance. Cest arrest venu a la congnoissance des mutins de Laon, en furent merveilleusement desplaisans pour estre donné contre leur intention, uzans de ces motz quil y avoit de meschans juges a Paris qui sestoient laissé corrompre par ces prisonniers, vomissans plusieurs injures contre eulx.

La mesme nuict du xxiii⁰ juing, Laurens Sonnet, Christophe Dohis et aultres leurs complices furent envoiez par M⁰ Claude Legras en la ville de Bruieres pour y attraper M⁰ Claude Bottee et M⁰ Jehan Foucquelin et les admener prisonniers en la ville de Laon, mais ilz perdirent leurs peines pour estre les susnommez sortis hors de Bruieres sur ladvis quilz receurent de leurs amis.

Le xxvi⁰ jour de juing, trois ou quatre soldatz de la garnison de Laon espians les passans au chemin de Mons en laonnois vollerent a la femme du prevost Martin xvi ou xvii quartz descu quelle avoit sur elle. Ces rustres furent pris et aprehendez et mis es prisons, mais ilz en sortirent peu de temps apres sans

Juing 1589.
Ferry Barengier.

Le prevost Martin Antoine Estienne Nicolas Estienne.

Les mutins de Laon faschez de larrest de la court.

Mutins envoiez a Bruieres pour y aprehender Bottee et Foucquelin.

La femme du prevost Martin est vollee par des soldatz de Laon.

Juing 1589. aucune punition, pour ce quilz sestoient adressez a la femme dun des plus haiz par les zelez.

Le xxix⁰ jour de juing, sur ladvis que la ville de Laon receut que le duc du Mayne estoit a Fisme, fut conclud dy envoier et lui presenter du vin ; pourquoy faire sy transporta Nicolas Gerault et Regnault Chastellain gouverneurs de ladicte ville et plusieurs aultres, pareillement y furent les Srs de Bouchavenne et du Mesnil pour faire la reverence au duc, mais ilz ne le trouverent en ce lieu, occasion quilz voiagerent jusques a Reims ou il estoit qui les receut humainement. Claude de Lancy impetra de lui lestat et office de prevost des mareschaulx a Laon vacquant par la mort de M⁰ Jehan Danye; et pareillement M⁰ Estienne Hubert impetra leconomat de labbaie St-Martin de Laon bien joieulx de leur voiaige pour leffect de leur entreprise secrette qui fut renversee une demie heure apres, sur la remonstrance faicte audit S^r duc par le cappitaine Thuret que telz dons par luy faict tourneroit a grande consequence et qui attireroit a soi une grande divisiou entre les habitans, mesmes le danger dune revolte a raison quil y avoit plusieurs gens de credict et dauctoritee dans la ville de Laon qui pretendoient a ces estatz et qualitez et desquelz estatz on pouvoit tirer deniers pour servir a la cause, aussy que la garnison nestoit encores suffisante pour tenir en bride le peuple qui se pourroit mutiner, sur quoy le duc ordonna les expeditions de ces dons estre surcises et differees jusques au prochain voiaige quil promectoit faire de bref en la ville de Laon.

Meubles venduz appartenans a Dentart de Proviseux. Le sebmedy premier jour de juillet fut vendu publiquement au bourq a Laon plusieurs beaux meubles estans en trois bahutz appartenans a Dentart de Proviseux quil avoit mis en depost chez Pasquier Parisis, lequel voluntairement lalla deceller aux depputez qui receurent largent provenans diceulx.

Le quatriesme jour de juillet fut ramené a Laon par trois mutins les chevaulx baillez aux prisonniers menez a Paris, qui feirent recit a leurs compaignons de leur liberté, de quoy ilz receurent grand fascherie regrettant de ne les avoir faict mourir dans la prison de Laon.

Juillet 1589.

Les chevaulx des prisonniers sont ramenez a Laon par Marcotte, N. Denoielle et Rascart.

Le cinquiesme juillet le cappitaine La Foucaudiere ayant recongneu la ville de Crespy en Laonnois estre propre pour faire la guerre aux ennemis du Roy, sen seroit emparé et mis sa compaignie dedans qui depuis ont fort tourmenté ceulx de Laon pour infinies allarmes et voies de faict.

Le cappitaine La Foucaudière sempare de Crespy.

Le dimenche neufiesme jour de juillet fut faict en ladicte ville de Laon une procession generalle fort solempnelle, a laquelle fut portee dix ou douze chasses de leglise cathedralle qui furent accompaignee dune grande multitude de personnes et des plus notables de ladicte ville, mesmes de plusieurs blancs vestuz jusques au nombre de trois ou quatre cens. Ceste procession faicte, Jacob predicateur monta en chaiere ou en sa maniere acoustumee et avec une vehemence estrange vomissoit infinies injures contre le Roy, se tourmentoit dedans la chaiere comme sil eust été hors du sens, discourant sur lhorreur quil disoit le Roy estre envers le siege papal a raison de lassassinat par luy commis au duc de Guise quil nommoit le vray filz de leglise romaine; que pour ceste cause sa saincteté avoit par ladvis des cardinaulx archevesques et evesques pour ce expressement congregez et assemblez, decreté une commission quil avoit ordonné estre publié par toutes les villes catholicques de la France, par laquelle il citoit le Roy a comparoir dans quarante jours ensuivant par devant luy au siege de Romme pour se justifier des cas enormes a luy imposé, sinon quil procedderoit allencontre de luy avec toutes censures ecclesiastiques tant ordinaire que extraordinaire;

Grande et solempnelle processions par des blancs vestuz et aultres.

Predication faicte par Jacob avec plusieurs injures contre le Roy.

Juillet 1589. et laquelle commission ou mandement papal ce predicateur monstroit et lisoit haultement au peuple la assistant, en y adjoustant tres bien du sien pour tousjours de plus rendre le Roy odieux envers ses subjectz et les divertir de son obeissance, ce qui desplaisoit fort aux gens de bien. Voiez doncq comme le Roy estoit manié tant par ses propres subjectz que par le siege papal ; ce qui me donne subject darrester icy le cours de ces memoires pour reciter de ce siege ce quen a escript ung docte personnaige catholicque de nation estrangere, en monstrant a loeil son commencement par une clemence doulceur et benignité, et sur la fin ung orgueil et superbité ; ou je naugmenteray ni diminuray en rien de ce quil a dict, ce qui vous fera appertement congnoistre la grande ingratitude de ce siege papal a lendroict de noz Roys de France leurs bienfaicteurs, et ainsy que la matiere le merite, il est besoing que narration soit faicte des droictz que leglise a sur plusieurs villes et pais quelle a tenue en divers temps et quelle tient maintenant, et par quel moyen ladicte eglise (qui du commencement avoit simplement la charge et administration des choses spirituelles) est parvenu aux seigneuries et principaultez de ce monde, et semblablement quil soit racompté (comme chose connexe) les amitiez et inimitiez qui pour ceste cause et aultres ont esté en divers temps entre les pappes et les empereurs.

Discours sur lingratitude du siège papal envers les Rois de France.

Les pappes de Romme desquelz St Pierre lapostre a esté le premier, et lauctoritee desquelz fut fondee par Jesuscrist es choses spirituelles recommandez pour leur grande charité humilité et patience pour leur saincte vie accompaigné de miracles, furent non seullement du tout despouillez de puissance temporelle en leur commencement, mais poursuiviz par icelle demeurerent par plusieurs ans cachetz et presque incongnuz, leur nom ne se manifestant poinct pour chose aulcune plus que par les supplices quil failloit presque tousjours souffrir et a eulx et a ceulx qui les ensuivoient ; car combien que pour la multitude innumerable que pour les diverses nations et sectes qui lors estoient dedans Romme on regardast quelquefois bien peu a leurs progres et avancemens, et que quelquesungs des Empereurs ne les persecutassent sinon en tant quil leur sembloit quilz ne se pouvoient taire de leurs actions publicques, neaulmoings quelzques aultres ou par cruaulté ou par lamour quilz portoient a leurs dieux les persecuterent cruellement comme introducteurs de nouvelles superstitions et destructeurs de la vraie relligion. Ilz continuerent en cest estat (estans fort renommez pour leur pauvreté voluntaire pour la saincteté de leur vie et pour les martirs) jusques au pappe Silvestre, au temps duquel lEmpereur Constantin estant converty a la foy crestienne au moyen de la saincte vie et des miracles qu'on voioit continuellement en ceulx qui suivoient le nom de Crist, les pappes se trouverent asseurez des dangers esquelz ilz avoient esté environ trois cens ans, et en liberté de pouvoir exercer publicquement le service divin et les cerimonies chrestiennes en sorte que pour la reverence de leurs moeurs et pour les sainctz commandemens qui contient en soy notre relligion, et pour la promptitude qui se trouve ordinairement es hommes a suivre lexemple de son prince le plus souvent par ambition et telle fois par craincte, le nom crestien commença a sestendre merveilleusement partout, ensemble la pauvreté des ecclesiastiques a dyminuer; car Constantin ayant ediffié a Romme leglise de St Jehan de Latran, leglise de St Pierre du Vatican, celle de St Paul et plusieurs aultres en divers lieux, il les doua non seullement de riches vaisseaux et aornemens, mais encores afin quilz se peussent conserver et renouveller, et pour les fabricques et entretenemens

Juillet 1589.

Ce discours est tiré du 4e livre des histoires des guerres dItalie faicte par messire François Guiciardin gentilhomme Florentin docteur es loix et traduict en francois par Jerosme Chomedey conseiller de la ville de Paris.

Juillet 1589. de ceulx qui faisoient le service divin de possessions et aultres renomez et successivement plusieurs es temps suivans, pour loppinion quilz avoient quant les aulmosnes et legs qu'on faisoit aux eglises on acqueroit aisement le royaulme des cieulx, on faisoit ediffier et rentoient bien richement daultres eglises ou distribuoient une partie de leurs richesses a celles qui estoient ja ediffiees, qui plus est chacun paioit aux eglises la dixme des fruictz de son bien et revenu, fust par loi ou constitution ou par antienne coustume suivant lexemple du vieil testament, a quoy faire on estoit poussé de tant plus grande ardeur qu'au commencement les gens deglise emploioient tout tant quil leur demeuroit de ce qui estoit neccessaire pour leur vivre fort pauvre et moderé partie es fabricques et paremens des eglises partie en oeuvres pieuses et charitables; et a cause que lorgueuil et ambition nestoit pas encores montee et ancree en leur cueur, tous les crestiens universellement recongnoissoient levesque de Romme pour superieur de toutes les eglises et de toute ladministration spirituelle comme successeur de lapostre St Pierre, et par ce aussi que ceste ville de Romme pour son antienne dignité et grandeur retenoit encores le nom et la majesté de lEmpire comme capitalle des aultres, et parce que dicelle la foi chrestienne sestoit espandue en la plus grande part de lEurope, et que lempereur Constantin baptizé par le pappe Silvestre avoit voluntiers recongneu en lui et en ses successeurs une telle auctoritee; davantaige on dict que Constantin contrainct pour les grandes affaires des provinces orientales de transporter le siege de lEmpire en la ville de Bizance qui de son nom a esté appellee Constantinoble, donna aux pappes le domaine de Romme et de plusieurs aultres cittez et pais dItalie lequel bruict combien quil ait esté dilligemment entretenu par les pappes qui ont succeddé, et pour leu

auctoritee ayt esté comme vray, estimé par plusieurs   Juillet 1589.
est toujours reprouvé par les aultres, plus digne de
croire et encores plus par les choses mesmes, pour ce
quil est tres certain que et lors et longtemps apres
Romme et toute lItalie subjecte a lEmpire fut gouvernee par magistratz depputez par les Empereurs ; et se
trouve encores des personnes qui reprouvent et esti-
ment faulx (tant est profonde bien souvent lobscurité
es choses si fort antiennes) tout ce que lon compte de
Constantin et de Silvestre, asseurant quilz nont point
esté dun mesme temps; mais personne ne nye que la
translaction du siege de lEmpire en Constantinoble
fut la premiere source de la puissance des pappes,
daultant que lauctoritee des empereurs safoiblissant
par succes de temps en Italie, tant pour leur absence
continuelle que pour les grandes affaires quilz avoient
en Levant, le peuple romain en se retirant de lobeissance des empereurs (et daultant plus defferant aux
pappes) commença de leur prester non pas une subjection, mais certaine voluntaire obeissance et devotte
affection, combien que cela ne se manifestast sinon
fort lentement pour raison du grand ravaige des Gotz
et Wandalles et aultres barbares nations qui survindrent et desborderent en Italie, pour lesquelles Romme
fut plusieurs fois prise et saccagee, de fasson que
quant aux choses temporelles le nom des pappes estoit bas et abject et lauctoritee des Empereurs en
Italie fort petite, puisquilz la laissoient ainsy en proie
aux nations barbares avec une si grande ygnominie.
Or, entre ces nations la puissance des Gotz (nation de
nom et de profession crestienne) continua par lespace
de LXX ans et la fureur et impetuosité des aultres
navoit esté quasi que ung torrent ; ceste nation de
Gotz sortie de sa premiere origine des parties de Dace
et de Tartarie fut finablement chassee dItalie par les
armees des Empereurs ; si commenca de nouveau

Juillet 1589. lItalie a se gouverner par magistratz et officiers grecs, desquelz celluy qui estoit le chef se nommoit dun vocable grecq Exarque, y residoit a Ravenne cittee tres crestienne et pour lors fort riche et fort peuplee a cause de la fertilité du pais dallentour, et parce aussi quelle avoit esté longtemps habitee par plusieurs cappitaines depuis le grand accroissement et auctoritee quelle gaigna pour la puissante armee de mer que Cezar Auguste et les aultres suivans empereurs entretenoient continuellement au port qui estoit joignant la ville et qui maintenant napparoist plus, et que depuis Theodoric roy des Gotz et ses successeurs y avoient demeuré longtemps, lesquelz ayans pour suspect la puissance des empereurs lavoient eslevee plus tost que Romme pour le siege de leur royaulme a raison de loportunité de la mer plus proche de Constantinoble, laquelle oportunité suivirent les exarques, mais ce fut pour raison contraire et arrestez quilz y furent, ilz depputerent certains magistratz particulliers a Romme et aux aultres cittez dItalie quilz y envoierent avec tiltre de ducs, de la print la source le nom dexarques de Ravenne soubz lequel se comprenoit et entendoit tout le pais, lequel nayant poinct de ducs particullier obeissoit immediatement a lexarque. Auquel temps les pappes de Romme estans entierement privez de puissance temporelle et la reverence spirituelle qu'on leur portoit se trouvant refroidie pour la difference des mœurs qui avoient ja commencé a se corrompre demeuroient comme subjectz aux empereurs, sans la confirmation desquelz ou de leurs exarques ilz nozoient exercer ou accepter le pappe, encores encores quilz eussent esté esleuz par le clergé et peuple de Romme, et qui plus fort est les evesques de Constantinoble et de Ravenne disputtoient souvent de la superiorité avec levesque de Romme, daultant que communement **le siege de la relligion suit la puissance de lempire et**

des armes. Mais lestat des affaires se changea quelque temps apres parce que les Lombardz nation tres apre a la guerre entrans en Italie occuperent la Gaulle de deca les montz, laquelle pour leur sejour et victoires a esté appellé Lombardie, pareillement ilz prirent Ravenne et tout lexarquat et plusieurs aultres contrees dItalie, et ilz estendirent leurs armes jusques a la marque dAncone a Spolette et a Benevent, ausquelz deux derniers lieux ilz establirent des ducs particulliers, a quoy ne pouvoient les Empereurs remedier en partie pour leurs parresses en partie pour les guerres et affaires quilz avoient en Asie, tellement que Romme destitué de leurs secours et ny aiant plus dexarques en Italie, les Romains commencerent a se gouverner avec les conseilz et avec lauctoritee des pappes, lesquelz ungs longtemps apres estans ensemble avec les Romains guerroiez par les lombardz, finablement demanderent secours a Pepin roy de France, lequel passa en Italie avec une puissante armee et chassa les lombardz dune partie de ce quilz y tenoient deux cens ans apres quilz y eurent planté leur empire, et il donna comme choses devenues siennes par droict de guerre au pappe et a leglise de Romme non seullement Urbin, Fave, Aggube et plusieurs autres places voisines de Romme, mais encores Ravenne avec son exarquat soubz lesquelz ilz disent estre compris et encloz tout ce qui est contenu depuis les marches de Plaisance qui joignent au territoire de Pavie jusques a Arimini entre le fleuve du Po et le mont Appenin et les marrais des Venitiens et la mer Adriatique, et depuis Arimini jusques a la riviere de la Toglie qu'on appelloit alors Isaurnin; mais apres la mort du roy Pepin, les lombardz feirent de rechef la guerre aux pappes et leur voulloient oster ce quil leur avoit donné, qui fut cause que Charles son filz (lequel pour les tres grandes victoires par luy obtenues a esté a

Juillet 1589.

bon droict appellé le grand,) apres avoir entierement ruiné et destruict leur royaulme, confirma et renouvella la donation faicte par son pere a leglise de Romme et approuva ce que la marque dAncone et le duché de Spolette (lequel comprenoit la citté d'Aquile et une partie de lAbruzze) sestoient donnez et mis a la subjection des pappes pendant quil faisoit la guerre aux lombardz. On tient cecy pour tout certain; encores y a il quelzques autheurs ecclesiasticques qui adjoustent que Charlemaigne donna a leglise tout le pais dallentour Gennes jusques a la riviere du Var qui est la derniere borne de l'Italie, Mantoue et tout ce que les lombardz tenoient au pais du Friul et en Istrie; et aultant en escript quelque aultre de lisle de Corse et de tout le territoire qui est contenu entre les villes de Lane et de Parme; pour lesquelz merites les Roys de France celebrez et exaltez par les pappes obtindrent le tiltre de Roys tres crestiens, et depuis lan huict cens apres la nativité Notre Seigneur, le pappe Leon (non poinct daultre puissance et dauctoritee que comme chef du peuple de Romme), ensemble ledit peuple esleut le mesme Charlemaigne pour Empereur de Romme, separant en nom et tiltre ceste partie de lEmpire romain des Empereurs qui se tenoient a Constantinoble, comme si Romme et les provinces occidentalles nestans poinct par eulx deffendues eussent besoing destre secourues et gardees par ung prince particullier a elles; touteffois par ceste division les Empereurs de Constantinoble ne furent point despouillez ny de lIsle de Cicille ny de ceste partie dItalie, laquelle sestend de Naples a Manfredonie et est bornee de la mer parce quelles avoient esté continuellement soubz lobeissance desditz Empereurs de Constantinoble; et encores pour ces choses lon ne desrogea poinct a la coustume par laquelle lelection des pappes soulloit estre confirmee par les Empereurs de Romme soubz le nom desquelz la ville de Romme estoit gouvernee ; et qui plus fort est les pappes en leurs bulles privilleges et octroiz cottoient le temps par ces parolles expresses et formelles : ung tel Empereur notre m° et seigneur regnant; en laquelle subjection ou deppendance certainement fort ligere ilz continuerent jusques a tant que le succes des choses leur donna corraige de se gouverner par eulx mesmes; car la puissance des Empereurs commença fort a saffoiblir premierement pour les guerres et divisions qui sourdirent entre ceulx qui descendirent de la lignee mesme de Charlemaigne pendant que la dignité imperialle estoit entre leurs mains, et depuis pour ce quelle fut transporté aux prince dAllemaigne qui nestoient pas assez fortz et grandz comme avoient esté les successeurs de Charlemaigne a cause de la puissance du royaulme de France ; davantaige les pappes et peuple de Romme (par les magistratz duquel Romme commença a se gouverner combien que tumultuairement) desrogeant en toutes choses le plus quilz pouvoient a la jurisdiction des Empereurs, feirent une loy par laquelle ilz ordonnerent que lelection des pappes ne seroit plus confirmé par les Empereurs, ce qui se garda de diverses manieres scelon que la puissance des Empereurs seslevoit ou declinoit plus ou moings pour le changement des affaires et la puissance des Empereurs augmentee. Depuis que lEmpire vint a la maison des Othons de Saxe, Gregoire V, allemant esleu pappe tant par la faveur dOthon 3° qui estoit present, esmeu de lamour de sa propre nation et despité a cause des persecutions que luy faisoient les Romains, transporta aux allemans par ung sien decret la puissance deslire des Empereurs de Romme en la forme et maniere qui sobserve encores de notre temps, deffendant a ceulx qui seroient esleuz de ne prendre le tiltre dempereur et dauguste que premierement ilz neussent receu des

Juillet 1889.   pappes la couronne de lempire afin de reserver tousjours quelque preeminences aux pappes. De la a esté introduict la coustume de venir a Romme pour recepveoir la couronne et de nuzer poinct auparavant daultre tiltre que de Roy des Romains ou Cezar. Mais la race des Othons estant depuis faillie et la puissance des Empereurs appetissee daultant que lempire qui nestoit hereditaire ne se continuoit pas es maisons des grandz Rois, Romme appertement se vint a soubstraire de lobeissance des Empereurs et plusieurs aultres cittez a se rebeller du temps de lempire de Conrard de Soave, et les pappes qui ne penssoient que daugmenter leur propre auctoritee estoient presque seigneurs de la ville de Romme, combien que souventeffois a raison de linsolence et discordes du peuple ilz y eussent fort affaire, pour reprimer lequel peuple ilz avoient ja par la faveur de lempereur Henry second qui estoit a Romme transferé par statu et ordonnance la puissance et lauctorité de creer le pappe en la personne des cardinaulx tant seullement; si survint ung nouveau accroissement de leur grandeur, car les Normans desquelz le premier fut Guillaume surnommé le bras de fer ayant usurpé en ce temps la sur lempereur de Constantinoble la Pouille et la Calabre, Robert Guichard ung desdits normans apres avoir rendu Benevent a leglise comme estans de ses vraies appartenances, recongnut les duchez de Pouille et de Calabre en fief de leglise romaine, ce quil faisoit ou pour se fortiffier de quelque coulleur de droict ou pour avoir plus de moyen de se deffendre contre lesdits Empereurs ou pour aultre raison, lequel exemple estant suivy par Roger ung de ses successeurs qui chassa du duché de la Pouille et de Calabre Guillaume de la mesme famille, et depuis il occuppa la Cicille, il recongnut environ l'an M. C. XXX ces provinces en fief de leglise romaine soubz tiltre de roy des deux Cecilles, lune de la, laultre deça le Far, les pappes ne refuzans pour leur propre prouffict et grandeur de nourir et favoriser lusurpation et violences des estrangers. Avec tous ces moyens les pappes croissans tousjours de plus en plus en puissance et auctoritee (comme jamais la convoitise des hommes ne sassouvit), commencerent a priver diceulx royaumes quelzques ungs des roys qui ne voulloient obeyr a leurs commandemens et a les bailler a daultres, et par ce moyen ilz parvindrent a Henry fils de Federicq Barberousse et d'Henry a Federicq second son filz tous trois successivement Empereurs de Romme; mais Federicq estant devenu tres grand persecuteur de leglise, et les factions Guelfe et Gibelins sestans mis sus de son temps, de lune desquelles le pappe estoit le chef et l'Empereur de laultre, les pappes apres la mort de Federicq investit diceulx royaulmes Charles comte d'Anjou et de Provence avec cens de vi^m onces dor par chacun an et avec condition que pour ladvenir aulcun diceulx Roys ne pourroit accepter lempire de Romme, laquelle condition a tousjours depuis esté specifiee es investitures du royaulme de Naples, car le royaulme de lisle de Cicille occuppé par les Roys d'Arragon se separa quelzques annees apres (quant au cens et recongnoissance feodalle) de lobeissance de leglise. On tient encores (mais non si certainement que les choses preceddentes) que longtemps auparavant la contesse Mahault princesse tres puissante en Italie donna a leglise celle partie de la Toscane, laquelle est terminee dune part du torrent de Pescie et du bourq de St-Quirice au pais de Siene et daultre de la mer inferieure et du fleuve du Tibre qu'on appelle maintenant le patrimoine de St Pierre; et quelzques-ungs adjoustent que la mesme contesse donna a leglise la citté de Ferrare; ces dernieres choses ne sont pas certaines; mais encores est plus incertain que quelque ung a laissé par escript q'Arithpert Roy des Lombardz, pendant que leur

Juillet 1589.

Juillet 1589. royaulme florissoit, leur donna les Alpes cotiennes soubz le nom desquelles on dict Gennes y estre compris et tout ce qui est contenu depuis Gennes jusques a la Provence, et que Luitphrand roy de la mesme nation leur donna la Sabine qui est ung pais proche de Romme, Narni et Ancone avec certaines aultres places. Ainsy lestat des choses se changeant, semblablement les affaires des pappes avec les Empereurs furent diverses, car ilz furent persecutez du commencement ung bien longtemps par les Empereurs, puis apres estans delivrez dune telle cruaulté par la conversion de Constantin, ilz se reposerent, et regardans seullement aux choses spirituelles, ilz vescurent depuis un tres longtemps soubz lumbre des Empereurs en bien bas estat et presque entierement leurs subjectz sans avoir que sourdre avec eulx, ce qui advenoit par la grandeur des Lombardz qui estoient en Italie. Mais depuis estans parvenuz par le benefice des roys de France a la puissance temporelle, ilz demeurerent tres conjoinctz avec les Empereurs et furent voluntiers deppendans de leur auctoritee pendant que la dignité imperialle se continua es descendans de Charlemaigne tant pour la memoire des bienffaictz reciprocques que pour le regard de la grandeur imperialle, laquelle declinant, puis apres ilz se separerent entierement de leur amitié et commencerent a mectre en avant que la dignité pontificalle debveoit plus tost bailler les loix a limperialle que les recepveoir delle, et partant ayans en horreur sur toutes aultres choses de retourner en leur antienne subjection, et que les empereurs n'essaiassent de faire recongnoistre dans Romme et aultre part les anciens droictz de lempire quant quelzquesungs dentre eulx qui avoient plus de puissance ou qui estoient plus hault a la main sefforcoient de le faire, ilz sopposoient ouvertement (avec les armes) a leurs puissances et saccompagnoient de ces tirans la, les-

quelz se nommans prince et de ces cittez lesquelles
sestoient mis en liberté ne recongnoissoient plus lauctoritee de lempire. Il advint de cela que les pappes
sattribuans tous les jours davantaige et convertissans
la craincte et terreur des armes spirituelles aux choses
temporelles, et interpretans que comme vicaires de
Crist en terre ils estoient superieurs des empereurs et
que en plusieurs cas le soing de lestat terrien leur
appartenoit, ilz privoient aucune fois les Empereurs de
la dignité imperialle, suscitoient les ellecteurs a en
eslire daultres en leur lieu, et daultre costé les Empereurs eslizoient ou procuroient quon esleut des
nouveaux pappes. Ces controverses furent cause
(lestat de leglise estant fort affoibli et non moings
pour la demeure que la court de Romme feit en Avi-
gnon lespace de LXX ans et pour les scismes que au
retour des pappes survint en Italie) qu'es cittees sub-
jectes a leglise et speciallement en celles de la Romagne, plusieurs puissans citoiens occuperent la tirannie en leur propre pais, et depuis furent poursuiviz par les pappes, lesquelz quant il ne se voioient
assez puissans pour les opprimer les leur bailloient
en fief ou suscitans quelzques aultres contre eulx les
y investissoient. Ainsy les cittez de la Romagne commencerent a avoir des seigneurs particulliers qui prenoient la plus part le tiltre de vicaire de leglise. Ainsy
Ferrare de laquelle le pappe avoit faict gouverneur
Azzo dEstre fut baillé depuis en tiltre de vicariat, et
avec le temps icelle famille eslevee a tiltre plus il-
lustre. Ainsy Boulloigne occupee par Jehan Visconte
archevesque de Millan lui fut depuis baillé en vicariat
par le pappe; pareillement pour les mesmes causes en
plusieurs lieux de la marque dAncone du patrimoine
de St Pierre et de lUmbrie qu'on appelle maintenant la
duché de Spolette seslevèrent ou contre la volunté ou
du consentement des pappes presque forcez plusieurs

Juillet 1589. seigneurs particulliers, lesquelles variations estans semblablement survenues en la Lombardie es cittez de lempire, il advint telle fois que scelon la diversité et changement des affaires, les vicaires de la Romagne ou des aultres villes ecclesiasticques sestans ouvertement estrangez de leglise recongnoissoient tenir en fief icelles cittez des Empereurs, comme quelquefois ceulx qui occupoient en la Lombardie Millan Mantoue et aultres villes imperialles les recongnoissoient en fief des pappes. En ce temps Romme, combien que en apparence et en nom elle recongneust la seigneurie de leglise se gouvernoit delle mesme, et encores que du commencement que les pappes retournerent dAvignon en Italie ilz fussent obeiz comme seigneurs, si esse ce que peu de temps apres les Romains creerent le magistrat dict Banderesy et recheurent en leur ancienne coutumace, tellement que les pappes qui ny avoient plus guerres dauctoritee commencerent a ny plus guerres demeurer jusques a tant que les Romains apauvriz et tumbez en de tres grandz desordres pour labsence de la court, et approchant lan mil iiiie auquel il esperoit que si le pappe estoit a Romme il y auroit a cause du jubilé une grande affluence de peuple de tous les quartiers de la crestienneté, supplierent tres humblement le pappe Boniface quil y retournast, offrant doster le magistrat des banderetz et de se soubzmectre du tout a son obeissance ; soubz lesquelles conditions luy estant retourné a Romme et les Romains ententifz aux proffictz dicelle annee, il se feit seigneur absolue dicelle citté et se fortiffia et meit garnison dans le chasteau St Ange ; et encores que ses predecesseurs jusques a Eugene eussent souventeffois beaucoup de difficultez, ce neaulmoings depuis cela leur puissance ayant esté bien establie, les pappes suivans ont sans aulcune controverse manié a leur plaisir la ville de Romme. Avec ces fondemens et avec ces moyens, estans montez en puissance terrienne, ilz laisserent petit a petit la memoire du salut des ames et des commandemens de Dieu et tournerent toutes leurs pensees aux grandeurs mondains sans plus uzer de lauctoritee spirituelle sinon pour instrument de la temporelle, ressemblans plustost a princes seculiers qu'a pappes ou evesques ; des lors leurs soings et affaires commencerent a estre non plus la saincteté de vie, non plus ladvancement de la relligion, non plus le zele et la charité vers le prochain, mais les armes, mais la guerre contre les crestiens, faisant le service divin et maniant les choses sacrees avec pensees et mains sanguinolentes. Ilz commencerent a amasser des tresors, a faire des nouvelles loix, inventer des nouveaux artifices et dresser des nouvelles embusches pour recueuillir et attraper argent de toutes partz, duzer a ceste fin sans aulcun respect des armes spirituelles, vendre a ceste fin sans vergoigne les choses sacrees et les profanes, et puis eulx et toute leur cour estans gorgez de richesses, les pompes, le luxe et les mœurs deshonnestes sen ensuivirent, ensemble les paillardises et voluptez abominables, sans que leurs successeurs eussent aulcun soing ou penssee de la majesté perpetuelle du pontificat, au lieu de quoy ilz ont eu ung desir ambitieux et pestiferé deslever leurs filz, nepveux ou alliez, non seullement aux richesses immoderees, mais aux principaultez, aux royaulmes, sans plus distribuer les dignitez et les proffictz a ceulx qui les meritoient et qui estoient vertueux, mais presque tousjours ou les vendans au plus offrant ou les dissipans a personnes propres pour leur ambition pour leur avarice, ou pour leurs voluptez plaines de honte. Or encores que ces choses soient cause que la reverence qu'on leur portoit soit du tout perdu es coeurs des hommes, si ess? ce que leur auctortiee sentretient aucunement pour le nom et pour la majesté si puissante et si grande de la relligion, et pour

Juillet 1889.

Juillet 1589.

ce quelle est grandement soustenue du moyen quilz ont de gratiffier aux grandz princes et a ceulx qui sont en auctoritee aupres deulx, en les faisant particippans des dignitez et leur accordant plusieurs choses ecclesiasticques. A raison de quoy se congnoissans estre grandement respectez des hommes, et quil revient une grande infamie a cellui qui prent les armes contre eulx, auquel bien souvent les aultres princes sopposent et en tout evenement ung bien petit proffict, et qu'estans victorieux ils uzent de la victoire ainsy que bon leur semble, et vaincuz ils obtiennent telles conditions quilz veulent, poussez encores du desir de faire monter ceulx qui leur attouchent de degré privez aux principaultez, ilz ont esté depuis ung longtemps en ça infinies fois linstrument de susciter des guerres et feuz nouveaux en plusieurs pais et royaulmes, comme vous voyez a present que le pappe faict contre nostre pauvre France par ses heraulx predicateurs et bulles pappalles envoiez en toutes les villes rebelles de ce royaulme, afin de favoriser comme il faict contre tout droict et equité les entreprises du Roy dEspaigne desireux aultant que son devancier a envahir et occupper les terres daultrui, ainsy quil pretent faire de ce royaulme de France par ses praticques et menees en la vertu de ses doublons quil seme parmi les ligueurs, ce que Dieu ne permectra sil lui plaist, non plus quil feit a son pere lorsquil emploia en trois diverses armees contre le roy Henry iie toutes les forces de lEmpire dEspaigne, dAngleterre et pais bas, comme remarquent fort bien les histoires de ce temps la, ou on veoit quil ny proffita guerres, encores quil y fust en personne. Revenons a nostre subject.

La garnison de Crespy esleve de nuict du bestial refugié dans labbaie St-Vincent.

Le xie jour de juillet, les soldatz du cappitaine La Foucaudiere mis en garnison a Crespy, pour leur arrivee en ce lieu donnerent nuictamment dans labbaie St Vincent ou ilz prindrent le bestial du villaige de

Luilly qui y estoit refugié quilz emmenerent a Crespy; durant ceste prise les relligieulx et aultres de la dedans eurent recours a la grosse cloche, la bondissant pour donner l'alarme a la ville ou elle y fut bien aspre au commencement, mais ilz se rasseurerent quant ilz sceurent par ung paisant ce que cestoit, ne leur souciant de la perte daultrui.

Juillet 1589.

Les espions mis aux champs par ceulx de la ville de Laon rapporterent la nuict du xii juillet que plusieurs gens de guerre avec eschelles estoient sortiz de La Fere, pour quoi le gouverneur de Laon feit tirer environ le minuict de ce jour quelzques coups de canon pour donner advis au plat païs et fortz de leur party de bien veuiller le reste de la nuict et se donner garde de surprise.

Coups de canons tirez de nuict pour advertir les fortz du party de la ligue.

Vous avez cy devant entendu comme par assemblee generalle du cinq⁰ juing dernier M° Jacques Aulbert fut esleu et choisi tant pour assister Messieurs les commissaires a leur retour a Paris avec argent pour faire leur despense que pour soliciter le proces contre les prisonniers, et aussi pour presenter les memoires de la ville au conseil general de l'Unyon, et comme il y fut, mais daultant quil faisoit a Paris trop long sejour au gré daulcuns du conseil sans grand effect, joinct le soupson quilz avoient quil favorisoit les prisonniers, il se feit la dessus une assemblee particulliere en la maison M° Claude Legras le xiiii° jour de juillet avant midy par les gouverneurs et depputez du conseil tant ecclesiasticques que seculiers assistez de Messieurs Aubelin et Ledoulx advocatz, de Thuret et Hubert cappitaines, ou il fut conclud que ledit Aulbert seroit mandé de revenir de Paris et remectre tous les memoires ensemble largent sil en avoit de reste es mains de cellui qui y seroit envoié, lequel seroit nommé par ledit Legras et les gouverneurs, et auquel personnaige seroit baillé quarante escus pour faire le voiaige.

M° Jacques Aulbert est mandé de revenir de Paris.

— 184 —

Juillet 1589.

Le cappitaine Gomont est retenu dans Laon avec viii ou x hommes qu'il avoit

Ce mesme jour apres midy se tint une assemblee generalle au parquet de la grande salle de la court du Roy par les gouverneurs et depputez du conseil de ladite ville tant ecclesiasticques que seculiers et les depputez des centaines assistez du Sr abbé de St Vincent; presidoit en icelle M. Despinois, ou il fut proposé que le Sr de Gomont sestoit presenté pour le service de la ville accompaigné de quelzques hommes de cheval, et apres quil fut certiffié par Boilleau chanoine, du zele et affection que ledit Gomont portoit a ladvancement de la Relligion catholicque et manutention dicelle, il fut conclud et arresté que ledict Gomont seroit prié de demeurer en ladicte ville avec viii ou x hommes de cheval suivant la volunté quil a faict entendre au conseil, et pourquoy il seroit advisé le plus honnestement que faire se pourroit de la solde de lui et de ses gens par les gouverneurs de ladite ville ; on redoubtoit aulcunement cest homme et craignoit on quil prinst le party contraire parce quil estoit tout notoire quil faisoit choses extraordinaire par magie ou aultre art semblable, tellement que par aultre assemblee generalle qui se tint au mesme lieu le xvi⁰ juillet ou presidoit ledict Despinois, il fut arresté pour ledict Gomont et dix hommes des siens a cent escus par mois.

Procession generalle de bon nombre de gens meslez et desguisez.

Ledict seiziesme juillet fut faict procession generalle en ladicte ville de Laon pour la prosperité de la ligue (comme on disoit) en laquelle fut porté dix ou douze chasses ou fiertes accompagnees de plus de iiii⁰ personnes tant prebtres hommes femmes filles que chambrieres en chemises piedz nuz et les faces couvertes et tous vestuz de linge blanc, ce qui fut continué par quelzques aultres jours suivans.

Le Sr de Bouchavenne dans Bruieres.

Sur la doubte que le gouverneur de Laon avoit que les habitans de Bruieres ne lui fussent contraires ne les trouvans trop devotieux a la ligue, le jour de la Magdelaine xxii⁰ jour de ce mois avec sa compaignie de cavallerie les alla visiter avec intention de laisser garnison dans la ville comme il voulloit faire a sa sortie, mais le maire et les principaulx habitans de ce lieu lui feirent tant dhumbles remonstrances de leur loyaulté et bonne volunté a la saincte Unyon quilz en furent exemptz apres touteffois quilz eurent presté le serment de fidélité a ceste saincte ligue.

Juillet 1589.

Ce mesme jour qui estoit sebmedy fut trouvé a Laon pres le tappecut de la porte a Lusault une lettre missive assé mal escripte fermee avec une esguillee de soie qui sadressoit au Sr de Bouchavenne gouverneur, ladvertissant par icelle de se donner garde dune maison qui estoit size pres la mesme porte pour estre fort dangereuse pour la ville. Cestui la qui donnoit tel advis (en contrefaisant aultre escripture) avoit quelque congnoissance que Nicolas Jovet et Anthoine de Vendeuil archers du prevost des mareschaulx tramoient quelque chose en faisant piece apres aultre sortir secretement leurs armes, et craignant cestui la quilz neussent quelque secrette entree en leur maison par le dehors pour estre size pres les rampars, il bailloit cest advis par lettre contrefaicte ne se voullant manifester aultrement. De ceste lettre on ne feit pas grand cas pour ny veoir aulcune apparence daultant que vers les maisons de ce quartier la il sy faisoit une garde exacte jour et nuict.

Lettre missive trouvee pres la porte a Lusault.

Une aultre procession generalle et solempnelle se feit le dimenche xxiii^e jour de juillet avec plusieurs blancs vestuz qui assistoient treize chasses portez a piedz nuz, apres laquelle notre Me Jacob feit la predication en grande emotion de corps et de voix en sa maniere acoustumee, le tout tendant a esmouvoir sedition, detestant le Roy, realistes et politicques, nestant honteux dalleguer plusieurs histoires divines quil detournoit de son vray sens pour les accomoder a ses meschans propos et seditieux, de quoy la plus part du peuple se degoustoit fort ; durant ceste procession les

Aultre procession generalle avec predication seditieuse.

Juillet 1589. portes de la ville furent fermees et plusieurs sentinelles pozees en divers lieux sur les murailles de la ville.

Nicolas Jovet Anthoine de Vendeuil Estienne Salbacq Francois Barengier et Jehan Cochon archers sortent de la ville de Laon. Le xxiiii° juillet audit an, quelzques archers du prevost des mareschaulx, fust pour craincte de perdre leurs offices en demeurant en ville ligueuse ou pour aultrement faire leur proffict, sortirent hors la ville de Laon par diverses portes, les ungs faignans daller conduire quelzques personnaiges du Gouverneur allant aux champs quils habandonnerent aux chemins et les aultres avec quelque subject qui sallerent rendre a Coucy pour faire service au Roy, ce qui feit croire au gouverneur quand il le sceut que cestoit leffect de ladvis qu'on lui avoit donné par la lettre trouvée dont est cy devant parlé, mais quil y avoit eu de la faulte de cellui qui lavoit escripte en ce quil faisoit mention dune maison et non de ceulx qui demeuroient en icelle qui estoit Jovet et Vendeuille, la sortie desquelz feit croire a plusieurs que la ligue nestoit si forte qu'on leur preschoit parce que ces deux personnaiges icy prenoient tousjours le party le plus fort.

Aulcuns habitans de Laon sont desarmez. Deux jours apres qui estoit le xxvi° jour de juillet, les cappitaines Thuret, de Lancy, Laurens Sonnet, Jehan Tourtebatte et aultres pareilz gens, prenans subject sur la sortie des archers sallerent jecter dans les maisons daulcuns quils soupsonnoient en pouvoir faire le mesme, prindrent et amasserent tous leurs armes qui furent perduz pour ceulx a qui elles appartenoient et nen peurent depuis avoir aulcune raison, et quand ilz les redemandoient ces cappitaines les menassoient de les jecter hors la ville, et sen fallut taire pour son proffict.

Vente de meubles appartenant au Sieur de Saint-Pierre lez Francqueville. Le xxviii° jour de juillet furent venduz publicquement au bourq de Laon les meubles appartenans au S' de St Pierre lez Francquevill pour tenir party contraire a la ligue, lesquelz furent decellez en la maniere quil a esté dict et les deniers en provenans receuz par le recepveur et ses aides a ce depputez qui travailloient fort a en descouvrir daultres pour leur proffict, car le tout ny estoit inventorié.

Juillet 1589.

 Le dimenche xxx° jour de juillet audict an v° IIII×× IX, une aultre procession generalle fut faicte en ladite ville de Laon, apres laquelle Jacob predicateur se meit a prescher infinies faulces nouvelles quil recitoit au peuple assistant, avec exhortation de continuer ces belles et devottes processions encommencees et que le proffict en seroit grand au party catholicque, ce quil feit bien valloir par apres en ses predications, scaichant lassassinat du Roy Henry 3° qui fut frappé a St Cloud dans sa chambre le premier jour daoust M. V° IIII×× IX par frere Jacques Clement jeune moine jacobin natif dun villaige appellé Sorbonne aupres de Sens, qui sortit de Paris et sachemina a St Cloud ou il se presenta au Roy disant avoir lettres du president de Harlay et creance de sa part; le Roy le feit appeller en sa chambre ou il ny avoit aultre que le Sr de Bellegarde premier gentilhomme dicelle et le procureur general, lesquelz il feit retirer pour entendre plus privement ledit Clement qui en contenance sembloit fort simple, lequel se voiant seul sasseurant de plus tira dune de ses manches ung papier quil presenta au Roy, et de laultre ung cousteau duquel il enfonca ung coup dans le costé du petit ventre du Roy qui se sentant blessé tira de la plaie le cousteau dont il frappa le moyne au dessus de loeil; et la dessus accoururent quelzques gentilzhommes qui ne peurent se contenir que a coups despee ilz ne tuassent cest assassin. Ce Roy icy estoit demeuré le dernier de ses freres non touteffois le plus jeune yssu de Catherine de Medicis femme de Henry II° espouzee lan mil v° trente trois. Elle eust cinq filz et cinq filles; le filz aisnel fut François II° né le xx° janvier M V° XLIII; le deux° Loys duc

Nouvelles à Laon de l'assassinat de notre Roy Henri 3°.

Le Roy Henri 3° est deceddé le deuxieme jour daoust a 3 heures du matin.

— 188 —

Aoust 1589. dOrleans, lequel mourut au bout de quelzques mois; le troiz° Charles Maximiliam né le xxvii° jour de juing m v° l, roy apres le trespas de son frere François; le iiii° Edouart Alexandre, depuis nommé Henry iii°, né le xix° septembre m v° li, qui est cestuy cy assassiné par le jacobin; le cinq° Hercules, et depuis nommé François duc dAlençon de Berry et conte du Mayne, né le xviii° jour de mars m v° liiii; laisnee des filles fut Elizabet accordé au roy dAngleterre Edouart vi°, mais mariee a Philippes roy dEspaigne, et nee le xi° jour davril m v° xlv, la seconde Claude mariee a Charles duc de Lorraine, nee le xii° jour de novembre m v° xlvii; la troisiesme nommee Marguerite, mariee a Henry de Bourbon roy de France et de Navarre a present regnant, nee le xiiii° jour de may m v° lii; la iiii° et v° nommees Jehanne et Victoire, nees dune ventree le xxiiii° jour de juing m v° lvi et deceddees tost apres; de tous ces enffans la ne reste plus vivant que Margueritte.

M° Adam Martin et Jehan Martin son filz sortent de Laon secretement. Largent de la ville de Laon sestant ecclipsé en diverses bourees rendit plusieurs perplex a raison de ce quil ny avoit lors de quoi paier les gens de guerre pour ce mois de juillet, et touteffois il en failloit trouver; les ungs donnoient advis den recouvrer dune fasson, les aultres d'une aultre, jectans toujours la pierre et le fardeau sur les soupsonnez realistes; et de faict pour aider a ce paiement M° Adam Martin fut semond dapporter au bureau de la cause les deniers a quoy se montoit les ranssons des prisonniers quil avoit cautionné et qui sestoient contre leur promesse rendu au party du roy; et pareillement fut enjoinct a M° Jehan Martin son filz dapporter ce quil avoit ou debveoit avoir en ses mains provenans des consignations a luy faict comme estans recepveur, ensemble son registre original pour les congnoistre; lesquelz Martins au lieu de ce faire feirent si secretement leurs affaires que le deux° jour daoust ilz sortirent de la ville tous deulx sans estre descouvertz, se bannissans du lieu de leur naissance pour chercher ailleurs une retraicte asseuree ; et le lendemain le cappitaine Thuret (qui sestoit chargé de faire apporter ces deniers assisté de plusieurs soldatz) fut en la maison de M° Adam Martin quil trouva fermee de la porte de devant ou il feit tel effort avec gros grez quelle fut enfoncee, et entrerent dedans ou ilz ny trouverent personne ; en ceste maison il y fut faict de grandz degast, de quoi personne nozoit parler pour les menasses que ce cappitaine faisoit a tous ceulx qui en parleroient.

Peu de temps apres les zelateurs de Laon recepvrent advis par leurs semblables de Soissons que ce coup du ciel (ainsy lappelloient ilz) avoit esté donné au roy par ung jacobin, et partant qu'on avoit plus affaire que a ung hereticque habandonné de tous ceulx qui avoient suivy le deffunct roy ; qu'a ceste occasion la ligue avoit tout gaigné, quil estoit a present besoing voire neccessaire duzer de severité a lendroict de leurs contraires et les chasser en Angleterre ou en Allemaigne afin de repurger le royaulme de France. Ces nouvelles receuz, il ne fault parler de la rejouissance quilz en eurent, se visitoient lun laultre pour se dire ces bonnes nouvelles, saultoient en plaine rue au plus hault, faisoient des bancquetz et festins ou ilz beuvoient a oultrance pendant que les gens de bien mangeoient du pain dangoisse et damertume en implorant la bonté et misericorde de Dieu pour renverser les desseings et projectz de ces malheureux mutins qui ne cessoient leur bailler alarmes sur leur dire que bientost ilz jecteroient hors la ville la plus part de ceulx qui avoient esté recongnuz mal affectionnez au party de la ligue, de fasson que de la en avant ilz nozoient se trouver deux ensemble silz navoient un troisiesme de la faction mutine pour certiffier de leurs parolles et com-

Aoust 1589.

Degast faict à la maison M° Adam Martin.

Grande réjouissance des ligueurs de Laon pour la mort du Roy.

portement et leur servir de certifficateur, avec lequel ilz estoient contrainctz rire de ce malheureux assassinat et den contrefaire les joieulx ; bref cestoit pitié de la misere en laquelle ils estoient reduictz par ces seditieux qui dheure a aultre forgeoient infiniz faulces nouvelles pour tousjours esbranler les gens de bien, mectoient en faict que le roy (quilz appelloient le Biarnois) sestoit retiré en dilligence vers la Rochelle, craincte destre enfermé entre deux rivieres, que la pluspart de ceulx qui avoient suivi le deffunct roy offroient la moictié de leurs biens pour avoir passeport asseuré pour conduire leurs familles hors du royaulme, qu'a ces fins ilz emploient des grandz seigneurs qui estoient pres la personne du duc du Mayne, et infiniz aultres faulces nouvelles a quoy ilz prenoient plaisir et aussi pour descouvrir la contenance des gens de bien.

Il se tint une assemblee generalle le troisiesme jour daoust, en laquelle entre aultres choses qui furent arrestees pour les affaires du publicq fut esleu Claude de Billy pour varlet de ville au lieu de Jehan de Villers laisnel absent et demeurant en ville realiste, et ce par provision jusques a lassemblee de Pasques ensuivant.

En continuant la perquisition dargent dont est cydevant parlé et pour adviser des moyens les plus promptz, fut tenu conseil le viie aoust, ou il fut arresté et conclud de faire vendre tous les biens des absens de la ville, de quoi scelon leur project on faisoit estat de recepvoir une bonne somme dargent ; et de faict on y procedda contre aulcuns, et les aultres surciz jusques a une aultre fois au moyen des affaires qui survindrent.

Le cappitaine La Foucaudiere commandant en ce temps a Crespy taschoit par tous moyens dattrapper la garnison de Laon quil avoit souvent recongneu ;

pour y parvenir pria le seigneur de la Tour brunete (qui avoit une fort belle compaignie de cuirasses couvertes de casacques orangees) de lassister a son entreprise, ce quil feit le lundy xxie jour daoust, sallerent ensemblement embusquer de nuict dans ung petit bois pres la Neufville faulxbourg de Laon fort propre et bien choisy a telle affaire pour y avoir une petite montaigne qui les couvroit des hautes murailles de ladicte ville; ce petit bois est appellé le bois des Moutieux ou il sestoit mis bien iiii^{xx} ou c chevaulx tant de cuirasses que harquebuziers a cheval, desquelz sestoit distraict avant le jour quelques xx chevaulx qui allerent prendre quelque bestial vers le villaige de Chambry, et retournans leur chemin vers Crespy lieu de leur garnison passerent pres la cense de Courdault faignans se haster a chasser leur bestial en contrefaisant gens craintifz, ce qui est veu par ceulx de Laon ou toute la garnison de cavalerie nestoit lors ains seullement xiiii ou xv de reste qui sortirent hors avec environ iiii^{xx} hommes de piedz ausquelz sadjoignit quelque nombre de paisans du faulxbourg St-Marcel pour copper chemin a ces conducteurs de bestial, lesquelz faignans les chasser les faisoient au contraire arrester en se meslant dedans, jouerent sy bien leurs personnaiges quilz feirent approcher ceulx de Laon assez pres de leur embuscade qui sortit aussi tost au son de la trompette et a grande furie donnerent sur leurs ennemis qui se trouverent si esperduz quilz ne rendirent aulcun combat, aussi que la partie nestoit bastante, linfanterie qui estoit mal conduict et qui cheminoit a sa volunté pour estre la pluspart gens ramassé fut chargee bien rudement, et y en demeura sur la place xii ou xv de mortz; entre les mortz des cavalliers fut trouvé deux jeunes compaignons de la ville de Laon, lun filz du cappitaine Branche et laultre filz de Thomas Faulcheur hoste de lymaige

Aoust 1589.

Aoust 1589.

Le filz du cappitaine Branche et le filz de Thomas faulcheur tuez a ceste charge.

St Claude; il y eut aussy xx ou xxv pietons fort blessez de coups de coustelas et bien xl ou l faict prisonniers. Ceste charge se feit a la veue des habitans de Laon qui prenoient grand plaisir au commencement a veoir leurs gens se haster a copper le chemin a ces conducteurs de bestial, mais quant ilz veirent sortir lembuscade hors du petit bois ilz feirent ung tel cry qu'on eust oy tonner, a la verité ilz se faschoient fort de voir si mal traicté leurs gens; la furie passée les prisonniers furent menez a Crespy et les fortz blessez renvoiez a Laon apres leur recongnoissance, plusieurs desquelz reciterent a la porte de la ville que Jovet archer estoit un homme cruel et quil avoit blessé la pluspart deulx, encores quilz lui eussent demandé grace, pour raison de quoy la pluspart de ces blessez fut mis et instalé dans la maison de Jovet pour y estre penssez et y vivre de ce quil y avoit dedans, tellement quil sembloit ung hospital a ceste maison, combien

Certifficat envoié a Laon comme Jovet navoit esté a ceste charge.

que la verité fust que Jovet nestoit a ceste charge, ains a Coucy lors comme depuis il fut congnu tant par les prisonniers renvoiez de Crespy que des certifficatz que Jovet envoia a Laon pour sen aider contre la piteuse lettre a lui escripte par son compere et voisin Thomas Faulcheur sur la mort de son filz, aussi pour servir au Sr de Bouchavenne gouverneur de Laon qui avoit asseuré les principaulx de la ville que le gouverneur de Coucy son frere ne luy feroit aulcunement la guerre. Les seditieux et mutins de Laon voyans tant de blessez en ladite ville eurent recours pour appaiser leur rage et furie a chercher les soupsonnez dans la ville pour se jecter sur leur peau, mais de bonne heure ilz sestoient escartez arriere, occasion que ces mutins sallerent jecter aux maisons des absens ou estoient encores quelzques femmes quilz trainerent prisonnieres avec grandes injures et insolences **tenans a aulcunes le poignard a la gorge, les ayans** esté cherchez jusques dans les caves et celliers, mirent aussy prisonniers (avec les femmes) M⁰ Robert Martine cy devant prevost de Noion et Nicolas de la Pierre hommes antiens pour ce quilz disoient que leurs filz estoient a ceste charge; toutes ces choses sexecutoient a la presence des magistratz de la ville qui laschoient la bride aux mutins a faire telle inhumanité, de quoy ceulx de Crespy advertiz le lendemain renvoieront ung de leurs prisonniers dire a ceulx de Laon que silz ne mectoient hors des prisons toutes ces femmes sans leur faire tort ilz feroient flamber les faulxbourgs de la ville. Sur quoy se tint une assemblee generalle en lauditoire de la court du Roy par les gouverneurs et depputez du conseil tant ecclesiasticques que seculiers et les depputez des centaines, M. Despinois y presidoit, ou il fut conclud que les femmes qui du jour preceddent furent arrestees prisonnieres seroient eslargies, et que le greffier du conseil delivreroit commission pour executer les femmes prisonnieres en leurs biens lune pour l'aultre et chacune delles pour le tout sans division nonobstant oppositions ou appellations quelzconques sauf leur recours allencontre des aultres pour la somme de xxviii escus pour la ransson de xiiii prisonniers qui furent pris le jour preceddent et menez a Crespy. Par la mesme assemblee il fut conclud que les sommes de xxvii escus dun costé et xxvi escus lv sols tournois daultre taxez a M⁰ Claude Grignon le jeune pour ses sallaires et grosse du proces contre les prisonniers menez a Paris luy seroient paiez apres quil a faict apparoir de la taxe a luy faicte par les sieurs commissaires de Paris, et aussi que les gouverneurs de la ville passeroient procuration speciale pour envoyer a Paris pour se declarer partie contre lesdits prisonniers.

Environ ce temps les relligieulx de l'abbaie St-Vincent, fust pour craincte de leurs personnes ou plustost

Aoust 1589.

Les relligieux de labbaie St Vincent habandounent leur abbaie.

Aoust 1589.

pour uzer de liberté, quicterent ladite abbaie pour se retirer en la ville de Laon ou ilz samuserent plus a recurer des armes qu'a composer des carmes.

Querelle et debat entre M₀ Claude Legras et Simon Hubert.

Ce mesme jour du xxii° aoust ung pacquet de lettres fut apporté adressant au corps de ladicte ville qui tumba es mains de M° Claude Legras lequel seul en feit louverture, ce qu'estant venu a la congnoissance de Symon Hubert lun des cappitaines de quartiers (qui comme laultre ne le voulloit quicter a personne) sen alla attacquer de parolles Legras (estant lors a la place du bourq) pour ceste ouverture de pacquet ou ilz sinjurierent fort lun laultre sappellans superbes et orgueuilleux comme a la verité cestoit leurs vraiz noms.

Argent appartenant au lieutenant general De fer aresté a la porte de la ville.

Le mercredy xxiii° jour daoust veuille du jour St-Berthelemy, la femme du lieutenant general Defer qui desiroit faire sa retraicte a Anisy le chasteau ou estoit son mary, chargea ung paisant nommé Jehan Le Clercq dune bonne somme dargent qui estoit de neuf cens livres pour la porter a Anisy, lequel fut descouvert a la porte Royer, lhomme mené et largent porté au logis du gouverneur, ce qui fut nottiffié a la lieutenande, laquelle pour retirer ses deniers si en alla dilligemment assisté de M° Aubelin, mais elle ne le peust ravoir pour lempeschement faict par M° Claude Legras qui forma opposition pour la ville a la restitution diceulx, soubstenant que nonobstant toutes raisons proposees et affirmees par la lieutenande que ceste somme debveoit estre emploiee a la cause de Dieu et de son eglise catholicque, joinct les affaires qui se presentoient a la ville ou ses deniers seroient les bienvenuz. Sur ce debat et contestation faicte par Aubelin pour la lieutenande, le gouverneur les renvoia au conseil de la ville, lequel en grande dilligence feirent faire une assemblee generalle a laquelle fut remonstré que ce jour la on avoit aresté a la porte de la ville trois cens escus sur ung personnaige nommé Jehan le clerc qui disoit appartenir au lieutenant general auquel il disoit porter ladicte somme, sur quoy et attendu que la ville avoit affaire dargent, il fut concluà que ladicte somme demeureroit arresté tant et jusques ad ce quil en seroit aultrement ordonné par le Conseil destat a Paris; et sur le debat que plusieurs de la compaignie apporterent a ceste conclusion qui estoient amis de la lieutenande et quelle avoit emploié, il se tint aultre assemblee le xxv⁰ dudict mois ou apres plusieurs disputtes et debatz il fut conclud que ladicte somme de iiiᶜ escus demeureroit arresté pour ung mois auquel jour lesdictz deniers seroient renduz au cas que ledict lieutenant eust obey a leedict de Reunyon.

<small>Aoust 1589.</small>

Par ceste mesme assemblee fut conclud que les personnes qui estoient sortiz de ladicte ville par commandement dicelle rentreroient aux charges portees par la declaration de Monseigneur le duc du Mayne, et au regard de ceulx qui estoient sortiz voluntairement et sans aulcune contraincte apres avoir juré lUnyon et porté les armes contre la ville quilz ne seroient receuz au benefice de ladicte declaration, cestoit en vraiz termes exclure ledit sieur lieutenant de lesperance quil eust peu avoir de rentrer dans la ville en vertu de leedict de reunyon ny de recouvrer bientost ses deniers.

<small>Conclusion dassemblee pour ceulx qui estoient sortiz la ville par contraincte.</small>

Apres la mort du Roy, le duc du Mayne par son conseil feit un eedict pour reunir tous les catholicques ensemble soubz les conditions y contenues, et pensoit par ce moien retirer ceulx qui estoient pres la personne du roy Henry iiii⁰ pour lui diminuer ses forces. Cest eedict fut envoié a Laon (comme aux aultres villes ligueuses) pour le faire publier, mais les mutins de ladicte ville lempescherent formellement et le feirent delaier tant quilz peurent, disoient que le duc du Maine

<small>Publication faicte a Laon de leedict de reunion.</small>

<small>Faict a Paris le V⁰ aoust et publié audit lieu le 7⁰ jour dudict mois.</small>

Aoust 1589.

ne pouvoit rien faire ny ordonner que toutes les villes du royaulme de leur parti ny fussent consentans, et que la ville de Laon ny avoit consenty ; touteffois le xxvi° jour daoust la publication en fut faicte en ceste ville de Laon, laquelle publication Legras disoit avoir esté ordonné pour faire revenir plusieurs pour les attrapper et les bien serrer et non pour les recepveoir en leur party, ce qui contenta aucunement les mutins qui craignoient fort le retour des exhillez.

Ce mesme jour du xxvi aoust M° Gerard Doulcet, procureur a Laon (qui sestoit voluntairement absenté de la ville), ne pouvant plus endurer lincomodité quil recepveoit aux champs en ce quil estoit mieulx traicté dedans que dehors, emploia tous ses proches parens et inthimes amis vers le conseil de ladicte ville pour y rentrer soubz coulleur de leedict de Reunion, mais il ne le peust obtenir pour lors, encores que plusieurs du conseil y fussent consentans, daultant que telle permission eust trop tost desrogé a la conclusion de lassemblee generalle faicte le jour preceddent ou il fut arresté de ne point permectre lentree de la ville a ceulx qui voluntairement estoient sorty hors.

M° Gérard Doulcet desire de rentrer dans Laon par vertu de leedict de reunion.

Il a esté cy devant parlé des debatz et querelles dentre M° Claude Legras et le cappitaine Hubert, et comme ilz se dirent lun a laultre plusieurs injures qui furent appaisez par gens qui survindrent a leur querelle, ou entre aultres choses Hubert dict quil estoit prest de quicter sa qualité de cappitaine de quartier pour ny avoir a lexercice que peine et grand travail, parolles qui furent retenues par Le Gras, lequel depuis estant au conseil de la ville meit ce faict en avant, dict quil valloit mieulx pour lhonneur de la ville de prevenir Hubert a le depossede de sa charge que destre prevenu par lui, ce qui fut trouvé bon, apres avoir consideré son orgueuil et remarqué son indiscretion a frapper comme il avoit faict a la face Jacques Demay recepveur des tailles congneu homme docile et debonnaire, et que soubz sa qualité il pourroit attempter a daultres personnes de la ville. Suyvant la conclusion qui en fust aresté le xxvii° jour daoust, Nicolas Gerault et Regnault Chastellain gouverneurs de ladicte ville depputez du conseil a ces fins, dirent au cappitaine Hubert que le conseil de la ville le remercioit du service quil avoit cy devant faict a la ville en son estat de cappitaine de quartier, lequel se trouva fort estonné de ceste semonce, et sans demander le subject meit bas son espee; touteffois ayant depuis consideré que ce lui estoit ung affront destre depossedé de ceste sorte, il en comunicqua aux aultres trois cappitaines ses compaignons, lesquelz comme y ayans sans interest lui donnerent advis de reprendre son espee et de continuer lexercice de sa charge de cappitaine, pour ce (comme ilz disoient) que telle ordonnance faicte par le conseil de la ville seul nestoit suffisante pour les despossedder quant il vouldroit, nestans les cappitaines de quartiers subjectz a leur volunté pour faire cesser lexercice de leur charge, attendu quilz nestoient establiz par le conseil, mais par le gouverneur et le corps des habitans de la ville, ce que Hubert feit, et daultant que ces cappitaines seurent qu'une assemblee generalle se debveoit faire le xxv° jour de ce mois daoust (comme elle se feit) ilz sy trouverent tous quatre ce jour la et y feirent quelzques remonstrances a leur intention, offrans neaulmoings au peuple leur remectre les charges, et apres quelzques propos tenuz du bon debveoir quilz avoient faict jusques la, il fut conclud (contre lintention de M° Claude Legras qui ne se trouva a ceste assemblee comme aussy il ne sy trouva pas grand peuple) que lesdicts cappitaines de quartiers seroient continuez en leurs charges suivant lacte de leur reception et institution attendant et jusques ad ce que par aultre assemblee generalle de tout le peuple il

Aoust 1589.

Le cappitaine Hubert est remercié de sa charge.

Assemblee par laquelle les cappitaines de quartiers soit continuez en leurs charges.

Aoust 1589.

seroit advisé de la confirmation ou demission diceulx, et cependant quilz embrasseroient comme ilz avoient faict jusques la la conservation de la ville et des habitans, pourquoi le cappitaine Hubert (bien joieulx) remit son espee a sa saincture boult hault comme devant.

Billetz jectez par rues contre notre Mᵉ Jacob predicateur.

Le xxviiiᵉ jour de ce mois daoust, il fut trouvé es rues de la ville de Laon plusieurs billetz escriptz a la main tant en latin que en françois faictz contre notre Mᵉ Jacob predicateur touchant sa vehemence et collere en laquelle il se mectoit a la chaiere de predication, faisoient aussi mention des chemises blanches quil prenoit a sa sortie pour la sueur ou il se mectoit, des coups de piedz quil hurtoit contre ceste chaiere et de sa tempestative fasson de faire; ces billetz semez en plusieurs lieux, quelzques ungs parvindrent jusques a ce predicateur qui en fut extremement fasché et fut longtemps sans prescher, ce qui despleust a plusieurs curieux qui alloient a la predication plus pour apprendre des nouvelles (de quoy ce predicateur repaissoit ordinairement les assistans) que pour y estre edifié par la parolle de Dieu, aussi a la verité il ne parloit de lescripture saincte que pour les accomoder a ses seditieux propos. Ces billetz ne reussirent a lintention de louvrier qui les avoit faict pour en tirer une sedition populaire par le cry de ce predicateur quil estimoit debveoir soupsonner les politicques a raison que ordinairement avec une grande vehemence il parloit contre eulx en ses predications, mais il advint le contraire, daultant que Jacob se meit en oppinion que ces billetz estoient sortiz de la bouticque dun des plus signalez zelés pour avoir peu auparavant contesté ensemble sur ce faict et pourquoy il ne voulloit plus prescher, ce qui donna relasche pour ung temps aux gens de bien qu'on appelloit lors politicques.

Environ ce temps aulcuns habitans jectez hors la

ville par les seditieux encores quilz neussent volunté dy rentrer, mais bien pour empescher la vente ou louaige de leurs immeubles (comme il avoit esté ordonné) feirent soubz leurs noms presenter requeste au conseil de la ville pour faire offre de satisfaire a leedict de reunion faict par le duc du Mayne, sur lesquelles requestes fut dict et arresté en ensuivant lassemblee generalle du xxv° aoust dernier que ceulx qui estoient sortiz voluntairement et sans contraincte seroient du tout proscriptz sans esperance daulcun rappel, et au regard des aultres quil y seroit advisé avec le temps. M° Claude Legras estoit dadvis de les laisser tous rentrer pour leur faire leur proces et apres les faire pendre, mais son advis ne fut suivi ; ce fut ce jour la que Jehan Juvigny commis au greffe de la prevosté de la citté de Laon, parlant audit Legras de quelzques affaires de ceste prevosté et du revenu de lexercice dicellui pour les sallaires, lui dict que quant le greffier Estienne seroit de retour en la ville il fauldroit quil lui en feit estat ; Legras sur ces propos reprint aigrement Juvigny en lui disant : comment o homme de petite foi, croiez-vous que jamais Estienne ni ses compaignons reviennent dans la ville? vous monstrez bien appertement la foiblesse et debilité de votre foy en uzant de telles parolles. Juvigny ne lui oza rien repplicquer le voiant en si grande collere de ces parolles.

Le vendredi premier jour de septembre, pour reigler par le gouverneur de Laon son infanterie sur lestat a lui envoié par le duc du Mayne, il feit faire monstre (ce jour) a deux cens harquebuziers pour la garde de la ville, desquelz il se feit chef et cappitaine, oultre lesquelz il print cent aultres harquebuziers pour les distribuer en des petitz fortz tenant le party ligueux, comme au Cerf labbé, Pierrepont, Aunoy et aul!res lieux pour tenir les places a leur devotion et empescher le cours de lennemi qui faisoit lors grand

Aoust 1589.

Requeste presentee par des exhillez pour rentrer dans la ville par vertu de leedict de reunion.

Asseurance de la foy de M° Claude Legras sur la prosperité de la ligue.

Septembre 1589. amas de gens de guerre, ce qui mectoit en doubte ceulx de Laon, pourquoi les signalez catholicques zelez prierent le gouverneur daller (comme ilz feirent ensemble) visiter tout le circuit de la ville pour remarquer ce qui pourroit nuire et le faire desmolir, entre aultres choses trouverent neccessaire de jecter bas une belle et antienne eglise bastie au derriere de labbaie St Johan appellee leglise Notre Dame de la profonde pour y faire un boullevert ; en ensuivant ceste visitation, ledit premier jour de septembre fut publié par les carrefours de la ville que commandement estoit faict aux proprietaires des maisons et bastimens qui estoient proches des murailles de ladite ville de les desmolir, mesmes les maisons des chenizelles, et ce dedans trois jours apres, a quoy faire personne ne se hasta dobeyr, pourquoi ceste publication fut reiteree le cinquiesme jour dudit mois ou il fut adjousté que les bastimens seroient desmoliz aux despens des proprietaires, chose qui tourmenta fort les habitans qui avoient interest a ceste desmolition.

Publication faicte pour la desmo-'ition des maisons des chenizelles.

Ce mesme jour fut faict monstre et reveue de la cavallerie de Laon de laquelle fut choisie et retenue soixante cavalliers seullement, les aultres cassez pour ce quil ni avoit plus dargent pour les payer comme le certiffioit lesieu Blondel qui aymoit mieulx en faire sa provision que de le distribuer a ces coureurs de vaches.

Reveue faicte a Laon de la cavallerie.

Sur les lettres escriptes a la ville de Laon par M⁰ Jacques Aulbert contenant que Jehan Dassonneville, Jehan Mercigay et Jehan Roullier prisonniers en la conciergerie du pallais a Paris, avoient obtenu eslargissement de leurs personnes par la ville et faulxbourgs de Paris en baillant caution deulx representer dans six sepmaines, et daultant quil failloit par la ville de Laon consentir ou empescher la reception des cautions que lesdits prisonniers avoient presentez avec

Jehan Dassonville Jehan Mercigay et Jehan Roullier obtiennent de la cour eslargissement de leurs personnes.

certifficateurs, Aulbert demandoit a ladicte ville de Laon comme il sy debveoit gouverner a laquelle il envoioit les noms et surnoms de ses cautions et certifficateurs. Sur quoy il se feit une assemblee generalle le cinquiesme jour de septembre en lauditoire de la court du Roy par les gouverneurs de ladicte ville et les depputez du conseil assistez du sieur abbé de St-Vincent, du doien Bertrand et daultres ecclesiasticques, M. Despinois y presidoit, ou il fut conclud que ladicte ville requeroit que lesdits cautions et certifficateurs (avant leur reception) eussent a declarer et affermer quelz estoient leurs facultez dempescher formellement que juges praticiens et enffans de famille ny fussent receuz, et au cas que lesdits prisonniers presentassent daultres qualitez personnes capables suffisans et solvables pour asseurer la communeaulté de ladite ville de Laon de cinquante mil escus a quoi elle avoit limité linterest quelle pouvoit pretendre allencontre desdits prisonniers, ilz consentoient leur eslargissement a la charge que lesdits cautions et certifficateurs promectroient lun pour laultre et chacun deulx pour le tout de les representer en dedans les six sepmaines profix, et ce pendant quilz feroient leurs dilligences de faire representer in statu les aultres prisonniers; lacte de ceste conclusion avec procuration nouvelle et ample memoire tant pour ce faict que pour aultres du general de la cause furent envoiez a Aulbert qui forma tous les debatz quil peust inventer contre les cautions et certifficateurs, mais cestoit en vain, car ilz estoient fort bien congneuz pour gens de grandz moyens et pour posseder comme ilz faisoient dedans Paris pour plus de VI^{xx} mil escus en maisons seullement, aussi que ceste limitation faicte par la ville de Laon de L^m escus estoit pris par le rapporteur du proces pour une pure mocquerie, la court avoit veu le proces qui en aultre temps eust bien tost

Septembre 1589.

La ville de Laon veult avoir caution de L^m escus contre les prisonniers.

envoié les prisonniers absoubz avec despens dommaiges et interestz, et ce pourquoy ces trois prisonniers icy se rendoient oppiniastres a poursuivre ung arrest dabsolution, mais ilz sabuzoient grandement, car ilz debveoient considerer le temps et que la court de parlement (lors composé de nouvelles personnes) voulloit aulcunement obtemperer aux desirs des villes ligueuses pour les entretenir au party.

En ceste mesme assemblee fut leue une requeste presentee a M. de Bouchavenne gouverneur par Anthoine le febure sergent royal tendant afin davoir permission de rentrer dans la ville suivant lcedict de reunion, laquelle requeste ledit sieur gouverneur avoit renvoié a ceste assemblee pour y faire response, ce qui fut faict qui estoit que ledit le febure ne pouvoit rentrer dedans tant et jusques a ce que lon ait advis du conseil general de lunion, qui estoit a dire quil estoit debouté de sa requete.

Pareillement sur aultre requeste presentee par la lieutenande generalle pour ravoir ses trois cens escus arrestez, il fut conclud en ladicte assemblee que ladicte somme seroit rendue audit sieur lieutenant en satisfaisant par lui a leedict de reunion, qui estoit une pareille response qui lui avoit esté faicte en lassemblee du xxv⁰ jour daoust, aussy estoit ce venir devant le mois qui lui avoit esté donné par ladicte assemblee.

Le neufiesme septembre en ensuivant les publications susdites ausquelles nul nobeissoit fut faict amas douvriers et de pionniers, lesquelz pour commencement se jecterent sur une petite maisonnette et jardin appartenant a Me Jehan Martin laisnel qui estoit pres la porte a lusault par le dehors, mais quand ce vint a continuer par la rupture de cellui du cappitaine Hubert voisin de laultre jardin, les pionniers nozerent passer oultre pour les menasses que ce cappitaine leur faisoit, pourquoy ceste affaire fut delaié jusques a lunziesme jour de ce mois que le gouverneur envoia dAnnoy cappitaine des gens de piedz de la ville assé honneste homme, lequel voullant faire travailler a la desmolition de la maisonnette et jardin de Hubert, il lempescha comme devant jusques a mectre la main a lespee contre ces pionniers avec menasses de tuer le premier qui y travailleroit, ce qui fut mandé au gouverneur par dAnnoy pour la dessus recepveoir son commandement, mais il y alla en personne, et avec une pioche commença lui mesme a desmolir la maisonnette en la presence de Hubert, lequel noza rien dire et passa sa collere avec une sarpe a copper et abatre des arbrisseaux et antes, et puis apres les pionniers paracheverent; cela donna coup a la desmolition daulcunes maisons et jardins des chenizelles appartenans tant a Claude Grignon le jeune, la vefve Hubert du chemin que a daultres qui fut faict le lendemain xiie jour de ce mois de septembre, et puis apres le jour suivant a la maison et jardin appellé lhermitaige appartenant lors aux heritiers feu Gobert le brun. Ces desmolitions icy avoit esté conclud de faire faire par acte dassemblee generalle du ixe septembre, et suivant laquelle conclusion ledit sieur de Bouchavenne avoit esté prié dy uzer de son auctoritee comme chose neccessaire a la conservation de la place.

En ce temps il y avoit plusieurs habitans de la ville de Laon absens qui pour eviter la perte de leurs meubles et revenu de leurs immeubles avant le jour prefix donné par leedict de reunion fini, feirent presenter requete au conseil de ladicte ville pour satisfaire a cest eedict, et a quoy le conseil estoit fort importuné par les parens et amis des absens, pour faire taire ces importuns et leur fermer la bouche du tout, attendu quon avoit arresté au conseil secret de ne laisser rentrer personne, ilz emploierent a leur desseing le m^e

Septembre 1589.

Le cappitaine donne empeschement a la desmolition de sa maisonnette.

Maisons et jardins a Chenizelles ruynees.

Invention pour faire taire les importuns qui vouloient rentrer dans Laon.

Septembre 1589. dhostel du sieur de Bouchavenne, lequel comme nouveau revenu de Paris et lavoir embouché de ce quil avoit a dire, fut mandé a lassemblee generalle tenue a la court du Roy le ix° septembre, ou il dict a la compaignie et a haulte voix que Monseigneur le duc du Mayne lui avoit commandé de dire aux magistratz de la ville de Laon quilz se gardassent bien de laisser rentrer dans ladite ville aulcunes personnes suspectz et mal affectionnez a la relligion catholicque et de qui ilz eussent deffiance, leur laissant neaulmoings la libre jouissance et disposition de leurs biens et sans leur faire aulcune moleste ains les laisser joir du fruict de leedict ; ces parolles icy rapportees furent enregistrees au registre du conseil de ladiote ville pour sen servir contre toutes requetes et importunitez quon eust peu faire en vertu de leedict de reunion, et sur la requete verballe faicte a ladicte assemblee par ledict me dhostel, il fut conclud quil seroit paié de xx escus quil avoit presté pour la ville a M° Jacques Aulbert avec une aultre somme a lui taxé pour le voiaige quil avoit faict a Paris pour ladite ville de Laon.

Le Sieur de Mouchy arrive a Laon pour conferer dune trefve.
Le xiiii° jour de septembre le sieur de Mouchy avec passeport vint a Laon trouver le sieur de Bouchavenne son frere et le sieur abbé de St-Vincent pour conferer dune trefve mis en avant par trois ou quatre gouverneurs des villes prochaines des deux partiz; son arrivee donna grand soupson de mauvaises choses aux mutins de la ville pour ne pouvoir descouvrir loccasion de sa venue, parlant dicelle entre eulx de diverses sortes ; labbé scachant leur rumeur leur feit dire par Boilleau ce qui en estoit, ce qui les appaisa, et sen retourna ledit sieur de Mouchy deux jours apres qui estoit le xvi° septembre vers le gouverneur de La Fere et les aultres leur porter la response de ceste ville de Laon telle quil sera dict cy apres.

Le quinz° jour de septembre, Claude Faulcheur et le

jeune Callan de la garnison de Coucy avec passeport vindrent pres les portes de Laon pour emmener et conduire Mᵉ Guillaume Porret executeur des sentences criminelles du baillaige de Vermandois que le gouverneur de Laon avoit promis denvoier au gouverneur de Coucy pour executer a mort (comme il feit) ung volleur desadvoué des deux partiz ; durant que ces deux hommes attendoient cest executeur, Nicolas Mignot laisnel, Pierre Marquette, Claude Bugnatre laisnel, Jehan Davenne et aultres mutins estans a ceste porte de ville dirent mille injures a ces deux cavalliers pour les provocquer a leur responde de mesme, ne leur voullurent jamais permectre avec argent quilz eussent du pain et du vin de la ville pour repaistre, et taschoient par tous moiens de trouver quelque subject en leur response de les faire tirer dharquebuzes, ce quilz ne peurent faire pour les doulces responses des aultres qui sen retournerent a Coucy avec Mᵉ Guillaume.

Septembre 1596.

Deux archers viennent de Coucy a Laon pour y conduire Mᵉ Guillaume,

Mᵉ Claude Legras et Laurens Sonnet eurent advis par ung paisan ce jour du xvᵉ septembre que Mᵉ Claude Bottee estoit a Bruieres, pourquoy en dilligence ilz y envoierent le cappitaine Tourtebatte avec six soldatz pour lattrapper, ce que touteffois ilz ne peurent pour estre Bottee sorty hors. Recongnoissez leur meschanceté en ce quilz avoient contrainct Bottee (lorsquil sortit hors des prisons) de bailler caution de paier une grosse somme dargent a la ville au cas quil allast porter les armes ou habiter en ville tenant party contraire, et neaulmoings ilz ne lui voulloient permectre seullement daller quelquefois en la ville de Bruieres pour y achepter quelque comodité.

Le cappitaine Tourtebatte va a Bruieres pour y prendre Mᵉ Claude Bottee.

Ce mesme jour du quinziesme septembre, se tint une assemblee generalle en lauditoire de la court du roy a Laon par les gouverneurs et depputez du conseil de ladite ville et les depputez des centaines assistez

Assemblee generalle faicte sur la proposition dune trefve.

de Monsʳ levesque de Laon, Mʳ le gouverneur, Mʳ de Saint-Vincent, lofficial et aultres ecclesiasticques, presidoit en icelle M. Despinois, qui remonstra a la compaignie que le sieur de Mouchy avoit esté envoié en ceste ville par M. Destree et aultres gouverneurs des villes prochaines tenant party contraire pour scavoir si on voulloit entrer a une trefve pour ceste province, aussi si on voulloit faire bailler audit sieur Destree main levee de ses biens saisiz par ceulx de Picardie, il bailleroit main levee aux habitans de Laon des leurs, et que a pareille fin pour la trefve M. le conte Maulevrier en avoit escript a ladite ville en remonstrant que plusieurs gentilzhommes du pais lui avoient faict cest honneur de laller visiter et lui avoient faict entendre laffection quilz avoient a une trefve pour le desir quilz avoient de soulager le pauvre peuple que lon voioit habandonner leur antienne habitation et faire retraicte qui ça qui la pour ne pouvoir plus porter le fardeau de la guerre, et aussy pour eviter la totalle ruine du pais qui se voioit a loeil, prioit Messieurs de la ville de Laon de lui donner response que si on y voulloit entendre il feroit dresser les articles pour les entretenir par les deux partiz. Aultres lettres furent presentez a ladite assemblee tant de la part du sieur bailly de Vermandois que du sieur Darency qui tendoient aussy a la trefve, et sur quoy M. levesque de Laon dict que si Dieu les voulloit tant favoriser par sa bonté que dadmener les deux partiz en ce pais a une trefve, attendant quil y eust ung roy catholicque en France, il en seroit tres joieulx pour eviter la totalle ruine dun chacun quil voioit tallonner de pres, signaument des laboureurs qui estoient ceulx qui nourrissoient les aultres, et lesquelz ne pouvoient plus longtemps subsister pour la perte ordinaire quilz faisoient de leurs bestiaux quilz avoient ja racheptez plusieurs fois des gens de guerre et a quoy ilz sestoient essuez, que quant a lui

Septembre 1589.

Lettres daulcuns sʳˢ du pais pour accorder une trefve.

Mʳ levesque de Laon encline à une trefve.

il croioit que ceste guerre icy prendroit long traict comme il y avoit apparance pour avoir affaire a ung nouveau ennemi, lequel touteffois pourroit estre habandonné de plusieurs nobles pour cause de sa relligion. Mais comme ce preslat continuoit sa parolle, elle lui fut interrompue au grand bruict et rumeur qui se feit en ceste auditoire par des seditieux et mutins du nombre des depputez des centaines qui estoient la pluspart gens abjectz, villes personnes de mestiers meccanicques et sans literature, comme de tonnelier, vinotier, messagier, tripotier et aultres semblables, lesquelz sans aucune raison commencerent a crier au plus hault et confusement a dire quil ne failloit point de trefve ny nullement prester de parolles a tous ces gentilzhommes qui avoient escript, quilz les congnoissoient bien, que Mr de Laon avoit grand tort de consentir a leur volunté comme il faisoit. Oyant ce preslat tel bruict et crierie non encores par lui oy en telle assemblee et que laffaire mis sur le bureau meritoit bien destre pezee, apres quelque peu de silence il sadressa aux superieurs et principaulx de lassemblee et leur dict: comment Messieurs il semble icy que nous soyons plus en une halle qu'en une une assemblee de conseil pour les criz et peu de respect quil sy voit, ce qui me faict dire quil est grandement neccessaire de changer la plus part de ces hommes icy qui sont sans prudence discretion ny jugement et mectre en leurs places gens plus saiges et mieulx advisez qu'eulx pour resouldre des affaires publiques qui se presentent journellement. A quoy Nicolas Mignot laisnel, dune aigreur et de collere soudain feit response a levesque quil estoit besoing que la foi juré par le menu peuple a la ligue fust plus certaine et asseuree que la foi daulcuns grandz soit noble ou aultre pour tenir ferme le party et que le Sr evesque se monstroit debille un sa foi en favorisant les hereticques et adherans comme

Septembre 1589.

Rumeur contre Mr de Laon a raison de la trefve.

Audacieuses parolles de N. Mignot laisnel a Mr de Laon.

Septembre 1589. il se recongnoissoit par ses parolles en ce quil estoit tout prest de conclure une trefve avec eulx, a quoi il ne debvroit avoir nullement pensé, mais au contraire employer tous ses moyens a les chasser hors du pais; quil se voioit clairement que led. S^r evesque ne demandoit que a se mectre a son aise et a se repozer au lieu de veuiller comme pasteur quil estoit, a la conservation du trouppeau de la rellligion catholicque, et quil debvoit se souvenir du serment quil avoit cy devant presté par lequel lui et tous les aultres avoient promis demployer leurs corps et biens pour le parti, que si la trefve saccordoit la communication libre qui se feroit avec les ennemis pourroit soubstraire les catholicques hors leur debveoir au party, produire une confuzion parmi eulx pour les affoiblir, et quil croioit quil se trouveroit peu de gens en la compaignie qui fust dadvis daulcune trefve. M^r levesque qui se veit ainsy attacqué par ung vil personnaige et secondé par ses semblables en la presence dune si honorable compaignie et lui nullement soustenu, se leva de collere hors de siege disant a ces mutins que ce nestoit le zele de

M^r levesque de Laon sorte du conseil en collere. la rellligion qui les poussoit, mais plus tost lambition avec le desir de devenir plus quilz nestoient, quilz pourroient ressembler la grenouille laquelle cuidant devenir grande et semblable au boeuf sestoit efforcé davaller grande quantitee dherbes qui la feit crever et mourir, que cest ambition se voioit journellement par lusurpation que ce nouveau conseil faisoit sur lauctoritee de lantien et saige conseil de la ville, lequel quant il estoit seul en auctoritee poliçoit trop mieulx les affaires quelles nestoient avec ce nouveau conseil des centaines qui estoit imprudent et non experimenté; et comme fasché quil estoit se desmarcha pour sen aller; ce que voyant Mignot en se soubzriant dict: Monsieur notre evesque si vous avez daultres affaires ne laissé poinct de les aller faire, car pour tout ce que

vous dictes, les depputez des centaines demeureront a
tousjours; lEvesque se retournant vers ce personnaige
lui dict : vous faillez a parler ; vous debvriez dire tant
quil poura ou bien tant quil plaira a dieu; et passant
oultre en jectant sa veue sur les Messieurs leur dict
adieu et leur donna le bon vespre. Levesque ne fut sy
tost sorty de la grande salle ou est lauditoire, que ces
racailles se mirent a brocarder ce preslat en diverses
sortes avec une grande rizee ; loccasion de cest rizee
labbé de St Vincent voullut scavoir, qui lui fut dict que
Ysaac Faulcheur lun de ces depputez disoit que
levesque avoit bien parlé a eulx, mais aussy quilz
lavoient renvoié en sa maison bien camus, ce qui feit
rire led. S^r abbé parce que levesque avoit ung court
né et estoit camus. Le bruict de ces honnestes pedans
cessé, Mignot qui auparavant sestoit faict parroistre
grand ennemy de M^r le lieutenant general Defer se
monstra lors en ceste assemblee son grand amy, en ce
quil feit pour lui une requete verballe a toute lassemblee pour linduire a recepveoir le lieutenant dedans la
ville soubz lauctorité de leedict de Reunyon, remonstra que ledict sieur lieutenant et les siens navoient
esté jamais notté dheresie, quil ne failloit nullement
doubter de sa foi et bonne volunté a la relligion catholicque apostolique et romaine, qu'encores quil fust
sorty hors la ville pour se retirer au bourq de Craonne
et quelque fois au chasteau dAnizy, si navoit il laissé
de faire ce quil avoit peu pour ladvancement du party
de la ligue, comme aulcuns de la compaignie le pourroient certiffier et en des choses dimportance quil
nestoit besoing reciter; quil avoit esté l'un des principaulx qui avoit establi plantee et asseuree la ligue
dans la ville de Laon et gaigné plusieurs personnes
tant par son auctoritee que aultrement pour y parvenir, ce qui estoit notoire a tous, qu'encores a present
il ne failloit doubter quil ne se montrast aultant ou

Septembre 1589.

Saige response
de M. Levesque
de Laon a Mignot.

Requeste verballe
faicte a lassemblee
par N. Mignot
pour faire rentrer
dans la ville M.
le lieutenant gene-
ral Defer.

14

Septembre 1589. plus zelé et affectionné au party quil eust jamais esté, daultant que la foi par lui pre-té a Henry de Vallois a Blois il en estoit dispensé par sa mort, aussy quil scavoit fort bien que ledit sieur lieutenant ne voulloit tenir le party de lhereticque ; qu'a ces causes et considerations il lui sembloit (soubz correction) quon ne lui debveoit refuzer sa demande ; il sembloit a Mignot que chacun y condescendroit pour avoir gaigné a soy la plus saine partie des depputez des centaines, mais il navoit jugé que beaucoup de ceste compaignie estoient contents de navoir en la ville plus grand qu'eulx, ce qui eust esté si ledict sieur lieutenant eust repris sa premiere place. Pourquoy le cappitaine Thuret (encores quil fust le propre nepveu dud. S^r lieutenant

Le cappitaine Thuret resiste a la demande de N. Mignot.

si est ce que tout incontinent la parolle de Mignot cessee) se leva pour respondre a ceste demande ou requeste verballe et y resister comme il feit, disant que ce retour estoit de tres grande consequence et bien a pezer pour ce que lordre et police qui avoit esté estably sur ce faict seroit du tout perverty, que led. S^r lieutenant estoit a craindre dedans ladite ville pour son auctoritee, lequel pour se redimer de sa revolte

Doubte sur le lieutenant general Defer.

passé pourroit tascher soubz main a reduire le peuple a lobeissance du Biarnois; que suivant le dire du saige il ne se failloit fier a son ennemi reconsilié, joinct que si telle chose se permectoit se seroit enfraindre et corrompre la conclusion qui avoit esté faicte le xxve jour du mois precedent par laquelle il avoit esté ordonné que tous ceulx qui estoient sortiz voluntairement hors la ville seroient du tout proscriptz et sans esperance dy pouvoir rentrer; que Mignot avoit grand tort de faire ceste requeste verballe en ceste assemblee a laquelle on ne debveoit faire aucune response attendu la conclusion prealleguee que le peuple veult e entend estre entretenu et gardé. Comme Mignot voulloit respondre la dessus, le murmure de plusieurs de ceste assemblee se feit: les ungs consentans lentherinement de ceste requeste, les aultres lempeschans. Sur quoy pour eviter la mutinerie qui commençoit dune partie de ces depputez des centaines qui avoient esté gaignez par Mignot, fut dict que lassemblee qui se faisoit lors navoit esté convocquee a ce subject, et quil seroit advisé a une aultre assemblee tant sur ceste requeste verballe que sur daultres par escript qui tendoient a mesmes fins, pour y ordonner ce qui seroit trouvé raisonnable; et pour le regard de la trefve requis, il fut conclud que M^r levesque de Laon seroit prié descripre a la noblesse de ce pais denvoier a ladicte ville coppie des articles quilz pourroient avoir dressez et speciallement qui ilz entendoient estre notre Roy legitime, pour sur iceulx y respondre par ladvis du conseil, et quil seroit envoié expres vers Monseig^r le duc du Mayne pour lui faire entendre ce que dessus; pour faire lequel voiaige fut a linstant delegué Mr du Plessis frere du Sr de Bouchavenne gouverneur et Mr Thuret advocat. Ledit S^r gouverneur se monstra fort patient parmi ce menu peuple a leur bruict et rumeur, signaument lorsque Mr de Laon fut attacqué de parolles ou on detractoit parmi eulx la noblesse, et neust esté M^r de St Vincent qui le retint il en eust dict deux motz; ceste assemblee lui servit a considerer laction et laudace du menu peuple principallement quant on lui lasche la bride et quil a le cerveau eschauffé.

Septembre 1589.

La demande faicte par Mignot est surcise.

Sur la fin de ceste mesme assemblee fut leue des lettres missives de M^r le lieutenant general Defer et la requeste presentee par sa femme qui a toutes fins demandoit la main levee de ces trois cens escus arrestez, sur lesquelles fut ordonné que la somme de cinquante cinq livres seroit prise sur ladicte somme de trois cens escus pour paier et acquicter leur taille quilz debveoient, et quant au reste dicelle somme

Aultre requete presentee par le lieutenant general pour ravoir ses 3^c escus.

Septembre 1589. quil en seroit baillé main levee aud. S^r lieutenant quant il auroit obey a leedict de Reunion ; voyez je vous prie ces mocqueurs qui ordonnent la main levee requise par ledict S^r lieutenant après quil aura obey a leedict de Reunion et neaulmoings ilz ne le veulent recepveoir a y obeyr.

Le fort du Cerf abbé est surpris par la garnison de Crespy. Ledict quinziesme septembre, la garnison de Crespy surprint le fort du Sart labbé par le moien dune embuscade quelle feit dans les haies et bocquetz proche de ce lieu ; a ceste surprise fut tué deux soldatz des dix ou douze qui estoient dedans de la garnison de Laon ; les chevaulx vaches moutons et pourceaux qui y furent trouvez furent menez et conduictz a Crespy, et apres la porte bruslé et le fort habandonné.

Nouvelles dun acquay aposté. Ce mesme jour au soir un lacquay arriva a la porte Royer qui disoit venir de Reims et de plus loing le jour precedent qui fut interrogé par les portiers des nouvelles de ce pais la, ausquelz il dict qu'on tenoit pour certain quil y passoit par la haute Bourguoigne beaucoup de reistres des cantons catholicques dAllemaigne conduictz par ung grand personnaige catholicque, ausquelz sadjoignoient plusieurs compagnies des frontieres de France qui tous prenoient le chemin vers le Lyonnois, touteffois il nen estoit rien; mais cestoit ung echantillon des artifices du S^r abbé de St Vincent qui souvent apostoit quelque nouveau lacquay quil faisoit sortir par une porte de la ville et rentrer par laultre pour apporter tousjours advis de quelque advantageux progrez quil faisoit denoncer a plusieurs, mesmes au predicateur pour repaistre les assistans en son sermon et entretenir le peuple en sa desbauche.

Deux archers ramenent Me Guillaume a Laon de Coucy. Le dimenche dix sept^e jour de septembre, Estienne Salbacq et Jehan Cochon archers du prevost des mareschaulx ramenerent a Laon soubz passe-port Me Guillaume Porret qui avoit esté conduict a Coucy pour executer a mort ung volleur comme il a esté dict, estans a la porte de la ville envoierent presenter une requeste au gouverneur pour rentrer dans la ville suivant la publication de leedict de réunion, offrant de prester le serment de fidelité ; le gouverneur feit response que cestoit au conseil de la ville a congnoistre et ordonner de ce faict, vers lequel ces archers envoierent quelzques ungs de leurs amis attendant la response, ilz furent bien deux heures de temps a la porte, finablement on leur dict que leur requeste estoit attachet avec daultres pour les communicquer au duc du Mayne, pourquoy ces archers en la presence daulcuns demanderent acte de leur presentation.

Cedict jour arriva a la porte Royer ung mercier de Soissons, lequel effrontement comptoit infinies faulses nouvelles de son invention ; il scavoit bien que le peuple des villes ligueuses se repaissoient ordinairement de telles viandes et quil seroit bien receu des mutins, comme aussy il fut a ceste porte ou il comptoit que le roy (quil appelloit le Biarnois) avoit faict faire declaration par son premier trompette au grand conseil de Paris quil quictoit a son oncle le cardinal de Bourbon tout ce quil pretendoit au deçá de la riviere de Loire, et que apres ceste declaration il sestoit retiré vers la Rochelle avec peu de gens, a raison de quoy plusieurs requestes se presentoient sur leedict faict par Monseigneur le duc du Mayne aux villes de lUnion de deça la Loire par la noblesse pour prester le serment de fidelité a la ligue ; qu'a Soissons deux lettres lune sur laultre y avoient esté envoiez de la ville de Meaulx pour scavoir comme on se gouvernoit par deça sur cest eedict de Reunion ; les mutins qui estoient lors a ceste porte Royer recepvoient ung singulier plaisir a oyr raconter a cest affronteur ces mensonges desquelles ils furent repeuz pour leur soupper.

Septembre 1589.

Ung porteur de faulces nouvelles.

Septembre 1589.

Le fort du Bassinet est surpris par la garnison de Laon.

Le mesme jour du XVIIᵉ septembre, le cappitaine Tourtebatte et Carolé avec cinquante soldatz de la garnison de Laon surprindrent la maison du Bassinet qui est une maison forte size au dela Crespy assé mal gardé par le seigʳ proprietaire de ce lieu qui se fioit sur la bonne garnison de Crespy qui lui estoit, comme avangarde contre lennemy, ce qui fascha fort ceulx de Crespy ; les surpreneurs mandirent incontinent a Laon pouldres et munitions neccessaires pour garder la place a leur devotion layant recongneu forte, comme de vray elle estoit sans canon, ce que ceulx de Laon feirent ala conduicte de quarante argouletz qui uzerent de bonne et prompte dilligence en allant par chemins favorables, mais au retour ilz se virent attacquez par quelques deux ou trois cens harquebuziers de pied (embusquez en divers endroictz) par quelque escarmouche, touteffois ilz gaignerent la campagne malgré les embusquez et feirent assé gallamlment eur retraicte, et pour toute perte il ne se trouva qu'un cheval blessé vers le jarret.

Commandement est faicte aux proprietaires des maisons des chenizelles de les abbatre.

Cedict jour pour oster tous obstacles a la ville de Laon et afin de descouvrir par les sentinelles dedans les fossez depuis la poterne des chenizelles jusques a ung des coings de derriere labbaie St Jehan, le gouverneur envoia Nicolas Carlier voyer et Laurens Camus faire scavoir a Nicolas Labiche, Charles Duchesne, Mᵉ Anthoine Faultré, la vefve Mᵉ Claude Marquette et aultres quilz eussent a abatre ou faire abatre incontinent et sans delay les murailles arbres et haies des jardins quilz avoient dans les fossez, ce qui les fascha fort daultant que cestoient jardins beaux et bien accomodez.

Le XIXᵉ jour de septembre, les femmes de Mᵉ Jehan Martin advocat et de Nicolas Estienne greffier se presenterent a la porte Royer pour entrer dans la ville, qui furent refuzees, pourquoy Nicolas Robert bourgeois de ladicte ville pere de la femme dudict Martin, sur laffection et desir quil avoit de veoir sa fille, alla prier le gouverneur de lui permectre lentree et son sejour dune journee seullement soubz sa caution, ce quil refuza (aussi a la verité il ne commandoit pas encores scelon sa volunté dedans la ville); de ce refuz ce bon viellart se saisit si fort que sortant de la chambre du gouverneur il tumba esvanouy sur les degrez ou il demeura comme mort et en cest estat fut porté dans une chaiere en sa maison, ce qui fut rapporté a sa fille qui estoit encores a la porte de la ville, laquelle esmeue dune juste doulleur et du desir quelle avoit de voeir encores une fois son pere print la course et passa de vitesse a travers les portiers cheminant a la maison de son pere (sans quelle fust suivi daulcun portier qui a la verité ne lui avoient faict qu'un demi refuz de son entree), mais elle ne fust sitost dedans la maison de son pere et lui donné le bonjour quelle y fut siegée de mutins et toute la rue remplie de seditieux qui la voulloient hors la ville. Davanture se trouva M° Charles Duchesne procureur parent de ceste femme qui pria ceste trouppe mutine (de laquelle il estoit assé le bien venue pour estre de ceste faction) de ne faire aulcun effort a sa parente jusques ad ce quil eust parlé au S^r gouverneur, ce quil lui fut accordé; et sen alla vers ledict S^r gouverneur quil pria de permectre a sa parente le sejour dune journee seullement en la maison de son pere ; le gouverneur qui recongnut aussitost Duchesne lui en feit refuz et lui dict que sil lui avoit permis ce quil demandoit ses compaignons le blasmeroient de ceste permission comme ordinairement ilz font es places publicques de la ville et quilz ont faict depuis quatre jours de moindre chose que celle la, et sur ce que Duchesne voulloit continuer sa priere le gouverneur lui commanda de sortir hors sa chambre; les mutins scachans

Septembre 1569.

La femme Me Jehan Martin entr dans la ville pour veoir son pere mallade laquelle est aussi tost jecté hors.

Le gouverneur de Laon refuze a Charles Duchesne sa demande.

Septembre 1589.

La femme Me Jehan Martin est mise hors la ville par force.

ce refuz entrerent dans la maison Nicolas Robert d'ou tant tiré que poussé ilz en feirent sortir hors ceste femme nonobstant toutes prieres supplications et pleurs quelle feist, ce qui augmenta de beaucoup la malladie de ce viellart qui de son lict oyoit les pleurs et clameurs de sa fille a laquelle il portoit grande amitié pour navoir aultre enffant que celle la, au moyen de quoy il ne feit sejour en ce monde plus de trois jours apres pour rendre son ame a dieu comme il sera dict en suicte.

Jacob predicateur presche les faulses nouvelles.

Comme doncques les villes ligueuses se plaisoient et se repaissoient souvent de faulces nouvelles pour les faire servir a plusieurs fins, il fut contrefaict a Laon des lettres comme envoiees de grandz personnaiges de leur party bien cachetez et acomodez qui furent ouvertes en la presence de plusieurs personnes signaument de Jacob predicateur, le contenu desquelles lui esleva tellement le corraige quil delibera de remonter (comme il feit) en sa chaiere de predication quil avoit delaissé a raison des petitz billetz faictz contre lui (comme il a esté cy devant dict), apres touteffois une solempnelle procession qui se feit ce jour du xixe septembre qui estoit ung mardy, ou Jacob se meit a discourir des bonnes nouvelles quil avoit apris par ces lettres, en disant quil failloit rendre graces a Dieu dune belle victoire que les catholicques avoient obtenu contre le duc de Montpensier qui avoit esté tué et tous ses gens deffaictz et taillez en pieces, quil doubtoit fort de lame de ce seigneur pour estre mort au party des hereticques, quil se failloit mectre en bonnes prieres et oraisons pour Monseigneur le duc du Mayne afin quil obtint pareille victoire contre le Biarnois lequel avec ses diables deschainez sefforçoit daccabler les enffans de dieu; pourquoy il admonestoit tous catholicques tant ecclesiasticques que seculiers de faire jusnes et oraisons contre cest hereticque des le ventre de sa mere, que ce faisant il ne failloit doubter que ces desseings ne fussent renversez; faisant ces admonitions, il sembloit que ce predicateur fust en plaine bataille pour se manier comme il faisoit et se mectoit en grande emotion de corps, ne partit en toute sa predication que des faictz de guerre et du grand secours qui soffroit journellement aux catholiques, mais qu'on les reservoit au besoing, et par ce moien renvoia plusieurs auditeurs en leur maison joieulx des nouvelles quil leur avoit amplement deduict. Pour faire scavoir laquelle procession et predication aux habitans, Robert Lequeulx lun des valletz de ville (a la poursuicte et dilligence de Guillaume Gorret flambeau de sedition) sonna la trompette par tous les carrefours de la ville par la permission de M° Claude Legras, de quoy ce vallet en fut repris aigrement et quasi mis prisonnier pour navoir demandé ceste permission a l'Evesque et a labbé de St Vincent qui se disoient lors les superieurs de la ville pour ce faict; il ne fut chanté aulcun Te deum de ces bonnes nouvelles, qui feit croire a plusieurs que cestoient des nouvelles ordinaires, comme la verité en fut congneu des le lendemain par Guillaume Tourtebatte messagier ordinaire qui revint de Paris, lequel asseura quil nestoit rien de toutes ces nouvelles, au contraire que les parisiens estoient en grandes peines, ce qui fut ratiffié lapres midy par daultres personnes de qualité; de quoy ce predicateur crevoit de despit de ce que ses faulses nouvelles avoient esté si tost eventees.

Le XX° septembre M° Jacques Aulbert conducteur et Claude Pioche soliciteur contre les sept prisonniers menez a Paris, arriverent a Laon avec ung arrest de la court de parlement par lequel il estoit ordonné que le prevost Martin, Anthoine et Nicolas Estienne et Ferry Barengier seroient pris et aprehendez au corps sinon appellez a ban par faulte deulx representer a la con-

M° Jacques Aulbert et Claude Pioche sont revenuz de Paris de la conduicte et poursuicte contre les prisonniers.

Septembre 1589. ciergerie du pallais pour oir droict, et quant aux aultres prisonniers leurs compaignons eslargiz a caution, leur seroit signifié de comparoir six sepmaines après et se representer en personne en ceste conciergerie pour oyr droict, sinon le jour passé quilz seroient pris au corps et leurs biens anottez. Cest arrest ne peust faire envers le mauvais peuple que Aulbert et Pioche ne fussent grandement accusez de negligence au debveoir quilz avoient promis faire contre ces prisonniers, lon leur mectoit sus quilz avoient pris grosses sommes dargent des sept prisonniers pour les laisser en liberté dedans Paris comme ilz avoient esté du commencement quilz y furent menez, et que par ce moien ilz sestoient renduz absens a tout le moings quatre d'entre eulx ; silz neussent responduz bien doulcement a ces mutins en accusant les juges de Paris, sans doubte ilz eussent esté en hazart de leurs personnes tant ces mutins estoient enragez contre ces prisonniers, touteffois a la fin ilz se contenterent de menasser ces deux hommes icy de leur faire rendre tous les deniers quilz avoient receuz pour faire ce voiaige, demeurerent Aulbert et Pioche quelque temps sans ozer sortir hors leurs maisons craincte destre rencontrez par les rues daultres mutins.

Ravitaillement faict au fort du Bassinet par la garnison de Laon et daultres.

Ce mesme jour les garnisons de Crespy, La Fere, Chaulny, La Cappelle, Coucy, St Gobain et aultres tenans le party du Roy, allerent sieger le fort du bassinet dedans lequel estoit le cappitaine Tourtebatte qui commandoit a quelzques soldatz de la solde de Laon a laquelle ville Tourtebatte feit scavoir ce siege, pourquoy aussitost et en dilligence ilz envoierent vers les garnisons de Reims, Soissons, Vailly, Marle, pour les secourir, ce que feit celle de Marle de quarante cavalliers, de Soissons cinquante, de Vailly cinq qui arriverent a Laon a huict heures au soir du XXIIe septembre, lesquelz se logerent aux faulxbourgs attendans la garnison de Rheims et la compaignie du S^r de

St Pol avec les paisans et soldatz des petitz fortz des environs Laon tenant leur party, pendant quoy le gouverneur feit trainer des pieces de canon a la place ne voullant permectre quelles fussent advancees plus loing pour doubte de les engager par trop, attendu que son espion lui avoit rapporté que ses gens nestoient encores bastans pour enfoncer et faire rembarrer lennemi, feit attendre ses gens jusques au lendemain xxiiie du mois quil receut lettres du cappitaine de St Pol qui mandoit a Messieurs de Laon ne les pouvoir fortiffier pour estre empesché a la guerre contre le mareschal dAumont quil avoit sur les bras ; on sceut depuis que ce cappitaine navoit eu volunté dy venir, se ressentans encores du refus quon luy avoit faict de lui mectre en main les meubles du Sr de Longueval que le conseil de Laon avoit faict vendre contre sa priere. Pour le deffault de ceulx de Reims ceulx de Laon ne laisserent a prendre corraige et a rassembler de tous costez le plus de gens quilz peurent et mirent ensemble environ deux cens chevaulx et aultant de gens de piedz, lesquelz sacheminerent vers Crespy faignant le voulloir forcer et de faict envoierent le trompette sommer la ville, occasion que partie de la garnison de Crespy qui estoit hors se rejecta dedans, delaissant par ce moien peu de gens devant le fort du bassinet pour ce que le jour preceddent partie de la cavalerie et de quelque infanterie sestoient retirez en leur garnison, ce questant descouvert par ceulx de Laon donnerent droict au fort faisant reculler arriere les assiegeans restez et par ce moien le ravitaillerent de ce qui estoit neccessaire, feirent sortir de la le cappitaine Tourtebatte et xviii ou xx soldatz, et en leur place en mirent xx aultres commandez par Ca-rolé ; ce faict avec quelzques chevaulx et vaches quilz ravagerent es prochains villaiges sen retournerent par aupres Crespy ou il y eut quelzques coups dharque-

— 220 —

Septembre 1589. buzes tirez de part et daultre sans rien faire, mais trois hommes de Vaulx arrierez furent pris prisonniers et menez a Crespy.

La poterne des chenizelles du tout fermee. Le xxi⁰ jour de septembre jour St Mathieu, la poterne des chenizelles fut du tout fermee a raison que par la se vadoit tousjours quelzques femmes qui soubz coulleur daller a la fontaine de ce lieu cheminoient aux champs comme il en fut recongnu deux qui allerent a la ville de Coucy veoir leurs maris qui y habitoient.

Deces de Nicolas Robert brodeur. Le vendredy xxii⁰ jour de septembre, Nicolas Robert bourgeois de Laon duquel nous avons nagueres parlé passa de ceste vie en laultre; sa fille advertye de sa mort se presenta de rechef a la porte Royer ou commandoit lors Adam Gerault et Zacarie Marteau zelateurs qui luy empescherent le passaige et lentree; plusieurs honnorables femmes de la ville furent pour elle prier le gouverneur de lui permettre lentree mais elles furent refuzees tout a plat alleguant ses excuses avec raisons, pour quoi elle sen retourna pleurante; les recepveurs des deniers casuelz de la cause avoient prevenu ceste femme vers le gouverneur qui lui avoient donné plusieurs faulx faictz a entendre pour le divertir de lui accorder lentree de la ville comme il feit, qui estoit pour mieulx jouer leur jeu aux biens moiens et facultez qui estoient dans ceste maison comme ilz feirent aussy les disposans a leur volunté.

Empeschement faict a la lieutenande generale Defer de rentrer dans la ville de Laon. Ce mesme jour la lieutenande generalle Defer avec passeport du gouverneur sortit hors la ville et alla veoir ses vignes sizes sur la pente de la montagne pres la porte Royer; laquelle par apres voullant rentrer dedans la ville Adam Gerault et Zacarie Marteau commandans a ceste porte lempescherent nonobstant son passeport, alleguans pour couverture de leur malice que son passeport nestoit que pour sortir et non pour rentrer, prenans leur plaisir a la faire demeurer la ou elle tat jusques ad ce que le gouverneur adverty de ce faict y envoia ung des siens pour la faire rentrer.

Septembre 1589.

Les habitans de la ville de Laon se trouvans fort incomodez des garnisons royalles qui leur empeschoit par ung des costez de la ville lapport du bled bois et charbon et par laultre costé de leur vin a la despouille, se delibererent de se redimer de ses peines par la prise des petitz fortz dallentour deulx occupez par lennemy, pour a quoy parvenir ilz manderent les garnisons de leurs confederez lesquelz leur envoierent ce quilz peurent, asscavoir de Soissons cinquante cinq chevaulx, de Marle vingt cinq chevaulx tant lanciers que aultres qui se joignerent avec les forces de Laon qu'on estimoit lors estre de cent chevaulx lanciers et harquebuziers a cheval tant de la garnison que de la compaignie du Sr du Mesnil et deux cens hommes de piedz tant harquebuziers que picquiers avec bon nombre de paisans et voluntaires de la ville comme habitans chanoines prebtres et moynes qui tout ensemble faisoient environ cinq cens hommes, lesquelz (avec deux vieulx fouconneaux de fer dantiquité ung gros petart monté sur roues et une charrette chargé de pouldres et balles propres a ces pieces) se departerent de Laon le xxiiime jour de septembre environ les unze heures du matin, ayant durant la matinee tenu les portes de la ville fermee pour eviter tous advertissemens, prenant leur chemin droict a la ville de Bruieres, faisant courir divers bruict de leur entreprise ; ceulx de Bruieres en eurent quelque doubte (combien quilz fussent du mesme party) se mectans tous sur les murailles en les regardans passer oultre, montans le mont qui conduict a Montberault ou de la prenant la droicte allerent descendre a Coulliegis pour surprendre le fort de Crandelain proche de la qui estoit le fort qui incomodoit le plus la ville de Laon pour le vignoble, au dedans lequel commandoit lors Pierre Barengier le jeune tantost a

Siege mis devant le fort de Crandelain par la garnison de Laon.

Pierre Barengier le jeune commande dans le fort de Crandelain.

Septembre 1589. XL a L tantost a LX soldatz meslez avec les habitans du lieu affectionnez au party du Roy, se joignoit quelque foys avec eulx ceulx des fortz de Bray et de Chevregny pour faire la guerre a ceulx de Laon. Du Mesnil arrivé a Coulliegis envoia des coureurs qui donnerent assez brusquement dedans le villaige de Crandelain, en leur chemin prindrent prisonnier Denis Boullon, nottaire de ce lieu. Pour lors Postel gentilhomme qui demeuroit en ce villaige et Barengier estoient au boult des haies samussans a la chasse ou ilz se trouverent bien estonnez de sy soudaine venue se fians aux guetz des aultres villaiges prochains qui sestoient promis sadvertir lun laultre par le son de leur toxin a la veue de trois ou quatre hommes ensemble ; touteffois en ce peril et pour leviter lun se jecta dun costé et laultre de laultre prenans divers chemins pour se saulver des mains de lennemi. Postel fut le premier au fort qui en tira son cheval hors pour aller querir secours au fort de Bray nestimant le nombre des ennemis si grand quil estoit, et quant a Barengier il se trouva en sa retraicte enveloppé de deux cavalliers a lun desquelz dune escopette il tira ung coup dans sa cuirasse qui le garantit de la mort par sa bonté, sestonna neaulmoings comme sil eust esté frappé dans le corps et se destournant loin arriere delaissant son compaignon entre ung fossé et Barengier, lequel a la faveur de ce fossé rechargea et accomoda son escopette ; ce cavallier qui croioit que son compaignon fust frappé a mort ne voullut attendre le deuxiesme coup, quicta Barengier (comme sil eust voullu aller querir daultres de ses compaignons) lequel se departit de la prenant la course par des petitz

Barengier rentre dans le fort de Crandelain. chemins quil congnoissoit a travers les haies et masures, feit en sorte quil se rendit a la porte du fort qui lui fust aussitost ouverte a sa parolle et qui avoit esté habandonnee par les coureurs qui estoient allé faire leur rapport a du Mesnil de ce quilz avoient trouvé, lequel sadvança avec ses trouppes. Les hommes de dedans ce fort nestoient lors que dix, neaulmoings ilz sencouragerent fort par la presence de Barengier qui les disposa hault et bas du fort ou il lui sembla neccessaire attendant la venue de linfanterie de lennemi qui ne tarda guerre, laquelle avec ung grand cry donna jusques a la porte du fort ou elle fut bien salué dharquebuzades, ce qui la feit aussitost jecter dans les maisons et masures les plus proches de la, attendant la venue du canon ; auparavant son arrivee, la trompette du Mesnil les alla sommer de se rendre, mais ilz ny voullurent entendre ne faisant aultre responce quilz tenoient la place pour dieu et pour le roy, commandant a la trompette de ny plus retourner ; sur ceste response ilz accomoderent le logement de leurs pieces au lieu le plus comode et le plus pres quilz peurent de ce fort contre lequel canon commença a tonner environ les quatre heures apres midy, quoy faisant les deux longues pieces seffondrent ne leur restant plus que le gros petart qui faisoit plus de bruict que deffect avec des grosses balles de pierres anticques, ce qui fascha fort du Mesnil de sy peu davance, pourquoy il feit travailler quelzques ungs a la sappe, deux desquelz sen trouverent mal ediffiez, ce qui feit retirer les aultres pour se veoir en plaine butte a ceulx de dedans qui ja avoient blessé douze de ces pionniers et tué deux aultres, et fut rapporté a du Mesnil quil y faisoit trop chault a la sappe. Occasion que le lendemain du grand matin il manda a ceulx de Laon de la fortune des longues pieces afin de lui en envoier daultres en dilligence ; le gouverneur lui feit response quil avoit faict apprester les deux grosses pieces marquees de la Salmaude, mais quil failloit renvoyer de ses gens pour les conduire et de leur chemin mectre les deux pieces crevees dans le chasteau de Presles qui tenoit a leur devotion ; comme ce messagier es-

Septembre 1589.

ii pièces de canon enfondrees devant Crandelain.

Septembre 1589.

Cavallerie du party du Roy arrivé a Crespy.

toit en voye le gouverneur receut advis quil estoit nouvellement arrivé a Crespy quatre ou cinq cens chevaulx de lennemy ; sur ce le conseil tenu fut arresté de ne faire sortir ces deux pieces de canon hors la ville, ce qui fust aussitost mandé a du Mesnil qui faisoit de belles promesses a ceulx de dedans le fort de Crandelain pour les faire rendre, mais ilz ne les voullurent accepter, pour quoy on soupsonna que ce refus proceddoit de lopiniastreté de Barengier qui y commandoit, qui fut cause dadviser les moyens pour le tuer pour apres avoir les aultres par composition. Pour y parvenir, le cappitaine Tourtebatte requist Barengier de parler a luy pardessus les murailles du fort en toute asseurance et soubz la foy quil ne lui seroit mal faict, ce que laultre feit, ou apres quelzques propos tenuz entre eulx sur lhonneste composition quil lui estoit offert quil ne se debveoit perdre en une si meschante place comme celle la, et comme Barengier avec sa responce sadvancoit pour jecter du paté de venaison a Tourtebatte, ung soldat choisi pour ung des plus droicturier harquebuzier de ceulx de dehors (expres pozé dans une chambre dune meschante maison choisie a ces fins) tira ung coup dharquebuze chargee dune balle ramee allencontre de Barengier qui lui perça le bras en hault vers le mouvement de lespaule ; de ce coup Barengier fut prest a cheoir du hault en bas par le dedans, mais il fut retenu par ung des siens qui le descendit et meit par terre sur ung manteau ou il saignit en grande habondance ; si tost le coup donné linfanterie se presenta a lescallade et a la sappe, mais ilz ny gaignerent rien pour le bon corraige que ce blessé feit a ses gens, leur remonstrant que ceulx de Laon estoient gens implacables et quilz les feroient tous pendre silz se rendoient a eulx, que partant il valloit mieulx mourir avec les armes en honneur que sur une eschelle en deshonneur, crioit sans

Barengier blessé.

cesse: corraige, enffans, corraige ; du Mesnil voiant quil ne proffictoit rien contre ces oppiniastres tascha de rechef leur persuader sa composition et telle quil leur avoit auparavant offerte et y augmentant de leur faire rendre leur bestial pris a la pasture, mais ilz n'en voullurent rien faire ayant congneu par leur blessé lasseurance de leur foy, ce qui fascha fort du Mesnil qui venoit recepveoir nouvelles de Laon de faire sa retraicte en dilligence. Pourquoy apres quil eust consulté avec ses plus familliers cappitaines trouva expedient de retourner vers le gros de ses gens, ausquelz il feit entendre que luy deuxiesme venoient de dedans le fort accorder de la composition, qui estoit que les villageois reprendroient leurs bestiaux partout ou ilz les pourroient trouver, qu'a ladvenir ilz paieroient les tailles a Laon ensemble les arreraiges dedans six mois apres, mesmes quilz ne feroient plus la guerre a la ville de Laon (touteffois ces parolles estoient faulces) ; ce faict leur dict quil ne se voulloit davantaige arrester en ce lieu pour estre survenu daultres affaires et de la plus grande consequence pres de Laon ou il failloit retourner, et aussi tost prindrent leur chemin par ou ilz estoient allé. Durant lequel retour quelzques quatre ou cinq cens chevaulx du party du roy et bon nombre dinfanterie conduictz par les S⁽ʳˢ⁾ de Monceau, des Autelz et Fricam furent pour aller attacquer a Crandelain et Coulliegis ou ilz les pensoient trouver ayans pris leur chemin par Monamptheuil et Chevregny pour estre plus a couvertz, mais ilz ny trouverent personne, bien faschez quilz navoient pris aultre chemin pour les rencontrer, pourquoy ilz prindrent leur retour par Bruieres ou ilz envoierent demander libre passaige pres les murailles, ce qui leur fut aussitost accordé et asseuré, et oultre pour les gratiffier le maire Danic feit sortir de Bruieres deux pieces de vin pour faire boire les alterez ; il eut beaucoup plus de jugement a

Septembre 158 .

Retraicte du cappitaine du Mesnil de devant le fort de Crandelain.

Honnesteté faicte par les habitans de Bruieres aux gens du Roy.

Septembre 1589. la conservation de là ville que neust celluy qui estoit maire en l'annee M Vᶜ LXVII qui pour le refus faict aux vielles bandes protestantes de Metz de quelzques comoditez quilz demandoient en passant pres ladite ville, les habitans dicelle furent (la veuille de la St-Martin diver de ceste annee) forcez par escallade pillez et ruinez et aulcuns tuez ; ceulx cy passerent oultre sans faire aulcun tort, prenant leur chemin a Athy envoierent dix ou douze cavalliers voltiger vers le molin du Saulvoir ou la garnison de Laon les alla recongnoistre ; en ce lieu il y eut quelque petite escarmouche ; ung nommé La Croix appartenant au gouverneur de Laon y alla ung peu trop pres, car il receut ung coup descopette qui lui perça le hault de la joue, il en fut guerry quelque temps apres, mais la marque du coup y demeura tant quil vescut. D'Athy leur cavallerie alla passer pres la cense de Puisieux et linfanterie vers Aunoy rabattant ceste cavallerie vers Chambry, et de la sestant rangee en cinq escadrons fort serré, allerent passer entre le bois de Breuil et la cense de Cour-

Coups de canons tirez sur les roiaulx par la ville de Laon. dault sur lesquelz fut tiré de la ville de Laon six ou sept coups de canon qui ne feirent aulcun effect ; les voltigeurs furent courir vers les haies du faulxbourg St-Marcel pour attirer et faire debusquer hors le bois de Breuil la garnison de Laon qui y estoit, mais elle nen sortit poinct jusques ad ce que lennemy fut vers la cense dennery pour nestre bastant contre ceulx que lon comptoit estre de VIᶜ chevaulx et bon nombre de gens de piedz.

Toutes ces trouppes icy s'estans approchez pres Crespy ne se voullurent desjoindre sans monstrer quelque effect de leur voiaige ; pourquoy a la solicitude du cappitaine La Foucaudiere, le gouverneur de La Fere leur envoia une piece de canon et munitions que

Le fort du Bassinet rendu aux roiaulx. ces trouppes conduirent dedans le fort du bassinet pour le retirer au party royal, et apres le refus faict

par Carolé (qui y commandoit pour la ligue) de rendre
la place, elle fut investi et le canon planté devant qui
commença a tirer sur les quatre heures apres midy du
xxvıı° septembre, la bresche fut faicte denviron cinq
ou six piedz de large seullement ou il y eut trois soldatz du dedans tuez tant par le canon que des ruynes
de la muraille ; Carrolé et les aultres soldatz en prindrent lespouvente qui leur feit demander composition qui leur fut accordé et gardé a la vie saulve, ilz
sortirent hors de la place (pour la delaisser a La Foucaudiere) et feirent leur retraicte en la ville de Laon,
mais en chemin ilz furent desvalisez par les paisans.

<small>Septembre 1589.</small>

Le lendemain xxvıı° jour de septembre ces trouppes roialles sacheminerent au devant du sart labbé,
aultre fort que la ville de Laon tenoit a sa devotion
par la garde de dix ou douze soldatz, lesquelz advertiz de la reduction du fort du bassinet, quicterent
ceste maison sans semonce pour se retirer en la ville
de Laon, laissant les portes du fort ouvertes ou il fut
mis xxv ou xxx soldatz de la garnison de Crespy,
pour leur servir de retraicte allant ou revenant de la
guerre.

<small>La maison et fort du Sart labbé habandonné aux realistes.</small>

Le xxıx° jour de septembre, jour St Michel, les Srs
d'Arency et de Marelessart soubz passeport vindrent
en Vaulx ou Mr levesque de Laon les alla trouver et
leur donna a disné en sa maison size a lentree du
faulxbourg; apres le disné ilz communicquerent audit Sr Evesque les articles dressez pour le faict de la
trefve dont est cy devant parlé ; ces articles furent
portez au conseil de la ville par ledict Sr Evesque
pour y augmenter ou dyminuer, touteffois il ny fut
rien faict et nen tint on pas grand compte, pourquoy
ces gentilzhommes sen retournerent sans aulcune esperance et avec une bien simple response comme il
sera dict.

<small>Pourparler de trefve sans effect.</small>

De ceste conferenee et communication d'articles, le

Septembre 1589.

Querelle et disputte entre M. de Laon et M. de St Vincent.

Sr abbé de St Vincent en conceut une jalousie pour ny avoir esté appellé et le tourna pour ung mespris qu'on faisoit de sa personne, a raison de quoy il feit tant par son induction, que le conseil de la ville ne feit aulcune response par escript aux articles de la la trefve, ains seullement de bouche declara que ces articles estoient prejudiciables au party de lUnion, tellement que le tout sen alla en fumee, de quoy ledit Sr Evesque se fascha fort qui ne doubtoit nullement que ceste trefve ne se deust accorder pour veoir les articles fort raisonnables, et sestant enquis du subject de ceste response quelque ung lui dict quelle avoit esté fabricqué par ledit Sr abbé, et quil trouvoit que la conference qui avoit esté faicte estoit grandement a doubter pour ce que le Sr d'Arency estoit beau frere dudit Sr Evesque qui ne debveoit sortir la ville ny faire ceste conference sans ung second pour oster tout soupson, parolles qui troublerent fort ledit Sr Evesque daultant quil avoit proceddé en ceste affaire dune bonne affection pour le soullagement du laboureur, aussy quil en avoit esté solicité par des honnestes gens en ensuivant la conclusion dassemblee generalle du xve septembre dernier; pourquoy des le lendemain de ceste responce qui estoit le xxxe septembre quil eut a la rencontre en la rue ledit Sr abbé, il lui dict quil entreprenoit par trop a toutes choses pour le faict de la guerre de quoy il ne se debveoit aucunement mesler pour estre mal seant a ung abbé daspirer a choses que sa charge et qualité ne permectoit, quil se debveoit contenter davoir au commencement de ces troubles executé ses passions contre ses hayneurs sans sentremectre a la congnoissance des affaires du publicq comme il faisoit; sur quoy ledit Sr abbé (qui se sentit fort picqué) lui dict quil feroit bien de se taire de ses mensonges, que sil parloit plus hault il lui monstreroit le pouvoir quil avoit de le faire

jecter hors la ville comme politicque quil estoit; l'of- *Septembre 1589.*
ficial de Laon (provensal de nation) qui accompai-
gnoit ledit Sr evesque respondit a labbé quil debveoit
recongnoistre les qualitez de Mr de Laon et parler a
lui avec plus de respect quil ne faisoit; comme doncq
leurs parolles seschauffoient, plusieurs personnes
aborderent a eulx, les ungs se jectans du costé de lE-
vesque, les aultres et beaucoup plus de labbé, parlans
chacun scelon leur affection, ou indubitablement il y
eut intervenu du grand hasard en leurs personnes
pour estre ces deux preslatz lors bien assistez de
leurs domesticques, mais de bonne heure il survint
des hommes de qualitez qui avec grandes prieres feirent cesser la querelle de ces deux preslatz qui enfin
se retirerent arriere lun de laultre, se garderent neaulmoings entre eulx couvertement une mauvaise volunté et qui dura assez longtemps apres.

Le premier jour doctobre environ le minuict, il y *Invention pour*
eut un homme interposé qui apporta une lettre au *faire tirer argent par le clergé de*
gouverneur de Laon sans dire de quel part, ladvertis- *Laon.*
sant par icelle quil se donnit garde du clergé et quil y
avoit entreprise sur la ville avec leur intelligence,
chose qui estoit faicte a la main pour faire trouver
argent quil failloit pour paier la gendarmerie et a laquelle le clergé ne voulloit contribuer.

Ce mesme jour il fut publié aux prosnes de toutes *Publication faicte*
les paroisses de la ville XVIII ou XX articles dun billet, *aux prosnes des paroisses de Laon*
tous tendans a faire tirer argent par le peuple pour *de plusieurs ten-*
satisfaire a plusieurs et diverses choses contenus es- *dans a lever de-*
dits articles, a raison de quoy il y eut grand rumeur *niers.*
contre le clergé qui ne voulloit nullement contribuer
aux sommes qu'on demandoit; touteffois pour la
craincte que les chefz du clergé eurent de revolte du
peuple (lassé detelle levee de deniers) ou pour aultres
causes occultes, ilz accorderent la contribution sur eulx
en la maniere acoustumee.

— 230 —

Octobre 1589.
Debat entre Jehan Depainct et Jehan Henri.

Environ ce temps Jehan Depoinct, paintre, se print de querelle allencontre d'un pervers mutin nommé Jehan Henry thaileur dhabitz pour quelque deffault de guet, sefforça frapper ledit Henry dun poignart, ce quil ne peult faire pour lempeschement a lui donné par les assistants, pourquoy il se retira en sa maison dou il sortit aussitost garni dun pistollet chargé bendé et amorcé duquel il tira apres ledit Henry qui lors estoit accompaigné de quatre aultres, mais il nen fut touché ; Depoinct fut aussitost aprehendé par ces assistans, conduict et mis en prison de laquelle il en sortit quelque temps apres moyennant xii ou xv escus de fraiz et amende.

Project de faire a Laon ung college de Jesuistes.

Le conseiller Destrappe, etant sur son partement de ceste ville de Laon fut prié par Messieurs du conseil de faire une œuvre charitable pour la jeunesse de ladite ville, qui estoit de senquerir (luy estant a Paris) sil y avoit moyen dobtenir par la ville de Laon le prieuré de St Nicolas du Val des escolliers que le commun appelle St Nicolas Cordelle pour y dresser un college de Jesuites, ce que ledit Sr Destrappe promit comme de faict il envoia en ladite ville ung ample memoire a ces fins, sur lequel il se feit une assemblee generalle en lauditoire de la court du Roy le 2e jour doctobre, ou il fut conclud que les gouverneurs de la ville passeroient procuration pour presenter requeste au pappe et au Roy pour parvenir a ceste intention, la procuration fut faicte et envoié mais sans effect.

Il est ordonné par assemblee quil seroit rendu a la lieutenande generale iii^c escus

Quant la lieutenande generale Defer scavoit quil se debveoit tenir assemblee generalle elle ne failloit de soliciter les plus signalez de lassemblee pour avoir raison de ses trois cens escus arrestez, et de faict a ceste assemblee du 2e octobre elle y presenta requeste sur laquelle il fut conclud que ladite somme cy devant arresté a la porte royer et qui appartenoit audit S^r lieutenant luy seroit rendu.

Ceste annee les habitans de Laon eurent beaucoup de peines a retirer leurs vins nouveau des villaiges qui y avoient esté faictz par leurs chambrieres et vignerons, a raison que les ennemis ne faisoient que voltiger ça et la pour attraper des habitans de la ville, et pourquoy plusieurs furent contrainctz denvoier les charretiers avec scorce de soldatz qui estoit de grandz frais, neaulmoings on ne laissa de perdre beaucoup par la rencontre des ennemis, aulcuns aussy y furent sans scorce et a tous hazars qui eschapperent, mais il demeura sur eulx ung grand soupson parcequ'on disoit quilz neussent ozé se mectre en chemin sans au prealable avoir communicqué par lettres aux ennemis, on nen feit une exacte inquisition sur les charetiers, mais il nen fut rien trouvé.

Le quatriesme octobre le cappitaine Gomont et trois aultres partirent de Laon et sallerent embusquer de nuict entre Crespy et la cense du But ou ilz attraperent trois soldatz de Crespy quilz ramenerent prisonniers avec une jument et charrette, lesquelles jument et charrette furent venduz a la place du bourq tout aussitost leur arrivee.

Ceulx de La Cappelle ayans descouvert le peu de garnison quil y avoit dans la ville de Vrevin, feirent sortir deux pieces de canon pour lattacquer conduictz par les gens tant de pied que de cheval des Srs de Malessy et de Monceau eulx en personne. Les Vrevinois estonnez de si soudaine venue envoierent en diligence en la ville de Laon pour les secourir dhommes, mais ilz nen eurent sitost quilz desiroient par le moien que ceulx de Laon voullurent au prealable faire revue de leurs gens pour congnoistre le nombre, ce quilz feirent pour le regard des hargouletz le cinq^e jour de ce mois doctobre auquel jour le Sr de Monjou qui estoit dedans Marle envoia a Laon a pareille fin, remonstroit que si lennemi prenoit Vrevin il ne pouvoit

Octobre 1589

Grands peines ou sont les habitans de Laon pour faire venir leurs vins nouveaux.

Trois soldatz de Crespy pris prisonniers et menez a Laon.

Gens de guerre envoiez a Marle pour renforcer la garnison.

— 232 —

Octobre 1589. tenir Marle sans gens, occasion que ce mesme jour ilz y envoierent tous leurs lanciers et argouletz et environ L ou LX picques.

Soldatz de la garnison de Crespy pris prisonniers. Le six⁰ jour de ce mois cinq ou six cocquins de soldatz assez mal en couche meslez de jeunes cadetz se disans de la garnison de Crespy sallerent embusquer dans ung petit bois pres la cense de Cornelle en volunté de prendre au matin prisonnier le censier de ce lieu lors de sa sortie, mais ilz furent deceuz pour ne le congnoistre ayans pris ung aultre homme pour lui quilz menoient prisonnier a Crespy, de quoy la garnison de Laon adverty fut avec plusieurs paisans apres eulx et leur copperent chemin avant quilz eussent gaigné les bois, et comme ilz sefforcoient de gaigner pays il y en eut deulx dentre eulx tirez qui furent fort blessez et apres devalisez avec leurs compaignons et menez prisonniers a Laon ; a leur entree fut recongneu du nombre de ces cadetz le filz Anthoine de Bloiz jeune enffant de la ville qui fut mis prisonnier avec les aultres conduictz par soldatz de la garnison ausquelz le cappitaine Thuret demanda ce quilz voulloient faire de ces petitz huguenoteaux, mais il ne lui fut faict aulcune responce et passerent oultre.

Buttin du village de Dercy remené a Laon. Le VIII⁰ de ce mois les hargouletz de Laon envoiez a Marle nozerent sadvancer plus pres de Vrevin que le villaige de Lugny peu audela Marle pour faire la recongnoissance de lennemy, et sur la craincte quilz eurent feirent leur retraicte a Laon par le village de Dercy qui tenoit le party royal ou ils trouverent entre ce villaige et le bois de burjomont quelques truies et porcs quilz ramenerent a la ville et aussitost vendu a la place du bourq.

Le sʳ de Puisieulx avec sa compaignie arrive a Laon. Le dixiesme octobre le Sʳ de Puisieulx arriva a Laon avec cinquante lanciers et deux cens harquebuziers qui faisoient longbois pour parroistre plus grand nombre quilz nestoient; ilz feirent longtemps alte ou les habitans ligueurs prenoient grand plaisir a les contempler, pour ce que ce Sr de Puisieulx se vantoit que avec eulx seullement pour estre tous bons soldatz determinez et choisiz (comme il disoit) il mecteroit tout le pais des environs a lobeissance de la ligue; ce gentilhomme avoit opinion que jadis les phalanges macedoniennes ny les legions romaines navoient jamais eu le corraige de ses gens quasy tous moustachins avec lesquelz il faisoit de belles promesses, touteffois il feit bien peu deffect, je croy que par ses parolles il penssoit tirer beaucoup de deniers de la ville, mais les habitans ne sy monstrerent trop eschauffez.

Octobre 1589.

Ce mesme jour deux hommes forains se battirent lun laultre dans la ville, pourquoy Me Benedicq de la haie, lieutenant criminel, en voullut informer et faire justice signaument contre lagresseur qui estoit fort ligueur, lequel de ce adverty sen alla plaindre a labbé de St Vincent qui le soubstenoit et luy fait entendre que ce lieutenant criminel voulloit informer contre luy; pourquoy a sa faveur labbé sen alla quereller le lieutenant et le menassa de le faire jecter hors la ville sil passoit oultre, a cause de quoy il noza parachever ce quil avoit commencé.

Menasses faicte au lieutenant criminel de Laon.

Le xie octobre on feit assemblee en ladite ville pour trouver les moyens davoir argent pour paier les soldatz, mais on sy trouva court et sans invention du moings qui fut lors divulguee.

Assemblee faicte pour trouver argent.

Cedict jour la garnison de Laon ramena prisonnier a la ville trois ou quatre paisans des villaiges d'Urcel et de Laval pour avoir mené des carrottes et naveaux a Crespy; ces paisans estans devant le gouverneur luy remonstrerent que les villes tant dun parti que daultre ne leur debvoient estre prohibees pour y mener et debiter leur denrees et marchandises, pour ce que aultrement il leur seroit impossible de paier les tailles

Vendeurs de naveaux d'Urcel et de Laval menes prisonniers a Laon

gabelles et subsides qu'on leur demandoit de deux ou trois endroictz ; le gouverneur les oyans en leurs raisons (quil trouvoit bonnes) les voullut renvoyer, mais la garnison et quelques cappitaines de quartiers de ladite ville lempescherent formellement, pourquoy ces pauvres gens furent contrainctz paier ransson au meilleur marchet quilz peurent, telles et semblables estoient souflertz a la garnison attendant le paiement qu'on leur promectoit faire, laquelle en continuant leur licence desbordee sans subject sen allerent le lendemain de ce jour qui estoit le xii° doctobre donner dans la cense du garde assis, ramenant tout le bestial de la dedans mesme le censier quilz ranssonnerent sans raison a xl escus quil fallut paier.

Ce mesme jour arriva a Laon ung lacquay qui disoit venir de La Fere, tenoit en ses mains une lettre escripte non fermee adressante au Sr de Bouchavenne gouverneur qui fut leue par les portiers, par laquelle ilz congnurent que le duc du Mayne avoit levé son camp de devant Dieppe avec grand honte et que le roy avoit receu trois mil anglois et quinze cens escossois tallonnant de pres le duc ; ce lacquay fut mené au gouverneur avec grand bruict du peuple qui le suivoit pour ces mauvaises nouvelles, lequel eut a la rencontre Nicolas Morlet (petit de corps mais grand en mutinerie) qui menassa ce lacquay de luy donner tres bien sur le doz de la barre des Bourbons pour ce (comme il disoit) quil portoit des nouvelles a la faveur des bourbonnistes, quil estoit ung petit cocquin, avec aultres injures, a quoy ce lacquay ne respondit rien, contrefaisoit lignorant de ces nouvelles qui faisoit soupsonner a plusieurs quelles estoient faulses, toutefois elles estoient vrayes ; le gouverneur ayant veu ces lettres en la presence de plusieurs habitans les deschira et nen feit pas grand cas.

Le xiii° jour de ce mois les hargoulletz de Laon et

Octobre 1589

Le censier du garde assis et son bestial menez a Laon.

Lettres au gouverneur de Laon apportes par ung lacquais.

environ quelzques soixante soldatz de piedz ayant re-   Octobre 1589.
congnu le lieu ou pasturoit le bestial du villaige de
Dercy lors quilz feirent leur retour du voiaige de   Bestiaux du vil-
Marle (dont a esté parlé), delibererent de les aller   laige de Dercy pris pour buttin
chercher comme de faict ilz y furent et avec telle   par la garnison de Laon.
bonne heure pour eulx quilz prindrent et ramenerent
sans rencontre ni empeschement quasi tout le bestial
quilz vendirent a la place du bourq excepté xx pieces
que legouverneur envoia choisir pour son droict.

    Le xve octobre sur le mandement envoié a la ville
de Laon par le duc du Mayne de se tenir sur ses
gardes, se tint assemblee du conseil pour adviser des
moiens qu'on debveoit tenir contre plusieurs habitans
de dedans soupsonnez de favoriser secretement le party du roy, ou apres divers advis fut finablement conclud et arresté de mectre prisonniers quelzques ungs
desdits soupsonnez pour bailler craincte aux aultres
en leur mectant sus quilz avoient acces a lennemy et
parlé contre le party de l'Union, et que auparavant   Defenses faictes (par publication)
lexecution il seroit publié (comme il fut) par les car-   a tous de parler
refours de ladite ville que deffenses estoient faictes a   au préjudice de la ligue.
toutes personnes de parler contre l'Union des catho-
licques en peine de cinquante escus pour la première
fois et destre jecté hors la ville avec confiscation de
ses meubles pour la deux^e fois; apres ceste publication tous les mouchardz et surveillans furent emploiez
de tous costez pour en attraper, mais chacun tenoit sa
bouche cloze pour eviter la peine susdicte ; aussy quil
y avoit lors plusieurs meschans gens qui pour se bien
faire des mutins ligueurs, acquerir leur benevolence
et se voulloir faire appertement congnoistre quilz estoient de leur faction et meschanceté, sefforcoient dattrapper avec tes moignaige de ce faict leurs parens
et inthimes amis pour du tout effacer le soupson qu'on
avait deulx. Voiez la misere de ce temps et comme les   Misere ou estoient
gens de bien estoient reduictz en une servitude mise-   reduictz les gens de bien dans Laon

rable, lesquelz pour eviter la frequentation des compaignies ilz estoient contrainctz quelque fois de contrefaire le mallade ne bougeant de leurs maisons ou neaulmoings ilz estoient visitez pour les sonder en leurs parolles, quelque fois estans en compaignie il failloit rire au plus hault avec les mutins sur les mauvaises nouvelles forgees contre le Roy, nozer hanter ny mesmes parler avec ung soupsonné sil ny avoit quelque ligueur parmy eulx pour leur servir de tesmoings des propos quilz tenoient, failloit cherir et carresser ung tas de cocquins et belistres de viles et abjectes conditions qui se faisoient prier pour jouer boire et manger avec eulx sans fraiz afin davoir acces a eulx pour se tenir un peu plus asseuré de sa vie en cas demotion populaire, de quoy ilz se vantoient pour parvenir a ung masacre ou bien pour en estre adverty pour se retirer arriere, regnier avec eulx une verité, faire vertu de mensonges et toutes aultres meschantes œuvres pour estre le bien venu et tascher a faire croire aux meschans qu'on estoit de leurs complices et adherans, detracter les gens de biens absens, inventer contre eulx tous faulx faictz pour les rendre plus odieux ; bref il se failloit adonner et exercer a tous vices pour se faire bien de ces meschans et impies zelateurs qui des lors sestoient mis comme depuis ilz ont continué a contrefaire les sainctz personnages par toute forme dypocrisie avec une doulce parolle emmiellee pour tascher a faire parroistre leur saincte vie ; au commencement de leurs escriptz au boult hault du pappier ilz faisoient des croix les ungs simples les aultres doubles semblables a celle de Lorraine, et neaulmoings leur cueur estoit adonné et sexerçoit a toutes sortes de meschancetez, cruels, inhumains et du tout implacable a toutes personnes qui leur voulloit contrarier.

Octobre 1589.

Ypocrisie des Zelateurs de Laon.

Le xvi° octobre fut faict procession generalle en la- — Octobre 1589.
dite ville de toutes les parroisses et du clergé suiviz
de plusieurs blancs vestuz qui furent depuis leglise
nostre Dame jusques a celle des cordelliers, afin de
prier Dieu (comme on disoit) pour obtenir par le duc
du Maine la victoire contre ses adversaires, mais ces-
toit pour effacer les nouvelles quilz avoient eu de la — La Foucaudiere
surprise du bourq de Pierrepont qui avoit esté faicte surprent Pierrepont.
a la poincte du jour par le cappitaine La Foucaudiere
avec quarante cavalliers et quelzques cent harquebuziers de piedz, ausquelz ung prebtre leur avoit oy dire
quilz esperoient bien tost faire une pareille surprise
de la ville de Laon, a raison de quoy ce prebtre avoit
trouvé moien de sevader hors Pierrepont sur le soir,
et cheminant la nuict se vint rendre pres les murailles
de Laon faisant entendre a la sentinelle la surprise de
Pierrepont par les ennemis et quilz pretendoient en faire
le semblable de Laon ; ceste sentinelle en feit le recit
a la ronde, laquelle y adjoustant de beaucoup fut subject de donner une grosse allarme dans la ville, et fut
tiré ung coup de canon pour servir dadvertissement
aux fortz du party ligueu afin de soigner a eulx.

Pour effectuer la conclusion de la derniere assemblee du conseil de la ville, M° Claude Legras bailla au
cappitaine Tourtebatte les noms et surnoms de plusieurs habitans (quilz disoient soupsonnez) pour les
mectre prisonniers, lesquelz ne peurent estre tous
pris ains seullement Charles Menca, M° Hercules Cro- Emprisonnement
chart, Nicolas Delapierre, Pierre Allart et moy An- de Laon.
thoine Richart, ausquelz on feit entendre la deffiance
qu'on avoit deulx a raison qüilz nestoient sortiz de
leurs maisons lors de la derniere allarme donné a la
ville, quilz avoient (par la) assez faict parroistre le
desir quilz avoient que lennemy fust dedans la ville,
et nonobstant toutes excuses furent detenus prisonniers ung jour seullement et le lendemain qui estoit

le xvııe octobre furent eslargiz, ce qui estoit faict pour donner craincte aux aultres comme le conseil avoit advisé.

Octobre 1589.

Theodor Cartin eslargy des prisons.

Ce mesme jour Theodor Cartin sergent royal prisonnier des le xe juing dernier (qui estoit le jour de l'escarmouche donné pres Courdault dont est cy-devant parlé) sortit hors des prisons soubz condition de ne point porter les armes contre la ligue, mais quant il fut hors il salla rendre en ville royalle.

La ville de La Fere est surprise par le marquis de Maignelets et aultres.

Le jour St-Luc xvıııe jour doctobre sur la dyane pour la tres mauvaise garde quil se faisoit lors dans la ville de La Fere sur oize, le gouverneur de la place samusant plus a veoir folastrer et dancer qu'avoir le soing de la garde et conservation dune place de telle importance, fut ladite ville surprise pour le party de la ligue par le marquis de Minelet, les Srs dArcy et de Gomeron, de quoy les ligueurs de Laon en receurent une extreme joie quant ilz en furent asseurez qui fut environ les unze heures du matin de ce jour St-Luc, et pour encores davantaige estre asseurez et scavoir les moiens qui sestoient tenu a ceste surprise, la trompette fut sonné etaussitost les hargoulletz a cheval qui furent seullement jusques au mont fendu au deça le villaige de Vivaize ou ilz seurent au vray ce qui sestoit passé a la prise de La Fere quilz rapporterent a la ville de Laon, en laquelle pour commencement de joie et dallegresse fut tiré dix coups de canon aussi afin que le plat païs peust plustost entendre ces nouvelles desquelles les mutins ligueurs et signalez zelateurs de ladite ville estoient si raviz de joie quilz ne scavoient que faire et se mectoient a courir par les rues pour faire entendre a tous ces nouvelles, et rencontrans a leur chemin quelzques soupsonnez realistes les brocardoient sur ceste surprise de La Fere et les contraignoient a en rire plus hault quilz neussent voullu. O que ce fut ung grand malheur pour ce païs et qui a causé la totalle ruyne de ceste province, pour ce que depuis ceste place a servi de pont et de passaige a tous les estrangiers et ennemis de la France et pour faire leur asseurée retraicte, et sans quoy indubitablement notre ville de Laon neust sceu plus guerre subsister allencontre du roy pour mancquer de plusieurs commoditez de moiens et de finances si qu'on eust esté contrainct bientost de composer. Voila doncq comme par la perte de La Fere la ville de Laon est demeurée ferme en sa rebellion remplie dimpieté et de meschanceté plus que devant, ce qui est advenu par la negligence du gouverneur de La Fere qui debveoit aller souvent en personne visiter le circuit de la place et ne poinct se fier a aultrui comme il faisoit par trop; que sil eust esté veoir ou on travailloit il eust veu que ordinairement les cloies et ustancilles servans de passer sur leaue par les ouvriers se laissoient par paresse au dehors et de la leaue en toutes les nuictz au commandement et a la volunté de lennemy, ce qui se recongnoissoit journellement par des traistres et deloyaulx de la dedans qui en advertirent leurs partissans mesmes de la profondeur de leaue en cest endroict avec le peu de garde quil sy faisoit, estant lors la garnison de la cavalerie et la noblesse (refugié la dedans) au camp du roy qui sacheminoit aux faulxbourgs de Paris, ce qui donna la hardiesse a lennemy dentreprendre a la surprise dune si forte place.

Octobre 1589.

Ce mesme jour environ les trois heures apres midy quelzques soldatz et paissans ramassez jusques a xxiiii ou xxv pour le party du roy semparerent du chasteau dAippe avec volunté de faire la guerre a ceulx de Laon, mais avant quilz eussent eu un chef pour leur commander et munitions, la garnison de Laon avec une promptitude les alla investir pour empescher lentree de leurs comoditez, contre laquelle garnison ceulx

Soldatz et paisans qui sestoient jectez dans le chasteau dAippe sont forcez par la garnison de Laon.

Octobre 1589. du chasteau entrerent en escarmouche par lespace denviron deux heures, et apres sommation faicte par le trompette et leur refuz rapporté, linfanterie de Laon feit toute dilligence de les faire rentrer dedans, et pendant qu'on les entretenoit par derriere le chasteau avec des grandz ratelliers attachetz lun a laultre pour faindre lescallade, le feu fut mis a la grande porte par devant qui brusla sans que ceulx de dedans y peussent assez tost donner remede, finablement ilz furent forcez ou il y eust quinze ou seize de tuez et le reste faictz prisonniers et conduictz en la ville de Laon, quatre desquelz furent choisiz par labbé de St-Vincent et mis es mains de Me Claude Legras qui les condamna a estre penduz et estranglez au champ St-Martin pour avoir par eulx (comme il disoit) pillé et vollé aux champs et sestre assemblez sans chef adveu ny commission vallable; ceste sentence leur fut prononcé, et afin que l'execution ne fut retardé, Laurens Sonnet se monstra charitable en leur endroict en ce quil uza de grande dilligence a aller querir deux cordelliers pour admonester ces pauvres gens de leur salut, qui maintenoient estre advouez pour le party du roy et disoient qu'on leur avoit pris leur commission qui le justiffioit ainsy, demanderent delay pour en fournir dune aultre, faisoient remonstrances aux soldatz de la garnison quilz avoient en ce faict ung notable interest pour courir semblable fortune pour le mauvais traitement qu'on leur faisoit, ce qui donna subject a quelzques ungs deulx daller vers le gouverneur le prier de pezer ce faict, lequel fut dadvis de ne les point faire mourir mais seullement leur donner laprehension en les faisant monter a leschelle; a tel advis labbé de St-Vincent sy opposa et en grand collere dict quil les failloit tous pendre, sur quoi intervint du grand bruict et rumeur de plusieurs soldatz de la garnison disans que ceste execution de mort honteuse nestoit raisonnable et quil failloit au prealable congnoistre la qualité des prisonniers, que silz estoient soldatz il leur failloit faire aultre traictement pour ce que eulx mesmes estoient tous les jours en pareils hazars ; et daultant que plusieurs dentre eulx disoient ouvertement quil les failloit faire evader au supplice, labbé sen plaignit au gouverneur, lequel pour le gratiffier tira son espee nue et en blessa quelque ung, et de collere ordonna que les prisonniers fussent promptement executez a mort, pourquoy faire furent conduictz au champ St-Martin ou trois furent penduz et estranglez et non le quatricsme qui fut recongneu par Charles Delancy pour son filleul (comme on disoit) duquel icellui Delancy feit demander au gouverneur qui lui donna, et par ce moien la vie fut remise a ce iiii*, de quoy ce cappitaine Delancy se sentit fort glorieux de ce credict et faveur.

Octobre 1589.

Ung soldat saulvé de la mort par le cappitaine Delancy.

Le lendemain xix⁰ jour doctobre une procession generalle fut faicte a Laon et le Te Deum chanté a la grande eglise pour la rejouissance de la prise de La Fere, avec laquelle surprise les ligueurs adjoustoient faulcement encores la prise de deux ou trois aultres villes quilz nommoient bien loing dicy pour couvrir leurs mensonges afin de fortiffier le cœur des thimides et pour tousjours esblouir les yeulx du menu peuple a leur faire croire que la ligue prosperoit partout, a raison de quoy les gens de bien estoient fort oppressez par les mutins, lun desquelz par malice et meschancetez soubz couverture damitié feit entendre a Nicolas Delapierre son prochain voisin que son debveoir estoit de mander a son filz qui demeuroit a Crespy de se retirer arriere de la, ou bien avec les aultres habitans apporter les clefz de leur ville au gouverneur de Laon et prendre le party de lUnion, ce que Delapierre trouva bon, pensant faire chose agreable a ce mutin et recepveoir de lui quelque faveur, et de faict feit un mot de lettre quil communicqua avant lenvoier tant a

Procession generalle faicte a Laon et le Te deum chanté pour la prise de La Fere.

Adam Gerault par cautelle faict emprisonner Nicolas Delapierre.

16

Octobre 1589. ce mutin ypocrite qu'a aultres de ses semblables pour certiffier de sa bonne volunté a ce party ligueu, afin aussy de lui servir de tesmoignaige quil nescripvoit aulcune chose au prejudice de la ville de Laon et au party ; touteffois apres quil eut envoié sa lettre, ces mutins allerent dire au gouverneur que ledit Delapierre avoit mesprisé son ordonnance publice par les carrefours de la ville en ce quil avoit envoié lettres a lennemy sans sa permission, en laquelle lettre ilz dirent que Lapierre avoit escript a son filz que si lui et les aultres habitans de Crespy ne se rendoient dans xxiiii heures ilz seroient en hazart de leurs vies, ce qui fascha fort le gouverneur, daultant que ce jour mesme qui estoit le xx° octobre il avoit deliberé secretement daller surprendre Crespy par ung certain endroict trassé et marqué par ung habitant de ce lieu puis nagueres sorty et qui debveoit conduire les trouppes ; pourquoy le gouverneur sur le champ et de grand collere envoia prendre prisonnier ledit Delapierre ou il fut trois jours bien serré.

Vente des biens de feu Nicolas Robert. De lordonnance de M° Claude Legras on commença ce xx° octobre a vendre les meubles de feu Nicolas Robert ; ceste vente se feit a plusieurs jours pour aulcunement effacer le larcin qui sy estoit commis, a la garde desquelz avoit esté commis Laurens Ponssin dict Caspot par Legras, lesquelz avec daultres sen donnerent tres bien parmi les joues et en se mocquans buvoient souvent au deffunct.

Faulte faicte a la surprise de Crespy par la garnison de Laon. Sur la deliberation que les chefz des gens de guerre de Laon avoient faict le jour preceddent, Du Mesnil, conducteur de la cavallerie, avec toute la garnison de pied et les voluntaires sortirent de ladite ville a minuict du xxi° jour doctobre, pour a la conduicte secrette quilz avoient, surprendre a la diane la ville de Crespy, et pour ce faire sallerent embusquer pres la contrescarpe du fossé a lendroict remarqué par ung habitant

exhillé, ou sur le matin ilz furent descouvertz par ceulx Octobre 1589
de dedans qui samasserent en assez bon nombre a
lendroict de lembuscade, laquelle se levant pour executer son entreprise se feit sur elle une salve dharquebuzades qui en feit demeurer deux ou trois corps
sans ame sur la place, et aussitost lalarme se donna
avec tambours et toxins qui feit croire aux embusquez que leur entreprise avoit esté eventee de lennemy, que faisant son debveoir il pourroit faire une
sortie sur eulx pour ce que le jour estoit ja grand,
occasion quilz prindrent telle espouvente que sans regarder derriere eulx ilz feirent une dilligente retraicte
vers la ville de Laon, commenceant les voluntaires linfanterie et apres la cavallerie tout en desordre qui se
rallia environ le mi chemin, se retirans tous dans la
ville ou ilz se teurent dun si soudain retour ; seullement y eut M⁰ Jehan Delettre prebtre chanoine de la
grande eglise et curé de leglise paroissiale de
St-Pierre le Viel (sadonnant plus a faire sacrifice sanglant des corps des realistes que du corps precieux de
nostre seigneur Jesuscrist) sestans mis du nombre
des voluntaires a ceste entreprise a laquelle il sestoit
vanté demploier sa qualité de sacrificateur en aultre
forme quil lui estoit ordonné, lequel comme il arriva
dans le cloistre de leglise nostre dame en tres grande
challeur pour la grande dilligence quil avoit uzé a son
retour, pressé de lheure a chanter la messe de sa parroisse comme il feit si tost sa harquebuse mise bas,
trouva M⁰ Pasquier Courtonne lun des plus antiens
chanoines qui lui demanda comme leur voiaige sestoit porté, auquel Delettre qui navoit la comodité de
lui compter au long ce qui sestoit passé lui dict seullement a laureille que leurs gens avoient pris lespouvente ; des aultres chanoines qui estoient ung peu
plus loing les ayans veu parler ensemble demanderent
a Courtonne leur part des nouvelles, lequel croiant

que cestoit quelque signalé cappitaine ou grand seigneur qui sappelloit Lespouvente leur dict que la garnison de Laon avoit pris prisonnier Monsieur Lespouvente et le recita ainsy partout a ses confreres, lesquelz durant le repas en feirent leur compte et risee ; et a la verité ce Courtonne icy y proceddoit de bonne foi naiant jusques la encore oy user par leurs gens de ce mot despouvente pour ce que ordinairement a leur retour ilz se vantoient davoir faict merveilles a leur voiaige.

<small>Octobre 1589.</small>

<small>La Foucaudiere quicte Pierrepont et se loge a Crespy.</small>

Le cappitaine La Foucaudiere se voiant sans exercice dans Pierrepont, ayant jugé quil feroit plus la guerre a lennemy se logeant a Crespy et quil feroit barre a ceulx de Laon et La Fere a laide des garnisons de Coucy, Chaulni et St-Gobain, quicta Pierrepont le xxiiiie octobre et se jecta dedans Crespy, de quoi ceulx de Laon nen furent guerres joieulx pour estre la garnison de Crespy fort augmenté par la compaignie de La Foucaudiere qui estoit fourni de bons hommes de guerre et mesme de xx cavalliers bien montez et armez.

<small>Le gouverneur de Laon va visiter le marquis de Maignelers a La Fere.</small>

Ce mesme jour du xxiiiie octobre, le Sr de Bouchavenne gouverneur de Laon et le cappitaine Du Mesnil avec sa cavallerie furent voir le marquis de Mynelet a La Fere ou ils se feirent grandes carresses, et apres avoir communicqué ensemble sur le secours et ayde quils se pourroient faire lun a laultre, et comme ledit Sr de Bouchavenne voulloit faire son retour, il receut advis de ceulx de Laon dune embuscade que lennemi lui avoit dressé, et davantaige feirent tirer sur le minuict trois coups de canon, pourquoy il differa son retour jusques au lendemain du xxiiiie octobre quil arriva a Laon sans rencontre, ou il compta la desolation et le grand desordre qui estoit a La Fere, la ruine des habitans sur lesquelz il sexerçoit de grandes inhumanitez a la poursuicte et suscitation daulcuns leurs hayneurs qui lors vomissoient leurs inimitiez.

Le Sʳ de Froismont deceddé des le cinqᵉ janvier dernier par son testament avoit donné a quelques ungs certaines sommes de deniers qui estoient encores deubz aux legataires, et aultant que ces legataires tenoient le party du roy, le conseil de la ville (sans aulcune formalité de justice) envoia au logis du Sʳ abbé de St-Denis frere dudit sieur de Fresmont, gens propres a executer leur volunté et ordonnance verballe, lesquelz avec forces et sans senquerir ni scavoir de lui sil se disoit heritier de sondit frere, ilz semparerent des chevaulx tapisseries et aultres meubles de prix dudit Sʳ abbé mesmes de fortz beaux livres qui furent venduz au bourq. Regnault Chastellain achepta lun des chevaulx LVI escus et Bonaventure Le Clercq ung aultre de XXXVII escus ; les deniers provenans de ceste vente furent emploiez a la cause (comme on disoit), mais il y avoit bien de la faulte.

Octobre 1589.

Les chevaulx et meubles de labbé de St-Denis de Reims sont saisiz et venduz publicquement a Laon.

Le XXVIIᵉ de ce mois veuille du jour St-Simon et St-Jude, pour trouver argent de la part du clergé pressé de paier les soldatz, fut advisé de nommer quatre dentre eulx qui avoient la renommee davoir argent ocieux afin de les contraindre a prester la somme de VIIIᶜ escus quil failloit pour leur contribution, ce qui fut faict, sur lesquelz fut decerné commission portant contraincte en vertu de laquelle ilz furent rigoureusement executez ; lesquelz pour eviter la vente de leurs meubles et quilz nauroient pas grand raison pour leurs dommaiges et interestz fournirent ceste somme de huict cens escus quilz disoient avoir emprunté de leurs amis; du depuis ilz en furent dressez dune bonne partie par leurs confreres, et pour ce quilz virent quil ny avoit poinct de fin a ceste contribution et que cela leur apportoit ordinairement entre eulx de grandes inimitiez et querelles, ilz sassemblerent, ou apres avoir oy plusieurs dentre eulx sur leurs plainctes et doleances de ce faict, fut conclud et arresté de faire faire une decla-

Protestation faicte par les ecclésiasticques de Laon de ne plus fournir argent a la cause de la ligue.

Octobre 1589. ration comme ilz feirent faire (par deux nottaires) au corps de la ville, quilz nentendoient plus de la en avant contribuer ni fournir argent pour la solde de la cavallerie pour estre inutille et ne servant que a la conduicte et sauvegarde daulcuns allans aux champs; de quoy ilz tirerent acte du dernier jour doctobre, avec protestation que le clergé feit de repousser toutes contrainctes qu'on vouldroit faire contre eulx pour ce faict, qui fut cause (apres que le conseil eut advisé a ceste affaire) que le viii° jour de novembre la pluspart des hargoulletz furent cassez, et publié le mesme jour par les carrefours de la ville que commandement estoit faict a tous habitants de quelz conditions quilz fussent daller en personne a la garde en peine de dix escus damende applicable a la cause et qui seroit levé sans deport nonobstant oppositions ou appellations quelzconques.

Commandement faict a tous habitans daller a la garde en personne

Novembre 1589. Environ ce temps secretement se disoit en ladicte ville de Laon que le premier jour de novembre le Roy avoit pris tous les faulxbourgs de Paris de dela leaue et quil y avoit eu vii ou viii c parisiens de tuez et grand nombre de prisonniers xiiii enseignes et xiii pieces de canon gaignez, mesmes que le Roy en personne estoit entré sur les huict heures du matin dans le faulxbourg St Jacques, ce qui estoit vray et ainsy congneu par les grandz zelateurs qui furent en grande perplexité de ce coup, craignoient que ceste prise de faulxbourgs ne feit esbranler les parisiens, touteffois ilz se teurent de ceste perte et neaulmoings chargerent leurs mouchardz et surveillans de descouvrir ceulx qui en parleroient pour les chastier, mais personne ny fut pris.

Nouvelles a Laon que le Roy avoit pris les faulxbourgs de Paris.

Les garnisons de Crespy, de Sart labbé et daultres lieux tenans pour le Roy ayans congnoissans du peu de cavallerie quil y avoit dans Laon se mirent par tous moyens a empescher les paisans de porter bois,

Grande cherté a Laon de bois et charbon.

bourees, charbon, bure, fromaiges et aultres comoditez dans la ville de Laon, et traictoient fort mal les porteurs desdites denrees tant a leurs personnes que a la prise de leurs marchandises avec menasses de les mectre a ransson, en sorte que en peu de temps il y eut grande cherté de toutes choses dans la ville, signaument de bois et charbon, ce qui feit grandement murmurer le menu peuple.

Le dixiesme jour de novembre veuille de la St-Martin d'hiver, il se feit une querelle entre Martin Cailleau et Ancelin dict La Montaigne enffans de la ville et le jeune Laffilé cavalliers de ceste garnison de Laon allencontre de deux sergens de compaignie dinfanterie, lun appellé sergent Meziere et laultre sergent Le Clerc, de laquelle querelle on disoit que Cailleau en estoit lautheur par son audace et themerité, surquoy ilz se donnerent jour et heure pour se battre avec lespee et le poignart, ayant esté promis par Laffillé de ne se trouver en ce duel afin quilz ne fussent que deux contre deux, touteffois il fut rapporté a la ville que ce troisiesme et encores quelzques autres estoient embusquez pres du lieu ou les quatre se battoient et que a leur aide les deux sergens avoient esté mal traictez, lun desquelz qui estoit La Meziere fut tué sur le champ et laultre fort blessé rapporté a la ville, comme aussi fut Cailleau, lesquelz quelque temps apres moururent de leurs blessures ; combien qu'aulcuns ont voullu dire que Cailleau avoit esté du tout refaict de sa plaie et que sa mort proceddoit dexces, touteffois plusieurs ont tenu le contraire ; pour raison de ce duel on en meit quelzques ungs prisonniers accusez destre sorty de lembusche lorsquilz virent Cailleau blessé et quilz allerent frapper a mort le sergent La Meziere qui estoit cheu par terre dune muterne quil rencontra faisant sa retraicte ; je ne scay ce qui fut faict du depuis de ces prisonniers parce que les

Novembre 1589.

Duel entre des soldatz de la garnison de Laon.

Novembre 1589. gens de guerre trouvent tousjours moyens de sevader et sexempter de punition a laide de leurs semblables.

Pierre Allart, Nicolas Delapierre et leurs familles sont chassez hors la ville de Laon. Ce mesme jour le conseil de la ville ordonna que Pierre Allart et Nicolas Delapierre leurs femmes et familles sortiroient hors la ville de Laon pour plusieurs faulces causes a eulx mis sus et sans les avoir oy la dessus. Pour executer une si saincte ordonnance a la poursuicte et dilligence de M⁰ Claude Legras fut commis Laurens Ponssin et pour ayde Christofle Dohis, lesquelz avant que Allart et Delapierre fussent advertiz de leurs proscriptions trouverent moien de les surprendre hors leurs maisons, leur donnerent a entendre que Monsʳ le gouverneur voulloit parler a eulx et quil estoit a la porte a lupsault ou ilz furent conduictz, et sans aultre harangue il leur fut dict par Ponssin quilz estoient banniz et condamnez par le conseil de sortir promptement la ville, et de faict furent sur le champ mis hors avec deffenses aux portiers de ne les laisser rentrer; et ce faict Ponssin et Dohis acompaignez de quelzques soldatz allerent droict aux maisons dAllart et Delapierre ou ilz semparerent de leurs bons meubles quilz mirent par inventaire, commenceans au dedans les buffetz pour y trouver la pierre philosophalle au lieu de laquelle ilz trouverent a celluy dAllart xxxviii ou xl escus et a celluy de Lapierre v ou vi escus seullement qui furent produictz a la cause; on avoit opinion que Delapierre en estoit mieulx fourni, mais il en pouvoit avoir mis arriere de la voie attendu les menasses que lon lui faisoit journellement de son exil ; pendant cest inventaire on feit sortir les familles hors la ville afin que rien ne fust controllé, lesquelz de leurs pleurs et gemissemens faisoient grand pitié aux gens de bien qui nen ozoient rien dire de peur de courir le mesme hazart, et qui pis estoit ces pauvres gens exhillez ne scavoient ou se retraire ni quel chemin prendre, encores estoient ilz menassez par les soldatz de les faire prisonniers de guerre ; a ceste saisie de meubles Ponssin establit pour commissaire ledit Dohis, qui estoient reputez lun et laultre (par M⁰ Claude Legras) pour bons et fidelz gardiens et deppositaires de biens de justice, encores que plusieurs habitans ne les eussent choisiz pour telz.

Le marquis de Minelet voullant sieger quelque chasteau ou fort qui lincomodoit manda a ses confederez de laider de gens, ce que lon feit de la part de la ville de Laon de ce qui restoit de cavallerie, et sen allerent le XII⁰ jour de novembre au rende vous pres La Fere ou se debveoit trouver le S⁰ de Puisieux, ce quil ne feit pour ce que sa trouppe fut mis en routte par lennemy allant a ce rende vous, pourquoy chacun se retira et ne fut rien effectué du project que le marquis avoit faict.

Le quinz⁰ novembre le S⁰ de Mouchy arriva a labbaie St-Vincent ou le sieur de Bouchavenne son frere lalla trouver qui fut prié par ledit sieur de Mouchy demploier son credict vers le marquis de Minelet pour le S⁰ de Haraucourt laisnel a lui faire rendre plusieurs pappiers de consequence touchant ses seigneuries et quil avoit laissé dans la ville de La Fere ; touteffois les mutins de Laon avoient oppinion que ceste conference estoit bien pour aultre plus grande chose et pourquoy ilz en parloient de diverses sortes.

Pour de plus incomoder les habitans de Laon, environ soixante cavalliers et quelzques pietons du party du roy se mirent le XVII⁰ novembre de grand matin sur les grandz chemins pres ladite ville pour empescher les paisans dy porter aulcune chose, et de faict prenoient aux passans leurs chevaulx baudetz bledz pains poullailles et toutes aultres sortes de denrees, ce qui tourmenta fort le menu peuple de la ville pour lincomodité quil recepveoit qui dura assez longtemps

Novembre 1589.

Assemblee des ligueurs pour surprendre quelque place.

Le S⁰ de Mouchy arrive a labbaie St Vincent.

Les paisans sont fort tourmentez par les garnisons.

— 250 —

Novembre 1589. parce que personne ne sy ozoit plus hazarder pour la craincte quavoient les paisans qui estoient menassez de lennemi davoir les jarretz coppez silz estoient encores rencontrez, tellement que si peu de denrees qui venoit a la ville estoit apporté en plaine nuict et a travers champs sans tenir voie ni sentier, encores assez souvent estoient les porteurs attrappez tantost par les ennemis tantost par la garnison de ladite ville qui les desvalizoit ; et de faict ce mesme jour le cappitaine Tourtebatte osta nuictamment quatre porcs a ung homme de Sissonne qui les amenoit a la ville de Laon, et navoit aultre subject de ceste prise quil disoit que cest homme avoit achepté ces quatre porcs au bourq de Montcornet qui tenoit lors party contraire ; ce pauvre marchant qui sestoit mis au hazart et cheminé toute nuict pour gaigner une piece dargent nen sceut avoir aulcune raison et les perdit, et nul nen ozoit parler.

Lettre missive envoié a Laon par le prevost Martin. Le prevost Martin estant au Pontarcy refugié et sans exercice se meit en oppinion que son debveoir estoit dadvertir les habitans de Laon du malheur qui luy sembloit les tallonner pour leur rebellion et opiniastreté, et la dessus dressa une missive assé prolixe quil feit tenir a sa belle sœur damoiselle Magdelaine Doulcet pour la faire presenter a la premiere assemblee de ville qui se feroit ; ceste damoiselle (sur loppinion quelle avoit que son beau frere le prevost demandoit main levee de quelque saisie qui pouvoit avoir esté faicte sur ses immeubles) en parla au greffier du conseil son prochain voisin qui promit de lui faire scavoir ceste premiere assemblee, et cependant en advertit Mᵉ Claude Legras comme chef du conseil particullier ; lequel comme grand ennemi du prevost brusloit de scavoir ses pretentions, et pour y parvenir et craignant louverture de ceste missive en son absence ou empeschement, il feit convocquer en sa maison une assemblee particulliere le xviii° de ce mois de novembre a la dilligence de Regnault Chastellain lun des gouverneurs de ville, ou se trouva M' Nicolas Ledoulx, les cappitaines de Lancy, Hubert et Thuret, et pour le clergé Crespel, Gobellet et Leblanc, Legras y presidoit, lequel feit presenter a la compaignie la missive du prevost Martin par le greffier qui certiffia lui avoir esté mis en main par ladicte damoiselle pour la presenter a ceste assemblee qui fut ouverte, laquelle contenoit ces motz :

Novembre 1589.

Assemblee particuliere faicte sur la lettre du prevost Martin.

Messieurs, la longueur et rigueur de ma prison, les injures et indignitez et oultraiges que jay receu injustement de vous, m'ont estainct du tout lamitié que dieu et nature m'ont gravé en mon cœur vers ma patrie mere nourice commune de vous et de moy, qui poussé des reliques de ladicte amitié rallumée par la pitié que jay de votre perdition vous escripts ces presentes pour vous remectre en memoire ce que jay mandé par lettres et dict de vive voix a aulcuns de vous durant ma captivité, ascavoir que votre ligue et pretendue union vous ruineroit en ruynant ceulx qui suivant la loy divine prestent lobeissance au Roy souverain prince de toute la France, les despouilles et pertes desquelz vous seroient inutilles et sans fruict quelzconques et tourneroit a la plaine damertume et de misere. Vous congnoissez assé maintenant que je vous ay dict et escript vray ; vous voiez que la spoliation des fidelz citoiens de votre ville et des environs, les saisies et ventes qu'avez faict et faictes faire de leurs biens nont augmenté les votres, lesquelz au contraire non sans peine et travaux indicibles, oultre la cessation du comerce ordinaire et de l'exercice de la justice premier moien de tous apportz, vous avez consommé avec ceulx la en lentretenement des gens de guerre qui ont manifesté laigreur de votre rebellion, vous pouvez juger estre desplaisante a la justice divine par le succes des affaires du Roy auquel elle donne force, lassiste par tout combat pour luy contre les armes des ligueurs et faict advenir toutes choses aultrement et au rebours de ce que vous estimiez au commencement de votre ligue, que lon peult justement dire (sauf votre paix), une conspiration ou effort aultant dannable que leffort des Titans et geans qui par eschelles et tours voulloient

Lettre du prevost Martin

Novembre 1589. entrer es cieulx et jecter le grand dieu eternel hors de son siege celeste ; vous en recepvrez aussi en fin une punition semblable ou plus dure si bientost ne vous departez de votre dict rebellion, remectant bien tost la ville et vous en lobeissance du Roy qui est debonnaire et misericordieux, ores quil ne soit de la religion catholicque apostolicque et romaine de laquelle vous et moy faisons profession et exercice et en laquelle je veulx vivre et mourir. Partant je vous supplie au nom de dieu , afin que vous évitiez les peines et supplices de rebellion et perfidie de suader voz consciences, deposer toutes passions et partialitez bien pezer et digerer la parolle de dieu (qui doibt servir de bride a chacun) et bientost vous reduire en ladicte obeissance, renonceans a toutes ligues et rappellant avec toute fiducie et asseurance ceulx que vous avez chassé de votre ville et tourmenté de prison et aultrement, en priant dieu avec moy ou comme moy quil donne son conseil et sa sapience a notre Roy afin quil puisse sainctement regner et se rendre bien tost au giron de leglise katholicque apostolicque et romaine. Je nentens en mes supplications estre compris et rappellé avec les aultres, ne desirant rentrer en votre ville avant que le Roy soit du tout maistre et la justice bien restablie en icelle, en laquelle encorres je jureray de ne rentrer et ne rentreray jamais si voullez venir a repentance et a peu pres du poinct de la juste satisfaction et reparation desditz injures prisons et oultraiges et des pertes dommaiges et interestz par moy souffertz a raison de ce a quoy vous adviserez quant il vous plaira remacher un peu le frein dequité et justice ; pendant ce temps et pour fin des presentes, je priray la divine majesté vous remplir de son paraclete, ostant de vos oreilles toutes mauvaises impressions et vous faisant la grace de praticquer ce que vous scavez equitable et commandé de Dieu. De Pontarcy ou votre cruaulté ma contrainct me retirer, ce viie novembre 1589.

                Votre bon et fidel magistrat,
                Charles Martin.

Et la suscription , a Messieurs, Messieurs les habitans de Laon tant ecclesiasticques que laiques, a Laon.

Apres que la lecture en fut faicte par le greffier, ces Messieurs du conseil furent bien faschez du contenu

dicelle, les ungs se mirent a vomir plusieurs injures contre le prevost Martin disant quil failloit jecter ceste lettre au feu comme pernicieuse, les aultres qu'on debvroit punir damende la damoiselle qui avoit receue et presentee ceste lettre, laquelle ne se pouvoit excuser de communication avec lennemi, ce qui estoit prohibé par plusieurs publications, et n'eust esté le greffier qui apporta beaucoup du sien pour son excuse et a la descharge de la damoiselle, elle eust esté au hazart dune bien grosse amende ; en fin fut conclud (a la pluralité dadvis) que la lettre seroit envoié a Paris et produicte au proces intenté a la requeste de la ville allencontre du prevost et aultres accusez de conspiration contre ladite ville, et neaulmoings que ceste lettre seroit transcripte et registree au registre du conseil et recongneu par des praticiens de ceste ville de Laon.

<small>Novembre 1589.</small>

<small>Conclusion du conseil de Laon denvoyer a Paris la lettre du prevost Martin.</small>

Trois jours apres Me Claude Legras feit convenir pardevant luy quatre praticiens pour recongnoistre lescripture de ceste missive et en dressa lacte qui suict :

Cejourdhuy XXIIe jour de novembre m. V^c IIII^{xx} IX, suivant lacte de conclusion de lassemblee du XVIIIe du present mois, sont comparuz pardevant nous Claude Legras president au conseil particullier et commis a lexercice de la police de la ville de Laon, Me Jehan Ducrocq, Estienne Hubert, Claude Grignon, procureur et Nicolas Carpeau, nottaire, apres serment par eulx faict ont tous conformement dict estre la lettre et escripture dudit Martin, et ont signé ledit acte.

<small>Acte de certifification que la lettre estoit escripte de la main du prevost Martin.</small>

Le XIXe jour de novembre qui estoit ung dimenche, quelzques XX ou XXX harquebuziers de Crespy allerent en plain jour donner dans Semilly faulxbourg de Laon ou ilz ramasserent plusieurs bestiaux quilz emmenerent sans empeschement, pour craincte quon avoit dans la ville dune embuscade quon estimoit estre pozee pres de la comme il y avoit apparance, en ce quil

<small>Bestial pris dans Semilly par la garnison de Crespy.</small>

se voioit lors au grand chemin de Crespy pres ung gros poirier quelzques xx cavalliers avec une trompette qui donnerent pres des haies du faulxbourg S.t Marcel contre lesquelz personne ne sortit de la ville.

Ceulx de Crespy se trouvans fort dhommes de guerre pour estre renforcez de leurs confederez nouveaux revenuz de larmee du Roy entreprindrent de surprendre deux fortz de lennemi, ce quilz feirent le xx.e jour de ce mois en ung mesme jour et par deux bandes, lune print le fort S.t Lambert assé bonne place ou il y avoit garnison de la part de la ville de La Fere, et laultre du fort Derlon pres Marle ou ilz feirent fort la guerre du depuis a laide du fort de Dercy siz de laultre costé de la riviere.

Le xxi.e jour de ce mois, sept ou huict soldatz de la garnison de Laon allans pour la contraincte des tailles vers les villaiges d'Aubigny, Aizelle, S.t Thomas et aultres lieux prochains furent pris prisonniers par la garnison du Pontarcy ou ilz furent menez et menassez destre penduz comme les habitans de Laon avoient faict pendre ceulx du chasteau d'Aippe, touteffois ilz nen eurent que la peur et furent renvoiez soubz leur foi de paier leur quartier pour ransson.

Laultre partie et reste des maisons des chenizelles qui navoient auparavant receu que la peur fut le jour S.te Cecille xxii.e novembre jecté par terre et ruyné au grand regret de plusieurs personnes tant proprietaires que aultres, ce qui nestoit neccessaire, mais ce fut la craincte qu'on eut du S.r de Haraucourt le jeune mareschal de camp de Monsieur de Longueville qui sestoit puis nagueres logé a Crespy congneu homme factieu et de grande entreprise, et y commandoit en qualité de gouverneur, lequel a son arrivé envoia par tous les villaiges des environs pour lui mener des fournitures a Crespy et lui paier les tailles du Roy, mesmes envoia a ces fins au faulxbourg de Vaulx avec menasses de les aller visiter sil y avoit faulte, son tambour cheminoit partout qui bailloit craincte a plusieurs, et ce qui augmenta la craincte de ce personnaige aux habitans de Laon, ce fut que ce mesme Du Plessis secretaire du seig^r de Bouchavenne arriva en ladite ville et venant de Paris dict au conseil que le duc du Mayne lavoit envoié expres pour les advertir quil y avoit entreprise sur la place et quil se failloit bien donner garde de surprise, pourquoy il se feit une alarme expres la nuict suivante pour congnoistre si les habitans et gens de guerre feroient bien leur debveoir a border les murailles de la ville.

En ce moys de novembre les habitans de ladicte ville se trouverent fort courtz dargent monnoié, mesmes les deniers publicques de toutes sortes de nature se trouverent ecclipsez en peu de temps, tellement que les plus riches tant ecclesiastiques que seculiers estoient en peine den recouvrer pour leurs comoditez; ilz avoient bien de la vaisselle d'argent mais non pas de largent monnoié; pourquoy il fut envoié a Paris vers M^r le duc du Mayne pour avoir permission de forger monnoie sur la neccessité ou on se voioit, lequel envoia sa commission qui estoit dattee du XIXe jour de ce mois signé de lui et de Baudouin son secretaire, portant pouvoir de fabricquer monnoie de largenterie de la ville jusques a la somme de VIII mille escus, laquelle commission fut leue en lassemblee particuliere du XXII. novembre ou presidoit Me Claude Legras qui ordonna quelle seroit enregistrée au registre du conseil de ladite ville pour sen servir quand besoing seroit.

Le XXIIIe jour de novembre, ung procureur de la rue du Blocq de ceste ville de Laon qui nestoit des plus hardiz de sa parroisse, estant en garde de nuict sur la poterne des chenizelles et regardant vers les ruines des maisons den bas veit quelque ung qui avoit de la

Novembre 1589.

Permission donnee a la ville de Laon par le duc du Maine de fabricquer monnaie.

Me Guillaume Chevalier donne une allarme a Laon sur sa fraieur.

chandelle ardante, laquelle le troubla si fort quil lui sembla veoir plusieurs mesches ardantes dans ces ruines et maisons abatuz, pourquoy avec ung tramblement de voix assé haultaine donna telle allarme a la ville qu'on croioit veritablement les ennemis estre entré par ceste poterne, touteffois il fut recongneu a la fin que cestoit quelque ung qui avoit porté a mangé a une truie encores logé dans une petite cabane restez des maisons abatuz.

Sur ladvis donné au Sr de Haraucourt par les partissans du fort dAssy que le bourq de Crecy sur sere luy seroit aisé a enlever et y recepveoir de la comodité, il disposa ses gens pour aller a la surprise de ce bourq ou ilz furent le xxiiiie de ce mois de novembre avec ceulx dAssy qui congnoissoient fort bien le passaige et les endroictz ou les eaues estoient basses et le suprindrent cedict jour, a laquelle surprise fut rencontré quelzques mutins de ce lieu qui receurent leur sallaire.

Francois Bocquillart marchant de saffran en ceste ville de Laon et duquel a esté cydevant parlé, voullant faire parroistre son affection au party de la ligue, feit tant par solicitude et promesse quil feit condescendre a sa volunté ung nommé Paulus Bocquet demeurant lors a Coulliegis villaige prochain du fort de Crandelain ou ce paisant icy entroit fort librement pour la frequentation ordinaire quil avoit avec ceulx de dedans qui se servoit quelque fois de luy comme d'espion, lequel promit a Bocquillart de donner lentree de ce fort a la garnison de Laon. Pour lexecution de ceste entreprise quelque nombre de soldatz de pied y fut emploié par le gouverneur de Laon, qui sembusquerent en des bois sur la montaigne dou environ le minuict furent secretement conduictz dans les caves et celliers des maisons ruinez les plus proches du fort, ou estant sur la dyane du xxve de ce mois par le moien de louverture que ce paisant leur feit, ceste garnison entra dedans de furie ou fut tué un mosnier et faict prisonnier Du Castel gentilhomme, Jehan Tristrand nottaire royal a Laon, Bouillon nottaire a Crandelain et quelzques aultres habitans de ce villaige, pillerent et ravagerent tout ce qui estoit dedans, leur bestail emmené, les portes et barrieres du fort rompues, et qui pis est violerent les femmes et filles qui estoient dedans, de quoy les soldatz sen vantoient a leur retour a la ville ; les prisonniers furent fort mal traictez par les chemins et encores plus a lentree de la ville de Laon ou il y avoit grande affluence de peuple qui sy estoient amassez et qui crioient apres eulx avec infiniz injures, signaument apres Jehan Tristrand surnommé compere Godet a cause quil estoit plus prompt a garder la boisson qu'a aultre chose lequel contrefaisoit fort bien le mallade.

Novembre 158 ?.

Les prisonniers pris au fort de Crandelain.

Le xxvii° jour de novembre, M° Jehan Sallé chirurgien a Laon revenant de Marle fut faict prisonnier de guerre au villaige de Fresmont et mené a Crespy dans la prison d'ou il fut tiré et mis en liberté par ladicte ville soubz sa foy pour pansser et medicamenter ung cappitaine gascon blessé a la jambe de quelque coup d'harquebuze, ce quil feit par quatre ou cinq jours au boult desquelz il donna a entendre a ce cappitaine quil lui convenoit avoir de bonnes drogues non eventees et les ayant il feroit plus en ung jour pour sa guarison que en six, que sil luy voulloit faire bailler passeport pour aller a Laon il les choisiroit lui mesme et lui promectoit soubz sa foi de retourner, a quoy saccorda ce cappitaine qui avoit recongneu ce chirurgien assé affectionné au party du Roy, luy feit delivrer bon passeport; touteffois quant il fut a Laon il ne voullut retourner a Crespy, mais bien y envoia des drogues avec permission desquelles ce cappitaine ne sen voullut servir craincte quil ny eust quelque chose

M° Jehan Sall pris prisonnier et mené a Crespy.

17

Novembre 1589.

Cavallerie de Soissons et de Vailly arrivee a Laon.

Soldatz de Laon envoié a Crandelain pour ruyner le fort.

Décembre 1589.

Notre M° Jacob ne veult prescher les adventz.

Baptesme de lenffant du cappitaine du Mesnil.

meslee pour sa ruyne et menassoit fort ce chirurgien de la ruze quil lui avoit joué.

Le xxviii° jour de novembre, quarante ou cinquante chevaulx des garnisons de Soissons et de Vailly arriverent en ceste ville de Laon, lesquelz avec la garnison de ladite ville sacheminerent a Marle ou ilz disoient aller trouver le s° de Berenglize qui avoit avec lui quatre ou cinq cens chevaulx pour reduire toute ceste province au party ligueux, mais cestoit une mensonge, car ceste cavallerie ny trouva personne et revint en diligence le chemin quelle avoit pris pour faire sa retraicte en Vaulx et es villaiges prochains ou elle feit de grandz ravaiges, vivant a discretion et se faisant servir a leur volunté.

Le xxix° de ce mois, le gouverneur de Laon envoia trente soldatz au fort de Crandelain pour parachever de le ruyner avec mandement aux paisans des environs dy travailler, mais ilz revindrent sans rien faire pour avoir trouvé la place garny de soldatz du Pontarcy, de quoy ceulx de Laon en furent fort faschez se prenant lun a laultre de la negligence qu'on avoit uzé depuis la surprise.

Le troys° jour de decembre premier dimenche des adventz, il ne se feit en la ville de Laon aulcune predication pour ny avoir aultre predicateur que notre M° Jacob, lequel voulut entretenir le serment quil avoit faict de ny plus prescher pour ce quil avoit esté par plusieurs fois touché en son honneur tant par placardz que petitz bulletins jectez par les rues, et ne se feit en ladite ville aulcune predication jusques au dix° jour de ce mois quil y eut ung aultre predicateur qui fut envoié de Paris comme il sera dict en suicte.

Ce mesme jour ung jeune enffant appartenant au S° du Mesnil conducteur de la cavallerie de Laon fut baptizé, lequel estoit né huict jours auparavant; a ce baptesme il sy feit beaucoup de braverie, les soldatz de leur part semploierent a donner forces salves dharquebuzades pour avoir le vin.

Decembre 1589.

Le vi^e jour de ce mois jour et feste de St-Nicolas, les cavalliers et hargoulletz de ladite ville de Laon furent licenciez faulte dargent, ce qui donna subject a quelzques ungs des cassez de faire faire une allarme la nuict du lendemain, sur le rapport qu'on feit quil sestoit veu plusieurs eschelles dans les fossez de la ville en ung certain remarqué, touteffois cela fut trouvé faulx aussitost par Adam Gerault qui jecta une gerbee ardante dans les fossez ou on ne veit aulcune apparance de verité de ce qu'on disoit.

Faulce allarme donné a Laon.

Vous avez cy devant entendu comme monsieur le lieutenant general Defer sestoit departy de la ville de Laon peu apres la bataille de Senlis pour se renger au party du Roy, quil lavoit faict plus par craincte de perdre ses estatz de president et de lieutenant general que pour affection quil eust au party royal; il le feit parroistre aussi tost sa sortie en ce que au lieu daller directement dans une ville tenue pour le roy, il se meit quelque temps en refuge dans le viel chasteau dAnizy et peu apres au bourg de Craonne ou il pretendoit caller le temps en neutralité et sexempter de linjure du temps; mais ne sy trouvant en grande seureté et quil sceut la mort du Roy et leedict de reunion (jugeant en soy que la guerre prendroit long traict), il solicita son retour a Laon soubz coulleur de cest eedict comme il se veit par la requeste verballe faicte pour lui par Nicolas Mignot en lassemblee generalle tenue en lauditoire de la court du roy le xve septembre dernier; et soubz lesperance qui lui fut donné en ce temps la, il envoia au commencement de ce mois de decembre une missive adressante au conseil de la ville qui équipolloit a une requeste de supplication, et de laquelle en voicy la coppie:

Le lieutenant general Defer poursuict son retour a Laon en vertu de leedict de reunion

Decembre 1589.

Lettre du lieutenant general Defer au conseil de la ville de Laon.

Messieurs. Je ne doubte nullement que votre intention ne soit droicte et saincte, et que ce que vous faictes ne soit la deffense et la manutention de la religion catholicque apostolicque et romaine ; aussi je vous supplie de croire que je ne suis et ne seray jamais en aultre devotion, et quelque chose qui puisse advenir je ne la changeray et desirerois de vous en pouvoir continuer la preuve sur le lieu et avec vous; mais jay entendu que vous estes encore irresoluz de l'execution de larrest de la court du XIIIIe octobre a cause des deffiances que vous pouvez avoir retenu et gardé contre aulcuns de ceulx qui sont sortiz de la ville, et lesquelles semblent ne pouvoir estre facillement effacees pour estre trop engravees au coeur de plusieurs, bien que ce soit sans poinct de subject ou bien peu (du moings pour mon regard); et afin doster toute occasion de plus en avoir de moy et aussi que en toute irresolution que celle qui vous tient il ne semble que je fasse rien par maniere dacquict, ou qu'en voullant parer et obeir a ladicte court (scelon mon desir) je ne recoipve quelque affront ou injure par aulcuns malavisez qui ont la force en main, jay pensé que je ne feray chose qui vous soit suspecte et desagreable si je demeure en ce lieu tant que les guerres auront cours que je vous supplie m'accorder, a la charge de vivre scelon ledict arrest, me demeurant par ce moien la libre disposition et jouissance de si peu que dieu ma donné ainsy que jay faict jusques a present, ce que sil vous plaist moctroier vous me trouverez tousjours de plus en plus disposé au bien de notre ville de la meilleure affection que je prie le createur Messieurs vous avoir en sa saincte garde. De Craonne ce penultieme jour de novembre 1589.

Votre plus humble et affectionné serviteur.
Defer.

Et a la suscription A Messieurs Messieurs du conseil de la ville de Laon.

Il est faict acte au conseil de Laon de la presentation de la lettre du lieutenant general.

Ceste lettre fut leue au conseil particullier tenu le VIIe decembre ou Me Claude Legras presidoit, qui prononça quil seroit faict acte de la presentation dicelle, mais que ce nestoit audict conseil quil se debvoit adresser pour ce quilz nestoient executeurs des eedictz et arrestz de la court, et partant que ledict S^r lieute-

nant se debveoit retirer si bon lui sembloit vers Monsr *Decembre 1589.*
le Bailly de Vermandois ou son lieutenant a Laon ou
tel autre quil adviseroit ; voila la response quil luy fut
faicte par laquelle il congnut clairement qu'on ne le
voulloit poinct dans la ville et quil failloit quil regardast a sa seureté, ce quil feit du depuis et se meit
dans la ville de Coucy soubz la protection du Sr Delamer gouverneur de ce lieu, ou ledit sieur lieutenant
manda son filz qui estoit sorty des estudes au commencement de ces guerres et qui sestoit mis a la suicte
de Monsr de Nevers qui lalla trouver et pareillement
sa femme quelque temps apres.

    Au refuz qu'avoit faict notre Me Jacob de monter en
chaiere pour prescher les adventz (comme il a esté
nagueres dict), Monsieur lEvesque (pour sacquicter de
sa charge et nestre argué de son debveoir en tel
temps) confera avec les principaulx du conseil de la
ville pour recouvrer dun homme docte pour prescher
tant les adventz que le caresme suivant ; et par leur
advis en fut escript a Paris a Me Jacques Aulbert lors
en ce lieu pour les affaires publicques de la ligue de
ceste province, lequel envoia Me Anthoine, tholozam *Arrivee de notre*
natif de la ville de Thoulouze, advocat en parlement, *maistre Le Tholo-*
soy disant docteur en theologie de la compaignie de *zam a Laon.*
Jesus, daage denviron xxxv ans, de petite stature,
bigle dun œil et dun poil de coulleur de chasteigne,
sans aulcune fasson en demonstration et dapparance *Lapparance qu'a-*
dun fort simple homme, portoit un gros dixain a sa *voit le tholozam a*
saincture, estoit assisté dun sien compaignon, daultant *son arrivee qui*
que Aulbert lui avoit faict entendre que sa charge es- *fut le 9e decembre*
toit de trouver avec lui ung personnaige suffisant pour *1589.*
cathéchiser la jeunesse, attendant lestablissement dun
college de Jesuistes que lon voulloit dresser en ceste
ville de Laon, et ausquelz fut delivré par Aulbert deux
chevaulx quil achepta a Paris xxxiiii escus avec xi^l
escus pour faire leur despense. Arrivez quilz furent en

Decembre 1589. ceste ville de Laon, plusieurs habitans le voiant en sa simplicité disoient de luy par rizee que la ville de Laon nestoit guerre faschee pour estre rapaissee de peu de chose, touteffois depuis ilz changerent bien daultres propos parce que cest homme fut peu apres congneu pour estre lun des plus fin et subtil predicateur qui eust esté remarqué de ce temps, et comme tel estoit choisy des ennemis de la France pour voiaiger par les bonnes villes de ce royaulme pour suborner et seduire les habitans hors de lobeissance du Roy et les admener a une revolte soubz coulleur de la religion comme beaucoup ont faict; et a ce subject ce personnaige icy estoit a Paris attendant quil fust envoié en quelque bonne ville par le grand conseil general de la ligue qui avoit la liste de telz personnaiges que cestuy cy; lequel en fin fut recongnu pour tel quil estoit, asscavoir pour ung grand ypocrite, fort couvert en ses actions et projectz, semence de sedition et de perturbation par ung esprit remuant et ambitieux, introducteur de nouvelles cerimonies et apportant nouveaulté, sy que toutes ses actions ne tendoient qu'a troubler la province avec les plus grandz mouvemens quil pouvoit, grand simulateur et dissimulateur en ses faictz et gestes, remply de superstitions. Au reste il estoit grand orateur en ses parolles, dune heureuse memoire, avec une langue bien diserte, discourant des mieulx et accomodant fort bien a ses propos les histoires tant sainctes que prophanes; eust faict rire et pleurer quant il eust voullu les assistans en ses predications ou il discouroit quelque fois des artz liberaux et des artifices et artisans jusques aux plus mecaniques, sur lesquelz il accomodoit si bien et proprement les choses a leur poinct et par leurs vraiz termes et langaiges des noms et des outilz et pieces quil sembloit quil les eust aultreffois maniees pour parler a la fasson quil faisoit; de quoy et pour son eloquence il se

Le tholozam estoit fin et subtil.

Le tholozam estoit éloquent et grand orateur.

rendoit admirable a chacun, n'estoit touteffois profond en theologie mais bon historien et bien meslé a toutes sciences. Lequel du commencement de son arrivee qui fut le ixᵉ jour de decembre de ceste annee, ayant recongneu que le peuple de la ville estoit fort enclin a superstition et mutinerie, il delibera sen servir pour parvenir au commandement et a lauctoritee de la ville, et a ceste fin attira a soy peu a peu le coeur et la volunté de plusieurs habitans tant de credict que daultres mutins desquelz il se servoit a ses desseings scelon le temps et les occurrences qui se presentoit, mesmes s'aidoit des principaulx zelateurs et vraiz arcboutans de la ligue, lesquelz par frequentation il avoit attiré du tout a sa devotion qui lui portoient telle amitié que souventeffois ilz lui offroient tout ce quilz possedoient, faisant entre eulx grand estime davoir acces a cest homme que chacun appelloit M. nostre maistre le thoulouzam, se recitoient lun a laultre sa saincteté et bonne vie, par le moien de quoy il parvint aussitost a ses pretentions pour lauctorité et commandement en la ville quil mania comme il voullut aultant ou plus que les gouverneurs et magistratz telz quilz eussent esté, et nul ne lozoit contredire; et lorsquil se veit en tel credict et que chacun sinclinoit devant lui, il inventa et ordonna beaucoup de choses nouvelles pour publier davantaige son nom et auctorité, comme des nouveaux paradis es eglises quil nommoit par sepmaines ou il augmentoit tousjours quelque petite chose soit sur les hymnes qui se chantoient aux processions et visites soit sur les chantz quil retournoit aultrement que lordinaire; mesmes a letablissement quil feit de la garde des reliques et aultres dignitez mis et colloquez en ces parradis par lassistance de deux parroissiens qui se mectoient a genoux lun a costé de lautel et laultre a laultre, garniz de leurs heures ou il failloit regarder

Decembre 1589.

Ruze du Tholozam.

Les paradis forgez par le Tholozam.

Relicques gardez par deux parroissiens.

dedans sans intermission, aultrement qui refuzoit a faire ceste garde et office estoit reputé politicque et maheurtre (comme le Thoulouzam appelloit les gens de bien) et proscript avec sa femme et famille ; occasion que les soupsonnez estoient plus promptz a ceste faction que les aultres, encores portoient ilz a ces paradis les plus beaux joiaulx quilz pouvoient avoir en leurs maisons afin quilz ne fussent reputez maheurtres ou politicques, ressemblans a une bonne vielle femme qui estoit en devotion devant lymaige St-Michel, laquelle apres ses prieres faictes les deux petitz cierjotz quelle tenoit en ses mains les alla attacher lun a ceste ymaige de St Michel et laultre a la figure du diable qui estoit a ses piedz a la veue et regard dun prebtre, lequel sen alla reprendre ceste bonne vielle et lui remonstra sa faulte de ce quelle avoit attaché lun de ces cierjotz a la figure du diable, laquelle doucement lui feit responce quelle nestoit certaine au partir de ce monde quelle part elle yroit, et pourquoy elle desiroit se faire bien des deux parties pour estre plus doulcement traictée. Aussy les soupsonnez faisoient tout ce quilz pouvoient pour prendre acte de leur bonne volunté à la ligue, mais pour cela quant le tonnoire de mutinerie donnoit ilz courroient la mesme risque que les aultres. Retournant a notre M⁰ Le Thoulouzam, il ordonna aussy des processions tant ordinaire que extraordinaire avec acoustremens blancs pour signifier (comme il disoit) pureté et saincteté, inventa la revelation faicte a une jeune fille, fille dun des quatre cappitaines de quartiers de la ville estant descouverte seulle faisant ses prieres a la chappelle St Jehan Genebault par ung de ses mouchardz, lequel avec une buze de fer par la muraille percee a ses fins parla a ceste jeune pucelle dune bataille que la ligue debveoit gaigner, ce qui advint au contraire (comme il sera dict en suicte); feit aussy

Decembre 1589.

Il en est plus mplement parlé au 4ᵉ janvier 1590

Similitude.

sabelle Hubert.

Charles Delaplace

fut le vᵉ aoust 1.

faire grand estat de quelque chevelure et dignitez (comme il disoit) qui furent trouvez a Notre Dame de la profonde derriere labbaie St Jehan de Laon quil baisa le premier avec grande reverence, et apres tous les aultres a son imitation en faisant transporter ces dignitez ailleurs pour congnoistre si le peuple y prendroit goust pour en faire son profflct. Institua une confrairie des penitens approchans en vœux aucunement celles de son pais non pas si rigoureuse ou il attira la plus saine partie des habitans tant hommes que femmes quil oioit tous les mois (pour le moings) une fois en confession, en laquelle il proceddoit comme par vraiz interrogatoires dun juge criminel et les y tenoit tel et si longtemps quil voulloit et jusques a ce quil avoit recongnu tout le secret quil desiroit scavoir deulx, non seullement du gouvernement et police de la ville scelon la qualité du personnaige quil avoit devant lui, mais aussy de son mesnaige moyens et facultez desquelz il senqueroit diligemment, mesmes sur le desir de la chair au faict de mariaige, chose qui depleust fort a quelzques honnestes femmes qui sestoient mis a ceste congregation pour zelle de relligion qui ny voullurent plus retourner, lesquelles estoient menassez par ce reverend pere de les nommer par noms et surnoms publicquement en ces predications comme desvoieez de la foys ilz differoient la continuation de ceste confession auriculaire quelles avoient vouee et promis, tenoit par ce moien la conscience de ces penitens pour les manier a sa poste, ce qui causoit aux infirmes une tres grande aprehension du jugement de dieu sur le dire de ce beau pere, lequel parfois leur ymaginoit ung desespoir afin de les faire retourner souvent par devers lui comme leur garant, et davantaige senqueroit des mal affectionnez au party ligueu, adjurans ces penitens avec grandes execrations et maledictions silz ne luy en faisoient

Decembre 158°.

Il en est plus amplement parlé au x° janvier 1590.

Institution de la confrairie des pénitens par le Thozam ainsi qu'il en est parlé au xx° janvier 1590.

Quelzques femmes veullent quicter la confrairie des pénitens.

Decembre 1589. revelation pour seullement (comme il disoit) de se donner de garde et eviter la surprise de la place, ce qui apporta de grandz troubles en mesnaige parce quil y eust de sottes femmes qui decellerent les souhaictz de leurs mariz pour la fin de la ligue qui en furent fort mal traictez par apres. Confirmoit aussi souvent le sexe feminin en sa foi; pour recompense ce sexe au desceu de leurs mariz lui faisoit dons et presens de chemises colletz et mouchoirs de belle fine thoille, et pourquoy il estoit entretenu et coroboré en ceste saincte congregation de laquelle ce thoulouzam se feit le chef et patron avec une demonstration exterieure de toute saincteté, et puis apres effrontement bailla la seconde place a Monsieur levesque au logis duquel il se tenoit vivant delicatement et y commandant plus que le maistre qui ne lui ozoit en rien contredire tant il avoit enjambé sur lui dauctoritee et de puissance; et jusques la que ung certain jour ledit Sr Evesque voullant conjurer ung malin esprict qu'on disoit posseder une jeune fille du villaige de Landricourt pres Coucy-le-Chasteau nommee Barbe, lisant dedans le livre des conjurations en la presence dinfiny peuple, ce Thoulouzam daudace comme sil eust dict a levesque quil ny entendoit rien ou bien pour faire parroistre son auctorité osta le livre des mains de levesque pour luy mesme faire loffice comme il feit sur le champ au grand scandal de levesque qui receut cest affront. Bref ce jesuiste icy feit merveilles durant le temps quil a habité en ladicte ville et duquel plusieurs simples gens croioient veritablement quil eust une inspiration ou revelation divine, en ce que en la pluspart de ses predications il recitoit des choses secrettes et particullieres qui se faisoient en la ville au grand estonnement daulcuns, mais ilz ne se doubtoient pas quil en estoit adverty par ses espions et mouchardz desquelz il sestoit suffisamment garni qui lui rappor-

Dons et presens faict au tholozam par le sexe féminin de Laon.

Il en est encores parlé au xxe janvier 1590.

La fille estoit du villaige de Landricourt pres Coucy, admenee a Laon le xviie may 1592.

Affront faict a M^r levesque de Laon par le tholozain.

toient toutes ces choses peu auparavant quil montast en chaiere ; de quoy et des nouvelles de la guerre pour le general de la cause il prolongeoit ses predications au grand contentement des curieulx qui se delectoient a les entendre, et pourquoy ordinairement les habitans allans a la predication de ce personnaige se disoient l'un a laultre : allons oyr des nouvelles de nostre predicateur, desquelles il repaissoit souvent le peuple et plus que de la parolle de dieu. Voila doncques comme ce jesuiste entra en la ville de Laon en habit de brebis par une doulceur et simplicité, et comme il y sejourna en regnart par lespace de deux ans et demi, au bout desquelz quil veit la ligue diminuer en la sorte quelle faisoit, il se retira en la compaignie de ses freres jesuistes qui est composee de deux manieres de gens dont les premiers se dient de la grande observance, les aultres de la petite. Les premiers oultre les trois voeux ordinaire des moynes en ont une quatriesme, c'est dobeir au pappe et le recongnoistre souverain en terre par dessus toutes choses sans exception ou reserve en tout ce quil vouldra leur commander. Ceulx de la petite observance sont sans plus abstrainctz a deux voeux, lun regardant la fidelité quilz promectent au pappe, et laultre lobeissance vers leurs superieurs ; ces derniers ne vouent pas pauvreté ; ains leur est loisible de tenir benefice sans dispense, succeder a peres et meres, acquerir terres et possessions comme silz estoient seculiers. Cecy est la voie par laquelle ilz ont acquis tant de biens et richesses en ce nouvel ordre ; tout ce qui vient a ces petitz observantins par succession acquisition ou aultre praticque demeurent en la masse des jesuistes sans pouvoir estre repetee, car ceulx mesmes a qui il eschet ont voué obeissance. Et convient notter davantaige ung aultre voeu special de ces gens qui est dobeyr partout et en toutes choses a leur

Decembre 1589.

Le Tholozam arriva a Laon le IXe décembre 1589 et en sortit le XVIIe may 1592.

Decembre 1389. general et superieur qui est toujours espagnol et choisiz par le roy dEspaigne comme il est advenu jusques a present; et entre aultres motz de ce voeu sont ceulx cy : *que en jectant l'œil sur leur general, ilz ont a recongnoistre en luy Jesuscrist comme present.* De ces voeux et distinctions sont issuz de terribles entreprises, jusques a attempter sur les vies et personnes des princes, roys et roynes, comme les histoires des Pays Bas, dAngleterre et de France en font foy, et comme mesmes il sest veu puis nagueres a nostre roy Henry 4º par Jehan Chastel fils dun drappier de Paris induict par ces jesuistes; en sorte quil se veoit evidemment que ce sexe a esté inventee plus pour ruyner que pour ediffier. Il me souvient quil y a assez longtemps, moy estant a Paris a la poursuicte de quelzques affaires, il y avoit un proces notable duquel on parloit partout la ville comme chose nouvelle pour le faict de

Lautheur faict recit dun proces quil a veu à Paris entre l'Université de Paris et les jesuistes.

ces jesuistes, Mᵉ Pierre Versoris advocat plaidant pour eulx demandeurs sur requeste, et Mᵉ Estienne advocat pour l'Université ; lequel en son plaidoié noublia rien a deduire des memoires et instructions a luy donné par ceste Université, duquel jen tiray lors (comme feirent plusieurs de main en main) ung extraict que jay retrouvé parmy mes vieux pappiers, duquel je feray icy quelque mention comme venant a propos. Ceste cause fut plaidé en la grande chambre par deux matinees ou il y avoit une tres grande multitude de peuple ; ou ledit Pasquier advocat, pour faire congnoistre a tous la vraie source et origine de ces Jesuistes, uza de ces motz : que ung certain navarrois nommé Ignace qui tout le temps de sa vie avoit suivy les armes, ayant esté blessé en la ville de Pampelune (pendant qu'on le panssoit) se meit a lire la vie des peres, sur le patron desquelz il lui print oppinion de former tout la teneur de sa vie. Il saccoste de quelzques ungs, entre aultres dun nommé Mᵉ Pasquier

Brouet natif de Dreux, jurent une société ensemble, et estant Ignace guerry, ilz feirent quelque voiaige a Paris, Romme et Jerusalem, finablement se retirent dedans Venise ou ilz habiterent quelzques ans; et voyans que leur ypocrisie et superstition commençoit a estre suivie de plusieurs (car jamais une nouveaulté ne trouve faulte de suicte parmi ung peuple), prindrent la hardiesse se transporter a Romme ou ilz commencerent a faire profession publicque de leur ordre, promectans entre aultres articles deux choses, lune que le principal but estoit de prescher levangille aux payens pour les convertir a nostre foi, laultre denseigner gratuitement les bonnes lettres aux chrestiens; et pour accomoder leur nom a leur devotion ilz sappellent relligieux de la société du nom de Jesus. Ils se presentent au pappe Paul iiie de la maison de Farnese vers lan mil v^c quarante; cestoit lors que lAlemaigne commençoit a sarmer pour le remument de la relligion catholicque, et parce que la principalle disputte des allemans estoit sur la puissance du pappe que Martin Luther avoit voullu terrasser; ceulx cy dune confession toute contraire demonstrerent que le premier voeu quilz faisoient estoit de recongnoistre le pappe pardessus toutes les puissances terriennes, voire pardessus le concille general et universel de leglise. Le pappe qui du commencement avoit faict doubte de les approuver et depuis leur avoir permis de se nommer relligieux (mais a la charge quilz ne pourroient estre plus de soixante en nombre), commença a ceste promesse de lever loreille et ouvrir plaine porte a leur devotion, et apres luy Jules 3e jusques a ce que le pappe Paul 4e dict le Theatin qui a esté le premier promotheur de cest ordre les a auctorisez de tous poinctz avec toutes sortes de previllièges. Or comme leurs affaires se manioient a ceste sorte, il advint que levesque de Cler-

Decembre 1589.

Decembre 1569. mont, bastart du chancelier Duprat, les print en affection et eut envye de planter cest ordre dedans Paris ou il emmena Pasquier Brouet avec trois ou quatre aultres ; ceulx cy sur leur advenement se logerent petitement et sans bruict en une chambre du college des Lombardz, et depuis establirent leur habitation en lhostel de Clermont, rue de la Harpe, par la souffrance de celluy qui les avoit le premier introduict entre nous, celebrans leurs messes et prieres es jours de dimenches et festes en une chappelle qui est a lentree des chartreux. Voyans que leurs affaires succeddoient a propos, se presenterent par plusieurs fois a la court de parlement afin que leur ordre fust auctorisé par icelle, mais le procureur general Bruslart sopposa a toutes leurs requestes, non quil ne favorisast (entre tous les aultres) grandement la religion catholicque, ains pour ce quil redoubtoit sur toutes choses et craignoit les nouveaultez comme mere de plusieurs erreurs, mesmes en la relligion ; par quoy leur remonstroit que silz avoient le cueur totallement esloigné du monde, ilz pouvoient sans introduire nouvel ordre se confier sur les relligions anciennes de St-Benoist, Clugny, Citeaux, Grantmont, Premonstré et aultres approuvées par plusieurs concilles ou soubz les quatre mandians. La court non contente de ces remonstrances ne sen voullut pas croire toute seulle, ains eut recours a la faculté de theologie, laquelle par son decret les censura, partie pour aultant que quelzques unes de leurs propositions derogeoient aux previllieges de leglise gallicane, partie que se qualifians relligieulx ilz nen portoient lhabit ny ne se confinoient comme les aultres dans les cloistres, censure qui les esloigna de leurs projectz. Quelque temps aprcs decedda levesque de Clermont, lequel eur legua par son testament plusieurs grandz biens. Ce leg par eulx recueilly survindrent les premiers troubles, au commencement desquelz fut assemblé leglise gallicane dans Poissy. Des lors ilz commencerent dinterrompre leur longue sillence, et presenterent de rechef requeste a la court de parlement pour estre receuz et approuvez sinon en forme de relligion, pour le moings de simple college. Le parlement estima que cela regardoit les superieurs de leglise ; au moien de quoy il les renvoia a lassemblee de Poissy ou presidoit le cardinal de Tournon comme plus antien preslat, lequel dedans la ville de Tournon avoit fondé une compaignie de leur nom. Par lintercession dicelluy ilz obtindrent destre receuz en forme de societé et college tant seullement a la charge quilz seroient tenuz de prendre aultre tiltre que de Jesuistes, et se conformer par tout a la disposition canonicque sans entreprendre aulcune chose ny au temporel ny au spirituel sur les ordinaires, et que au preallable ilz renonceroient par expres aux previllièges portees par leurs bulles, aultrement que a faulte de ce faire ou que pour ladvenir ilz nen obtinssent daultres ceste approbation seroit nulle. Ce decret leur est emologuee par la court mot apres aultre scelon sa forme et teneur. Peu de temps apres ilz acheptent uug hostel size en la ville de Paris rue St-Jacques que lon appelloit la court de Langres, lequel ilz diviserent en deux demeures, lune pour les relligieux, laultre pour les escolliers. En ceste compaignie il y avoit lors plusieurs personnaiges doctes, entre aultres frere Edmond Auger et Maldonnat, cest Auger grand predicateur, et Maldonnat versé et nourry en toutes sortes de langues et de disciplines, grand theologien et philosophe ; ceulx cy envoyez par deça pour anoncer leur doctrine furent tres favorablement recueilliz et attirerent une infinité descolliers a eulx. Se voians avoir le vent en poupe, presenterent requeste au recteur de Paris afin destre uniz et incorporez au corps de lUniversité. Lors fut faict congregation solempnelle aux

Decembre 1569.

Decembre 1589. Mathurins, par laquelle fut conclud quilz declareroient avant que passer oultre quilz prendroient qualité de reguliers ou seculiers qui estoit les reduire en grande perplexité, car de nier quilz fussent reguliers cestoit desmentir leur voeu, de dire aussi quilz le fussent cestoit contrevenir a ce quil leur avoit esté enjoinct a Poissy. Pour ceste cause ne prenant qualité precise lUniversité les deboutta de leur requeste. Ilz ne se rendent pas pour cela; ains ont recours au parlement afin de gaigner par contraincte sur lUniversité ce quilz navoient pu obtenir de gré. Touteffois ceste cause ne fut jugé; ains les parties furent appoinctees au conseil, qui est proprement a dire le proces pendu au crocq; et croy bien quil na esté wydé pour les grandz troubles qui survindrent du depuis en ce royaulme.

La premiere predication que le Tholozam a faict a Laon.

Le dixiesme jour de decembre audit an, notre M⁰ le Tholozam commença a prescher a la grande eglise nostre dame de Laon assez doctement et avec toute modestie sur lunion et concorde qui se debveoit tenir entre citoiens.

Rejouissance faicte au mariage de M⁰ Claude Legras avec la fille d'Innocent Labiche.

Le XI⁰ jour de ce mois se feit le festin de nopces de M⁰ Claude Legras de son second mariaige avec lune des filles dInnocent Labiche. Il fut faict ce jour la grand bruict par des petartz mis expres et a ce subject dans la cour du Roy. Il ne fault dire comme ce festin estoit rempli de zelez et affectionnez au party de la ligue (aussi comme on dict communement chacun cherche son pareil). Ces deux hommes icy durant que la ville a esté ligueuse se sont monstré les plus pervers cruelz et inhumains quil a esté possible pour habitans de ville contre leurs compatriotes et plus en cachette qu'a descouvert, tous deux rempli denvy de dominer, ne sexerceans a aultre chose qu'a esmouvoir les mutins pour uzer de vengeance et a entretenir leurs praticques afin de parvenir a leurs intentions quilz obtinrent finablement, asscavoir Legras de lestat de prevost de la citté pour estre juge civil et criminel des habitans, et Labiche pour estre juge politien, lesquelz durant leur temps ont ocultement faict de grandz maulx (comme il sera dict en son lieu). Par ceste nouvelle alliance ilz se mirent touz deux en oppinion que personne de la ville neust ozé sopposer a leur volunté, et des lors ilz se mirent a lever les cornes plus qu'auparavant et a desdaigner les plus grandz.

Ce mesme jour fut advisé au conseil de la ville de loger le jesuiste predicateur en la maison et prieuré de St Nicolas du val des escolliers que nous appellons communement St Nicolas cordelle, lieu trouvé propre et spacieux tant pour lui que pour les enffans de la ville quil promectoit instruire aux bonnes lettres et les cathechizer sur tous les poinctz de la relligion catholicque. Et pour linstaller en ce prieuré fut prié Mr levesque de Laon et labbé de St Vincent sy transporter, lesquelz avec ce tholozam assistez de plusieurs habitans furent devant la porte quilz trouverent fermé par les relligieulx de la dedans qui avoient resolu ny point recepveoir le jesuiste; pourquoy apres avoir hurté par plusieurs fois feirent enfoncer la porte avec violence et trouverent dedans la court les relligieulx qui sopposerent a lentree qui furent repoussez et bien battuz par soldatz et aultres canailles qui se paierent de leurs vaccations par la prise d'aulcuns meubles de ces relligieux.

Le xII^e jour de decembre, Jehan Courtier bourgeois de ladite ville dassé antien aage et qui des longtemps auparavant avoit eu lesprit troublé ou esgarré, oyant ung bruict de quelque faulce allarme qui survint dans la ville, penssant que la place estoit surprise de lennemi, print lor et largent quil avoit en sa maison, rompit et briza quelzques pieces et jecta le tout en la rue par les frenestres; de ceste largesse ou folie plusieurs gens en feirent leur proffict au dommaige de

Decembre 1589.

Le Tholozam est logé a St-Nicolas Cordelle.

Folie de Jehan Courtier.

Decembre 1589. Jehan Courtier qui perdit bien c ou vi^{xx} escus scelon le rapport de sa chambriere qui ny sceut donner remede; et puis apres print ses tiltres et pappiers quil jecta dedans le feu et les feit consommer.

Le chasteau de Presles surpris par les realistes.

Le treiziesme jour de ce mois de decembre, le chasteau de Presles mal gardé par la ligue fut surpris la nuict par dix ou douze soldatz du party du Roy qui butinerent si peu quil y avoit dedans. Ceste prise tourmenta fort les habitans de Laon et aussy trois ou quatre bons villaiges des environs le chasteau, occasion que ceulx de Laon craignans pareille surprise du bourq de Pierrepont envoyerent le xiiie de ce mois des soldatz de leur garnison pour fortiffier la place et soullager les habitants de ce lieu; mais ilz furent refusez.

Le cappitaine du Mesnil est remercié de son service par la ville de Laon.

Le quinziesme decembre, pour quelque deffiance que le conseil de la ville de Laon eut de la personne du s^r du Mesnil conducteur de la cavallerie pour ne voulloir executer leur passion sur lennemi, il fut licencié et remercié du service quil avoit faict a la ville ou il sestoit fort bien acquicté de sa charge; cestoit bien ce que ce gentilhomme demandoit pour ce quil ne se pouvoit compatir avec infiniz mutins et seditieux qui voulloient que ses prisonniers de guerre fussent maltraictez, et lui voulloit le contraire. Ceste licence fut aussi rapporté a ceulx de Crespy qui se mirent aux champs, empeschans par tous moyens qu'aucun apport ne se feit a la ville de Laon des denrees ordinaires, tellement que le lendemain jour de sebmedi il ny avoit rien du tout au marché, chose qui estonna fort les habitans, chacun desquelz parloit diversement de ce default baillant tantost le trot a lun, tantost a laultre par le moyen de divers commandeurs et chacun a sa fantaisie.

Le dimenche xviie jour de decembre, Pierre de Huz tonnellier et Charles de Laplace boucher estans proche des faulxbourgs de Laon furent faictz prisonniers de guerre par ceulx de Crespy menez et conduitz en ce lieu, ce qui donna telle craincte aux habitans quilz nozoient plus passer oultre les barrieres des portes tant ilz avoient peur des ennemis, pour ce que souvent ilz alloient a travers les faulxbourgs faignans estre de la garnison de la ville, et soudain quilz trouvoient leur proie lenlevoit et nul nozoit les suivre a cause des embuscades quilz faisoient ordinairement.

Decembre 1589.
Deux habitans de Laon pris prisonniers pres la ville et menez a Crespy.

Le mercredy veuille St Thomas xxe jour de decembre, Jehan Mercigay, Jehan Dassonneville et Jehan Roullier, prisonniers demeurez a Paris du nombre des vii dont a esté parlé, estans de retour en ce pais (avec ung arrest par eulx obtenu de la court de parlement de Paris qui portoit quilz seroient eslargiz des prisons avec main levee de leurs biens et deffenses a toutes personnes de leur faire aulcun tort mesmes quil seroit signifié aux habitans de la ville de Laon afin quilz nen pretendissent cause dignorance), presenterent requeste a ladicte ville tendant a rentrer dedans ou bien leur assigner lieu de retraicte asseuree pour leurs personnes du party de la ligue. Sur ceste requeste aulcune responce ne leur fut faicte, ce qui rendit ces trois hommes bien empeschez en leurs projects, ne scachans ou se mectre en refuge ; pourquoy il leur eust mieulx vallu faire ainsy qu'avoient faict leurs aultres quatre compaignons qui sestoient evadez arriere liniquité et injustice qui sexerçoit lors, sans avoir emploié tant damis et dargent comme ilz avoient faict a Paris attendans a la conciergerie ce beau arrest duquel la ville de Laon nen tenoit pas grand compte.

Jehan Dassonville, Jehan Mercigay et Jehan Roullier revenuz de Paris avec ung arrest de la court.

Ce mesme jour lettres furent receuz a la ville de Laon de la part du duc du Mayne, par lesquelles il mandoit quil esperoit de bref livrer bataille au Roy et

Lettres envoicés à Laon pour faire prieres.

qu'on se meit en prieres et oraisons afin quil peust obtenir la victoire.

Le jour St Jehan levangeliste xxvii° jour de decembre, l'abbé de St Vincent oyant les plainctes et doléances de ses relligieulx sur le faict de la marmitte a laquelle on ne pouvoit plus fournir, leur bailla permission deulx retirer chez leurs parens et amis ou bien ou bon leur sembleroit jusques a la fin de ces guerres, ce quilz accepterent tres voluntiers pour avoir plaine liberté comme ilz desiroient, et de faict ces devotz relligieulx habandonnerent du tout leurs brevieres et se mirent la plus part a porter les armes pour la cause, ou ilz ne furent longtemps pour aprendre les actes vicieux qui se font a la guerre, lesquelz a leur retour il fut assé difficile de les remectre en leur debveoir pour avoir pris trop grande liberté.

Les relligieulx de l'abbaie St-Vincent sont licentiez de leur abbaie.

Le jour des Innocens xxviii° jour de decembre, il se feit une procession generalle des petitz enffans de la ville de Laon bien jusques au nombre de vi a vii° qui tous estoient accomodez et vestuz de linge blanc une partie a piedz nus encores que lors il feist bien froid pour la gellee et la neigle. Ces petitz enffans furent conduitz (par deux personnaiges nouveaux arrivez se disans Jesuistes de la petite observance qui instruisoient les petitz enffans de la ville par la permission du tholozam et les cathechisoient), depuis labbaye St Martin jusques a leglise Notre Dame nonobstant toute froidure et vent de bize qui causa des malladies a plusieurs dentre eulx. Ceste procession ainsy bien menee et dressee fut trouvé belle par les ypocrites, qui fut cause den faire continuer des pareilles assez longtemps par hommes et femmes vestuz et accomodez du plus beau linge quilz pouvoient trouver a lenvie lun de laultre, et a ces processions ilz estoient rengez par personnes comme font les sergens de bande afin de leur faire tenir bon ordre, ce qui estoit fort agreable

Procession faicte a Laon par bon nombre de petitz enfans.

au pere Tholozam parce que par cest exercice il congneut la devotion et linclination des habitans a nouveaulté, pourquoy il ne soublia pas den inventer sur les occasions qui se presenterent comme il sera dict en son lieu.

Decembre 1589.

Ce mesme jour des Innocens fut renvoié en ceste ville de Laon Pierre de Huz et Charles de la Place prisonniers a Crespy pour retirer des prisons dicy Jehan Tristrand et ung nommé de Nyvelles de Mons en Lannois par accord faict a la solicitude et dilligence des parens des prisonniers, aussi que ces quatre prisonniers icy ne faisoient qu'empescher les prisons, joinct quil ny avoit esperance den tirer aulcune ransson, a tout le moings si peu que cela neust guerres rempli la bourse des soldatz qui avoient faict les prises, ce qui fut congneu aux grandes peines quilz eurent a paier leur nourriture et fraiz du geolaige.

Eschange de prisonniers.

Le dernier jour de decembre de ceste annee 1589, le conseil de la ville de Laon envoia des billetz a plusieurs gentilzhommes du pais qui estoient en leurs maisons, qui contenoient que commandement leur estoit faict deulx trouver au ban et arriere ban de Mr le duc du Mayne pour avec leur chevaulx faire service a lUnion des catholicques, et que pour ce faire ilz eussent a se trouver en ladite ville de Laon au xxv° jour de janvier ensuivant pour de la estre conduictz au camp du duc. A ces mandemens il ny eut pas grand presse dy satisfaire, synon de quelzques ungs qui prindrent acte de leur comparution pour eviter destre par apres couru par la garnison pour navoir obey auxdictz mandemens.

Billetz envoies aux gentilzhommes de la ligue pour le ban et arrière ban.

DEUXIÈME PARTIE.

Le premier jour de janvier m. v° iiii**x, les habitans de Craonne feirent une assemblee generalle entre eulx pour former le party quilz voulloient tenir. A ceste assemblee les realistes se trouverent en plus grand nombre qui arresterent de tenir le party du Roy. Ceulx qui ne le voullurent signer sortirent hors et feirent retraicte en la ville de Laon ou ilz soliciterent tant quilz peurent la ruyne de ce bourq, avec instructions quilz donnerent aux cappitaines de la garnison des moiens quil y failloit tenir et du grand proffict qui leur reviendroient ; finablement la garnison y fut qui print ce lieu et fut le butin rapporté et les ligueurs installé a la place des realistes, mais quelque temps apres les realistes reprindrent le bourq et le pillerent, tellement que par moien tous les habitans tant realistes que ligueurs furent renduz esgaulx par leur malice.

Janvier 1590.
Le bourg de Craonne pris et repris des deux partiz.

En la ville de Laon y avoit une continuation de cherté de bois et charbon pour lempeschement de lapport faict par les ennemis sur les chemins (comme il a esté dict), qui fut cause que le deux° janvier la garnison sortit secretement de la ville pour oster cest empeschement du costé des villaiges de Cessieres, Suzy et Molinchart, dou venoit le plus grand apport de bois et charbon, laquelle garnison salla embusquer sur ces chemins ou fut attrappé unze soldatz faictz prisonniers et quelzques aultres tuez a la bordee, ce qui provocqua les Srs de Haraucourt, d'Armentieres et aultres gentilzhommes estans lors a Crespy de se presenter comme ilz feirent au bas de la montaigne de ceste ville de Laon des le lendemain troisiesme jour de janvier avec environ deux cens chevaulx pour

Soldatz de Crespy pris prisonniers par ceulx de Laon.

19

Janvier 1590.

tascher a faire sortir a escarmouche la garnison; touteffois elle ne bougea pour nestre bastante contre eulx ; ceulx de Crespy approcherent si pres quilz furent sur le champ lamoureux pres la fontaine de Brunehault dou on les oyoit crier apres ceulx de la ville avec beaucoup dinjures pour les inciter a sortir, mais personne ny alla.

Predication du Tholozam ou on commence a le congnoistre.

Le quatriesme jour de janvier, le jesuiste Tholozan en sa predication (pour entretenir le peuple mutin qui souvent lalloit visiter et afin dattirer a soi le cœur de plusieurs qui lui avoit faict recit des choses passees en la ville) dict que sil eust esté en la ville de Laon lors des emprisonnemens qu'on avoit faict de plusieurs traistres, il eust bien empesché qu'on les eust conservé comme on avoit faict, la ou il remarquoit qu'on avoit faict une tres grande faulte davoir gardé de telz viperes, qu'on les debveoit avoir massacré lors de leurs prises, et puis apres des pieces de leurs membres les attacher en plusieurs endroictz pour faire trembler les aultres desloiaulx ; que davoir attendu ung bon jugement de la court de parlement de Paris on nen debveoit point esperer pour ce que les juges de la estoient aussi corruptibles que ceulx de deca. Et sur ce subject se meit en grande collere, disant aux assistans quilz voyoient bien a present que la pluspart de ces prisonniers la leur faisoit aujourdhuy la guerre et qui divulguoit a lennemy le secret de leur ville, en quoy ilz pouvoient congnoistre quilz ne les avoient deu laisser eschapper, et sy avoit davantaige quil avoit entendu par gens digne de foi quil y avoit encores dans la ville beaucoup de semblables gens, a quoy il failloit remedier craignant le peril, que si les superieurs ne sen voulloient mesler lui mesmes y travailleroit pour la conservation du publicq. Ce fut la premiere predication ou on congnut la vehemence de sa collere quil avoit jusques la retenu, mais le fin et ruzé quil estoit il marchoit de pied en pied scelon lauctoritee quil avoit gaigné. Touteffois les propos quil avoit tenu de la justice ne se passa ainsy, car incontinent apres il en fut repris par cinq ou six des grandz de la ville vers lesquelz il sexcusa assé doulcement, confessant que sa collere l'avoit transporté plus que son debveoir l'obligeoit, mais quil y avoit esté poussé sur ce que lon lui avoit faict entendre que ces prisonniers sortiz estoient cause de la neccessité que la ville souffroit lors, ce qui lavoit provocqué de parler de la fasson quil avoit faict, que neaulmoings il le repareroit en sa premiere predication comme il feit peu apres, ou il changea ses parolles avec une interpretation quil avoit entendu et entendoit parler en particullier des meschans et vicieux en la justice et non du general, quon scavoit bien quil y avoit de lexception partout. Par ceste remonstrance qui lui fut faicte il recongnut quil nestoit encores bien establi en son aucteritee jacois quil y eust beaucoup de personnes de nom qui alloient pardevers lui (comme a ung homme de Dieu) faire des questions de plusieurs choses sur le faict de la conscience. Occasion quil trouva expédient de commencer ses affaires par superstitions, a quoy il congnoissoit le peuple estre fort enclin; et pour commencement dentree manda pardevers lui les curez des parroisses de la ville non ensemble mais particullierement, et avec eulx devisant les pria de prendre garde aux actions de leurs parroissiens, leur demanda les moiens quilz pouvoient tirer de leurs cures, et pour ce quilz se plaignoient de leurs neccessitez, ce Tholozam (pour les tenir a sa devotion) leur promit faire en sorte quilz auroient augmentation, et quil estoit raisonnable (scelon le dire de St-Paul) que qui sert a laultel il fault quil vive de laultel, et soubz ceste esperance les renvoia. Suyvant son project, apres avoir conferé a levesque qui trou-

Janvier 1590.

Le Tholozam tire les curez des parroisses de Laon a sa devotion.

Janvier 1590.

Institution de plusieurs choses forgees par le Tholozam.

Leucaristie et reliques gardez par deux parroissiens.

Il failloit trouver bon tout ce que le Tholozam ordonnoit.

voit bon tout ce quil faisoit, il ordonna a chacune eglise de la ville et par chacune sepmaine des oratoires et paradis pour y aller tour a tour en procession la ou il se forgeoit de jour en jour tousjours quelque chose de nouveau, soit es processions blanches piedz nudz ou aultrement par des chants nouveaux, aux hymnes prieres et salvez, comme le chant nouveau de Stabat Mater et qui a demeuré longtemps depuis. Plus ordonna que ces oratoires seroient honorablement tapissees et le lieu enrichy de plusieurs joiaulx qui seroient mis sur ung aultel choisi a leglise propre pour ceste affaire, sur lequel aultel et au millieu seroit mis le St Sacrement de lEucaristie enfermé jusques a la venue des processions, et allentour seroit mis des plus precieuses reliques quon pourroit trouver avec quantitee de cierges ardans, le tout mis a la garde de deux hommes de la parroisse, lun a costé de laultel et laultre a laultre et a genoulx faisans leurs prieres et ce par lespace dune heure, laquelle passee on en feroit mectre deux aultres en leur place qui seroient rellevez par les marguilliers comme sentinelles, ce qui fut faict et observé, et noublioient les marguilliers de pozer un grand plat sur laultel pour recepvoir les benictes aulmosnes des gens de bien estans a ces paradis. Aux eglises ou estoit ordonné ces oratoires se disoit durant leur sepmaine et tous les jours matines messes et vespres tout ainsi qu'au jour de pasques et avec aultant de cerimonies. Les riches ypocrites le trouvoient bon et non pas les artisans, et gaigne deniers daultant que leur gaing cessoit; mais quoy il failloit trouver bon tout ce qui proceddoit de lordonnance de ce tholozam qui repaissoit le peuple par ses predications de patience et quil failloit appaiser lire de Dieu par ces processions pour par apres avoir une grande liberté, laquelle ne serviroit pas seullement pour eulx mais a ladvenir a toute leur posterité (comme il disoit), et que par la benediction que dieu donneroit a la terre, elle deviendroit beaucoup plus fertile quelle nestoit a present quasi maudicte du tout a loccasion dun tas dhereticques maheurtre et politicque desquelz par neccessité il failloit repurger le royaulme. Par linstitution de ces oratoires et processions nouvelles, le tholozam congnut quil avoit assez bien joué son jeu jusques la pour attirer le peuple a lui, ayant mesmes ja esblouy les yeulx de la plus grande partie des habitans des plus clers voians qui le respectoient et le reveroient comme ilz eussent faict ung prophete de Dieu, ce qui le poussa a continuer ces superstitions ou il voioit le peuple fort adonné. Et la dessus il sy presenta une assé belle occasion qui fut que ayant esté par les gouverneurs et cappitaines de la ville avec des maitres ouvriers, visité le circuit de la place pour remarquer les endroictz les plus foibles affin de les fortiffier, trouverent neccessaire de faire abatre une grande eglise nommee Notre dame la pro fonde qui estoit derriere les bastimens de labbaie St Jehan size par lun des costez sur la muraille de la ville; pourquoi les ouvriers aussitost y furent mis pour en faire la desmolition, faisant laquelle qui estoit le dixiesme jour de janvier M v^c III^{xx} dix, et commenceaut au pavé de ladicte eglise fut trouvé une petite laictte dedans laquelle y avoit des cheveulx enveloppez de vieulx taffetas avec une petite bouteille de verre dedans laquelle y avoit de lhuille. De quoy aussitost notre m^e le tholozam en fut adverty par ses surveillans, lequel incontinent sy transporta avec quelzques ungs quil appella pour recongnoistre et remarquer ceste dignité. Le peuple voyant aller ce saint homme en personne a ceste eglise sy achemina aussi en grande multitude parlant diversement de ce faict, ou estant exhibé a notre m^e ces choses trouvees qui en feit grand cas, regardant le tout fort curieusement et avec ung grand es-

Janvier 1590.

Desmolition de l'église N^{tre}-Dame la Profonde.

Janvier 1590.

tonnement, finablement il jugea estre de la chevelure de Notre Dame ou bien de Madame Ste Salberge quil avoit entendu estre enterree en ceste eglise ; et pourquoy il ordonna aux relligieulx de la dicte abbaie St Jehan de les benire et les collocquer avec leurs aultres relicques, comme ilz feirent depuis avec grandes cérimonies les baillant a baizer a tous venans avec emolument.

Pierrepont surpris par les ligueurs.

Le xi⁰ janvier les garnisons de Laon et Marle joinctz ensemble avec plusieurs paisans ramassez, deuement advertiz du peu de garde et de deffense quil y avoit dedans Pierrepont ou commandoit lors le cappitaine La Pierre (pour labsence du Sʳ de Marelessart) avec quelzques soldatz, et y donnerent si brusquement quilz forcent les gardes de ce bourg ou fut tué v ou vi hommes et faict plusieurs prisonniers ; entre aultres le cappitaine La Pierre fut pris par le cappitaine Monjou qui le mena a Marle, bien heureulx de nestre mené a Laon ou il eust esté mal traicté pour avoir quicté leur party. Il fut faict un grand ravaige dans ce bourq; le buttin fut mis hors, mené et conduict tant a Liesse que aultres endroictz ; ce faict le feu fut mis a la porte du bourq et desmoly quelzques endroictz des murailles pour rendre la place vague et sans retraicte.

Grande cherté a Laon de bois et charbon.

Le xiiii⁰ janvier et jours suivans, pour lempeschement que ceulx de Crespy continuoient faire aux gens des villaiges pour lapport de bois et charbon et pour la grande froidure quil faisoit lors , le menu peuple de Laon fut contrainct se jecter aux haies buissons et arbres proches et allentour de la ville mesmes aux escharsons ; de quoy il ne se faisoit aulcune reprehension et estoit tolleré a raison que chacun voioit la grande neccessité quil y avoit de bois et charbon dans la ville et que les plus riches estoient sans provision.

Le xviii⁰ janvier, la garnison de Laon mise dans

Liesse pour faire la guerre aux ennemis s'en alla ce jour la vers Aizelle, Saint-Thomas et Berrieu piller et ravager les bestiaux des paisans ; de quoy adverty le sieur de Berrieu et quelzques gentilzhommes qui joignirent a eulx les paisans (qui poursuivoient leurs bestiaux), sallerent jecter de furie et sans recongnoistre sur la cavallerie de Laon qui se meit aussi tost en desroutte habandonnant son infanterie, a laquelle commandoit le cappitaine Tourtebatte qui print telle espouvante que sans faire aulcune résistance quicta et habandonna ses gens pour se saulver a la course dans ung petit bois proche de la, ou il fut suivy des siens en grand desordre et a qui mieulx ; ceulx qui demeurerent derriere furent mal traicté des paisans qui en tuerent douze ou quinze sans resistance ; de ceste perte et desroutte, ceulx de Laon en furent fort faschez, qui delibererent de ne se plus servir de ce cappitaine Tourtebatte, lequel fut a ceste occasion le xxi⁰ janvier ensuivant cassé de sa compaignie.

Janvier 1596.

Charge faicte sur les ligueurs par le s⁰ de Berrieu et aultres.

M⁰ Claude Dennet qui avoit donné assé longue sillence a ses desirs et pretentes sur l'inquisition d'Espaigne quil avoit tasché destablir dans Laon, et de quoy a esté parlé, lui sembla qu'il estoit temps de reveuiller ceste affaire, et que le jesuiste Tholozam seroit fort propre a remectre sus son entreprise pour avoir consideré ses actions et son auctorité ne voullant sendormir a si belles actions quil lui sembloit se presenter. Pour y parvenir va trouver le Tholozam en sa chambre, avec lequel il confera de ceste inquisition quil disoit neccessaire pour le party, et quil lui seroit aisé de lestablir ayant recongneu son auctorité et son credict a lendroict des plus signalez habitans de la ville qui trouvoient bon tout ce quil ordonnoit, avec ce quil y apporteroit de sa part (et daultres personnes de qualité quil avoit en main) tout ce quil lui seroit possible, et pourquoy le prioit d'y adviser aux moiens ;

M⁰ Claude Dennet s'efforce d'introduire l'inquisition à Laon par l'auctoritee du Tholozam.

Janvier 1590. le Tholozam lui feit response que ce faict estoit de grand poix et que lestablissement de telle chose seroit fort difficile a faire, touteffois quil adviseroit des moiens quon y pourroit tenir, le remect a une aultre fois pour en parler ensemble plus amplement et avec plus de comodité. Depuis ce temps le Jesuiste ayant descouvert de Dennet son credict a la ville et lobeissance qu'on lui vouoit partout (qui lui estoit auparavant incongneu) se delibera desconduire Dennet (comme il feit) de sa poursuicte, lui remonstra la chose estre impossible pour une seulle ville, laquelle pour ceste occasion pourroit estre delaissee et habandonnee des aultres du party de l'Union, et que ce mot dinquisition estoit fort odieux en France. Avec ce refuz, Dennet se retire, prie le Tholozam de nen faire bruict de sa poursuicte, lequel au lieu de ceste inquisition ayma mieulx creer et establir (comme il feit) le xx^e jour de janvier m v^c iiii^{xx} dix une confrairie de penitens noir vestuz quil feit nottifier a tous comme venant de lui, de laquelle il se feit chef et patron; pour la seconde place Monsieur lEvesque de Laon laccepta, et apres lui beaucoup daultres et de toutes sortes et manieres de gens qui se mirent de ceste confrairie, lesquelz feirent voeux, jurerent dentretenir et observer de poinct en poinct les articles a eux exhibez par le tholozam et quil avoit dressé a sa volunté, se garnit de surveillans telz quil lui sembloit propre a telle affaire, meit par escript sur ung gros registre les noms et surnoms des penitens confreres et consoeurs et le jour de leur presentation et reception, ce qui les faisoit haster pour avoir lhonneur destre des premiers; bref au commencement il ny avoit poinct de place, car a chose nouvelle il ny a poinct faulte de suicte du peuple. Leur service fut commencé le xxviiie jour de ce mois de janvier avec aultant de ceremonies que rien de plus; les articles composés par ce jesuiste pour les voeux

Creation et etablissement de la confrerie des penitens par le Tholozam.

m'avoient esté mis en main que jesperois les rediger icy, mais je les ai perdu; il me souvient que entre aultres choses que ces confreres et consoeurs estoient tenuz tous les mois daller a confesse au tholozam qui les tenoit bien souvent deux ou trois heures sur ses demandes et responses, et par ce moien il descouvroit toute leur volunté et affection, a quoi aussy il se servoit de ladvertissement que ses surveillans lui donnoient de la condition et qualité du personnaige qui se presentoit devant lui a ceste confession auriculaire qui decelloit bien souvent (estant pressé) ses plus proches parens pour mal affectionné au party ligueu, de quoi il en survenoit de grandz debatz querelles et inimitiez entre eulx.

Janvier 1590.

Le xx⁰ janvier fut faict une publication par les carrefours de la ville de Laon, par laquelle deffenses estoient faictes a toutes personnes de parler contre la saincte Union des catholicques en peine de la vie, et de communicquer par lettres ou aultrement a lennemy en peine destre jecté hors la ville, leurs biens confisquez et venduz au proffict de la cause; les faulx rapporteurs tendans a sedition avoient esté cause de ceste publication, ce qui bailla grand craincte a plusieurs des soupsonnez pour les faulx tesmoings quilz craignoient, pourquoi a leurs despens ilz taschoient a hanter et frequenter les mutins et seditieux pour leur complaire et uzer envers eulx de liberalité.

Deffenses faictes par publication de parler contre la ligue.

Environ ce temps M⁰ Robert Labiche dict Tellot, conseiller au siege presidial de Laon, filz aisné de Innocent Labiche, pour parvenir a ung massacre deliberé et projecté avec ses semblables mutins et seditieux, sen alla environ le minuict devant la grand porte de levesché ou estoit logé en une chambre haulte notre maistre le tholozam, et en ce lieu cria tant quil peust et par diverses fois avec une voix contrefaicte disant ces motz : Tholozam la ligue est foutu, elle a

Invention dun mutin pour parvenir a un massacre.

Janvier 1590. chié au lict ; les voisins oyans ce criart courrurent après, lequel penssoit sevader et faire aisé retraicte a la faveur de la nuict, touteffois il fut attrappé a la course dun qui alloit au bois pour le corps de garde de derriere les murailles, et congneu pour tel quil estoit asscavoir pour ung des principaulx de la race des plus mutins de la ville, pourquoi on le laissa aller ; ceste prise et recongnoissance fut bonne pour plusieurs, car sil neust esté recongneu sans doubte il en fut arrivé de grandz inconveniens par exhil massacre ou aultrement, car jamais le tholozam neust passé ce faict sans grandement esmouvoir le peuple en sa predication ; et ceste malice de Thellot se passa doulcement et sans bruict.

En ce temps les faulx rapports et flatteries estoient fort en usaige qui bailloient subject de faire dire souvent choses nouvelles, comme il advint q'un flatteur *Adam Gerault.* meit en haine Me Jehan Bodin dict de St Aman allencontre du tholozam (qui lors estoit une forte partie), auquel ce flatteur avoit faict recit que Bodin avoit mal parlé de lui sur lentreprise de son auctorité fort petite a son arrivee, lui desduisant faulx propos. Pour sen venger couvertement par le tholozam (apres sestre dilligemment enquis des faictz et comportemens de Bodin et de sa renommee en la ville) confera avec le conseil secret ou il meit en faict quil estoit deuement adverty que ce personnaige avoit infiniz livres censurez *Le Tholozam contrefaisoit lors le mallade.* en sa maison, mesmes de la magie, et que telle chose en ce temps ne se debveoit tollerer pour la consequence que ce seroit garder l'ire de Dieu dans la ville. Scelon le project et deliberation faict entre eulx, on envoia querir Bodin pour aller a levesché, ou il fut accusé de ce faict et encores de quelzques propos mal sentant de la foi et contre les ecclesiasticques, lequel nonobstant sa denegation et tout ce quil alleguoit il fut arresté quelque temps, pendant quoy on alla a son estude ou il fut trouvé quelzques livres censurez qui furent publicquement bruslez devant sa maison, ce qui lui feit ung grand scandal parce que le bruict estoit par toute la ville que cestoient tous livres de sortilege ; fut aussi trouvé une demie feuille de pappier escripte non de la main de Bodin mais dune aultre incongneue ou estoit escripte la vraie genealogie de Henry de Bourbon roy de France et de Navarre a present regnant et de la descente de la maison de Bourbon, laquelle fut porté a levesché et baillé a la compaignie qui estoit telle.

Janvier 1590.

M⁵ Jehan Bodin arresté a levesché et ses livres censurez bruslez a la rue publicquement.

St Lois roy de France eut deux fils, laisné Philippes 3ᵉ surnommé le Hardy et Robert puisné conte de Clermont. De ce Robert et Beatrix fille dArchambault de Bourbon nasquit Lois conte de Clermont et premier duc de Bourbon faict par le roy Philippes de Valois ; lequel Lois espouza Marie contesse de Hainault et eut deux filz, Pierre et Jacques. La lignee des masles de Pierre est du tout faillie et nen est resté que celle de Lorraine et de Savoie du costé des femmes. De Jacques de Bourbon puisné de Loys et de Jehanne de St Paul sa femme est yssu Jehan de Bourbon conte de La Marche ; de Jehan de Bourbon et de Catherine contesse de Vendosme est yssu Loys de Bourbon conte de Vendosme ; de Loys de Bourbon et de Jehanne de Laval sa femme est yssu Jehan de Bourbon ; de Jehan de Bourbon et de Ysabeau sa femme est yssu François conte de Vendosme ; de François conte de Vendosme et de Marie de Luxembourg contesse de St Paul est yssu Charles de Bourbon ; de Charles de Bourbon et de Françoise dAllençon sa femme est yssu Anthoine de Bourbon roy de Navarre laisnel, François duc dAnguien, Charles cardinal de Bourbon, Jehan duc dAnguien, Marguerite mariee au duc de Nevers et Lois de Bourbon prince de Condé ; de Anthoine de Bourbon laisnel est yssu Henry de Bourbon a present

Genealogie de notre Roy Henri 4ᵉ.

Janvier 1590.

roy de France et de Navarre et Catherine princesse de Navarre sa soeur.

M. Jehan Bodin est renvoié à sa maison,

Il print bien a Bodin quelle nestoit escripte de sa main et qui maintint que si elle avoit esté trouvé en son estude elle y avoit esté mise et jecté par ses haineurs faisant la recherche de ses livres ou il debveoit estre present. Il fut par apres renvoié en sa maison avec estroicte deffenses de ne faire ni escripre chose au prejudice de la ligue en peine de la vie ; il sceut bien du depuis que ceste charité lui avoit esté prestee par le tholozam qui lui estoit ennemi couvert, comme encores daultres du conseil secret qui se servoient de lui comme dun baston a ruer aux noix et quant ilz en avoient a faire ; il lui eust mieux pour son honneur sortir la ville au commencement de ces guerres comme feirent beaucoup daultres de sa qualité sans nager entre deux eaues comme il penssoit faire ou il a perdu tout lhonneur et la reputation quil sestoit acquis de longtemps.

Les livres de Me Zacarié Prevost bruslez publicquement a la rue.

Fut aussi environ ce temps trouvé et descouvert le lieu ou Me Zacarie Prevost avoit caché ses livres qui estoient de prix et en grand nombre, lesquelz apres visitation faicte et trouvé quilz estoient censurez pour estre de la relligion protestante furent bruslez en la rue du blocq.

Les gardes de la ville augmentez.

Le xxiie jour de janvier fut rapporté a Laon que plusieurs grandes eschelles estoient apprestees tant a Coucy qu'a Chaulny et quil sen faisoit encore daultres a Crespy pour forcer quelque place ligueuse, pourquoy on renforça les gardes de la ville de Laon et les rondes augmentees pour eviter la surprise.

Le s^r de Bouchavenne resigne au s^r Darcy son gouvernement de Laon.

Le Sr de Bouchavennes ne pouvant plus compatir ni saccomoder avec infiniz mutins et seditieux de la ville de Laon qui se delectoient souvent a empescher leffect de ses commandemens, aussi quil voioit le respect qui se faisoit plus au tholozam qua luy qui avoit

attiré a soi la pluspart des mutins, delibera de prester *Janvier 1596.*
loreille a la solicitude que lui faisoit le Sʳ Darcy pour
la resignation de son gouvernement de Laon ; et de
faict apres avoir pris ladvis de ses inthimes amis, ces
deux Sʳˢ saccorderent ensemble de ce gouvernement
duquel le Sʳ Darcy sen feit pourvoir par Monsieur du
Mayne, comme il feit entendre par lettres aux habitans de Laon ausquels ilz promectoit gouverner et
policer les affaires de la ville pour lart millitaire par
leur advis, et a quoy il recepvroient contentement ;
ainsy failloit il parler aux villes ligueuses. Sur ces
lettres on tint conseil a la ville, mais par ce quil se
trouva quelque ung du conseil secret qui nen voullut
dire ouvertement son advis, laffaire fut remise a une
aultre fois, pendant quoi le Sʳ Darcy a la sollicitude de
Jehan Maynon surnommé l'Italien trouva moien par
sa subtilité davoir place aux bonnes graces des empeschans et contredisans.

Le xxvIIIᵉ janvier qui estoit assigné aux penitens
pour faire le service de leur confrairie, le Tholozam
monta en chaiere, ou apres son discours faict sur l'utillité de ceste honnorable confrairie, se meit en collere *Predication du Tholozam tendant a sedition.*
contre ces pauvres maheurtres et politicques (ainsy
appelloit il les gens de paix), et avec une grande vehemence dict quil estoit bien adverty et par gens
digne de foy, que nonobstant les deffenses cy devant
publiez, ces maheurtres et politicques ne cessoient de
parler contre la Ste Union des catholicques ; que sil
en oioit encores parler, il tonneroit si hault quil en
feroit cheoir par terre. Et parlant a eulx comme silz
eussent esté presens disoit : tais toi donc et je me tairay ; qu'as tu affaire (disoit il) de soubstenir et porter
aveur a cest hereticque qui a pris la place dun Roy
tirant et inhumain, lequel sestoit efforcé dabolir et
boulleverser du tout ceste noble maison de Guise de
laquelle est sorty tant dillustres et vallereux hommes ?

Janvier 1590. je te remarqueray seullement les haultz faictz darmes et le service au Roy François premier qu'a faict Claude duc de Guise trouvé demi vif entre les mortz a la journee de Marignan contre les Suisses ; de François de Loraine au Roy Henry deux^e et au Roy François 2e qui apres tant de remarques et dexploictz fut poltroneusement tué au siege dOrleans ; de Henry de Loraine au Roy Charles ixe et Henry 3e a Jarnac, Sens, Poictiers, Montcontour, Anneau et Villemory, et apres massacré a Blois. Et la dessus ce jesuiste commença dune voix pitoiable a faire de grandes exclamations et soupirs, representans aux auditeurs la forme de ceste mort, en disant que ce grand duc de Guise pour une couronne terrestre et caducque qui lui appartenoit de droict en avoit acquis une celeste et perpetuelle, et que par sa mort il avoit ouvert le passaige aux siens pour prendre possession de celle qui avec tant de raison et tant de justice il avoit poursuivi, quil avoit esté le plus brave cavallier que jamais meit le pied a lestrier, un genereux conducteur darmee qui a tant de fois si heureusement terrassé et taillé en pieces les ennemis de Dieu et de son eglise, lequel pour toute recompense de ses bons services a esté poignardé à Blois, que neaulmoings ces malheureux politicques et maheurtres parloient ordinairement contre ceste honnorable maison, pourquoy a bon droictz ilz en debvoient estre tres bien chastiez , ce quil recommandoit aux magistratz, que sil congnoissoit quon nen feit aulcun debveoir, il sy emploiroit plustot et lui mesmes les descouvriroit ; ce miserable icy ne cessoit dabaier et denflamber tout le peuple a une sedition, et par ses parrolles faisoit bouillonner le cerveau des mutins qui nattendoient qu'un simple subject a espandre le sang humain, mais Dieu les retenoit.

Afin de trouver argent pour satisfaire au payement de la gendarmerie de Laon, le conseil de la ville feit (le dernier jour de janvier) convenir plusieurs personnes pour affermer quelz biens meubles rentes debtes ou aultres choses ilz avoient ou debveoient a ceulx qui tenoient party contraire, pour tascher a tirer argent pour faire monstre aux soldatz, mais on nen trouva guerre.

<small>Janvier 1590.
Assignation donnee a plusieurs pour affermer ce quilz avoient aux realistes.</small>

Le deux^e jour de febvrier, nouvelles vindrent a Laon que la ville de Vrevin sestoit rendu par composition a Monsieur de Longueville qui lavoit siegé le xxviie jour du mois precedent, de quoy les habitans de Laon en furent fort desplaisans ; touteffois pour asseurer les thimides, il se disoit que la ville de Vrevin ne valloit rien et quon la reprendroit quant on vouldroit.

<small>Febvrier 1590.
Vrevin rendu par composition a Mr de Longueville.</small>

Le grand conseil general de lUnion (apres la mort du Roy et leedict de Reunion faict) voullut faire tenir les estatz a Melum, pourquoy fut mandé a toutes les villes ligueuses denvoier en ce lieu leurs depputez avec amples procurations et memoires. Pour satisfaire a ce mandement de la part de la ville de Laon fut faict assemblee generalle le iiiie febvrier ou presidoit Monsr Despinois, et sur le rapport des depputez des centaines fut esleu Mes Claude Legras, Nicolas Thuret et Nicolas Branche.

<small>Eslection de trois personnes pour aller aux estatz a Melun.</small>

Le Sr Darcy asseuré de sa bien venue en la ville de Laon sy achemina le vi^e jour de febvrier et se logea en la maison Jehan Maynon rue chastellaine, attendant que la ville lui eust baillé ung logement ; a son arrivee il ne fault dire combien il y avoit de peuple a laller veoir a la porte de la ville et comme sil eust esté ung bien grand personnaige ; a la verité il estoit grand de corps et de representation, mais petit en commandement.

<small>Le s^r Darcy arrive a Laon prendre possession de son gouvernement.</small>

Le lendemain viie febvrier, le filz de Lambert Guisot tonnellier en ceste ville de Laon print querelle allencontre dun jeune homme masson de son mestier nommé Guillaume Bour, auquel ce Guisot donna deux

<small>Homicide commis par le filz Lambert Guisot a Guillaume Bour.</small>

Febvrier 1590. ou trois coups de poignard dedans le corps et en mourut ; cest assassin (qui faisoit profession de porter les armes) se saulva hors la ville a laide daulcuns des siens et oncques depuis ny a esté veu.

Le s^r Darcy est mis en possession du gouvernement de Laon. Le VIIIe febvrier, le Sr Darcy fut mis en possession du gouvernement de ladicte ville ; apres quil eust faict apparoir des patentes de Mr du Mayne sur la resignation a lui faicte par le Sr de Bouchavenne, la moictié des clefz lui furent delivrez scelon la coustume. A ceste reception les quatre cappitaines de quartiers ny furent mandez, pourquoy il y eut entre eulx de grand murmure sur le desdain (quilz disoient) ce gouverneur avoit faict de leurs personnes, lequel sen excusa sur lignorance quil avoit de leur qualité, et fut rejecté ceste faulte sur le conseil de la ville qui pareillement y porta son excuse pour ny avoir aulcun commandement ; en fin le tout se pacifia par excuses. Le magazin de pouldres et balles fut visité par ce nouveau gouverneur, assisté du conseil, quil trouva fort mal garni ; et de la print subject de dire aux habitans quil failloit adviser a faire fond de deniers tant pour fournir le magazin que pour satisfaire aux affaires qui pourroient survenir.

Logement présenté au s^r Darcy dans Laon. Le Sr Darcy se voiant estroictement logé et par emprunct requist le conseil de la ville de lui donner ung logement propre a sa qualité, pour a quoy satisfaire se feit une assemblee generalle le IXe febvrier ou Mr Despinois presidoit ; la il fut conclud que lon presenteroit audict Sr Darcy la maison de labbé de St Jehan, la maison du receveur Courtier ou la maison de Me Nicolas Martin, m^e des eaues et forestz pour soi loger, et pour son lieutenant la maison de labbé St Martin ou du receveur Pestellet ; les aians ledit Sr Darcy tous visitez, il se logea a labbaie St Jehan pour la trouver plus comode et a son desir pour estre plus pres du millieu de la ville.

Suivant la permission donnee aux habitans de la ville de Laon par Monseigneur le duc du Mayne de

— 235 —

faire fabricquer monnoie jusques a la somme de huict mil escus, le conseil de ladicte ville accorda avec Bonaventure Le Clercq orphevre pour ladicte fabrication a plusieurs charges et conditions qui furent redigees par escript; mais ceste fabrication ne fut si tost commencee pour ce que lon nestoit daccord de la figure qui se debveoit faire a la monnoie; et apres quelle fut arrestee, il se feit une assemblee particulliere le douziesme febvrier, ou apres lecture faicte de ladicte permission dattee du xixᵉ novembre preceddent, fut conclud que ledit Bonaventure Leclercq fabricqueroit et forgeroit des quartz et demiz quartz descu a une croix d'un costé qui auroit allentour ceste inscription *Sit nomen domini benedictum*, et a laultre costé sur la pille lescusson de France avec ceste inscription *Carolus decimus francorum rex*, et les lettres de L. et A. joincte lune a laultre au mesme poix et aloy que ceulx faictz du temps du Roy Henry 3ᵉ. Les articles de ceste paction et du reiglement qui sy debvoit tenir et observer furent signez de Mᵉ Claude Legras juge, de Bodin procureur du Roy, de Le Clercq fabricateur et de Chastellain et Gerault gouverneurs de ladite ville.

Le xiiiiᵉ febvrier le Sʳ de Bouchavenne preceddent gouverneur de la ville de Laon sortit hors ladicte ville pour se retirer en sa maison a Quincy pres Coucy le Chasteau ou il fut conduict par plusieurs de ses amis, delaissant a Laon le Sʳ Darcy pour gouverneur.

Ce mesme jour ung paisant du bas de la montaigne, pour se couvrir de son larcin davoir pris et applicqué a son proffict quelzques meubles appartenans au prevost Martin qui estoient en sa maison a St Baudouin sen alla denoncer a trois ou quatre soldatz de la garnison de Laon le reste des meubles qui furent pris par ces soldatz et portez a la place du bourg pour les vendre a leur proffict, ce questant venu a la congnoissance dInnocent Labiche en donna advis a Jehan

Febvrier 1560.

Fabrication de monnoie a Laon.

Linscription des quartz et demiz quartz descu.

Le Sʳ de Bouchavenne se retire a sa maison de Quincy.

Meubles appartenant au prevost Martin a Sᵗ Baudouin sont pris par des soldatz.

20

Febvrier 1590. Maynon litalien qui le feit aussitost scavoir au Sr Darcy, lequel pour en avoir affaire les envoia querir pour sen servir, de quoy ces soldats furent bien faschez et le disputerent, touteffois il fallut quicter prise et par ainsy leur proie perdu.

Prieres faictes au s^r Darcy par Me Jacques Faultré de ne croire de leger.

Me Jacques Faultré plus ancien advocat de Laon, homme saige et prudent qui par le moien davoir quelque temps exercé la jurisdiction de la prevosté de la citté de la dite ville, avoit vrayment congneu et par effec la pluspart des habitans estre du tout desbauché corrompu et depravé, cheminans en toute malice et meschanceté, fort enclin a sedition et mutinerie, se deliberera de le faire entendre a ce nouveau gouverneur afin quil peust empescher par son auctoritee les violences et oppressions que faisoit journellement ce peuple mutin aux gens de bien ; et en ceste volunté le XVIe jour de febvrier il se transporta vers le Sr Darcy quil trouva assez a propos, auquel il feit entendre le mauvais naturel de ce peuple, les ambitions envies et partialitez qui regnoit lors dans la ville entre les grandz, le pria ne croire legerement les rapportz qui lui seroient faictz, ne souffrir lexecution des voluntez de plusieurs malveillans qui ne demandoient qu'a boulleverser toute bonne police, ne permectre les gens de bien estre vexez et tourmentez par les mutins comme ilz avoient esté jusques la, quil se trouveroit souvent assisté de flateurs desquelz il se debveoit donner garde, quil le prioit de ne trouver mauvais ladvis quon lui donnoit qui ne proceddoit que de bonne volunté et lexcuser de ce quil lui avoit si librement et sans aultre acces tenu tous ces propos. Le gouverneur lui feit responce quil estoit tres aise de lavoir oy ainsy parler franchement, que des quil estoit a La Fere il en avoit entendu quelque chose de la malice du peuple non pas si clairement quil lui venoit de dire, quil le remercioit de son bon advis ; et comme

il voulloit continuer ses parolles il se trouva envelop- *Febvrier 1590.*
pé de plusieurs habitans a lui incongnu qui sestoient
coullez ung a ung dans la chambre, ce qui le feit cesser de parler a Faultré et lui dict adieu, qui sen retourna en sa maison. Et tost apres Charles Le Clerq
ung des principaulx mutins de la rue chastellaine
(auquel on avoit faict recit dune partie des parolles
de Faultré) sen alla dans la chambre du gouverneur,
et fort indiscretement et dune cervelle eventee lui dict
qu'ung advocat nommé Faultré lui avoit nagueres uzé *Charles Le Clercq*
beaucoup de propos qui ne valloient rien, quil se gar- *veult contrequar-*
dist bien de le croire pour ce quil le trahiroit et quil estoit *rer M⁰ Jacques Faultré.*
ung huguenot renyé duquel il ne se debveoit fier. Le
gouverneur le voiant si eschauffé et bouillant en ses
parolles commença a considerer en lui ce que lui
avoit dict Faultré, et dict a Charles Leclerq quil allast
querir ung greffier ou nottaire et quil revint avec lui
pour rediger par escript son accusation, pour ce que
son desir estoit de bien faire pugnir les trahistres qui
seroient convaincuz comme en pareil ceulx qui les ac-
cuseroient a tort, que pour lui il naymoit poinct les
flateurs et maldisans. De ceste responce ce mutin en
fut mal edifié qui sortit hors de la chambre aussi viste
quil y estoit entré et ny retourna plus, lequel trouvant
en la rue bon nombre de ses semblables leur dict
quon navoit gaigné au changement de gouverneur et
que cestui cy sembloit favoriser les maheurtres, mais
qu'avec le temps il falloit bien congnoistre ce quil
avoit dans le ventre.

 Le xvıı⁰ jour de ce mois de febvrier, neuf cocquins
et belistres se disans soldatz du nombre des volun- *Paulus Bocquet*
taires sortirent hors la ville de Laon pour aller a la *Jehan Catherin Jehan Henry*
guerre (comme ilz disoient), lesquelz au lieu de cher- *Jacques Hincelin*
cher lennemi furent ravager et piller les villaiges de *et aultres pilleurs mis en fuite par*
Chermizy, Cerny et aultres prochains, faisans fardeaux *les paisans.*
des meubles des pauvres gens et jusques a des drap-

Febvrier 1590. peaux, de quoi les paisans faschez qui recongnurent que ces pillardz navoient avec eulx aulcun homme de commandement sonnerent le toxin en divers endroictz et se jecterent sur eulx faisans demeurer quelzques ungs mortz sur la place, daultres pris prisonniers et le reste gaigner la fuicte.

Eloy Robert es-leu pour controller la monnoie. Le xxiii° febvrier fut faict une assemblee particulliere ou M° Claude Legras presidoit, a laquelle fut esleu Eloy Robert orphevre pour controlleur de la monnoie qui se forgeroit par Bonaventure Le Clercq. Robert fut mandé a ceste assemblee ou sur le champ il presta le serment de se gouverner en ceste charge comme ung homme de bien doibt faire ; et fut dict que lassay de ceste fabrication de monnoie se feroit en la presence du cappitaine Branche, de Nicolas Branche et de Charles de Lancy. Pareillement Le Clercq fut mandé en ce lieu, qui declara a la compaignie que pour satisfaire a ce quil avoit promis, il avoit faict faire et graver quatre coings pour fabricquer la monnoie scelon quil lui avoit esté figuré, et quil avoit associé pour travailler avec luy Claude Le Clercq son filz, Pierre Huré et Martin Tristrand qui comparurent a ce subject et presterent le serment, et fut lors receu pour caution Claude Le Clercq et Huré du consentement de Regnault Chastellain et de Nicolas Gerault, gouverneurs et par ladvis du conseil. Ne restoit doncq plus qu'a leur fournir des matieres pour travailler ; pour y parvenir il fut advisé quil se feroit une exacte recharche aux eglises et abbaies de la ville pour prendre largenterie superflue, a protestation touteffois que si on sen pouvoit passer dailleurs de les reintegrer en leurs places, et aussy que si on sen servoit par neccessité den faire forger daultres pareilles cy apres de pareil poix que ceulx qui seroient pris. De ceste saincte conclusion et deliberation frere Philippes Gaillard, procureur de l'abbaie St Martin en fut ad-

Reception de caution pour la fabrication de la monnoie a Laon.

Recharche aux eglises de Laon del argenterie superflue.

verty qui aussi tost et a laide des siens meit arriere de la voie des grandz chandelliers dargent et une relique fort pezante ou on disoit estre enfermé du bois de la vray croix, faisant courir le bruict partout que nuictamment on les avoit desrobbé, monstrant quelque rupture qui avoit esté faicte a leglise de ladicte abbaie, et par ce moien ceste argenterie fut exempte daller a la fonte; les cordelliers saulverent aussi du feu leur calice dor faict a lanticque quilz ont encores aujourdhui et qui leur fut donné par M⁰ Harsigny.

Febvrier 1594.

Les paisans du village de Mons en lannois sestans fortiffiez dans leur eglise quilz avoient accomodé de canonieres es endroictz ou il sembloit neccessaire avec une sainture de muraille garnie de petites tournelles qui la flancquoit, prindrent les armes disoient nestre que pour la conservation de leurs personnes et moiens allencontre des courreurs et estrangers; touteffois en favorisant le party de la ligue destroussoient souvent pres leur village plusieurs realistes passans, chose qui parvint a la congnoissance de ceulx de Crespy, aussi que aulcuns deulx y avoient esté mal traictez par ces paisans qui commectoient ces pilleries environ quelque demie lieue arriere de leur village pour faindre que cestoit ceulx de la garnison de Laon. Occasion que le xxiiii⁰ jour de ce mois de febvrier ceulx de Crespy sen allerent de nuict se jecter dedans ce village de Mons en lannois, ou nonobstant les barrieres barricades gardes et sentinelles pozees, ces paisans furent forcez et les mutins de la dedans (en assez bon nombre) bien estrillez et comme ilz meritoient.

Leglise et fort de Mons-en-Lannois surpris et forces par la garnison de Crespy.

Le xxv⁰ jour de ce mois de febvrier, il se feit une levee sur le clergé de la somme de six cens escus et pareille somme sur les habitans; pour uzer de plus grande dilligence a recouvrer ceste somme du costé des habitans, il fut faict ung roolle par le conseil secret contenant les noms de xii personnes soupsonnez

Deniers levez sur les soupsonnez realistes

— 240 —

Febvrier 1590. realistes, lesquelz furent contrainctz par toute rigueur a fournir ceste somme de vi^c escus.

Predication du Tholozam tendant a sédition. Le xxviie jour de febvrier, le Tholozam predicateur monta en sa chaiere de predication ou il triompha de discourir sur les forces et sur laugmentation que de jour en jour il se faisoit au party de la ligue, nommoit beaucoup de villes et chasteaux du païs dAuvergne qui sestoient renduz depuis quinze jours a notre Gedeon (ainsy appelloit il le duc du Mayne), et avec une face riante regardoit ses auditeurs leur disant : Corraige enffans de Dieu et bons catholicques, reprenez voz espricts, il ne faut plus sommeiller, le Dieu des armees est pour nous, vous ne congnoissez pas vos forces, la ligue a des moyens et des richesses assé pour faire la guerre a quatre roys ; ceste guerre sera votre liberté et franchise, et si vous ne continuez, Dieu qui venge linjure faicte a ses ordonnances vous fera paier les interestz de votre lascheté et nonchalance ; la peine ou nous pouvons estre a present, cest comme nous pourrons faire vivre une si grande et si puissante armee qui nous vient a ce printemps des païs estranges ; mais quoi il fault laisser faire ce grand dominateur qui pourveoit a tout ; vous verrez doresnavant ces maheurtres se remectre dans leurs cazes comme font ces limassons dans leurs cocquilles dou ilz nauzeront sortir quant ilz scauront larrivee de ces gens de guerre, pour puis apres contrefaire les bons catholicques et se mesler avec eulx, mais on les congnoist bien, car leurs marques sont congneu des enffans de leglise. Et pour davantaige allumer le feu de sedition et le desordre au peuple, crioit dans sa chaiere comme pour faire esmouvoir les mutins : aux armes mes amis, ne dormons plus, il est temps de terrasser noz ennemis. Et a loyr crier il en disoit assé par ses parrolles seditieuses pour faire mectre le feu a la teste des plus froidz et faire armer les plus couardz ; a raison de quoi a la sorty de son sermon il faisoit tres dangereux aux gens de bien destre rencontré des mutins qui sortoient de la predication, ayans le feu a la teste et la promptitude aux mains et qui ne demandoient q'ung simple subject de se jecter en place pour executer sur ces pauvres politicques et maheurtres la volunté du criart; lequel sur la fin de son sermon delaissant ceste grande vehemence et parlant ung peu plus doulcement dict quil y avoit une femme de la congregation des penitens quil avoit renvoiee pour navoir voullu parler franchement en sa confesse, et a la verité laquelle en despit de ce elle sefforçoit de destourner les aultres femmes daller a confesse a lui, quil la congnoissoit fort bien, que si elle continuoit a telle chose il la nommeroit publicquement et ne sen tairoit poinct. Ce jesuistes icy gehennoit tellement les consciences de ces pauvres penitens en leurs confesses tant par longues demandes interrogatoires que aultrement quilz estoient contrainctz lui dire tout ce quilz avoient faict et veu faire depuis leur congnoissance et petit aage, et a ce subject les abjuroit avec grandes execrations. *Febvrier 1590.*

Le IIIIe jour de mars audit an, ce predicateur recommanda aux prieres et oraisons des assistans le duc du Mayne pour lequel il ordonna a chacun de dire ung pater et ung ave maria et prier Dieu pour lui, pour ce (comme il disoit) son armee sestoit fort approché de son ennemi, lequel se destournoit toujours arriere, choisissant son advantaige et faisant faire des retranchemens ou ses soldatz travailloient eulx mesmes, a cause de quoi ce bon Gedeon le duc du Mayne ne pouvoit faire aultrement quil ne se meit en hazart pour attrapper ce fin Biarnois qui alloit tantost dun costé tantost de laultre tant il craignoit ce grand cappitaine catholicque. *Mars 1590.*

Le Tholozam recommande le duc du Mayne aux prieres des assistans.

— 242 —

Mars 1590.

Deux° folie de Jehan Courtier.

Le v° jour de mars, Jehan Courtier, bourgeois de Laon (duquel est cy devant parlé) retournant en sa folie et comme alliené de son esprict se meict en oppinion que les ennemis estoient dedans la ville, pourquoy il senfuict sur les remparts au derriere de lhostel du petit St Vincent et la se precipita du hault en bas dans les fossés de la ville ou il fut recongneu sans estre nullement blessé.

Magnifique procession a Laon.

Ce mesme jour apres midy, il se feit en ceste ville de Laon une magnificque procession representant par personnaiges le mistere de la passion de N^{re} Sr Jesuscrist, avec superbes acoustremens faictz a lanticque et des plus beaux qu'on peust trouver dans la ville. A ceste procession il y avoit beaucoup de femmes filles et petitz enffans vestuz et acomodez de fort beau linge blanc et a piedz nudz, le tout mis par bel ordre scelon la composition et ordonnance du jesuiste Tholozam qui faisoit chanter ces femmes filles et enffans fort mellodieusement les hymnes et chansons spirituelles quil avoit composé ; il les faisoit marcher fort doulcement, ce qui feit devenir malade et lascher le ventre a plusieurs de ces piedz nudz pour la froidure quilz souffroient ; mais quant a ce jesuiste et a ses suffragans ilz en furent exemptz au moien des bonnes pantoufles et robbes fourrees dont ilz sestoient garniz et acomodez.

Le siege devant le chasteau de Presles par les ligueurs.

Vous avez cy devant entendu comme des le XIIIe jour de decembre M v^c IIII^{XX} IX le chasteau de Presles fut surpris par le party realiste, dedans lequel le Sr Delamer gouverneur de Coucy y avoit mis garnison a laquelle commandoit le cappitaine La Roche, lequel fut le ve de ce mois de mars sommé par la trompette du Sr Darcy gouverneur de Laon de lui quicter la place comme estant de son gouvernement, avec offre dhonneste composition, sinon que lui et les siens seroient tous pendus a la porte du chasteau silz souffroient le canon cheminer. Ce cappitaine qui ne voioit aulcun preparatif contre lui ne sestonna aucunement et feit responce au troupette quil avoit esté mis en ce chasteau par le Sr Delamer sans le commandement duquel il ne pouvoit sortir hors la place, laquelle il tenoit pour le service du Roy. Or daultant que la saison sadvançoit pour faire travailler aux vignes et que la liberté de les aller visiter estoit du tout ostee a plusieurs de la ville par la garnison de ce chasteau qui estoit tousjours alerte, les habitans de Laon se mirent a poursuivre le Sr Darcy gouverneur pour faire desnicher le cappitaine Laroche et ses gens hors de leur terrier, lui remonstrant le deshonneur que la ville recepveoit dendurer lennemi logé si pres de leur porte et dans une si meschante place et de distance seullement dune petite lieue et dou aisement on pouvoit descouvrir sur le mont de la ville. Le gouverneur qui scavoit ce qui en estoit et les plainctes ordinaires des villageois quil en recepveoit, promit de cesser toutes affaires pour entendre a la reprise de ce chasteau, et a quoi il survint une assé bonne occasion pour le gouverneur, car des le lendemain il receut advis de lamas que les Srs de Puisieulx, Fonteville, St Estienne, Monjou, Monbounier et aultres cappitaines avoient faictz de leurs compaignies et esquelles joinctes ensemble faisoient jusques IIII^c chevaulx et bon nombre dinfanterie, lesquelz il envoia prier laider au recouvrement de ce chasteau qui appartenoit a M^r lEvesque de Laon, et que la ville fourniroit de canon munitions et tous aultres fraiz neccessaires, ce quilz promirent, comme de faict le VIIIe jour de ce mois de mars toutes les trouppes de ces cappitaines passerent pres ceste ville de Laon et sen allerent loger vers Bruieres, sestendans jusques aux villaiges d'Orgeval, Martigny, Montberault, Monthenault, Pancy, Coulliegis et aultres villaiges prochains, deux desquelz qui estoient Martigny et Orge-

Mars 1590.

La ville de Laon fourny de canon et de munitions pour aller sieger le chasteau de Presles.

— 244 —

Mars 1590.

val nestimans avoir affaire a si grosses troupes refuzerent leur logement se fians a leurs fortz ou ilz sestoient renfermez, ou enfin ilz furent forcez, plusieurs faictz prisonniers avec la perte de leurs biens quilz croioient estre en grande seureté, mesmes a Orgeval le feu fut mis a quelzques maisons. Le lendemain matin le chasteau de Presles fut investy et serré de pres, bien recongneu, et deux pieces de canon mis en batterie qui commencerent a tonner environ les quatre a cinq heures du soir afin dabattre les deffenses ; et le lendemain du matin dix° mars apres le refuz faict par les tenans de rendre la place sur la sommation reiteree, le canon commença a jouer jusques environ deux ou trois heures apres midy que ceulx de dedans inthimidez par le cappitaine Maubounier qui solicitoit fort le cappitaine La Roche pour la composition qui se voioit sans secours et le temps passé qui lui estoit accordé se rendit et ses gens a composition de la vie saulve, et dun appoinctement denseigne dune compaignie baillé a La Roche pour prendre le party de la ligue comme il feit incontinent apres ; mais sans laide et faveur du ʳ de St Estienne a sa sortie il neust gueres esté loing pour linimitié que les paisans des environs avoient contre lui qui sestoient voluntairement exposez a plusieurs hazart durant ce siege pour lavoir a leur volunté comme on leur avoit promis, et ne le pouvant avoir pour estre destourné, ilz passerent leur collere et malveillance sur xxv ou xxx soldatz de la dedans quilz tuerent en partie et en partie detenuz prisonniers.

Le chasteau de Presles rendu a composition et mal entretenu

Environ en ce temps la et sur le minuict de plusieurs jours sapparut signes au ciel comme lances picques et aultres bastons de guerre qui bailloient fraieur.

Signes au ciel.

Durant que le siege fut devant le chasteau de Presles il se feit un grand degast par les gens de guerre des vivres qui estoient es villaiges prochains encores quilz ny eussent guerres demeurez, de fasson que apres le chasteau rendu il ne sy trouva aulcuns vivres, qui fut cause que les chefz des gens de guerre manderent a la ville de Laon de leur fournir de munitions. Sur quoy il se feit une diligente assemblee pour trouver bled et vin, ou il fut arresté quon prendroit (comme on feit) vingt pieces de vin sur les soupsonnez realistes scelon la liste qui en fut faicte par le conseil secret, et aultres vingt pieces sur le clergé. Pour le bled, on fut en peine den faire le departement pour la dilligence quil failloit uzer a raison que les vivres estoient courtz ; touteffois il fut advisé pour le plus prompt de recouvrer vingt asnees par emprunct, sauf a les rendre comme il fut incontinent apres et avec invention, qui fut que le XVIIe jour ce mois de mars le conseil de la ville estant assemblé, on remonstra que ces jours passez il avoit esté baillé en garde a Gilles Pezant hostellain demeurant en Vaulx plusieurs chevaulx pour servir a la conduicte de lartillerie et munitions de guerre devant le chasteau de Presles, que Pezant les avoit rendu sans charge de ce faire, par le moien de quoi il y a eu grand perte a la demeure et au retard den recouvrer daultres, et encores que ledit Paizant avoit par cy devant habandonné lartillerie qui avoit esté mené devant le fort de Crandelain, ce quil navoit deu faire. Pour ces causes ledit Pezant fut par la compaignie condamné a bailler et fournir presentement la quantitee de vingt asnees de bled metail pour estre converty en pain et emploié aux munitions de la gendarmerie, a quoi faire quil y seroit contrainct par saisie et vente de ses biens et emprisonnement de sa personne nonobstant oppositions ou appellations quelzconques. Ne voila pas une dilligente proceddure et une sentence bien tost expediee, par laquelle Pezant sans estre oy ni

Mars 1590.

Levee de bled et de vins pour les gens de guerre estans devant le chasteau de Presles.

Gilles Pezan hoste de lang e de Vaulx est condamné par le conseil de Laon sans estre oy a fournir XX asnées de bled metail.

Mars 1590.

appellé il se trouve estre condamné a paier ce quil ne doibt poinct. En vertu de ceste acte dassemblee commandement lui est faict de fournir les vingt asnees de bled metail, a son refuz aprehendé au corps, et nonobstant toutes ses raisons il fallut passer par la et livrer le bled.

Laurens Ponssin exerce l'office de de prevost des mareschaux.

Le xii⁰ jour de ce mois, Laurent Ponssin, dict Raspot, homme pervers et impie, commença a exercer lestat de prevost des mareschaulx a Laon sans en estre vallablement pourveu et comme par forme de commission, et Jehan Thomas, dict Brouzé, sa lieutenance, qui avoient presté le serment le jour preceddent en ceste qualité et exercice; ces deux icy ny furent longtemps comme il sera dict en son lieu.

La femme du gouverneur Darcy arrive à Laon.

Ce mesme jour environ les neuf heures de nuict arriva a Laon la femme du Sʳ Darcy gouverneur, laquelle en son temps commandoit et ordonnoit les affaires du publicq touchant le gouvernement aultant ou plus que son mary qui lui laissoit manier beaucoup de choses pour son soullagement, la congnoissant dun assé vif esprict et assé bien disante par ses escriptz; touteffois elle ne demandoit que a amasser deniers et toutes ses pretentes tumboient la.

VII soldatz de Crespy sont taillez en pieces par Carolé et aultres de Laon.

Le mesme jour du douze mars, Carolé, serviteur en la maison de Mʳ de St Vincent, accompaigné de plusieurs soldatz voluntaires sen alla en une maison a Bucy pres Cerny, ou scelon ladvertissement a lui donné trouva sept soldatz de la garnison de Crespy quilz taillerent en pieces sans en prendre pas ung a mercy; de quoy ceulx de Crespy advertiz, le lendemain sen allerent a la mesme maison ou ilz se saisirent du maistre qui leur estoit suspect et lemmenerent en tel lieu que depuis on nen a oy nouvelle, et du mesme voiaige mirent le feu au villaige qui appartenoit a labbé de St Vincent ou il ne demeura que cinq ou six maisons d'exemptes.

Le xiiii⁰ mars ceulx de Crespy ayans receu advis que plusieurs trouppes ligueuses samassoient pour les aller sieger, pour se fortiffier davantaige manderent a leur garnison du Sart labbé de se retirer a Crespy au plus tost quilz pourroient, ce quilz feirent, mais avant que partir ilz mirent le feu dans la place qui appartenoit a labbé de St Vincent, lequel sen tourmentoit fort et passa sa collere a dire injures contre lhonneur du cappitaine La Foucaudiere quil soupsonnoit avoir esté le commandeur.

<small>Mars 1590.</small>

<small>La garnison du Sart-Labbé se retire a Crespy et mect le feu au Sart avant que sortir.</small>

Ledict jour soit par cas fortuit ou aultrement, le feu consomma deux ou trois petites maisons sizes devant le college de ceste ville de Laon assez pres du grand jeu de palme.

<small>Petites maisons sizes devant le college de Laon bruslees.</small>

Ce mesme jour les garnisons de plusieurs villes ligueuses mesmes celle de Cambray se joignerent ensemble aux faulxbourgs de Laon qui avoient deliberé daller sieger Crespy sur ladvis quilz eurent que lors il ny avoit pas grandz gens dedans, et de faict en executant leur deliberation, toutes les trouppes avec le canon tant de Laon que de Ballagny sacheminerent jusques a ung gros poirier qui est sur le grand chemin de Crespy, ou estans furent secrettement mandez de retourner en dilligence parce que les espions avoient rapporté que M. de Longueville et le sieur de La Noue estoient lors pres Coucy le Chasteau avec leurs trouppes en deliberation et volunté de les aller veoir devant Crespy; pourquoy tout aussi tost les chefz et cappitaines feirent courir le bruict quilz ne sadvanceroient davantaige en ce siege silz ne recepvoient de la ville de Laon les quatre mil escus quilz disoient leur avoir esté promis pour les fraiz de leur armee, et de faict contrefaisant les faschez rebrousserent leur chemin les ungs vers la ville de Laon les aultres vers Crecy et aultres lieux avec une fort grande confuzion et desordre, et jusques au lendemain matin quilz sceu-

<small>Les garnisons ligueuses veulent sieger Crespy.</small>

<small>Ils se retirent et pourquoy.</small>

rent de vrai que ces sieurs de Longueville et de La Noue estoient pres Coucy, qui leur feit prendre telle espouvente, que chacune compaignie reprint le chemin quelle estoit venue et avec bonne dilligence pour se mectre en seureté et dans leur garnison, signaument celle de Cambray qui y fut le lendemain de bonne heure laissant le canon (quilz avoient admené) a La Neufville faulxbourg de Laon, et depuis pour estre en plus grande seureté fut trayné jusques a St Marcel plus prochain faulxbourg de la ville et ou on peult commander den hault. Je ne veulx oublier a dire que de longtemps tant devant qu'apres, il ne sest veu en ce pais de si meschantes et insolentes garnisons que celles cy, car elles noublioient rien a exercer toutes sortes de cruaultez et inhumanitez et telles quil sembloit par leurs oeuvres que ce fussent diables dechainez sortiz denfer soubz la figure humaine. Ilz entroient par force dans les eglises, pilloient et emportoient tous les ornemens sacerdotaux quilz trouvoient, rompoient les ymaiges des crucifix et des sainctz, violloient femmes et filles des bourgs et villaiges ou ilz logeoient et aultant qùilz en pouvoient attrapper, exerceans leurs oeuvres charnelles devant lun laultre comme chiens; bref ils estoient tres meschans; il vint fort bien a propos en ce pais que ces garnisons eurent ceste espouvente, car ilz eussent faictz de grandz maulx; ces Srs de Longueville et de La Noue eurent advis de leur retraicte, pourquoi ilz ne savancerent poinct plus loing qu'ung molin a vent qui est au deça de Coucy,

Le xviiie jour de ce mois, ceulx de Crespy donnerent nuictamment dans le faulxbourg St-Marcel en surprenant la sentinelle dune compaignie de gens de guerre logé la dedans, la pluspart desquelz de grand fraieur habandonnerent leur logis pour gaigner le hault vers la contrescarpe des fossez de la ville, quoy faisant ilz donnerent une grosse allarme dans la ville de Laon.

Mars 1590.

Gendarmerie fort insolente et de mauvaise vie.

La garnison de Crespy donne dans le faulxbourg St-Marcel.

Ce mesme jour le predicateur a son sermon publia ung jubilé de N^{re} S^t pere le pappe pour prier Dieu pour la pacification des troubles de ce royaulme ; plusieurs avoient oppinion que la ligue estoit fort mallade ou quil y avoit quelque mauvaise nouvelle, pour ce que ce nestoit la coustume de ce predicateur duzer des parolles quil dict lors ; touteffois beaucoup de gens craignoient que ce ne fust pour congnoistre ceulx qui desiroient la paix, a cause de la deffaicte de la journee d'Yvry la Chaussee qui fut lors plainement descouverte de tout le commun peuple comme il y avoit apparance, en ce que le lendemain xixe mars il fut entre aultres choses arresté au conseil quil seroit deffendu a toutes personnes de parler a la faveur du Roy de Navarre en peine destre jecté hors la ville et leurs biens confisquez a la cause ; et a ces fins des ce jour la il fut establi des mouchars extraordinaires demeurans en plusieurs coings des rues pour par leurs frenestres et trilliz de leurs maisons escouter les devis et considerer les gestes et contenances des promeneurs et deviseurs en la rue afin den attrapper.

Le xix^e jour de mars il se tint une assemblee generalle en ladicte ville ou presidoit M. Despinois ; la, il fut conclud que toutes les femmes qui estoient dans ladicte ville, tant celles des prisonniers, de ceulx qui sestoient absentez voluntairement de ladite ville, que de ceulx que lon avoit mis hors et qui portoient les armes et tenoient party contraire et qui navoient recongneu Charles dix^e a present Roy de France, seroient mis hors ladicte ville et renvoiees en toute seureté a leurs mariz en dedans trois jours ; et au regard de leurs biens meubles daultant que le mari en estoit S^r et M^e quilz seroient saisiz. Pareillement il fut conclud quil seroit publié et enjoinct a tous laboureurs et habitans des villaiges dadmener dans ladite ville en dedans huict jours tous les grains quilz debveoient

Mars 1590.
Publication du Jubilé.

La bataille d'Yvry fut donnée le xiiiie mars 1590.

Deffenses de parler a la faveur du Roy de Navarre.

Assemblee generalle ou fut arresté que toutes les femmes des absens sortiroient la ville de Laon.

Que tous laboureurs et habitans des villaiges admeneroient leurs grains dans Laon.

aux habitans dicelle, et aussi tous les grains quilz avoient a eulx appartenans pour les mectre et serrer en ladicte ville en tel lieu quil leur plairoit, desquelz ilz pourroient disposer vendre et iceulx transporter pour leur neccessité comme bon leur sembleroit, et ce pour incomoder lennemi, synon quilz seroient contrainctz comme rebelles. Ceste publication feit doubter de mauvaises nouvelles pour le parti de la ligue et sembloit a daulcuns que ja on estoit prest a les sieger, car la perte de la bataille dIvry faisoit grandement doubter des bons evenemens pour le parti, encores sen failloit il taire pour ce que les mouchardz avoient les oreilles ouvertes et se mesloient parmi toutes compaignies.

Soldatz logez dans les maisons des absens.

Le xxe jour de mars, de lordonnance du conseil de la ville fut mis et installé des soldatz dans plusieurs maisons des absens afin davoir subject de faire sortir voluntairement les femmes hors la ville a raison du mauvais traictement qui estoit commandé aux soldatz leur faire, et pour ce que le gouverneur veit que en ceste affaire et en beaucoup daultres qui estoient de son pouvoir et de sa charge le conseil y commandoit plus que lui, il sempara des clefz de la grosse tour du Roy pour veoir si ce conseil sy opposeroit a cause que personne ny pouvoit plus entrer sans sa permission, mais nul ny donna empeschement parceque de ceste grosse tour on nen faisoit aulcun cas sinon que pour une prison.

La garnison de Laon sorte pour aller surprendre Crespy.

Le xxi^e jour de mars, la garnison de la ville de Laon tant de pied que de cheval sortirent hors pour surprendre Crespy par ung certain endroict des fossez dedans lesquelz il y avoit de fort grosses pierres incongneues a la garnison et a plusieurs habitans de ce lieu, a raison que ces grosses pierres icy estoient de longtemps couvertes denviron ung bon pied de haulteur dune eaue boueuze proceddant du fossé qui ostoit la congnoissance de ce passaige qui conduisoit au pied des murailles de la ville assez basse en cest endroict, cecy avoir esté remarqué et divulgué fort secretement au gouverneur de Laon par ung habitant ligueur natif de Crespy et refugié a Laon, qui en cest endroict passa le premier et trassa le chemin au cappitaine Tourtebatte et a plusieurs des siens acomodez de ce quil leur failloit pour monter a la muraille ; mais quant ilz furent approchez pres, ilz furent descouvertz par les sentinelles qui soudain donnerent lalarme a la ville dou fut tiré quelzques harquebuzades et soudain lasché les escluses du hault qui retenoient les eaues, ce qui espouventa fort ceulx qui estoient passez, mesmes le grand bruict que faisoit la descente de ces eaues, occasion que chacun penssa a sa retraicte et a regaigner lendroict des grosses pierres difficilles a trouver a ceulx qui ont haste ; pendant ce emps il pluvoit sur eulx des coups dharquebuzes qui venoient de la ville, en sorte quil y en eut quelzques ungs de noiez pour ne pouvoir adresser au vrai passaige, leaue sestant renflez par louverture des escluzes ; sept ou huict y demeurerent mortz, signaument le cappitaine Tourtebatte, et environ dix ou douze de blessez pendant quilz cherchoient leur passaige pour le retour.

<small>Mars 1590.</small>

<small>Le cappitaine Tourtebatte tué faisant retraicte devant Crespy.</small>

Ce mesme jour les realistes surprindrent le villaige de Monamptheuil pretendant par mesme moien prendre le fort, mais les soldatz et habitans tenans ce villaige a la devotion ligueuse furent les plus dilligens a se jecter dedans, laissant piller le villaige ou il y eut deux ou trois maisons bruslez ; ces choses venu a la congnoissance de ceulx de Laon semploierent a faire du pis quilz peurent contre les absens, entre aultres feirent une exacte recharche de leurs biens meubles ; ceulx qui furent trouvez furent venduz de lordonnance du gouverneur et du conseil de ladite ville.

<small>Le villaige de Monamptheuil surpris par les realistes.</small>

<small>Le fort a esté depuis surpris sur le cappitaine Guerbet. Voiez au xve octobre 1590.</small>

Mars 1590.

Fascherie entre le gouverneur Darcy et Nicolas Branche.

Le gouverneur Darcy apres avoir par plusieurs fois visité la ville tant dedans que dehors trouva neccessaire dachever de mectre du tout par terre le reste des maisons des chenizelles encores quil ny eust pas grand chose, et pour ce faire sy transporta le xxiie jour de mars avec mannouvriers pour y faire travailler en sa presence. Estant en ce lieu il veit Nicolas Branche laisnel bourgeois de la ville, auquel il feit demande de largent quil avoit en ses mains provenant de la vente du sel du grenier de ladite ville pour paier es soldatz de la garnison ; Branche lui feit response quil ne le pouvoit faire sans contraincte pour sa descharge ; le gouverneur fasché de ce refuz le menassa de la prison, lui disant quil voioit bien quil inclinoit plus au party du Roy de Navarre que de lUnion et quil ne valloit non plus que les aultres absens ; Branche lui replicqua quil estoit homme de bien et recongneu pour tel ; et sur ceste dispute intervint plusieurs habitans qui remonstrerent au gouverneur par vives raisons quil nestoit neccessaire de desmolir ce petit reste dediffices, le prierent instamment de faire supercedder ces ruines encommencees, ce quil accorda enfin.

Conclusion de faire sortir les femmes des absens.

Vous avez cy devant entendu comme le conseil de la ville avoit ordonné que toutes les femmes des absens sortiroient hors ladite ville, a quoy plusieurs obeirent tant par force que aultrement ; restoit quelzques unes cachez chez leurs parens et amis, ce questant descouvert par les mouchardz en advertirent le conseil qui reitera leur ordonnance faicte le xixe mars avec declaration quelles estoient proscriptes et leurs biens meubles confisquez pour estre venduz au proffict de la cause. En vertu de ces ordonnances quelzques femmes des absens furent trouvees chassees et mises hors la ville ; daultres changerent de maisons pour nestre descouvertes et se tenoient fort serrez pour nestre veues des mutins qui ne demandoient qu'a travailler en malice.

Mars 1590.

Il vous a esté cy devant dict comme Laurens Ponssin dict Caspot avoit presté le serment de fidellement exercer lestat et office de prevost des mareschaulx au baillaige de Vermandois vaccant par la mort de M⁰ Jehan Danie, ce quil feit par commission a la poursuicte et dilligence de M⁰ Claude Legras son grand ami, lequel sen servoit scelon les occurences de ses affaires, daultant que cestui Caspot estoit crainct et redoublé en la ville comme lun des principaulx seditieux dicelle, non pour sa hardiesse car il nen avoit que bien peu, mais pour ce quil estoit fort injurieux et fort propre (comme le vent sur mer) a esmouvoir la tempeste, et a quoi il ne respectoit qui que ce fust, estoit ordinairement establi par Legras pour commissaire aux maisons soupsonnez ou il y avoit de quoi prendre sans rien rendre, et a quoy Legras particippoit couvertement. Ce Ponssin icy ne croioit poinct quil y eust eu homme en la ville qui eust ozé entreprendre sur cest estat de prevost des mareschaulx a son prejudice, du nom duquel prevost il estoit souvent appellé en salutation; touteffois M⁰ Claude Grignon le jeune lui tramoit secretement son bouttehors, et de faict par laide et faveur du sieur de Bouchavenne (qui lors suivoit la court du duc du Mayne), lettres de provision de cest estat de prevost des mareschaulx lui furent expediees; les ayant, Grignon les feit passer ou besoin estoit pour le paiement de ses gaiges, et les presenta en ce baillaige ou il se feit recepveoir le xxIxᵉ jour de mars audit an; ce questant venu a la congnoissance de Ponssin, il ne fault passer comme il letestoit juroit et blasphemoit le nom de Dieu ainsy questoit sa coustume, ruminoit comme un thoreau en a furie disant quil turoit Grignon; et de faict en ceste collere lalla chercher par la ville son espee au costé

Querelle entre Laurens Ponssin et Claude Grignon le jeune pour lestat du prevost des mareschaulx.

Mars 1590

avec grand bruict qui ne servoit que dattirer des holla, car de hardiesse il nen avoit poinct et nexecutoit rien que par trahison ; daultre costé Grignon qui nestoit moings paoureux que lui se doubtoit bien que sitost que Ponssin auroit le vent de sa reception il auroit une aulbade, pourquoi il se prepara en deffense et se garnit dun bon pourpoinct oeuilleté de son espee au costé et dun poignart a la sainture quil regardoit souvent sil tenoit au fourreau, en deliberation de se bien deffendre sil estoit assailly ; touteffois quant ilz se joignirent ensemble il ny eut de part et daultre que des grandes injures vomies lun contre laultre et a se reprocher leurs faultes et malices du temps passé, faisant amasser beaucoup de peuple a leur crierie ; et demeura ceste querelle de ceste fasson jusques au premier voiaige que feit en ceste ville de Laon au mois davril suivant Monseigneur le duc du Maine qui les accorda au moien du don quil feit a Ponssin de lestat et office desleu en lelection de Laon appartenant a M° Pierre Doulcet declaré vacquant et impetrable pour tenir par ledict Doulcet party contraire a la saincte Union des catholicques. Voila la forme de la querelle et de lappointement des deux parties.

Il a esté nagueres parlé comme le sieur Darcy gouverneur avoit voullu faire achever de ruyner et du tout abatre si peu de maisons et bastimens qui restoit aux chenizelles et que a la priere daulcuns habitans ceste ruyne fut surcize ; touteffois ceste surceance ne dura guerres, car sur la fin de ce mois de mars a la poursuicte daulcuns malveillans (ne scait a quel subject) feirent tant que deux compaignies de gens de piedz furent mis comme en garnison dans ces bastimens des chenizelles, ou durant le temps de cinq ou six jours seullement quilz y furent ilz ruinerent entierement tout ce qui restoit, vivoient en ce lieu par amonition et mangeoient librement de la chair enco-

Deux compagnies de soldatz logez aux Chenizelles pour achever la ruyne du lieu

res quil fust caresme en gardant par ces bons soldatz catholicques le contraire des ordonnances de notre mere Ste eglise.

Mars 1590.

Le dernier jour de mars, assemblee du conseil fut tenu en ladite ville de Laon ou presidoit Monsieur de Rosne nouvellement arrivé (quon appelloit Mons.r le mareschal), qui feit une harangue pour consoler et rasseurer les pauvres infirmes ligueurs sur la desroutte dIvry la chaussee (ainsy les ligueurs appelloient ilz ceste bataille), et leur dict que de ceste charge le Roy de Navarre sestoit trouvé le plus endommagé par le dire des siens mesmes en ce quil avoit perdu beaucoup de sa noblesse et gens de commandement, et que de la part des catholicques il ny avoit eu de perte sinon que des estrangiers qui avoient engendré la desroutte advenue en ce quilz sestoient advancez mal a propos et sans attendre le commandement du general de larmee qui avoit disposé les siens pour faire deplacer lennemi arriere de ladvantaige quil avoit pris le matin au champ de bataille, touteffois que la perte nestoit pas grande, ayant le duc du Mayne recueillé a Mante la plus part de sa cavallerie, et que quant a linfanterie qui se veit habandonnee, elle sestoit rendue sans combat au Roy de Navarre des mains duquel avec argent il estoit aisé la retirer pour la faire joindre a nouvelles forces dItaliens, Neapolitains, Calabrois, Albanois et aultres nations qui leur venoit et qui de bref seroient en ces pais, avec lesquelz et passant par icy il esperoit faire reduire toute ceste province a la devotion catholicque et eslargir les habitans de ceste ville quil avoit entendu estre fatiguez et tourmentez de ce poullier de Crespy, au gouverneur duquel il voulloit envoier des ce jourdhuy son trompette pour recongnoistre sa resolution ; que pour remettre sus la gendarmerie de lUnion et entrer au paiement des estrangiers, luy et aultres se transportoient aux villes

Assemblee faicte a la ville de Laon ou le S.r de Rosne presidoit qui demandoit argent.

Mars 1590. affectionnez au party, pour par forme de subvention recouvrer argent afin de faire la guerre plus que devant, et que Monsieur le duc voulloit faire parroistre son credict et ses forces. Qu'a ces causes il prioit Messieurs de la ville dadviser aux moiens quilz pouvoient fournir a la cause, que cestoit a ce coup quil se failloit efforcer pour ce quil ne failloit mancquer aux paies des estrangers, et la dessus laissa songer Messieurs du conseil qui perdirent la parolle quelque temps sur ceste demande, et puis apres quelzques ungs deulx feirent response quilz adviseroient a leurs forces et moiens le plus tost quilz pourroient pour luy faire entendre. Et ce pendant le sieur de Rosne pour satisfaire a la poursuicte que lui faisoient les zelateurs et mutins, envoia son trompette a La Foucaudiere lors gouverneur de Crespy pour le venir trouver a Laon en toute seurcté et pour son proffict, auquel il feit response quil ne pouvoit habandonner son gouvernement ou il estoit pour le service du Roy, que sil y avoit quelque ung qui desiroit parler a lui, il lui convenoit se transporter a Crespy. De Rosne nen attendoit poinct daultre response pour ce quil congnoissoit La Foucaudiere nestre ygnorant en sa charge, mais ce quil en avoit faict estoit pour contenter aulcuns mutins et les entretenir jusques ad ce quil eust touché deniers comme il feit de la somme de deux mil escus pour le general de la cause et quatre cens escus pour lui, et avec ces sommes sen alla a Soissons (trouver le duc du Mayne) acompaigné du gouverneur de Laon, de labbé de St-Vincent, Me Claude Legras, Regnault Chastellain et daultres zelez catholicques, ensemble la garnison de Laon. En ceste ville de Soissons ilz y sejournerent jusques au cinq° jour davril quilz revindrent tous en ceste ville de Laon, prenant par le mareschal de Rosne son chemin a Guise et de la aux Pais bas pour faire advancer

Le Sr de Rosne receoit de la ville de Laon II m. IIII e. escus.

les estrangiers (comme il disoit), delaissant a Laon les zelez qui lavoient suiviz a Soissons bien joieulx des lettres de provision des offices quilz avoient obtenuz du duc du Mayne a bon marchet, assçavoir par Legras de lexercice par commission de la justice de la prevosté et citté de Laon, et par Regnault Chastellain de loffice de greffier de ladite justice. De quoy pour le regard du prevost plusieurs de la ville en furent bien faschez du changement de juge, prevoiant que les habitans seroient mal traictez par ce nouveau venu congneu de tous pour ung tres pernicieux homme et dune inclination mutine, simulé au possible, gardant fort secretement et longtemps sa mauvaise volunté contre ceulx quil haïssoit, encore beaucoup plus corruptible que ses devanciers ; a raison de quoi plusieurs gens de bon jugement se mectoient devant les yeulx et se souvenoient de la response que lempereur Tibere feit a ceulx qui lui conseilloient de changer quelque fois a une province dun nouveau juge au lieu dun aultre avaricieux qui ne convenoit pas mal a Legras, et aquoi lempereur ne voulloit nullement entendre ayant mieulx le laisser le plus longtemps quil pouvoit en son office et dignité que l'en oster, pour ce que estant ja rasasié de gaings il devenoit plus pezant et tardif a commectre des rapines et oppressions au peuple ; car comme ainsy soit quaulcuns gens de justice soit de nature adonné a lavarice, encore cestui cy (qui nestoit pourveu que par commission qui est comme un terme limité) seroit encores plus enclin a sadvancer de piller au double pour fournir a sa cupidité, scachant bien (encores quil taschoit a se faire croire le contraire) que lexercice de son estat de prevost par commission nestoit guerre asseuré pour lui ; et pour bailler comparaison par lEmpereur de son oppinion, il uzoit de ceste similitude : Les mous-

Mars 1590.

Me Claude Legras obtient lestat de prevost de la citté de Laon par commission et Regnault Chastellain loffice de greffier de la prevosté.

Au XVIIIe livre des antiquitez judaicques Chap. VIIIe.

Mars 1590.
Similitude de l'empereur Tibere.

ches sestoient jectees a grandes trouppes sur les plaies ou blessures dun homme navré, tellement que les plaies furent toutes couvertes de mousches ; quelque ung passant eut compassion de ce pauvre blessé penssant quil ne fust assé fort pour chasser les mouches, et sapprochant de lui faisant desja signe de les chasser, mais lhomme qui estoit blessé prioit laultre de laisser en cest estat, et ce passant lui demandoit la cause pourquoi il ne tenoit compte destre mis hors de ceste fascherie ; a quoy il respondit : plus tost tu me fascherois si tu chassois ces mouches, car celles cy sont desja soullees de mon sang et ne picquent plus si fort, et sil en vient des nouvelles et affamees elles humeroient tout le reste de mon sang et nauroient pas grand peine a lachever du tout. Tibere doncq alleguoit ceste comparaison pour monstrer que les juges qui scavent leur sortie et les nouveaux venuz travaillent de rapines et oppressions plusieurs personnes et les molestent comme mousches fort picquantes et principallement quant la craincte destre bientost ostee de loffice estoit conjoincte avec lavarice naturelle.

Ordonnance pour faire sortir les femmes des absens et que leurs meubles seroient saisiz et venduz.

Je vous ay faict entendre comme en lassemblee generalle tenu le XIXe jour de ce mois de mars il fut conclud que toutes les femmes des absens sortiroient la ville, mais que au regard de leurs meubles daultant que le mary en estoit maistre et seigneur quilz seroient saisiz et venduz. Pour satisfaire a ceste ordonnance souvent reiteree et que au subject dicelle les femmes des absens estoient fort tourmentees des mutins et beaucoup plus que si elles eussent esté prisonnieres, les femmes de M. le lieutenant general Defer, de lesleu Doulcet et de Anthoine Deharbes se mirent en debveoir de sortir la ville avec quelzques petitz meubles et comoditez ; mais ces petitz meubles furent arrestez par les portiers et portez au logis du gouverneur ou visitation faicte ne se trouva peu de chose qui ne fust a lusaige de ces dames, pourquoi le sieur gouverneur en permit la sortie ; touteffois ceste permission ne sortit si tost son effect parceque les mutins qui se joignirent avec les portiers lempescherent et prindrent le memoire de ces meubles qui avoit esté faict chez le gouverneur et le porterent en lassemblee generalle qui se tenoit lors en la court du Roy qui estoit le dernier jour de Mars en laquelle presidoit M. Despinois ; et apres que ceste assemblee eut vuydé les affaires sur quoy elle estoit, celle cy fut proposé, et entre les raisons qui furent rapportees sur lempeschement qu'on avoit faict de la sortie de ces meubles, estoit que cy devant les meubles dudit sieur lieutenant Defer avoient esté saisiz et que le commissaire qui y avoit esté establi en pourroit estre cy apres recherché, ce qui ne seroit raisonnable ; surquoy et apres avoir veu le memoire, il fut dict que ces dames feroient sortir hors la ville les meubles contenus audit memoire, et que sil y avoit aulcuns diceulx qui eussent esté saisiz sur ledit sieur lieutenant, le commissaire qui y avoit esté establi en demeureroit deschargé.

Ce mesme jour du dernier mars et le lendemain premier apvril, fut mis hors la ville plusieurs aultres femmes des absens nonobstant toutes excuses, par ce qu'aulcunes delles avoient refuzees le bled et le vin quon leur avoit demandé ; en faisant la perquisition de ces femmes fut descouvert quelzques meubles cachetz qui furent venduz publicquement.

Le viiie jour dapvril audit an, Carrolé et quelzques soldatz sortirent la ville vers le soir pour aller au Sart labbé, lesquelz au lieu dy cheminer sarresterent a boire au faulxbourg de La Neufville en la maison Jehan Cressio ou ilz passerent une partie de la nuict faisant grand bruict ; mais voicy leur ruine, car il

Mars 1590.

Mainlevee baillé a trois femmes de la ville de leurs meubles arrestez a la porte de la ville.

Femmes des absens mis hors la ville de Laon.

Carrolé et les siens tuez dans le faulxbourg de la Neufville.

Apvril 1590

passa pardevant ceste maison une escouade de la garnison de Crespy qui allerent recongnoistre par la frenestre Carolé (fort hay deulx pour ce que peu auparavant il avoit tué de froid sang quelz que sungs de leurs compaignons au villaige de Bucy comme vous avez entendu), pourquoi ilz allerent investir ceste maison pour lattraper ; et pour parvenir a estonner ceulx de dedans, lun de ceulx de dehors tira ung coup a travers la frenestre au milieu de ces buveurs qui estoient a table, les aultres donnerent aussitost aux huis de devant et de derriere quilz forcerent et brizerent, et entrez dedans firent passer par les armes Carolé et ses soldatz ; la maison bien et exactement fouillé, l'hoste y fut trouvé caché pris et mené prisonnier à Crespy ou il paia grosse ransson pour se redimer.

Prédication et solempnelle procession a Laon.

Ce mesme jour le Tholozam en sa prédication dict que les assistans pouvoient bien estre advertiz des ravaiges pilleries et inhumanitez que le Biarnois faisoit es environs la ville de Paris duquel les parisiens attendoient le siege, mais que cela ne les estonnoit aucunement et quilz estoient tous en deliberation de plus tost recepveoir la mort que de se rendre soubz lobeissance dun hereticque, ce que tous bons et vraiz catholicques doibvent aussi faire que si les Juifz pour ne tumber soubz la domination des Romains et pour le zele de leur relligion (qui nestoit que lumbre de celle des chretiens) sestoient tuez lun laultre femmes et enffans et bruslé leurs meubles dedans le chasteau de Massada, et les sept freres et

Josephus en son VIIe livre de la guerre des Juifz Chap. XVIII.

leur mere pour ne prevaricquer la loy de Moyse avoient voluntairement souffertz la mort, a plus forte raison que les chretiens pour soustenir et deffendre leur relligion (beaucoup plus excellente que celle des Juifz) ne debvoient espargner leur propre vie, et que a telle affaire il ny failloit rien espargner pour ce

2^e des Machabees Chap. VII.

que la recompense estoit la hault es cieulx ; pria Apvril 1590.
neaulmoings les assistans de dire ung pater et ung ave maria pour la conservation des parisiens, et que pour faire plus amples prieres et supplications pour ces pauvres gens et leur bailler corraige contre les menasses de lhereticque et aussi pour satisfaire a lordonnance du jubilé quil avoit notiffié le xviii° jour de mars dernier, il se feroit ce jour la comme il se feit une procession generalle et fort solempnelle ou tout le clergé assista, les seculiers de la dite ville et faulxbourgs ensemble plusieurs blancs vestuz a piedz nudz ; fut porté a ceste procession plusieurs relliques chasses et fiertes qui partirent de leglise notre dame de Laon allans aux eglises Sainte Geneviefve, des Cordeliers et de St Jehan au bourq ou lors estoit ordonné des parrades bien et richement parez et aornez scelon que le Tholozam les avoit establiz.

Apres que le sieur Darcy gouverneur de Laon eust baillé a ladicte ville (soubz bonne asseurance bonne Fabrication de monnoie. quantité de vaisselle dargent du cru de La Fere), il fut commencé le neufiesme jour dapvril a fabricquer quartz et demiz quartz descu (en la figure quil a esté cy devant dict) par Bonaventure Le Clercq, Claude Le Clercq son filz, Pierre Hurez et Martin Tristrand orphevres, ou estoit Eloi Robert comme controlleur ; ceste fabricquation se feit en la maison ou se faict la residence actuelle des prevostz de la ville et citté de Laon.

Ce neufiesme apvril toute la garnison de ladicte ville tant de pied que de cheval sen alla a La Fere Entreprise sur Chaulny. pour avec daultres garnisons aller a la surprise qu'on pretendoit faire de Chaulny ; mais on ny feit rien et lentreprise sen alla en fumee, seullement y eut ung soldat de tué qui approcha de trop pres le fossé.

Comme les esprictz des meschans sexerçoient en ce temps miserable pour faire tort a aultrui, il sen

Apvril 1590.

Emprisonnement de Abraham Varlet.

trouva aulcuns qui mis sus a Abraham Varlet habitant de la ville quil avoit communicqué avec des soldatz de Crespy au pied de la montaigne de Laon; et combien que cela fust faulx et quil alleguast moiens et raisons pertinens pour repousser ceste accusation et desquelz il offroit faire preuve, neaulmoings il fut condamné en deux cens escus damende paiable en argent blé ou vin es mains du gouverneur, et daultant quil ny pouvoit satisfaire sy promptement il fut le ix° jour dapvril mis es prisons roialles ou il fut rudement traicté jusques ad ce quil eust satisfaict a ceste somme qui estoit une chose inicque et et meschante.

Environ ce temps le duc dAumalle, Bassompierre chef des Allemans, Berenglize et aultres seigneurs et cappitaines estoient dans ceste ville de Laon et leurs gens (restez de la journee dYvry) logez a Aippe, Athy et aultres prochains villaiges pillans et ravageans tout ce quilz trouvoient; ceci se tolleroit attendant vi mille escus que Bonnaventure Le Clercq et Pierre Huré fabricateurs avoient promis faire et forger; mais pour ne les avoir peu fournir en dedans

Emprisonnement des fabricateurs pour leur négligence.

le temps quilz avoient pris, ilz furent mis prisonniers dans la tour du Roy, ce qui se feit plus de collere que aultrément daultant que les chefz de la gendarmerie ne cessoient de crier apres largent.

Nouvelles a Laon que le Roy avoit siégé Paris.

Le xviii° jour dapvril, les nouvelles furent en ceste ville de Laon que le xv° de ce mois le Roy avoit siegé la ville de Paris, pris le pont de Charenton et quelzques aultres places pour accomoder son armee qui estoit lors seullement de dix mil hommes de piedz et trois mil chevaulx.

Le Sr Darcy tasche d'introduire des soldatz de dans Laon a layde du duc d'Aumalle.

Le sieur Darcy ayant recongneu quil ne pouvoit commander absolument dans la ville de Laon et quil estoit mené par la volunté des cappitaines de quartiers au moien quil ne jouissoit des gens de guerre comme il eust voullu, pria le duc dAumalle lors dedans la ville de layder de ses gens (logez au pied de la montaigne) pour se rendre le plus fort, ce quil promit, et ensemblement couvertement et soubz main tascherent a faire entrer dans la ville ses compaignies la nuict du jour de pasques xxii^e dapvril pour les joindre a deux compaignies nouvellement venuz de Guise et ja entrez dedans, ce qui fut descouvert par les cappitaines de quartiers qui estoient toujours alerte et en deffiance, lesquelz a toute reste empescherent lentree des compaignies du duc, le suppliant ne trouver cest empeschement mauvais pour plusieurs raisons quilz alleguerent. Ce seigneur se voiant descouvert sen desista ; plusieurs du dedans la ville qui estoient de ceste entreprise furent frustrez de leur intention daultant quilz esperoient que si le gouverneur eust reussi en ceste affaire ilz eussent esté emploié a plus grandes choses quilz nestoient pour estre de la faction ; et a dire vrai tout se fust boulversé dans la ville pour les divisions et partialitez qui sy entretenoit lors entre les gens dauctorité pour la convoitise de dominer, joinct la deffiance qui estoit entre eulx. Apvril 1590.

La derniere feste de pasques qui estoit le xxive jour dapvril, se tint en la place de Chevreson la grande assemblee generalle qui ne se faict qu'une fois lan a pareil jour pour estre solempnelle parce que tout le peuple de la ville congregee et assemblee eslit ung gouverneur de ville et aultres officiers qui sont annuelz, et ou plusieurs remonstrances et propositions sy font pour puis apres en faire la resolution qui se couche par escript. Ceste assemblee se feit en ce lieu scelon lantienne coustume et choisi ceste annee pour estre les habitans plus libres quilz navoient esté lannee passee en pareille assemblee tenue dans les halles ou ilz furent enfermez sur les Assemblee generalle tenue a Chevresson ou il y eut de grandes disputtes entre Thuret et Legras.

Apvril 1599.

granqz debatz parolles et mutineries qui sy feit (comme il a esté dict), aussi que ce jour la et en ce temps miserable il sy forge voluntiers quelque nouveaulté par lartifice des meschans pour corrompre la bonne police qui sy doibt establir pour lannee. A ceste assemblee M° Charles Despinois y presidoit, lequel apres quelque harangue tumba sur la cause de ceste assemblee et le debveoir que les citoiens y debvoient apporter en leur conscience a lelection dhommes de bien et dexperience pour exercer les charges publicques de la ville et sacquicter de leur debveoir, commandant au peuple en la maniere acoustumee de se retirer a part et par paroisses pour eslire des officiers, faisant distribuer a chacune paroisse par le greffier ung billet contenant les articles sur lesquelz ilz debveoient bailler leur advis et ou estoit inserré deslire ung juge de police. M° Claude Legras nouvellement establi pour exercer lestat de prevost

M° Claude Legras empesche lelection dun juge de police aultre que lui.

de la citté par commission, preveiant que le peuple ne fauldroit pas deslire ung juge de police aultre que lui pour estre son annee finie, remonstra quil nestoit neccessaire deslire ung juge de police en la dicte ville, daultant quil estoit joinct et uni avec lestat de prevost de la citté et que tous les preceddens prevostz en avoient toujours jouy sans aucun empeschement, requeroit partant que cest article mis sur les billetz pour delivrer aux parroisses faisant mention deslire uug juge de police fust biffé et rayé. M° Nicolas Thuret advocat au siege presidial de Laon et lun des

Response de Thuret a lempeschement formé par Legras.

quatre cappitaines de la ville se leva incontinent, dict a Legras quil se debveoit contenter du don gratuit que Monseigneur lui avoit faict de sa commission et estat de prevost de la citté sans y voulloir annexer cellui de juge de police qui ne lui appartenoit pas, quil ne pouvoit ygnorer que a lassemblee generalle de pareil jour que cestui lannee passee il fut expressement

Apvril 1590.

conclud et arresté que cellui qui seroit prevost de la citté ne se mesleroit plus des affaires de la police de la ville, quil seroit esleu par le peuple ung personnaige pour en faire lexercice, que suivant ceste conclusion luy mesmes avoit esté esleu qui en avoit joui son annee plaine sans empeschement de qui que ce fust, qu'a present de le voulloir joindre avec lestat de prevost il ny auroit raison quelconque, que si cela se tolleroit ce seroit enfraindre corrompre et abolir toutes les loix et ordonnances qui sestoient cy devant faictz pour la chose publicque et en ensuivant les ordonnances royaulx sur lerection et establissement des juges de police, que suivant ces ordonnances es assemblees de ceste ville il sestoit cy devant esleu des juges de police qui avoient joui sans contredict de ceste exercice, procedé contre les delinquans scelon les cas, tenu et exercé la justice sur ce faict en une auditoire establi au dessus de la porte de lespronnier et tenu les plaictz, ce qui estoit notoire a tous et aussi que cela se veriffioit par les registres qui estoient es mains du greffier Estienne ; que au voiaige dernier faict par les depputez de Laon vers la personne de Monseigneur, entre aultres choses il leur avoit promis de ne rien innover des ordonnances cy devant faicts en ladicte ville, mais quil voulloit et entendoit que le tout fust entretenu gardé et observé scelon lantienne forme, que si on avoit tolleré cest exercice quelque temps au prevost Martin, ce avoit esté par la negligence daulcuns esleuz a ceste charge de police plus affectionnez a leurs affaires particullieres que au publicq auquel ceste tolerance ne pouvoit prejudicier ; que Le Gras avoit assé faict parroistre sa haine et malveillance a lendroict du prevost Martin, mais quil aymoit fort bien son estat, duquel il sestoit subtillement et en cachette faict pourveoir par commission a son voiaige de Soissons pour en

Apvril 1590.

oster lelection aux habitans de ladicte ville qui la pretendoit faire par chacune annee au jour quil est; qu'encores que Legras y fust commis si estoit il loisible a ung aultre de sen faire pourveoir et de lencherir comme vaccant au profficl du general de la cause, ce qui feroit cesser sa commission, a raison de quoi Legras ne se debveoit rendre si oppiniastre quil faisoit pour aultrui en ceste jouissance; que ces lettres veues et bien considerees on trouvera que lexercice de juge de police ne luy est attribué par icelles, ains seullement pour la justice de la prevosté de la cité; pour ces raisons prioit Monsieur le president dordonner que le peuple procedderoit a lelection dun juge de police aultre que Legras suivant les conclusions des preceddentes assemblees et quilz rapporteroient lelection au bureau. Durant les parolles de Thuret, Le Gras ne scavoit quelle contenance tenir; on le voioit lever, se rasseoir, changer sa face, remuer extraordinairement les veines de sa face, si qu'a sa contenance on le jugeoit extresme-

Grande fascherie qu'avoit Legras sur les parolles de Thuret et sa response.

ment fasché; et en respondant et tramblant de collere dict que par le discours de Thuret il se voioit appertement la grande envie et mauvaise affection quil avoit allencontre de lui, lequel pour ce faict sestoit advancé de parler le premier de la compaignie sans quil y eust interest et contre son debveoir, quil debveoit pour son honneur attendre ladvis des plus antiens et mieulx advisez que lui en telles affaires ou il estoit bien jeune, que par ses parolles dempeschement il sestoit voullu faire congnoistre au peuple plus quil nestoit pour leslire a quelque charge publicque oultre celle de cappitaine de quartier ou il estoit parvenu non par sa valleur et prouesse mais par banquetz menees et praticques, que lui Legras navoit rien demandé ny requis qui ne fust de la raison et qui ne lui appartint a cause de lestat de prevost de la ville et citté de Laon, a quoi temerairement Thuret sestoit opposé plus par envie que pour le zel quil eust a lentretenement des loix et ordonnances faictes pour le publicq, que sa presumption le faisoit souvent escarter hors des limites de son debveoir en la charge quil avoit, chose recongneu plusieurs fois en aulcunes assemblees particullieres ci devant faictes; et comme il sadvançoit en invectives contre Thuret par comparaisons et similitudes quil rapporta sur lorgueuil, il fut interrompu par ledit sieur Despinois qui presidoit et leur imposa silence a tous deux et ordonna que le peuple bailleroit son advis la dessus pour apres en ordonner. Le peuple retiré par parroisses et leur advis rapporté au bureau sur les articles des billetz a eulx baillé, on trouva que la pluspart des parroisses estoient dadvis deslire ung juge policien a part et aultre que Le Gras, et fut Nicolas Branche bourgeois de Laon esleu pour juge de police auquel fut enjoinct de prester le serment, mais Le Gras si opposa, nonobstant laquelle opposition il fut passé oultre et ordonné que lui mesmes quicteroit et delaisseroit du tout lexercice de la justice de police pour en laisser joir paisiblement ledit Branche qui presta le serment sur le champ ; fut aussi esleu Nicolas Gerault pour recepveur de la ville, Jehan Tambour pour gouverveur avec Regnault Chastellain ; les officiers furent continuez pareillement ; lesleu Blondel fut continué en sa charge pour recepveoir les deniers extraordinaires.

En ce temps les reistres du duc du Mayne estoient logez a Monceau le Wast, Fay, Pierrepont et aultres villaiges prochains ou ilz faisoient un fort grand dégast par volleries et pilleries, pourquoi les habitans de ces villaiges furent contrainctz d'habandonner du tout leur habitation.

Apvril 1590.

Le lieutenant Despinois impose silence à Legras et à Thuret.

Nicolas Branche est esleu juge de police et preste le serment.

Nicolas Gerault, receveur. Regnault Chastellain et Jehan Tambour, gouverneurs

Lesleu Blondel, continué recepveurs des deniers extraordinaires.

Les reistres du duc du Maine logez es environs Pierrepont.

Avril 1590.

Le duc du Mayne arrive à Laon.

Le xxvi° jour de ce mois davril Mʳ du Mayne arriva eu ceste ville de Laon acompaigné des garnisons de Soissons, Hem, Peronne, Guise et daultres villes ligueuses avec quelzques espagnolz ; le tout ensemble pouvoit faire nombre denviron vii a viii° chevaulx. La

Une des centaines de ladicte ville va au devant du duc.

centaine de Regnault Branche alla au devant de lui jusques a Bousson qui estoit conduicte par Nicolas Morlet petit de corps mais grand en sedition et mutinerie ; Jehan Mainon surnommé l'Italien portoit lenseigne. Le canon fut tiré de la ville a larivee du duc qui salla loger a labbaie St Jehan ou estoit le gouverneur Darcy demeurant ; en ce lieu lui fut porté du vin de present de la part de ladite ville, et le lendemain xxvii° du mois il salla promener avec plusieurs gentilzhommes tant dedans que dehors la ville en la visitant, attendant lheure assignee pour la conference secrette pour la cause generalle qui se feit le mesme jour avec M. de Villeroy delegué pour Paris, Frizon et Parent pour Reims, le Cardinal de Vaudemont, les depputez dAmiens et daultres villes. Apres ceste conference fut widé le differend qui estoit entre les quatre

Le duc du Mayne pacifie plusieurs différens qui estaient entre aulcuns habitans de Laon.

cappitaines de quartiers de la ville de Laon et Mᵉ Claude Legras sur les entreprises pretenduz de part et daultre ou il fut donné reiglement par ledit sieur duc ; fut aussi confirmé le don faict a Laurens Ponssin de loffice de lesleu Doulcet pour paciffier le different qui estoit entre Ponssin et Claude Grignon pour loffice de prevost des mareschaulx, comme en pareil celluy dentre Nicolas Branche et Le Gras pour la justice de la police qui demeura a Branche et a ses successeurs par lelection des habitans en leur assemblee generalle de la dernière feste de pasques, de quoy le gouverneur Darcy nen fut guerres joieulx a raison quil ne se pouvoit accomoder avecBranche qui le contrepoinctoit a beaucoup de ses pretentes, signaument a faire fond de deniers comme le gouverneur poursuivoit ordinairement.

Apvril 1591.

Le xxviiie jour dapvril M. le duc voullant partir de ceste ville de Laon pour passer a La Fere feit approcher touttes ses trouppes es environs la ville, lesquelles toutes ensemble tant françoises qu'estrangeres pouvoit faire nombre de xv a xvic chevaulx compris les garnisons des villes cy devant nommees ; elles prindrent leur chemin au pied de la montaigne de Laon et tirerent vers la cense de Courdault, de la vers Couvron et Monceau le leup ou lune de ces compaignies de cavallerie salla quelque peu escartee et ne prenant garde au chemin quavoient pris les aultres alla tumber dans une embuscade de ceulx de Crespy qui en furent tumber mortz sur la place xx ou xxv et quelques aultres blessez qui se saulverent a la course vers ceste ville de Laon ou ilz furent penssez.

Le duc du Maine parte de Laon pour aller à La Fère.

Vous avez cy devant veu comme pour representer le corps de la ville en assemblee generalle et afin (comme on disoit) de soullager le peuple qui pourroit estre empesché a ses negoces, il fut pris et esleu trois personnes de chacune centaine de ladicte ville qui aisoient quarante deux a raison quil y avoit quatorze centaines, lesquelz estoient convocquez es assemblees avec telle puissance et auctoritee que tout ce qui estoit faict et deliberé par eulx se passoit comme faict par assemblee generalle de tout le peuple ; que la plus saine partie de ces xlii estoient gens de basses conditions et sans experiences es affaires publicques et desquelz on sestoit cy devant servi comme dun baston a ruer aux noix ; a present que le conseil a veu quil nestoit plus necessaire de saider de telles manieres de gens, et que par leur presence ilz avoient assez rougiz de leur turpitude au temps quil se presentoit

Les xlii représentans dans le corps de la ville es assemblees generalles sont cassez.

Apvril 1590.   de notables personnes es assemblees generalles de ladicte ville pour affaires dimportance, furent dadvis de les faire casser de leurs charges, mais ilz estoient bien empeschez des moiens quilz y tiendroient pour ce que nul dentre eulx nozoit ouvertement entreprendre de mectre cest affaire sur le bureau a raison que partie de ces XLII estoient gens mutins et seditieux ; finablement ung du conseil plus hardy que les aultres lentreprint et en usa de ceste fasson, qui fut qu'on feit publier une assemblee generalle de tout le peuple le XXIXe jour de ce mois dapvril, ou apres quelzques aultres affaires preallablement vuidees on meit en avant q'une partie de ces XLII se plaignoient du travail quilz avoient a se trouver ordinairement aux assemblees qui se faisoient fort souvent, que en ce faisant ilz estoient en grande subjection et delaissoient leur vaccation et proffict particullier en leur travail servant a la nourriture et a lentretenement de leur famille, quilz avoient faict tous bon debveoir au service de la ville en ceste charge qui estoit fort penible et sans proffict, que partant il estoit raisonnable dadviser a leur soullagement soit pour en commectre daultres a leurs places ou bien dadviser si doresnavant on feroit assembler a son de trompe tout le peuple scelon lantienne coustume et quant besoing seroit afin que chacun eust congnoissance de ce qui se passeroit en ces assemblees generalles, prioit on les parroisses de donner leur advis la dessus. Sur quoy le peuple assemblé qui se meit en memoire le pauvre ordre et police qu'avoient faict ces XLII durant leur temps, et que aux affaires survenuz ilz ny avoient proceddé que tellement quellement en exerceant souvent leur malice et meschanceté tantost sur lun tantost sur laultre, joinct la honte quilz avoient davoir admis au conseil de la ville de telz gens, furent dadvis de les casser pour

Apvril 1590.

se remectre a lantiquité et le fut rapporté ainsi par les trois quartz des parroisses, suyvant quoi ces XLII furent remerciez de leurs peines et depposedez, et ordonné que doresnavant aux assemblees generalles tout le peuple y seroit convocqué par le son de la trompette scelon lantienne coustume de la ville ; de quoy partie de ces XLII conseilliers ou depputez se trouverent bien honteux qui se demandoient lun a laultre qui avoit poursuivi ceste affaire, mais personne deulx nen sceut que dire ; pourquoi aulcuns deulx congnurent que par subtilleté et cautelle ilz estoient depposedez et ne scavoient a qui sen prendre, et pour certain silz en eussent esté advertiz, au seul rumeur quilz eussent commencé personne neust ozé se parroistre pour leur faire teste tant ces mutins icy estoient crainctz et redoubtez ; mais apres que la prononciation de ceste conclusion fut faicte scelon ladvis du peuple qui avoient en mauvaise odeur ces depputez ilz ny peurent remedier, aussy quilz navoient poinct eu de comodité de susciter leurs semblables pour ensemblement faire leur tintamarre de mutinerie acoustumee et quant ilz estoient advertiz quon voulloit faire quelque chose contre leur volunté ; ainsy furent ilz ces bonnes gens depposedez de leurs belles charges. De quoy Claude Herbin (allumette de sedition) extresmement fasché encores quil ne fust de ce nombre cassé mais par ce que aulcuns deulx lui revelloient tout ce qui se faisoit et deliberoit a ces assemblees generalles, de despit et de rage ne se peust contenir quil ne dict tout hault sur la fin de ceste assemblee que sil voioit qu'on se servit cy apres au conseil de la ville de quelque huguenot soupsonné ou proceddé de huguenot quil lempescheroit fort bien par ladvis quil en donneroit a Monseigneur le duc du Mayne pour le faire casser et le faire mectre hors, et a quoy il avoit bonne envie dy tenir la main

Apvril 1590.

par ce quil congnoissoit tous ceulx qui avoient esté baptisez et mariez a la hugnoterie depuis xxx ans par ung registre quil avoit escript de la main dun nommé M. Clement ministre de ce temps la en ceste ville, a quoy personne ne respondit rien pour ce que lon ne voulloit avoir dispute ni propos de querelle allencontre le filz dun petit dieu.

May 1590.

Publication faicte de se fournir par les habitans de Laon de farine et d ustancilles.

Le troisiesme jour de May, une publication fut faicte par les carrefours de Laon au son de la trompette, par laquelle il estoit enjoinct a tous habitans de ladite ville de se pourveoir chacun mesnaige de deux asnees de farine et de pallon hotte et hoiaux en peine destre chassé hors la ville, ce qui apporta grande craincte au menu peuple et la doubte d'un siege, joinct que ce mesme jour il fut faict commandement a tous ceulx qui avoient maisons sur les murailles de la ville depuis leglise St-Michel jusques a la place du soleil Thobie de boucher les frenestres par le dehors ou bien faire mectre des gros barreaux de fer a quatre doigs pres lun de laultre, mesmes de boucher les troux des celliers et aultres endroictz neccessaires scelon la visitation qui en seroit faicte; de ces commandemens et injonctions le gouverneur Darcy recongnut que plusieurs habitans de la ville se mectoient en allarme, desquelz touteffois il ne pouvoit tirer deniers pour le paiement de la gendarmerie qui crioit apres la paie, ce qui lui feit poursuivre une assemblee generalle qui se tint en la court du Roy ou il fut arresté de faire une levee de deniers sur tout le corps de la ville pour soldoier deux cens harquebuziers et cinquante cavalliers qui estoient lors en garnison dans ladite ville pour ung mois seullement attendant le retour de Monseigneur le duc du Mayne. En ceste assemblee Me Claude Legras se feit confirmer en sa commission de prevost de la citté de Laon par les habitans de ladite ville pour se

Me Claude Legras faict confirmer sa commission de prevost de la citté par les habitans de Laon.

— 273 —

rendre plus ferme contre la craincte que lui donnoit souvent le cappitaine Thuret qui faignoit de voulloir mectre cest estat de prevost a la taxe au proffict de la cause.

May 1590.

Ce mesme jour fut descouvert en une maison de la rue du Blocq le lieu ou estoit caché une bibliotecque de grand prix appartenant a M⁰ Pierre Robert advocat, laquelle fut visitee par notre maistre le Tholozam et jugea que la plus part dicelle estoient livres censurez pour estre de la Relligion protestante, partie desquelz venoient de feu M⁰ Guillaume de Flavigny vivant conseillier au siege presidial de Laon comme il se recongnoissoit par son nom escript au premier feuillet daulcuns de ces livres qui estoient bien reliez et accomodez de belles couvertures; la visitation achevee tous les livres censurez furent bruslez en pleine rue.

Livres censurez appartenant a M⁰ Pierre Robert, bruslez publicquement.

Le quatriesme jour de may le sieur de Poncenac qui depuis a esté gouverneur de Soissons arriva de nuict aux faulxbourgs de Laon accompagné de LX ou IIIIˣˣ chevaulx; il entra dans ladicte ville avec v ou vi des siens laissant le reste de ses gens aux faulxbourgs qui bruslerent quelzques maisons habandonnees et ou ilz ny trouverent personnes pour les traicter, et le lendemain sen allerent aux villaiges et censes prochains piller et ravager tout ce quilz purent.

Poncenac arrive de nuict à Laon.

Le IXᵉ jour de May il se feit en lassemblee particulliere une conclusion quil se feroit ung roolle des absens, lesquelz seroient assis a la subvention quil convenoit lever, et que les biens qui seroient trouvez en la ville appartenans aux absens seroient venduz et leurs maisons baillez a louaige pour payer leur cottité.

Conclusion de taxer les absens à la subvention.

Le XIIᵉ jour de May, M⁰ Hercules Crochart procureur fut accusé en justice par M⁰ Claude Boilleau chanoine pour quelzques parrolles mal sonnantes et qui touchoient lhonneur de Madame de Guise; pour raison

Hazart ou fut M⁰ Hercules Crochart accusé de quelzques parrolles mal sonnantes

May 1590.

de quoy Mᵉ Claude Legras commença a en informer; mais daultant quil ne trouvoit preuve suffisante du faict, il meit en surceance cest affaire; et a la verité si les parrolles mis en avant eussent esté veriffiees pour estre de consequence sur lhonneur de ceste princesse, Crochart eust courru grand hazart en sa personne. Boilleau voiant que ceste poursuicte ne sadvançoit aulcunement et scelon son desir, print oppinion que Le Gras favorisoit Crochart, et de quoy il en feit sa plaincte en une assemblee particulliere qui se tint en lauditoire de la court du Roy le xvɪᵉ de ce mois de may par les gouverneurs de la ville ou presidoit Mᵉ Nicolas Branche comme juge de police et a laquelle estoit assistant Mᵉ Nicolas Ledoulx, Bobillart, Hubert, de Lancy, Labiche, Gobellet, Crespel, Leblanc et Boilleau qui remonstra a la compaignie quil y avoit eu cy devant des informations faictes par Mᵉ Claude Legras allencontre Mᵉ Hercules Crochart pour raison de plusieurs parrolles scandaleuses par lui proferees contre lhonneur de Madame de Guise sur lesquelles il ne se faisoit aucune poursuicte, ce qui tournoit au grand scandal et deshonneur de la ville pour nen faire faire aulcune punition, que si tel faict demeuroit impuni le reproche leur en seroit faict cy apres; surquoy il fut conclud que Mᵉ Claude Legras seroit prié de parachever les informations et instruire ce proces, synon de mectre ce quil avoit faict es mains de Mᵉ Nicolas Branche pour parachever linstruction dicelluy.

Procession à Laon faicte contre l'ordinaire et qui fut ordonné par le Tholozam.

Le xɪɪɪᵉ jour de may, notre maistre le Tholozam en sa predication dict que le duc du Mayne avoit remis sus une tres puissante armee avec laquelle il esperroit donner bataille; que pour obtenir la victoire il estoit neccessaire de prier Dieu, pourquoy il feit faire une procession generalle ce jour la tout au contraire des aultres en ce quil feit sortir ceste procession par la porte du parvy, la feit cheminer par la rue du blocq a labbaie St-Martin, et de la elle retourna dedans leglise Notre-Dame par la porte du cloistre, qui estoit contre la coustume et fasson ordinaire des aultres processions.

Le xxiᵉ jour de May il y avoit assez pres du faulxbourg St-Marcel quelzques chevaulx et moutons pasturans qui furent pris par quatre hommes de chevaulx et trois harquebuziers a pied de la garnison de Crespy, lesquelz ilz emmenerent sans contredict et malgré la garnison de Laon qui noza sengager a eulx craignant les embuscades, jugeans que si peu de gens neussent esté si presumptueux et advantageux de sadvancer si pres de la ville sans assistance daultres; touteffois aulcune embuscade ne fut descouverte.

Bestial pris à Saint-Marcel par ceulx de Crespy.

May 1590.

Le xviiiᵉ jour de May scelon ce quil avoit esté ordonné en la derniere assemblee, fut faict une assiette sur les habitans de Laon pour paier la garnison de la somme de huict cens douze escus que les mutins trouverent rude a paier parce que leurs bources commençoient a devenir plattes; et ne pouvant ces mutins a qui sen prendre, menassoient les asseeurs sur ce quilz disoient quilz avoient soullagez a ceste assiette les maheurtres et politicques pour les surcharger; les grandz zelez nen disoient rien parcequilz sexemptoient tousjours du paiement.

Levee de deniers à Laon.

Le xxᵉ jour de may audict an, la chambriere Mᵉ Jehan Dassonneville procureur sortit hors la ville de Laon emportant une robbe qui appartenoit a sa maistresse pour lui bailler au villaige ou elle estoit refugié; a la sortie de la ville on ne lui dict rien, mais elle fut remarquée par quelzques soldatz qui la suivirent jusques a des petitz bois au dela le faulxbourg d'Ardon ou la robbe lui fut ostée. Ceste chambriere sen retourna a la ville apres avoir fort bien remarqué

Une robbe pris par des soldatz qui appartenoit à la femme M. Jehan Dassonneville.

May 1590.

le soldat qui lui avoit pris la robbe, compta ce faict a M⁰ Jehan Le Clercq advocat gendre de Dassonneville, lequel alla trouver ce soldat en la rue ja revenu pretendant d'amitié retirer ceste robbe de lui, mais il en feit refuz disant quelle estoit de bonne prise, alleguant de telles et quelles raisons qui meit ladvocat Le Clercq en telle collere quil donna au soldat ung coup de pommeau de son poignart quil tenoit; soudain le soldat voullut mectre la main a lespee pour la tirer, mais il en fut empesché par des habitans; pendant cest empeschement Le Clercq entra dans la maison Laurens Marteau dou il sortit aussitost garni dun coustelas duquel il frappa le soldat au bras vers le coulde, et de ce coup il en mourut quelzques jours apres, pour raison de quoi Le Clercq fut quelque temps caché et par amis sortit la ville pour obtenir sa remission, mais apres il eut beaucoup de peine a y rentrer pour la faire enteriner.

Vous avez entendu comme les depputez des centaines furent desmis de leurs charges afin de faire faire les assemblees generalles scelon lantienne forme par le son de la trompette; tonteffois ce nestoit lintention du conseil secret dainsy le faire observer, mais seullement pour faire casser ce grand nombres dhommes **Le conseil de** confuz et sans raison en leur advis et le reduire en **xxiiii personnes** beaucoup plus petit nombre que ce conseil eust volun-**estably a Laon.** tiers choisi; mais cela ne se pouvoit faire, car le peuple voulloit quil y eust de leurs semblables en ces assemblees generalles. Le soupson estoit lors partout; il failloit donc par neccessité uzer daultres moiens, qui fut denvoier des billetz par les douze parroisses de la ville pour eslire douze hommes pour les joindre avec les douze depputez du conseil particullier faisans ensemble xxiiii personnes qui seroient reputez pour assemblee generalle; et pour donner coulleur a cecy on donna a entendre par ces billetz que le gouverneur ne trouvoit bon de faire si souvent sonner la trompette (comme on faisoit lors dassemblee), que tel son faisoit esmouvoir les gens de guerre, que les assemblees generalles estoient trop divulguees et la congnoissance des affaires du publicq trop manifestees aux soupsonnez; avec ces parrolles escriptes les billetz furent portés par les parroisses qui nommerent sur iceulx de telles personnes quilz voullurent, mais le conseil secret en print le choix desquelles en voicy les noms.

May 1590.

Mᵉ Vairon laisnel	Mᵉ André Dentart
Mᵉ Mathieu Aguet	Charles Le Vent
Adrien Moury	Nicolas Mignot laisnel
Jehan Belotte	Claude Gaurel
Jacques Demay	Anthoine Gosset
Mᵉ François Blondel	Pasquier Parisis.

Les noms des douze qui furent joinctz avec le conseil particullier.

Il sen dressa ung acte de leur ellection et pouvoir du xxiiiᵉ jour de may qui porte ces motz : pour doresnavant assister avec les depputez du conseil particullier faisans ensemble xxiiii personnes pour decider et conclure en affaires de consequence ; et pour parfournir le nombre du conseil particullier de la ville deffectueux dune personne fut esleu lesleu Delamer et par mesme moien Nicolas Morlet pour recepveur des pauvres.

Acte dressé de l'auctoritee des xxiiii.

Le xxviiiᵉ jour de may, le gouverneur Darcy pour parvenir a son desseing qui estoit de faire fond de deniers a la ville, ordonna quil se feroit ung bon magazin de farine pour en cas de neccessité enfaire vivre les habitans et soldatz ; mais les habitans ny voullurent entendre et y resisterent tant quilz peurent, remonstrerent au gouverneur que suivant la publication cy devant faicte touz les habitans sestoient fourniz de farine craignant dencourir la peine de lordonnance qui estoit destre chassé hors la ville, de quoi le gouver-

Le gouverneur Darcy veult establir ung magazin

May 1590.

neur se fascha fort, mais il nen eut aultre chose car il navoit la force de son costé.

La mort du Sr des Orties pres Crespy.

Le xxxe jour de may fut faict reveue de la cavallerie de Laon qui apres sen alla en bon ordre voire ceulx de Crespy soubz la conduicte du sieur des Orties jeune gentilhomme de ce pais et du cappitaine Gomont, lesquelz pendant lescarmouche se trouverent pressez de plusieurs harquebuziers de lennemi qui sestoient coullez dans des bledz faisans sur eulx grande largesse dharquebuzades desquelz des Orties fut jecté parterre au grand estonnement du cappitaine Gomont qui ne se deffioit de ce costé la pour lavoir faict recongnoistre des son arrivee, occasion quil uza dune dilligente retraicte vers la ville de Laon ou il racompta la mort de ce jeune gentilhomme regretté de plusieurs, le corps duquel le lendemain a la conduicte de XL ou L che-

La Foucaudiere envoie le corps du S^r des Orties pres la ville de Laon:

vaulx et de quelzques IIII^{xx} ou cent harquebuziers de Crespy fut rapporté par le commandement du cappitaine La Foucaudiere (son parent) pres le bois des Moutieux le faisant scavoir a la ville de Laon, la garnison de laquelle lalla reprendre et porter en grande solempnité dedans la grande eglise Notre-Dame ou le corps reposa jusques au lendemain quil fut repris par ses parens et mis en terre.

Juing 1590.

Le troiziesme jour de juing les curez des parroisses de Laon en leurs prosnes admonesterent voire com-

Commandement de porter les livres censurez a levesque et de reveller les biens des absens.

manderent a tous ceulx qui avoient livres censurez de les porter a Mr levesque de Laon, pareillement de reveller les biens appartenans aux absens en dedans la quinzaine laquelle passee ou les choses seroient averez les gardiens et deppositaires seroient puniz de grosses amendes.

Le duc du Maine, levesque de Noion, le mareschal de Rosne, le sieur de Villeroy, le cappitaine St-Pol et aultres seigneurs de la Ligue estans en ce pais au retour des frontieres de ce royaulme avec tous leurs gens attendans le duc de Parme qui preparoit son voiaige pour aller faire lever le siege au Roy devant Paris, sadviserent pendant ce temps de bailler exercice a leurs gens a la prise de Crespy ; et de faict apres que le mareschal de Rosne eust faict la recongnoissance de ceste petite ville le cinquiesme jour de juing et rapporté ce quil lui sembloit de la place, il fut resolu de la sieger et la battre, pourquoi faire le duc du Mayne manda a la ville de Peronne de lui envoier dilligemment deux pieces de canon comme elle feit, attendant lesquelles deux aultres pieces de Laon furent accomodez de ce qui leur estoit neccessaire et trainez jusques a la place du bourg. Pour fournir aux munitions des gens de guerre fut tenu a Laon une assemblee particulliere le IIII° juing en la maison M° Nicolas Branche ou il presidoit ; la fut conclud et arresté quil seroit levé cinquante asnees de bled meteil, cinquante asnces davoine et XL pieces de vin par forme demprunct et que le clergé en fourniroit aultant ; ceste quantitee de bled et de vin ne se trouva suffisante pour faire vivre l'armee du duc devant Crespy, pourquoi le IX° dudict mois il fut faict aultre levee de pareille quantitee pour le grain et de XX pièces de vin.

{Juing 1590.}
{Deliberation de plusieurs seigneurs de la Ligue d'aller sieger Crespy.}

{Levee de bled et de vin faicte a Laon pour le siege de Crespy.}

Le lendemain de la resolution qui estoit le sixiesme jour dudict mois, le duc en personne avec ses trouppes alla investir Crespy ou il se feit une assé belle escarmouche avec laquelle le duc salla loger au chasteau de Cerny pres Bucy et le cappitaine St-Pol au chasteau de Faucoucourt. En ce lieu de Cerny le canon de Peronne y arriva ce mesme jour au soir, pourquoi le duc envoia aussistost a Laon pour faire advancer ceulx qui estoient aprestez pour les joindre ensemble ; mais comme il se preparoit avec les balles pouldres pionniers et munitions neccessaires, le duc les contre-

{Retraicte faite par les ligueurs de devant Crespy pour la venue du Roy.}

Juing 1590. manda au moien dune lettre quil receut des mains dun nommé Anthoine de billy serviteur en la maison du sieur de Bouchavenne envoié au duc par le sieur de Lamet gouverneur de Coucy, par laquelle il congnut la dilligence dont uzoit le Roy avec la fleur de sa cavallerie pour les aller trouver a ce siege et que ja il estoit au deça Compiegne, ce quil feit scavoir aussistost a tous ses cappitaines qui se trouverent assez estonnez dunesi soudaine venue, faisans retraicte ou ilz estoient partiz, remenant le canon au faulxbourg de La Neufville ou partie de linfanterie salla loger et laultre partie avec la cavallerie aux aultres faulxbourgs de Laon, y faisant a leur retour de grandz degastz sur les jardinaiges empouillez en bled poix febves et aultres grains. La personne du duc salla loger a labbaie St-Vincent ou le lendemain septiemc jour de ce mois il receut second advis comme le Roy sadvançoit fort, pourquoi tout le long de ce jour la il feit faire dilligence de travailler a ung retranchement quil feit faire pour son armee qui commençoit depuis La Neufville jusques aux premieres maisons de Semilly. En ce lieu

Le Roy se présente devant larmee du duc du Mayne. des le lendemain viiie jour de juing il distribua son infanterie en deux endroictz, lun au molin de La Neufville avec deux pieces de canon et laultre au pied des vignes pres le blanc mont avec trois aultres pieces de canon de la ville; rangeant en bataille et par escadron toute sa cavallerie, attendant la venue du Roy qui se presenta ce jour mesme environ les sept heures apres midy au dela les bois St-Martin avec ung gros de cavallerie qui se jugeoit denviron iiii cent chevaulx qui alla recongnoistre lassiette du camp du duc, duquel personne ne sortit pour aller a eulx, trop bien environ xxx ou xl cavalliers que le duc avoit jecté dedans la cense dAvain qui de long alla veoir ce gros lors de son arrivee se retirans par apres vers le retranchement.

Ce gros de cavallerie ayant assez longtemps faict alte a la campaigne et ne voiant personne debusquer hors du retranchement ou les courreurs avoient voltigé, il feit retraicte au petit pas vers la chaussiette et salla loger a Faucoucourt, Cessieres et aultres lieux prochains; et pour le duc il feit retirer ses gens aux faulxbourgs de Laon chacun en son quartier en lun desquelz qui estoit Vaulx ce jour la fut bruslé par les gens du duc ung molin a vent et la maison en deppendant, et si fut pendu au chemin dentre St-Marcel et St-Ladre ung soldat qui avoit desrobbé le cheval de son compaignon.

Juing 1594.

Ung molin pres Vaulx bruslé.

Ug soldat pendu.

Le lendemain ixe jour de juing, le Roy estant encores logé aux susdits villaiges receut advis que le cappitaine St-Pol avec bonne trouppe sacheminoit en dilligence le chemin de Paris en volunté de donner dans quelque quartier de larmee du Roy pendant son absence, pourquoy empescher Sa Majesté expedia le Conte de Soissons et aultres pour lui coupper chemin ou bien le tallonner de pres. Sainct Pol en estant adverty ne voullut entreprendre de passer oultre la ville de Soissons, mais sen retourna le chemin qu'il estoit allé et sen vint loger a labbaie St-Vincent dou estoit sorty le duc du Mayne pour se loger dans la ville en labbaie St-Martin et feit remonter une partie du canon dans ladite ville et laultre partie la laissa au blanc mont a la garde de quelque infanterie, et pour sa cavallerie il la laissa aux faulxbourgs ou elle faisoit bonne garde. De quoy le Roy adverty et quil ne les pouvoit attirer a la campagne, apres quil eust visité sa petite ville de Crespy il reprint son chemin en son camp devant Paris bien fasché davoir si mal emploié son voiaige ou il esperoit dy faire quelque bon exploict, mais ladvis donné a son ennemy comme il a esté dict lempescha; il ne tenoit pas a beaucoup de gouverneur que la guerre ne fust perpetuelle.

Le cappitaine Saint-Pol retourne sans ozer aller au voiaige quil avoit entrepris.

Le Roy sen retourne a son armee qui estoit devant Paris.

Juing 1590.

Faulses nouvelles inventee de la part du cappitaine St-Pol:

Ce mesme jour au soir ung cavallier que le cappitaine St-Pol avoit laissé expres a Soissons pour contrefaire le courrier arriva en ceste ville de Laon bien eschauffé, disant a chacun que Mr de Nemours et le chevallier d'Aumalle avoient faict une belle saillie de la ville de Paris et deffaict une bonne partie de linfanterie du Roy de Navarre; touteffois quelzques jours apres cela fut trouvé faulx et inventé pour aucunement couvrir lhonneur du cappitaine St-Pol qui navoit ozé passer Soissons, et aussi pour faire croire a plusieurs que le Roy avoit esté contrainct de sen retourner pour faire reserrer de pres son armee pour eviter le dommaige que lui faisoient les parisiens.

Les ligueurs retournent devant Crespy.

Le xe jour de ce mois, le duc du Mayne estant certain que le Roy sestoit retourné feit mectre son armee en bataille vers le molin de La Neufville ou il se trouva environ deux mil hommes de piedz et sept a huict cens chevaulx, lesquelz se partirent de la environ les deux heures apres midy trainans avec eulx trois pieces de canon pour mectre en batterie contre les murailles de Crespy quilz changerent par deux fois qui tirerent LX ou IIII^{xx} coups depuis environ quatre heures apres midy jusques sur les huict heures du soir, et aussitost la compaignie des wallons apresté donna assé vaillamment sur le ramelin de la porte de Laon quilz tindrent quelque peu, mais les assiegez les en feit desloger laissant pour gaige leur colonnel mort dune harquebuzade quil y receut avec plusieurs soldatz mortz et beaucoup de blessez. Durant ce temps la ville fut assailly par trois aultres endroictz pour lemporter ce jour la (comme le mareschal de Rosne sen estoit vanté), mais il en fut deceu car a bien assailly bien deffendu, se rendans les assiegez aussi oppiniastres a se deffendre que les assiegeans a les assaillir, et a dire vray ilz feirent vaillamment de part et daultre pour leur debveoir, a quoi

il y eut beaucoup de mortz et de blessez, signaument
des assiegeans au moien que ceulx de dedans avoient
faict bon appareil de cloux grenades feuz artificielz et
aultres instrumens quilz avoient advisez leur servir a
la deffense de la place, de quoy ilz en faisoient grande
largesse sur leurs ennemis pour les repousser, si
qu'enfin il fallut sonner la retraicte pour ce que la
nuict survint qui les pressoit au retour, faisant estat
par ceulx de dedans de xxviii des leurs que mortz que
blessez et de dehors de lx ou iiii^{xx} mortz et aultant
pour le moings de blessez, partie desquelz moururent
quelque temps apres pour estre leurs coups mortelz,
entre lesquelz fut remarqué avec le colonnel walon
ung gentilhomme françois qui fut frappé dun coup
d'harquebuze a la gorge qui en mourut, lesquelz furent le lendemain enterrez dedans leglise des cordelliers de Laon avec grand honneur et solempnité, et
disoit on quilz estoient gens de moiens, signaument
le collonnel des Wallons que le duc du Mayne regret-
toit fort. La retraicte faicte on retira le canon arriere de
sa place pour le pozer en aultre endroict pour recom-
mencer; touteffois les zelez du conseil secret nen
avoient poinct oppinion et doubtoient fort que la continuation de la batterie se feist, attendu la perte qu'on
avoit receu et lopiniastreté des assiegez qui estoit contre ladvis du mareschal de Rosne ; sur ce doubte il se
feit a Laon une assemblee particulliere en labbaie
St-Jehan ou il fut arresté quil seroit envoié vers Mgr
le duc de la part de ladicte ville pour le supplier de
poursuivre la prise de Crespy et de lui promectre si
tost la prise faicte de delivrer a qui il lui plairoit la
somme de mil escus.

Le lendemain xie jour de ce mois, se feit à Laon
ung grand amas de pallons hoiaux pioches gabions et
aultres ustancilles pour faire travailler les pionniers

Juing 1590

Ung cappitaine vallon et un gentilhomme francois de la ligue frappez à mort devant Crespy.

Mil escus promis par la ville de Laon au duc du Mayne pour prendre Crespy.

Juing 1590.
Cottization faicte sur les soupsonnez realistes de Laon.

qu'on avoit pris des villaiges prochains, pour la nourriture desquelz on feit une cottisation sur les soupsonnez realistes de la ville qui furent bien estrillez par leurs taxes et avec grande rigueur pour la dilligence.

Le xiiᵉ jour de ce mois de juing, le lieutenant du cappitaine St-Pol (mallade en la maison Bonaventure Le Clercq dun coup dharquebuze receu au fort St-Thomas) mourut en ceste maison ou Mʳ levesque de Laon son parent lalla visiter durant sa malladie, qui fut prié par ce lieutenant de le faire enterrer apres sa mort dans leglise Notre-Dame, ce que levesque sefforça faire, mais tous les chanoines congregez et assemblez lempescherent sinon a la charge de fournir promptement a la fabrice cent escus, ce qu'on ne peust faire, pourquoi par faulte dargent le corps fut enterré en leglise des cordelliers; voila la gracieuseté que les chanoines de Laon feirent a ce lieutenant mort au soustenement de leur rebellion.

Ung cappitaine ligueur faulte dargent nest enterré dans leglise Nʳᵉ Dame de Laon.

Le xiiiᵉ jour de ce mois de juing toutes les trouppes du duc du Mayne joinctes ensemble retournerent devant Crespy avec sept pieces de canon tant grosses que moyennes et les munitions neccessaires, les cinq de Laon et les deux aultres de Peronne, desquelles en fut mis deux sur une montaigne fort proche de Crespy, de laquelle aisement on descouvroit le dedans de la ville. La batterie qui commença des trois heures au matin se feit contre la porte de deça (appellee la porte de Laon) qui fut toute brizee et jectee par terre, laquelle ne pouvoit estre remparee pour lempeschement que ces deux pieces posez sur la montaigne et quⁱ donnoient au doz de ceulx de dedans et a quoy on ne pouvoit donner remedde qui fut cause que les assiegez demanderent a parlamenter, a quoi M. le duc les receu et accorda au cappitaine Poilvert (envoié par La Foucaudiere) que les cavalliers sortiroient avec leurs

Le siege, batterie et prise de Crespy par composition et mal entretenue.

chevaulx et bagaiges et les soldatz avec lespee et le poignart, et au regard des habitans quilz demeureroient a sa volunté. Poilvert noza accepter ces offres pour ce quil avoit charge de traicter pour les habitans avec eulx et les faire sortir sil estoit possible sans paier ransson, pria ledit sieur duc lui permectre son retour dans la place pour y faire le rapport de sa volunté, ce quil lui accorda; mais comme il sen retournoit quelzques soldatz du dehors fust par curiosité ou aultrement se presenterent sur la contre escarpe du fossé pour regarder et considerer le dedans (ce qui nestoit permis), pourquoy fut tiré du dedans la ville quelque coup d'harquebuze sur eulx pour les faire retirer, contrevenant en ce faisant aux deffenses faictes par les chefz des deux partiz. Si tost le son oy chacun cria aux armes et tirerent lun sur laultre plusieurs coups dharquebuzes qui en blesserent quelzques ungs, et sur le champ le canon commença a tonner comme devant environ xxx ou xl coups et jusques ad ce quil fut faict signal par ceulx de dedans de voulloir parler, lesquelz oiz en leurs raisons M. le duc leur accorda de rechef la capitulation quil leur avoit promis et telle quil est cy devant dict, demeurans en ce faisant les pauvres habitans (a leur desceu) a la misericorde et volunté des assiegeans, lesquelz feirent sortir les gens de guerre hors la ville dont les chefz furent conduictz au fort St-Lambert par leurs amis estans en larmee dudit sieur duc et a leur sortie regardé de pres, ou il fut recongneu ung nommé Bataille lequel malicieusement et par violence fut tiré hors de la selle de son cheval et jecté par terre par des mutins de Crespy reugicz a Laon et tué cruellement despouillé et mis en chemise aussitost; pour les soldatz de pied il y en eut beaucoup de devalisé et mis en chemise, et qui se voulloit deffendre estoit tué. Apres ceste sortie les gens

Juing 1590.

Ung nommé Bataille fut massacré à la sortie de Crespy.

Juing 1590.

du duc entrerent dedans. Il ne fault penser quel desordre il y eut en peu de temps et tout ainsi qu'a une ville prise dassault. On oyoit les pleurs et criz lamentables de bien loing tant d'hommes femmes filles que petitz enffans pour le mauvais traictement qu'on leur faisoit en les contraignans tant pour leurs ranssons que pour leur faire deceller leurs biens et moiens quilz soupsonnoient cachez, et ce par voies illicites et meschantes qui seroient trop prolixes a deduire ; a aulcuns ilz les faisoient passer par les armes apres avoir recongneu quilz ne pouvoient satisfaire a leurs demandes ; les forces et violences des femmes et filles y furent exercees. Bref cestoit pitié de veoir le desastre et la contraincte cruelle et estrange voire plus que barbare quilz faisoient a leurs prisonniers pour tirer argent deulx et plus quilz ne pouvoient, leur faisant promectre paier ransson dix fois plus quilz navoient vaillant, aultrement ilz estoient menassez dune mort soudaine, et jusques a ce quilz eussent paiez leurs ranssons ilz estoient enchaisnez et liez de cordes les promenans ça et la comme barbetz pour trouver quelque ung pour les desgaiger, sinon de collere ils estoient tuez et massacrez. Tous les meubles des habitans furent venduz a bien vil prix a ceulx de Laon et emportez avec permission en sorte quil sembloit une foire marchande ; tout semportoit jusques aux verroux gondz et vernelles qui se destachoit des huis et frenestres. Et ainsi comme on fouilloit de toutes partz pour trouver caches, il fut oy ung cry dedans ung pui secq et creux allentour par le dedans, duquel fut retiré quatre femmes que filles qui avoient esté la avallees secretement y avoit trois ou quatre jours (comme elles disoient) pour la fraieur quelles avoient eu au bruict du canon. Tous les aornemens des eglises furent pillez et emportez ; les cloches destachetz et prises par les canonniers et

Violemens de femmes et de filles dans Crespy.

venduz a leur proffict, pareillement celles de lhorloge
qui furent portez en la ville de Laon et venduz en ce
lieu. De fasson que dedans ceste pauvre ville la il ny
demeura de reste la valleur de cinq solz afin quelle
fust rendu du tout inhabitee et deserte comme il y
avoit apparence que ceulx de Laon y taschoient, en ce
que le quinziesme jour de ce mois on contraignit tous
les habitans de ladite ville de Laon dy aller a la corvee
pour la desmolir et ruiner pour empescher comme on
disoit quelle ne fust occuppee par lun ou laultre des
partiz, mais a la verité cestoit qu'on se voulloit venger
du temps passé ; et pour eterniser sa ruine et desolation ne se contentant poinct de desmolir la plus grande
partie des murailles de la ville, mais encores les deux
belles eglises qui y estoient, pourquoi faire et paier
les ouvriers qui travalloient a ceste desmolition et
ruine qui se faisoit par toutes sortes dinventions, il
se feit le xxe jour de ce mois de juing une levee de
deniers dans la ville de Laon tant sur les ecclesiastiques que seculliers huict fois aultant que la corvee
ordinaire qui sestoit levé la preceddente sepmaine ;
plusieurs ouvriers de Laon y feirent bien leur proffict
a la prise et vol des chappes, aulbes, ciboires, robbes
et aultres acoustremens sacerdotaulx quilz trouverent
cachetz dedans les eglises quilz feirent depuis acomo-
der a daultre usaige, les verrieres, barreaux de fer,
petites figures des sainctz et sainctes, tables et paremens daultelz enrichiz dor et dazur furent pris et emportez a Laon, en sorte que la ville et les deux belles
eglises que la pieté et devotion des premiers crestiens
y avoient faict bastir demeurerent desertes. Voila la
belle ouvraige que ces bons zelez a la religion catholicque ont faict et faict faire.

Vous venez de veoir le ravaige et la ruine qui sest
faict a Crespy ; voiez maintenant les zelez de Laon qui

Juing 1590.

La ville et les eglises de Crespy du tout ruinez.

Les habitz sacerdotaux pillez et convertis par les ligueurs en usaige profane.

se gaudissent et sesjouissent non seullement de ceste ruine, mais de veoir ramener prisonnier quelzques habitans de ceste ville desolee liez et garrottez pour leur ransson ; ilz ne se contentent poinct de les veoir captifz et mal traictez, mais en sapprochant vomissent contre eulx infiniz injures meslez de maledictions au lieu de consolation. Et comme les principaulx zelateurs estoient sur le discours de ce qui sestoit passé en ce siege, ung gentilhomme de la part de Monseigneur le duc leur arrive, qui demande argent non seullement les mil escus qui lui estoit promis, mais encores aultant pour le moings pour seullement satisfaire aux fraiz de larmee. Pour se desgager de ceste affaire feirent aussitost convocquer une assemblee generalle qui se tint en la court du Roy le xve juing ou tout le peuple (en la consideration de ce quil disoit estre en plaine liberté) consentit une levee tant sur eulx que sur le clergé de la somme de deux mil escus qui seroit emploiee au paiement de tous les fraiz de larmee.

Apres la prise de Crespy et en attendant la venue du duc de Parme, le mareschal de Rosne entreprint denlever le chasteau de Neufville et le fort du Pont Arcy comme estans contraire a la ligue ; et pour sy acheminer comme il feit le xviii^e de ce mois, il print une partie de larmee de Monseigneur le duc du Mayne ; de ce voiaige le sieur de Neufville en fut adverty qui emploia les amis quil avoit a ceste armee pour rompre ce desseing pour son regard avec plusieurs remonstrances qui estoient considerables ; finablement il fut exempt de la nuee moyennant vi^c escus quil paia au mareschal de Rosne pour ses fraiz, et pour ladvenir tira une sauvegarde tant dudit sieur duc que du mareschal.

Le lendemain qui estoit le xix^e de ce mois, le duc du Mayne sortit de la ville de Laon et avec laultre partie de son armee et deux canons print son chemin vers Vailly ; ses gens feirent ung grand ravaige aux villaiges par ou ilz passerent, signaument au villaige de Chivy ou leglise fut pillee par les estrangers. Mais avant que partir de Laon, Boilleau, Labiche, Ledoulx, Dennet, Gaurel, Parisis et aultres leurs semblables se presenterent a lui avec ung billet escript contenant les noms et surnoms de plusieurs personnes demeurans dans ladite ville quilz disoient estre factieux et dangereux, demandoient au duc quil leur fust permis de les jecter hors et faire vendre leurs meubles pour employer a la cause. Le duc leur feit response quilz avoient trop attendu a lui parler de cest affaire qui meritoit bien destre digeré ; quilz eussent patience jusques a son retour qui seroit bientost pour venir au devant du duc de Parme et que lors il en ordonneroit ceste remise et surseance ; destourna le project faict par ces zelez qui avoient deliberé de faire prendre le bien daulcuns pour remplacer les deux mil escus qu'on avoit baillé au duc du Mayne pour les fraiz de son armee faict devant Crespy ; ils tindrent bien leur billet secret afin que les noms des proscriptz ne fussent divulguez.

Juing 1590.

Billet presenté au duc du Maine par des mutins de la ville de Laon pour proscrire des habitans.

Apres que le mareschal de Rosne eut receu les vi cent escus du sieur de Neufville pour estre exempt du tonnoire, il feit tourner la teste de ses gens au fort de Bray en Lannois qui estoit a son chemin du Pont Arcy ou les habitans du villaige de Bray estoient commandez par le cappitaine Charles qui tenoit le party du Roy, lequel feit tres bien son debveoir aux barrieres du villaige contre les premiers fantassins ligueux et de pied ferme soubstint leur effort en sorte quil les contraignit de retourner avec perte des leurs ; touteffois sestans joinctz avec daultres compaignies survenues et se dispersans en plusieurs advenues du

Le fort de Bray rendu a la ligue a composition mal entretenue.

Juing 1590.

villaige contraignirent Charles et les habitans de faire retraicte dans leur fort qui fut dintrade bien attacqué et bien deffendu ; finablement sur les menasses qu'on leur feit de les faire tous pendre si le canon descendoit ilz se rendirent a composition de la vie saulve qui leur fut mal gardee, car ilz en tuerent une partie et laultre quilz ranssonnerent avec toute rigueur ; le cappitaine Charles mis a ransson fut mené à Vailly pour recouvrer argent ; apres le paiement faict faignant le remectre en lien de seureté fut tué en chemin a la suscitation daulcuns que les zelez de Laon avoient envoié expres en ceste armee pour poursuivre la reduction de ces places, et a quoy ilz tenoient la main avec instruction donné aux cappitaines de la forme et maniere de les avoir.

Pour oster le soupson qu'aulcuns de la ville de Laon eussent peu avoir de leurs noms mis par les zelez au billet presenté au duc du Mayne a son depart, et afin que ceulx par eulx inscript ne cachassent leurs meubles avant le retour dudit sieur duc et leur faire croire que ce nestoit aux gens de moiens qu'on en voulloit, il fut tenu conseil a levesché le xxiiie jour de ce mois de juing sur le faict contenu en ung billet presenté par les zelez qui disoient estre cestui presenté a Monsieur du Mayne, par lequel ilz avoient mis les noms de plusieurs pauvres gens nagueres installez dans la ville et sur lesquelz ilz disoient avoir soupson au moien de ladvis a eulx baillé quil sy estoit introduict quelzques ungs pour mectre le feu dedans ladite ville par linstruction des ennemis, que partant il estoit besoing dy pourveoir promptement ; sur quoy il fut ordonné que ceulx puis nagueres habituez en ladicte ville sortiroient hors, et pour donner coulleur a leffect de ceste conclusion on en feit sortir quelzques ungs avec grand bruict de ce soupson ; et encores pour

Commandement faict aux nouveaux refugiez dans la ville de Laon de sortir hors.

davantaige le faire scavoir a tous il se donna une
allarme qui dura toute la nuict sur ce subject avec
commandement a chacun de mectre ung sceau plain
deaue a lentree de sa maison pour sen servir contre le
feu si besoing estoit.

Juing 1590.

Le xxvie jour de juing audit an, le duc du Mayne
ayant rejoinct son armee sen alla investir le Pont
Arcy, et le lendemain apres avoir le tout recongneu
et planté cinq pieces de canon devant le bourg il
commença le faire battre ; ceulx de dedans voyant
quil nestoit tenable y meirent le feu et se retirerent
au chasteau ; le feu cessé les gens du duc entrerent
dedans qui sommerent les assiegez de se rendre,
lesquelz ayans consideré la place et le peu desperance
quil y avoit au secours se rendirent a composition
soubz les conditions contenues en plusieurs articles
quilz craignoient leur estre mal gardé parceque lors
la foi des ligueurs estoit foible et debile ; le prevost
Martin y estoit enfermé qui a la sortie fut distraict
(hors de la trouppe ou il estoit) par ung quidam affronteur qui faignoit lui estre inthime ami et le mena
en tel lieu dou le prevost ne peust sortir q'avec une
bonne ransson.

Le Pont Arcy rendu a la ligue a composition.

Le xxvie jour de juing, le cappitaine Laffilé estant
en garnison a Bruieres fut avec plusieurs soldatz piller
le villaige et leglise de Courtecon sur le subject quil
disoit que les habitans de ce lieu avoient favorisé
ceulx de Bray et de Crandelain, et rapporta a Bruieres
une partie de son pillaige ; et pour laultre partie qui
concistoit en une bonne quantitee de beld et aultres
grains il la delaissa en depost en ce villaige en volunté
dy retourner comme il feit le lendemain xxviie juing
pour le faire mener a Bruieres non avec si grandes
forces quil avoit a son premier voiaige, ce qui donna
subject a plusieurs villageois harquebuziers de lui

Le cappitaine Laffilé est blessé à mort.

Juing 1590.

dresser embuscade de laquelle il fut tiré et blessé a la cuisse et au bras, et pour le faire pensser fut rapporté en la ville de Laon ou il mourut peu de jours apres.

Levee de deniers pour la sortie des vins a quoy Claude Pioche est commis

Environ ce temps il fut ordonné en la ville de Laon et depuis continué une levee de xxx sols tournois pour chacune piece de vin sortant hors ladite ville, a la recepte de laquelle et en conscience fut commis et establi Claude Pioche gendre du recepveur Tambour zelateur qui bailloit des bultins a ceulx qui faisoient sortir des vins, et le jour mesme au soir il noublioit de les aller retirer des portiers; par ce moyen ceste conscience cheminoit; de ceste levee il sen tira de grandz deniers, mais elle fut trouvé estrange au commencement.

Quelzques habitans de Laon sont exhillez.

Comme Boilleau, Labiche, Dennet et aultres sus nommez se virent rebuttez de Monseigneur le duc du Mayne pour lexil quilz lui avoient requis de plusieurs personnes habitans en la ville de Laon mis en leur billet, ilz sadvisent dun aultre expedient qui fut de retrancher arriere quelzques ungs qui pouvoient resister a leur pousuicte et volunté par la faveur de leurs parens et amis, et apres se retirent pardevers le sr Darcy gouverneur, lui donnent a entendre que Monseigneur le duc a son partement leur avoit permis de faire mectre hors la ville les personnes contenuz au memoire qui leur monstra comme gens factieux et fort dangereux dans la place et qui suscitoient secretement aulcuns habitans pour la revolte et dont ledict seigneur du Mayne avoit esté deuement certiffié; mais daultant (dient ilz) que telle chose concernoit son auctoritee sur laquelle ilz ne voulloient aucunement toucher, ilz le supplioient de linterpozer pour faire effectuer la vollunté de mondict seigneur qui navoit peu avoir la comodité a son partement de la lui faire entendre; qu'en ce faict icy il y alloit de l'interest du publicq pour la conservation de la place. Le gouverneur qui les congnoissoit tous gens qui jectent la pierre et retirent le bras, et qui se meit a considerer que ce faict icy estoit d'importance en ce que sur leur oppinion et sans aulcune inquisition douze ou quinze habitans fussent jectez hors la ville par son auctoritee et commandement (d'ailleurs il croignoit d'en estre cy apres argué pour ne pouvoir donner raison du subject du moings qui fust vallable), leur feit response quil consentiroit voluntiers a leur desir, mais quil ne le pouvoit faire quil nen eust communiqué au conseil de la ville par ce quil ne congnoissoit nullement les personnes desquelles ilz demandoient la proscription. Sur ceste response il fut chaudement poursuivi une assemblee particulliere qui se feit le xxvii° juing par ledit sieur Darcy, Mr de Laon, l'abbé de Saint-Vincent, les cappitaines de quartiers Boilleau, Crespel et aultres imbuez de ce faict, ou ledit s^r Darcy proposa et dict quil estoit deuement adverty et par gens digne de foy quil y avoit dans la ville quelzques habitans factieux et mal affectionnez au party de l'Union, et quil lui sembloit que telz gens seroient mieulx hors la ville que dedans pour oster la doubte qu'on avoit de leurs personnes et pour corrompre les intelligences et praticques quilz pouvoient avoir avec les ennemis, et que de ces soupsonnez il en avoit la liste (quil monstra a la compaignie et la delivra sur le champ au greffier) ; mais d'aultant (dict il) quil n'avoit aulcune congnoissance de ces personnes, il demandoit ce quil leur sembloit de ceste affaire sur laquelle il se voulloit gouverner par leur advis. Boilleau qui estoit lun des poursuivans prenant la parolle dict qu'on ne se scauroit trop bien garder et quil estoit notoire par toute la ville que ceulx et celles qui estoient denommez au billet estoient gens dangereux,

Juing 1592.

Juing 1590. et que par leurs parrolles ordinaires, ilz se monstroient estre affectionnez au party du Roy de Navarre ; que quant ilz seroient mis hors la ville on ne leur feroit aulcun tort, daultant que ce ne seroit que suivre les ordonnances qui avoient esté cy devant publiées par les carrefours et ausquelles ilz ne debvoient contrevenir. Sur quoy et le memoire veu il fut conclud que ledit s^r gouverneur pourroit licentier et mectre hors la ville les personnes cy apres nommees pour aller faire leur demeure en tel lieu quil leur plairoit tenant le party de l'Union, auquel lieu ilz y pourroient transporter leurs meubles pour leurs neccessitez sans quilz puissent estre nottez dinfamie ; et voicy les noms des proscriptz :

Les noms des proscriptz.

Me Anthoine Boschetz, et son fils,	Anthoine Macquelin, Jerosme Le Clercq,
Me Hercules Crochart,	Les enffans Me Claude [Daigneau],
Me Gerard Doulcet,	La vefve Mr des Orties,
Hubert Delacampaigne,	La femme de Mr le lieute-[nant criminel],
Anthoine Barengier	et la femme Me Anthoine [Villette].

Ceste conclusion leur fut notiffié, et en lexecutant furent mis hors la ville qui sescarterent en plusieurs lieux pour faire leur habitation ou ilz souffrirent de grandes incomoditez par les gens de guerre des deux partiz.

Juill 1590. En ce temps miserable chacun se saulvoit qui pouvoit du neufraige et de la tempeste. Mr le lieutenant Defer eut advis que le conseil de Laon voulloit faire procedder aux baulx des heritaiges appartenans aux absens, quoy faisant les siens eussent courru la mesme risque que les aultres. Pour les exempter il obtint du Roy le don des biens de sa soeur damoiselle

Clermonde Defer vefve de feu Me François Thuret comme estant demeurante en lieu de rebellion; elle de sa part et scelon linstruction a elle donné obtint le don des biens de son frere le lieutenant de Monsieur le duc du Mayne et sen feit expedier lettres a ce neccessaire quelle presenta a une assemblee particulliere qui se tint a la court du Roy le xɪᵉ juillet pour les entheriner et les notiffier au conseif. Mᵉ Nicolas Branche presidoit a ceste assemblee, lequel par ladvis de la compaignie (qui avoit eu communication des lettres) prononça, attendu que laffaire touchoit le general de la ville que les dites lettres seroient leues a la premiere assemblee des xxɪɪɪɪ (qui representoit la generalle) pour y estre ordonné ce que de raison. Ceste response fut inventee pour dilaier lentherinement de ces lettres par ce quil se voioit clairement quelles estoient obtenues en fraulde et au prejudice du party catholicque, aussi qu'on ne les voulloit du tout les refuzer pour la consequence.

<small>Juillet 1590.
Le lieutenant general Defer obtient du Roy le don des biens de sa sœur ligueuse.</small>

Le lendemain xɪɪᵉ juillet arriva les nouvelles de la venue du conte de Bassompierre qui conduisoit deux mil cinq cens espagnolz avec mandement du conte a la ville de Laon de fournir admonitions pour ses gens. La dessus se feit une assemblee des xxɪɪɪɪ qui conclurent que ladite ville fourniroit vɪ mil pains avec six pieces de vin comme on feit en dilligence. A la mesme assemblee lesieu Delamer comme conseillier de ville presta le serment, comme aussi feirent Charles Levent Anthoine Gosset et Pasquier Parisis comme estans des xɪɪ esleuz par les parroisses pour assister avec ceulx du conseil, lesquelz navoient poinct encores presté le serment.

<small>Munitions pour les gens de guerre au conte de Bassompierre.</small>

Vous avez cy devant veu comme les sieurs de Marelessart et d'Arency vindrent en Vaulx pour traicter dune trefve pour faire vivre les laboureurs et comme

Juillet 1590.

Depputez pour traicter une trefve a la province.

ilz sen retournerent avec une fort maigre response de ceulx du conseil de la ville de Laon qui lors nen tenoient compte a raison que le pais dicy estoit encore gras ; mais depuis quilz le virent ruiné du passaige des armees et des allees et venues des gens de guerre qui feirent du tout habandonner aux laboureurs leur cense et habitation, ilz se mirent a considerer quil nen pouvoit advenir que une bien grande cherté ; pour a quoi remedier apres en avoir conferé a Monsieur le duc du Mayne a son dernier voiaige, ilz sassemblerent le xiii° jour de juillet en la maison episcopalle de ladite ville ou se trouva le sieur Darcy gouverneur, labbé de St-Vincent, les xxiiii et aultres des principaulx, et la conclurent que suivant le consentement de Monseigneur la ville provocqueroit les gouverneurs des villes tenans party contraire a entendre a une trefve pour certain temps pour soullager le pauvre laboureur et eviter une ruine totalle, pourquoi faire on envoiroit vers lesdits gouverneurs le plustost que faire se pourroit pour avoir response pour la liberté du pais. Pour effectuer ceste conclusion il se feit une aultre assemblee le xix° de ce mois qui estoit particulliere, ou il fut conclud que M° Nicolas Thuret esleu pour la compaignie prendroit et accepteroit la charge pour traicter et accorder de la part de la ville de Laon ceste trefve avec les gouverneurs du pais.

Il sest veu cy devant au xxvii° juing dernier comme il fut mis hors la ville de Laon quelzques habitans suspectz et parlans trop librement a ladvantaige du Roy, entre lesquelz Gerard Doulcet procureur en estoit lun qui salla refugier tantost a ung bourg

Gerard Doulcet presente requeste au conseil de la ville de Laon pour y rentrer qui lui est accordé.

tantost a ung villaige ou il nestoit si bien accomodé qu'en sa maison ; il navoit acoustumé destre fatigué comme il se voioit aux champs, meslee dune fraieur ordinaire de gendarmes qui cherchent leur proie ; cela

Juillet 1590.

lui donna occasion de dresser une requeste pour rentrer dans la ville quil adressa au conseil des xxiiii par laquelle il promectoit (estant dedans) de faire merveilles pour le party catholicque ; son frere Regnault Doulcet qui se disoit des signalez emploia fort son credict vers le conseil qui congnoissoit le suppliant pour ung homme fort propre a moucharder et a descouvrir les mesches dont ilz avoient a faire. Ceste requeste fut presenté le xv° juillet qui estoit environ xviii jours apres son exil ; elle fut debattue au conseil par aulcuns sur le subject que la femme de Doulcet estoit propre sœur au prevost Martin ; mais ce debat neust poinct de vertu pour la congnoissance que les aultres avoient que ces deux beau freres avoient esté tousjours contraires ; finablement ceste requeste fut entherinee et sur icelle respondu que ledit Doulcet rentreroit dedans soubz le bon plaisir du sieur gouverneur ; cestoit assé de ceste permission, car le gouverneur en ce faict se conformoit a leur volunté et lui suffisoit den avoir les advis.

Comme en ce temps tenebreux plusieurs personnes estoient aux aguetz et par toutes sortes dinventions pour attrapper le bien daultrui, Regnault Chastellain lun des gouverneurs de la ville de Laon ne se disoit du nombre de ces attrappeurs, mais seullement desireux de changer sa qualité de drappier pour estre officier daultant (comme il disoit) que la beste barra ne se mesloit tant parmi des pappiers quelle faisoit parmi des draps ; et sur ladvis que lui donna Claude Grignon le jeune son beau frere, il obtint de Monsieur du Mayne le don de loffice de greffier de la prevosté de la citté de Laon qui appartenoit a Nicolas Estienne vaccante pour tenir party contraire et en eut lettres de provision expediees quil garda quelque temps sans en faire proffict daultant quil se sentoit incapable a

Regnault Chastellain presente a l'assemblee particulliere ses lettres de provision de greffier a la prevosté de Laon.

Juillet 1590.

lexercice de ce greffe ; enfin sestànt promis davoir soubz lui ung commis bien experimenté il se presenta avec ses lettres de provision en une assemblee particullière qui se tint le xviiie juillet en la salle de la court du Roy pour estre receu et institué (car lors le conseil de la ville prenoit congnoissance de toutes choses du dedans) ; mais il ne le peust estre au moien qüil fut conclud que la ville lempescheroit, attendu (ce dict lacte) la saisie qui en avoit esté faicte auparavant les lettres du don a la requeste des gouverneurs et recepveur de la ville desquelz ledict Chastellain en estoit lun joinct que ledict Estienne nestoit encores purgé de la conspiration de laquelle il est accusé contre la dite ville ; pourquoi fust pour le regard de la confiscation, fust pour le regard des despens dommaiges et interestz que ladite ville pouvoit pretendre contre lui, elle a interest que lesdites lettres fussent entherinees au profiict dudit Chastellain, attendu mesme que ledict office est du patrimoine dudit Estienne.

Fut conclud en lassemblee particulliere du xxiiie juillet que les maisons et heritaiges des absens seroient baillez a louaige pour subvenir au paiement de leurs tailles et aultres fraiz, et pour ce faire que les billetz seroient attachetz.

Me Nicolas Ledoulx presente ses lettres de don a lui faict de la maison de la prevosté de Eaon.

Chacun taschoit a sacomoder. Voicy Me Nicolas Ledoulx qui pour sexempter dun gros louaige de maison quil paioit obtint de Monsieur le duc le don de lusufruict et habitation de la maison du prevost de la citté de Laon appellee la maison de la ville ou se tenoit le prevost Martin, et de ce don lui en fut expedié lettres; lesquelles il presenta le xxxe juillet en une assemblee particulliere ou Me Nicolas Branche presidoit qui furent leues et ordonné quelles seroient enregistrees comme elles furent au registre du conseil et acte delivré audict Ledoulx qui a paisiblement et longtemps jouy de ceste maison.

Juillet 1590.

Tout le peuple de Laon est alerte sur les nouvelles qui sont apportez le dernier juillet que le duc de Parme et son armee sadvançoit fort ; on faisoit sonner bien hault ce voiaige icy ; il sen tint assemblee des xxiiii ou il fut conclud que lon feroit present au duc (quant il viendroit) dun tonneau de bon vin avec deux aultres pieces par potz et flacons qui seroient presentez tant a lui que aux seigneurs de sa suicte.

Nouvelles de la venue du prince de Parme.

Je ne veulx icy passer soubz sillence la plaisante fantasie de M° Jehan Aulbert conseillier au siege presidial de Laon qui se disoit homme meslé, lequel avoit embouché ses domesticques de senquerir de ceulx qui voulloient parler a lui de leur demander en quelle qualité ilz le demandoient et puis apres lui aller dire ; ce qu'estant venu a la congnoissance du sieur de Puisieulx lors en ceste ville attendant la venue du duc de Parme, il alla a la maison dudit sieur Aulbert (quil congnoissoit) et parlant a sa chambriere luy dict quil desiroit parler a son maistre ; elle lui demanda en quelle qualité, qui lui feit response que cestoit en qualité de gendarme ; et apres quelle leust dit a son M° et nommé le personnaige qui le demandoit, il lalla trouver a sa porte accomodé dun habillement de drap gris passementé, le chappeau de mesme coulleur et la clef du pistollet a sa sainccture, et en ceste fasson carressa ledit sieur de Puisieulx quil feit entrer dans sa sallotte ou ilz beurent et deviserent ensemble, et apres lui feit veoir ses armes. Et du depuis environ deux jours apres sur le subject dun proces pendant au siege presidial, il lalla demander en qualité d'homme de justice ; soudain ledit sieur Aulbert lalla trouver avec sa longue robbe noire, la cornette de taffetas dessus et le bonnet carré a la teste ; et apres que le

Aoust 1590.

Plaisante fantasie du conseillier Aulbert.

— 300 —

Aoust 1590. sieur de Puisieulx lui eut recommandé le proces il se retira en son hostellerie en laquelle il feit le compte a daultres cappitaines qui envoierent quelzques ungs des leurs avec quelque subject pour parler audit Aulbert en qualité de marchant, lequel aussitost se parut a eulx en habit de marchant comme en pareil cas il saccomodoit en bourgeois a daultres, ce qui donna grande rizee a plusieurs.

Assemblee ou fut conclut quil seroit mis les blassons du prince de Parme en plusieurs lieux de la ville de Laon

Pour larrivee du duc de Parme se composa des blassons contenant ses armoiries pour lui faire honneur dans la ville de Laon, et en fut faict quelzques pourtraictz qui furent presentez a Messieurs du Conseil pour y augmenter ou diminuer; et apres quilz furent trouvez bien faictz, il se feit une assemblee particulliere le xi^e jour daoust ou il fut conclud que ces blassons seroient mis aux portes de Lupsault de lesperonnier et de la porte mortel a la veue dudit sieur duc de Parme. Et sur ce qu'aulcuns du Conseil meit en avant

Lettres de la ville de Laon pour porter au duc de Parme.

quil seroit bon descripre de la part de la ville audit sieur duc, il se feit une minutte de la lettre qui fut veue et leue le xiiie jour daoust au Conseil particullier et delivré au cappitaine Thuret qui fut nommé et esleu pour la porter.

Entree et reception du duc de Parme a Laon.

Le xvie jour daoust m. v^c iiii^{xx} dix, le duc de Parme feit son entree en ceste ville de Laon en tres grande magnificence et y fut receu en grand honneur et triomphe avec allegresse et rejouissance et tout ainsi qu'a la personne dun Roy faisant son entree, a la louange duquel et de la nation espagnolle plusieurs billetz furent attachetz par les coings des rues mesmes a la principalle porte de la grande eglise. Chacun admiroit l'ordre de la grandeur de ce duc duquel on faisoit grand cas; et disoit on par tout la ville que le Roy ne demeureroit guerres au siege de Paris pour reboubter la venue de ce personnaige, lequel promectoit a ce peuple aveugle de prendre le Biarnois par le collet et le ramener par deçà, chose qui se récitoit publiquement par les plus signalez mutins pour magnifier la puissance de ce duc et amoindrissant tant quilz pouvoient les forces et moiens du Roy de France.

Le lendemain ce duc feit advancer vers la ville de Soissons toutes ses trouppes qui estoient fort belles, estimees a xii ou xv mil hommes combatans ; sa personne arriva a Soissons le xviii° de ce mois faisant dilligence de secourir les parisiens fort oppressez de famine, pour lesquelz le Tholozam predicateur faisoit faire prieres par le peuple de Laon.

Le xxiii° jour dudict mois, le prince de Cimay et le sieur de La Mothe Graveline passerent avec leur armee au bas de la montaigne de Laon, prenant la mesme piste qu'avoit faict le duc de Parme.

Ce nestoit pas seullement es environs la ville de Laon que beaucoup de laboureurs avoient habandonné leurs censes pour leur pauvreté et neccessité ; mais aussy au pais de Thierache signaument autour de Vrevin, il se veoit clairement le deffault du labeur et levidente diminution de la mis sus des grains. Les deux partiz du costé de la Thierache estoient contens dentendre au remedde pour eviter la cherté qui se preparoit, mais on sattendoit lun a laultre a en parler ; enfin le party royal entra le premier a la solicitade de ceste affaire et envoia des articles a Vrevin pour faire une trefve pour les laboureurs qui ne se pouvoit honnestement refuzer pour estre raisonnable ; a lentretenement de laquelle trefve il failloit aussy par neccessité que les gouverneurs des places des deux partiz vinssent a interpozer leur auctoritee pour reprimer la violence et oppression que leurs garnisons faisoient aux villageois ; neaulmoings les Vrevinois ne voullurent rien accorder sans en avoir communicqué a la ville de Laon a

Aoust 1590.

Le duc de Parme s'achemine vers Soissons.

Le prince de Cimay et La Mothe-Graveline passent pres Laon.

Assemblee faicte a Laon sur les articles de la Trefve pour la province de Picardie.

Septembre 1590. laquelle ilz envoierent ces articles pour tirer response de leur advis. Pourquoy le xxvii° jour daoust il se tint une assemblee des xxiiii en lauditoire de la court du Roy ou Mr Despinois presidoit ; la les articles furent trouvees fort raisonnable, et fut conclud que lon les accorderoit, mesmement que lon prioit le sieur de Ballagny de les accorder et les avoir pour agreable.

Le Roy attend au combat le duc de Parme. Le sebmedy premier jour de septembre, le Roy scachant la venue du duc de Parme leva son siege de devant Paris pour le combattre et pour ce faire renger ses gens en bataille en la plaine de Bondis qui estoient de xviii mil hommes de piedz tant françois qu'estrangiers et de v a vi mil chevaulx en seize gros, entre lesquelz y avoit iiii mil gentilzhommes, vi princes, deux mareschaulx de France et plusieurs cappitaines. Le duc de Parme les ayant recongneuz se retrancha et ne voullut combatre, pour ce que le duc du Mayne lui avoit faict entendre que le Roy ne pouvoit mectre ensemble la moitié de ce quil avoit recongneu.

Ordonnance faicte sur la vente des biens des absens. Au commencement de ce mois de septembre, la garnison de Laon se meit a la poursuicte de ce quil luy estoit deu du mois preceddent. Lesieu Blondel recepveur des deniers extraordinaire feit entendre au conseil de la ville qu'il mancquoit de deniers pour contribuer au payement de la garnison. A ce subject il se feit une assemblee generalle le vii° de ce mois apres midy a laquelle presidoit M. Despinois, ou il fut conclud que les biens meubles des absens et du party contraire seroient venduz nonobstant le don que plusieurs avoient obtenu, et que les deffaulx des guetz se bailleroient a ferme ; Jehan Clepoinct painctre les avoit tenu a ferme et joy durant le temps de son bail qui estoit fini a la fin du mois preceddent ; il fut solicité pour le continuer a raison que personne ne le voulloit encherir sur ung nouveau bail qu'on en voulloit faire, mais il le refuza du tout pour ce (comme il disoit) que de la plus part des zelez il nen avoit peu rien recepveoir, au contraire quilz lavoient querellé et menassé, tellement que ceste ferme demeura la sans enchere.

Septembre 1590.

Mais ce nestoit rien davoir faict ceste conclusion si elle nestoit mis a execution (attendu que daultres semblables estoient demeurées infructueuses.) Pour adviser des moyens il se feit une assemblee particulliere le dixieme jour de septembre apres midy en la maison Me Nicolas Branche juge de police. La il fut proposé que cy devant par plusieurs conclusions faictes tant en assemblee generalle que particulliere il avoit esté conclud et arresté de faire vendre les biens meubles des absens ; que ces ventes avoient esté dilaiees et differees sans aulcun subject du moings qui fust vallable ; que ce retard avoit engendré plusieurs inventions pour rendre du tout ces conclusions illusoires, tantost par lettres de don obtenues de Monseigneur, tantost par saisies et arrestz faictz tant a la requeste des mineurs pour seureté de reddition de compte pour l'administration de leurs biens et pour debtes personnelles pretenduz faictz et crees par des absens auparavant leur partement de la ville que encores a aultres fins ; de fasson quil ne se seroit peu tirer aulcune chose pour servir a la cause, du moings que bien peu, le tout au prejudice et interest du party catholicque. A quoi il estoit neccessaire dadviser avec une meure deliberation, et que pour faire effectuer les preceddentes conclusions sur ce faict il estoit tres neccessaire de commettre des personnes d'auctoritee et de creance pour poursuivre ces ventes delaissees, avec ample pouvoir qui leur seroit donné pour repousser toutes protestations oppositions appellations et aultres actes qui se pourroient faire pour arrester le cours desdites ventes ; pareillement quil estoit be-

Conclusion pour faire vendre les biens des absens et gens deleguez pour en faire les dilligences.

Septembre 1590. soing destablir en ladite ville ung recepveur et ung controlleur pour les deffaulx des guetz et portes, attendu que le bail de Jehan Clepoinct estoit finy et expiré, et ce jusques ad ce que lesdits deffaulx fussent rebaillez a ferme comme auparavant. Sur ces propositions et laffaire bien digéré, il fut conclud et arresté que tous les biens meubles appartenans a ceulx du party contraire seroient promptement venduz et les deniers mis es mains de lesleu Blondel pour estre emploié au faict de la guerre ; et pour poursuivre lesdites ventes et faire les perquisitions requises fut nommé Me Claude Dennet, Me Nicolas Ledoulx, Estienne Hubert et Anthoine Gosset, auxquelz fut donné puissance de ce faire et de prendre le serment de ceulx quilz estimeroient avoir desdits meubles.

Entreprise du s^r de Humiers sur la ville de Laon par petartz.

Entre les seigneurs françois du party royal qui sefforçoient faire service a leur prince souverain estoit le sieur de Humieres resident a Compiegne pour la garde de la ville, place pour son assiette dimportance a Sa Majesté, lequel pour augmenter sa renommee entreprint denlever par surprise la ville de Laon et la reduire a lobeissance du Roy ; et pour y parvenir (après quelque conference avec aulcuns du pais) il ordonna au Cappitaine Gentil petardier (gascon de nation) d'entendre et soliciter cest affaire scelon l'instruction quil lui bailla ; lequel feit aller son homme par deux diverses fois au marchet de Laon avec des denrees et marchandises, qui en entrant et sortant la ville remarqua la forme et la force de la porte Royer quil rapporta a son maistre qui en receut contentement pour lesperance quil avoit au proffict ; et pour de plus sasseurer de ce faict, luy mesmes sy transporta nuictamment a la conduicte dun du pais qui le mena droict a une petite muraille de haulteur seullement de sept piedz qui faict fermeture et entre deux du boult hault

La porte Roier est visitee par le petardier.

de la descente de labreuvoir de ceste porte Roier et le boult dune terrasse de dehors la ville appellee la courroire ou la boullouere, ou ce petardier passa par dessus avec une petite eschelle plié en deux quil avoit porté ; passé quil fut sen alla regarder et manier la porte de la ville sans quil lui survint aulcun empeschement, et apres avoir le tout consideré sen retourna a Compiegne vers le seigneur de Humieres, lui faisant entendre son voiaige, l'asseurant de lui donner bonne ouverture quand il lui plairoit ; qui fut cause que ce seigneur en chargea au petardier de faire les appareilz neccessaire pour effectuer ceste entreprise, laquelle il pretendoit executer au prochain decours de la lune pendant lequel il feit travailler a bien accomoder les petartz avec une trainee en saulsisse quil estimoit neccessaire de porter, que le petardier fassonna en la ville de Coucy ou lors il faisoit son sejour (comme voluntaire). Venu le xvii° jour de septembre m. v° iiii^{xx} x, ce seigneur de Humiers (qui tousjours veuilloit pour empoigner toutes occasions qui pourroient affermir les affaires du Roy) sestant preparé avec ses gens et equipaige, arriva vers le soir en la ville de Coucy laissant ses gens es villaiges prochains jusques environ les x a xi heures de nuict qui avoient leur rendé vous pres le molin a vent de Coucy ou il estimoit les trouver aussitost avec quelzques forces tant de piedz que de cheval pour augmenter les siennes receu du sieur de Lamet, mais il en fut retardé quelque temps par faulte de louverture des portes de la ville voluntairement et malicieusement empesché par le mayeur Sacquespee (ligueur couvert), lequel pour la craincte quil avoit que ceste entreprise reussit sestoit absenté de sa maison ; touteffois sur le grand bruict et menasse que le gouverneur de Coucy faisoit contre ce mayeur, les clefz des portes furent delivrez

Septembre 1590.

Le jour que les petartz furent attachetz a Laon.

Le sr de Humiers est retardé dans Coucy par la malice du mayeur.

— 306 —

Septembre 1594.

Lordre que tint le sr de Humiers approchant pres de la ville de Laon

La sentinelle de la ville est entretenue de parolles.

au cappitaine desdites portes, et par ce moien le sieur de Humiers alla trouver ses gens au rendé vous quil conduict le chemin jusques a Lizy, et de la tirant a droict print les bois se rendant au deca du commencement de la chaussee de Chivy, et s'arresterent dans ung pré entourré de bois taillis qui est au dela du villaige de Luilly ou mettant tous pied a terre furent ordonnez en trois bandes se suivant lun laultre a cinquante pas pres, les harquebuziers meslez avec les cuirasses la plus part garnis de pertuisannes hallebardes et grandes fourches darmes. A la premiere de ces bandes marchoit a la teste le sieur de La Boissierre lors lieutenant de la compaignie du sieur de Humieres et depuis gouverneur de Corbie, et dix ou douze pas devant lui les petartz portez sur civieres, prenans leur chemin par la fontaine de Bousson et de la par une ruelle assé difficile au passaige ou est size la maison du conseillier Vairon pour gaigner le grand mont pavé comme ilz feirent, cheminans jusques a la barriere de la ville sans allarme, encores que les premiers advancez a la clerté de la demie lune fussent apperceuz par une sentinelle de la ville qui parla a eulx, lesquelz faignerent estre de la faction ligueuse, disoient revenir de larmee, entretenant ceste sentinelle a lui demander quant on ouvriroit les portes de la ville. Pendant ce temps le petardier accomodoit ses petartz, fit jouer son premier a la porte du tappecut laquelle fut jecté par terre, et passant oultre meit laultre petart a la premiere grande porte de la ville qui se rompit par le millieu. Ce second petart donna plaine allarme aux sentinelles qui sescrierent a leur corps de garde, party duquel senfuict dedans la ville comme esperduz habandonnant leur garde. Le petardier ne laissa de poursuivre son affaire, accomodant deux aultres petardz contre la grille de fer avec agraffes, auxquelz estoit attaché une longue saulsisse servant de traynee pour aller porter son feu a ces deux petardz qui debveoient jouer aussitost lun que laultre. Mais Dieu pour juste cause ne voullut permectre pour ce coup la prise de ceste place, car ces petardz ne feirent aucun effect parce que ceste saulsisse se creva en chemin et par ce deffault ne peurent ces petardz recepvoir aulcun feu ; pourquoy ce petardier perdit aussitost esperance de faire quelque chose de bon, ce quil feit scavoir à M. de Humieres lors dedans le corps de garde de la porte avec ses principaulx cappitaines, lequel en fut extresmement fasché, demandoit le remedde, mais personne ne lui sceut donner pour ce que ce petardier disoit quil ny avoit aulcun moyen dy porter le feu et que quiconque yroit jamais ne reviendroit ; touteffois sil en eust conferé avec les enffans de Laon la en bon nombre, ilz lui eussent donné a entendre que entre les deux portes il y avoit ung reculat du costé gauche en montant arresté dune forte muraille fondee sur un boult de roche, et que de la il estoit aisé sans hazart de mectre le feu a ces petartz avec une mesche bruslante attaché au boult dune hallebarde ou aultre baston de pareil longueur, ce qui estoit incongneu a ce petardier pour navoir veu ce reculat, lequel estimoit estre une seulle vaulsure dune porte a laultre et de la largeur dicelles comme il y en a en beaucoup de villes ; mais ce seigneur ne sen advisa. Pendant ce temps quelque ung den hault de ceste porte qui avoit veu le feu donné comme ung esclair qui avoit proceddé cette saulsisse crevee, croiant que la porte brusloit jecta quelque sceau deaue qui alla tumber sur la grille, ce qui fut oy par ceulx de dehors ; pourquoi toute esperance perdue, ce S^r ordonna la retraicte, faisant laquelle le garson dun serrurier sadvançant de regarder a ung carneau pour veoir la

Septembre 1590.

La saulsisse pour porter feu aux petartz se creve.

Le s^r de Humiers fasché de la faulte de la saulsisse.

Retraicte du s^r de Humiers.

porte fut frappé dune balle a la teste (tiré par ceulx de dehors) et jecté mort par terre. Comme la retraicte se faisoit les harquebuziers feirent une scopeterie aux carneaux de la ville de ce costé afin dempescher de tirer sur eulx quilz ne fussent a couvert du mont. Ceste scopeterie oy de ceulx de la ville, plusieurs se mirent en oppinion que lennemi estoit dedans, ce qui causa une grande fraieur aux habitans qui se donnerent une allarme bien aspre avec ung grand cri et huee des femmes ; les grosses cloches des eglises Notre-Dame et de labbaie Saint-Martin bondissoient sans cesse ; enfin il fut congneu de dessus les murailles par le gouverneur Darcy et aultres cappitaines qui lassistoient que lennemi se retiroit et quil estoit ja advancé à Luilly. Pourquoi les portes furent visitees ; ou on trouva a la grille de fer les deux petartz encores attachetz et les aultres portes de devant brisees ; ou par apres chacun alla veoir avec grand estonnement et remerciant Dieu de les avoir conservé dun si eminent peril ; car sans doubte si par ces deux petartz ouverture eust esté faicte, la ville eust esté prise sans quil se fust fait aulcun combat du dedans pour la negligence qu'on uza a ceste allarme, laquelle on estimoit estre de mesme a celles que le gouverneur faisoit faire ordinairement en la ville quant le jour de la paie des soldatz approchoit. Daultre part le sieur de Humiers estoit bien fasché davoir negligé le transport de ses eschelles aux murailles de la ville, lesquelles il avoit laissé pres Luilly sur lasseurance que le petardier lui avoit donné quil ny pouvoit arriver aulcune faulte de sa part. Le Tholozam predicateur feit bien son proffict vers le peuple de ceste entreprise, leur mectant devant les yeulx que deux jours auparavant en son sermon il les avoit adverty de se donner garde de ceste porte royer et quelle seroit petardé ; que neaulmoings de cest advis

ilz nen avoient tenu compte non plus que dune fable. *Septembre 1589.*
Plusieurs se mirent en oppinion que ce tholozam
avoit quelque congnoissance des choses futurs, pour
avoir predict tant ceste entreprise que revellé daultres
choses secrettes faictes dans la ville quil descouvroit
en ses predications ; mais ceulx la ne scavoient pas
que les mouchardz et surveillans de ce predicateur lui
rapportoient peu avant que monter en chaiere tout ce
quilz avoient peu descouvrir a la ville pour en faire
ung entremect ; et quant a ceste entreprise des petartz,
il en avoit receu advis de la ville de Coucy par le *Advis donné au Tholozam touchant les petartz par la femme Regnault Doulcet.*
lieutenant general Defer, lequel apres avoir descouvert lentreprise par la frequentation quil faisoit avec
le cappitaine Gentil petardier logé en la maison du recepveur Varlet a Coucy vis a vis de la sienne, envoia ung
mot de lettre escripte (non de sa main mais daultre) a
la femme Regnault Doulcet penitente lors au villaige
de Monamptheuil qui la feict tenir a ce Tholozam pour
la divulguer a tous, comme il feit aussi en sa predication publicquement pour eviter leffect et corrompre
ceste entreprise ; le lieutenant Defer avoit faict ceste
descouverte a deux fins, lune pour conserver ses
moyens et richesses encores dans la ville mis par sa
femme en depost chez plusieurs de ses amis, laultre
pour acquerir lamitié et benevolence des seditieux et
mutins de la ville et faire appertement congnoistre envers les zelez et signalez le soing quil avoit a la conservation de la place comme il avoit promis ; et ce
surquoy Nicolas Mignot laisnel parlant de lui en sa re- *Voiez au XV.e septembre de l'annee 1589.*
queste verballe quil feit au conseil pour le lieutenant
se rendoit oppiniastre pour scavoir sa bonne volunté
a la conservation de la ville, mesmes avoit allegué
quil ne sestoit voluntairement absenté que pour conserver ses deux estatz de president et lieutenant general. Voila comme le retard des affaires de Sa Majesté

> **Septembre 1590.**
>
> Anthoine Estienne tasche a descouvrir les entreprises qui se faisoient contre la ville de Laon.

se faisoit par telz et semblables gens, du nombre desquelz je puis bien mectre icy Anthoine Estienne qui en ce temps et pour mesmes causes sefforçoit au dehors par subtilz moyens a descouvrir les entreprises qui se dressoient contre la ville de Laon, qu'aussitost faisoit scavoir à M° Claude Legras par ung navellier du villaige de Vaucelle pour acquerir tant son amitié que de ses semblables, et pour souffrir par deça le sejour et demeure de sa femme et famille qui y furent jusques ad ce que sa femme eust piece a piece mis en lieu de seureté la plus saine partie et le meilleur de ses meubles.

Aprez ceste retraicte faicte et la porte habandonnee (comme il a esté dict), voicy deux affronteurs, asscavoir le cappitaine Latour et le sergent Gardé qui s'approcherent des premiers a louverture de la porte ou estoient encores les petartz attachetz, desquelz ils se saisirent disans leur appartenir pour avoir empesché leurs effectz, et pour ce que le gouverneur pretendoit sen servir a ladvenir les voians encores entiers et sans rupture il ordonna quilz seroient sequestrez et mis a part sauf le sallaire raisonnable a ces cappitaine et sergent; pourquoy ilz presenterent requeste au con-

> xx escus donnez a ung cappitaine et a ung sergent pour ravoir les petartz.

seil de la ville en remonstrant quilz avoient destachetz les petartz de la porte royer au peril de leurs vies, esteinct le feu et empesché de jouer et faire leurs effectz, requeroient la restitution des petartz comme a eulx appartenans par droict de guerre; sur quoy il fut ordonné que les petartz demeureroient a la ville, et que au lieu diceulx les cappitaine La Tour et sergent Gardé auroient XX escus a prendre sur les premiers deniers proceddans de la vente des biens des ennemis, laquelle vente ilz pourchasserent tant quilz furent paiez, encores que ceste somme ne leur appartint de droict ains a ung aultre qui avoit jecté le seau deaue, mais il neut la force de resister contre ces deux icy qui lui donnerent une piece dargent pour se taire.

Septembre 1590.

Lalarme fut fort grande par toute la ville durant le reste de la nuict. La pluspart des habitans croioient que lennemy estoit dedans. Le cry des femmes et enffans avec les cloches des eglises Notre-Dame et de labbaie Sainct-Martin par leur bondissement et son extraordinaire augmenta fort leur fraieur, tellement que plusieurs habitans gaignerent le dedans de leurs maisons, fermans et barricadans leurs premieres portes pour se saulver de la premiere furie; mais apres la retraicte de lennemi et que le tout fut raffermi, voicy les mutins et seditieux qui sassemblent en gros, accusent plusieurs dintelligence et de trahison avec faulx faictz, et la dessus se mectent en furie et a courir les rues chercher les soupsonnez quilz voulloient tuer; touteffois ceste premiere furie fut rabattue sur quelque mot qui leur fut donné, et se contenterent den mectre XXXIIII ou XXXV dedans la prison ou ilz furent en grand hazard jusques au XXIII° jour de ce mois quil se feit une assemblee des XXIIII ou assista M^r le gouverneur, Messieurs de Laon et de St Vincent, les cappitaines de quartiers et aultres, a laquelle (comme ilz disoient sestre diligemment enquis de tout ce qui sestoit passé pour la nuict du petart) il fut conclud et advisé ce qui sensuict; que

Les mutins de Laon mectent prisonniers plusieurs habitans a raison des petartz.

le prevost de Noion,	Nicolas Lefebure,
le lieutenant criminel,	ladvocat Regnart,
Nicaise Chauveau,	Mr Jesu conseiller,
ladvocat Boschet,	le controlleur de Gouy,
ladvocat Delalain,	le grenetier Crochart,
Guillaume Paris,	Pierre Chauveau,
Jehan Crochart,	Me Daniel Aulbert et Laurens Marteau,
Quentin Soyer,	

Eslargissement daulcuns prisonniers et les charges dont ilz estoient tenuz.

seroient eslargiz et mis en leurs maisons, a la charge

Septembre 1590. de recepveoir par chacun deulx a loger en leurs maisons des soldatz ; que les susdits seroient desarmés et commecteroient en leur lieu au guet et a la porte des personnes capables et bien armez et sans quilz puissent sortir hors leurs maisons lorsque lalarme seroit a la ville ; et auparavant sortir des prisons quilz bailleroient bonne et suffisante caution qui seroient receuz par Nicolas Branche politien pour les sommes qui furent baillez par memoire audit Branche scelon la taxe qui fut faicte a ladite assemblee ; aulcuns estoient a V cens escus, le moindre a L escus ;

Eslargissement sans aulcune charge. Et quant au procureur du Roy Bodin, la vefve Isaac Faulcheur, la vefve Claude Bour, fut advisé quilz seroient en leurs maisons libres et sans aulcunes charges ;

Ladvocat Hennuier baille caution de II^c escus pour sortir des prisons. Ladvocat Hennuyer, quil seroit desarmé, souffriroit en sa maison des soldatz, commecteroit aux portes et guetz et ne sortiroit comme dessus, bailleroit caution de II cens escus au cas quil eust intelligence et tinst propos au desadvantaige de lUnion ou quil sabsentast de la ville ; cest article fut mis a part pour ladvocat Hennuyer pour ce quil estoit congneu homme fort libre en parolles contre la ligue, pourquoy on sasseuroit quil y seroit pris ou pour sen exempter quil sortiroit la ville, comme il feit quelque temps aprez *Il sorte la ville.* son eslargissement dont sa caution fut contrainct au paiement des II cens escus.

Plusieurs habitans de Laon exhillez, Et pour le regard de Christofle Gosse, Jehan Moreau, la femme Maigret, Jehan Gosset murquignier, la femme du lieutenant criminel, Anthoine Cornille, les enffans de Daigneau, le clercq Ste Benoite et la vefve Pierre Quibon qui sont du nombre des prisonniers, quilz seroient mis hors la ville, a la charge quilz pourront emporter leurs meubles pour leur comodité et quil ne seroit touché en leurs biens sinon quilz tinssent party contraire, et fourniroient aux portes et guetz et aultres fraiz et charges de ladite ville.

Comme aussy Quentin Doulcet sortiroit de la ville a mesme charge.

Quant a M⁽ʳ⁾ Piat, Lois Malherbe, le clercq St Remy a la place, Gratien de la Mothe dict trompette dArdon, ilz demeurerent prisonniers pour leur estre faict et parfaict leur proces au cas quilz se trouvent chargez des crimes qu'on leur mectoit sus ;

Que Guignicourt chanoine seroit tenu de representer tous les meubles et armes quil a appartenu a son pere, sinon quil sortiroit la ville ;

Que la femme Bottee laisnel nenvoiroit ni escripvroit a Coucy en peine destre jecté hors la ville ;

Que la femme Gerard Doulcet ne sortiroit plus hors la ville si mieulx elle naymoit sortir du tout ;

Que les femmes de ceulx qui portent les armes contre lUnion sortiroient suivant les conclusions preceddentes.

Que ce que dessus seroit signifié ausdits prisonniers par le greffier du conseil ; ce qui fut faict et fallut obeyr par les prisonniers a touz ces articles chacun en leur regard.

Apres la retraicte du s⁽ʳ⁾ de Humieres et pendant que les mutins et seditieux travailloient a aprehender et mectre es prisons tous les sus nommez, il se tint une assemblee a levesché avec les XXIIII ou estoit assistant M⁽ʳ⁾ le gouverneur, M⁽ʳ⁾ de Laon, M⁽ʳ⁾ de St Vincent, les cappitaines de quartiers (excepté Thuret qui estoit mallade) et quelzques aultres zelez, tant pour adviser a descouvrir sil y avoit quelque intelligence dedans la ville avec lennemi que pour le reiglement quil failloit doresnavant entretenir, ou il fut arresté ce qui sensuict:

Que les cappitaines et centeniers visiteront promptement les maisons de leurs quartiers ;

Septembre 1590.

2   Que lon sinformeroit quelz gens estoient ce jour la posez en garde a St Jehan et a la Moncelle, daultant quilz navoient descouvert lennemi et navoient donné lalarme quant il estoit besoing;

3   Que les habitans feroient la garde en personne;

4   Que doresnavant ung cappitaine et un centenier coucheroient la nuict et feroient garde en personne a la chambrette des guettes;

5   Que les rondes se feroient extraordinairement;

6   Que la porte Royer seroit remuree et toutes les portes des maisons respondans sur les murailles en dedans deux jours en peine de XX escus damende;

Conclusion faicte a l'assemblee particulliere.

Et daultant que ce jour la il fut obmis dadviser a beaucoup daultres choses pour la conservation de la place, signaument pour les murailles, il se feit le lendemain qui estoit le XIXe de septembre une assemblee particulliere en la court du Roy ou il fut conclud;

1   Quil seroit faict injonction a tous proprietaires et locataires des maisons et jardins des Chenizelles de reboucher les huis desdits jardins et les trous des murailles en dedans dimanche ensuivant en peine de X escus;

2   Que ceulx qui avoient jardins pres les murailles de la ville abateront les murailles arbres et haies en dedans le sebmedi ensuivant;

3   Que la muraille de la porte Royer seroit rehaussee; les estuves abbattues;

4   Quil seroit faict deux corps de garde a la porte a Lusault;

5   Que en plusieurs endroictz des murailles de la ville seroient rebouchez plusieurs carneaux et troux;

6   Que pour fournir au payement de ladite besoingne, les meubles de ceulx du party contraire seroient venduz en dilligence;

Quil seroit envoié lettres a Monseigneur pour lad- *Septembre 1580.*
vertir de leffort de lennemi en ladite ville et le sup- *7.*
plier denvoier de la gendarmerie pour la conservation
de ladite ville.

Quelque peu de temps avant la faulte des petartz, le *Querelle et débat*
cappitaine Thuret cheminant par la ville eut a la ren- *entre le cappitaine*
contre ung nommé Gam Parmentier de Mons en Lan- *Thuret et Gam*
nois soldat de ceste garnison quil querella sur le *Parmentier, soldat de la garnison de Laon.*
subject que ce Gam avoit mal traicté un personnaige
qui lui estoit ami et qu'il avoit faict entendre a Gam
que a ceste occasion il navoit deu le tourmenter comme
il avoit faict : le soldat lui feit response que en sa qualité il ne congnoissoit personne et quil navoit faict
que son debveoir; de quoi Thuret se fascha et en lappellant cocquin et marault lui donna ung coup de
poing que le soldat endura pour la craincte de l'auctoritee de Thuret et de son assistance et ne se meit en
aulcune deffense, mais il en feit sa plaincte au sr Darcy *Gam Parmentier*
gouverneur qui lui demanda a quoi lui servoit son *se plaint au gouverneur Darcy de*
espee quil portoit a sa sainteure; de ceste response le *l'affront que Thu-*
soldat print hardiesse den tirer raison si Thuret lat- *ret lui avoit faict*
tacquoit encores. Comme il advint peu de temps aprez
que Thuret leut a la rencontre vers la place du soleil
thobie ou il lappella de rechef marault, le soldat lui
respond assez hault quil estoit homme de bien et quil
luy feroit parroistre quant il vouldroit; Thuret qui
avoit congneu la thimidité de ce soldat (ne penssant
poinct quil se deust revenger) meit la main a lespee
pour len charger du plat, mais il veit aussi tost laultre
a lui lespee au poing, et se chargeant lun laultre jusques ad ce quilz furent separez par plusieurs passans
qui virent Thuret blessé a la teste, lequel fut mené et *Le capitaine Thu-*
conduict en son logis et penssé par chirurgien qui lui *ret est blessé à la teste.*
deffendit se mectre a laer, aussi navoit il garde sitost
pour la fascherie quil avoit de porter les marques dun

Septembre 1590.

Mort du cappitaine Thuret.

Gam Parmentier mené au supplice pour l'exécuter à mort qui fut la veille de Saint-Martin 1590.

soldat villageois. Durant ce temps les petartz vindrent a jouer a la porte Royer avec ceste grande scopeterie d'harquebuzades (que vous ayez oy) et le cri de plusieurs gens de la ville qui disoient lennemi estre dedans et se battre pres leglise Ste Benoite, qui fut rapporté à Thuret lors en son lit duquel il se leva hardiment et avec grande fraieur sortit hors sa maison a laquelle il rentra peu aprez avec une fiebvre continue qui lavoit surpris qui le feit passer de ce monde en laultre le lundy XXIIIIe jour de septembre 1590 ; et pour ce que ses parens et amis par honneur neussent ozé dire que ce grand cappitaine nembroticq fust mort de poeur, ilz mirent sus a Gam Parmentier que ce coup par lui donné avoit causé la mort a Thuret ; pour raison de quoy il fut apprehendé et mis es mains de Me Claude Grignon le jeune prevost des mareschaulx qui lui feit son proces en dilligence et le condamna a estre pendu et estranglé a la place du bourg de Laon ou il fut mené et conduict pour estre executé : et pour ce que les parens et amis du deffunct craignoient quil ne fust saulvé du supplice par les soldatz qui sen vantoient, ilz se mirent en armes dedans des boutiques et maisons proches de la potence pour lempescher. Comme doncques Parmentier fut la arrivé plusieurs assistans en eurent commiseration et eussent bien desiré de le saulver, mais personne nen ozoit parler hault et ne faisoit on que murmurer ; touteffois il y eut pres de lhostellerie de la Grosse Teste un nommé Lafaulx sergent de compaignie monté sur ung cheval blanc qui dict haultement qu'on faisoit tort a ce pauvre homme de le faire mourir et qu'on oyoit bien ce qu'il en disoit, esmouvant par ses parolles ses compaignons et le peuple a faire quelque chose pour ce pauvre patient, ce qui fut denoncé au prevost Grignon qui monté sur ung cheval avec le baston a la main alloit ça et la demander qui bransloit ; et comme il tiroit avec ses archers la part ou estoit ce sergent Lafaux, ce sergent qui sen apperceut picqua son cheval et se saulva a la course tirant vers le puis Sainct Jullien ou il fut poursuivy par Grignon et ses archers qui ne le peurent attrapper ayant ja gaigné le dedans de la maison Gratien Deparpe dou par derriere il entra au cimetierre St Jullien et de la en tel lieu quil ne peust estre trouvé. Durant ceste poursuicte et recharche et que la place du Bourg fut habandonnee par le prevost Grignon et ses archers, la pluspart du peuple eut pitié de ce pauvre patient qui desduisoit amplement son innocence, pourquoy on commença a crier apres M⁰ Guillaume Porret (qui estoit lexecuteur) pour le faire descendre comme il feit craignant sa personne et habandonna son patient sur leschelle, de laquelle ce patient descendit aussitost pour se saulver pendant la foulle du peuple ; mais de malheur il salla presenter a lentree des maisons de Nicolas Gerault et de Claude Bugnatre laisnel (proche lune de laultre) pour se jecter dedans, mais il fut repoussé ; pourquoy il retourna a la place et de laultre costé de la rue pour trouver lieu de refuge, ou il fut rencontré par Jacques Thuret le boiteux qui estoit sorty (avec ses armes et bonne assistance) dune maison proche de la hure, et dune pistollade jecta Gam Parmentier par terre ou il fut frappé a la teste par ung nommé Jehan Moyen laisnel menusier avec le gros de sa harquebuze, et par ce moyen il demeura mort en la place ou il fut trouvé par le prevost Grignon a son retour qui neaulmoins le feit pendre a la potence tout mort quil estoit et tout ainsy que sil eust esté vivant ; de quoy il y eut grand murmure ; chacun en disoit son oppinion. Les soldatz estans en ce lieu a veoir faire ceste execution ne demeurerent guerres a sevader fil a fil pour la doubte de

Septembre 1590.

Le sergent Lafaulx se sauve des mains du prévost des marchands.

M⁰ Guillaume Porret hâbandonne son patient sur leschelle.

Le corps de Gam Parmentier fut le lendemain mis en terre au cimetierre de l'hostel Dieu.

Septembre 1590. plusieurs gens armez et rondachez qui sortirent hors la maison du cappitaine Hubert, lesquelz feirent retraicte quant ilz sceurent la mort de Gam, la remission duquel fut ce jour mesme au soir rapporté de Paris par ung nommé Petiot qui fut empesché de sa dilligence a une lieue dicy par des bons garnemens qui y furent envoyez a cest effect.

Octobre 1590. Il sestoit cy devant trouvé neccessaire de faire travailler aux murailles de la ville de Laon en plusieurs endroictz, mais ceste besoingne avoit esté dilaié par *Levee de deniers pour travailler aux murailles de Laon.* faulte dargent, et neaulmoings on voioit les longues nuictz sapprocher et aussi que le temps dy travailler se passoit ; a raison de quoy il fut conclud par assemblee du VII° octobre que la corvee quadruple seroit levee sur les habitans pour faire travailler aux murailles de ladite ville.

La maladie contagieuse à Laon parmy les gens de guerre du duc d'Aumale. Sur ces entrefaictes et en ce mois doctobre, la malladie contagieuse se feit parroistre parmi les gens de guerre qui avoient esté laissez dedans ladite ville par le duc dAumalle qui gasterent et feirent mourir quelques habitans de ceste malladie ; et sur quoy il se feit le XIII° octobre une assemblee particulliere en la maison M° Nicolas Branche par les gouverneurs et depputez du conseil ou il fut conclud que la sepmaine suivante seroit paié ausdits gens de guerre pour les renvoier attendu leur malladie qui saugmentoit de jour a aultre et pour laquelle ilz ne pouvoient faire de faction, et a laquelle fin quil en seroit escript audit s^r dAumalle pour le prier de trouver bon ceste licence.

Prise du villaige et du fort de Monampteuil par les Roiaulx. Le quinze jour doctobre quelzques cinquante ou soixante cuirasses avec nombre dinfanterie tant de la garnison de Coucy que dailleurs du party du Roy conduictz par le cappitaine Bourq sen allerent de nuict surprendre le villaige et le fort de Monamptheuil qui tenoit pour la ligue. A lentree du villaige ilz trouverent bonnes et fortes barricades, mais personne a la garde; pourquoy les Royaulx et a laide lun de laultre passerent par dessus tirans droict au fort de leglise ou ilz entrerent par le moien du petart que le cappitaine Gentil y planta; au dedans y estoit quelques soldatz meslez de villageois commandez par le cappitaine Guerbet qui gaigneren lecl ocher et les voultes dou ilz tirerent quelzques coups dharquebuzes; touteffois ilz furent contrainctz parler beau au moien du feu qui fut mis au plancher qui les feit rendre pour prisonniers de guerre et mis es mains de quelzques soldatz qui les conduirent dans ung cellier ou caveau mal fermé dou ilz sevaderent pendant que leurs gardes estoient allez au pillaige comme les aultres; a la prise de ce fort il ny eut que deux soldatz de tuez et ung habitant nommé Jehan Cordellier, lequel se voullant saulver par dedans des jardinaiges et petitz chemins couvertz quil congnoissoit fut daventure rencontré par Solomon de Guignicourt qui se souvenant du tort que cestuy cy avoit faict a son pere dedans Laon lui feit perdre la vie. De ceste prise la ville de Laon en fut bien tost advertie par les fuiarts qui ne peurent faire rapport au vray du nombre des ennemis pour navoir oy que le bruict; pourquoy la cavalerie de la ville monta a cheval pour en faire la recongnoissance, et sestant joinct avec quelque infanterie se parut sur la montaigne de Monamptheuil ou les Royaulx allerent escarmoucher; et furent ceulx de Laon repoussez et chassez jusques aupres dArdon ou il y en eut quelzques ungs de tuez pour estre mal montez. Ce fort et villaige furent quelzques jours occuppez par les realistes, pendant lesquelz il fut charrié hors grande quantitee de bons vins tant blancs que claretz dont de la plus grande partie le s^r Delamer gouverneur de Coucy en fut jouissant, comme aussi il lui fut porté les pieces

Octobre 1590.

Grande quantité de vins pris au village de Monamptheuil par les Roiaulx.

Octobre 1590.

La femme du lieutenant criminel rentre dans la ville par permission.

des grosses cloches de leglise quil feit convertir au son de la guerre.

En une assemblee particulliere qui se feit le XXIIe jour doctobre en la maison Me Nicolas Branche, fut presentee une requeste de la part de dam^{elle} Ysabeau Duchesne femme de Me Benedicq Delahaie lieutenant criminel (qui avoit esté mis hors la ville a la journee des petartz), par laquelle aprez plusieurs remonstrances elle supplioit le conseil de la ville permectre son retour dedans sa maison soubz les offres quelle faisoit de paier cent escus au cas quelle parlast contre le party de lUnion ; sur ceste requeste et offre il y eut de grandz debatz sur la diversité dadvis ; aulcuns alleguerent la neccessité dargent qui estoit a la ville ; que ceste femme icy estoit si bien congneu destre libre en ses parolles quelle ne seroit longtemps sans y estre surprise et par ainsy quil reviendroit cent escus de bon a la cause pour aider au payement de la gendarmerie ; cest advis emporta les aultres qui tendoient au refuz ; pourquoy il fut conclud quelle pourroit rentrer en ladite ville soubz le bon plaisir et voulloir de M^r le gouverneur, a la charge de bailler caution de paier ladite somme de cent escus au cas quil soit prouvé quelle ait tenu quelzques propos au desadvantaige du party de l'Union des catholicques ou quelle eust quelque intelligence avec lennemi.

Le Tholozam faict emprisonner deux chanoines pour des parolles qu'ilz avoient dictz.

Environ ce temps Me Jehan Doultremer et Me Christofle Delaporte, chanoines de leglise N^{re} Dame de Laon, estans a la garde de la porte de la ville devisans avec des habitans sur la science de N^{re} M^e le Tholosam, dirent quil nestoit guerres theologien mais seullement phisicien et advocat au parlement de Tholouze ; pour lesquelz propos (qui furent rapportez au tholozam) les deux chanoines furent mis prisonniers, qui eurent bien de la peine a se redimer des prisons ecclesiasti ques ou ilz estoient, et pourquoi consentir ce tholosam se faisoit faire prier et carresser par toutes sortes de gens qui furent emploiez par ces prisonniers, voullant par la faire parroistre son auctoritee et faire cesser le bruict qui courroit par la ville de ces parolles.

Comme le gouverneur Darcy se voioit souvent importuné des cappitaines et gens de guerre de la garnison de Laon pour le paiement de leur solde qui leur estoit quelque fois retardé par les recepveur et paieur a ce commis et que ce retard leur causoit une grande incomodité, il voullut apporter ung ordre a la recepte des deniers a ce destinez par lestablissement quil pretendoit faire dun personnaige a sa devotion qui feroit la recepte et le paiement aux gens de guerre scelon lestat qui lui avoit esté laissé par Monsieur le duc du Mayne, afin (disoit-il) quil ne fust plus subject de faire la court a personne : mais le conseil de la ville ne le trouva bon, daultant que tel establissement tiroit a consequence ; touteffois le gouverneur y incistoit fort, ce qui fut cause que le XXIIIe jour doctobre il se tint en lauditoire de la court du Roy une assemblee des XXIIII ou presidoit Mr Despinois qui donna a entendre a la compaignie le subject pourquoi ceste assemblee se faisoit et aussi sur ce que le gouverneur voulloit avoir des soldatz pour sa garde ; sur quoy il fut conclud et arresté que ledit s^r gouverneur seroit supplié de laisser faire la recepte de tous les deniers royaulx aux habitans de ladicte ville suivant les offres quil en avoit cy devant faict, pour iceulx estre employez au paiement de trois cens hommes de piedz pour la garnison de ladicte ville commandez par lui comme gouverneur et cappitaine, trois lieutenans soubz lui, asscavoir Mr Dannoy, le cappitaine Anthoine et le cappitaine de Cernois pour commander ausdits trois cens hommes, en quoi faisant lesdits habitans offroient de paier le sur-

Octobre 1590.

Reiglement faict pour la garnison de Laon et pour le paiement d'icelle.

Octobre 1590.

plus de la solde desdits trois cens hommes et ce tant que leurs moiens permecteroient, sur lequel nombre en seroit pris douze hommes pour ses gardes et sans cappitaine ; seroit aussi supplié de se contenter de deux cens livres par mois, scavoir C liv. pour son estat de gouverneur et C. liv. comme cappitaine desdits trois cens hommes, et pour la solde desdits trois lieutenans pour commander soubz lui ausdits trois cens hommes a chacun cinquante livres par mois, au sergent six escus, au caporal IIII escus et demi, a laspassade IIII escus et a chacun soldat III escus, excepté lesdits XII hommes pour la garde du gouverneur qui auroient IIII escus par mois.

Sur aultre proposition faicte en la mesme assemblee, il fut arresté quil seroit escript a Monseigneur du Mayne et a Amadour de St Pierre de Reims pour avoir des forces pour reprendre le bourq de Liesse.

Ceste conclusion au regard de ce qui concernoit le gouverneur elle luy fut denoncé, a quoy il feit responce quil en communiqueroit a ses cappitaines et officiers qui sestoient plainctz a lui du paiement de leurs gaiges qui estoit ordinairement retardé soubz de telles quelles excuses, et nemporterent ces denonciateurs aultre response, sur laquelle le conseil de la ville eut patience jusques au xxviie jour de ce mois doctobre

Que le gouverneur Darcy seroit prié de donner sa finalle response sur le reiglement du paiement de la garnison.

pour veoir silz en recepvroient d'aultre, et nen aiant eu il se feit une aultre assemblee le xxvii octobre au mesme lieu et par les mesmes personnes, ou il fut advisé que la preceddente conclusion seroit suivy et le gouverneur supplié de declarer audict conseil sa finalle et derniere resolution sur icelle, et au cas quil ne voullust accepter loffre faicte par ladicte conclusion du xxiiie octobre, luy declarer que la ville sen deportoit et protestoit de ne plus rien paier ny lever aucuns deniers sur eulx sinon ce qui estoit accoustumé de

— 323 —

lever pour leur part du taillon et decimes, et aussy lui declarer que loffre qui a esté faicte et largent qui avoit esté levé sur les habitans en vertu dicelle a esté faicte a la charge de repeter et retirer cy apres lesdits deniers sur les deniers des tailles et aultres deniers royaulx et par forme de prest et advance seullement.

Octobre 1590.

La supplication contenue en ceste derniere conclusion fut faicte audit s[r] gouverneur qui ne donna response telle que le conseil de la ville esperoit ; cela feit apporter ung debat entre eulx ; chacun soubstenoit avoir bonne raison en sa demande ; et la dessus arriva en ladite ville lambassadeur du duc de Savoie qui scachant leur disputte feit le IIIe jour du mois suivant des offres telles quil sera parlé en suicte.

Débat entre le gouverneur Darcy et le Conseil de Laon pour le maniment des deniers.

Me Estienne Gardé, curé de Coucy le Chasteau, pour avoir solicité plusieurs habitans de ce lieu a la revolte du service du Roy, tenu quelzques secrettes assemblees a ces fins, recongneu la garde au vrai qui se faisoit de nuict et de jour tant a la ville que au chasteau et aultres cas a lui imposé, fut chassé et mis hors ladite ville de Coucy par le s[r] Delamer, gouverneur de la place, et se vint refugier dans la ville de Laon ou il se trouva fort incomodé et neccessiteux parce quil navoit aultre benefice que la cure de Coucy de laquelle il estoit despouillé ; il estimoit que ses confreres lui deussent eslargir quelque peu de leur comodité pour sestre efforcé a faire service a la ligue, mais ilz se plaignerent eulx mesmes a lui des grandz deniers quil leur convenoit journellement paier pour leur cottité aux fraiz de la guerre ; pourquoy Gardé sestant joinct avec Me Bocquillart regent delibererent ensemblement de gaigner leur vie a instruire la jeunesse de la ville ; et pour y parvenir tant pour avoir leur logement que pour notifier a tous leur escolle,

Requeste presentee au Conseil de la ville de Laon par Me Estienne Gardé et Me Jehan Bocquillart pour estre logez gratis.

Octobre 1596.

presenterent requeste au conseil de la ville le xxvii° jour doctobre, et par icelle supplioient lesdits s^{rs} de leur voulloir bailler gratis une maison en ladite ville propre et comode de celles appartenans aux absens qui estoient mises en attaches pour y demeurer et faire lesson a la jeunesse soubz l'auctoritee de Monsr de Laon et tant quil y aura ung bon college establi en ladicte ville. Sur ceste requeste le conseil feit response quil seroit advisé avec ledict s^r de Laon de leur bailler ce qu'ilz demandoient et par provision seullement;

Gardé et Bocquillart logez à l'hostel du petit Saint-Nicolas de Laon.

cecy demeura bien six sepmaines sans aultre response; enfin Gardé et Bocquillart feirent tant par leur solicitude et importunité que le xii° decembre ensuivant, en une assemblee des xxiiii qui se feit, il leur fut baillé et octroié la maison du petit St Nicolas, et quil seroit signifié aux locataires et detempteurs de ladicte maison den sortir et deulx retirer si bon leur sembloit au grand college.

Quant la ville de Laon se trouvoit pressé au paiement de quelque somme signaument pour le paiement des gens de guerre et quil y mancquoit dargent, son

On veult proceder à la vente des biens des absens.

secours estoit tousjours de crier apres la vente des biens des absens qui se dilaioit souvent; a la verité il y avoit de lhonneur a y procedder; peu de juges sen voulloient mesler, soit quilz eussent quelque craincte des absens a ladvenir ou bien quilz eussent peur destre argué es solempnitez ou aultrement. Le corps de la ville en ce faict ne se voullut rendre partie; il ny avoit que la cause qui sen mesloit; et pourquoi on faisait jouer ce jeu par le procureur du Roy a la requeste duquel on pretendoit faire faire ces ventes. M^e

M. Claude Legras commissaire qui veult procedder aux ventes.

Claude Legras se presentoit tousjours a faire du pis quil pourroit allencontre des absens; il nen fust si tost solicité quil obtint une commission particuliere a laquelle sa qualité portoit ces motz: conseillier et com missaire depputé par Monseigneur du Mayne pour la saisie et vente des biens des hereticques faulteurs et adherans. En ceste qualité et en vertu de sa commission, il se meit au siege pour procedder a ces ventes apres que les certifficatz des billetz attachetz furent rapportez, ausquelles se presenta plusieurs particulliers opposans par procureurs pour plusieurs en diverses causes ; pour en decider sur le champ, Legras se trouva bien empesché ; il se voioit seul au siege et ne scavoit de qui prendre advis ; on faisoit contre lui plusieurs protestations en son pur et privé nom au cas quil passast oultre quil neust preallablement faict droict sur les causes dopposition lesquelles on lui offroit promptement bailler par escript et telles quelles avoient esté plaidees ensemble les pieces justificatives, de fasson quil neust aultre recours qu'a faire prendre par son greffier toutes ces causes dopposition quil envoia en une assemblee des xxiiii qui se tient le xxxe et penultieme jour doctobre en lauditoire de la court du Roy pour lui donner advis, ou presidoit Monsr Despinois ; et la apres que ces causes dopposition furent veues et le procureur du Roy oy, il fut dict que Legras feroit le deu de sa charge et office sur lesdictes causes dopposition a la requeste et dilligence dudict procureur du Roy scelon quil estoit porté par sa commission, et sauf a la ville sur les adjudications et ventes desdits biens repeter sur lesdits habitans absens leur part des subventions et fortiffications faictes a la ville depuis quil se trouveroit navoir esté rien paié par eulx desdites subventions et fortiffications ; et daultant que ceste assemblee voioit clairement que les deniers proceddans de ces ventes quon pretendoit faire nestoient encore prestz et quon estoit pressé dargent, il fut conclud que le quadruple de la corvee se leveroit sur les habitans pour xv jours

Octobre 1590.

Plusieurs sont opposants ausd. ventes.

Deniers levez par forme de corvee.

au cas que le clergé en fust daccord de sa part et non aultrement.

> Octobre 1590.

Peu de temps auparavant le jour de Thoussains dernier, Monsieur lEvesque de Laon feit scavoir a tous les curez de la ville et eulx a leur paroissiens de la visitation que ce preslat voulloit faire aux eglises, comme de faict au jour assigné il sy transporta, ou apres les visites et enquestes faictes sur le gouvernement et police du trouppeau, il feit aux assistans paroissiens une brefve exhortation en leur disant que si par ci-devant ilz avoient fait prieres et oraisons a Dieu, ilz le debvoient continuer afin dappaiser son ire et faire cesser le temps miserable et calamniteux comme il estoit duquel il ne se pouvoit juger aultre chose qu'une ruine et totale desolation ; et delaissant ce faict et parlant de cellui qui lavoit faict cheminer en ces lieux, dict quil avoit entendu la neccessité que souffroit les curez de plusieurs parroisses de la ville provenant du default du paiement du gros de leur cure pour la ruine des reddevables, que pour satisfaire a ce default et afin de subvenir aux curez neccessiteux, il avoit advisé et lui sembloit raisonnable que chacun paroissien porteroit a loffrande ung sol par chacun dimenche et festes, quoy faisant les curez en recepvroient ung peu plus de comodité, quil estoit raison (scelon le dire de St Paul) que quiconque sert a laultel il fault quil vive de l'aultel, et que pour si peu de chose les paroissiens nen seroient gueres apauvriz mais plustost enrichiz des graces divines, qu'a ceste affaire et aultres neccessaires de leglise il les prioit dy adviser et y apporter ce quilz pourroient, a quoy par aulcuns lui fut respondu qu'on regarderoit a tout bien faire et avec la raison ; mais depuis les parroissiens sestant assemblez sur ceste affaire, il ne se trouva personne qui se voullut obliger a ceste offrande, disans que les curez

> Invention de M. l'Evesque de Laon pour le profflct des curez des paroisses de Laon.

> I. Corinth. chap. x.

> Les habitans des paroisses ne se veuillent asubjectir au desir de Mr de Laon.

vouldroient a ladvenir contraindre chacun a la conti- *Octobre 1590.*
nuer, que les pauvres gens ne debveoient pas tant que
les riches, que la subjection seroit trop grande, mesme
ung article d'inquisition introduicte en remarquant
par les curez les deffaillans aux messes et offrandes
ausquelles il seroit impossible dy assister ordinairement tant pour raison des gardes de jour et de nuict
quil leur convenoit faire que aultrement ; pour ces
causes et aultres trop polixes personne nen fut dadvis
et ne feit on rien de cela. Trop bien il se forgea lors
l'invention de porter par chacun mesnaige a tour et *Invention de por-*
par chacun dimenche ung gros pain benict a la mode *ter par les femmes*
de Paris qui estoit garni de fleurs et violettes scelon *pour benir à l'of-*
la saison posez sur blanches et belles serviettes de lin *frande.*
qui se continue encores a present ; ces belles serviettes les curez et marguilliers taschèrent les attraper
a moictié, mais les femmes (curieuses de garder leur
linge) ne les voullurent quicter, ains seullement laissoient a laultel leur gros pain benict. Fut aussi en ce
temps ediffié en aulcunes eglises des petites cabanes *Petites cabanes*
ou logettes composé de bois ayans barres et petitz pil- *de bois pour aller*
liers aux entredeux pour entendre par les prebtres *à confesse.*
leurs paroissiens en leurs confessions auriculaires ; de
telz et semblables il y en a encore pour le jourd'hui a
leglise St Jehan au Bourq et aultres lieux desquels a
present on ne sert nullement pour nestre ceste edif-
fice agreable a beaucoup de gens.

Au commencement de ce mois de novembre le s^r de *Novembre 1590.*
Bois conduict par Mathieu de deux ans surnommé La *Entreprise sur la*
bresche lors soldat a Coucy vint recongnoistre de nuict *ville de Laon par*
ung certain endroict des murailles de la ville de Laon *les realistes.*
qui est entre la tour St Remy et une aultre tour carree
ou il y a une roche qui desborde de beaucoup la muraille de dehors sur laquelle (estant monté comme il
est facile par auprès du pied de ladite muraille) il se

Novembre 1590. pouvoit aisement avec une eschelle de dix ou douze pieds seullement marcher sur le rampart de la ville. Ceste recongnoissance faicte par ces deux icy sen retournerent faire leur rapport a sa majesté, laquelle peu de temps apres (et avant son voiaige au pais chartrain) renvoia ung cappitaine a Coucy trouver le soldat La bresche pour de rechef visiter ceste muraille et le chemin a couvert quil failloit tenir pour lapprocher, lesquelz ensemblement arriverent a default de la lune sur la contrescarpe du fossé ou ilz se mirent sur le ventre pour escouter et considerer la forme qui se tenoit en cest endroict a lassiette et levee des sentinelles. En ce lieu ilz ne furent longtemps que lalarme sy donna, de quoi ilz se trouverent estonnez pensans estre descouvertz, mais ce nestoit pour eulx, ains pour xx ou xxv harquebuziers que les sentinelles

Hazart ou se trouverent ceux qui allerent visiter les murailles de la ville de Laon. virent dans les fossez sortis de la ville expres pour les attraper, sur ladvis donné au gouverneur de Laon par cellui de Coucy (fasché de nestre le chef de ceste entreprise) que ces deux icy estoient allé remarquer la haulteur des murailles de la ville en cest endroict; touteffois ilz ny furent surpris scelon lintention du gouverneur de Coucy, pour ce que ayans les premiers descouvert les harbuziers, ilz se coullerent doulcement et sans bruict arriere de leurs mains par des creuttes et mauvais passaiges proche de ce lieu, et tellement se trainerent quilz se desgaigerent et parvindrent au bas de la montaigne et par a travers champs reprindrent le chemin a leurs chevaulx laissez a Anisy et de la en la ville de Coucy laissans ces harquebuziers faire leur recherche partout, lesquelz ne trouvans personne sen retournerent dans la ville, et tost apres on feit travailler en dilligence au rehaussement de la muraille de la ville en cest endroict.

Le trois⁰ novembre il se tint une assemblee en lauditoire de la court du Roy par les gouverneurs et receveur de la ville de Laon assistez des XXIIII, ou presidoit Mr Despinois qui recita a la compaignie que le jour preceddent en lassemblee particulliere, Me Nicolas Branche juge de la police leur avoit rapporté que Mr de Ste Croix ambassadeur de Mr le duc de Parme lui avoit dict quil avoit recongneu la neccessité des habitans de la ville, et les advis frequens que le gouverneur recepveoit journellement que les ennemis de la relligion catholicque estoient deliberez dattempter sur ladite ville, laquelle ledit sr ambassadeur avoit jugé mal garnie de gens de guerre pour la deffendre et quil estoit besoing dy entretenir jusques a v cens hommes de pied, pourquoi il offroit a ladite ville jusques a III ou IIII mille escus quil disoit lui estre assigné par lettres de change sur Mr Zamet estant au païs bas, pourveu quil se trouvast marchant en ladite ville de Laon qui voullust fournir icy ladite somme applicquable pour lentretenement des gens de guerre, a la descharge et acquict des sommes que les dits marchans ou aultres fourniroient envers aultres marchans des païs bas ou de Paris, lesquelz ledit sieur Zamet acquicteroit en vertu desdites lettres de change de laquelle il bailleroit coppie collationnee pour aider lesdits marchans et aultres qui voudroient faire ledit paiement ; declaroit ledit sieur ambassadeur que pour le rembourser du prest quil feroit a ladite ville soit de III ou IIII mille escus, il pourchasseroit assignation vers Monsieur du Mayne ou Son Altesse ailleurs que en ceste ville. Ceste assemblee ayant entendu ces propositions et offres et quelle ne trouvoit occasion plus prompte ni secourable, et se mectant devant les yeulx les grandes levees cy devant faictes et quil failloit encores continuer sur les habitans, elle accepta ladicte offre quelle disoit estre fort libera-

Novembre 1599.

Assemblee faicte sur loffre de lambassadeur du duc de Savoie a la ville de Laon de lui prester III ou IIII m. escus.

Le Conseil de la ville de Laon accepte l'offre de lambassadeur du duc de Savoie.

Novembre 1590. le et honneste, et la dessus (comme si on eust ja touché les deniers) conclud quil seroit mis en ladite ville quatre cens hommes de guerre pour la conservation dicelle soldoiez de la nature des deniers que delivreroient les particulliers habitans de ladicte ville en vertu de ladicte lettre de change : et oultre et pardessus la validité dicelle, des a present ladicte ville promectoit sobliger envers eulx pour lacomplissement et paiement de leurs dictes debtes envers les dits marchans de Paris ou pais bas scelon les sommes que les particulliers delivreroient a ladite ville de Laon en vertu de ladite lettre de change ; et au cas que les sommes ne soient acquictees suivant ladite lettre de change, se seroit a la charge que ladicte ville se pourroit pourveoir pour son remboursement sur les premiers et principaulx deniers qui se leveroient cy apres ; et pour faire entendre le contenu en ladicte conclusion a plusieurs habitans de ladite ville et scavoir deulx silz voudroient bailler quelque argent en vertu de ladite lettre comme il est dit ci dessus, quil seroit prié M. le pere Tholozam daller es maisons desdits habitans assisté de M° Nicolas Ledoulx et de Charles Levent depputez dudit conseil. Suivant ceste conclusion, notre M° le Tholozam fut prié de cheminer avec les deux depputez, ce quil feit et tascha par tous moiens

Le Tholozan tasche dinduire et persuader a aulcuns habitants de bailler argent en vertu de la lettre de change. de persuader a plusieurs habitans de satisfaire a ceste deliberation, mais personne ny voullut entendre pour y trouver trop de difficultez et de fascheux recours. Le gouverneur sy efforça de sa part pour toucher deniers ; et de faict en pareille assemblee qui se tint le VI° jour du mesme mois il y envoia ung memoire pour sçavoir si on prendroit la lettre de change de IIII mille escus dudict sieur ambassadeur a prendre a Paris ou au Pais bas pour saider dicelle, avec offre quil faisoit par ce memoire de sobliger vers lui de lui rendre ladite somme au dedans trois mois apres, mais tout cela ne feit advancer personne. Pourquoi il fut conclud que ladite ville ne prendroit ladicte lettre que preallablement on ne fust asseuré que Monsieur le duc du Mayne donneroit ladicte somme a la ville et assigneroit ledit sieur ambassadeur pour le remplacement dicelle ailleurs que sur la ville, et a laquelle fin que lon escripvreroit audit seigneur du Mayne. Par ceste derniere conclusion tout sen alla en fumee, qui feit juger que cestoit ung artifice fait par lambassadeur avec le gouverneur pour attrapper deniers.

Novembre 1590.

Vous avez nagueres entendu comme le conseil des xxiiii avoit renvoié a M⁰ Claude Legras les causes dopposition baillez a la vente des biens des absens pour y faire son debveoir ; mais daultant que Legras estoit importuné de surceoir aucunes desdites ventes et quil ne sçavoit sur qui prendre excuse pour passer oultre comme il voulloit faire, il demanda au conseil destre assisté de quelque ung deulx au jugement desdites causes dopposition et pour procedder ausdites ventes, ce qui lui fut accordé par une assemblee qui se feit le vi° jour de novembre, a laquelle fut esleu M° Nicolas Ledoulx pour adjoinct neccessaire avec ledit Legras pour lassister en tout ce qui seroit requis a lexecution de la commission baillé audit Legras pour faire vendre les biens de ceulx du party contraire ; et fut enjoinct audit Ledoulx dy faire son debveoir, ce quil promit aussi.

M° Nicolas Ledoulx est esleu pour adjoinct avec M° Claude Legras pour faire vendre les biens de ceulx du party du Rey.

En ce temps il se continuoit encores de faire des levees de deniers par corvee toutes les sepmaines et plustost avec augmentation que de diminution, ce qui faisoit faire grande rumeur par la ville ; mais il failloit passer par la, car on ne sçavoit ou trouver argent.

Deniers levee par corvee.

Vous avez veu comme au mois de novembre de lannee derniere 1589, Nicolas Delapierre sa femme et

famille furent jectez hors la ville de Laon sans aulcun
subject ; que inventaire fut faict de leurs meubles, et
Laurens Ponssin et Christofle Dohis establiz a la garde
diceulx ; depuis ce temps ces pauvres exhillez voguerent ca et la sans tenir party pour se mectre a labry
jusques a present quilz se trouverent cours dargent
pour leur nourriture, esperans den tirer de leurs meubles saisiz apres quilz en auroient obtenu la main levee. Pour y parvenir La pierre presenta requeste a
lassemblee des xxiiii tenue le viie jour de ce mois de
novembre, par laquelle apres plusieurs pitoiables remonstrances supplioit ces messieurs lui octroier main
levee de sesdits biens meubles cy devant saisiz. Sur
ceste requeste il fut respondu que Lapierre se retireroit pardevers cellui qui avoit faict faire la saisie de
ses biens parce que la ville ne l'avoit faict faire et ne
sçavoit que cestoit. Voila la response quil eut ; aussi
a la verité il ne faisoit que perdre temps a ceste poursuicte parceque ses meubles avoient esté mangez et
dissippez par les commissaires plus de vi mois auparavant sa requeste. On cherchoit en ce temps tous les
jours des meubles appartenans aux absens pour les
vendre ; et a cest effect par assemblee des xxiiii tenu
le xiie de ce mois , fut attribué ii solz pour livre a Laurens Ponssin des biens meubles quil decelleroit et qui
navoient encores esté saisiz ni descouvertz, pourquoi
Ponssin uzoit de toutes sortes de ruzes et inventions
pour en faire la descouverte.

En ce temps les paisans voyans que les plus riches
et aisez habitans de leurs villaiges habandonnoient
leur vray habitation pour se refugier dans les villes
afin deviter le paiement des tailles dont ilz estoient
rigoureusement poursuiviz des deux partiz par vente
de leurs biens et emprisonnement de leurs personnes,
ilz sadviserent aussi de leur part dhabiter aux plus

Novembre 1590.

Requeste presentee au conseil de Laon par Nicolas Delapierre pour avoir main levee de ses meubles.

Deux solz pour livre est attribué a L. Ponssin des meubles quil descouvriroit appartenir aux absens.

Permission darrester a Laon les villageois pour la taille.

prochains villaiges de leur demeure et la se declarer habitant comme ilz feirent afin destre exempt de la contraincte des tailles du villaige ou ils avoient demeurez. En ceste fasson beaucoup de villaiges furent habandonnez en peu de temps, et par ainsy les recepveurs des tailles mal paiez tellement quilz ne pouvoient fournir au paiement de la solde des gens de guerre ; pourquoy ilz porterent leur plaincte a lassemblée des xxiiii tenu le xiii° jour de novembre ou presidoit M. Despinois, sur laquelle il fut conclud quil seroit permis darrester partout les habitans desdits villaiges pour la taille taillon aydes et decimes et aultres deniers royaulx, mesmes dans la ville de Laon tant quilz auroient paiez ou baillé caution bourgeoise et suffisante, sauf leur recours pour larrest de leurs personnes despens dommaiges et interestz allencontre des communeaultez des villaiges de leur demeure. Ceste ordonnance fut bien tost divulguee partout par la prise de quelzques ungs, ce qui feit que les habitans des villaiges reddevables a ces deniers ne venoient plus nullement dans ladite ville, tellement que le sebmedi jour de marchet se rendit pareil au jour du lundi ; a raison de quoi par acte dassemblee du xxviii° novembre, il fut permis au prevost des mareschaulx et ses archers daller faire les contrainctes sur les lieux, à la charge den rendre bon compte ; mais ce fut une grande perte pour aulcuns, car quant on avoit pris une beste chevalline vache porcq ou aultres meubles dun particullier, ce nestoit que pour paier les fraiz du voiaige, et par ce moien rien nentroit a lacquit du principal.

Durant les adventz de ceste annee qui fut le ix° jour diceulx, le Tholozam demeura fort longtemps aprez le dernier coup sonné a monter en chaiere ; de quoy plusieurs avoient oppinion quil estoit devenu mallade. Pour scavoir loccasion de ce retard M' lEvesque (qui

Novembre 1590.

Permission donnee au prevost des mareschaulx et a ses archers daller aux villaiges faire les contrainctes pour la taille.

Decembre 1590.

ja estoit a leglise) envoia en sa chambre Lois Couppet lors m⁰ de la sonnerie de la grande eglise que nous appellons ordinairement clocquemant. Ce clocquemant estant dedans la cuisine de levesché et ny voiant personne sempara fort bien dun pot de deux tiers de fort bon vin et dun plat de rotiz au sucre couvert dune escuelle apresté sur la table pour desjuner ce predicateur (lequel scelon sa coustume escarmouchoit telle chose avant que monter en chaiere) et les meit en tel lieu ou depuis ce clocquemant les retrouva pour en faire lexecution ; ce faict sen retourna a leglise faire rapport a M. lEvesque quil navoit trouvé personne a la chambre M^r N^{tre} M* et qu'il estimoit quil estoit venu par une aultre porte, parce que estant descendu a la cuisine et se voiant frustré de son ordinaire, apres avoir faict perquisition par tout la cuisine et ny trouvant son bon vin ny ses rotiz fut contrainct den faire faire daultres a la haste par ses gens qu'il appella du grenier; il eust bien voullu scavoir cellui qui lui avoit joué ce tour, mais ce clocquemant bon compaignon navoit garde de sen vanter pour ce quil scavoit bien sil eust esté descouvert il eust eu le *Miserere* tout du long ou telle pugnition quil eust pleu au tholozam, qui admonesta ce jour la en sa predication le peuple de se preparer en bonne devotion pour le lendemain aller en une procession solempnelle pour prier Dieu pour le duc du Mayne quil nommoit souvent N^{tre} Gedeon, souffrant (comme il disoit) beaucoup de mal des pluies et grandz ventz a la conduicte de larmee catholicque contre les hereticques qui ne scavoient de quel costé se tourner pour se saulver de ses mains, et que toutes leurs ruzes estoit de passer et repasser les rivieres quand ilz scavoient que ce grand cappitaine voulloit aller a eulx ; davantaige admonestoit voire prioit les politiques de ne se trouver ledict jour de demain a ceste procession afin de ne poinct rompre les saintes devotions des vraiz catholicques; quil les conseilloit de ne bouger de leurs maisons; que de sa part il leur en scauroit aultant de gré comme silz y assistoient; touteffois nul neust ozé faillir de sy trouver; les surveillans estoient trop promptz et subtilz a la descouverte, aussi que ce tholozam icy ne disoit ces choses que pour les congnoistre et les faire attrapper sil eust peu.

Sur ladvis que la ville de Laon eut que M. le duc du Mayne estoit arrivé a Marle, il fut advisé au conseil particullier du xiie decembre tenu en la maison Me Nicolas Branche par les gouverneurs et receveur de ladite ville assistez du conseil, que le cappitaine de Lancy yroit a Marle vers ledit s^r du Mayne pour ravoir deux pieces d'artillerie qui estoient en la ville de Marle appartenant a celle de Laon, aussi pour donner ordre par ledict seigneur au paiement de la garnison de ladite ville en remonstrant lestat dicelle, et pourquoi seroit baillé argent audict de Lancy pour faire ce voiaige.

Le xiiiie decembre ledit s^r duc arriva en ladicte ville de Laon et le lendemain sen alla a Bruieres visiter le s^r Camille Capucho colonnel dun regiment dItaliens et dom Jean Mauricque colonnel dun regiment dAllemans qui estoient la avec leurs trouppes attendant le lieu qui leur seroit ordonné pour leur garnison. Avant partir de Laon il feit entendre à Me Nicolas Branche quil avoit deliberé laisser en ladicte ville de Laon cent hommes de piedz pour la garde oultre les trente des gardes du gouverneur et cinquante pour la garde de labbaie St Vincent qui seroient paiez des deniers des tailles, et oultre ce pour quelque temps trois cens hommes estrangiers paiez, leur baillant touteffois deux pieces de vin par jour pour ung mois,

Decembre 1590.

Le duc du Mayne arrive a Marle.

Le duc va a Bruieres visiter le s^r Camille Capucho.

Le duc du Mayne veult mettre dans Laon des garnisons etrangeres.

Décembre 1590.

et quil feroit bailler et advancer jusques a douze muidz de bled quil promectoit faire rendre ou paier; de quoy Branche bailla advis aux gouverneurs et recepveur de la ville qui feirent sur le champ convocquer les xxIIII depputez et aultres gens du conseil ou presidoit Mr Despinois; et sur le recit des susdits propos fut delegué M. de St Vincent, les gouverneurs de ladicte ville et les cappitaines Delamer et Delancy pour aller a Bruieres prier ledict s^r duc de n'introduire en ladicte ville lesdictz estrangiers du moings en diminuer de moictié et lui faire aultres remonstrances a eulx baillez par memoires pour lutillité de la ville; mais ilz ny furent assez tost, car les quartiers estoient faictz, signaument cellui du colonnel Capucho du regiment duquel fut tiré II. c. L. hommes pour mectre dans la ville Laon et ausquelz fut expedié la commission qui suict:

Commission du duc pour faire entrer dans Laon II c. L soldatz estrangers.

Charles de Loraine, lieutenant general de lestat royal et couronne de France, a Messieurs les officiers de la justice, maire eschevins manans et habitans de la ville de Laon, salut. Ayant tousjours eu en tres grande recommandation le bien soullagement et conservation de votre ville, et desirant de tout notre pouvoir dempescher les pernicieux desseings des hereticques leurs faulteurs et adherans qui ne cessent de conspirer la surprise et ruine des bonnes villes et principallement de celles qui sont zellees et affectionnes a lunion des catholiques comme la votre, desirant aussi vous soullager et descharger de la foulle et oppression que vous avez receu jusques icy pour lentretenement dune garnison qui vous seroit trop difficille et malaisé de pouvoir entretenir; nous avons advisé de vous envoier II. c. L. soldatz qui sont tirez du regiment du s^r Camille Capucho establi en garnison en la ville de Bruieres, lesquelz comme nous sommes tres asseurez se contiendront en toute modestie et ne vous apporteront aultre incomodité ni foulle que de logis meubles et ustancilles, ayant esté pourveu dailleurs a leur paiement et nourriture. A ces causes nous vous prions et neaulmoings en vertu de notre pouvoir mandons et ordonnons que vous aiez a recepvoir lesdits II. C. L. soldatz tirez de ladicte garnison de Bruieres avec leurs chefz et officiers en votre ville, ausquelz vous ferez bailler seullement logis avec les comoditez cy dessus declarez, pour y faire par eulx la garde ordonné et avoir l'œil à la conservation dicelle et au soullagement des habitans, et ce jusques a ce que par nous en ait esté aultrement ordonné ; de ce faire vous donnons pouvoir auctorité et mandement special. Mandons a tous quil appartiendra que a vous en ce faisant obeissent. Donné au camp de Bruieres le XVIe jour de decembre mil v c IIII^{xx} x. Ainsi signé Charles de Lorainne ; et plus bas par Monseigneur, Roissieu, et scellee sur simple queue dun grand scel de cire rouge.

Ceste commission fut apporté en la ville de Laon le mesme jour du XVIe decembre sur la presentation desquelles et pour la reception des II. C. L. hommes de piedz du colonnel Camille fut faict une assemblee des XXIIII depputez de ladite ville en lauditoire de la court du Roy ; presidoit en icelle Mr Despinois assistez des plus signalez de ladite ville, ou Me Nicolas Branche fut oy, qui dict quil avoit charge dudit s^r duc du Mayne de dire que oultre ce qui est porté par ladite commission de faire distribuer aux soldatz chandeilles sel vinaigre et verju a eulx neccessaires, a quoy il failloit adviser. Sur quoy il fut conclud que ledict Branche conviendroit avec les chefz de ce quil fauldroit par chacun jour pour ladite fourniture ; et aprez quil en seroit faict estat, et la somme imposee et assize sur les habitans de ladicte ville moictié sur le clergé et

Decembre 1590.

Assemblee faicte sur la presentation de la commission du duc et reception des estrangers a Laon.

Décembre 1590. laultre moictié sur les seculiers; et levee par chacune sepmaine sur iceulx dont demeureroient quictes et dechargez ceulx qui fourniroient les logis desdits soldatz.

De ceste conclusion tout le peuple en fut fort esmeu et en grande rumeur; aulcuns librement et haultement disoient que les estrangiers nentreroient dans la ville et quilz les empescheroient; cecy fut semé partout; qui fut cause pour la consequence de laffaire quil se feit le XVIIe decembre une assemblee generalle de tout le peuple en la court du Roy convocqué par le son de la trompette, ou presidoit Mr Despinois; M^r le gouverneur sy trouva. La fut conclud dune mesme voix et par les parroisses que Monsieur du Mayne seroit supplié dexempter la ville des estrangiers; consentoient les habitans pour la conservation de la place (oultre les C. L. hommes de piedz et les gardes du gouverneur estre a la ville et a St Vincent) dentretenir aultres cent hommes françois a pied et les soldoier a leurs despens pour trois mois seullement, a la charge que le clergé pairoit la moictié comme il estoit acoustumé faire; et daultant que les II. C. L hommes estrangiers pourroient fouller ceulx de Bruieres et aultres lieux sil ne leur estoit administré vivres, quil seroit baillé par chacune sepmaine du pain jusques a la concurrence de XII muidz de bled pour ung mois avec deux pieces de vin par jour durant ledit mois scelon quil a esté ordonné par ledit s^r duc.

Combien que Monsieur du Mayne eust envoié sa commission a la ville de Laon pour y souffrir garnison estrangere (comme vous avez entendu), touteffois ayant receu advis que les habitans ne lavoit pour agreable et quilz estoient en rumeur a ce subject, apres avoir visité et veu les trouppes des s^{rs} Camille et Mauricque, il revint de Bruieres en ceste ville de Laon le XXIe jour de decembre pour donner ordre a ceste af-

Assemblee generalle des habitans de Laon pour sexempter de garnison estrangeres.

Offre faicte de sollager les habitans de Bruieres pour la garnison estrangere.

Les habitans de Laon supplient M^r le duc de les exempter de garnison estrangere.

faire, sur laquelle les principaulx de ladite ville lallerent trouver avec prieres et supplications tres humbles de les exempter de garnison estrangere, lui faisant les offres qui avoient esté en lassemblee derniere du XVIIᵉ de ce mois, sur lesquelles et apres les avoir bien considerees et pour rendre les habitans contens, il promit de dresser ung reiglement sur lestablissement et paiement de la garnison qui se debveoit entretenir en ladicte ville, et pour lexpedier il y travailla des le jour mesmes par ladvis des plus apparans de la ville quil feit convocquer a ces fins, et avec eulx lestat en fut faict qui contient les dix articles qui suivent.

Decembre 1594.

Avec offres sur lesquelles il faict le reiglement qui suict.

Ayant jugé requis et neccessaire pour la seureté et conservation de la ville de Laon et des bons catholiques habitans dicelle daugmenter le nombre des soldatz françois qui y est a present et dadviser a pourveoir aux moiens de leur paiement de sorte que a ladvenir lon ne tumbe plus par ce deffault aux peines passees, et que lennemi (voiant ladicte ville bien gardee et pourveu de gens de guerre) cesse dy entreprendre par surprise trahisons secrettes comme il a faict et continue chacun jour ny pouvant rien attempter par la force ouverte, mondict seigneur apres avoir pris sur ce ladvis de monsʳ lEvesque de Laon, du sʳ abbé de Sᵗ Vincent, du sʳ Darcy gouverneur et des maires eschevins cappitaines et aultres apparans de la ville assemblez pour cest effect, a ordonné ce qui sensuict.

Reiglement faict a Laon par Mʳ le duc du Mayne pour les gens de guerre et pour leur paie.

Premierement que le nombre desdits soldats françois estant en ladicte ville qui est de II. C. (ce qui est tres peu ayant esgard a la grande estendue dicelle et a la saison dhyver ou les gardes sont difficiles et mallaisees), sera augmentee de cent soldatz qui feront le nombre de trois cens en tout soubz trois compaignies de cent hommes chacune, asscavoir celle du sʳ Darcy,

1

Decembre 1590.

celle du sr de Pippemont et celle du cappitaine Anthoine.

2

Oultre lesdits trois cens soldatz et ceulx de la garde dudit sr Darcy, il en sera mis cinquante aultres en labbaie St Vincent qui y demeureront tant de jour que de nuict pour la conservation dicelle qui est de telle importance au bien et rapport de ceste ville que chacun le peult juger et congnoistre.

Que au paiement desdits soldatz Monseigneur accorde pour le soullagement des habitans de ceste ville que tout ce qui proviendra des tailles taillon douanne aydes gabelles et des aultres deniers royaulx de ceste ellection soit emploié a ceste effect comme les arreraiges qui sont deubz du passé, deschargeant les recepveurs particulliers et fermiers diceulx den paier aulcune chose en la recepte generalle des finances establiz a Troies dont le recepveur general prendra pour deniers comptent les roolles et acquict des monstres qui seront expedié pour le paiement desdits gens de guerre.

4

Mais pour ce que les deniers royaulx de ceste ellection ne pourront suffire au paiement desdits gens de guerre pour estre la pluspart de ceulx levez par les ennemis ou emploiez a la solde de ceulx qui sont entretenuz sur les lieux mesmes ou ilz se recoipvent, mondit seigneur octroie pour suppleer a ce default attendant que le pais soit libre pour lever lesdites tailles comme il espere avec layde de Dieu de le rendre dans peu de temps, quil se levera cependant par provision deux escus sur chacun tonneau de vin sortant de ceste ville et aultres lieux de ce gouvernement et ung escu sur chacun minot de sel qui se vendera et debitera, estans les moiens les plus supportables et dont le peuple souffrira moings d'oppression.

4

Et daultant que lesditz deniers des tailles et de ces

aultres impositions ne se peuvent recepvoir precisement au temps quil est besoing de paier lesdits soldatz qui ne peuvent attendre, mondit seigneur ordonne que le s^r Darcy prendra sur les deniers des tailles aydes et taillon par les mains du recepveur et en vertu de ses quictances le paiement de cent soldatz et de leurs chefz sans quil le puisse demander a la ville, oultre lequel il sy prendra le paiement des estat et app^t celluy de son lieutenant et des cappitaines Pippemont et Anthoine; pour le paiement de sa garde elle se prendra sur les fermes des biens des absens et favorisans le party contraire de ce baillaige.

La solde et appoinctement de cinquante soldatz ordonnez pour la garde de labbaie St Vincent se prendra sur les tailles du doienné de Neufchastel dont la garnison qui y est de C. hommes sera pour cest effect reduict a cinquante par ordonnance de Monseigneur qui fera expedier tout ce qui sera neccessaire pour ce regard.

Et pour les deux cens soldatz restez du nombre de iii cens ordonnez pour la garde de ceste ville, lorsque le surplus des deniers des tailles et aultres deniers royaulx les charges susdites et aultres ordinaires paiez ne pourroient estre prestz ni satisfaire a leur paiement au temps quil leur est besoing de le faire avec ceulx de limposition du sel et du vin cydessus mentionnez, Monseigneur ordonne que messieurs du clergé et la ville advanceront le paiement desditz ii cens soldatz qui est le mesme nombre quilz ont cy devant entretenu, asscavoir le clergé pour ung tier et la ville pour les deux aultres, a la charge quilz sen rembourseront sur lesdits deniers roiaulx et de limposition du sel et du vin a mesure quilz se recepvront et ce a rata et a legal de leurs dites advances.

Monseigneur permect a Messieurs de la ville de

Décembre 1590. Laon de faire ellection de personnes capables que lui nommeront et verront bon estre pour la recepte et controlle des susdites impositions auxquelz il fera expédier les lettres sur ce neccessaire.

9. Et daultant quil y a en lelection de Laon plusieurs officiers dont les gaiges sont assignez sur lesdits deniers et des rentes et aultres charges ordinaires avec lesquelles ce qui se reçoit a la ville de Laon ne pourroit pas suffire pour ce que de unze doyennees dont la recepte est composé il y en a a present sept de distraictes et dont les deniers se levent a Marle, Guise, La Fère et aultres lieux ou ilz semploient au paiement des gens de guerre, Monseigneur a ordonné que lesdits gaiges et rentes qui se paieront icy aux susdits au prorata des doyennees dont les tailles seront receuz, et pour le surplus ilz prendront a la mesure proportion sur les doiennees dont est faict recepte ausdites villes de Marle, Guise, La Fere et aultres, nestant raisonnable que deux ou trois doyennees portent les charges assignees sur les unze, et seront delivrees ausdits officiers et assignees toutes les contrainctes neccessaires pour le paiement.

10. Oultre ce mondict seigneur a ordonné que sil se trouve que lesdits deniers royaulx et impositions cy dessus mentionnees montent a plus que la solde desdits gens de guerre, que tout ce qui en reviendra de bon et de nect (les charges ordinaires paiez et le clergé et la ville remboursez de leurs advances,) sera employé a la fortiffication de ladite ville aux lieux les plus faibles scelon quil sera jugé neccessaire, le tout par provision et tant que la necessité publicque le requerrera.

Faict et ordonné a Laon le xxie jour de decembre M. V^c. IIII^{xx} dix. Ainsi signé Charles de Lorraine et plus bas Roissieu.

Le lendemain xxue jour de decembre, pendant que ce reiglement se mectoit au nect, il se feit une assemblee particulliere ou il fut conclud que suivant lordonnance dudict seigneur duc il seroit baillé par ladite ville aux estrangiers qui estoient a Bruieres douze litz ou matelas garniz de travers et couvertures dont le clergé fourniroit ung tier, et neaulmoings sil y en avoit en ladite ville qui appartint a ceulx du party contraire quilz seroient pris pour estre envoiez a Bruieres.

Decembre 1590.

Fournitures envoyez de Laon a Bruieres pour les estrangers.

Apres que les estrangiers furent fourniz de matelas travers et couvertures ainsi quil avoit esté conclud et les gouverneurs et recepveur de la ville de Laon retiré du secretaire Roissieu le susdict reiglement en bonne forme, Mr le duc se partit de ladicte ville apres avoir recommandé aux superieurs la garde et conservation dicelle.

Mr le duc du Maine se departe de Laon

Le xxiiie decembre il se tint une assemblee generalle de tous les habitans de Laon convocquez et assemblez en la grande salle de la court du Roy ou presidoit Mr Despinois. La fut presenté le reiglement que ledict Sr du Mayne avoit laissé touchant lestablissement et paiement de la garnison de ladicte ville; et aprez la lecture faicte dicellui, fut ordonné quil seroit enregistré au registre du conseil entretenu et gardé scelon sa forme et teneur et tel que vous avez veu.

Le reiglement faict par Mr le duc est leue en une assemblee generalle des habitans de Laon.

Fut aussi arresté quil seroit faict une nouvelle levee sur tous les habitans seculiers de ladite ville previllegiez et non previllegiez le fort portant le foible et sans y comprendre les refugiez en ladite ville et les habitans des faulxbourgs et les absens (exceptez ceulx dont les femmes tenoient mesnaige en ladite ville et qui avoient en icelle maison ou aultres biens a elles appartenans) de la somme de quatorze cens escus et la somme de vii cens escus sur le clergé pour estre lesdites

Levee de ii m. cent escus sur tous les habitans de Laon.

Décembre 1590.

sommes emploié aux affaires de la guerre. Sur le murmure qui intervint de ceste grande levee il fut advisé de la lever a trois fois, ce qui fut faict.

M° Pierre Sonnet commis a la recepte des deniers provenans des défaulx des guetz et portes.

Fut pareillement conclud que M° Pierre Sonnet recepvroit doresnavant les deniers qui procedderoient des deffaulx des portes et guetz pour les distribuer scelon quil en seroit ordonné par le juge de la police et le conseil de la ville ; ledit Sonnet accepta ceste charge, et lui fut permis scelon sa requeste de prendre des soldatz pour assister les sergens et faire les executions.

Ung marchant de Laon prie dieu de luy conserver ses debtes actives.

Environ ce temps, comme Claude Le Clerc marchant drappier de ladicte ville estoit en leglise Notre Dame de Laon faisant ses prieres pres un gros pillier de pierre et joignant un long banc de bois, fut contemplé en sa grande vehemence de devotion par ung aultre marchant drappier nommé Nicolas Labiche desireux doyr ses parolles pour ce quil les prononçoit assez hault, lequel sapprocha a couvert le plus pres quil peust de lui et entendit quil prioit Dieu de le garder de la perte de ses debtes actives et lui conserver ses moiens et facultez desquelz il reqneroit l'augmentation, et pourquoi il faisoit vœu de dire tous les jours avant desjuner les sept pseaulmes penitentiaux et aultres suffraiges quil specifioit; de quoy Labiche en feit le recit a daussi bon compaignon que lui qui en feirent ce jour la une rizee par toute la ville en augmentant encores beaucoup daultres parolles comme cest la coutume de telz rapporteurs.

Ung soldat de la garnison de Laon est cassé pour sestre mocqué de la ligue.

Au mois de decembre de ceste annee, ung soldat nommé Jacob de la chambre dit Rizelet se promenant au champ St Martin avec daultres soldatz ses compaignons, arrivant pres le coing dune petite tournelle faisant ung des coings de la fermeture du jardin de labbaie St Martin ou il se faict un equo, commença par plaisir à crier a lendroict de cest equo plusieurs parolles, entre aultres disoit ces motz : que deviendront les ligueurs ; lequo uui na accoustumé que de redonner la derniere sillabe respondoit gueux ; de quoi ces soldatz se prindrent a rire repetans plusieurs fois ces motz ; ce qui fut rapporté au cappitaine Dennet, lequel en haine de ce et par malice mis sus a ce soldat quil estoit mal sentant de la foi et tenu propos dheresie, pourchassa tant contre lui quil le feit casser de la compaignie ou il estoit et mis hors la ville.

Decembre 1590.

Encorres que la levee des xiiii cens escus cy devant ordonné se feist a trois paiemens pour le soullagement du peuple comme il avoit esté advisé, touteffois on trouva que la premiere levee du tier ne pouvoit suffire au paiement de ce quon estoit pressé payer, qui fut cause que le deux^e jour de janvier de lannee m. v^c iiii^{xx} unze il se tint assemblee des xxiiii depputez en lauditoire de la court du Roy pour adviser aux moiens de trouver argent ; et la fut conclud de faire lever la corvee au double la sepmaine suivante ; et pour oster le murmure du peuple lors fort oppressé, on coucha par lacte scelon quon feit courir le bruict par la ville que lesdits deniers semploiroient a lachapt des pioches et hoiaulx quil convenoit avoir suivant le commandement quavoit cy devant faict le Sr de Rosne pour sieger a son prochain voiaige les forts et chasteaux de ce pais.

Janvier 1591.

Conclusion sur lemploy des deniers qui se levoient dans la ville.

Sur ladvis qui fut donné a la ville de Laon que les realistes s'assembloient en gros vers Chaulny, le Conseil trouva neccessaire dy envoier des espions pour descouvrir leur entreprise, mais on ne trouva personne qui voullust entreprendre ce voiaige, parce que ceulx qui sestoient cydevant hazardé a telle affaire avoient esté mal paiez et encores avec peine a toucher argent de si peu quil leur estoit ordonné. Pour rai-

Janvier 1591.

Ordonnance faicte pour le paiement des espions de la ville.

són de quoy il se tint une assemblee particulliere en la maison M° Nicolas Branche par les gouverneurs et conseil de ladicte ville, ou il fut conclud que lon prendroit sur les deniers destinés a la paie des soldatz de ladite ville la paie et solde dun soldat sur chacune compaignie qui seroit diminuee sur le nombre dicelle, pour les deniers estre employez au payement des messagiers quil convenoit envoier aux champs pour les affaires de ladicte ville ; par ce moien il se trouva des hommes qui s'hazarderent a volaiger sçachant quil y avoit argent destiné pour les payer.

En ce mois de janvier de lannee m. v° iiii**xi, vingt cavalliers et trente harquebuziers de pied de la garnison de Laon sortirent de nuict ensemble et sallerent embusquer pres du grand chemin de Montcornet, ayant receu advis que par ce lieu debveoit passer xii ou xv chevaulx de lennemi avec beaucoup de bagaige pour se rendre a St Quentin ; et pour mieux tendre leurs retz ilz sembusquerent en deux endroictz, asscavoir la cavallerie dun costé et linfanterie daultre. Comme doncq ceste cavallerie veit que le temps a eulx cotté par lespion estoit passé et quelle navoit rien veue ny oy en cest endroict, elle sen alla voltiger plus loing ou elle recongnut une nouvelle piste de cavallerie quelle rataignit et si a propos pour estre en desordre que partie dicelle y demeura sur le champ et laultre mis en route, delaissant aux victorieux leur bagaige et une bonne partie de leurs chevaulx ; ce faict retournerent ou estoit leur infanterie et ensemblement revindrent en ceste ville de Laon, ou quant il fut question de partir le buttin la cavallerie nen voullut faire aulcune part ni portion a linfanterie, disoit quelle navoit esté avec eulx a la charge de l'ennemy. Sur quoy intervint de grandes querelles et debatz en la grande court de levesché ou estoit lors le gou-

Debat entre la cavallerie et linfanterie de Laon pour le partaige dun buttin.

verneur Darcy au jugement duquel ilz sestoient — Janvier 1591:
soubzmis, lequel pour les oyr et ordonner de leur
different print avec lui deux des principaulx vieulx
cappitaines de la gendarmerie de la ville lun de cavallerie et laultre dinfanterie pour lui donner advis,
pardevant lesquelz la cavallerie maintint que linfanterie navoit aulcun droict a leur buttin pour plusieurs
raisons, scavoir quilz nestoient ensemble lors quilz
chargerent les ennemis, que ce nestoient les enne-
mis a eulx remarqué par lespion et pour lesquelz ilz — Raison de la ca-
estoient sortiz de la ville ains daultres trouvez par ha- vallerie pour avoir
zars, que linfanterie navoit nullement sorty de son seul le buttin.
embuscade de laquelle elle pouvoit avoir oy la charge,
a tout le moings quelle se debveoit parroistre pour
bailler lespouvente a lennemy, en quoy elle avoit
monstré plus sa thimidité que sa hardiesse ; que pour
ces raisons elle ne debveoit avoir aulcune chose au buttin qui appartenoit par vray droict de guerre a la cavallerie. Le sergent Rouveroy qui avoit conduict linfanterie,
petit homme noirault de grande hardiesse, soustint,
contraire, dict pour ses raisons quilz estoient sortiz — L'infanterie
ensemblement de la ville pour aller a la guerre, que soubstient le con-
par ladvis voire par le commandement du conducteur traire.
de la cavallerie ilz estoient demeurez en leur embuscade attendant aultre commandement ou ilz eussent
obey, que si par cas fortuit ceste cavallerie allant voltiger ça et la (comme elle avoit esté) eust trouvé plus
fort quelle, elle se pouvoit asseurer de sa retraicte a
son infanterie qui eust faict ferme et leust sostenue
contre lennemy, quilz avoient aidez a ramener le buttin en lieu de seureté lequel bien souvent est regaigné
a la retraicte. Dailleurs que la loi de guerre antienne-
nement establi par le Roy David a tel et semblable — I. Livre des Rois
acte fortiffioit leur bon droict qui avoit esté tousjours chap. xxxe.
entretenu et observé sans contredict parmy les ho-
brieux allans a la guerre comme il se recongnoissoit

Janvier 1591. par l'histoire quil recita ; disant que David avec ses gens sen retournant de larmee d'Achis Roy des Philistins en la ville de Siceleg (qui lui estoit baillé par ce Roy pour son habitation) sceut que les Amalecites avoient bruslé la ville, pris et emmené leurs familles et comoditez, il se meit a la poursuicte en grande diligence avec six cens hommes quil avoit, et arrivant pres le torrent de Besor se trouva une partie de ses gens fort las et travaillé de chemin, ce quayant recongneu David en laissa au deça le torrent deux cens et les aultres quatre cens passerent oultre, lesquelz feirent si vaillamment quilz taillerent en pieces la grande partie de leurs ennemis et le reste le gaigna a la fuitte ; par ce moien David et ses gens recouvrerent tout ce qui leur avoit esté pris, et oultre ce gaignerent beaucoup de despouilles et de bon buttin quilz ramenerent sallans rejoindre aux deux cens leurs compaignons qui ne les avoit pu suivre ; or quelzques hommes des quatre cens dirent à David : puisque ces hommes icy ne sont venuz avec nous, nous ne leur baillerons rien des despouilles que nous avons gaigné ; ausquelz David respondit : il ne sera pas faict ainsy ; puisque Dieu nous a baillé noz ennemis en noz mains, cellui qui est demeuré au bagaige aura telle portion que celluy qui est descendu a la bataille et partiront ensemble, ce qui fut faict ; et depuis ce jour la en apres ceste ordonnance comme juste et raisonnable a esté entretenue et observee en toute la terre dIsrael par les enffans de Dieu. Pour ces raisons ce sergent Rouvroy (qui estoit assisté de son cappitaine en chef) soubstenoit que linfanterie debveoit partir a ce buttin selon leur qualité de gens de pied ; la cavallerie soubstenoit le contraire qui entroit en parolles injurieuses contre linfanterie ; de sorte quil y eut de grandes menasses et crierie de part et daultre assez confusement quon feit taire a la fin. Le gouverneur se tira a quartier

— 349 —

avec ses deux vieulx cappitaines ou sadjoignit encores quelzques gentilzhommes de commandement, et apres les advis pris il trouva quil failloit et estoit de droict que linfanterie scelon leur qualité et degré par ordinaire participassent au buttin avec la cavallerie, ce qui fut prononcé aussitost par le gouverneur. Pour ceste cause plusieurs cavalliers prindrent haine contre ce sergent qui avoit hardiment et opiniastrement deffendu son droict; depuis ce temps plusieurs de ses adversaires lui mirent sus quil estoit huguenot, et que de la ville de Causallion en Gascongne dou il estoit il nen sortoit point daultre ; pour ceste cause ilz le rendirent odieux et suspect au party ; occasion que dix ou douze jours apres ce sergent recongnoissant quon voulloit attempter a sa personne par embusches, il se departit de la ville sans dire adieu, et du depuis ny a esté veue au grand regret des chefz de la compaignie qui faisoient cas de sa valleur.

Janvier 1591.

Jugement du gouverneur sur le different dentre la cavallerie et l'infanterie de Laon.

Durant le temps que M⁰ Estienne Gardé estoit logé en la maison du petit St Nicolas avec M⁰ Jehan Bocquillart pour instruire la jeunesse (comme il a esté dict), il sacquist des amis au conseil de la ville pour avoir leurs enffans en main, et par lauctorité desquelz il se voulloit agrandir et recepveoir des comoditez plus quil navoit ; pour y parvenir il presenta requeste a une assemblee des XXIIII qui se feit le VIII⁰ jour de janvier, par laquelle apres sa remonstrance sur la necessité qui proceddoit (comme il disoit) de son exil pour sestre rengé au party catholicque, il concluoit ad ce quil leur pleust luy accorder le college de ceste ville de Laon pour y demeurer et y enseigner la jeunesse, duquel college deppendoit une prebende preceptorialle lors vaccante, et laquelle prebende il ne pouvoit obtenir sans faire residence dans ce college. Sa requeste lui fut accordé, et oultre ce fut dict que Mon-

M⁰ Estienne Gardé poursuict une prebende preceptorialle.

Janvier 1591. sieur levesque de Laon seroit prié dinstituer ledit Gardé en ceste prebende.

Laurens Ponssin qui des le xii° jour de novembre dernier en lassemblee des xxiiii avoit obtenu don de ii solz pour livre des biens meubles quil decelleroit et qui navoient encores esté saisiz ni descouvertz, feit une perquisition et recharche en plusieurs lieux a layde de ses mouchardz pour en tirer du proffict;

Ceulx qui decellent les biens des absens en ont la x° partie

mais il en fut frustré, car la plus part de ce qui restoit des meubles des absens avoient esté transportez secretement et nuictamment es maisons de leurs amis; occasion que Ponssin en feit sa plaincte a lassemblee des xxiiii qui se tint le quinze janvier ou ceste affaire fut mis en consultation; et afin que lesdits meubles cachetz fussent plus tost decellez, il fut arresté quil seroit donné a ceulx qui revelleroient ou decelleroient les biens de ceulx qui tenoient party contraire la dixiesme partie desdits biens; ceste conclusion fut incontinent divulguee par tout la ville afin den descouvrir quelque chose, mais il en arriva peu de proffict.

Febvrier 1591. Le premier jour de febvrier, il se tint une assemblee des xxiiii ou fut leue le iiii° article du reiglement que le duc du Mayne avoit laissé a la ville de Laon, par lequel il estoit octroié aux habitans dicelle de lever par provision deux escus sur chacun tonneau de vin sortant de ladicte ville et aultres lieux du gouvernement de Laon pour subvenir au paiement et solde de la gendarmerie en attendant que le pais fust libre pour lever les tailles partout; et daultant (comme disoit le president de ceste assemblee) que pour la neccessité que la ville avoit de deniers il estoit besoing de lever ledit droict de sortye et a la recepte dicellui y commectre une personne capable, il prioit la compagnie dy adviser. Sur quoy et apres la nomination de plusieurs, finablement a la brigue et solicitude de

Jehan Tambour lun des gouverneurs de la ville, Claude Pioche son gendre fut nommé pour recepveoir ledict droict, et François Lemaire pour le controlle des passeportz et quictance dudit Pioche, a la charge de mectre les deniers es mains du recepveur Blondel, et pour leur sallaire Pioche auroit XII deniers pour escu et Lemaire VI deniers tournois.

Febvrier 1591.

Me Claude Pioche est commis à la recepte de la sortie des vins de Laon.

Le dimenche gras   jour de febvrier, nouvelles certaines vindrent en ceste ville de Laon que ce jour la la ville de Coucy sestoit rendue ligueuse et qu'on attendoit de jour a aultre le pareil estre faict de Chaulny, ce qui augmenta fort le corraige des mutins et seditieux, a loccasion de quoy les gens de bien estoient fort oppressez. Il ne se feit à Laon si grande joie de ceste reddition qu'on avoit faict lannee passee pour la surprise de La Fere, parce quil sembloit aux zelez que le s^r de Lamer gouverneur de Coucy nestoit trop affectionné au party ligueu; touteffois ilz faisoient estat que pour le moings luñ de leurs plus proches ennemis estoit abbatu par la force des doublons d'Espaigne, la vertu desquelz peu auparavant le Tholozam avoit faict entendre a son sermon.

La ville de Coucy se rend du party de la Ligue.

En ce temps il se levoit en ladite ville de Laon beaucoup de deniers sur les habitans tant par forme de corvee ordinaire, doubles, quadruples que aultrement qui faisoit fort murmurer le peuple, et de quoy les zelateurs sexemptoient au moyen quil sasseoit quelque somme oultre celle pourquoi lassiette se faisoit en donnant a entendre aux assecurs que ceste somme semploioit aux affaires secretes de la ville, mais cela estoit faulx et ne servoit a aultre chose que pour remplacer les cottitez de ces zelez, ausquelz le collecteur ne faisoit aulcune demande pour avoir la parolle du recepveur qui disoit que les cottitez de ces zelez leur seroit rabbatu sur aultre chose a eulx due; le collec-

Les zelateurs signalez sexemptoient de leur cottité de la levee des deniers.

Febvrier 1591. teur en recepvoit contentement de ce diré parce quil neust sceu sen faire payer.

Le rapport qui se feit par les espions de Laon (qu'on avoit mis aux champs vint a donner lalarme a ladite ville en ce quilz asseuroient que les ennemis faisoient de grandz preparatifz pour forcer quelque place ; et la dessus le conseil particullier sassembla le xiii° febvrier ; et pour trouver la ville nestre suffisamment garnie de gens de guerre pour soustenir un effort, il se feit resolution en ce conseil que lon feroit entrer dedans cent estrangiers et logez aux deux extremitez de la ville, scavoir soixante italiens à labbaie de St Martin et quarante allemans en la maison de la bove size pres Chevresson.

Assemblee ou il fut arresté de faire entrer dans la ville C. soldatz estrangers.

En ceste mesme assemblee il sy presenta deux requestes, lune de la part M° Jehan Le Clercq advocat, par laquelle et pour les causes y contenues il luy fut permis de rentrer dans la ville pour entheriner ses lettres de remission et y faire residence pourvu que le gouverneur y apportast son consentement et que ledit Le Clercq neust porté les armes contre le party de lUnion ; ceste permission lui fut accordé par la faveur et solicitude de ses amis quil avoit au conseil ; touteffois aulcuns aultres feirent secretement empescher leffect de ceste permission soubz lauctorité du gouverneur qui feit lignorant de la qualité du suppliant duquel il disoit se voulloir informer auparavant, et a raison de quoy il ne sceut si tost rentrer comme il sera veu ensuicte.

Requeste presentée par M° Jehan Le Clercq pour rentrer dans Laon.

Laultre requeste estoit presentee par Le Coincte curé de leglise St Cir, qui fut declaré (par ceste assemblee particulliere) exempt de garde de nuict et de jour tant quil catechiseroit la jeunesse comme il faisoit lors pour labsence du compaignon du Tholozam.

Requeste presentée par le curé de leglise St Cir pour estre exempt de garde.

Apvril 1591. Le mardy xvi° jour dapvril M. V° iiii xx xi derniere feste de Pasques, la grande assemblee generalle de tout le peuple de la ville de Laon se feit pour y eslire des gouverneurs recepveur et aultres officiers, les changer ou muer comme il seroit advisé par les habitans, ou apres que les billetz furent rapportez au bureau par les parroisses scelon lantienne coustume, fut trouvé a la pluralité de voix que M⁰ Nicolas Delamer estoit esleu juge de police et president au conseil particullier de ladicte ville, Regnault Chastellain recepveur, Jehan Aubelin gouverneur au lieu dudit Chastellain avec Jehan Tambour demeuré comme antien.

Apvril 1591.

La grande assemblee de la derniere feste de pasques 1591.

M⁰ Nicolas Delamer esleu juge de police. Regnault Chastellain, Jehan Aubelain gouverneurs avec Jehan Tambour.

Et daultant quil estoit neccessaire deslire huict personnes de la ville pour parfournir le nombre du conseil particullier, asscavoir quatre de longue robbe et quatre de courte robbe, il fut trouvé a la pluralité des voix que pour longue robbe M⁰ Jehan Vairon laisnel conseillier, M⁰ Claude Dennet, M⁰ Nicolas Ledoulx et M⁰ Remy Bobillart advocatz y estoient nommez, et pour courte robbe Innocent Labiche, Nicolas Branche, Charles Delancy et Simon Hubert.

M⁰ Jehan Vairon M⁰ Claude Dennet M⁰ Nicolas Ledoulx M⁰ Remy Bobillart Innocent Labiche Nicolas Branche Charles De Lancy et Simon Hubert esleuz pour conseilliers de ville.

Le conseil des xxiiii fut continué; pareillement les conseilliers de ville a la pluralité des voix desdites parroisses, sauf que au lieu de M⁰ Jehan Vairon esleu au conseil particullier fut nommé en sa place Regnault Doulcet.

Le conseil des xxiiii continuex.

Les cappitaines de quartiers furent continuez, sauf que pour la mort de M⁰ Nicolas Thuret lun diceulx quil en seroit esleu ung aultre pour le quartier dudict Thuret par les centaines et habitans dudit quartier.

Les cappitaines de quartiers continuez.

Et attendu lelection de M⁰ Nicolas Delamer pour juge de police et quil estoit cappitaine de quartier, il pourroit choisir et nommer tel personnaige que bon lui sembleroit pour son lieutenant et commander a son quartier et si longuement quil exerceroit la charge de juge de police.

Le cappitaine Delamer pourra choisir un lieutenant pour son quartier.

Avril 1591.

Des auditeurs des comptes.

Me Claude Dennet, Innocent Labiche, Jehan Aubelin et Charles Delancy furent esleuz pour auditeurs des comptes.

Me Fois Blondel continué recepveur.

Me François Blondel continué recepveur extraordinaire.

Charles Leclercq controlleur.

Charles Le Clercq aussy continué pour controlleur de guerre.

Asseeurs de taille.

Fut esleu ung asseeur de taille a chacune parroisse.

Autres officiers continuez en leurs charges.

Et quant a tous les aultres officiers de ladicte ville, comme procureur de la ville, greffier du conseil, greffier du guet, guettes ou portiers, recepveur des pauvres et aultres furent continuez en leurs charges.

Il est permis a Me Hercule Crochart rentrer dans la ville.

Fut aussi conclud que Me Hercules Crochart procureur rentreroit dans la ville de Laon, attendu le consentement de Mr le gouverneur mis en fin dune requeste a lui presenté par Crochart, joinct les lettres de faveur du sr Camille Capucho et les attestations et certifficat des curé et officiers de la ville de Bruieres ou ledit Crochart sestoit refugié.

Le xviie jour dapvril se tint une assemblee en lauditoire de la court du Roy par les gouverneurs et recepveur depputez et aultres, ou presidoit Mr Despinois. La fut remonstré la negligence ou lassitude dauleuns du conseil particullier qui ne se trouvoient avec les aultres dudict conseil, a raison de quoy les affaires du publicq estoient retardez le plus souvent au prejudice de la ville, et quil estoit expedient dy adviser. Sur

Le conseil particulier se tiendroit tous les mercredis en peine damende sur les défaillans.

quoy il fut conclud que doresnavant tous les depputez du conseil particullier seroient tenuz deulx trouver tous les mercredy a la court du Roy a lassemblee ordinaire a deux heures apres midy precisement, en peine de v sols d'amende contre les deffaillans pourveu quil ny eut excuse legitime, auquel cas quilz seseroient tenuz dadvertir le conseil. Voila lestablissement de la mercurialle de Laon.

Le xxiii° jour dapvril, le magazin de la ville de Laon fut visité par lesléu Delamer comme juge de police et les gouverneurs et recepveur de ladite ville, ou fut trouvé xxviii cacques de pouldres a canon et ix^c iiii^{xx} iiii livres enchassez dedans xi petitz sacs en deux fustailles et ung cacque avec une grande quantitee de balles a canon tant grosses moyennes que petites.

Apvril 1574.

Le magasin de la ville de Laon est visité.

Ceste visitation fut rapporté au conseil de la ville, lequel en lassemblee qui fut tenue le xxvii° jour dapvril ordonna que les molins des halles seroient remis en bon estat, quil seroit achepté mil picques que lances, deux cens hoiaulx que picq que loucetz, de la pouldre a canon tant quil se pourroit recouvrer pour mectre au magazin, et aussi que les artilleryes seroient remontees et racoustrees.

Suyvant ce quil avoit esté conclud a la grande assemblee generalle de la derniere feste de pasques, les centaines du quartier du deffunct cappitaine Thuret sassemblerent pour eslire ung aultre cappitaine de quartier; a quoy plusieurs mutins et seditieux aspiroient qui se mirent en meilleur couche que lordinaire en se marchant gravement sur le pavé. La pluspart de ces pretendans estoient de la rue Chastellaine entre lesquelz estoit Charles Le Clercq qui desiroit fort dempoigner ceste charge de cappitaine; toutteffois il en fut frustré (combien quil leust fort brigué), car a la solicitude du conseil secret M° Claude Dennet fut nommé; et nonobstant tous empeschemens qu'aulcuns y voullurent apporter, il fut receu et presta serment de fidelité a la ligue. On neust sceu en toute la ville trouver ung homme plus fascheux que lui contre les gens de paix, car il saddonnoit du tout a faire embusche pour les surprendre et a les tourmenter; son ellection et nomination ne fut pas faicte pour sa valleur et hardiesse, car il ne se pouvoit dire ung homme plus thimide que lui, mais pour ce quil estoit soigneux et vi-

Qu'il seroit achepté des picques lances hoiaulx et autres outilz.

M° Claude Dennet est esleu cappitaine de quartier au lieu de deffunct M° Nicolas Thuret.

Apvril 1591.

gillent aux gardes de la ville, fin et subtil a descouvrir les actions des contraires à la ligue, chagrin, d'un humeur collericq, vindicatif au possible, et sembloit a le veoir que tousjours son chappeau le picquoit de quelque costé quil fust tourné sur sa teste ; il ne promectoit jamais rien aultre chose par ses devys q'une ruine et desolation de la province, mais il estoit agreable aux principaulx zelez qui sasseuroient fort sur sa fidelité et bonne dilligence. Apres sa reception

Festin de Me Claude Dennet ou ne voulut assister Charles Leclercq.

il traicta aulcuns des principaulx de son quartier ou ne voullut assister Charles Le Clercq qui y estoit appellé pour sy rejouir avec les compaignons ; au contraire il en print telle fascherie pour navoir peu parvenir a son intention quil engendra en soi une malladie

Deces de Charles Le Clercq.

lente qui le feit trayner assez longtemps et jusques au premier jour de novembre de ceste annee quil mourut.

Me Jacques Aulbert qui avoit faict quelzques voiaiges et sejour a Paris (accompaigné de Claude Pioche) pour les affaires de la ville de Laon, avoit dressé une ample declaration de ses fraiz mises et despense et les presenta au conseil de la ville pour les examiner, mais il nen pouvoit tirer raison daultant quil concluoit afin de paiement de ce quil lui pouvoit estre deu ; touteffois soubz la promesse davoir patience, il fut arresté au conseil de ladite ville le dernier jour dapvril que la declaration des frais et mises faictz par ledit Aulbert et les pieces justifficatives seroient mis es mains de

Depputez du conseil pour entendre au compte de Me Jacques Aulbert.

Gobellet, Ledoulx et Labiche qui furent depputez pour ce faict pour clorre et arrester lesdits fraiz, ce quilz feirent et taxerent a Aulbert tant pour lui que pour Pioche pour vii mois quilz avoient sejourné a Paris la somme de ii^c x escus qui est a raison dun escu par jour.

May 1591.

Il avoit esté cy devant permis a Me François Blondel recepveur des deniers extraordinaire dachepter et faire le plus de provision quil pourroit de salpeste, ce quil feit dune bonne quantitee, a present quil sceut quil estoit arresté au conseil de la ville de faire achepter des pouldres a canon tant qu'on en pourroit trouver, il se presenta le premier jour de may en une assemblee particulliere qui se feit ou lesleu Delamer presidoit; et la apres que Blondel eut faict entendre sa provision de salpeste, il lui fut permis suivant sa requeste de faire faire de la pouldre a canon pour la ville, mesmes de faire arrester tout le souffre qui se trouveroit se transporter hors ladite ville pour sen servir.

May 1591.

Il est permis a M⁰ Francois Blondel de faire faire de la pouldre a canon.

La craincte et espouvente ne bougeoit de la cervelle de noz zelez, et leur sembloit tousjours que les ennemis les attrapperoient quelque jour fust par surprise violence ou aultrement silz ny soignent bien ; souvent ilz faisoient changer de garnison pour eviter lintelligence ; sitost que leurs espions leur avoient rapporté quelque chose de mauvais, leur recours estoit a faire augmenter le nombre des gens de guerre quon tenoit tant que largent duroit ; ilz prindrent mauvaise oppinion dun amas de gens qui se faisoit par les ennemis au deça la ville de St-Quentin ou estoit mandé la garnison de La Capelle, le sr de Monceau et aultres srs et cappitaines qui se joignoient ordinairement ensemble; pourquoy noz zelez furent dadvis pour se fortiffier de faire augmenter la garnison de ceste ville de Laon ; mais ilz se virent en peine du paiement quil leur fauldroit; neaulmoings ilz ne laisserent de faire leur poursuicte, et de faict feirent convoquer une assemblee generalle le deux⁰ jour de may, ou apres qu'on eut faict entendre au peuple les bons et vraiz advis quon avoit receu des entreprises des ennemis sur la ville et le peu de gens de guerre quil y avoit pour la garde dicelle, il fut conclud quil seroit mis dedans ladite ville trois cens soldatz en garnison, et pour les

On veut augmenter la garnison de Laon.

May 1591.

payer qu'on leveroit xiii ͨ. escus sur les habitans a trois fois et sur le clergé moictié de ladite somme; mais ce nestoit pas assez, car il failloit daultre costé appaiser les soldatz de la compaignie de La Chanterie qui estoient logez en labbaie St Vincent qui crioient apres largent; pour y parvenir des le lendemain de ce jour qui estoit le 3ͤ jour de may, il fut advisé a lassemblee particulliere que pendant que lon as-

Levée de xiiiͨ escus pour paier les gens de guerre.

seeroit et cueuilleroit ladite somme de xiiiͨ escus quil seroit baillé a chacun soldat de La Chanterie pour vivre; mais faulte den trouver des le lendemain on les feit sortir de ceste abbaie et logez aux faulxbourgs de la ville, et la on leur bailla pain et vin pour cinq ou six jours. Or durant ce temps voguoit es environs ceste ville le conte Colatte avec sa compaignie de iiͨ iiii^{xx} lansquenetz vers lequel on alla pour sen servir, et sur sa response et promesse de faire fidele service a la ville de Laon, on feit une assemblee generalle le quatriesme jour de may, ou il fut conclud que ledit conte Colatte et sa compaignie entreroient dedans ladite ville et se logeroient en gros dans les maisons qui leur seroit baillé avec fournitures comoditez munitions ou de largent, et pour y satisfaire quil leur seroit levee la susdite somme de xiiiͨ escus a deux fois seullement et non a trois comme il avoit esté dict a lassemblee du 2ͤ jour de ce mois.

Depuis on fut quelque temps en ceste ville de Laon quil ne se parloit daultres choses que de mectre la main a la bourse pour subvenir a toutes sortes de

Le peuple de Laon se tourmente pour les levees des deniers.

fraiz, ce qui fascha et tourmenta fort la pluspart des habitans, car sil y en avoit ung qui feit son proffict il y en avoit quinze voire vingt qui ne faisoient que despendre; il ne voyoit rien advancer a la cause generalle; les chefz et leurs compaignies ne se faisoient que promener ça et la; toutes les mensonges estoient eventees; on ne scavoit plus qu'inventer de vraies semblables; les mutins et seditieux sestoient lassez en leurs exercices; lesperance du bon succes que la ligue sestoit promis estoit perdue ou bien fort esgarree.

Comme doncq chacun calloit le temps par patience et au mieulx qu'on pouvait, voicy des nouvelles qui arriverent pour reveuiller les esprictz des endormiz qui estoient que bientost nous aurions la fin de ces guerres, que les estatz salloient tenir en la ville de Reims, que ja les mandemens estoient envoiez par toutes les villes de l'Union pour arrester les trois poinctz contenuz en ces mandemens, comme de vray ung de ces mandemens fut apporté en ceste ville ; sur lequel il se feit une assemblee generalle de tout le peuple le seiziesme jour de may, a laquelle aprez quelque discours sur la teneur de ce mandement et sur lelection neccessaire de personnes capables et suffisans pour se trouver en ce lieu, il fut nommé et delegué Mes Claude Legras et Claude Dennet pour aller aux estatz a Reims afin de conserver (disoit-on) nostre relligion et le bien general de ce royaulme ; et pour effectuer ceste conclusion par assemblee des XXIIII du XXIe jour de ce mois, il fut arresté que les gouverneurs de la ville passeroient procuration aus dits Legras et Dennet pour aller a ces estatz, et qu'on leur bailleroit L escus avec memoires secretz contenant lestat et les affaires de la ville de Laon.

Le cinq^e jour de juing, Me Claude Legras obtint en la ville de La Fere-sur-Oize lettres de provision de lestat de prevost de la citté de Laon de Monsieur du Mayne, qui neaulmoings ne se feit recepveoir et instituer que le cinquiesme jour de decembre ensuivant comme il sera dict en son lieu.

Anthoine Lefebure sergent royal habitant exhillé de la ville de Laon qui se refugioit tantost a ung villaige tantost a ung aultre, eust voluntiers habité en lieu neultre pour y vivre a seureté, mais personne n'y estoit asseu-

May 1594.

Me Claude Legras et Me Claude Dennet sont deleguez par la ville de Laon pour aller aux estatz a Reims.

Juing 1594.

M^e claude Legras obtient lettres de provision de lestat de prevost de la citté de la ville de Laon.

Requeste présentée au conseil de Laon par Antoine Lefebure pour entrer dans la ville.

Juing 1591.   rce, car les gens de guerre des deux partiz cherchoient telz gens pour en faire leur proie ; il convenoit nommer le party qu'on tenoit et en avoir bon adveu. Lefebure estoit bien adverty du hazart ou il estoit journellement, mais il craignoit que se declarant du party royal, les moiens et facultez quil avoit dans la ville de Laon ne fussent perduz ; pour ce eviter et recepvoir plus de comodité quil navoit a ces villaiges, il se meit a poursuivre sa demeure et residence dans ladicte ville quil croioit ne lui estre denié non plus qu'on avoit faict a M° Hercules Crochart a lassemblee generalle de Pasques dernier. En ceste oppinion et par ses amis il feit presenter requeste a une assemblee particulliere qui se feit le xi° juing ou il estimoit avoir du credict ; touteffois il en fut debouté, et voicy la response qui fut faicte sur sa requeste : Attendu que depuis lassemblee de Pasques derniere, Monseigneur du Mayne avoit ordonné que les habitans de la ville absens ne retourneroient en ladicte ville, le conseil ne pouvoit consentir quant a present que ledit Lefebure puisse rentrer dedans ladicte ville. Ceste response lui faisoit assez congnoistre que lon ne le voulloit dans la place et se debveoit contenter ; touteffois il ne delaissa den faire faire poursuicte quil continua jusques au xvii° jour de decembre ensuivant quil feit presenter aultre requeste au conseil des xxiiii a mesme fin sur le renvoie faict en ce conseil par Monsieur du Mayne du jour preceddent ou il fut plainement debouté de sa demande pour les trois raisons qui seront deduictz en son lieu.

 Claude Herbin nottaire royal qui nestoit guerres sans action mauvaise, publia en plusieurs lieux parrolles mal sonnantes contre gens d'auctoritee du conseil de la ville : pour raison de quoy il fut faict prisonnier, information preallablement faicte par M° Claude Legras prevost qui neaulmoings favorisoit fort Herbin comme estant ung flambeau de sedition et duquel il se servoit scelon les occurrences. Le proces demeura la quelque temps sans advance, en sorte que plaincte en fut faicte le xix⁰ juing en une assemblee particulliere qui conclud que Legras seroit prié de communicquer et mectre es maims de Mᵉ Nicolas Ledoulx lun des depputez du conseil, le proces extraordinaire faict contre ledit Herbin (qui estoit encores prisonnier), pour par son advis et de Mʳ Aubelin advocat apres avoir eu communication dudict proces, prendre conclusions au nom du conseil allencontre dudit Herbin telles que lon verroit estre a faire. Proces criminel fait contre Glaude Herbin.

En ce mois de juing le conseil de Laon advisa pendant que les forces ligueuses estoient en ce pais, de poursuivre par auctoritee et commandement la ruyne et desmolition du chasteau d'Annoy appartenant aux enffans de feu Monsieur le prince de Condé, duquel chasteau on estoit toujours en doubte a raison que la place estoit bonne et fort proche de la ville. A ce subject fut envoié expres a Montcornet ou lors estoit larmee ligueuse ; et la le xxiiᵉ jour de ce mois de juing fut obtenu commission du sieur de Rosne, lequel en sa qualité de lieutenant de l'Isle de France commandoit a Martin Obert et Martin Lescuier couvreurs demeurans a Laon deulx transporter en dilligence en ce chasteau avec gens en nombre suffisant pour desmolir et ruyner la place, ce qui fut executé par les susdits et aultres avec picqs leviers de fer et autres semblables instrumens, estans pour ce faire conduictz par les cappitaines Delamer et Hubert. Ruyne et démolition du chasteau dAnnoy a la poursuicte du conseil de Laon.

Ce pais icy nestoit guerres sans gendarmerie ligueuse, car ilz sy sentoient plus asseurez que aultre lieu a raison de la distance des ennemis le plus pres desquels estoient ceulx de Chaulny, aussi quilz trouvoient le pais assez bon pour vivre. Le regiment de Tramblecourt y estoit en ce temps qui desiroi se Juillet 1591.

Le regiment de Tramblecourt est retenu pour loger aux faulxbourgs de Laon.

Aoust 1594.

mectre en garnison dans la ville ; et sur ses offres il se tint une assemblee des xxiiii le xxvi° jour de juillet, ou il fut conclud que ce regiment seroit retenu aux faulxbourgs de Laon et non dans la ville et qu'on leur bailleroit pains dadmonitions attendant une levee qui se feroit pour eulx de la somme de vi° escus scavoir iii° sur les habitants seculliers et iii° sur le clergé.

Augmentation faicte de la garnison de Laon.

Au commencement du mois d'aoust on receut advis que le Roy avoit augmenté son armee pour descendre en Picardie pour sieger quelque ville qui lui importoit, de quoi noz zelez eurent lespouvente, car il leur sembloit quon nen voulloit qu'a eulx. Ils convocquerent une assemblee generalle le iii° jour de ce mois daoust, ou il fut conclud que la garnison de la ville seroit augmentee de iiii° soldatz estrangiers avec cinquante chevaulx, pour la solde desquelz seroit levee sur les habitans xii° escus et sur le clergé vi° escus.

La compagnie de Ronti Couty et celle des Wallons logez dans Laon.

Ceste garnison ne leur sembla encores assez forte tant dedans que dehors la ville ; ilz la voulloient augmenter quelque peu et licentier comme ilz feirent les Allemans et le regiment de Barbanson qui estoient en garnison, desquelz ilz estoient en doubte a cause de quelzques parrolles qui sestoit lasché pour le default de paiement au jour de leur solde qui avoit esté dilaié ; et en leur place scelon la conclusion des xxiiii du cinq° aoust fut receu dans la ville le sieur de Ronty-Couty avec sa compaignie, pareillement les Wallons qui sestoient presentez pour les loger (comme ilz furent) a l'abbaie St-Martin et a la maison de la Bove qui sont aux deux boutz de la ville.

Une ymaige de la vierge Marie trouvé rompue pres la chapelle du Bourg de Laon.

Le quinziesme jour daoust jour et feste Notre-Dame le serviteur Mathieu Belotte estant de grand matin sur une eschelle a pozer ung chappeau de fleurs sur la teste de lymaige de la Vierge Marie sur lentree par dehors d'une petite chappelle size a la place du Bourq de ceste ville de Laon vis à vis la maison son maistre, ostant par ce serviteur des vielles branches de may qui lors estoient a lentour de ceste ymaige la feit cheoir par terre qui fut rompue en quelque partie, ce serviteur estonné de ceste chute qui proceddoit de sa faulte, penssant nestre veue de personne, descendit hardiment de dessus son eschelle et la reporta en sa maison laissant ceste ymaige par terre qui fut peu apres veue par Michel Moynet tailleur dhabitz de son mestier petit homme de corps mais grand en mutinerie, lequel commença à tonner et crier en ceste place, disant que la nuict passee les maheurtres et huguenotz avoient rompu ceste ymaige quil monstroit par terre, tachoit par tous moyens desmouvoir et assembler ses compaignons, mais il estoit trop matin pour les faire sortir de leurs tannieres aussi quilz ne se mutinoient guerres avant desjuner ; occasion que ce faict sappaisa peu à peu, aussi que apres le depart de ce mutin quelzques voisins reciterent la verité de ce qui sestoit faict par ce serviteur.

Aoust 1591.

Le xviiie jour daoust certaines nouvelles vindrent en ceste ville de Laon que le jour preceddent la ville de Noion sestoit rendu au Roy qui lavoit siegé. Pour faire esvanouir ces nouvelles et applicquer une emplastre de la ligue a ce coup, il se monstroit publicquement par toute la ville lettres comme le jeune duc de Guise sestoit le quinziesme jour de ce mois daoust saulvé de sa prison du chasteau de Tours, comme aussi c'estoit la verité ; et disoit on que de bref il feroit merveilles pour la ligue ; et pour de plus notiffier ces nouvelles de levasion du duc de Guise, la trompette fut sonné par les carrefours de la ville pour faire procession ou la plus grande partie des habitans se trouva, apres laquelle fut chanté le Te Deum et les feuz de joies faictz par les rues.

Nouvelles que la ville de Noion estoit rendu au Roy.

Aprez la reddition de la ville de Noion, il courrut

Septembre 1591.

<small>Septembre 1591.</small>　ung bruict que le Roy avoit entreprise sur une place dimportance en ce pais ; cela feit faire augmenter les gardes de ceste ville, et oultre ce fut mis aux champs plusieurs espions pour en descouvrir quelque chose, mais a leur rapport il ne sy trouvoit rien de certain.

<small>La compagnie du s^r de Contenant est logé dans Laon.</small>　Le sieur de Contenant avec sa compaignie estoit lors assez pres de ceste ville de Laon ; il fut receu dedans suivant la conclusion de lassemblee des XXIIII tenue le XVIIIe jour de septembre ; ce renffort faict a la ville feit aucunement rasseurer plusieurs thimides.

<small>Octobre 1591.</small>　Mais dailleurs le mancque dargent faisoit bransler la sortie des Wallons ; touteffois on avoit encores affaire deulx, car lespouvente se nourrissoit encores dans le ventre des zelez ; cest pourquoy le XVIe octobre il fut conclud en pareille assemblee des XXIIII que les Wallons seroient entretenuz jusques a la Toussainct ensuivant, et pour les paier quil seroit levee sur le corps de la ville la somme de IX. c. escus ; et au regard du s^r de Contenant quil seroit prié de demeurer en ladicte ville encores ung mois parce qu'on pretendoit que en dedans ce temps il adviendroit daultres meilleures nouvelles.

<small>Levee de IX. c. escus pour paier les gens de guerre de la ville de Laon.</small>

Fut aussi conclud quil seroit escript a Monsieur du Mayne dadviser au paiement de la garnison de ladite ville, daultant quil ny avoit plus de moien dy satisfaire. A ceste assemblee on meit sur le bureau beaucoup dinventions pour trouver argent, mais il ny en eust poinct qui portit effect ; il est vrai quil fut conclud le XXIIIe octobre en pareille assemblee que la recepveuse Thuret seroit contraincte a paier a mectre es mains de lesleu Blondel la somme de IIII^{xx} IIII escus deue par M^r le lieutenant general Defer pour ses tailles et subventions daultant quelle avoit le don de ses biens, mais cestoit peu de chose de ceste somme au regard de ce quil failloit pour faire cesser le cri des soldatz.

<small>Assemblee sur le mancque de finance a Laon.</small>

Il arriva encores une augmentation de forces a la

ville de Laon, car le cappitaine de Rieux avec sa compaignie de cavallerie fut arresté pour quelque temps en ladicte ville par conclusion du xxv⁰ octobre faicte en lassemblee des xxIIII depputez qui ordonnerent que a chacun homme de ceste compaignie seroit baillé pour commencement xxx solz et au chef a lequipollent ; cestoit en attendant la levee des deniers qui se faisoit lors.

Octobre 1591.

Le cappitaine de Rieux et sa compaignie sont dans Laon pour quelque temps.

Le lendemain du jour S¹ Martin diver qui estoit le douziesme jour de novembre, se trouva en ceste ville de Laon plusieurs seigneurs de la ligue tant pour se veoir que pour conferer ensemble des affaires du general de la cause ; le conseil de ladite ville en print la liste de ceulx qui estoient ja arrivez ce jour la, ausquelz fut porté du vin de present en leurs logis, asscavoir

Novembre 1591.

Conference de plusieurs seigneurs de la ligue dans Laon

a Madame du Mayne,   au sieur de la Chappelle,
a Mʳ le president le Mᶜ,   au sieur Desportes,
au sʳ de Bouchavenne,   au sʳ Le Thellier,
au sʳ de Vindeuille,   au sʳ de Marcilly,
au sʳ de Rossie,   et au sʳ de Poncenac,

Tous ces dames et seigneurs remercierent la ville de leur honnesteté quilz eurent pour agreable par leur demonstration.

Sur ladvis que la ville de Laon eut que Monsieur du Mayne arriveroit bientost en ladite ville, il se tint une assemblee particulliere le xvi⁰ novembre ou il fut conclud que ledit seigneur seroit supplié de voulloir faire expedier au nom de ladite ville lettres de permission de lever le droict de II escus pour tonneau de vin au profict de la ville, et quil seroit faict present du vin de la part de ladicte ville a Mʳ de Vaudemont, a Mʳ de Guise, a Mʳ de La Chastre et a Mʳ de la Bourdaizière qui estoient arrivez ledit jour, ce qui fut faict et presenté par les gouverneurs de la ville qui furent

Assemblee particuliere faicte a Laon pour avoir permission de lever ung droict sur le vin.

assistez de plusieurs habitans desireux de veoir ce jeune duc de Guise.

Pour oster par M⁰ Claude Legras limpression quil avoit en sa cervelle qu'on voulloit faire casser sa commission de prevost de la citté, il a esté cy devant dict quil emploia ses plus grandz amis vers la personne de Monseig^r le duc du Mayne pour impetrer la provision de cest estat comme il feit en la ville de Lafere des le cinq° jour de juing de ceste annee 1591 ; touteffois il dissimula son expedition et la garda secretement (en contrefaisant tousjours lhomme debonnaire) jusques au cinquiesme jour de decembre ensuivant qui estoit justement six mois quil se feit recepveoir et installer au siege de la prevosté de la citté de Laon par Me Jacques Vairon conseillier et garde des sceaulx du baillaige et siege presidial de Laon. Je nay sceu congnoistre qui lavoit occasioné davoir tant dilaié sa reception comme il feit ; on en parloit diversement ; aucuns disoient qu'avant son institution il avoit desiré davoir plaine congnoissance de ses ennemis couvers sur cest estat de prevost pour par apres avec le temps se venger deulx par ses mutins a face descouverte. Or depuis quil fut receu et institué en cest estat de prevost de la ville et citté de Laon (a quoy il aspiroit de longtemps), et que en ceste qualité il se veit juge civil et criminel de tous les habitans de ladite ville et faulxbourgs, il a esté congneu en lui assez evidemment combien le naturel des hommes est pervers, car durant quil nestoit que conseillier au siege presidial de Laon mesmes au temps quil nexerceoit cest office de prevost que par commission (de laquelle il doubtoit aucunement), il faisoit belle demonstration de prudhomme avec une apparance de zel et affection de justice, pour aultant que lors il nozoit encores obtemperer a son naturel qui estoit duzer de vindication et de vengeance allencontre de ses haineux, aussy quil congnoissoit nen avoir plaine auctoritee; et davantaige durant ce temps en sa simulation, il sembloit quil eust en son cœur quelque craincte de Dieu, et luy mesmes se persuadoit que Dieu assistoit a toutes ses operations se voyant favorisé de la fortune en parvenant comme il faisoit a ses desseincts et projects ; mais aussitost quil se veit possesseur de cest estat de prevost en titre doffice et bien confirmé par ferme asseurance du party de la ligue (car de laultre party il neust jamais creu den estre deppossedé pour ce que le contraire luy estoit vray article de foy), il meit bas et quicta ses premieres fassons de faire en simulation interieure, et comme sil eust changé dhabit et daornement pour jouer sur ung eschaffault ung nouveau personnaige, il se desborda a toute audace et insolence en contempnant et mesprisant avec orgueil tous les aultres magistratz de la ville, fust il gouverneur, evesque, abbé, cappitaines de quartier, juge politien ou daultres qualitez, comme silz eussent esté ses inferrieurs en toutes choses. De quoy il en feit demonstration assé évidente en diverses manieres, signaument a lendroict de lesleu Delamer juge politien, lequel en ceste qualité voulant reprimer la meschante et detestable vie de plusieurs putains entretenuz par quelzques gens deglise, il en fut empesché par ce nouveau prevost qui voulloit le contraire, fust pour la continuation de la penssion secrette quil recepveoit delles ou bien pour acquerir la benevolence du clergé, partie duquel lui soustenoit fort le menton; et de faict quant le juge politien proceddoit a linstruction du proces de ces ribaudes, Legras envoioit vers elles pour les empescher dy comparoir, et pour corrompre ou faire dilaier la proceddure du juge de police, il uzoit de sa part de plus grande dilligence a linstruction des mesmes proces par la comparution voluntaire que ces putains faisoient pardevers lui, contre aulcunes desquelles pour leur servir de pugnivi-

Decembre 1591.

Assurance que Me Claude Legras avoit sur la ligue.

Mespris que Legras faisoit des grandz de la ville.

Legras par son industrie faict corrompre la proceddure faicte contre les putains par le juge de la police.

mus il rendoit doulces sentences, comme de leur enjoindre de se retirer de bonne heure au soir dans leurs maisons en peine de punition ou damende, de ny souffrir entrer gens scandaleux, se comporter en femme pudicque, ou bien les condamnoit en petites amendes desquelles le fermier neust ozé rien prendre. Pourquoy il faisoit passer sa volunté a tout ce quil lui plaisoit, ayant a ces fins gaigné plusieurs mutins de basses conditions pour exercer subtillement et soubzmain ce quil leur commandoit, leur baillant dailleurs licence de commectre choses illicites qui sexerçoit sans reprehension, ce qui se voioit assez clairement tous les jours notamment a la personne de Guillaume Rascart chappellier lun des plus pernicieux de la ville, lequel comme soubz fermier des amendes de la prevosté de la cité de Laon quil estoit, ung jour fut si effronté qu'en la presence d'honnestes gens devisans avec Legras il uza de ces parolles a ce prevost : mon compere jay faict adjourner pardevant vous un boullenger pour avoir trouvé un de ses petitz pains nestre de poix, je veux que vous le condamniez en deux escus damende et nen rabatez rien, car cest ung galland ; laultre honteux de ceste belle harangue luy dict en riant : va va Rascart quant je lauray oy je le condamneray ; et apres quil fut party Le Gras dict a ces honnestes gens quil failloit aucunement excuser les testes seiches en leurs parrolles desquelles celle de Rascart en estoit une, mais il se gardoit bien de leur dire que cestoit lun des executeurs de ses meschantes voluntez. De fasson qu'on fut quelque temps sans vrayment congnoistre le prevost Le Gras en ses actions ; et apres quelles furent manifestees, le commun peuple le voullant imiter en malice sefforçoit contre les gens de bien a faire du pis quil pouvoit, signaument a ceulx qui estoient contraire a ce prevost encores quilz fussent fort ligueurs afin dacquerir son amitié et support, qui dailleurs sen

Decembre 1591.

Impudence de Guillaume Rascart séditieux.

Le commun peuple suit ordinairement le vice des magistratz.

servoit a ses affaires scelon les occurrences ; en sorte
quil attira a soi beaucoup de mal vivans et gens meschans quil rendoit furieux en la fasson quil sest veu
du depuis par ung tas de cocquins et belistres qui indiscretement allerent despendre les portes du logis du
sʳ Darcy gouverneur de la place luy faisant recepveoir
ung grand affront, ce que jamais ces maraudailles
neussent ozé entreprendre sans ladveu de ce nouveau
prevost et de ses semblables. Et de faict telle est la
condition des choses humaines que si les mœurs des
magistratz dune ville sont corrompuz, les habitans et
citoiens (a tout le moings une bonne partie) deviennent
du tout depravez, au lieu que la modestie des magistrats debvroit servir de bride au peuple pour les retenir en quelque sobrieté et honnesteté et une reigle
pour les corriger; mais au lieu de suivre les vertus il semect ordinairement à la voie des grandz; aultrement si
le peuple ne faict de mesme leurs superieurs, il sembleroit quilz voullussent reprouver ce quilz font. Les
brebis de Jacob aigneloient des petitz qui estoient tachetees scelon la coulleur des verges pozees devant
elles ; ainsi les hommes produisent des œuvres conforme aux objets quilz ont ordinairement devant eulx;
le mal est que la corruption de lhomme est telle que
les bons exemples nont poinct tant de forces a nous
dresser au bien que les mauvais a nous induire au
mal; car comme ung homme pestifferé infectera plus
tost une douzaine de sains en les hantans, que ces
sains ne le pourront guerir, de mesme ung homme
vicieux infectera plustost plusieurs gens de bien quil
ne sera corrigé par leur exemple. Voila doncq comme
les loix vray justice et relligion ont esté menez et conduictz assez longtemps en notre pauvre ville de Laon,
et jusques a ce que par la clameur des gens de bien
oppressez par les meschans et impies Dieu les en a

Decembre 1591.

Les magistratz doibvent tenir une modestie et reprimer la malice dun peuple.

delivré au temps quil lui a plu et comme il sera dict ensuicte.

La mort de labbé de St-Martin de Laon. En ceste annee M. V. C. III^{xx} XI est deceddé en Italie M⁰ Anthoine Viscontin abbé de labbaie Saint-Martin de Laon qui sestoit departy de son abbaie avant la revolte de ladite ville; jugeant le malheur du tonnoire de rebellion, il disposa avant son partement du meilleur de ses meubles et noublia demporter ses escus et doublons dont on disoit quil estoit bien garni; si son deces fust arrivé a son abbaie, ses relligieux eussent uzé du commun proverbe qui dict que de la mort dun abbé arrive les nopces aux moynes.

Le duc du Mayne arrive a Laon. Le quinze jour de decembre, Monsieur le duc du Mayne arriva en ceste ville de Laon, auquel et en son logis les gouverneurs de ladicte ville lui presenterent du vin, comme aussy ilz feirent au mareschal de Rosne et au s^r de Lamet; et le lendemain les depputez du conseil lui furent communicqué les affaires de la ville et presenté requeste pour lever les II escus de chacun tonneau de vin dont est cy devant parlé.

Pendant que ledict seigneur séjournoit en ladite ville, Anthoine Lefebure sergent royal duquel a esté parlé, ayant veu que lentree et sejour de ladicte ville lui avoit esté si fort desniee tant par le conseil particullier que des XXIIII et avec peu de raison, feit presen-

Requeste presentee au duc du Mayne par Anthoine Lefebure pour rentrer dans Laon. ter requeste audit seigneur aux mesmes fins quil avoit faict, qui estoit davoir permission de rentrer dedans la ville de Laon pour y faire sa demeurance actuelle; mais il nobtint response scelon son desir, car ledict seigneur voullant au prealable congnoistre si le conseil de la ville avoit quelque raison dempeschement,

Son retour est empesché par lassemblee du conseil qui en donne 3 raisons du pourquoy. ordonna que ceste requeste leur seroit communicqué pour apres ordonner ce que de raison; elle y fut porté le XVIIe decembre et delivré en une assemblee qui se tenoit lors par les gouverneurs et conseil particullier et les XXIIII qui feirent ensemble ceste response,

Que ledict Lefebure debvcoit estre deboutee de sa requeste pour trois raisons ;

Decembre 1591.

La premiere daultant que au mois de mars de lannee M. V. C. IIII^{xx}IX, sur ce que Dentart son centenier lui presenta leedict dUnion des catholicques pour signer, il en feit difficulté, pria ledict Dentart de len excuser ; et sur ce quil en fut pressé en le signant il feit protestation que sestoit contre son gré et volunté.

La seconde quil estoit sorty voluntairement de la ville, et que par conclusion generalle auroit esté conclud que ceulx qui estoient sortiz voluntairement ne seroient receuz a rentrer en ladicte vile, ains reputez comme ennemis.

La troisiesme que es lieux ou il sestoit retiré depuis son partement tant a Monamptheuil, Mons en Lannois, Anisy, Bruieres, abbaies tant de Saint-Vincent que Vauclerc, il navoit peu demeurer sans communicquer à lennemi ; et que estant Monamptheuil surpris, il avoit receu faveur des ennemis en lannee M.V.C.IIII^{xx}X au mois de septembre en ce que sa personne, vins nouveaux et comoditez lui fureñt conservez, et les habitans de Laon perdu les leurs ou bien les rachepter a ung escu la piece.

Sauf touteffois la volunté de Monseigneur, lequel meit ceste affaire en surceance apres avoir veu ceste response.

Le xxviie jour de decembre arriva en ceste ville de Laon Monsieur et Madame de Guise a chacun desquelz ladicte ville presenta du vin de present et scelon leur qualité.

Vin présenté a M^r et a Madame de Guise.

Sur les continuelles plainctes et remonstrances que la ville de Laon faisoit a Monseigneur du Mayne pour la neccessité dargent qui estoit en ladicte ville et quil estoit impossible de plus paier les gens de guerre y tenant garnison, ledict s^r lui permit de faire lever les deniers des droictz nouvellement par lui mis sus sce-

Poursuicte faicte pour avoir permission de lever les droictz dentree et de sortie de vins et denrees.

Decembre 1591. lon lestat quil en bailla pour lentree et sortie des vins denrees et marchandises de ladicte ville pour les employer au paiement desdits gens de guerre ; et a cest effect decerna sa commission adressante à M⁰ Pierre Muyau recepveur des tailles de lelection de Laon quil commit pour recepveoir lesdits deniers ; et voicy la teneur de la commission :

M⁰ Pierre Muyau est commis a la recepte des deniers provenans des vins denrees et marchandises entrans et sortans de Laon.

Charles de Lorraine duc de Mayenne, lieutenant general de l'Estat royal et couronne de France, a M⁰ Pierre Muyau recepveur des tailles en lelection de Laon, salut. Pour ce quil est requis et neccessaire de faire la levee de plusieurs deniers pour subvenir aux affaires de ceste guerre tant pour lentretenement et nouriture des gens de guerre tenant garnison en ceste ville de Laon et aultre occasion et neccessité qui se pourroient présenter pour les affaires dicelle, et quil est besoing pour faire la recepte et levee desdictz deniers de commectre quelque personne digne et capable qui sen puisse bien et fidellement acquicter ; estant deuement asseuré de votre experience au faict des finances, mesmes du soing et dilligence que vous avez rapporté tant à la recepte des deniers desdites tailles de ladicte ellection a Laon ou vous entré en charge lannee prochaine que aultres charges et commissions esquelles vous avez esté par nous commis. Pour ces causes et aultres ad ce nous mouvans, vous avons en vertu de notre pouvoir commis ordonné et depputé, commectons ordonnons et depputons par ces presentes pour faire la recepte et maniment de tous et chacuns les deniers qui se leveront tant sur les vins denrees et aultres marchandises entrans et sortans de ladicte ville de Laon et tous aultres deniers qui seront resoluz et arrestez estre levez pour le faict de la guerre et conservation dicelle ville, a la charge de rendre de tout bon et loial compte en la chambre des comptes a Paris et partout ailleurs quil appartiendra de ce faire ; vous avons donné et donnons en vertu de notre pouvoir puissance auctoritee commission et mandement special par ces presentes ; mandons et commandons a tous justiciers officiers et subjectz que a vous ce faisant obeissent prestent et donnent leur confort et ayde et prisons sy mestier est et requis en sont. Ainsy signé Charles de Lorraine, et plus bas par Monseigneur Baudouin et scellee en placart de cire jaulne.

Suivant ceste commission il fut commis des personnes aux portes de la ville pour recepveoir (comme ilz firent), lesdits droictz, et pour leur sallaire la demeure fut faicte publicquement au rabais au commencement du mois de mars prochain comme il sera dict.

Le penultiesme jour de decembre environ les dix heures du matin, Monsieur le nonce du pappe et lEvesque de Plaisance arriverent ensemble en ceste ville de Laon qui furent receuz en grand honneur et en leur qualité par Monsieur levesque de Laon et le clergé revestu des plus riches chappes de la grande eglise. Le doyen de ladicte église feit en latin une harangue audit nonce ; le Te Deum fut chanté avec le son des orgues ; conduict et mené a levesché ou il fut logé, et levesque de Plaisance en la maison Monsr Faultré, ou ilz sejournerent jusques au troisieme jour de janvier ensuivant quilz partirent pour aller a Reims.

Au commencement du mois de janvier de lannee M. V. C. IIIIxx XII, les curez des parroisses de ladicte ville de Laon en leur prosne persuaderent a plusieurs parroissiens de deschirer et mectre au feu leurs heures qui estoient en françois, disant quil nestoit permis ni loisible aux vraiz crestiens catholicques davoir des heures en notre langue françoise ains en latin seullement pour faire prieres ; alleguoient pour fortiffier leur oppinion ce qui est escript en lespitre St Paul que cellui qui prie en langaige incongneu parle a Dieu et non

Decembre 1591.

Reception a Laon des personnes du nonce du pappe et de levesque de Plaisance.

Janvier 1592.

Les curez incitent leurs paroissiens de deschirer leurs heures en françois.

<small>Janvier 1591.</small>

<small>1. Aux Corinth. chap. 14e.</small>

aux hommes, car nul ne l'oyt et il prononce misteres en esprict; mais ilz delaissoient a dire ce qui suict au mesme chappitre, ou lapostre dict quil ayme mieulx en leglise parler cinq parolles en intelligence que dix mil parolles en langaige incongneu; aussy de verité cela apporte plus dedifficcation et dardeur aux prieres priveez du crestien en sa langue que aultrement, pour ce que scachant et entendant ce quil dicten son oraison son cœur est plus dressé envers Dieu quil nest en langaige incongneu ou la pluspart des prieres ne se dient que par maniere dacquict; touteffois pour complaire a ces curez il sen trouva de si sot et niay qu'a la sortie de la messe ilz deschirerent leurs heures en françois.

<small>Febvrier 1592.</small>

Au mois de febvrier audict an arriva en ceste ville de Laon ung marchant parisien lequel suivoit les plus grosses trouppes quil pouvoit trouver du party de la ligue pour lui servir descorse de ville en ville ligueuse, et par ce moien taschoit a tirer deniers de ceulx qui lui estoient reddevables pour marchandise a eulx vendu auparavant les guerres; et a ces fins sadressa a Nicolas Mignot laisnel, Pasquier Parisis et Jehan Tourtebatte, drappiers de ladite ville, pour recepvoir quelque somme deulx; mais il fut repoussé assé rudement de sa demande, en lui disant (par ces trois zelez icy) que les deniers provenans de la vente de ses draps avoient esté emploiez a la cause de Dieu et de son eglise catholicque; ce marchant parisien ne voullut prendre ces parrolles en paiement et les menassa de les faire contraindre par justice; pour a quoy remedier et prevenir la poursuicte, ces trois drappiers icy sadviserent daller (comme ilz feirent) vers n[re] M[e] le Tholozam pour faire chasser ce marchant parisien; et de faict de son auctoritee privee en gratiffiant ces trois quil congnoissoit estre du nombre des zelez de la ville, il feit sortir le parisien, lui mettant sus que passant pais il avoit conferé avec les ennemis et quil en estoit

<small>Ung marchant de Paris est chassé hors la ville de Laon pour avoir faict demande de ce qui luy estoit deu par des mutins de ladite ville.</small>

deuement adverty ; pourquoy il fallut que ce marchant sortist hors la ville plus viste beaucoup quil ny estoit entré et avec hazart pour navoir si bonne compaignie a sa sortie comme a son entree. *Febvrier 1592.*

En ce temps lexercice des cathechismes des petitz enffans sexerceoit par quelzques curez des parroisses de ceste ville de Laon qui neaulmoings nozoient se servir daultres cathechismes que de cellui du pere tholozam, que silz eussent faict aultrement ilz eussent esté en peine parce que le Tholozam tenoit la main ad ce que aulcune chose nouvelle ne fust dressee ni establi que de par lui, establissant a ces fins secretement plusieurs mouchardz de toutes qualitez pour lui rapporter tout ce qui se passoit a la ville, par le moien desquelz il sceut le debat et disputte dentre M₀ Jehan Le Coincte curé de leglise St Cir et Adam Gerault son parroissien sur la nouveaulté que ledit Le Coincte avoit introduict a ladicte église, qui estoit par ce curé de senfermer de gourdines tout alentour de lui lorsquil estoit a laultel disant la grand messe, et ne le voioit on poinct synon que quant il disoit le dominus vobiscum que la gourdine de devant souvroit et sitost refermee; cestoit aussi le curé garni dune grande chaiere a doz par le dedans les gourdines sur laquelle il se reposoit lorsque les sequences et aultres suffraiges se chantoient; le Tholozam envoia querir le curé de leglise St Cir quil reprint aigrement et lui feit estroicte deffense dinnover aulcune chose contre lantiquité; pareillement le Tholozam feit aller pardevers lui ung petit prebtre chappellain en leglise Nre De de Laon qui adjoustoit a sa messe plusieurs petites cerimonies et croisades oultre lordinaire, et auquel il feit deffenses de ne les plus faire en peine de grande punition; aussi ne trouvoit il rien de bon que de son invention. *Nouvelles ceremonies inventées a leglise par le curé de St-Cir.*

Le cinqᵉ jour de Mars, pardevant Mᵉ Nicolas De Lamer sʳ de Dampcourt, juge et garde de la police de la *Mars 1592.*

Mars 1592.

La charge de recepvoir les deniers du droit de la sortie des denrees et marchandises est baillé au rabais.

ville de Laon, a la requeste et dilligence de M⁰ Pierre Muyau recepveur des tailles de lelection de Laon et par vertu de la commission qui est cydevant coppiee a lui adressante et decernee par Monseig' le duc du Maine, fut baillé au rabais au moings disant la charge et office de recepveoir les deniers et droictz de la sortie des denrees et marchandise hors la ville de Laon nouvellement mis sus par ledict s' duc scelon lestat qui en seroit baillé ensemble les droictz et sallaires de faire ladicte charge et recepte de deniers, a la charge de faire bon et fidel registre desdites denrees et marchandises qui sortiroient portez par ledit estat ensemble des deniers qui en seroient receuz et rendre compte audit recepveur Muyau et de mectre les deniers en ses mains et de bailler caution.

Claude Mignot est commis a la porte Royer et Claude de la Fontaine a la porte a Lusault.

La porte Royer demeura a Claude Mignot mercier a x deniers pour livre a commencer au premier jour de janvier M. V. C. IIII^{xx} XII pour ung an fini a pareil jour M. V. C. IIII^{xx} XIII ; et la porte a Lusault a Claude de la Fontaine a XVIII deniers pour livre pour pareille annee durant laquelle ledit de la Fontaine receut par ladite porte a Lusault la somme de VIII. C. XXVIII livres II solz VI deniers quil delivra audit Muyau recepveur.

Le s' Darcy se fait recepvoir Bailly de Vermandois.

Le XIIIe jour de Mars audit an, Michel de Gouy chevalier de lordre du Roy seigneur Darcy gouverneur de la ville de Laon et pais de Laonnois, se feit recepveoir Bailly de Vermandois au lieu et place du s' de La Bove qui sestoit rengé du party du Roy pour la congnoissance quil eust que la saincte ligue estoit devenu mallade. A ceste malladie le Tholozam y voullant apporter quelque remedde, le XXVIIIe jour davril ensuivant en sa predication dict et afferma que larmee du Biarnois (ainsi appelloit il le Roy ordinairement) estoit deffaicte et toute en route ; sur ce dire que lon estimoit veritable pour estre prononcé en chaiere de verité par ce beau pere, le canon de la ville fut tiré et le Te Deum chanté; touteffois secretement plusieurs disoient que ce Te Deum la avoit esté hazardé pour ce qu'on ny voioit aulcune apparance de verité par le dire mesme de ce predicateur qui en desduisant ceste mensonge sestoit entretaillé des maschoueres.

Le mardy dernier jour de mars et derniere feste de Pasques de lannee M. V. C. IIII^x XII, se tint lassemblee generalle de tous les habitans de ladicte ville; presidoit en icelle M. le lieutenant Despinois, ou apres quil eust donné a entendre le subject de lassemblee qui se faisoit chacun an a tel jour pour eslire des gouverneurs et recepveur de la ville, continuer ou changer les officier dicelle comme il seroit advisé, Me Claude Legras pourveu de lestat et office de prevost de la ville et citté de Laon (comme il a esté dict), se leva de sa chaiere et presenta audict s^r Despinois une requeste par laquelle et pour les causes y contenues, il requeroit quil pleust audict s^r Despinois faire deffenses a tous habitans de ladicte ville de ne faire aulcune ellection de mayeur ou juge de police en ladite ville pour estre la justice de ladicte police annexé a celle de la prevosté dont il estoit pourveu, et ce en peine de nullité et damende arbitraire contre les contrevenans, et que acte lui en fust expedié par le greffier de ladicte ville interpellant a ceste fin les gens du Roy pour y tenir la main afin que en cas de contravention que ledict Legras se peust pourveoir. Ceste requeste fut leue a haulte voix qui feit produire aussitost ung grand rumeur parmi le peuple. Le clergé qui portoit faveur a Legras consentit aussitost lentherinement de sa requeste; les gens du Roy furent du contraire. Sur quoy et apres plusieurs remonstrances dire declarations et protestations de part et daultre, ledict s^r Despinois ordonna que acte seroit faict des remonstrances et presentation de ladicte requeste, pour par Legras se pourveoir ainsy quil verroit estre a faire; et cepen-

Mars 1592.

Assemblee generalle faicte la derniere feste de Pasques 1592.

Requeste presentee a ladicte assemblee par Me Claude Legras,

Le clergé de de Laon consent lentherinement de la requeste presentee par Legras.

Les gens du Roy lempeschent.

Mars 1592.	dant pour ne laisser ladicte ville sans aucun establissement dofficier en ce faict, quil seroit proceddé a lelection dun juge et garde de la police (au lieu de M⁰ Nicolas Delamer) dun homme digne et capable en ceste charge; le tout nonobstant les remonstrances faictes par les depputez dudict clergé (qui semporterent beaucoup plus que leur debveoir nestoit) et sans prejudice aux lettres de provision obtenues par ledict Legras de lestat de prevost conjoinctes avec lestat de juge de police, pourquoi il sen pourvoiroit comme il verroit estre a faire.
	Suyvant laquelle ordonnance et en la maniere acoustumee, les habitans sassemblerent par parroisses, et sur les billetz rapportez, il fut trouvé a la pluralité
M⁰ Jean Vairon esleu juge de la police, Charles de Lancy pour gouverneur avec Jehan Aubelin et Jehan Tambour recepveur, les officiers continuez.	des voix que M⁰ Jehan Vairon laisnel estoit esleu juge de police, Charles De Lancy gouverneur avec Jehan Aubelin, Jehan Tambour recepveur, les conseilliers de ville cappitaines et aultres officiers continuez; fut aussy esleu un asseeur de taille en chacune parroisse et quatre commissaires de police pour [sen servir par le juge de police quant besoing seroit, asscavoir Jehan Crochart laisnel, Jacques de Marle, Jehan Courteau et Anthoine Gosset.
Apvril 1592.	Le premier jour dapvril par assemblee particulliere les gouverneurs de la ville furent declarez assesseurs
M⁰ Jehan Vairon refuze la charge de juge de police; mais par assemblee il est conclud quil sera contraint de laccepter.	du juge de police ; et sur ce que M⁰ Jehan Vairon ne voullut accepter la charge de juge de police, le deux⁰ jour davril par assemblee generalle il fut conclud quil seroit contrainct d'accepter la charge.
	Et daultant que le cappitaine de Lancy fut continué du conseil de la ville, il fut permis de prendre en sa qualité de cappitaine de quartier ung
M⁰ Jacques Aulbert est esleu lieutenant du cappitaine de Lancy.	lieutenant a son choix, ce quil feit de la personne de M⁰ Jacques Aulbert qui presta le serment de ceste charge le lendemain de ce jour en une assemblee particulliere qui se feit.

En ce temps le mancque dargent fit casser la cavallerie qui estoit dans la ville de Laon, ce qui feit naistre plusieurs volleurs qui tindrent les chemins, pillans et emportans les denrees et marchandises qui supportoient dans ladicte ville; pourquoy remedier il fut advisé davoir quelque petite compaignie nouvelle de cavallerie pour repousser ces volleurs, mais cela ne se pouvoit faire sans ladveu du gouverneur encorres que ce fust aux despens de la ville, occasion que a une assemblee particulliere tenu le trois° jour davril il fut conclud que le s^r Darcy gouverneur seroit supplié (comme il fut) de trouver bon de faire une compaignie des gens de chevaulx jusques au nombre de xxx, ce quil accorda.

Apvril 1592.

Une nouvelle compaignie est faicte a Laon de xxx cavalliers.

Vous avez entendu comme il avoit esté ordonné que tous les jours de mercredy se tiendroit les assemblees particullieres pour les affaires de la ville; touteffois ceste ordonnance fut negligé par aulcuns du conseil qui sexcusoient sur ce que ce jour de mercredy il leur survenoit ordinairement des affaires en leur particullier; pour raison de quoy il se tint une assemblee le vi^e avril, ou il fut conclud que ce jour dassemblee particulliere et par ordinaire se feroit comme de faict il fut mis au jeudy de toutes les sepmaines, et enjoinct à tous ceulx dudict conseil de se trouver au lieu acoustumé en peine de dix solz damende, mais ceste amende ne les feit rendre plus dilligens, ce qui donna subject daugmenter lamende a xx solz et encores apres a xxx solz contre les defaillans; cecy se feit pour faire cesser les disputtes qui estoient parmi eulx a louverture des lettres qui estoient envoiez a ladite ville, afin quilz y fussent tous, touteffois il y avoit tousjours des defaillans; ce qui fut cause que le ixe apvril en lassemblee particulliere il fut conclud et arresté que louverture des lettres se pourroit faire en la presence de iiii ou v du conseil seullement

Les assemblees particullieres sont remises au jeudy de chacune sepmaine et amende ordonné contre ceulx du conseil qui ne sy trouveront.

Apvril 1592.

pourveu que ledit conseil fust convocqué, mais que la response ne se feroit que par le conseil en nombre.

Comme le jour sapprochoit de faire faire monstre et bailler argent a la cavallerie nouvelle, le recepveur extraordinaire advertit le conseil quil mancquoit de deniers pour en faire le paiement, lequel ne trouva aultre expédient que den tirer des heritaiges (des absens) qui avoient esté baillé a louaige au plus offrant a plusieurs particulliers et qui se montoit a une assé bonne somme, mais il y avoit de lempeschement a la contraincte a raison des oppositions et saisies qui estoient faictz sur lesdits deniers; pourquoy et a ce subject par assemblee particulliere du dix° avril il fut conclud que le procureur de la ville soliciteroit M° Claude Legras pour avoir droict sur la requeste presentee par ladicte ville pour avoir main levee des deniers provenant desdictz louaiges.

Quil seroit solicité davoir main levee des deniers provenans des heritages des absens baillez à louaige.

May 1592.

On en receut quelque argent qui fut distribué a ceste nouvelle cavallerie; mais voicy la garnison dinfanterie qui en demande; pourquoy il se tint assemblee particulliere le cinq° jour de may, ou il fut conclud que Laurens Ponssin seroit poursuivy pardevant M° Claude Legras commissaire pour rendre compte des deniers quil avoit receu des louaiges des maisons des absens et tenans party contraire, ensemble de leurs biens meubles venduz, et pour rapporter les inventaires et saisies pardevant Monsieur le lieutenant Despinois. Ceste conclusion fut notiffié a Ponssin qui fournit quelque somme sur la neccessité quil voioit et la craincte quil eust quon uzast de rigueur contre lui; mais sur ce qu'on jugea quil pouvoit avoir en ses mains aultre plus grande somme, il fut poursuivi pour rendre un bref estat de compte, ce qnil feit avec tant dobmissions et dobscurité que le rendant et poursuivans furent appointez contraires. Legras tenoit la main a ces substerfuges, car il y avoit de lin-

On poursuict Laurens Ponssin pour rendre compte des deniers quil a manié.

terest pour lintelligence qui estoit en ce faict entre lui et Ponssin au maniment de ces deniers.

May 1592

Quelque temps auparavant le mois de may, le s' de Mauregny apres son retour de larmee du Roy salla loger en son chasteau dAippe proche de Laon et de distance seullement de deux petites lieues, ou salla refugier M° Nicolas Martin m° des eaues et foresz de ce baillaige et Quentin Doulcet escuier, qui desdaignans la garnison de Laon contraignoient (avec menasses) les villaiges prochains de bailler fourniture a environ quarante hommes villageois que ce s' tenoit avec lui, leur faisant porter les armes pour la garde de son chasteau duquel il sasseuroit pour estre assé bon et de bonne estoffe. Occasion que les habitans de Laon (faschez d'un si mauvais voisin) soliciterent instamment leur gouverneur pour faire destaller ces nouveaux venuz ; et a ce subject il se feit une assemblee en la maison du gouverneur logé lors en labbaie S¹ Jehan, ou se trouva le sieur de Rieux nagueres arrivé de Pierrefond, ou il fut resolu de faire sortir le canon pour aller devant ce chasteau ; comme de faict le xxII° jour de may aprez midi deux grosses pieces de batterie furent mises hors la ville et conduictz devant la place, ou apres les sommations escarmouches et approches faictes, les deux pieces furent plantees qui feirent bresche assez suffisante, a laquelle de Rieux suivi des siens et de quelzques aultres de la garnison de Laon donna assez brusquement, voullant faire parroistre sa valleur et hardiesse en la presence du s' Darcy, la niepce duquel il avoit nagueres fiancee ; toutesfois par lopiniastreté des assiegez il fut repoussé par deux fois et jecté par terre dun coup de mousquet sans aultrement estre offensé, garanty de mort par la bonté de sa cuirasse sur laquelle il avoit adjousté ung plastron ; rellevé quil fut de ce coup on feit retraicte pour ce jour ; et se logea la gendarmerie es villaiges

Le chasteau dAippe siegé battu et pris par les ligueurs de Laon.

De Rieux va a la bresche avec la cuirasse et le plastron dessus.

May 1592.

prochains pour le lendemain retourner au chasteau ou la gendarmerie tant de pied que de cheval se trouva, et par parrolles et menasses inthimiderent tellement les assiegez quilz vindrent a telle composition que de se rendre prisonniers de guerre aux assiegeans qui semparerent aussitost des trois premiers menez et conduictz a Laon et depuis au chasteau de Pierrefond pour en tirer bonnes ranssons comme on feit; et pour les soldatz villageois apres en avoir tué quelquez ungs qui sevadoient par faulx passaiges, le reste qui estoit de XXXIII ou XXXV furent menez a Laon prisonniers et logez a la grosse tour du Roy arriere de la rage des muttins qui voulloient toujours leur part pendu.

Le s^r de Mauregny Me Nicolas Martin M^e des eaues et forest et Quentin Doulcet prisonniers de guerre.

Le lendemain XXIIIIe jour dudict mois de may, suivant la priere que les signalez ligueurs de Laon feirent a de Rieux, on alla investir le chasteau de Neufville, esperant par les chefz de lentreprise dy faire bien leur proffict aux meubles et precieulx joiaulx mis en depost dedans ceste place par plusieurs gentilzhommes du pais; et a ces fins ont feit sortir hors de Laon les deux grosses pieces ramenez du chasteau d'Aippe; mais sur ladvis certain receu par de Rieux que bon nombre dennemis estoient en campagne pour laller visiter a ce siege, il feit rentrer le canon dans la ville ja sorty et les advancez mandez au retour jusques a une aultreffois qui fut au mois de febvrier de lannee 1593.

De Rieux veult sieger le chasteau de Neufville, mais il sen retire.

Il y retourna au mois de febvrier de lannee 1593 et le print comme verrez au 26^e juillet

Ce mesme jour le prince de Cimay partit de la ville de Laon avec seullement XXX ou XL chevaulx pour retourner au pais bas; on faisoit courir le bruict quil alloit au devant de nouvelles forces.

Le prince de Cimay sen retourne au pais bas.

Tout a coup se donna ung advis a la ville de Laon que le Roy tournoit teste en ces quartiers. Chacune ville se meit en doubte sur lintelligence; on faisoit lors fort bonne et exacte garde en ladite ville tant de nuict que de jour; mais le conseil desiroit fort davoir ung bon chef de guerre et de resolution dedans la place pour quelque temps avec le sr Darcy gouverneur pour les rendre plus asseurez quilz nestoient. Pour y parvenir et y adviser, il se feit une assemblee des xxiiii le xxvie jour de may, ou il fut conclud de retenir le sr de Rieux en ladite ville avec sa compaignie pour dix jours, ausquelz seroit baillé iii. c. escuz dont le clergé en paieroit ung tier et les deux aultres tiers seroient pris sur la taille assize peu auparavant.

De Rieux est prié de sejourner a Laon avec sa compagnie.

Ce mesme jour en une assemblee particulliere il fut conclud quil seroit envoié des massons au chasteau dAippe pour desmolir les forteresses dudit lieu aux despens de la ville de Laon, a la charge que le sr Darcy feroit faire le remplacement des fraiz quil y conviendroit faire.

On veult desmolir le chasteau dAippe.

En ce mois de may, Jehan Jongleur jeune homme natif du villaige de Nouvion le Vineulx, gendre de Zacarie Marteau, fut constitué prisonnier accusé de voulloir trahir la ville de Laon, et pourquoi il avoit communicqué avec lennemi, mesmes de ce quil sestoit vanté davoir congnoissance de la magie et par cest art faire ouverture des plus fortes portes de ladicte ville et a telle heure quil vouldroit; pour raison de quoy son proces lui fut faict et parfaict par Me Claude Legras et Me Jehan Vairon joinctz ensemble pour commissaires en ce proces en leur qualité de prevost de la ville et de juge de police, qui ordonnerent en fin du requisitoire du procureur du Roy que les gouverneurs et gens du conseil de ladicte ville declareroient silz se voulloient rendre parties civilles allencontre dudict Jongleur, lesquelz pour ce assemblez le dernier jour de may declarerent par acte quilz ne pouvoient satisfaire a ceste ordonnance que au préalable ilz neussent eu communication du proces extraordinaire faict contre ledit Jongleur; que la communication leur ayant esté faicte quilz adviseroient a faire telle decla-

Jehan Jongleur prisonnier accusé de trahison.

May 1592.

ration quilz trouveroient estre a faire pour linterest quilz pourroient avoir a la perfection et jugement diffinitif dudict proces. Cest acte portant ceste declaration ne fut trouvé raisonnable par ces commissaires, daultant que ce nestoit la forme de procedder a ung tel proces qui se debveoit tenir secret; pourquoi ilz passerent oultre a linstruction dudict proces. Mais daultant que Me Claude Legras sefforçoit de faire evader ce prisonnier sans peine à la faveur de Zacarie Marteau beau pere du prisonnier et de Laurent Poussin son beau frere inthimes amis de Legras, le proces ne fut jugé diffinitivement, mais ordonnerent que la question seroit applicqué au prisonnier, lequel de ce instruit se porta pour appellant de ceste sentence (qui estoit le moien advisé) pour eschapper. Sur cest appel Jongleur demeura assé longtemps a la prison et jusques au mois daoust ensuivant quil fut mis es mains de Laurens de la Tour sergent royal et filz du geollier pour le mener a la conciergerie du pallais a Paris. Comme ilz estoient dans la ville de Soissons, fust par la volunté de son conducteur ou aultrement, ce prisonnier sevada, demeurant Laurens de la Tour a Soissons sans ozer retourner a Laon; et jusques au dix^e decembre ensuivant quil presenta requeste au conseil particullier qui se tint ce jour la, par laquelle aprez quelque discours il requeroit quil pleust audit conseil lui permectre rentrer dans la ville de Laon et lui remectre loffense en ceste affaire, sur laquelle il fut respondu que de la Tour se retireroit par devers M^r le gouverneur afin davoir permission de rentrer et se justiffier de levazion de Jehan Jongleur quil avoit pris en sa charge pour le mener a Paris, et finablement apres quelque remise et quil estoit congneu pour homme fort propre a faire esmouvoir les ondes de mutinerie il rentra dans la ville. Au regard de Jongleur il se rendit en la ville de Chaulny et y porta les armes

Legras porte faveur a Jongleur.

Jongleur appellant de la question.

Jongleur sevade a Soissons.

Jongleur se rend a Chaulny.

pour le Roy, et pour se bien monter et armer il tascha de recepveoir quelque argent de ses meubles quil avoit en la ville de Laon; touteffois ilz avoient esté saisiz, mais la vente en avoit esté surcize a la faveur de Laurens Ponssin son beau-frere, et pour a ce parvenir Jongleur envoia ses missives a deux de ses oncles, Me Nicolas de Sains archediacre et damp Jehan Jongleur prevost de labbaie St Jehan de Laon pour laider a ceste affaire, mais ces missives furent prises au portier a la porte de la ville et envoiees au conseil particullier qui se tenoit lors, ou Mr Vairon presidoit; la apres la recongnoissance des lettres, il fut conclud et ordonné que les meubles saizis appartenant audit Jongleur seroient venduz et les deniers en proceddans mis es mains du receveur de la ville pour estre emploié aux affaires dicelle.

May 1592.

Au commencement de ce mois de juing fut admenee en ceste ville de Laon une jeune fille qu'on disoit estre possedee du diable; on ne scavoit ou la loger; personne nen voulloit; enfin de lauctorité du conseil de ladite ville elle fut logee en la maison de la Bove.

Juing 1592.

Une jeune fille possedee admenée a Laon.

Le sr de Rieux pour sa valleur et hardiesse recongneu de plusieurs devant le chasteau dAippe, trouva place aux bonnes voluntez des plus signalez de la ville de Laon qui desiroient fort de lavoir pour gouverneur, pretendans estre plus assurez soubz lui que soubz le sr Darcy qui se rendoit negligent en sa charge: aussi quil nestoit trouvé bon de laisser manier (comme il faisoit) une bonne partie des affaires publicques a sa femme qui ne demandoit que a faire fond de deniers et demplir ses bouges; et pour leschange ou recompense dudict sr Darcy par le sr de Rieux, on en avoit cy devant parlé par humbles supplications a Monseigneur le duc qui a son dernier voiaige y avoit consenty; ne restoit plus qu'a faire joindre ces deux personnaiges icy pour les accorder du contre eschange; mais cest

La ville de Laon poursuict lestablissement de de Rieux pour estre gouverneur.

Juing 1592. affaire se manioit a si longue allaine que les habitans de la ville neurent patience de la fin du pourpalé et accord; car le jeudy iiiie jour de juing en lassemblee particulliere, il fut conclud quil seroit escript lettre par la ville audit seigneur duc et a Mr de Rosne pour les supplier destablir en ladite ville de Laon ledit sr de Rieux pour gouverner et quilz lavoient ainsi promis aux habitans a leur dernier voiaige.

La ville de Laon ne veult soubstenir le proces contre la vefve Me François Thuret. Il y avoit cy devant ung proces intenté contre la vefve Me François Thuret sur lempeschement de leffect du don a elle faict par ledict seigneur duc du Mayne des biens appartenans au lieutenant general Defer tenant party contraire; auquel proces estoit intervenu sentence a son proffict; pour laquelle tragiverser et fascher, aulcuns de ses haineux susciterent le conseil de la ville pour former ung appel de ceste sentence; mais il nen voullut rien faire que au preallable il ne fut consulté du faict; et pourquoy le proces fut mis es mains de Mr Faultré advocat, lequel en feit son rapport au conseil particullier qui se tint ledit iiiie juing, et sur lequel rapport et les pieces veu au bureau, il fut conclud que la ville se departiroit dudit proces, attendu que par ladite sentence ladite ville ny avoit aulcun interest ni proffict, sans touteffois approuver le don faict a ladite vefve Thuret, laquelle du depuis joit des biens dudit lieutenant Defer son frere, et lui du bien delle par le don du Roy a lui faict. Voila comme les gens dauctoritee et de credict se saulvent du mauvais vent et de lorraige.

Exécution de mort de Henry Ancelin dict le Viel la Montaigne. Le xxe juing, Henry Ancelin dict le Viel la Montaigne enffant de ladicte ville fut pris prisonnier et admené aux prisons de Laon ou on lui feit son proces, accusé et convaincu de sestre revolté du party de la ligue duquel il recepveoit paie et solde dhomme de guerre, et que sallant donner a lennemi (en violant sa foy) il avoit emmené prisonnier Jehan Roullier tonnellier et Sebastien Rasse habitans de ladite ville quil eut a la rencontre ; plus davoir tué au Champ Lamoureulx pres le bois de Breux ung sergent de compaignie nommé le Clercq du mesme party, et aultres cas mentionnez en son proces criminel qui fut contre lui fort solicité par M° Claude Legras conseillier et prevost de la citté de Laon. Pour raison desquelz cas ledit Viel de la Montaigne fut par M° Claude Grignon le jeune (lors prevost des mareschaulx establi pour la ligue en ce baillaige de Vermandois) condamné a estre pendu et estranglé ; ce qui fut prononcé et executé le xxii° jour de juing de ceste annee en une potence plantee au champ St Martin, ou il survint du grand bruict et tumulte par la populace qui senfuioit ça et la sans scavoir la cause de telle emulte. Le patient avoit oppinion quil estoit arrivé quelque bonne chose pour sa delivrance ; mais il en fut deceu et mourut assé resolu. Son frere Charles Ancelin dict le Jeune la Montaigne qui estoit encores dans la ville fut mis prisonnier pour les menasses dont il uzoit pour la condamnation et execution de son frere ; touteffois il en sortit depuis assé doulcement a la dilligence de Charles de Lancy son parin. Quelzques enffans de Laon qui portoient les armes pour le Roy avoient faict demande pour ravoir le Viel la Montaigne, avec menasses de se vanger sur ceulx quilz pourroient attrapper ; mais cela ne feit qu'aigrir les juges et faire plustost advancer la mort au prisonnier, la femme parens et amis duquel obtinrent de messieurs les juges de faire mectre le corps en terre. Le prevost Grignon adverty de ceste permission se transporta en dilligence au cimetierre de leglise St Pierre le Viel, ou dedans une fosse ja faicte feit jecter (par lexecuteur de sa sentence) le corps de la Montaigne avec la corde au col ; par ce moien il exempta les fraiz que la vefve voulloit

Juing 1592.

Il nest bon daigrir les juges dun prisonnier.

Le cops de la Montaigne avec la corde au col est mis dans une fosse.

faire a son enterrement et renvoia les torches et cierges qui estoient apprestez.

Juillet 1592.

Plusieurs gens habituez dans la ville de Laon se voyans neccessiteux et quil ny avoit poinct de fin a payer tailles corvees et aultres fraiz de ville, feirent leur habitation et demeure lun parmi laultre en cachant si peu de meubles quilz avoient, tellement que les collecteurs des tailles ne pouvoient estre paiez et sen plaignerent au conseil en leur faisant apparroir de beaucoup de requirens de gens sans moien, avec les perquisitions et recharche quilz avoient faict faire pour monstrer de leurs insolences; cela donna subject au conseil de ladite ville assemblé le jeudi xvi° jour de juillet dordonner (comme il fut) que ceulx qui ne pouvoient paier leur taille et corvee sortiroient la ville, ce qui fut publié par les carrefours de la ville; ceste publication en feit paier plusieurs pour eviter la sortie.

Publication que ceulx qui ne pouvoient paier tailles dans Laon sortiroient hors la ville.

Le xv° septembre arriva en ceste ville de Laon Mons* le duc du Mayne et le mareschal de Rosne ausquelz fut presenté du vin de la part de ladicte ville.

Septembre 1592. M* le duc du Mayne et le mareschal de Rosne sont à Laon.

Sur la doubte que le conseil de ladite ville eut que lon voulloit faire entrer subtillement dans la place plus de gens de guerre quon ne voulloit, il fut conclud que les portes et poternes ne seroient ouvertes a ladvenir de nuict a qui que ce fust sans la presence et assistance de quatre personnes du conseil; ce qui fut nottiffié au cappitaine Branche afin quil ne feit aulcune ouverture de nuict.

Que les portes et poternes de la ville ne seroient ouvertes de nuict.

Le lendemain qui estoit le seiziesme septembre, le mareschal de Rosne presenta au conseil de la ville ung ingenieux quil avoit admené avec lui pour adviser a la fortiffication de la place, signaument vers leglise S* Estienne ou il leur sembloit bon dediffier ung logement pour le gouverneur de la place afin de faire peupler ce quartier la par son habitation. Linge-

Ung ingenieux a Laon pour y dresser ung logement au gouverneur.

nieux y fut mené, ou il trassa lendroict quil estoit necessaire prendre et feit ung pourtraict quil delivra au conseil, par lequel il fut congneu que ce nestoit pas seullement ung logement de gouverneur, mais en effect une citadelle, a laquelle les habitans ne voulloient nullement entendre. Et de faict sur ce pourtraict et pour renvoier cest ingenieux qui estoit mandé ailleurs, il fut conclud en une assemblee particulliere qui se tint le xxe de ce mois que les gouverneurs et receveur de la ville paieroient la despense de lingenieux, et oultre ce quil lui seroit donné dix escus ce qui fut faict afin de le faire rendre absent de la ville comme il fut des le lendemain.

Septembre 1592.

Ce mesme jour du xvie septembre, le mareschal de Rosne feit demande a la ville de Laon de deux pieces de vin pour les distribuer aux compaignies des s^{rs} de Victry et de Poncenac lors proche ladicte ville, ce qui lui fut accordé et delivré par ordonnance du conseil.

Vin distribué a deux compaignies pres Laon.

Environ ce temps la malladie contagieuse estoit dans la ville de Laon ; et mourut de ladicte malladie en une chambre du prieuré St Nicolas Cordelle le prevost de la compaignie des Allemans, ung relligieux dudit prieuré et ung serrurier, ce qui estonna fort les habitans parce que lon tenoit quil y avoit beaucoup de personnes infectez de ces trois mortz.

La maladie contagieuse dans Laon.

Vous avez nagueres entendu comme au mois de juing dernier les habitans de Laon poursuivoient la sortye du s^r Darcy gouverneur afin davoir le s^r de Rieux en sa place, ce qui leur fut accordé par Monsieur du Mayne apres touteffois que ces deux s^{rs} se furent accomodez tant par alliance que recompense ; mais par apres les habitans craignerent que ces deux s^{rs} icy ne fissent ensemblement leur habitation dans la place, et que estans fortiffiez de leurs compaignies ilz ne vinssent a se vanger de la bravade qui avoit esté faicte au s^r Darcy de lui avoir despendu les grandes

Les habitans de Laon désirent que le s^r Darcy sorte la ville avant que de Rieux y entre.

Septembre 1592.

portes de son logement qui estoit dedans labbaie St Jehan; ce fut pourquoy par assemblee generalle tenue le xxvi° jour de septembre il fut conclud que Monsieur du Mayne seroit supplié de nenvoier dedans ladite ville de Laon le sr de Rieux pour y commander en qualité de gouverneur que le sr Darcy ne fust sorty; et pour le prevenir en force, les habitans des le lendemain de ceste assemblee feirent entrer dans la ville les Wallons qui estoient logez en Vaulx.

Octobre 1592.

En ce mois doctobre il failloit vendanger, mais il failloit aussy regarder les moiens de faire venir les vins dans la ville, car il ny avoit point lors aulcune cavallerie pour faire scorce aux voicturiers, ains seullement quelzques cavalliers voluntaires, et le pis estoit quil ny avoit poinct dargent; occasion que le cinquiesme jour doctobre assemblee generalle se feit, ou

Debat entre le clergé et les habitans de Laon pour raison dune nouvelle levee de deniers.

il fut conclud que lon manderoit de la cavallerie du party de la ligue pour faire service a ladicte ville durant les vendanges, et pour la paier quil se feroit une nouvelle levee de xxx solz sur chacun tonneau de vin entrant; mais ceste imposition nouvelle ne fut trouvé bonne par le clergé, car des le lendemain apres midy en une assemblee particulliere qui se tint, le clergé sopposa a lexecution de ceste assemblee generalle pour ceste nouvelle imposition. Sur ceste opposition les gouverneurs de la ville declarerent et protesterent de ne mander aulcune cavallerie pour servir aux vendanges et de laisser le tout au hazart; surquoy Mr Despinois qui presidoit ordonna attendu lesdites opposition et protestation que lexecution de la conclusion de ladite assemblee generalle surceroit pour ce regard.

Requeste presentee par Me Jehan Martin laisnel pour ravoir son vin.

En une assemblee particulliere qui se tint le xvii° jour doctobre, une requeste y fut presentee de la part Me Jehan Martin laisnel pour avoir restitution de son vin que sept soldatz de la garnison de Laon lui avoient pris a Chavaille le xiii° jour de ce mois ou il faisoit lors son actuelle residence, sur laquelle requeste le conseil feit response quil ne voulloit approuver la prise dudict vin, et que Mr le gouverneur seroit supplié de la part de la ville de faire rendre et restituer ledit vin audict Martin par ceulx qui lavoient pris.

Le xxvie octobre, le mareschal de Rosne arriva en ceste ville de Laon pour installer le sr de Rieux pour gouverneur quil avoit admené avec lui, et aussitost feit entendre au Conseil de ladicte ville le subject de leur venue. Sur quoy il fut ordonné une assemblee generalle qui se feit le xxviiie de ce mois en la grande salle de la court du Roy ou la plus saine partie des habitans se trouva; et en leur presence le sr de Rieux fut installé gouverneur par ledit sr de Rosne qui lui feit prester le serment de fidellité; aussi le peuple lui presta le serment dobeissance; et depuis par assemblee particulliere qui se tint le cinqe novembre ensuivant, il fut conclud quil seroit faict don a ces deux seigneurs a chacun ung tonneau de vin qui leur fut delivré.

Ce jour du cinqe novembre, en lassemblee particulliere qui se tint en lauditoire de la court du Roy ou presidoit Mr Vairon, Jehan Bossumé habitant de ladite ville qui avec sa femme et famille avoit esté affligé de malladie contagieuse, feit presenter requeste pour avoir permission de rentrer dans sa maison de laquelle il estoit sorty y avoit assé longtemps; et daultant que ce mesnaige vivoit aux despens de la ville et pour faire cesser ceste despense, il fut permis audit Bossumé sa femme et famille de rentrer en leur maison a condition que ledict Bossumé assisté de quelzques aultres œrioit sa maison par lespace de huict jours auparavant que le surplus de sadite famille peust rentrer en icelle, et neaulmoings que durant ledit temps lui et sadite famille seroient encores nourrys aux despens de ladicte

Octobre 1592.

De Rieux est installé gouverneur de la ville de Laon.

Novembre 1592.

Jehan Bossumé rentre dans Laon pour œrier sa maison.

Novembre 1592. ville, comme aussy ung nommé Petiot qui avoit solicité les mallades seroit encores nourry et sallarié aux despens de ladite ville jusques a la fin de ce mois de novembre.

Le duc du Mayne parte de Laon pour aller a Paris. Le xviii° jour de novembre, le duc du Mayne (estant en ceste ville de Laon) receut advis que le quinziesme jour de ce mois Mr le president Brisson et Messieurs Tardif et Larcher conseillers au parlement de Paris avoient esté (de lauctoritee des seize de Paris arcs boutans de la ligue) menez en prison, et que en ce lieu le lendemain ilz furent estranglez puis apres pendus en la place de Greve; occasion que ledit sr duc sy transporta en toute dilligence et feit dedans Paris attrapper quatre des seize, asscavoir Louchart Auroux Hameline et Emourt et les feit pendre et estrangler, qui fut cause que les aultres douze sescarterent et se cacherent; et a ce subject il sy engendra de la grande mutinerie qui se pacifia par une publication que ledit sr duc feit faire par les carrefours de Paris le dix° jour de decembre, contenant abolition et pardon de tout ce qui sestoit passé, de quoy on parloit icy diversement de ce faict et de ce qui en pourroit intervenir.

Decembre 1592.
Mort du duc de Parme. Au mois de decembre il y vint nouvelles en ceste ville de Laon qui depuis furent trouvees veritable, que le deux° jour de ce mois le duc de Parme estoit mort au Pais bas dun coup dharquebuze quil avoit receu au bras lorsquil fut pres Rouen au ravitaillement de ladite ville et pressé par le Roy entre Rouen et Caudebecq.

Assemblee a Laon pour dresser memoires pour aller aux estatz a Paris. Ja plusieurs fois les depputez des villes ligueuses sestoient assemblez pour arrester du lieu le plus comode pour tenir les estatz, et sestoit trouvé toujours des difficultez entre eulx touchant lassiette de la place tant pour leur asseurance que pour les vivres et provisions neccessaires. On fut quelque temps quon tenoit que la ville de Reims avoit esté choisy pour recepvoir ceste grande assemblee; mais cela sen alla en fumee,

car a la pluralité on trouva que Paris debveoit recep- *Decembre 1592.*
veoir ceste honneur; de laquelle ville celle de Laon
en receut advis du jour quil sy failloit trouver pour y
envoier ses depputez garniz de bonne procuration et
amples memoires. Et a ce subject le jeudi xviie jour
de decembre de ceste presente annee M. V^c. IIII^{xx} XII,
il se feit une grande assemblee en la chambre du con-
seil composee des gouverneurs et recepveur de ladite
ville de Laon, des gens du conseil, des xxiiii depputez et des plus notables bourgeois et habitans jusques
au nombre de III$_{xx}$ (je vous laisse a pensser silz avoient
esté bien choisiz), ou presidoit Monsieur le lieutenant
Despinois; en ce lieu ilz se mirent a dresser les articles, lesquelz touteffois avoient esté auparavant fort
esbauchez par aulcuns de la compaignie pour abreger
matiere, afin que estans arrestez (comme ilz furent
entre eulx) ilz fussent delivrez aux depputez pour aller
aux estatz; et voicy la teneur de leur ouvraige.

Sur les trois poinctz contenuz au mandement des *Les trois poincts*
estatz, asscavoir pour la manutention de la relligion *contenuz au man-*
dement des estatz
catholicque, pour lestat du Royaulme et pour la con- *de la ligue.*
servation du peuple

Touchant la manutention de la religion catholicque. *Le premier.*
Pour la manu-
Que toute exercice de la nouvelle et pretendue rel- *tention de la reli-*
ligion sera prohibé en tous les pais terres et seigneu- *gion catholicque.*
ries de la France sur peine de mort contre les infrac-
teurs.

Que les eedictz de pacification avec les hereticques
seront a jamais revocquez sans que pour quelque
cause que ce soit ilz puissent a ladvenir estre remis
voire au peril de lestat comme chose du tout contraire
a la volunté de Dieu.

Quil sera pourveu aux villes de gouverneurs et ma
gistratz tres catholiques afin que le peuple soit maintenu soubz leur autoritee par leur exemple a bien
vivre.

Décembre 1591.

Quil sera requis demologuer le concille de Trente et icellui faire observer.

Que la neutralité accordé a aulcuns seigneurs et villes de ce royaulme sera revocquee et iceulx sommez de se reunir avec les aultres catholicques pour sopposer aux effortz et desseings du Roy de Navarre et de ses adherans.

Le second.
Touchant lestat du royaulme.

Touchant lestat du Royaulme.

Il est tres necoessaire de nommer et oindre ung Roy en la France soubz lauctoritee duquel le peuple soit gouverné pour oster du moings affoiblir lesperance du Roy de Navarre de pouvoir jamais parvenir a la couronne, voiant que Dieu y aura establi ung aultre, et aussi pour retirer les catholicques qui le suivent, la pluspart desquelz nattendent que ceste occasion pour ce que lors ilz auront ung meilleur pretexte de se retirer voyant loppiniastreté du Roy de Navarre et la resolution de tous les catholicques de ne le recongnoistre jamais pour Roy.

Quil soit nommé ung Roy tres catholicque, lequel nait jamais favorisé ou dissimulé lheresie, et qui soit quant aux mœurs debonaire et vertueux et sil est possible de la nation françoise, daultant que ceste condition importe beaucoup pour lobeissance des subjectz pour la reunion de la noblesse françoise.

Que le Roy nommé fera ung serment aux estatz de vivre tousjours en la relligion catholicque apostolicque et romaine soubz lobeissance de leglise dicelle, et ne maintiendra ouvertement ou couvertement les hereticques de quelque estat dignité ou condition quilz soient, et ou il seroit aultrement quil dispense des a present ses subjectz du serment de fidelité, et quil gardera les franchises libertez et immunitez de leglise et es octroiz dons previlieges et prerogatives des villes et communeaultez de ce royaulme.

Que les alliances, amitiez et confederations seront

confirmez par lauctoritee des estatz avec notre S¹ Pere le Pappe, le Roy catholicque des Espaignes, duc de Lorraine, de Savoie, princes catholicques des Allemaignes, seigneurs et potentatz dItalie et tous aultres princes et seigneurs catholicques, principallement en ce qui touche le faict de la relligion avec tous les seuretés ad ce requises et neccessaires.

Que au contraire toutes confederations ligues et protections des royaulmes, cantons, principaultez et villes hereticques ou qui soustiennent les hereticques seront abolies, sans que jamais pour quelque cause que ce soit le Roy tres crestien de France les puisse renouveller ou contracter de nouvelles comme chose qui est cause de la desolation des royaulmes.

Que en tout affaire destat sera en premier lieu discutté sil ny a rien au contraire ou repugnant a la relligion, laquelle clause sera comprise au formulaire du serment que font Messieurs du conseil destat.

Que tous eedictz seront scelon lantien usaige de la France veriffiez et publiez par les cours de Parlement et non de labsolute et plaine auctoritee du Roy, comme estant chose qui ressent la tirannie, a faulte de quoy ne seront les subjectz tenuz dobeyr.

Que le Roy nommé jurera de faire assembler les trois estatz de toute la France incontinent les presens troubles appaisez pour adviser a ung establissement et reformation generalle, ou bien parachever les estatz commencez a Blois, et de garder inviolablement ce qui sera par lesdits estatz conclud et resolut.

Touchant le soullagement et repos du peuple.

Quil est neccessaire dy pourveoir par la tenue des Estatz qui seront convocquez les troubles pacifiez.

Que des a present il est expedient pour le soullagement du plat pais et des villes doster les forteresses des bourgs fortz et chasteaux proches des bonnes villes qui sont pour resister au canon, et decerner commission

Decembre 1591.

Le troisieme Touchant le soullagement et repos du peuple.

Décembre 1592. aux gouverneurs des provinces et villes chacun en leur ressort de les faire desmolir.

Que les laboureurs et vignerons ne pourront estre molestez en leurs personnes bestiaux ni meubles en paiant les tailles ordinaires aux villes catholicques.

Quilz ne seront plus cottisez aux contributions et fournitures de soldatz, sinon du mandement du Roy et pour causes urgentes.

Que linsolence et excetz de la gendarmerie sera refrenee et la discipline militaire observee sceion les antiennes ordonnances, sur peine a leurs cappitaines den respondre et ausditz soldatz destre cassez ou puniz de mort scelon lexigence des cas.

Le Roy esleu sera supplié advouer et avoir pour agreable toutes les levees de deniers munitions contributions et aultres actes faictz pour la manutention des villes catholicques, soullagement du peuple et liberté du pais par les conseilz des villes et communeaultez, sans que pour ce ilz puissent estre recherchez ores ny pour ladvenir, sauf a faire rendre compte a ceulx qui ont maniez et administrez lesdictz deniers pardevant les juges ordinaires des provinces.

Apres que ces articles furent leuz et releuz et trouvez bons par la compaignie, il fut conclud et arresté quilz seroient registrez au registre du conseil de ladicte ville, ce faict levez et mis au nect et signez par le greffier dudict conseil, et apres les delivrer aux depputez pour les porter aux estatz avec procuration et amples memoires neccessaires qui seroient dressez par le conseil particullier ; ce qui fut faict audict conseil particullier tenu en lauditoire de la court du Roy le xxii^e decembre ou presidoit M. Vairon comme juge de police, et conclud que les gouverneurs de ladite ville passeroient procuration ausditz depputez en la forme que la minutte en fut lors faicte et escripte de la main dudit s^r Vairon.

La malladie contagieuse qui estoit en ceste ville de Laon au mois doctobre dernier dont a esté parlé feit aller quelzques habitans de ce monde en laultre. Pierre Bazin greffier du prevost des mareschaulx infecté de ceste malladie sen penssoit garandir par ung aer nouveau quil print avec sa femme et famille en une petite maison size a Ardon appartenant a lesleu Mairel; touteffois la mort ne laissa de les aller visiter en ce lieu qui en emporta quelzques ungs deulx. La fraieur feit wider le reste et sen allerent mourir en une aultre maison size au chemin de Luilly appellee Beaurepaire qui appartenoit au prevost de Noyon; par ce moien ces deux maisons demeurerent infectez qui auparavant estoient sans habitation. On craignoit que quelzques ungs sallassent jecter dedans qui eust peu faire renouveller ceste malladie sur le printemps; pour a quoy remedier le conseil de la ville en la susdite assemblee particulliere qui se tint le xxii⁰ decembre, ordonnerent que les heritiers de Bazin et sa femme seroient contrainctz a leurs depens faire errier lesdictes deux maisons a raison quelles avoient esté infectez par Bazin et sa femme qui sy estoient mis sans adveu ny consentement daulcunes personnes.

Le xxix⁰ decembre il se tint a levesché une assemblee des xxiiii depputez, ou entre aultres affaires fut veue une requeste presentee de la part de Quentin Doulcet tendant afin davoir le consentement et permission du conseil de ladicte ville pour vendre une maison a lui appartenant size pres les halles que lon ne voulloit achepter sans ledit consentement et permission; sur ceste requeste fut respondu que pour les causes portees par icelle le conseil nempeschoit que le suppliant ne vendist ses immeubles telz que bon lui sembloit, a la charge neaulmoings que les louaiges provenant diceulx seroient et demeureroient acquis a

Decembre 1598.

Pierre Bazin greffier en la mareschaussee a Laon sa femme et famille mortz de la malladie contagieuse.

Requeste presentee au conseil de Laon par Quentin Doulcet pour avoir permission de vendre sa maison size à Laon.

Décembre 1592.

Me Claude Legras est depputé pour aller aux estatz à Paris.

la ville scelon la saisie qui en avoit esté faicte jusques au jour de la vente desdits immeubles.

Comme le mareschal de Rosne estoit en la ville de Laon, Mᵉ Jehan Vairon juge de la police lalla visiter en son logis pour tirer de lui le jour de louverture des estatz, qui lui dict que le jour au vray nestoit encores arresté, touteffois quil croioit que ce seroit bientost et quil suffiroit dy envoier ung seul depputé de la ville de Laon pour le tier estat, ce que ledict sʳ Vairon feit entendre a lassemblee qui se feit le penultiesme jour de decembre. Sur quoy il fut advisé pour eviter aux grandz fraiz que Mᵉ Claude Legras premier nommé en lassemblee generalle du xvıᵉ may de lannee M. vᶜ. ııı$_{xx}$xı yroit, sauf touteffois en cas de malladie ou empeschement survenante den eslire ung aultre, et quil lui seroit baillé la procuration de la ville avec les articles et memoires cy devant faictz et arrestez. Cecy fut nottifié à Legras afin de sapprester au voiaige, et que quant il seroit prest a partir que le recepveur lui delivreroit cent escus comme il lui avoit esté ordonné par le conseil particullier; mais il ne se tint comptent de ceste somme disant quelle nestoit suffisante, daultant quil avoit recongneu aux estatz de Blois ou il estoit au commencement des troubles les grandz fraiz quil convenoit soustenir a telle affaire tant aux vivres logement que aultres comoditez qui sencherissoient journellement par la multitude des survenans; sa response fut rapporté au conseil qui dict que cestoit assez pour ung coup et quon lui feroit tenir aultre somme a Paris.

Janvier 1593.

Le mareschal de Rosne demande aux habitans de Laon ııı m. escus.

Larrivee du mareschal de Rosne en ceste ville de Laon donna fascherie aux habitans en ce quil leur demanda avec grande instance trois mil escus a quoy ilz avoient esté cottisez par Monseigneur le duc pour leur part du paiement et contribution de la garnison et fortiffication de ladicte ville, pour estre ceste

somme baillé aux lansquenetz qui sans cesse crioient
apres leur paie. De ceste demande le conseil de la
ville et les depputez en furent estourdiz scachant bien
quil ny avoit poinct de moien de les fournir sans
grand rumeur de tout le peuple, pour ce que ce qui
avoit esté levee et receue sestoit escoulé; leur recours
sur ceste demande fut aux prieres et remonstrances
qui se debveoit faire au s^r de Rosne sur la pauvreté
et neccessité de la ville et des habitans comme on feit.
Mais quoi disoit ce seigneur, il en fault trouver promptement nen fut il poinct au moings une bonne partie;
et a la verité ce seigneur icy fin et advisé feit demande
de toute la somme combien quil neust charge que den
tirer une partie, mais cestoit pour faire tumber les
habitans a luy fournir ce quil pretendoit avoir. Pour y
parvenir il dict quil avoit commiseration de la ville
en sa neccessité et pauvreté; quil avoit bien digeré les
plainctes et doleances du conseil quil recongnoissoit
vraies, sur lesquelles il promit denvoier en dilligence
vers ledit s^r duc du Mayne pour adviser aux moiens
dappaiser les lansquenetz et faire diminuer ceste
somme de trois mil escus; enfin elle fut moderee a
cinq cens escus quil failloit trouver en dilligence pour
les distribuer aux lansquenetz. Et sur quoi fut faict
assemblee generale de tout le peuple le xii^e jour de
janvier en la grande salle de la court du Roy ou presidoit M. le lieutenant Despinois, a laquelle assemblee
apres que ceste affaire icy fut widee, il sy feit une
proposition par Me Jehan Vairon juge de police (a la
faveur de quelque sien ami), scavoir si la compaignie
ne trouveroit pas bon de permectre rentrer dedans ladite ville quelzques ungs des habitans qui seroit recongneu vrayment tenir le party catholicque, daultant que ce seroit aultant daugmentation et de ren-
fort a la contribution des tailles et des corvees de ladite ville ; et comme il continuoit ses parrolles sur les

Janvier 1593.

La demande du mareschal de Rosne est moderee a V^c escus.

Grande fasche- rie entre Me Jehan Vairon et Me Clau- de Legras.

Janvier 1592. charges et conditions qui leur pourroit estre ordonné, Me Claude Legras se meit deboult, et avec une face pasle et les maschoueres tremblantes (comme estoit sa coustume en sa grande collere) interrompit ledit sr Vairon et lui dict quil outrepassoit sa charge de police et son debveoir qui ne lui bailloit aulcun pouvoir de faire une telle proposition du tout contraire a plusieurs conclusions cy devant faictes ; que les absens debvoient plustost estre chassez en Allemaigne ou en Angleterre que de les rappeller dans les villes catholicques de la France et les joindre avec nous ; quilz avoient assez dennemis hors sans en introduire dedans ou ilz ne cesseroient dy faire entreprise au prejudice de la Ste Union des catholicques ; quil estoit dadvis daller supplier Monsieur le mareschal de Rosne (qui pourroit estre importuné par gens de credict) de ne voulloir permecre qu'aulcuns de ceulx qui sestoient absentez de ladite ville voluntairement ou aultrement rentrer en icelle, et que ceulx qui y estoient rentrez fussent avec leurs familles mis hors affin dasseurer lestat de la ville ; que doresnavant deffenses devoient estre faictes a tous habitans et aultres de ladite ville de napporter parolles ni requestes pour faire rentrer qui que ce fust hommes ou femmes, en peine de confiscation de tous leurs biens, destre chassez de ladite ville comme ennemis dicelle, ny mesmes de communicquer par personnes interposees, lettres missives ou aultrement avec les ennemis ou leurs adherans sans le congé et permission de Monsieur de Rieux gouverneur de ladite ville. Comme ledit sr Vairon voulloit respondre la dessus, arriva ung grand bruict et tintamarre par la voix du peuple et avec une telle confuzion quil estoit impossible de se pouvoir entendre lun laultre ; en fin apres que ce grand bruict fut

Proposition nest conclusion. rendu ung peu calme et que ledit sr Despinois leur eust donné a entendre que proposition nestoit conclusion, il fut advisé que lesdites proposition et remonstrance seroient faictes audit sʳ de Rosne (lors dans ladite ville) par ledict sʳ Vairon acompaigné des deux gouverneurs de ville, de Mᵉ Claude Boilleau et du greffier du conseil, pour en tirer la dessus son advis. Ilz y furent; mais ledict sʳ de Rosne nen voullut rien dire sitost et le dilaia craignant les mectre en division avant quil eust touché les cinq cens escus quil attendoit. Legras desiroit fort de scavoir son advis avant que partir pour aller aux estatz, car il craignoit durant son absence le retour du lieutenant general Defer qui avoit gaigné aulcuns du conseil; touteffois ceste affaire ne fut widé, ains remis au premier voiaige que Monsieur le duc du Mayne feroit en ceste ville de Laon.

Le sʳ de Rieux estant installé gouverneur de ceste ville de Laon se logea a labbaie Sᵗ Jehan au lieu mesme que le sʳ Darcy sestoit logé; a la sortie de son logis il ne voioit pas voluntiers les grandes portes de ladite abbaie despendues et mises hors des gondz et pirotz comme elles estoient encores; cela lui faisoit souvenir de laffront qu'on avoit faict a son predecesseur gouverneur, et souvent secouoit la teste au passaige; cecy fut rapporté au conseil de la ville, lequel pur se couvrir de ce faict conclud en une assemblee particulliere qui se tint le xxvɪᵉ janvier quil seroit advisé par le peuple a la premiere assemblee generalle si lon feroit repeindre les portes de ladicte abbaie Sᵗ Jehan, comme si ce conseil voulloit dire que le peuple seul avoit faict ceste folie; touteffois il estoit tout notoire que la pluspart de ce conseil lavoient faict faire par les mutins.

Le ɪxᵉ febvrier, le duc Ferri, le conte Charles et le sʳ Le Viador arriverent en ceste ville de Laon ou ilz furent tres honnorablement receuz par les habitans, a chacun desquelz et particullierement en leur logis leur

Janvier 1593.

Assemblee pour faire repeindre les portes de l'abbaie St Jehan.

Febvrier 1593.

Le duc Ferri le conte Charles et le sʳ Le Viador sont a Laon.

Febvrier 1598. fut porté du vin de present par les superieurs et gouverneurs de ladite ville. Toutes leurs trouppes estoient a Sissonne et es villaiges des environs ce bourg qui estoient la plus part conduictz par le colonnel La Bourlotte qui faisoit estendre sa renommee par tout ce pais. Ces compaignies icy estoient fort insolentes, pourquoi plusieurs villageois habandonnerent leur habitation, ce qui donna subject aux gens de guerre de mectre le feu a plusieurs maisons quilz trouvoient wides ; ce feu se voioit aisement de dessus les murailles de la ville qui faisoit pitié a plusieurs. Et daultant que le conte Charles a la sortie de la ville avoit monstré fort bon visaige aux habitans avec offre de sa personne et de ses gens, le conseil de la ville advisa le quinze febvrier descripre audit s^r conte pour le supplier, de faire cesser les feuz que ses gens faisoient aux villaiges, lequel du depuis y meit ung ordre qui feit retourner les villageois en leur habitation.

Insolences des gens de guerre.

Par lassemblee particulliere de ce jour xve febvrier, il fut permis a Guillaume Poictevin escripvain de faire sa demeure et residence au college de ceste ville pour y tenir escolle descripture suivant la requeste et supplication quil en avoit faict audict conseil.

Un escripvain logé au college.

Pareillement ce conseil ordonna quil seroit envoié a Me Claude Legras qui estoit a Paris aux estatz la somme de cinquante escus.

Argent envoié a Me Claude Legras estant a Paris aux estatz.

Vous avez ci devant entendu comme le gouverneur de Rieux avoit faict investir le chasteau de Neuville, et comme sur ladvis quil receut que les ennemis se preparoient pour laller visiter a ce siege quil congedia ses trouppes se trouvant inferieur de forces en remectant son entreprise a une aultrefois scelon que ses forces lui pourroient augmenter, ce qui advint par larrivee en ce pais du conte Charles et aultres chefz et cappitaines jusques au nombre denviron trois ou quatre mil hommes desquelz de Rieux obtint quelz-

Siege et prise du chasteau de Neufville.

ques compaignies par la faveur du colonnel La Bourlotte pour retourner a son entreprise ou il pretendoit bien faire son proffict sur l'oppinion quil avoit que dedans ce chasteau de Neufville il sestoit mis en depost de grandes richesses par des gentilzhommes ; et en ceste oppinion il feit trainer le canon devant ce chasteau ou pour lors estoit dedans le seigneur du lieu, quelzques refugiez et villageois qui furent sommez de se rendre a la volunté de de Rieux. Le seigneur en feit refuz, alleguant pour ses raisons quil navoit faict et ne faisoit la guerre a personne ; qu'en consideration de son viel aage Monsieur le duc du Mayne et le mareschal de Rosne lui avoient cy devant fait expedier leurs sauvegardes, que le gouverneur de Rieux ne le pouvoit ygnorer pour lui avoir esté notiffié. Ces raisons rapporté par le trompette ne le peurent divertir que le seiziesme jour de ce mois de febvrier il ne feist bracquer le canon devant le chasteau et le battre assez furieusement. Les assiegez se voians sans gens de guerre ni munitions suffisans pour la deffense de la place, la basse court ja gaignee a la perte de VIII ou X soldatz des assiegeans et la sappe advancee a quelzques endroictz, demanderent a parlamanter pour recepvoir quelque honneste composition, faisant laquelle ilz ne peurent aultre chose obtenir que de se soubzmectre a la volunté de de Rieux, lequel aussitost la parrolle donnee voullut lui mesmes entrer dedans, ou ayant faict perquisition et recherche il ne trouva ce quil estimoit ; de quoi il fut extresmement fasché, et de collere en sortant dict quil feroit pendre tous les tenans pour avoir enduré le canon ; et comme il estoit a la premiere grande porte il receut une lettre de la part dun mutin de ceste ville de Laon qui lui emflamba davantaige sa collere, en ce que par icelle ce mutin (contre verité) lui mandoit qu'aulcuns des siens de sa garnison de Pierrefond avoient esté fort mal traictez

Febvrier 1595.

Lettres mensongeres envoiees a de Rieux devant le chasteau de Neufville.

Febvrier 1596.

par ceulx du party contraire ; qu'a leur invitation et pour repousser leur cruaulté le conseil de la ville lui bailloit advis den faire pendre quelzques ungs de ce chasteau, signaument ung nommé Nicolas Gaultier quil appelloit chicanneur, lui mettant sus que au bien et revenu des habitans de la ville il sollicitoit ordinairement des saisies qui sy faisoit pour le party du Roy et faisoit percepveoir a la saison les fruictz et ablaiz des heritaiges par les gens de guerre ; que le faisant expedier il trouveroit les habitans de ladicte ville mieulx que jamais disposé a son service pour se veoir redimer de la peine ordinaire que ce personnaige leur bailloit, duquel il ny avoit esperance (comme il mandoit) den tirer aulcune ransson pour le peu de moiens quil possedoit. Ce gouverneur voullant gratiffier les habitans et leur complaire en ce faict pour se veoir journellement chery et carressé deulx, et en sa collere ou il estoit sans prendre aulcun advis commanda que tous les tenans de ce chasteau fussent penduz et estranglez ; touteffois sur la remonstrance qui lui fut faict que telle execution tourneroit a grande consequence, que dailleurs on pourroit tirer bonne ransson daulcuns deulx, le seigneur de Neufville, Claude Griffon s^r d'Aubencourt et Jehan Martin receveur des consignations du baillaige de Vermandois furent tirez a part sur l'offre quilz faisoient de paier bonne ransson.

Le s^r de Neufville, le s^r d'Aubencourt et Jehan Martin sont faitz prisonniers de guerre.

Ung quidam du bourg de Corbeny de la relligion protestante (recongneu tel a la sortie de la place par quelzques relligieux de labbaie de Vauclercq et aultres gens deglise portans les armes a ce siege) fut sequestré et delivré a ces devotz relligieux scelon leur requeste pour en faire ung sacrifice sanglant, comme tost apres ilz feirent vers la poterie de Bouconville ou ilz le menerent soubz pretexte de laller mener en lieu de seureté pour sa ransson, cruaulté qu'eux mesmes reciterent a leurs compaignons au re-

Massacre faict dun protestant françois par des relligieux de Vauclercq.

tour de ce sacrifice inhumain. Au regard de Nicolas Gaultier, layant oy nommer par de Rieux pour estre cestuy cy recommandé, ordonna quil fust pendu promptement avec sept ou huict aultres tenuz a part dans une chambre soubz bonne garde, de laquelle ilz furent extraictz deux a deulx appellez par leurs noms et surnoms scelon ung petit billet escript; et de faict en executant ceste ordonnance (quon ne peust nullement corrompre) furent conduictz a ceste mort ygnominieuse a laquelle ce pauvre Gaultier avoit ung tres grand regret se voiant traicté comme ung volleur, il ne mancquist de pitoiables remonstrances et de toutes sortes de parolles honnestes mesmes doffre de paier et fournir grosse ransson pour saulver sa vie, sestant a ces fins jectez deux ou trois fois aux piedz du gouverneur de Rieux qui se promenoit lors avec La Bourlotte ; mais cestoit en vain parce quil y avoit la present gens meschans qui certiffioient aux cappitaines que cestoit ung abuseur et quil navoit ni tous ses parens et amis de quoy satisfaire au quart de ce quil offroit pour sa ransson, pourquoi on passa oultre ; aussi de Rieux ne le daigna regarder seullement. Allant a la mort il recongnut ung nommé Pierre Dohis charpentier de Laon auquel il jecta un mancheron de velour fourré quil tenoit en ses mains sans quil peust lui rien dire tant il avoit le cueur fermé ; ce pauvre homme se voyant reduict a recepvoir une si miserable fin, en defaillant parfois sa parrolle regardoit ardamment vers le ciel eslevant ses mains au mieulx quil pouvoit, et avec des grandz regretz et souppirs appelloit a la justice divine de lordonnance du gouverneur de Rieux qui finit de pareille mort en la ville de Compiegne comme nous dirons au mois de mars de lannee 1594. De ceste mort ygnominieuse la femme de Gaultier en fut advertie, laquelle attristé de juste doulleur se serra tellement le cœur quelle mourut

Febvrier 1593.

Mort de Nicolas Gaultier procureur.

Gaultier est appellant a la justice divine de lordonnance de de Rieux.

Febvrier 1598. dans peu de jours apres laissant beaucoup de peine et peu damis a ses beaux petitz enffans qui aussi ne la feirent longue en ce monde apres leur mere. Voila leffect de la lettre de ce pernicieux mutin de ville, le nom duquel je tais pour eviter le hazart de sa vie ou elle pourroit tumber des parens et amis de ce deffunct regretté des gens de bien. Sept aultres de ce chasteau le suivirent pour recepvoir pareille mort aux branches dun gros pommier peu au dessoubz du chasteau,

Six villageois gens de moiens sont penduz à un arbre. ou les six qui estoient habitans de Crandelain, Bray, Courtecon et Chermizy, villaiges prochains, furent attachetz. Laultre et dernier estant sur leschelle, les chefz des compaignies sestans ja retirez, plusieurs soldatz nadvouant ceste fasson de mort qui leur est fort odieuse, voyans la mere de dernier fort espleuree et qui sans cesse crioit fort hault pour ravoir son filz (qui estoit jeune et sans barbe), linciterent de monter a leschelle et le retirer des mains de lexecuteur (qui nestoit qu'ung homme emprunté), ce quelle feit hardiment et de grand corraige comme esmeu au secours

Une femme saulve son filz de la mort. et conservation de son propre sang ; lexecuteur ne lui donna pas grand empeschement pour veoir tous ces gens de guerre incliner au desir de ceste pauvre mere, joinctz quilz avoient tous veu quil ny avoit aulcun subject duzer de telle rigueur allencontre de ces pauvres gens qui sestoient deffenduz avec cause. La mort de Gaultier advenue de ceste fasson fut en dilligence repportee en la ville de Laon ou il y avoit presse qui seroit le premier a en faire le rapport pour resjouir les mutins qui en sesgaiant de joie alloient de rue en rue la reciter comme vray et avec affirmation, adjoustoient pour bailler tousjours fraieur aux gens de bien qu'on en penderoit bien daultres pour ce que Gaultier

Les muttins de Laon sesjouissent de la mort de Gaultier. a son supplice avoit nommé beaucoup de traistres qui estoient encores dans la ville. De ces rapporteurs Guillaume Rascart en estoit ung qui par desrizion et mocquerie vestit ses habitz noirs, et en se promenant par les rues de la ville disoit quil faisoit le deuil de Gaultier son procureur qui avoit esté au chasteau de Neufville.

De Ricux receut grand honneur de la ville de Laon tant pour la prise de ce chasteau que du credict quil avoit eu davoir joy dune partie de ceste armee estrangere. A son retour il donna advis au conseil de ladite ville denvoier au bourg de Sissonne ou estoient encores ces chefz de guerre pour les remercier de leur assistance et bonne volunté et leur porter du vin de present ; cest avis fut executé en ensuivant lassemblee particulliere du xviiie febvrier ; et fut donné au conte Charles iiii douzaines de bouteilles de vin, ii douzaines de bouteilles au sʳ de Bost mareschal de camp et ii aultres douzaines a La Bourlotte qui tous estoient encores a Sissonne attendans le mandement du general de la ligue.

Voicy ung rapport qui se feit au conseil que Jehan Crochart et Abraham Varlet avoient proferé parrolles contre et au prejudice de l'Union des catholicques, de quoy il fut ordonné dinformer ; il faisoit bon de se taire en ce temps, car la ville avoit affaire dargent ; il print bien a ces deux icy quil ne se trouva qu'ung tesmoing parlant a la devotion de laccusateur, car ilz eussent esté bien estrillez par la bourse, daultant que lordonnance pour ce faict avoit esté plusieurs fois reiteré par publication a son de trompe.

On remit sus la fabrication de monnoie qui avoit esté delaissee quelque temps par faulte de matiere, et fut esleu le jeudy xxve febvrier en lassemblee particulliere Pierre Huré et Anthoine Vatin orphevres pour travailler a ladicte fabrication.

Apres quelque sejour faict par le conte Charles a Sissonne, il revint en ceste ville de Laon le dernier jour de febvrier attendant Monsʳ le duc dAumalle et le

Febvrier 1593.

Vin de present envoié de Laon a Sissonne au conte Charles et a aultres.

Qu'il sera informé contre Jehan Crochart et Abraham Varlet.

Pour la fabrication de la monnoie a Laon.

Mars 1593.
Le conte Charles, le duc dAumalle et le mareschal de Rosne sont à Laon.

Mars 1593.

mareschal de Rosne qui arriverent le troys⁰ mars, ausquelz et audit conte fut presenté du vin de present de la part de ladite ville ; et leur conference faicte ilz en sortirent et pareillement le gouverneur de Rieux pour assister avec sa compaignie ces seigneurs qui allerent faire advancer les estrangers.

Levee de deniers pour envoier a Legras qui estoit a Paris.

Sur une missive envoié de Paris par M⁰ Claude Legras qui entre aultres choses mandoit a Messieurs de la ville de Laon quil ne pouvoit revenir par deça de deux mois a raison des urgentes affaires qui survenoient journellement qui retardoient leurs expeditions et quil avoit neccessité dargent, il fut conclud par assemblee du xvi⁰ mars quil seroit faict nouvelle levee de deniers a ceste effect et quelle seroit envoiee audit Legras.

Le sʳ de la Vallade est prié ne ne permettre une levee de deniers sur le vin.

Le conseil de la ville fut adverty dune levee extraordinaire qui se faisoit sans leur permission de deux solz vi deniers sur chacune piece de vin par le secrecretaire du gouverneur de Rieux qui disoit son maistre a son partement lui avoir commandé lever, et neaulmoings quil ne scavoit a quoi ledit sʳ de Rieux la voulloit emploier. Ceste affaire mis en deliberation au conseil tenu le xviii⁰ mars, il fut advisé daller prier (comme on feit) le sʳ de La Vallade lieutenant dudit de Rieux de ne permectre ladicte levee et la faire cesser jusques au retour dudit sʳ de Rieux.

En ce temps plusieurs personnes residans en ceste ville de Laon se mirent a poursuivre la provision de lestat et office de lieutenant du prevost des mareschaulx au lieu et place de Hector de Grasset dict de Paris qui tenoit le party royal. Les ungs lobtindrent par donnation sur places ; les aultres par forme de provision, avec faveur et importunité sur requeste presentee a Monseigneur le duc du Mayne ; mais leur reception fut debattue et rejectee pour diverses causes, aussi que les gaiges attribué audict estat servoit avec daultres au paiement de la garnison; le general y avoit interest, car les deniers estoient compris dedans lestat, pourquoy les poursuivans se lasserent a leur poursuicte. Et combien que ces choses fussent assez notoire a tous dans ladite ville et que chacun tinst cest estat pour inutil en ce temps present, ce neaulmoings Pierre Le Clercq filz de Joseph Le Clercq se meit en oppinion quil en pourroit joyr paisiblement par la faveur quil avoit des plus grandz de la ville pour ce faict lui en estant pourveu; et en ceste oppinion avec grand peine fraiz et travail obtint de mondit seigneur le duc lettres de provision dudict estat de lieutenant du prevost des mareschaulx a Laon aux gaiges attribué audict estat, et sur icelles presenta sa requeste a Monsieur le bailly de Vermandois ou son lieutenant pour estre receu et installé, laquelle requeste fut respondu par Mons* le lieutenant Despinois qui ordonna que les gouverneurs de la ville seroient appellez pour estre oiz sur lentherinement desdites lettres de provision, ce qui fut faict. Avant comparoir a lassignation les gouverneurs communicquerent la coppie de la requeste au conseil de la ville en une assemblee particulliere qui se tint le jeudi premier jour dapvril, qui coucherent par acte leur response qui fut quil consentoit quil fut proceddé a la nomination et ellection dun personnaige audict estat scelon et suivant la coustume de procedder, offrant se trouver a tel jour et heure plairoit a Messieurs du siege presidial leur assigner pour procedder a ladicte nomination et ellection. Ceste response rapportee a Pierre Le Clercq qui s'enquist diligemment et exactement de lantienne forme et maniere de procedder a lestablissement de cest estat, congneut quelle estoit a la nomination et ellection du conseil de ladite ville qui le feit demeurer court en sa poursuicte et la dilaia, joinct que ouvertement on lui dict que les gaiges dudict estat avec daultres estoient

Mars 1592.

Poursuicte faicte par plusieurs personnes pour obtenir la provision de lestat du prevost des mareschaulx.

Apvril 1593.

Apvril 1592.

par ordonnance dudict sieur duc emploié au paiement des gens de guerre et que lon nen pouvoit joyr ; et a ce subject suivant la conclusion faicte au conseil particullier du viii⁰ apvril il fut escript audict seigneur duc de ne pourveoir aulcune personne audict estat pour les raisons susdites.

Le sr de La Chappelle des Ursins faict registrer a Laon ses lettres de provision de lieutenant general au gouvernement de lisle de France.

Le quatr⁰ apvril arriva en ceste ville de Laon le sieur de La Chappelle des Ursins et le viconte d'Estanges filz du mareschal de Rosne, ausquelz fut presenté du vin de la part de ladicte ville. Ledict sieur de La Chappelle feit registrer au registre du conseil de la ville ses lettres de provision de lieutenant general au gouvernement de lisle de France dont il estoit pourveu, et apres sen alla.

La garnison mis dans le chasteau de Neufville se licentie delle mesme faulte de paie.

Apres la prise du chasteau de Neufville, Monsieur le duc du Maine ordonna xxxv soldatz pour la garde de la place, paiez par la ville de Laon. Ceste compaignie y fut quelque temps ; mais faulte de paie une partie sesvanouit ; et craignant par le conseil de la ville que si ce chasteau estoit repris par les ennemis ilz nen fussent mal traictez, il fut advisé en une assemblee particulliere tenu le viii⁰ apvril descripre comme il fut audit sieur duc quil estoit impossible dentretenir la garnison de ce chasteau des deniers des tailles, daultant quil failloit xviii mil livres pour entretenir celle de Laon.

Le sr de la Platriere commande a Laon pour labsence de de Rieux gouverneur.

Pendant labsence du gouverneur de Rieux qui accompaignoit les successeurs et cappitaines des trouppes du conte Charles, fut envoié en ceste ville de Laon le sieur de La Platriere pour y commander comme lieutenant dudit de Rieux ; et sur lexhibition de son pouvoir fut tenue assemblee particulliere le xvii⁰ apvril veuille de pasques, ou il fut arresté que les gouverneurs de ladicte ville bailleroient a ce personnaige icy les clefz des portes de la ville que les gouverneurs de la place ont acoustumé davoir, et que le cappitaine

Branche prendroit le mot du guet de lui et lui obeiroit en ce qui seroit et deppenderoit de sa charge.

Apvril 1593.

Le mardy xx⁰ jour dapvril derniere feste de pasques se tint la grande assemblee generalle dans les halles de ceste ville de Laon, ou presidoit M⁰ le lieutenant Despinois. Le clergé en favorisant M⁰ Claude Legras en sa qualité de prevost de la citté de Laon lors absent pour estre aux estatz a Paris, forma (comme il avoit cy devant faict aux preceddentes assemblees) opposition a lelection dun juge de police qui avoit esté ordonné estre mis dans les billetz distribuez aux parroisses ou estoit escript les aultres affaires a deliberer, comme deslire les officiers et conseilliers de la ville ou les continuer en leurs charges ; mais sur le champ le clergé en fut debouté, et ordonné quil seroit proceddé a ladicte ellection ; et de faict sur le rapport des billetz, lesIeu Delamer fut esleu juge de police, Regnault Doulcet pour gouverneur de ville au lieu de Jehan Aubelin qui entroit en recepte, tous les officiers continuez et mis asseeurs de taille en chacune parroisse qui presterent le serment.

Lassemblee generalle de la derniere feste de Pasques 1593.

M⁰ Nicolas Delamer esleu juge de police et Regnault Doulcet gouverneur de ville.

Vous avez cy devant entendu comme M⁰ Jehan Le Clercq advocat presenta requeste au conseil particullier de la ville de Laon des le xiii⁰ febvrier de lannee m. v. c. iiii ˣˣ xi pour rentrer dans ladite ville pour y faire entheriner ses lettres de remission, qui lui fut permis pourveu que le gouverneur de la place le consentist et aussi que ledit Le Clercq neust porté les armes contre la Ste Union ; et dailleurs comme Anthoine Lefebure sergent royal presenta requeste au conseil des xxiiii le xvii⁰ decembre ensuivant pour y rentrer aussi, mais quil en fut debouté tout a plat pour les trois raisons qui y sont declarez. A present ces deux personnaiges icy se joignirent ensemble, esesperans que par le moien des amis quilz avoient acquis au conseil particullier et de labsence de M⁰ Claude

Requeste presentee au conseil de la ville de Laon par M⁰ Jehan Le Clercq et Anthoine Lefebure pour rentrer dans ladite ville.

Apvril 1598.

Legras qui leur estoit fort contraire dobtenir lacces libre en ladicte ville ; et de faict le xxii^e jour d'apvril ilz presenterent requeste au conseil particullier tendant aux fins que dessus ; mais la response ne parvint scelon leur intention, car le conseil feit response quil ne pouvoit aulcune chose ordonner sur les dites requestes, attendu lordonnance sur ce faicte par Monsr le mareschal de Rosne gouverneur de la province; et par ainsy les supplians demeurerent la comme devant.

Durant le temps que le sieur de La Platriere commandoit en ceste ville de Laon pour labsence du gouverneur de Rieux qui suivoit larmee estrangere, An-

Jehan Collart d'Aippe accusé par Anthoine Carpeau destre espion et volleur.

thoine Carpeau seigneur de Maison basse se feit grand ami de ce seigneur de la Platriere et se rendit si familier a lui quil croioit pour vray tout ce que lui disoit Carpeau qui le tournoit souvent a sa volunté et aussi en beaucoup de chose suivoit son advis. Surquoy Carpeau ne voullant perdre une si belle occasion quil se voioit de se venger d'un nommé Jehan Collart jeune homme du villaige d'Aippe daage denviron xx ans quil avoit en haine mortelle pour avoir depposé contre lui en une enqueste, feit plusieurs faulx rapportz a La Platriere de ce Collart, lui mectant sus quil estoit ung espion secret contre la ville et des plus pernicieux quil se peust veoir, ung volleur ordinaire des chevaulx des laboureurs de ce pais, quil portoit les armes aux champs sans adveu, quil communicquoit souvent de nuict avec les ennemis afin de nestre descouvert, que personne ne lozoit accuser de ces choses pour la doubte qu'on avoit de lui qui sacostoit avec des mauvais garnemens ; bref il alla tellement esmouvoir la collere de ce gentilhomme que sans aultre in-

Collart prisonnier.

quisition il envoia prendre prisonnier Collart lors en ceste ville de Laon, et sur le champ feit aller pardevers lui Me Claude Grignon le jeune prevost des mareschaulx pour la ligue, auquel il commanda que sans aulcun delay il eust a assister lexecuteur des sentences criminelles qui alloit faire mourir ung volleur et mener avec lui sa compaignie darchers ; et combien que Grignon lui eust remonstré que ce nestoit la forme ordinaire dainsy procedder contre ung volleur, mais bien par information interrogatoire recollement et confrontation, ce neaulmoings avec beaucoup de grandz propos de La Platriere, Grignon fut contrainct promectre son assistance et de sa compaignie et de se haster. Pendant ce temps Guillaume Porret executeur fut envoié querir, auquel fut delivré ce pauvre jeune homme qui ne pouvoit scavoir nullement la cause de sa si soudaine mort, seullement entendit que Carpeau d'Aippe poursuivoit la fin de ses jours. Lexecuteur suivant le commandement a lui faict lia et garrota ce jeune homme, et ainsy le mena au champ Saint-Martin a une potence en la presence et conduicte de Grignon prevost des mareschaulx et de quelques siens archers ; sitost quil fut arrivé en ce lieu, lexecuteur le feit monter a leschelle et lattache a la potence ; pendant ceste ligature Grignon et ses archers picquent leurs chevaulx et sen retournent a la ville, ce qui donna subject au peuple de croire quil y avoit de linjustice comme sourdement il se disoit, aussy quaulcune sentence ne se prononçoit contre ce patient qui haultement disoit (ainsi quil avoit faict en chemin) quil ne scavoit a quelle occasion on le faisoit ainsy mourir et quil navoit faict tort a personne. Ces choses se rapportoient ad ce que la femme M⁰ Jehan Mannier chirurgien avoit proferé tout hault a la place du bourq lors que ce patient passoit par la qui avoit dict que ce jeune homme nestoit coulpable daulcune mauvaise chose, que par haine Carpeau dAippe le voulloit mort et mesmes quaulcun proces ne lui avoit esté faict ; pourquoy la commune commença a fort murmurer et

Apvril 1593.

Collart est mis entre les mains du bourreau pour estre pendu.

Le prevost des mareschaulx et ses archers ne veullent estre presens a la mort de Collart.

Aucune sentence ne se prononce a Collart.

Apvril 1593.

Le bourreau quicte Collart attaché a la potence.

crier apres lexecuteur, l'advertissant de bien regarder a ce quil faisoit et quon navoit prononcé aulcune sentence de mort. Lexecuteur d'une nature craintive se retournant ça et la, ne voiant plus aulcun juge greffier ni archers, se saisit d'une fraieur et en dilligence descendit de leschelle, sen alla a sa maison, quicta et habandonna son patient encores attaché a la potence, qui aussitost commença a saigner par le nez en grande habondance, soit que cela provint de l'effort quil faisoit de se mectre hors de son collier ou bien daultre chose ; touteffois ce sang incita le peuple de dire et exclamer que ce sang rendoit tesmoignaige de son innocence, donnant advis a la mere de ce patient (qui estoit lors pleurante au pied de leschelle) de monter en hault et copper la corde qui lui tenoit le col, ce

Collart descent de leschelle, prend la fuicte, mais il trouve la porte de la ville fermee.

quelle feit dune sarpe quelle tenoit ; et estant ce jeune homme en bas print la fuicte droit a la porte a lusault pour sortir la ville et se saulver, mais trouva la porte fermee par le commandement de La Platriere a la solicitude et dilligence de Carpeau ; pourquoy il rebroussa chemin et se jecta dans la maison Eloi Blondel hoste du Cigne assé proche de la porte, ou Carpeau son hayneur assisté des gens de La Platriere et daultres se transporta, mesmes ce gentilhomme y alla en personne ; et apres perquisition faicte partout ceste mai-

Il est trouvé caché dans du foing.

son, ce jeune homme fut trouvé caché dans du foing. Et pour appaiser le peuple en rumeur de ce faict, pendant quon tenoit Collart fut en dilligence en plusieurs places de la ville mesme a ung gros poteau de bois ou est ung carquan pres la maison François Lemaire mis et attaché des grandz billetz escriptz en grosses lettres ces motz: Jehan Collart du villaige d'Aippe est condamné a

On veult faire croire au peuple que Collart a confessé estre volleur.

estre pendu et estranglé pour avoir pillé et vollé des chevaulx a des laboureurs ainsy quil la confessé. Pareillement fut mis et attaché semblables billetz contre lestomac et le doz de Collart pour ainsy le remener au supplice ; ce qui feit quelque peu appaiser le murmure du peuple par la lecture et vision de ces grandz billetz signaument par les derniers motz. Touteffois comme Dieu le createur conduict et gouverne toutes choses, il suscita ung quidam qui eut pitié et commiseration de ce pauvre homme, lequel se transporta dilligemment vers M⁰ Jehan Bodin procureur du Roy en ce baillaige, luy feit entendre comme tout sestoit passé, le prie et conjure au nom de Dieu se transporter entre deux portes en lhostellerie du Cigne ou ce jeune homme estoit detenu attendant lexecuteur, pour soustenir et deffendre la cause de l'innocent comme Dieu lui commandoit ; et combien que Bodin eust sceu le refuz qu'avoient faict les principaulx juges de la ville sur les mesmes prieres, touteffois de bonne volunté et avec hardiesse se transporta en ceste maison, ou trouvant le sieur de La Platriere, il lui feit de telles et si belles remonstrances sur le faict des ordonnances et police de justice, que ce sʳ lui accorda de remettre ce jeune homme en la prison nonobstant lempeschement quen feit lors ouvertement Carpeau, auquel depuis fut enjoinct dadministrer tesmoings pour veriffier les faictz par lui mis sus a ce jeune homme afin de lui faire et parfaire son proces, ce que Carpeau ne peust faire encores qu'on lui eust donné plus de delai quil nen demandoit ; en fin ce jeune homme pour nestre trouvé chargé daulcune chose fut du depuis eslargi des prisons a pur et a plain, a la honte de Carpeau et a l'honneur de Bodin procureur du Roy qui ainsy saulva la vie a Collart.

Cy devant vous avez veu comme le xxvᵉ jour de febvrier dernier il fut remis sus la fabrication de monnoie en ceste ville de Laon par le conseil particullier qui nomma Pierre Huré et Anthoine Vatin, orphevres qui se mirent aussitost a travailler a faire des pieces de six blancs, mais avec ung si meschant aloy que per-

Apvril 1598.

Bodin procureur du Roy faict des remonstrances au sʳ La Platriere a la faveur de Collart.

Collart est eslargy par faulte de preuve par Carpeau.

May 1598.

May 1593.

Rumeur a la ville de Laon pour des pieces de six blancs de nouvelle fabrication.

sonne nen voulloit. A ce subject il y arriva en ce mois de May ung fort grand rumeur entre les habitans de la ville et les villageois vendeurs de denrees parce qu'on contraignoit les villageois a prendre ces pieces de vi blancs, et puis apres on les refuzoit deulx, signaument les collecteurs pour le paiement des tailles, tellement quil fallut ladessus assembler le conseil de la ville en dilligence, lequel par son ordonnance du troys^e jour de may il fut dict que les collecteurs recepvroient ung tier de la debte comme en pareil le recepveur en recepvroit deulx ung tier.

En la mesme assemblee ou presidoit lesleu Delamer fut veue et leue la missive que Me Claude Legras avoit envoié de Paris a Charles de Lancy datee du xxixe apvril dernier, par laquelle il disoit merveilles sur la grande dilligence et bonne observation qui se faisoit a la tenue des Estatz. Tout se portoit bien (se disoit il) excepté sa bource qui estoit fort debille et demandoit argent pour la renforcer; prioit de Lancy de semploier en ceste affaire comme il feit, car a sa poursuicte et dilligence fut conclud quil seroit envoié a Legras cent escus oultre les cent cinquante escus qui lui avoient esté envoié a Paris.

Argent envoié a Me Claude Legras qui estoit a Paris aux estatz.

Ceste somme de cent escus fut envoié à Me Claude Legras; mais quasi aussitost courrut icy ung bruict quil se traictoit une paix entre les chefz des deux partiz. Je ne le croy pas (disoit Me Claude Dennet), car jay receu lettres particullieres de Me Claude Legras qui me mande que le Biarnois trasse son chemin en Angleterre pour y faire retraicte avec la Jezabelle. Touteffois on congnut quil y avoit quelque apparance en ce que la ville de Laon receut lettres de celle de Reims touchant ce bruict de paix, ce qui estonna fort les principaulx ligueurs dicy. Et sur ceste lettre se feit une assemblee en lauditoire de la court du Roy le xxx^e jour de may; presidoit en icelle M^r le lientenant

Despinois, ou se trouverent les gouverneurs de la ville, gens du conseil, cappitaines de quartiers, les centeniers et ung bon nombre de notables habitans zelez de ladite ville de Laon. La fut a haulte voix leu par le greffier du conseil les lettres escriptes a ladite ville par le lieutenant et gens du conseil de la ville de Reims (qui estoient dattees du xxviii^e de ce mois de may) touchant ce bruict de paix, sur lesquelles lettres et apres avoir pris ladvis de la compaignie, il fut conclud quil seroit escript a Monseigneur le duc du Maine, Messieurs des Estatz, a M^r le mareschal de Rosne et a Me Claude Legras de la part de la ville, pour les supplier deslire ung Roy catholicque et naccorder la paix avec ung hereticque scelon que plus amplement il leur seroit escript et mandé par lesdites lettres qui seroient faictes et envoiees le plustost que faire se pourroit par homme exprès; et de faict des le lendemain matin dernier jour de may, les minuttes des lettres furent dressees et leues au conseil et mis au nect pour les envoier a Paris; ne restoit qu'avoir le cheval de Pegaze pour uzer de dilligence du port; mais ne le pouvant recouvrer elles furent portees par homme des plus dispost qu'on peust recouvrer dans ceste ville de Laon.

May 1593.

Assemblee faicte a Laon sur les lettres envoié de Reims touchant le bruict de la paix.

Ceste assemblee feit davantaige croistre le bruict de la paix par la ville, et voioit on petites assemblees dhommes aux coings des rues deviser de ces lettres venu de Reims; mais pour bien parler il failloit rejecter la paix bien loing; chacun desiroit de scavoir la source de ce bruict; et la dessus arriva en ceste ville ung homme envoié expres de Paris par le s^r de Rosne avec lettres de sa part dattees du xxvie jour de may, sur lesquelles se feit une assemblee particulliere en la court du Roy le deux^e juing par les gouverneurs et depputez du conseil de ladicte ville; presidoit en icelle lesleu Delamer, ou se forgea une ordonnance telle qui sensuict.

Juing 1593.

Juing 1593.

Publication reiteree sur les deffenses cy devant faictes de parler a ladvantaige du Roy sur grandes peines.

Apres avoir veu et leu les lettres de Mr de Rosne dattees du xxvie de may dernier, et combien que par cidevant ait esté faictes et reiterees plusieurs deffenses a toutes personnes de dire ou faire choses a ladvantaige du Roy de Navarre et de ceulx tenans son party, ce nonobstant aulcuns qui lui sont affectionnez continuans leurs mauvaises voluntez sement et font courir ung faulx bruict de traicter et accorder avec lui au destriment et mepris de notre saincte relligion catholicque et appostolicque et romaine et du serment particullier faict sur le precieux corps de n^{tre} seig^r Jesuscrist. A ces causes iteratifves deffenses sont faictes a toutes personnes de quelque qualité quilz soient de dire ou faire chose a ladvantaige du Roy de Navarre ny de ceulx tenans son party, sur peine destre chassez hors ceste ville et de cent escus damende, le tiers applicquable aux denonciateurs, et aultres peines sil y eschet, comme pertubateurs du repos publicq et deserteurs de notre relligion ; et seront les presentes deffenses publiees a son de trompe et cry publicq mis et affiché par les carrefours et aultres lieux neccessaires de ceste ville afin que nul ne pretende cause dignorance.

Ces deffenses furent leues et publiees par les carrefours de ladicte ville et affichees en plusieurs endroictz et coings de rues, ce qui feit taire entierement tout ce bruict, car on ne mancquoit de mouchardz.

Le porteur des lettres du mareschal de Rosne demanda paiement de son voiaige, mais il nen pouvoit avoir adresse, ce qui lui feit presenter ung mot de requeste au conseil particullier le ixe jour de juing, ou il fut aresté quil seroit paié de la somme de sept escus daccord faict avec lui par le s^r de Rosne et Me Claude Legras comme il feit apparroir par escript ; ceste somme se print sur les deniers de la corvee comme il avoit esté conclud.

Paiement faict au porteur de la lettre du mareschal de Rosne.

En ce mois de juing, Charles Barengier sergent royal a Laon, en vertu d'une commission fut executer Guillaume Gorret maire du chappitre de Laon du nombre des meilleurs catholicques de la ville (jentend dire des plus pernicieux et seditieux, car alors telz gens les appelloit on de ce nom de catholicque), en haine et du transport de ses meubles que Barengier avoit faict. Gorret garni dun poignart soubz son manteau lalla trouver en sa maison ou lors il prenoit sa refection et lui dict quil lavoit executé sans lui avoir laissé coppie de son exploit; Barengier lui respond que present ses recordz il lavoit laissé a sa chambriere, et que auparavant son execution il lavoit plusieurs fois adverty quil estoit fort importuné de faire son debveoir par sa partie qui estoit une pauvre femme vefve. Gorret palissant de colere dict quil en avoit menty; et soudain du poignart quil feit parroistre sefforça den donner dans le corps de Barengier; pour quoi eviter il meit sa main au devant qui fut percee du coup; et pour ce que Gorret voullut redoubler, l'aultre fut contrainct (pour estre enfermee entre sa table et ung grand banc) de jecter la table sur Gorret. Sur le bruict qui se faisoit la dedans survint plusieurs voisins et aultres passans qui virent la main de Barengier plaine de sang et Gorret sortir hors la maison avec le poignart au poing, ne l'ozant toutefois retenir pour le credict que ce zelateur avoit dans la ville. Pour raison de ce faict, son proces lui fut encommencé par Mᵉ Jacques Faultré comme plus antien advocat pour labsence de Mᵉ Claude Legras prevost de la citté lors a Paris aux Estatz. De ceste proceddure Gorret en fut adverty qui redoubtant aucunement la rigueur de justice par Faultré (qui napprouvoit nullement les actions des mutins) sabsenta de la ville prenant son chemin a Paris ou il trouva Mᵉ Claude Legras, lequel sur la remonstrance quil feit a Monseigneur le duc que Gor-

Juing 1598.

Charles Barengier est blessé par Guillaume Gorret seditieux.

Juing 1593. ret avoit fort travaillé au bastiment de la ligue dedans la ville de Laon, et que a raison de ce et en haine de la garde prisonniere quil avoit faict de la personne Charles Barengier accusé de conspiration faicte contre ladicte ville il y avoit eu quelzques bastures entre eulx, pourquoy M⁰ Jacques Faultré avoit proceddé contre Gorret extraordinairement; fut mandé par lettre signee dudit s' duc audit Faultré de differer et surceoir ceste proceddure. Ceste lettre fut rapporté a Laon par Gorret et delivré a Faultré; nonobstant et sans y avoir esgard il ne laissa de travailler a linstruction du proces criminel pour passer oultre; mais il fut arresté par plusieurs appellations que Gorret interjecta conseillé a ce faire par des conseillers du siege presidial ausquelz ce mutin avoit grand acces a cause de sa fille; et feit en sorte que le blessé nen eut aulcune raison, qui avoit emploié beaucoup dargent a ceste poursuicte.

Au mesme mois de juing le conseil de la ville de Laon receut advis que plusieurs personnes se mecttoient encores a poursuivre la provision de lestat de lieutenant du prevost des mareschaulx a Laon; pour raison de quoi il fut tenu assemblee particulliere le xv⁰ jour de juing en lauditoire de la court du Roy ou presidoit lesleu Delamer. La fut conclud quil seroit escript a Monseigneur du Mayne et a Monsieur de Rosne pour les supplier de ne pourveoir ny commectre audict estat aulcune personne, attendu que lors tel estat estoit inutil en la ville de Laon; et aussi que Messieurs du siege presidial seroient suppliez de supercedder la *Hubert Haultion* reception de cellui qui se presenteroit; mais les lettres *dict cappitaine La-* de la ville furent trop tart portez a ces seigneurs, car *tour est pourveu* *de lestat de lieu-* ung nommé Hubert Haultion dict cappitaine La Tour *tenant du prevost* *des mareschaulx.* en estoit pourveu et ses lettres de provision ja expediez quil presenta a Messieurs du siege presidial, sur lesquelles (le conseil de la ville adverty) se feit une assemblee particulliere en la court du Roy le jeudi premier jour de juillet, ou il fut conclud que ladite ville sopposeroit a linsinuation et enterinement des lettres dudict Latour pour les raisons qui seroient deduictes, et que a ceste fin seroit presenté requeste audict s^r du Mayne et au conseil destat pour revocquer lesdites lettres de provision et aussi afin quil ne fust pourveu audict estat tant que la guerre dureroit.

<small>Juillet 1593.</small>

Sur la fin de juillet il fut asseuré en ceste ville de Laon que le Roy Henry 4e avoit faict profession de la relligion catholicque le dimenche xxve jour de ce mois; quil avoit oy chanter la messe a leglise St Denis en France ou il avoit esté receu par l'archevesque de Tours et aultres preslatz; de quoy plusieurs signalez ligueurs de ceste ville de Laon furent fort contristez, considerant que ceste conversion desesperoit leur entreprise, et disoient partout que sestoit une conversion simulee pour attrapper la couronne de France.

<small>Nouvelles a Laon que le Roy sestoit faict catholique.</small>

Comme Me Claude Legras qui estoit aux Estatz a Paris eut descouvert que la trefve se traictoit entre le Roy et le duc du Mayne, il escripvit de Paris en ceste ville de Laon le xviie jour de ce mois pour lui envoier lettres du corps de ladite ville adressantes aux Estatz en la mesme forme que celles qui avoient esté cy devant expediees pour les joindre avec plusieurs aultres lettres de diverses villes et communeaultez ligueuses afin dempescher du tout sil estoit possible ceste trefve. Sur ces lettres se tint assemblee particulliere en la court du Roy le dernier juillet ou presidoit lesleu Delamer. La fut conclud en ensuivant ladvis dudict Legras quil seroit escript lettres a Messieurs des Estatz estans a Paris au mesme subject que celles qui leur avoit esté cy devant envoyees qui estoient du premier juing dernier scelon la minutte qui en seroit faicte et envoié par messagier expres et qui seroit paié par le recepveur Demay. Et pour uzer de dilligence en ceste

<small>La trefve est apporté à Laon et publié tant à la ville que aux faulxbourgs.</small>

Aoust 1593. affaire daultant que les zelateurs trembloient de ces nouvelles, il fut des le lendemain premier jour daoust tenu aultre assemblee particulliere au mesme lieu, ou fut rapporté la minutte des lettres qui avoit esté composé par ung personnaige du conseil qui fut corrigé et remis au nect et envoié a Legras scelon et en la mesme forme quil lavoit mandé et quil desiroit; mais ces lettres ni celles des autres villes ligueuses ne purent empescher leffect de la volunté des deux chefz qui accorderent la trefve et cessation darmes pour trois mois ; et de faict les articles dicelle furent envoiees en ceste ville de Laon avec lettres de Monseigneur le duc du Mayne et de Mr de Rosne portant mandement expres de la faire publier et observer en ladite ville ; et sur quoy se tint assemblee particuliere en la salle de la court du Roy le viii^e aoust ou presidoit lesleu Delamer qui ordonna que la trefve seroit (comme elle fut) publiee le mesme jour par des sergens royaulx a son de trompe tant en ladite ville que es faulxbourgs pour lentretenir et observer.

Ceste trefve publiee apporta en ceste ville de Laon de grandes difficultez sur lentree de ceulx du party contraire dans la place pour le nombre diceulx soient soldatz incongneuz ou habitans exhillez, du sejour quilz y pourroient faire, a quelle condition pareillement pour les passeportz circonstances et deppendances de ce faict, joinct que les mutins de la ville disoient ouvertement que personne du party contraire ny entreroit sans peril de sa personne ; pour raison de quoy fut delegué Me Remy Bobillart advocat pour aller a Noyon ou estoit lors le s^r de Rosne afin davoir reiglement ladessus ; Bobillart y fut qui sassista dun personnaige du clergé tel quil voullut comme il lui estoit permis, et apres sa proposition faicte audit s^r de Rosne il rapporta le reiglement tel qui suict :

Bobillart va a Noion vers le mareschal de Rosne pour avoir reiglement sur la trefve.

Reiglement faict par Mʳ le mareschal de Rosne pour la conservation de la ville de Laon principallement durant la trefve.

Aoust 1598.

Que le gouverneur estant en la place, luy seul donnera les passeportz a ceulx du party contraire qui y vouldront entrer et non aultre; et sil est absent le cappitaine de la ville donnera le mot et les passeportz si ledit gouverneur a son partement ne deffent que personne nentre dans la ville.

1

Que ceulx qui entreront dans la ville encores quilz aient passeportz auront ung soldat de la garnison pour les acompaigner le temps quilz y seront.

2

Que nul des habitans de la ville ne pourra aller aux villes ennemies sans avoir passeport de son gouverneur a peine destre chastié au retour.

3

Que les passeportz ne se pourront donner que pour douze hommes.

4

Que le sergent major prendra soing de ce qui est de gens de guerre et non daultre chose, mesmes ne donnera passeport a aulcun soldat de la garnison pour sortir de la ville soit pour faire convoy ou aultrement quil ne l'ait communicqué au cappitaine dicelle et ne soit signé de lui.

5

Ce reiglement qui estoit signé de Rosne et plus bas Louvemont et scellé en placart de cire rouge, feit cesser toutes les difficultez et questions qui se faisoient au commencement de ceste trefve par le peuple qui rendit aussitost une grande obeissance a lentretenement dicelle dont chacun sesmerveilloit veu le temps et le desordre preceddent.

La trefve faisoit tirer a quartier et reculler du cueur de la France beaucoup de trouppes estrangeres, entre aultre le conte Charles avec son armee deliberoit daller loger a Crecy sur Serre et es environs, ce qui eust fort incomodé la ville de Laon qui craignoit leur se-

Plusieurs trouppes estrangeres se retirent en ce païs de Laonnois.

jour en ce lieu pour le degast des grains que les gens de guerre faisoient; pour a quoy remedier, le xvi° jour daoust fut envoié M° Remy Bobillart pardevers le conte Charles lui presenter deux douzaines de bouteilles de vin et au seig' Georges Basque son lieutenant une douzaine, et les prier faire esloigner son armee plus loing de la ville de Laon.

Pierre Barriere entreprend de tuer le Roy a Melun.

Il fut secretement rapporté en ceste ville de Laon que le xxvi° jour daoust audit an, Pierre Barriere dict La Barre natif dOrleans fut faict prisonnier a Melun ou il confessa avoir esté seduict par un capuchin de Lion, par cinq curez et vicaires daulcunes parroisses de Paris, et aussi par ung Jesuiste daller tuer le Roy avec ung couteau a deux tranchans dont il fut saisy; il fut solicité a ce parricide et resolu de le faire (comme il disoit) deux mois auparavant sa prise; quil declara aussi que deux prebtres par lui designé a son proces estoient sortiz de Lyon pour executer pareille entreprise, et que lui sestoit advancé pour avoir lhonneur du faict; quil avoit esté tenaillé par les rues de Melum ou estoit le Roy, puis qu'on lui coppa et brusla le poing droict tenant en icellui son cousteau; apres qu'on lui avoit rompu les bras jambes et cuisses et mis sur une roue ou il fut quelzques heures, et apres sa mort son corp reduict en cendre jecté dans la riviere; et que ses complices navoient peu estre pris pour sestre desguisez.

Septembre 1593.

Les vendanges venues de ceste annee, ceulx qui avoient des vignes a vendanger benissoient la trefve qui leur bailloit permission de faire leur boisson sans courir risque d'aulcune prise; il leur sembloit voiant le temps si calme comme il estoit quilz estoient transportez en une nouvelle region pour avoir esté si longtemps enfermez entre deux murailles et avec espouvente; touteffois les zelateurs craignoient tousjours et avoient poeur de surprise de la ville quelque trefve quil fust; pour davantaige les asseurer durant ce temps de vendange, il fut advisé de faire loger en ladite ville de Laon (comme on feit) au mois de septembre la compaignie du conte de Turquestin filz du sr de Rosne qui estoit logé a Bruieres.

Septembre 1593.
La compaignie du conte de Turquestin est logé a Bruieres.

Durant ceste trefve trois jeunes hommes cavalliers avec commission du party du Roy vindrent a une lieue pres la ville de Laon sur les destroictz des passaiges recepveoir les droictz du Roy pour les vins passans. De quoy le gouverneur de Rieux fasché monta a cheval et suivi de plusieurs des siens alla courir ces trois jeunes hommes qui furent ratainctz et tuez sans les oir; plusieurs craignoient que la ville ne fust argué de desobeissance aux articles de la trefve accordez par les deux partiz; touteffois on nen oit rien dire depuis.

Trois jeunes hommes cavalliers tuez par le gouverneur de Rieux.

Comme diverses choses se disoit sur la continuation de la trefve, arriva en ceste ville de Laon Me Claude Legras revenant des Estatz de Paris, lequel feit entendre au conseil particullier son retour desirant lui faire rapport de son voiaige requeroit jour lui estre donné, ce que le conseil lui octroia au xe novembre veuille de la St Martin; et a ce subject lon alla prier Messieurs les juges presidiaulx de se trouver ce jour la en la chambre du conseil, ce quilz feirent avec le conseil de la ville, le conseil des xxiiii et des plus signalez zelateurs de la ville qui furent convocquez tous desireux dentendre ce qui sestoit passé aux Estatz. Legras se meit a discourir par le menu tout son voiaige, de son arrivée et logement a Paris, de la forme que la grande assemblee avoit tenu a louverture, du travail et des peines quil avoit enduré sur les conferences qui sestoient faictes avec les villes et communeaultez du party catholicque, de la communication des cahiers des provinces du Royaulme, des belles offres qui sy estoient faictes pour la manutention de la

Novembre 1593.
Me Claude Legras faict rapport au conseil de Laon de son voiaige des estatz.

Novembre 1593. relligion catholicque appostolicque et romaine par les plus grandz de la crestienté et des alliez du party. Que en juillet dernier on sestoit veritablement opposé a la trefve quon estimoit faire prejudice au subject de leur assemblee ; mais quant on leur feit entendre que si les choses premeditees et secretement menees seroient arrivees a bon port comme on esperoit durant ceste trefve contre le Roy de Navarre, elle fut trouvé bonne. Sestoient des Aodes (comme ilz les appelloient) *Juges chap. 3e.* qui estoient envoyez pour tuer le Roy et qui pouvoient avoir plus de liberté dapprocher sa personne en temps de trefve que en temps de guerre comme pretendoit faire Pierre Barriere a Melum le xxvi° aoust dernier qui fut executé (comme il a esté dict). Que la trefve les avoit licentié pour un temps, mais quil se failloit bientost retrouver au mesme lieu pour parachever ce qui sy estoit encommencé avec ung bon ordre ; quil prioit la ville lexempter de ce retour attendu son indisposition et den eslire non seullement ung mais bien deux, pour ce quil fut trouvé estrange a ceste grande assemblee quil navoit poinct de compaignon, ce qui se voioit aux aultres villes quelque petite quelle fust afin de se soullager aux escriptz et memoires et se bailler advis lun a l'aultre sur les affaires de la province ; quil avoit apporté lettres de Monseigneur pour les delivrer a la ville quil croioit estre a ce subject, et sur le champ les meit sur table qui estoient dattees du xxviii° octobre, par lesquelles entre aultres choses il prioit la ville de Laon de renvoier de bref a Paris Mr de St Vincent et Legras pour estre au parachevement des affaires de la cause generalle. Sur ces lettres il fut advisé de convocquer une assemblee generalle, laquelle fut faicte le vendredy xii° de ce mois en la grande salle de la court du Roy ; presidoit en icelle Mr le lieutenant Demangé, ou il fut conclud quil seroit levee en dilligence sur les habitans a une fois les deniers a quoi se montoient quatre sepmaines de corvees a raison de iiii^{xx} livres par sepmaine scelon lassiette derniere. Suivant ceste conclusion la levee en fut faicte et les deniers delivrez au s^r de St Vincent et a Legras depputez pour retourner a Paris qui menerent avec eulx le s^r de Pippemont, ausquelz depuis fut envoié memoires pour faire abolir les nouveaux subsides et bureaux establiz en ce pais a la foulle et oppression du peuple; mais rien nen fut faict, car il y avoit bien daultres affaires a desmeler. Plusieurs habitans negligerent ceste assemblee generalle qui furent chacun deulx condamnez en huict solz parisis damende scelon la publication qui en avoit esté faicte, et ordonné quil en seroit faict roolle par cellui qui avoit rapporté la voix de chacune parroisse; ces amendes furent rigoureusement poursuiviz et levez sur les defaillans qui feirent grand rumeur par la ville.

En ladicte assemblee Laurent Sonnet fut esleu controlleur des defaulx des guetz et portes et recepveur des deniers en provenans au lieu de Gabriel Rouem; mais il ne le voullut accepter.

Durant les adventz de ceste annee Mr Roze prescha en ceste ville de Laon. Il estoit mandiant et chassé hors de son monastere a cause (comme il disoit) quil tenoit le party de lUnion. Sur sa requeste luy fut ordonné xl livres a prendre sur les deniers de la corvee sans tirer a consequence.

Encores que le gouverneur de Rieux ne deust habandonner de loing la ville de Laon tant pour sa qualité que pour les affaires qui y survenoient journellement, joinct que sa personne y estoit requise pour dissipper plusieurs riottes qui sengendroient parmy les grandz de la ville, neaulmoings son naturel ne lui permectoit de se tenir longtemps enfermé dans une place, aussi que si tost quil recepveoit advis de quel-

Janvier 1594.

Voiaige du gouverneur de Rieux dou il nest revenu.

que chose pour la guerre il se mectoit a lacr avec sa compaignie qui estoit composé de bons guerriers. Il advint en ce mois de janvier que Robert Hangest dict La Forest natif de Laon et habitué au bourq de Villers Costeretz ladvertit par hommes expres quil se passoit en ce pais la de fort belles occasions de faire la guerre avec proffict sur les quartiers de larmee du s^r de Humières qui estoit devant La Ferté Millon, et que de jour a aultre il sy acheminoit des compaignies aisez a deffaire pour le peu dordre quilz tenoient par les chemins. A quoy il presta loreille par ce quil sasseuroit fort sur la congnoissance quil avoit des chemins de la forest de Retz et de faire sa retraicte a Pierrefond; et de faict feit scavoir sa deliberation aux cappitaines Caruel, Mandricart et le lieutenant de la compaignie du vicomte d'Estange ses confederez qui lui promirent estre de la partie et lui manderent quil se tint prest pour les joindre en passant. Mais avant que dy aller et de partir de ceste ville de Laon, il y voullut establir chose nouvelle qui estoit de faire oster les habitans du corps de garde de la chambrette ou on faict la garde de nuit pour les mectre en garde sur les murailles de la ville, et en leur place y pozer des soldatz telz quil plairoit a son lieutenant; a tel nouveaulté les habitans sopposerent, signaument les gens de moiens et de credict qui se sentoient plus soulagez a la chambrette size au milieu de la ville que destre escartez ça et la sur les murailles; de quoy ilz advertirent le conseil de la ville afin dy remedier, lesquelz ne trouvans ceste mutation bonne pour plusieurs raisons, ilz allerent prier le s^r de Rieux de ne changer la forme antienne, avec offre que sil voulloit renforcer le corps de garde de la chambrette de viii ou x soldatz et les mesler parmi les habitans ilz laccorderoient voluntiers. Mais ainsy quil parloit a eulx sur ce reiglement et quilz estoient en quelques debatz

pour la forme et du commandement, voicy arriver
lettres des cappitaines Caruel Mandricart et aultres a
de Rieux pour les aller joindre au rendez-vous le soir
de ce jour la, en sorte que pour trousser bagaige et
en dilligence il ne peust estre faict aulcune resolution
de ceste affaire qui fut remis a son retour. Touteffois
il ne revint poinct comme il sera dict, car sa compaignie estant joincte avec les aultres, ilz sallerent embusquer sur les lizieres de la forest de Retz pour y
attrapper au passaige quelzques trouppes royalles
allant au camp devant La ferté Millon ; mais fust
que leur embuscade eut esté eventee ou aultrement,
I ny passa personne encore quilz y eussent sejourné
ung jour et une nuict; pourquoy se trouvans harras-
sez et sans repaistre, ilz feirent retraicte vers Soissons, ou sestans reposez environ quatre jours, il
print envie a de Rieux de sen retourner (comme il
feit) avec sa compaignie seulle a la forest, jugeant en
soi ung lieu propre a son desseing ou il salla embusquer, dedans laquelle y entra le seigneur de Haraucourt gouverneur de Clermont et sa compaignie qui
fut mis en route, aulcuns faictz prisonniers et le bagaige pris mené et vendu a Pierrefond et les deniers
receuz par le mareschal de la compaignie et non departy. Pendant ceste vente et rafreschissement des
chevaux, de Rieux voullut aller a pied veoir une
sienne maison size au villaige de Rethone, prenant
pour escorce XXVI ou XXVII des siens tous a pied a
raison quil failloit passer par la riviere d'Aixne sur
une petite naucelle et de peu de contenance ; et comme
de Rieux veit quilz ne pouvoient tous passer ensemble,
il y entra avec environ la moictié de ses gens, demeurant la le reste pour passer apres ; mais voicy ung
malheur qui le tallonne de pres, car comme ilz estoient
les deux tiers passez la riviere, ilz descouvrirent au
bord de leaue ou ilz alloient quelzques XXXIII ou

Janvier 1594.

Embuscade du gouverneur de Rieux et autres cappitaines a la forest de Retz.

De Rieux veult aller veoir sa maison a Rethone.

xxxv harquebuziers de la garnison de Compiegne qui les recongnoissant pour ennemis par la coulleur de leurs escharpes leur feirent une salve d'harquebuzades avec cry au batellier de continuer son chemin a eulx ; daultre costé de Rieux le contraignoit de retourner ; finablement apres quil y eut quelzques ungs de blessez dedans ceste nacelle ou ilz estoient fort serrez et qui ne pouvoient rendre combat, et que les assaillans ne cessoient de tirer, de Rieux se jecta dedans leaue tenant le bord de la nacelle de ses mains pour ne produire que sa teste a la misericorde des coups et commença a crier : Saulve de Rieux, saulve de Rieux. Les assaillans loyant nommer cesserent de tirer et feirent approcher le bastellier a la rive avec sa nacelle, de laquelle sortit de Rieux qui sestoit remis dedans et faict prisonnier avec ceulx qui lacompaignoit. Il recongnut en la trouppe des assaillans ung sien cousin quil pria le favoriser et le faire ramener du costé de son gouvernement pour les rendre tous comptens de sa prise, mais il ny eut aulcun pouvoir pour ce quil navoit aulcun commandement et aussi que les aultres furent tous daccord de lamener a Compiegne. De Rieux fut longtemps en debat de cheminer de ce costé la il uzoit de toutes sortes de promesses pour sen exempter, car il se doubtoit bien quil ne sortiroit de ceste ville la a son aise pour le mauvais traitement quil avoit faict aux habitans ; enfin on le feit cheminer a Compiegne ou il fut faict prisonnier criminel et non de guerre ; comme de faict Mr Miron se qualifiant intendant de la justice es armees du Roy, apres quil fut declaré compectant sur lappel formé par de Rieux, il lui feit et parfeit son proces extraordinaire par information interrogatoire recollement et confrontation ; finablement par sa sentence de Rieux fut déclaré attainct et convaincu de plusieurs cas a lui imposé hors le faict de la guerre, et pour reparation desquelz condamné estre pendu et estranglé a une potence mise et plantée a la place publicque de Compiegne, sentence qui fut prononcé et executé le xi⁰ mars de ceste année 1594. On tenoit en ceste ville de Laon pour vray par le rapport de plusieurs de ce pais qui furent recollez et confrontez a de Rieux, que le mespris et contempnement quil avoit faict des sauvegardes du Roy et de Mʳ du Mayne chefz des deux partiz lorsquil envoia son trompette sommer le sieur de Neufville estoit couché sur sa sentence, et que nonobstant les sauvegardes il avoit faict battre le chasteau, pris et ravaigé ce qui estoit dedans, mesmes faict pendre plusieurs habitans refugiez en ce lieu, et pareillement quil avoit tué au pied de ceste montaigne trois hommes qui percepvoient les droictz du Roy durant la trefve generalle sur les vins passans.

Janvier 1594.

De Rieux executé a mort.

Si tost lemprisonnement de de Rieux qui fut le xxi ou xxii⁰ janvier, Mʳ le mareschal de Rosne en donna advis a la ville de Laon par le sʳ de La Chanterie (porteur tant des lettres que de la commission a lui baillé qui estoit dattee du xxiii⁰ jour de ce mois de janvier) pour y commander durant lemprisonnement de de Rieux, avec injonction aux habitans de Laon de lui obeyr pour la conservation de la place. Le conseil deladite ville sassembla la dessus, qui estoit composé des gouverneurs, du conseil ordinaire, d'une partie de celui des xxiiii depputez, de Mʳ levesque de Laon, des conseilliers du siege presidial et des procureurs et advocatz du Roy, ou presidoit M. le lieutenant particullier, qui conclurent quil seroit rescript audit seigneur de Rosne du regret que la ville avoit de la captivité dudit de Rieux ; le supplier de lui conserver son gouvernement sans en disposer ny commectre ung aultre. Plusieurs sestonnerent de la prise de de Rieux parce qu'on croioit quil estoit dun aultre costé. La craincte qu'on eut que ce gouvernement ne fut pris

Le sʳ de la Chanterie arrive a Laon.

par auctorité de quelque grand seigneur du party feit arrester en la mesme assemblee que lon ne laisseroit entrer dans ladite ville gens de guerre aultres que les garnisons ny personnaiges de quelque qualité quilz fussent sans ladvis du conseil de pareille assemblee que celle la, afin de garder la liberté et franchise des habitans ; mais le lendemain ilz se trouverent bien empesché a leffect de leur conclusion, car les nouvelles leur vint que le s^r de Rosne arriveroit ce jour la en la ville avec beaucoup de suicte ; ce qui les feit rassembler en dilligence pour y adviser, ou ilz arresterent quil seroit presenté du vin audit sieur de Rosne a son arrivee, et neaulmoings quil nentreroit dans la ville avec lui aultres que son train et ses gardes et non les compaignies de pied ou de cheval, lesquelles se pourroient retirer aux quartiers qui leur seront donnez aux villaiges par le sergent major ou mareschal des logis.

Janvier 1594.

Le mareschal de Rosne arrive à Laon.

Apres larrivee du mareschal de Rosne et sa reception honnorable, les gouverneurs de la ville luy furent presenté du vin, ausquelz ledit s^r mareschal leur dict son intention qui estoit de mectre en ceste ville de Laon le viconte dEstange pour gouverneur pendant lemprisonnement du sieur de Rieux, pour le faire entendre aux habitans. Sur quoy fut tenu assemblee le xxvie jour de janvier en la chambre du conseil, ou il fut aresté que lon accepteroit ledit s^r viconte pour gouverneur et lui rendroit on obeissance et quil seroit mis en ses mains la moictié des clefz qui soulloit estre es mains dudit de Rieux, et que ledit sieur de Rosne seroit prié de conserver les previlleges de la ville qui lui ont esté de tout temps conceddez et dont elle avoit joy jusques a present, ensemble pour la liberté des habitans, ny de rien changer lestat dressé pour lestablissement de la garnison qui estoit pour lors en ladicte ville ; laquelle deliberation et supplication les gou-

Le viconte dEstange est gouverneur de Laon.

verneurs feirent scavoir audict sieur mareschal qui accorda leur demande. Et le lendemain xxvii° janvier se tint une pareille assemblee en ladicte chambre du conseil, ou se trouverent ledit sieur de Rosne et le viconte son filz qui presta le serment de fidelité comme commis à la place dudit de Rieux et pour son absence, apres avoir exhibé sa commission qui estoit signee dudit sieur de Rosne scellee en placart et dattee du xxvii° janvier de ceste annee, laquelle fut registree au registre du conseil de la ville qui commençoit par ces motz : Crestien de Savigny seig^r de Rosne, mareschal de France, gouverneur et lieutenant general en lisle de France, au viconte dEstanges notre filz salut.

Janvier 1594.

Le quatriesme febvrier, par ladvis du conseil de la ville de Laon et soubz lauctorité du viconte dEstanges jeune gentilhomme, M° Jehan Bertrand chanoine et doiem de leglise cathedralle de ladite ville trouvé en la rue accusé davoir parlé contre et au prejudice de la ligue fut mis hors la ville par la force des soldatz qui ne lui voullurent permectre de rentrer dans sa maison pour y prendre son manteau et quelzques comoditez, disans avoir charge expres dainsy faire.

Febvrier 1594.
Le doien Bertrand est mis hors la ville pour avoir parlé contre la ligue.

Comme les villes ligueuses veuilloient lune pour laultre, celle de Mezieres envoia lettres en ceste ville de Laon le vi° mars par homme expres pour ladvertir quil y avoit entreprise sur elle par le duc de Bouillon ; afin de se donner garde de surprise, a ce porteur lui fut donné xx solz tournois seullement qui nestoit sallaire raisonnable. Ceste entreprise du duc nestoit contre la ville de Laon, mais bien sur la compaignie du mareschal de Rosne qui fut quelque peu estrillé de nuict dans le faulxbourg de Vaulx ou une partie de ceste compaignie estoit logé.

Advis donné a la ville de Laon par celle de Mezières.

Le treiz° jour de mars, no^{tre} M° Leger de lordre St François preschant ceste annee le caresme en ceste

Mars 1594.

Mars 1594.

Le prédicateur de Laon annonce a sa prédication la mort du gouverneur de Rieux.

ville de Laon denonça aux assistans en sa predication la mort du gouverneur de Rieux pour lame duquel il pria chacun de dire ung de profundis; ce qui estonna plusieurs personnes qui nen avoient rien oy dire. Il estoit fort dangereux aux gens de paix dentre rencontré des mutins a la sortie de ceste predication, laquelle avoit servi de fuzil a la cervelle des mutins et tellement enflamblee leur rage quilz samasserent par trouppes en deliberation de tuer tous les prisonniers de guerre qui estoient dans la ville en quelque lieu quilz fussent, comme de faict voullant effectuer leur mauvaise volunté allerent commencer a lhostellerie du cheval blanc ou il y avoit ung gentilhomme prisonnier ; et neust esté le credict de lhoste il eut passé le pas ; mais il nen eut que la peur combien que ces mutins feissent offres de paier sa ransson en leur livrant le personnaige.

Le service du deffunct de Rieux.

Le vendredy ensuivant le chappitre de Laon feit chanter ung service pour le deffunct gouverneur.

Aultre service pour ledict de Rieux avec predication a sa louange.

Le lundy dapres, la vefve de ce deffunct fait celebrer ung aultre service ou assista les principaulx de la ville de Laon. Apres les cerimonies achevees, no^{tre} Me Leger se meit a prescher a la louange du deffunct, lexaltant jusques au ciel pour sa bonne et saincte vie quil disoit avoir exercé en son vivant ; recita entre aultres choses quil avoit imité en doulceur et clemence son parin M^r St Nicolas, quil avoit en ses armoiries ung aigneau figuré qui signifioit ceste doulceur et trois estoilles pour monstrer quil aspiroit plus au ciel que aux choses terriennes, que Dieu lavoit douee de plusieurs belles perfections, quil jusnoit ordinairement les vendredis avec prieres et aulmosnes, quil avoit exposé plusieurs fois sa personne avec grand hazard allencontre des hereticques ennemis de Dieu et de leglise, crainct et redoubté par eulx pour sa valleur et hardiesse; recita quelzques exploictz de guerre quil avoit faict en son temps, que pour les faire cesser et rendre les places quil tenoit il en avoit esté souvent solicité par les ennemis avec grandes promesses, mais quil navoit jamais voullu se desjoindre davec les catholicques en continuant tousjours ses haultz faictz darmes, que pour ceste cause et comme par enchantement et non par la force des armes il avoit esté pris, mené et crucifié a Compiegne, recepvant en ce lieu la couronne de martire, et comme champion de leglise sestoit acquis place au royaulme des cieulx ou il estoit a present joinct avec les bien heureulx. Bref ce predicateur ne mancquoit den dire beaucoup de bien et plus quil nen scavoit et quil nen estoit.

Le lendemain de ce jour toutes les eglises des parroisses et aultres de la ville se mirent en prieres pour le deffunct gouverneur et chanterent funebres services avec le son de tant de cloches quil sembloit a les oyr quil estoit la veuille du jour des trespassez.

Peu de temps apres on sceut en ceste ville de Laon les nouvelles que le xxıı^e jour de mars de ceste annee m. v. c. ıııı^{xx} xıııı le Roy estoit entré dedans la ville de Paris par le moien des intelligences du s^r de Blin gouverneur de ladite ville, du conte de Brissac et daultres, et que le tout sestoit sy bien passé qu'il ny avoit eu aulcun desordre ny personne offensé qui estoit ung miracle, de quoy plusieurs sesmerveilloient en ceste ville et feit beaucoup rabaisser laudace des mutins.

Avant que ceste ville de Paris se fut reduicte en lobeissance du Roy, Monsieur du Mayne en eut certain advis, mais il ny pouvoit remedier et se retira arriere prenant son chemin en ceste ville de Laon ou il arriva sans faire grand bruict le xxııı^e jour de mars ; et le lendemain il se transporta en la maison episcopalle ou il feit entendre au conseil de ladite ville que pour la mort advenu au s^r de Rieux il avoit commis et

Mars 1594.

Services faict aux parroisses de Laon pour ledict de Rieux.

Les nouvelles a Laon que le Roy estoit dedans Paris.

M^r le duc du Mayne est dedans Laon.

Mars 1594.

Le filz de Mr du Mayne est receu gouverneur de Laon.

commectoit pour commander en la ville son filz Monsieur le prince ; pria le conseil et les habitans lui rendre obeissance, ce quilz promirent faire, et pour commencement lui mirent es mains les clefz de la ville que les gouverneurs de la place ont acoustumé d'avoir ; et le jour dapres xxviie de ce mois arriva a ladite ville le duc de Ferria et dom Diego de Mandoze ausquelz fut presenté du vin.

Apvril 1594.

Rangueuil est pourveu de lestat de lieutenant general au baillaige de Vermandois.

Le premier jour dapvril, ung nommé Rangueil de Crespy en Vallois (pourveu par Monsieur du Mayne de lestat de lieutenant general au baillaige de Vermandois au lieu de Me Adrien Defer qui tenoit le party du Roy) se meit au siege du baillaige en prenant possession de cest estat, ce qui nestoit guerre au gré de Messieurs de ce siege qui de tout temps nont aymé les forrains parvenuz aux premiers estatz de la ville, encores quilz feissent le semblant du contraire.

Me Jehan Bodin et Me Charles Despinois font banqueroutte a la ligue.

Sur les certaines nouvelles de la reduction de la ville de Paris, plusieurs personnes de la ville de Laon furent en grand soucy deviter lorraige quilz voioient les tallonner de pres, a raison que a la cause et soustenement de la ligue ilz sy estoient par trop engaigez. De ceulx la estoit Me Jehan Bodin dict de St Aman et Me Charles Despinois, lesquelz pour avoir plaine congnoissance de la prosperité des affaires du Roy ne taschoient qua donner subject aux mutins et surveillans de les faire sortir la ville pour se reunir au party du Roy ; et pour y parvenir, en toutes compaignies ou ilz se trouvoient ilz disoient nouvelles contre la ligue, ce qui leur sembloit estre suffisant pour se mectre en deffiance deulx et les faire chasser hors comme on avoit faict le doiem Bertrand ; mais leur invention ne reussit scelon leur intention ; pourquoy se voyans pressé a faire retraicte pour veoir les habitz de la ligue fort descouzu, le cinquiesme jour dapvril ilz sortirent voluntairement hors de Laon et sallerent refugier en labbaie St Vincent par la permission secrette de Mʳ labbé, ou ilz receurent quelzques fascheries des gens de guerre du party royal qui les reputoient pour ennemis pour navoir encore faict acte ni declaration desrogeant au party de la ligue ; touteffois ilz nen receurent pas grande perte ni dommaige.

Le mardy douziesme jour dapvril derniere feste de pasques, se feit en la maniere acoustumee la grande assemblee generalle de tous les habitans de la ville de Laon en la place de Chevresson, ou presidoit Rangueil lieutenant general, en laquelle Mᵉ Jehan Ducrocq comme procureur de Mᵉ Claude Legras presenta une requeste signee dudit Legras qui fut leue a haulte voix, par laquelle et pour les causes y contenues il requeroit comme il avoit cy devant faict deffenses estre faictes aux habitans de ladicte ville de faire aulcune ellection de mayeur ou juge de police en peine de nullité et damende arbitraire. Soudain la lecture faicte, Mᵉ Martin Charlet, chanoine de Laon et scindicq du clergé (soi disant fondé de procuration) consentit pour le chappitre de Laon lenterinement de ceste requeste comme cy devant il avoit faict une pareille, et quil empeschoit formellement quil fust proceddé a lelection dun juge de police pour les raisons quil entendoit deduire en temps et lieu, requerant acte de son opposition a ladicte ellection ; et par les gouverneurs de ladite ville fut dict que nonobstant toutes remonstrances opposition et requeste présenté par ledict Legras et consentement du chappitre, quil debveoit estre proceddé a lelection dun juge de police comme il sestoit faict les annees precedentes a la consideration des raisons rapportees aux lettres de Monseigneur. Surquoy et apres que les gens du Roy furent oyz, il fut ordonné que acte scroit donné ausdits Legras et Charlet de leurs remonstrances pour

Apvril 1594.

La grande assemblee generalle de la derniere feste de pasques de lannée 1594.

Opposition sur lelection d'un juge de police.

Apvril 1594.	eulx pourveoir comme ilz verroient estre a faire, et nonobstant lesquelles quil seroit proceddé aux advis et deliberations sur les articles contenues aux memoires qui seroient baillé au peuple, comme il fut, qui se retira par parroisse a la coustumee. Les billetz rapportez, le peuple pour appaiser Legras en ceste annee de sa continuelle poursuicte quil faisoit tous les ans pour abolir le juge de police et pour le gratiffier de
Innocent Labiche est esleu juge de police.	son voiaige des Estatz, esleurent M° Innocent Labiche son beau pere pour juge de police, afin que comme deux testes en ung chapperon ilz feissent ensemble ce quilz vouldroient en ces deux charges de prevost de la cité dont estoit pourveu Legras et de juge de police baillé a son beau pere ; mais Dieu les deschargea tost apres de ces deux offices comme il sera dict.
Simon Hubert gouverneur de ville.	Fut esleu Symon Hubert pour gouverneur de ville au lieu de Charles Delancy qui entroit en recepte en la place de Jehan Aubelin qui en sortoit.
Lesleu Blondel conseillier de ville	Lesleu Blondel fut esleu pour conseillier de ville au lieu dudit Hubert.
Le conseil des XXIIII et aultres officiers de la ville continuez.	Le conseil des xxiiii fut continué. Pareillement le cappitaine de la ville, les quatre cappitaines de quartiers, les centeniers, procureur de la ville, greffier du conseil, les valletz de ville, le greffier du guet, les guettes, recepveur et controlleur des deffaulx des portes et guetz furent continuez.
Ordonnance que chacun feroit garde a la ville.	Et sur les plainctes faictes par le peuple que plusieurs de la ville se pretendoient exemptz des gardes des portes et guetz pour plusieurs raisons, mesmes les femmes vefves riches et aisez, il fut ordonné que chacun feroit la garde, nonobstant les previlieges quaulcuns pretendoient et sans prejudice a iceulx, ou bien quilz y envoiroient homme capable.
Don faict a ung predicateur.	En une assemblee particulliere tenu le xiiii° jour davril, ou presidoit Innocent Labiche, fut ordonné

quil seroit paié a ntre Me Leger qui avoit presché le caresme en leglise Ntre Dame la somme de iiiixx livres tournois qui lui furent paiez.

Apvril 1554.

Environ ce temps, les ecclesiasticques de Laon se trouverent neccessiteux pour le peu de recepte quilz faisoient de leur revenu, a raison que les laboureurs et tenanciers de leurs heritaiges et trescens estoient renduz pauvres et miserables par la guerre. Quant a leur boúrce commune ordonné pour les contributions des fraiz de la ville, elle estoit wide du tout, et consequemment les quartz et demiz quartz descu forgez en ceste ville de Laon soubz le nom de Charles xe provenans des rellicques inutilles (comme ilz les appelloient) avec une belle piece et de grand prix (manié par viii ou x chanoines) qui estoit la ville de Mariembourq en argent mis en son plan et vray pourtraict que le Roy Henri iie (scelon son vœu avoit donné a leglise Ntre Dame de Laon en lan mil v. c. lv. lorsque lon alla au ravitaillement de ladicte ville); tout estoit espuisé, tellement quilz ne scavoient plus ou en prendre, car de tirer argent de leur bource chacun en leur particullier, ce nest pas la coustume puisquil est question de chose qui concerne le general. Finablement par faulte dinvention, ilz arresterent de ne plus contribuer avec les habitans seculiers aux frais de la ville tant ordinaire que extraordinaire; et de faict feirent ample declaration a la ville de leur refuz avec offre neaulmoings de continuer leur debveoir au party pour leurs personnes. Sur ceste declaration se tint assemblee le jeudi xvie jour davril tant par les gens du conseil particullier que des xxiiii, ou presidoit le lieutenant Rangueil, où fut conclud que lon feroit des sommations et interpellations aux ecclesiasticques de continuer leur contribution, avec protestation de recouvrer sur eulx toutes pertes despens dommaiges et interestz; ce qui leur fut faict en parlant a Me Martin Charlet leur *indicq*

Declaration faicte par le clergé de Laon de ne plus contribuer aux fraiz de la ville.

May 1594.

Coucy-le-Chasteau reprend le party du Roy.

Mr le duc du Mayne est dedans Laon qui ordonne de la garde.

qui percista en la declaration faicte par lesdits ecclesiasticques; chose qui troubla fort le cerveau de plusieurs pour ne scavoir a quel fin ce refuz se faisoit, et qui faisoit doubter de plusieurs personnes.

Vers le soir du premier jour de may, on sceut en ceste ville de Laon pour vray que la ville et chasteau de Coucy sestoient remis en leur premier debveoir au service du Roy en renonceant a la faction ligueuse a laquelle le sr Delamer navoit guerre acquis dhonneur; il sestoit touteffois assez bien entretenu en amitié avec ses voisins tant dun party que daultre durant ce temps. Sa reduction fut faicte avec beaucoup de bonnes conditions que le Roy lui avoit accordé longtemps auparavant ce premier jour de may : touteffois il dilaia la declaration de son service jusques ad ce que le sr de La Rochepot proche parent de sa femme lui manda quil se faisoit tort dainsy dilaier et quil avoit a craindre la renonciation des conditions que le Roy lui avoit accordé ; pourquoi il pria par lettres le conte de Chaulne gouverneur de Chaulny de lui envoier le cappitaine La Foucaudiere avec sa compaignie pour en faire sa declaration comme il feit ; et y entra dedans ladite ville de Coucy le matin de ce premier jour de may, retenant par le sr Delamer ceulx qui voullurent demeurer dedans la place pour le service du Roy et donnant passeport a ceulx qui voullurent sortir.

Le jeudy cinqe jour de may, Monsieur le duc du Mayne arriva en ceste ville de Laon ; sitost son entree il feit mectre des soldatz dedans la tour du Roy, et ce faict manda pardevers lui le conseil de la ville auquel il feit entendre que pour la seureté et conservation de la place il avoit faict mectre quelzques soldats dans la tour du Roy pour y tenir garnison. De quoy le conseil se trouva fort estonné dou proceddoit ceste si soudaine ordonnance et leur sembla que ledit sr avoit deffiance deulx ; on lui remonstra la fidelité des habitans tant au party catholicque que a son particullier, que de tout ce quil avoit cy devant ordonné et commandé il avoit esté aussitost obei, quil ne debveoit avoir aulcun soupson sur eulx, que ceste grosse tour avoir esté de tout temps employé a resserrer et mectre en seureté les prisonniers et laccinct de ce lieu a lexercice et administration de la justice tant civil que criminel nayant lieu ni place en toute la ville ou on peust faire telle exercice que en ce lieu ; le supplioit aussi se souvenir quil leur avoit promis de ne rien innover de tout ce qui estoit a la ville, avec encore aultres remonstrances pour linduire a licentier ceste garnison ja establie. Surquoy ce seigneur se meit a penser quelque peu de ceste affaire qui craignoit mescontenter les habitans quil scavoit estre assé enclin a rumeur ; dailleurs il eust bien desiré que Monsieur le prince son filz eust occuppé ceste place pour y faire son logement qui estoit au millieu de la ville pour sen servir scelon les occurrences ; pourquoy ayant le tout digeré il ordonna que la grande porte de la court du Roy seroit et demeureroit ouverte pour dedans ce lieu y faire les functions ordinaires et acoustumees, mais que pour la conservation de la place il y auroit ung corps de garde de soldatz pozé pres la grande porte ou on pourroit mectre des habitans en garde avec des soldatz, ce qui fut faict, duquel corps de garde il s'en servit jusques a la reddition de la ville comme il sera dict en son lieu.

May 1594.

Avec la guerre qui travailloit fort les habitans, la malladie contagieuse sy alla joindre au commencement de ce mois de may ; il y eut deux ou trois maisons sizes a la place du petit marchet de la dicte ville qui furent infectez de ceste malladie et aulcuns portez au tombeau ; celles de Gregoire Granssart et de Jehan Malicorne furent des premieres ; a raison de quoi il fut

La maladie contagieuse est dedans Laon.

May 1594.

ordonné le ix⁰ jour de ce mois que le marchet se tiendroit tous les jours a la placette devant leglise St-Remy excepté le sebmedy qui se tiendroit a la place St-Jullien tant que la malladie seroit au petit marchet, la place duquel fut haié afin que personne ny allast; touteffois il fut rapporté que de nuict aulcuns communicquoient avec les infectez, de quoi les mallades saugmentoient de jour a aultre, ce qui feit ordonner par le conseil le xi⁰ jour de ce mois que tous les mallades et infectez qui estoient dans la ville seroient sequestrez et mis aux maisonnettes sizes au pied de la montaigne, lesquelles seroient a ces fins reparees de ce qui seroit neccessaire pour leur logement.

Le magazin de la ville est visité.

Durant que l'Espaignol tenoit son siege devant La Cappelle, Monsieur le duc du Mayne revint en ceste ville de Laon acompaigné du conte de Challigny qui donna advis au conseil de ladicte ville de visiter leur magazin et de faire bonne provision de faisines et aultres choses neccessaires pour la conservation de la place, daultant quil avoit entendu que le Roy faisoit estat de venir bien tost pardeça; que sil perdoit La Cappelle comme il y avoit apparence, il se pourroit jecter sur quelque aultre place pour avoir sa revenge. Suivant cest advis le magasin fut visité et homme envoié expres le xvii⁰ de may porter des mandemens aux villaiges de Festieu, Aippe, Athy et aultres villaiges des environs le bois de Samoussy pour en dilligence faire apporter des faissines dans la ville pour sen ayder (disoit le mandement) en temps de neccessité ; cestoit affin de ne bailler lespouvente au plat pais par ces billetz.

Ordonnance faicte pour faire sequestrer les mallades de la contagion.

La malladie contagieuse augmentoit fort en ceste ville de Laon en plusieurs et divers endroictz ; et pour adviser au remedde il se tint asssemblee particulliere le mercredy du matin xxv⁰ jour de may, ou il fust arresté que les cappitaines de quartiers et centeniers de ladite ville senquerreroient dilligemment des mal lades qui seroient en leur quartier pour apres les faire conduire tant au jardin des biches en labbaie St-Martin ou seroit dressé des huttes que a la malladerie de La Neufville ; et par la mesme assemblee fut conclud que la ville seroit visité pour le bled et pour le vin, et que les centeniers chacun en leur quartier bailleroient passeport aux gens de villaige pour sortir hors la ville chacun deux ou trois quartelz de bled au plus et seullement deux fois la sepmaine asscavoir le mercredy et le sebmedy en certiffiant par leurs maitres que sestoit pour leur nourriture. *Que la ville de Laon seroit visité pour le bled et pour le vin.*

Ceste ordonnance ne fut nullement effectuee, car comme le Roy avec bonne trouppe de cavallerie et dharquebuziers a cheval voullut aller secourir sa ville de La Capelle siegé par l'Espaignol, et sapprochant assez pres, il receut advis quelle sestoit rendu a composition et quil y arriveroit a tard. Pourquoy il reprint son chemin par de ça ; et comme il estoit logé a la cense de Foucausis au dela Crecy-sur-Serre, il fut fort sollicité dentendre au siege de ceste ville de Laon; toutefois daultant quil se voioit sans canon et munitions propre a telle affaire, il nen voullut rien arrester quil ne congnust auparavant la contenance de ceulx de dedans ; pourquoy il ordonna a ses courreurs duzer de dilligence pour surprendre et semparer des faulxbourgs de la ville, comme ils feirent ce mesme mercredi xxv⁰ jour de may par la guide daulcuns habitans exhillez de ladite ville et suivans larmee de Sa Majesté, et ce avec telle promptitude et hardiesse que nonobstant les canonades et harquebuzades qui leur furent tirez, ilz se saisirent environ les unze heures du matin de tous les faulxbourgs, et passans oultre sadvancerent en aulcuns endroictz jusques a la contre escarpe du fossé, se logeans sans aulcun empeschement ou bon leur sembla au grand estonnement de ceulx de dedans qui se trouverent aussitost renfermez avec beau- *Le siege mis par le Roy devant la ville de Laon.* *Tous les faulxbourgs de Laon sont pris sans empeschement.*

May 1594.

Le Roy se loge à la Neufville dabord.

coup de villageois venuz au marchet ce jour la ; et environ les deux heures apres midy, le gros de larmee se parut qui se logea aux faulxbourgs et villaiges prochains, prenant le Roy pour quartier cellui de la Neufville. La pluspart des habitans estoient doppinion que le Roy ne feroit que passer pais pour nestre garni de canon ni munition convenable a ung tel siege ; mais il advint tout aultrement, car apres que Sa Majesté eust consideré la place, receu advis des forces et munitions de guerre dont la ville estoit garnie, il resolut en son conseil de la sieger, et de faict commanda de travailler aux approches et tranchees en toute dilligence, comme il fut faict. Lors les habitans congnurent la resolution du siege par le remument des terres ; pourquoy de leur part a layde des villageois travaillerent aussi au dedans a faire tout debveoir a lempeschement de lentree de leurs ennemis et fortiffier aux endroictz les plus faibles de la ville qui furent recongneuz et enseignez par le seig^r du Bourq gouverneur commandant lors dans la ville soubz lauctorité de Charles Emanuel, filz du duc du Mayne, qui y estoit avec quelques compaignies de soldatz tant François, Allemans, que Napolitains, assez mal complettes ; y estoit aussi

Le president Janin estoit dans Laon.

bon nombre de mutins parisiens : les ungs se qualifioient cappitaines, et les aultres du conseil dudit s^r duc refugiez dans la ville de Laon pour lieu de seureté et beaucoup plus que a Paris ou ilz neussent ozé se parroistre quant Sa Majesté leur eust permis sy retirer. Pendant ce temps, de la part du Roy on estoit allé querir le canon qui arriva quelzques jours apres, lequel touteffois ne fut emploié si tost quil eust esté, a raison que Sa Majesté receut advis que le duc du Mayne assembloit toutes ses forces dans La Fere sur Oize pour venir par deça au secours de la place, dedans laquelle il ne fault dire comme les habitants faisoient tout debveoir de bonne garde sur les murailles tant de nuict que de jour rengez chacun en son quartier ou leur commandoit leurs centeniers assistez parfois de cappitaines de guerre, pendant que le s^r de Bourq et aultres chefz et cappitaines faisoient forces visites sur les murailles et patrouilles dans les rues pour recongnoistre la disposition de tout, se mectant par apres en grosses places publicques pour sacheminer la par ou il se trouveroit neccessaire; a eulx sadjoignirent les refugiez du conseil du duc. Pour les ecclesiasticques, ilz voullurent faire congnoistre quilz nestoient paresseux en leur debveoir en se meslant avec les habitans seculiers en divers corps de garde, ce quilz feirent pour quelque temps ; et du depuis pour davantaige se faire parroistre en leur nombre et bien armez, ilz erigerent entre eulx une compaignie, le chef de laquelle estoit Monsr Du Glas dArrency evesque de Laon ; au des soubz de lui estoit Me Thiery Thuret chanoine a Reims qui souvent conduisoit en piaffe ceste cohorte pretorienne tout du long de la ville jusques au champ St Martin ou il la rangeoit au long des murailles depuis la Pissote jusques a Galliot, laquelle estoit souvent visitee de leur chef, lespee au costé, le gorgerin au col et le baston a la main, avec bonne assistance, qui de la sen alloit aux aultres gardes les inciter a leur debveoir, leur rapportant du commencement que le s^r de Bourq avoit discouru que le Roy ne feroit pas grand sejour devant la ville pour navoir que seize cens hommes de pied et poinct de munition de guerre, que sa demeure en ce lieu nestoit que pour se repozer de la longue traicte quil avoit faicte allant a La Cappelle et pour considerer lasseurance et resolution des habitans et non les sieger ; touteffois chacun voioit le contraire par la levee et remument continuel des terres et les approches dilligentes que les assiegeans faisoient pres les murailles, mesmes que a ces endroictz la par

May 1594.

Les ecclesiastiques de Laon vont en garde soubz la conduicte de Me Thiery Thuret chanoine a Reims.

May 1594. le dedans le sr de Bourq y faisoit travailler les villageois au retranchement.

Le siege estant formé et vrayment congneu de tous les habitans de la ville, on se meit a visiter le magazin et a tenir souvent assemblee particulliere pour adviser aux urgentes affaires, a quoy Innocent Labiche comme juge de police y tenoit la main, qui prononça comme president en lassemblee tenu le xxviie de may et scelon ladvis des assistans quil seroit promptement levé sur la ville par forme demprunct neuf vingtz quatre asnees de bled, et en dilligence cueuillé par le lieutenant du grand prevost de lhostel de la ligue et mis au magazin pour estre converty en pain et distribué aux gens de guerre ; pour la boisson les habitans en fournirent lors xxiiii pieces qui ne tarderent guerre. A ceste cause il fut deux jours apres advisé au conseil particullier quil seroit levé sur les habitans en la mesme forme que dessus deux cens pieces pour estre distribué aux gentilzhommes et gens de guerre estans dans la place durant le siege ; mais au regard de la pouldre a canon qui defailloit, on eust recours a la vefve du gouverneur de Rieux qui en delivra seize cens livres de pezant aux gouverneurs de la ville moiennant sept cens livres tournois dargent que le recepveur lui paia le premier juing scelon laccord faict avecq elle.

*Levee de IX*ˣˣ*IIII asnees de bled par forme demprunct et de XXIIII pieces de vin et encores de deux cens pieces.*

Achapt de XVI c. livres de pouldre a canon.

Comme les gentilzhommes et aultres du conseil destat de Monsieur du Mayne refugiez dans Laon eurent recongneuz lespouvente des habitans et que les principaulx dentre eulx redoubtoient fort leurs personnes par ce siege, ils feirent entendre a quelzques ungs du conseil de ladite ville par personnes interposez que ces gentilzhommes et aultres nestoient deliberez demploier ni hazarder leurs personnes a la tuition et deffenses de la ville a leurs despens ; quilz y avoient faict une grande despense qui leur avoit pro-

*XIII*ˣ*II*ᶜ *I*ˣ*II escus donnez aux s*ʳˢ *du conseil destat et gentizhommes du duc du Mayne par la ville de Laon.*

duict une neccessité dargent; que ce mancque dargent les pourroit contraindre a demander a lennemi son passeport pour faire leur retraicte a Reims ou a Soissons qui leur seroit bientost accordé pour affoiblir la ville ; quilz estoient tous gens de guerre de commandement et de credict, et pourquoi il valloit mieulx adviser a leur faire delivrer quelque somme dargent pour les obliger; qu'apres le siege on trouveroit les moiens de remplacer ce quilz auroient receuz. Surquoy Innocent Labiche juge de police (a qui on sadressa le premier pour le congnoistre thimide) feit assembler le conseil particullier le xxvii® may apres midy, qui arresta que pour aulcunes considerations il seroit baillé ausdits s^{rs} du conseil destat et gentilzhommes qui semploiroient a la deffense de la ville la somme de iiii. c. escus comme il leur fut delivré sur la fin de ce mois ; et si receurent encores le dix® juing en suivant ii. c. escus, oultre vii. c. l. escus que le receveur des toilles leur avoit baillé des deniers de la subvention, et encores xxxii escus le xvii® jour du mesme mois, qui sont en tout xiii. c. iiii^{xx} ii escus.

<small>May 1594.</small>

Pour les frequens affaires qui survenoit journellement et dheure a aultre, le vi® juing il fut arresté a lassemblee particulliere tenu en la maison Labiche que le Conseil se tiendroit tous les jours a une heure apres midy sans estre convocquez.

<small>Ordonnance que le conseil se tiendroit tous les jours.</small>

Le viii® juing, a la faveur de plusieurs harquebuziers de la ville posez sur le hault des rampars, se feit une sortie de gens de piedz par le dedans des fossez a couvert de la contre escarpe qui donnerent dans la tranchee de la Moncelle ja fort advancee, ou ilz mirent le feu a quelzques pieces de bois cloies et aultres ustancilles et tuerent quelzques huict ou dix soldatz des assiegeans, avec buttin de quelzques armes et manteaux quilz rapporterent dans la ville.

<small>Saillie de ceulx de la ville sur les gens du Roy.</small>

Les ecclesiasticques de Laon debveoient fournir

Juing 1594.

Les ecclésiastiques fournissent au magasin cent asnees de bled.

cent asnees de bled pour faire mouldre et mectre au magazin, mais ilz dilaioient tousjours a les livrer sur de telles quelles excuses; finablement (scelon leur requeste) il fut permis par acte dassemblee particulliere du XII° juing aux depputez du clergé de prendre de gré a gré daulcuns habitans particulliers de ladicte ville ladicte quantitee de bled pour satisfaire a leur contribution; cecy leur estoit accordé pour servir aux depputez du desdommaigement quilz pretendoient contre le clergé de lobligation quilz passeroient en leur propre nom aux habitans particulliers qui leur fournissoient les cent asnees de bled.

Le bestial des villageois enfermez dans la ville est a vil prix.

Auparavant que le gros de larmee du Roy fust arrivé a son logement, les habitans des faulxbourgs et des villaiges prochains de la ville de Laon feirent entrer dedans tous leurs bestiaux, en sorte quil sen trouva enfermé bon nombre qui servit beaucoup au commencement du siege aux assiegez, car le bure fromaige et laictaige y estoient en grande abondance, mais leur nourriture y estoit difficile a trouver pour l'herbe qui y deffailloit, de maniere que pour ce default les villageois exposerent en vente leur bestial et les bailloient a vil prix, qui fut cause que le conseil de ladite ville dressa une ordre a la nourriture de la gendarmerie et leur bailla on des vaches par chacune sepmaine, ce qui se continua tant qu'on trouva des vaches a achepter pour leur fournir, et puis apres il fut composé avec eulx a largent en la forme qui suict assçavoir :

Deniers distribuez par sepmaine aux gens de guerre dans la ville au lieu de chair.

Au regiment du gouverneur de Bourq au lieu de deux vaches quilz avoient par sepmaine leur fut paié XL livres.

Au regiment du Fresne au lieu de deux vaches par sepmaine leur fut baillé pareille somme de XL livres.

Au regiment des Allemans au lieu de deux vaches par sepmaine leur fut baillé XL livres.

Au regiment des Neapolitains au lieu de trois vaches par sepmaine leur fut baillé soixante livres, mais ilz ne se contenterent de ceste somme, remonstrerent que leur compagnie estoit complete, ce qui nestoit aux aultres, pourquoi fut augmenté leur somme de xv livres sans tirer a consequence, qui estoit par chacune sepmaine LXXV livres. *Juing 1591.*

A la compaignie du cappitaine Jehannot au lieu dune vache fut baillé xx livres.

A la compaignie du cappitaine Ballet au lieu dune vache xx livres.

A la compaignie du cappitaine Dumont au lieu dune vache xx livres.

Aux commissaires et officiers au lieu de demie vache x livres.

Au cappitaine Lapierre au lieu de demie vache x livres.

Au cappitaine Destournelles au lieu de demie vache x livres.

A la compaignie du cappitaine Couvert et a la compaignie du cappitaine Courtillier au lieu de demie vache x livres.

A trois soldatz soubz la charge du s^r Du Jugeaut au lieu de douze livres et demie de chair leur fut baillé xxv solz.

Aux soldatz des gardes de Mr de Rosne au lieu de xxx livres de chair LX solz.

A neuf soldatz soubz la charge du s^r de Pippemont au quartier de la Moncelle, au lieu de xxxvII livres et demie de chair leur fut baillé LXXV solz.

Somme III. c. III livres par chacune sepmaine et par ordinaire.

Pour ayder au paiement de ceste nourriture et a la continuation dicelle, il fut arresté au conseil tenu le XVIIe juing que Nicolas Sollon et Jacques Danie fermiers du greffe du baillaige de Vermandois seroient *Nicolas Sollon et Jacques Danie sont contrainctz au paiement de III c. escus.*

contrainctz de fournir a la ville par forme de prest la somme de'm. c. escus sur ce quils pourroient debveoir de leur ferme.

Juing 1594.

La ville de Laon demande secours.

Les approches faictes fort pres des murailles de la ville (comme elles estoient) furent cause pour haster le secours promis par le duc du Mayne qu'on meit fallotz et lanternes ardantes sur le hault des clochers de la grande eglise afin de bailler congnoissance de la neccessité de la ville et faire advancer le secours, a raison de quoy le s^r duc et le conte Charles de Mansfeldt feirent mectre leur armee ensemble et dresser la teste vers le fort St Lambert comme silz se fussent voullu advancer par le costé de Crespy; touteffois soudain elle tourna teste par dedans la forest et sortit des bois en champ de bataille sur la colline dune petite montaigne pres le villaige de Cessieres en ung lieu fort advantageux pour linfanterie avec huict pieces de canon. Le Roy qui les costoioit feit de sa part tourner teste a son advangarde de ce costé la et sempara dune aultre petite montaigne qu'on appelle la Mothe de Sauvrezis vis a vis de laultre ou il feit mener sept pieces de canon. La il fut bien canonné et escarmouché de part et daultre; mais l'Espaignol ne voullut entrer en ung combat et ny peult estre attiré. Les deux armees demeurerent ainsy par quelzques jours a la veue lun de laultre. Le desseing de l'Espaignol nestoit que a jecter dans la ville de Laon des forces et munitions : et sur ce desseing feirent resolution dy faire entrer deux convoiz tous pretz. De quoy le Roy en fut adverty qui envoia au devant deulx pour sopposer au passaige ses chevaulx legers avec viii. c. Suisses et aultant dinfanterie françoise conduictz par le mareschal de Biron assisté de bon nombre de noblesse qui deffirent entierement le premier convoy composé de vii. c. hommes de pied exceptez quelzques xxx ou xl. qu'Espagnols qu'Italiens qui gaignerent le chemin de

Escarmouche faicte pres la mothe de Sauvrezy.

Le Roy envoie le mareschal de Biron pour empescher les convoiz.

Laon ; ce fut le xvii⁰ juing. Et le second convoy chemina le
lendemain xviii⁰ de ce mois et dressa son passaige par
le grand chemin de la forest ; sestant mis en trouppes,
a la premiere estoit xiii a xiiii. c. hommes de piedz
en tres bonne couche, puis apres environ iii. c. charrettes apres lesquelles suivoient iii. c. chevaulx qui
faisoient larriergarde. Comme ce convoy fut a demi
entré dans la forest, les Espagnolz descouvrirent assez
avant dans les bois quelzques mesches dharquebuziers de lembuscade des François qui sestoient couchez sur le ventre ; touteffois ilz ne laisserent de temp-
ter leur entreprise et de marcher fort furieusement en
bon ordre teste baissee en intention de passer sur le
ventre de ceulx qui leur vouldroient debatre le passaige. Ilz estoient bien advertiz que le mareschal de
Biron estoit en ce quartier la, lequel sy estoit mis il y
avoit ja une nuict et ung jour entier jusques sur les
cinq heures apres midy quilz le rencontrerent en teste
avec la noblesse quil avoit et une partie des chevaulx
legers qui les arresterent courtz. Soudain linfanterie
françoise leur donna en flanc ; mais ilz furent brave-
ment soubstenuz par linfanterie espagnolle ; et dura
le combat pres dune heure, ce qui feit mectre pied a
terre au mareschal et a toute la noblesse pour le combat de pied ou ilz feirent preuve de leur valleur. Et au
mesme instant le sʳ de Givry qui commandoit au reste
de la cavallerie françoise, se leva de lembuscade et
chargea la cavallerie espagnolle qui restoit a rentrer
dans la forest de telle furie quil les deffeit entierement ;
et aussi tost furent mis en route et deffaictz la plus
grande partie de ceulx qui estoient ja entrez dedans
ou il y demeura sur la place de vii a viii. c. hommes
mortz, les aultres prenans la fuicte dans les bois ; il y
eut seullement deux cappitaines prisonniers. Le plus
grand butin que feirent les François se fut de mil a
xii. c. chevaulx de charrettes, les vivres et munitions

Juing 1594.

*Les deux con-
voiz de munitions
sont deffaictz.*

*Le nombre des
mortz.*

Juing 1594.

Le buttin gaigné par les gens du Roy.

Advis donné aux assiegez de la deffaicte de leurs secours.

Le duc du Mayne envoie lettres a Laon qui est cellee.

Le Roy faict travailler a deux mynes.

quilz ramenerent a larmee du Roy qui estoit devant la ville de Laon ou ilz prindrent rejouissance de leur buttin. Ce que voullant congnoistre aux assiegez, ilz se mirent a carillonner et bondir toutes les cloches des faulxbourgs, et mesmes des tranchees a haulte voix leur faisoient entendre la mauvaise fortune advenu a leurs gens ; mais a cela il y fut apporté prompt remedde par les zelateurs de la ville qui en dilligence allerent de corps de garde a aultre dire que Monseigneur le duc estoit venu seullement pour trasser et recongnoistre son chemin avec peu de gens, et que de bref il retourneroit avec de belles forces pour passer sur le ventre de larmee du Roy. Voila lemplastre qui fut aussitost appliqué a ce mal.

Peu apres le duc du Mayne feit tenir lettres a la ville de Laon pour lui faire tendre a quelque honneste capitulation avec le Roy, pour ce (comme il disoit) que son retour ne pouvoit estre sitost quil eust desiré pour leur salut. Ceste lettre fut delivré aux principaulx de ladite ville qui cellerent la verité dicelle, disoient au contraire que le duc mandoit que de bref il reviendroit avec toutes ses forces, et ce pendant quon feit bonne garde. Deux jours apres, pour bailler coulleur a ceste mensonge, fut choisy Jacques Hermant et Jacques Desmasures qui par les rues a haulte voix disoient que le secours venoit a la ville et que la terre estoit toute couverte de gens de guerre ; aulcuns allerent veoir de dessus les murailles, mais on ne voioit rien a la campaigne ; et si on nen ozoit rien dire.

Le Roy voiant loppiniastreté des assiegez feit travailler en toute dilligence aux tranchees et a deux mines quil avoit ordonné, lune a la grosse tour de Chevresson et laultre a une petite tour qui faisoit lencongneure de la Moncelle. Estant le canon balles et munitions du Roy arrivez, pour contreminer ces deux mines, Nicolas Carlier m⁰ masson feit faire ung fort long foret de fer, mais il ne servit de rien non plus que jadvis de lesleu Blondel qui sen voullut mesler avec ung bassin plain deaue.

Juing 1594.

Environ ce temps une bonne partie des habitans et des plus riches de la ville doubtans fort de levenement de ce siege, cherchoient tous les moyens de vendre leur bled et vin dont ilz sestoient grandement fourniz ; et sur ce quil estoit neccessaire de bailler a vivre aux pionniers villageois en grand nombre qui travailloient sans cesse aux retranchemens, soffrirent de bailler comme ilz feirent grande quantité de bled et vin montant a grosses sommes ; pour lasseurance du payement ilz tirerent des gouverneurs et recepveur de la ville leur promesse et obligation en ladite qualité, mais je crois quilz en ont esté mal dressez, aussi faisoient ilz estat que tout estoit perdu.

Bleds et vins baillez aux gouverneurs de la ville soubz leurs promesses.

Quant les gentilzhommes neapolitains congnurent qu'on avoit affaire deulx et qu'on les carressoit pour faire leur debveoir a la deffense de la place, ilz voullurent avoir de largent aussi bien que messieurs du Conseil destat et gentilzhommes de Monsr le duc (dont est cy devant parlé) ; pourquoy sur leur demande il fut advisé au conseil de la ville le xxi° juing que pour les tenir en amitié et les inciter a bien faire, quil leur seroit distribué iii. c. escus, et pour y satisfaire que Nicolas Sollon et Jacques Danie fermiers du greffe de baillaige de Vermandois seroient contrainctz par toutes voies a fournir ceste somme ;

Argent donner aux Neapolitains

Que M° Michel Marquette comme fermier des entrees des vins seroit contrainct de paier aultres trois cens escus pour subvenir aux urgentes affaires qui se presenteroit ;

Que M° Michel Marquette seroit contrainct paier 3 c. escus.

Pareillement que les juge de police, gouverneurs et recepveur de ladite ville, responderoient a Regnault Branche de L ou LX escus pour du taffetas frange et

Que les escharpes donnés aux cappitaines seroient paiez.

soie qui fut baillé ce jour la par ledict Branche a Mr le prince et cappitaines de sa suicte pour faire des escharpes.

Le xxıe jour de juing, le Roy feit mener trois pieces de canon et deux moiennes entre le chemin de labbaie St Vincent et les Creuttes pour tirer contre la tour St Remi et une aultre tour carré assez pres de laultre, contre lesquelles et quelzques aultres endroictz des murailles fut tiré avant midi cent dix coups de canon, et apres midi environ les quatre heures sept coups seullement, qui nestoit que pour amuser les assiegez et leur oster la congnoissance du travail qui se faisoit a la sappe et aux mines daultres endroictz de la ville ; il y eut ce jour la ung soldat et une fille de tuez vers les rempars de leglise St Estienne de quelzques balles qui traverserent le parapel des murailles de la ville.

Si tost le canon joué, plusieurs soldatz voullurent vivre a discretion sur les habitans, maintenoient cela leur appartenir par droict de guerre et coustume ordinaire dans toutes villes siegez ; mais sur le rumeur qui intervint a ce subject, les chefz de guerre considerans que tel debat napporteroit q'un desordre et division les ungs contre les aultres, mesmes de ce que les habitans estoient en plus grand nombre que les soldatz, il fut establi ung ordre pour leur vivre et distribué pain et vin a personnes choisiz et depputez pour le departir aux soldatz qui se contenterent pour en avoir a suffisance, la ville ne mancquant poinct de vivres.

Le lendemain xxııe jour de juing, le canon fut changé de place et tiré sur le hault du mont Classon regardant Galliot. Sur ce mont fut faict une haulte terrasse avec faissines pour le pozer qui touteffois ne tira ce jour la. On se trouva fort estonné dans la ville dune si grande dilligence et promptitude davoir en si peu de temps faict monter le canon sur ce mont qui a toutes ses pentes fort roydes. Cela augmenta lespouvente a plusieurs des assiegez qui commencerent a bransler. Pour a quoy remedier les corps de garde furent souvent visitez par les plus signalez afin dencorrager chacun ; et mesmes sy transporta ung gros et gras Jacobin faisant exhortations a tenir ferme pour la querelle de Dieu et de leglise (comme il disoit), alleguant des exemples propres a son incitation. Cestoit le mesme Jacobin qui preschoit quasi tous les jours en ce temps la a leglise St Jehan au bourq a pareil fin ; mais le peuple voyant le grand bruict du second secours cessé et quon nen faisoit plus destat, ne peust prendre en paiement les parolles de ce prescheur : pourquoy des lors chacun doubta du hazart et de levenement du siege ; touteffois on nozoit encores librement parler, mais bien en cachette entre ceulx qui se congnoissoient.

Juing 1594.

Ung Jacobin va de corps de garde a aultre les inciter a tenir ferme.

Ce mesme jour du xxii⁰ juing, le s⁰ de Bourq feit mectre ensemble tous les villageois et les feit travailler par le dedans au retranchement quil feit faire au champ St Martin a lendroict de Galliot.

Les villageois travaillent au dedans la ville au retranchement.

Il fut faict ce mesme jour une nouvelle et seconde cottisation de trois cens asnees de grain sur les habitans qui furent nommez par le conseil.

Cottisation de iii c asnees de grain sur les habitans de Laon.

Le xxiii⁰ juing sur le soir, fut tiré du mont Classon quatorze coups de canon contre les molins du champ St Martin ; la balle dun des coups passant sans rencontre alla tumber dans la maison lesieu Doulcet en la rue du Blocq, et dun aultre coup fut tué une femme qui entroit dans ung molin du champ St Martin pour aller requerir sa farine, ce qui espouventa la compaignie des ecclesiasticques qui estoit pozé en ce quartier la, qui desiroient estre en plus grande seureté ; pourquoy consultation faicte entre eulx ilz habandonnerent par eschange leur quartier pour aller prendre cellui de derriere levesché ou estoit lors pozé en

La compaignie des gens deglise se retire arriere des coups.

Ju ng 1594. garde les habitans de la rue du Blocq qui furent contrainctz par lauctoritee du gouverneur changer de place pour prendre celle que les ecclesiasticques avoient delaissé au champ St Martin.

Invention des petitz molins en pierres dures.

Ces coups de canon donnez contre les molins apporterent de grandes incommoditez a la ville pour la farine qui y defailloit, a raison que les molins qui nestoient endommagez et mesmes ceulx a chevaulx refaictz dans la halle ne servoient plus que pour les gens de guerre, car quant aux zelés ilz sen estoient pourveuz de bonne heure avec chairs sallez et aultres provisions ; mais au regard du commun peuple il estoit fort incomodé, qui fut contrainct par industrie de faire et composer de petitz molins de pierre dure avec lesquelz a force de bras on tiroit farine du bled tellement et quellement moulue.

Le canon du Roy tire aux molins de la ville.

Le xxiiii° juing il fut encores tiré quelzques coups de canon contre les molins du champ St Martin pour empescher de mouldre ; et a se tenir dedans il y faisoit fort chatouilleux pour les balles qui passoient a travers.

Plusieurs habitans de la ville sont mis prisonniers par soupson.

Ce mesme jour du xxiiii° juing, ung jeune soldat cavallier natif de ceste ville de Laon nommé Charles Gaillard, sortit hors ladite ville et se rendit a larmee du Roy ; a cause de quoy et du soupson qui fut conceu par les parrolles quil avoit tenu peu auparavant son partement, joinct la conference qu'on lui avoit veu faire avec aulcuns habitans, il fut sur le soir de ce jour la mis et constitué prisonnier plusieurs habitans de ladite ville accusez de conspiration qui furent miserablement detenuz captifz par le geollier fort propre a la cruaulté.

Aultres habitans mis prisonniers.

Comme aussy le lendemain qui estoit le xxv° juing, furent les prisons renforcez daultres habitans qui navoient peu estre trouvé le jour preceddent accusez du mesme faict ; faisant ceste recherche fut rencontré le nepveu de Gaillart duquel est cy devant parlé qui fut apprehendé comme espion et ce jour mesme pendu et estranglé au champ St Martin.

En ce temps la il pluvoit quasi tous les jours, ce qui incomodoit fort les gardes tant de part que daultre, signaument les assiegeans.

Le xxvi⁰ jour de juing, les pieces plantez sur le mont Classon tirerent cinquante coups contre les murailles de Galliot qui abbatirent deux tournelles de bricques faictes en fasson de cul de lampes posez sur deux encoignures des vielles tours et murailles.

Le xxvii⁰ jour dudict mois fut tiré environ cent coups de canon contre la tour St Remy, aulcuns desquelz passans oultre donnerent contre leglise de labbaie St Martin, ce qui se faisoit pour oster la congnoissance de ce qui se preparoit aux aultres endroictz.

Le xxix⁰ jour dudict mois environ les trois heures apres midy, se feit une sortie de la ville par des gens de guerre qui donnerent aux tranchees qui se faisoient pres la tour de Chevresson ou fut mis le feu a quelzques ustancilles, et y fut tué environ xiiii ou xv soldatz pour la garde des ouvriers et les aultres mis en route qui furent aussitost secouruz et remis dans les tranchees avec augmentation de forces. Il fut rapporté a la ville lendroict de la mine qui se faisoit ; toutesfois la contre mine quon feit depuis a lendroict remarqué ne la sceut rencontrer ; aussi ny avoit il dedans la ville gens propre ni experimenté a telle affaire, et ny servit de rien le long forret de fer bassin et cadran dont est cy devant parlé.

Vous avez cy devant veu comme la ville de Laon avoit fourni aux gentilzhommes et gens du Conseil destat de Mʳ du Mayne refugiez dans Laon en leur neccessité a quatre fois jusques a la somme de xiii ᶜ. iiiiˣˣ ii escus qui estoit somme notable ; touteffois ilz

Juing 1594.
Le nepveu de Gaillard pris pour espion et pendu.

Pluie continuelle.

Les deux petites tourelles de Gaillot abbatuz de canon

Le canon du Roy donne a la tour St Remy.

Saillie faicte par les assiegez sur la garde des tranchees.

Trois cens escus delivrez aux gentilzhommes du duc du Mayne refugiez a Laon.

Juing 1594.

ne laisserent encores avec grande instance de demander encores la somme de III ᶜ. escus quilz disoient avoir besoing tant pour leur vivre que pour faire racomoder leurs armes ; qui fut cause que le conseil de ladicte ville sassembla, qui se meit a considerer quil les failloit entretenir en amitié pour eviter le desordre qui pouvoit intervenir a ce subject, joinct les grandes affaires qui salloit presenter pour la deffense de la place ; et pourquoi il fut advisé de leur accorder leur demande, et que Mᵉ Jehan Vairon conseiller seroit prié de fournir ceste somme de III. c. escus et que le juge de police et les deux gouverneurs de la ville bailleroient leur promesse en leurs purs et privez noms de lui rendre.

Préparatifz faitz par les assiegez et par les assiegeans.

Depuis le XXIXᵉ juing quil se feit une sortie de la ville par les gens de guerre jusques au neufiesme juillet ensuivant, il ne se feit en ce siege aulcune chose memorable ; le temps fut emploié par les assiegez et assiegeans en legeres escarmouches par linfanterie, au travail des mines et contre mines, au remument des pieces tranchees et retranchemens tant dedans que dehors la ville, faisant par les assiegez amas et preparatifz de fustailles et petitz gabions, de bon nombre de lictz garniz de plumes et daultres ustancilles pour remparer les bresches qui se pourroient faire ; se faisoit aussi appareil de plusieurs feuz artificielz comme de potz et grenades a feu, cercles enveloppez de banderolles de linge trempé en huille et couvertz de paille poissee et gressee de goudron et pouldre de souffre, de nombre daiz et carreaux de bois tous persez de long cloux bien pointuz avec des chausses trappes pour coucher et jecter es lieux et endroictz par lesquelz il fauldroit venir aux mains pour entrer dans la ville afin de carresser les plus eschauffez ; la pluspart de ces appareilz fut porté vers le quartier de la porte a Crehault ou le sʳ de Bourq jugeoit debveoir estre le plus grand effort, voiant en cest endroict sept pieces de canon du Roy logees et mises en deux batteries, asscavoir cinq en ung jardin assez pres du lieu ou aultreffois y avoit eu une petite eglise vulgairement appellee la chappelle St Jud, et deux sur le mont de Crehault eslevees sur une terrasse faicte expres, et au plus bas de la montaigne quatre coullevrines tant dedans une vigne tirant au faulxbonrg St Marcel que a des ruelles pres de la, pour donner aux deffenses et parappetz des murailles de la ville durant la batterie ; avant laquelle le s*r* de Bourq feit dilligence de faire desmolir et mectre bas le comble et couverture de la tour le maire et rabaisser bonne partie de sa muraille afin que les desmolitions ne vinssent a combler le fossé et facilliter le passaige aux assiegeans, chose qui servit grandement aux assiegez parce que en cest endroict les fossez ne sont guerres creux pour les roches naturelles qui donnent empeschement a les profondir.

Comme ces choses se demenoient le cappitaine La Mareliere lieutenant du cappitaine Ballet estant de nuict en garde hors la porte a Lusault habandonna secretement sa garde, prenant avec soi ung sergent de sa compaignie nommé Robert La Haie, et suivant son pourparlé du jour precedent alla trouver ung cappitaine de larmee du Roy au lieu assigné qui le mena parler a Sa Majesté, auquel effrontement et dasseurance La Marelierre promit livrer la ville sans perte dhomme, designant le lieu et les moyens quil y tiendroit, chose quil sembloit estre fort aisé a executer, et pour a ce parvenir ce cappitaine disoit quil lui convenoit avoir mil escus pour paier les compaignons de la faction. Sur lasseurance de ses parolles et de ses grandz sermens, le Roy lui feit delivrer les mil escus et reconduire avec son sergent jusques au lieu dou il estoit parti ; mais cestoit une trahison que ce Mare-

Juing 1594.

La tour le Maire desmolie en partie par les assiegez.

Le cappitaine La Marrelierre compose pour livrer la ville de Laon au Roy.

La Marelierre reçoit mille escus.

lierre avoit projecté avec aultres pour faire perdre beaucoup de bons hommes et avoir de largent. Pour en descouvrir la verité, le Roy envoia ung espion dans la ville le jour dont la nuict suivante se debveoit executer lentreprise, qui rapporta que lapres midy on avoit renforcé les murailles de la ville a lendroict ou le Roy lui avoit designé avec quelzques petites pieces de canon qui flancquoit les murailles, ce qui le feit doubter; pourquoy il envoia vers le soir ung cappitaine accomodé en paisant avec une jument sur la contre escarpe du fossé, faignant de faire paistre sa beste, ou il descouvrit le travail a des preparatifz extraordinaire qui se faisoit a lendroict ou La Marelierre debveoit donner passaige, ce qu'estant rapporté au Roy il ne laissa pourtant dy envoier a lheure assigné, mais il bailla instruction de choisir ung lieu couvert pour nestre endommaigé de la ville, comme ilz feirent, et apres quelzques allecs et venues proche des murailles par des particulliers et a lescart, il fut descouvert que cestoit une attrappe dressee, pourquoi les gens du Roy se retirerent le plus doulcement quilz peurent et sans bruict, et le lendemain matin la verité du faict fut plainement descouvert. Depuis ce temps la ville se rendit par composition au Roy qui y entra le troy^e jour daoust, la veuille duquel jour La Marelierre craignant sa personne pour avoir pris argent et navoir livré sa marchandise se desguisa et sortit hors la ville y laissant son sergent Lahaie qui quelque temps apres fut recongneu et arresté prisonnier, lequel interrogé sur le faict susdict par Me Charles Martin prevost de la citté confessa son assistance a La Marelierre et pourquoi il lui avoit promis L escus toutefois quil nen avoit receu que XXVI, remonstra quil neust ozé refuser le commandement de son cappitaine pour estre sergen de sa compaignie, supplioit la justice lui donner liberté suivant la cappitulation accordé, et que sa de-

Juing 1594.

La trahison de La Marelierre est descouverte.

Le sergent La Haie est arresté prisonnier dans Laon.

lemption pourroit nuire a daultres du party du Roy. L'affaire mis en deliberation, il fut aresté que le sergent Lahaie rendroit les cinquante escus comme il feit a layde de Laurens et Adrien de la Tour ses beauxfreres et delivrez a lun des gouverneurs de ladicte ville pour en faire estat, moyennant quoi il sortit hors des prisons le xve aoust et aussitost hors la ville comme il lui estoit enjoinct.

<small>Juing 1594.</small>

<small>Il rend les cinq^{te} escus quil avoit receu.</small>

Durant les preparatifz dont est cy devant parlé, se feit une sortie de la ville en plain midy par des soldatz de la garnison (qui a la faveur des deux pieces de canon lune pozee vers le jeu de paulme de bracque et laul're vers la tour le maire) donnerent aux gabions de ces deux pieces du jardin pres St Jud qui nestoient encore garniz de terre et y mirent le feu faisant prendre la fuicte aux gardes, lesquelles sitost lalarme donnee furent secouruz par les suisses du Roy, luy en personne contraignerent ceulx de la ville a faire retraicte, laisserent deux pieces du canon du Roy offensez par cellui de la ville lune aux roues et laultre a lembouchure, quinze ou seize soldatz et deux canonniers de tuez, et le lendemain matin fut veu par ceulx de la ville daultres gabions mis a la place des bruslez.

<small>Aultre saillie faict par les assiegez sur le canon du Roy.</small>

Apres doncq que les assiegeans de leur part eurent faict tous les appareilz quil leur sembla neccessaire, ilz commencerent leur batterie de bon matin le neufiesme jour de juillet M. V. C. IIIIXX XIIII qui fut assé furieuse et dilligemment poursuivi jusques sur les sept heures du soir faisant bresche a la muraille depuis la tour le maire qui fut abbatu (encores quelle fust de bonne et solide matiere) jusques a la porte a Crehault qui sen alla aussi en ruine qui contenoit de frond environ cinquante apas, ou il fut tiré neuf cens soixante quatorze coups de canon, la furie et estonnement desquelz donna telle fraieur a plusieurs mu-

<small>Juillet 1594.</small>

<small>Batterie furieuse vers la porte a Crehault.</small>

Juillet 1594.

tins de la ville quilz sallerent loger en cachette dans les clochers et voultes de la grande eglise Notre Dame ou estoient plusieurs femmes et filles refugiees et mises arriere de la furie avec lesquelles ilz faisoient de belles prieres et vœux.

Pareillement lors se trouva que la compaignie qu'avoit le jeune prince Charles Emanuel pour sa garde composé dhabitans voluntaires la plus part mutins fut fort augmentee dhommes par le moien que beaucoup des zelez se jecterent dans ceste compaignie pozee ce jour la pres la forteresse de la tour du Roy pour sexempter des rempars quilz avoient habandonnez pour craincte des coups.

Plusieurs habitans craintifz se rengent dans la compaignie du prince Charles Emanuel.

Environ les sept heures du soir on envoia quelzques rudachiers pour recongnoistre la bresche qui se presenterent assez hardiment jusques audessus de la contre escarpe du fossé, mais pour estre hasté de ceulx de dedans prindrent la charge de retourner faire leur rapport et dire que la bresche estoit raisonnable touteffois assé difficile a monter au hault tant pour la terrasse encores haulte dedans en aulcuns endroictz que pour la pluie qui feroit glisser ceulx qui y vouldroient monter, ce qui fut trouvé vray peu apres par les chefz cappitaines et gens de guerre destinez a la poincte, lesquelz sans guere marchander donnerent brusquement a la bresche ou ilz monterent y prestant quelque combat et jusques aux mains ; mais pour ce que le commandement leur estoit donné du Roy par expres se loger sur le rempart de la ville et ne passer oultre, ilz ne feirent grande contenance de forcer les tenans, se contenterent davoir recongneu et consideré leur retranchement quilz rapporterent estre dressé et faict si pres des murailles quil estoit impossible se loger sur le rempart sans grande perte dhommes pour le peu despasse quil y avoit. Mais daultant que le Roy nestoit lors en ce lieu pour recepveoir son comman-

Assault donné a la ville de Laon au costé de la porte a Crehault.

Recongnoissance du retranchement faict a la porte a Crehaut.

dement, ains plus loing pour veoir leffect des mines, le retour a la bresche fut differé ou il en demeura quelzques ungs et plus de blessez que de tuez pour ce que les preparatifz des assiegez navoient rien effectué a raison que les assaillans ne sestoient advancez jusques au lieu ou on pretendoit les bien festoyer.

Juillet 1594.

Quasy en ce mesme temps les deux mines jouerent qui feirent assé bon effect contre les tours et murailles de la ville y faisant bresche raisonnable ausquelles on alla a lassault; mais a raison de la pluie qui continuoit rien ne se feit de bon a lintention du Roy, et a dire vrai ceste pluie empescha les beaux exploictz de guerre qui sy eussent peu faire, mesmes les harquebuziers furent empeschez en leur debvoir a la seconde charge et poursuicte; il se parut quelzques ungs au combat de la picque sur la bresche de Chevreson, laquelle fut mieulx deffendue et avec plus de resolution que non pas celle de la Moncelle qui fut quelque temps du tout habandonnee par les assiegez prenans fraieur du mouvement et tremblement de terre qui se feit lorsque la mine joua, laquelle (pour la trop grande dilligence des premiers allans a lassault qui se penssoient couvrir des espesses fumees) en consomma et ensevelit quelques ungs dedans terre, ce qui feit retarder assez longtemps ceulx qui estoient ordonnez pour les soubstenir. Pendant ce retard, les fuyars advertiz que personne nestoit monté reprindrent cœur retournans peu a peu en leur debvoir, non pas tous, car il y en eut qui demeurerent jusques au lendemain cachez au plus profond de leur maison, et si les assaillans ne se fussent retardez si longtemps comme ilz feirent, ilz neussent trouvé que bien peu de resistance, nonobstant quelzques soldatz qu'on avoit logé derriere les murailles des jardins de ce quartier percez a propos pour soubstenir le combat des cuirasses, tellement que aultre chose ne se feit a ceste bresche

Les mynes jouent a la tour de Chevresson et a la Moncelle.

Le sr de Pippemont le cappitaine Dennet et Jehan Davenne centenier commandert a la Moncelle.

par les assaillans qui lentement montoient sexcusans sur la difficulté du passaige et de la pluie quil faisoit.

Remparement faict par les assiegez.

La nuict suivante les assiegez travaillerent a remparer le tout au mieulx quilz peurent, et depuis il se passa quelque temps en legeres escarmouches pendant lesquelles ceulx de dedans fortiffierent et retrancherent plusieurs aultres endroictz remarquez par le gouverneur, et ceulx de dehors a redresser leur batterie et renouveler les gabions, faire advancer la sappe qui estoit commencé a la muraille de la ville a costé de la porte a Crehault, aussy a visiter les effectz des mines pour y travailler daultre fasson.

Paiement fait a la garnison de Laon pour une sepmaine.

Apres le remparement des bresches les soldatz de la garnison demanderent le paiement dune sepmaine qui leur estoit deue qui se montoit a cent escus peu plus, ce qui leur fut faict le xie jour de juillet par le recepveur de Lancy pour les deux tiers et par le clergé laultre tier.

L'erection dune compaignie de villageois dans la ville.

Le gouverneur de Bourq ayant consideré ce qui sestoit passé, trouva quil mancquoit dhommes de guerre a la deffense de la place pour estre de grande garde, pourquoi il dressa une compaignie de paisans enfermez dans ladite ville quil choisit pour porter les armes commandez par ung homme de guerre, lesquelz il poza au champ St Martin a lendroict quil trouva neccessaire; a ceste compaignie nouvelle par ordonnance du conseil de la dite ville fut baillé a chacun homme par jour du pain suffisamment et ung pot de vin et aux officiers de ladicte compaignie a lequipollent.

Une troisieme cottization de ii c. asnees de bled et de iiii^{xx} xii pieces de vin.

Le xviie jour de juillet fut faict une troisiesme cottization de deux cens asnees de bled et de iiii^{xx} xii pieces de vin sur les personnes qui furent nommees par le conseil de la ville.

Le lendemain xviii^e jour de juillet, les assiegez trouverent invention de faire ung trou a la muraille de la ville par le dedans et au parfond de la cave dune maison size assez pres leglise St Nicolas Cordelle qui respondoit dans les fossez de la ville par lequel secretement (a la faveur de plusieurs harquebuziers den hault) il se feit une sortie de gens de piedz qui donnerent dedans les tranchees de la moncelle du costé ou les gardes et sentinelles ne se doubtoient. La fut tuez que blessez xviii ou xx soldatz et environ xxvii ou xxviii prisonniers qui furent ramenez par la porte Royer dedans la ville, entre lesquelz estoit le s^r de Montigni qui estoit blessé et deux m^{es} mineurs du Roy. Le soir venu de ce jour le gouverneur de Bourq donna congé a la pluspart de ces prisonniers, retint seullement le s^r de Montigni, les m^{es} myneurs et quelque autre.

Juillet 1594.

Saillie des assiegez par dedans les fossez de la ville a la faveur dun trou de cave.

Le xixe juillet, pendant qu'on travailloit a racomoder la mine de Chevreson et y porter des pieces de bois, fut tiré lxxii coups de canon de deux pieces plantez dans le cimetiere de leglise de Vaulx pour rompre les deffenses et flancs des murailles de la ville qui avoient empesché les assaillans daller librement a la bresche.

Le canon du Roy donne du costé de Chevresson.

Environ ce temps la, la pluspart des habitans de ladicte ville commencerent a se fascher de la longueur du siege et des longues et continuelles fatigues quilz recepvoient a raison dicellui, dailleurs quilz voioient le Roy se preparer a plus grand effort contre lequel il ny avoit apparance dy pouvoir resister, occasion quilz se mirent a murmurer en la plus grande part des corps de garde et de dire librement qu'on debveoit capituler et ne se poinct laisser perdre, ce qui fut rapporté au gouverneur avec aultres propos mal sonnans adjoustez par les zelateurs pour le mectre de plus en collere, lequel pour recongnoistre les murmurateurs envoia en plein jour le cappitaine Ledoulx par tous les corps de garde qui soubz coulleur de les

Murmure des habitans de Laon et demandent composition.

Juillet 1594.

Le cappitaine Ledoulx va recongnoistre les murmurateurs.

visiter leur tenoit les premiers propos de faire composition, et la dessus les responses lui estoient faictes par ceulx qui le desiroit, en quoy il congnut les voluntez de plusieurs habitans quil bailla par memoire au gouverneur (car ce cappitaine Ledoulx congnoissoit touz les habitans jusques au plus petit); le gouverneur les voiant en grand nombre jugea neccessaire dy apporter prompt remede, et pour y parvenir estant bien accompaignié de gens de guerre alla empoigner la pluspart de ceulx qui estoient mis en une liste pour inthimider les aultres et les feit mener es prisons, les noms desquelz ensuit:

Les noms de ceulx qui demandoient a capituler et qui furent faictz prisonniers.

M⁰ Louis Boullenger president en lelection, M⁰ Henry Muyau conseiller, M⁰ Gedeon Mercigay lieutenant en la prevosté, M⁰ Estienne Delalain advocat, M⁰ Jehan Regnard advocat, Estienne Monacle, Pierre Macquelin, Claude Delacampaigne laisnel, Claude Edart, Hubert de la Campaigne, Poncelet de la Campaigne, Claude de la Campaigne le jeune, Abraham Varlet, Laurens Marteau, Jehan Cauche, Gratien Delamothe, Jehan Bride, Pierre Trousset, Loys Malherbe, Claude de la Campaigne filz de Nicolas et Nicolas Duchesne.

Le hazart ou furent deux des susdictz prisonniers.

Ces deux derniers qui sont Claude de la Campaigne filz de Nicolas et Nicolas Duchesne furent en grant hazart destre executez a mort pour sestre par trop advancez en leurs parolles, comme de faict en la collere ou lors estoit le gouverneur de Bourq et le president Janin et quon eust trouvé le bourreau comme on ne sceut ilz eussent esté attachetz pres la porte Mortel ou ilz avoient marqué la place, mais nayant peu trouvé le bourreau qui sestoit caché a propos, la collere de ces deux personnaiges se passa dailleurs quilz furent appellez a daultres affaires qui estoient survenuz. Ces emprisonnemens dhabitans ne profficta pas beaucoup a faire changer la volunté des aultres, car ilz continuerent leur rumeur comme devant; il ne restoit de contraire a eulx que les mutins et desesperez qui ne voulloient aulcune composition et qui taschoient par touz moiens dattirer le menu peuple a leur volunté, soubz promesse de leur bailler bled et vin pour vivre; mais ce menu peuple ny voullut entendre, rendu craintif sur ladvis quon leur avoit donné quil ny avoit plus de pouldre a canon au magazin de la ville ny gueres ailleurs, en sorte quil se commença une division assé perrillieuse entre les corps de garde. A raison de quoy le gouverneur (qui estoit adverty de tout) prevoiant le danger de ceste mutinerie et division qui ne pouvoit appaiser et que sa plus grande force concistoit aux habitans quil voioit fort bigarrez, il delibera de minutter sa capitulation; et de faict apres en avoir conferé avec le jeune prince et son conseil il employa Lignerac a en tenir les premiers propos, lequel soubz coulleur de soliciter le paiement de la ransson du s^r de Montigny alloit parfois sur le mont St Marcel ou il se descouvrit a ung sien parent de larmee du Roy qui en porta parolle a Sa Majesté, et du depuis en continuant apres quelzques allees et venues de part et daultre tant sur le mont St Marcel que a une petite maison pres Bousson, le prince Charles Emanuel, gouverneur et depputez des habitans asseurez de la foy et parolle de Sa Majesté, fut arresté entre eulx le xxiie jour de juillet m. v. c. iiii^{xx} xiiii les articles que jay redigé ensuicte.

Le xxiie jour de juillet m. v. c. iiii^{xx} xiiii, Charles Emanuel filz du duc du Mayne, assisté du s^r de Bourq gouverneur de la ville de Laon, des m^{es} de camp gentilzhommes cappitaines estans en icelle, officiers et principaulx habitans de ladicte ville tant pour eulx que pour les ecclesiasticques, gentilzhommes cappitaines et soldatz qui sont a present dans ladite ville de Laon françois et estrangiers que pour tous les ma-

Juillet 1594.

Les desesperez ne veulent aulcune composition.

Le gouverneur minute sa capitulation.

La capitulation arrestee.

Les articles accordez par le Roy pour la reddition de la ville de Laon.

Juillet 1594.
1.
nans et habitans et refugiez en icelle, ont promis de remectre la ville entre les mains de Sa Majesté ou de cellui quil luy plaira avec lartillerie et munitions de vivre et de guerre estans es magazins publicqs qui sont en icelle dans le deux° jour du mois daoust, icelluy compris silz ne sont secouruz par le duc du Mayne ou aultre avec une armee qui fera lever le siege a sadicte Majesté ou quil mecte a ung mesme jour ou nuict de xxiiii heures mil hommes de guerre dans ladicte ville pour le secours dicelle, auquel cas eulx dessusdits promectant quilz ne les assisteront ou favoriseront leur entree en quelque sorte que ce soit que de leur ouvrir la porte ou les portes par lesquelles ilz debvront entrer, et ne les ouvriront et ne les recepvront poinct silz sont moings de cinq cens a chacune fois, et silz y estoient entrez soubz coulleur que ledit nombre y fust que touteffois il ny fust pas, les susdits promectent de les mectre dehors et Sa Majesté leur donnera seureté et passeport pour retourner dou ilz sont venuz.

2. Et durant ledict temps ne se fera aulcun acte dhostillité dune part et daultre ny aulcune pouldre dans ladicte ville.

3. Que tous les habitans soit ecclesiasticques gentilzhommes refugiez et aultres de quelque lieu qualité et condition quilz soient y pourront demeurer si bon leur semble avec leurs familles, et seront chacun deulx conservez en leurs charges honneurs dignitez et biens meubles et immeubles sans que pour raison des choses passees pour le faict de la guerre aulcune poursuicte se puisse faire allencontre deulx en faisant par eulx ce que bons subjects doibvent a leur Roy legitime et naturel, et moiennant ce tous arrestez saisies jugemens donnez contre lesdits habitans ou aulcuns deulx demeurent nulz.

4. Et si aulcuns deulx voulloient sortir de ladicte ville

pour se retirer ailleurs, le pourront faire et enmener avec eulx tous leurs biens meubles et aultres comoditez sans quilz puissent estre retenuz ni empeschez de ce faire pour quelque cause que ce soit en quelque lieu quilz veullent aller, et pour le regard de leurs heritaiges et biens immeubles nen pourront joir silz ne resident en lieu qui soit soubz lobeissance du Roy.

Juillet 1594.

Seront tous les ecclesiasticques de ladicte ville deschargez des decimes quilz doibvent jusques a cejourdhuy; et pour le regard des debtes créees pour leur party, elles seront esgallees sur tous les beneficiers concistoriaux et prieurez tant en ladite ville que du diocese de Laon de leur mesme party seullement, dont ilz bailleront ung estat pour avoir commission de Sa Majesté pour lesdits egallemens.

5.

Tous deniers pris et levez extraordinairement ou dedans les receptes pour estre emploié par les ordonnances du duc du Mayne, ceulx de son conseil, gouverneurs et magistratz de ladicte ville depuis les presens troubles ou soit avant ou durant le siege sont allouez, les comptables et ceulx qui les auront receuz deschargez, et les assignations restans a acquicter paiez des deniers qui se trouveront entre leurs mains.

6.

Si quelzques maisons ont esté desmolies pour la deffense et fortiffication de ladicte ville ou deniers ou denrees prises appartenans aux serviteurs de Sa Majesté, les interressez nen pourront faire poursuicte allencontre des magistratz ni aultres que par leur commandement silz sont emploiez et les ont receuz.

7.

Sil a esté pourveu par le duc du Mayne a quelque office vaccant par mort et resignation de mesme party, les pourveuz en joiront en prenant lettres de Sa Majesté.

8.

Les frais faictz par les habitans durant le present

9.

Juillet 1594.

10.

siege seront esgallez sur eulx tous en la forme acoustumé par commission de Sa Majesté.

Semblablement sera baillé passeport audict Charles Emanuel avec scorte pour le conduire en toute seureté jusques Soissons ou La Fere a son choix, ensemble ceulx du conseil officiers et domesticques dudict duc du Mayne qui sont en ladicte ville, sans que aulcuns deulx pour quelque subject ou occasion que ce soit puissent estre retenuz et empeschez de se retirer en tel lieu que bon leur semblera eulx leurs serviteurs chevaulx armes et bagaiges.

11

Auront pareille seureté conduicte et escorte jusques a lun desdits lieux les gentilzhommes m^{es} de camp cappitaines soldatz et tous aultres gens de guerre soit françois ou estrangiers estans en ladicte ville, et sortiront avec leurs serviteurs chevaulx armes equipaiges et bagaiges enseignes desploiees tabourins battans mesches allumees, comme aussi tous habitans qui se vouldront retirer avec eulx ou en apres dans ung mois sans que lon les puisse arrester ni saisir leurs meubles pour quelque cause que ce soit en voullant sortir de ladite ville.

12.

Et pour lexecution de ce que dessus, bailleront pour ostaige a Sa Majesté le s^r evesque de Laon, le m^e de camp Defresne, Bellefons et Lago, et pour les habitans Claude Legras et Nicolas Branche.

13.

Poura sadicte Majesté envoier sy bon lui semble deux cappitaines ou aultres pour veoir dans ladicte ville sil ne se fera rien contre et au prejudice de ce qui est promis cydessus.

14.

Donnera Sa Majesté passeport a ung trompette a une ou deux personnes pour aller vers le duc du Mayne ladvertir de la capitulation et retourner en ladite ville.

15.

Oultre les susdictz articles, il fut verballement accordé aux depputez des habitans de faire faire une assemblee generalle des habitans de ladicte ville pour consentir ou dissentir ceste capitulation pour aussi tost en advertir Sa Majesté de la resolution qui sy feroit, chose qui estoit de lartifice de M⁰ Claude Legras qui eust bien voullu qu'aucune composition ne se feit, mais il nozoit le dire ouvertement craincte destre descouvert en son mauvais desir, sasseurant que a ceste assemblee permise ou son beau pere presideroit il emploiroit ses complices et adherans a la ligue pour donner obstacle a ceste capitulation.

En ensuivant cest article verbal, les depputez baillerent charge a Innocent Labiche comme juge de police de faire faire la convocation de ceste assemblee de ville, lequel (comme estant du nombre des desesperez) taschoit par tous artifices de faire corrompre cest capitulation; pour a quoy parvenir feit secretement convocquer tous ses semblables au lendemain cinq heures du matin oubliant ou delaissant voluntairement les gens de bien a les faire appeller; touteffois il ne sceut si secretement faire faire sa convocation quelle ne fust descouverte du jour et de l'heure par plusieurs habitans qui se trouverent en lauditoire de la prevosté ou se tint ceste assemblee en laquelle presidoit Labiche (beau-pere de Legras) qui voiant plus de gens quil ne voulloit ne se peust contenir de dire quil y avoit la beaucoup plus de gens quil nen avoit faict convocquer et quil failloit garder les murailles; mais sur le champ on lui respondit que lassemblee estoit generalle et que tant plus dhabitans il y auroit tant plus elle seroit auctorisee; et sans repplicque Innocent Labiche en souppirant et demi tremblant donna a entendre aux assistans le subject de ceste assemblee quil coppa court pour ce que son filz M⁰ Jehan Labiche advocat du Roy sestoit preparé a faire sa harangue. Laquelle suivant sa coustume il feit assez prolixe, commenceant au principal but ou lhomme doibt ten-

Juillet 1594.

Assemblee generalle faicte dans la ville de Laon par les habitans pour advouer les articles de la capitulation accordez par les depputez.

Innocent Labiche preside en lassemblee comme juge de police.

dre, de la congnoissance de la vraie relligion, de la conservation et manutention dicelle, de ny espargner sa propre vie, de suivre la trace des antiens, de se retirer arriere des hereticques et ennemis de la relligion catholicque pour ce (comme il disoit) qu'a les hanter et frequenter estoit comme si des musniers salloient joindre et mesler avec des charbonniers qui rapporteroient leur blancheur gastee et souillee ; que les habitans navoient aulcune occasion de sesbranler du siege et des bresches ja fort bien reparees, veu quilz avoient si vaillamment et hardiment repoussé les ennemis en trois divers endroictz ; que les ennemis ne les pouvans avoir par la force avoient recours aux ruzes et par parolles emmiellees ausquelles il ne se failloit nullement fier ; quil failloit demeurer ferme a la conservation de la place, ne poinct prester loreille ni samuser a une telle quelle composition qu'on leur presentoit ou il ne voioit pas grand fruict ; pour conclusion quil estoit dadvis de la rejecter pour avec le temps en avoir une plus honnorable et advantageuse. Et afin de donner corraige aux habitans et fortiffier son oppinion, il vint a deduire plusieurs histoires prophanes, signaument une du temps des romains qui tenoient assiegez le chasteau de Massada, ou les Juifz habitans de ce chasteau en nombre de IX° LX aimerent mieulx brusler tous leurs meubles et se tuer eulx mesmes femmes et enffans que de se rendre aux Romains de relligion contraire, et que a plus forte raison les catholicques crestiens pour la conservation de leur relligion si saincte et sacree debvoient estre pour le moings aussi ferme qu'eulx. Ceste histoire rapportee empescha la continuation des parrolles de M° Jehan Labiche par le bruict et murmure qui intervint parmy lassemblee, a raison que plusieurs franchement et sans craincte disoient tout hault quilz ne se vouloient perdre de ceste fasson et nensuivre les Juifz en leur oppiniastreté, quil nestoit question de relligion le Roy sestant faict catholicque. Sur quoy et apres que M⁰ Jehan Labiche eut recouvert audience et repris sa parolle, dict quil navoit rapporté cest histoire pour induire le peuple a sen servir comme aulcuns pensoient et se gouverner comme les habitans de Massada, mais seullement pour donner corraige au peuple et de ne se lascher si tost a la volunté des ennemis, attendu que la ville de Laon se trouvoit pour son assiette lune des plus forte place de France, pourquoi les chefz de guerre lappelloient ville meurtriere, et que avec patience et bon corraige on tireroit une meilleure composition que celle qui leur estoit presentee quil trouvoit bien simple pour le regard des habitans. Sa parolle cessee, Innocent Labiche demanda particullierement et lun apres laultre a aulcuns des zelez leur advis, qui conclurent a patience pour composer et ce pendant de faire bonne garde, que sil y avoit quelque ung qui mancquist de bled et de vin pour vivre on lui en fourniroit. Durant le temps que ces advis se prenoient ainsy des zelez et non pas des hommes de paix ausquelz on ne disoit mot, survint en ce lieu par la providence dyvinne M⁰ Benedicq de la Haie lieutenant criminel en Vermandois, et tost apres M⁰ Jacques Faultré licencié es lois et le plus antien advocat de ce baillaige, duquel encores que durant ce temps miserable on eust aucunement diminué sa reputation, lauctorité neaulmoings estoit conservee par lantienne renommee de sa sagesse qui courroit tant par la ville que des environs, et bien quauparavant loreille estoit plus tost presté au contraire advis de cest homme par les gens mal experimenté en affaires, touteffois la plus part de ceste assemblee signaument le commun le requist instamment den dire son advis; lequel voyant laffaire de consequence et le salut de la ville concister a la conclusion de ceste assemblee, commença a dire

Juillet 1594.

Innocent Labiche prend advis des desesperez.

Arrivee de M⁰ Jacques Faultré a lassemblee qui renverse ladvis des desesperez.

Juillet 1594.
quil ne scavoit si par ces parrolles on le voulloit attrapper pour congnoistre son affection et l faire mal traicter comme on faisoit daultres habitans, que touteffois repoussant la doubte et la craincte quil en pourroit avoir, il disoit librement et franchement que tant plus on attendroit a composer et tant pis on feroit, pour ce qu'on voioit ja (comme daccord) les gens de guerre des deux partis communicquer les ungs aux aultres et qui ordinairement se desgaigent des lieux perilleux et laissent les habitans a la racque; quil prioit la compaignie de se mectre devant les yeulx la pauvreté et calamnité du temps et les fatigues quilz recepvoient journellement a cause du siege; qu'on ne se debvoit oppiniastrer davantaige attendu lempeschement que le Roy avoit donné au passaige de leur secours; que leurs ennemis avoit descouvert le default des munitions de guerre quil y avoit au magazin de la ville, comme il se recongnoissoit par ung article de la capitulation ou il estoit expressement dict quil ne se feroit aucune pouldre a canon dans ladicte ville durant les dix jours accordez; que quelque chose qu'on ayt voullu cy devant dire, on avoit congneu que a la guerre presente il nestoit question de relligion, ains dune reunion de lEstat; que sil eust esté question de la relligion de toutes les villes de France, jamais celle de Paris ne se fust accordé avec le Roy comme elle avoit faict au mois de mars dernier, laquelle il lui sembloit quon debveoit suivre et accepter la capitulation quil avoit veu, a laquelle il estimoit et croioit que les depputez de la ville y avoient travaillé pour le mieulx. joinct quil ne voioit aulcune apparance que la ville fust desgaigé de ce siege ou le Roy estoit en personne et journellement son armee renforcé, aussi quil ne leveroit son siege qu'a bonnes enseignes; quil lui sembloit aussi que par la longueur et retard quon lui pourroit faire de ses affaires, cela napporteroit rien de

bon ni de profflct a la ville ny aussi au plat pais, mais plustost ung aigreur au Roy sur loppiniastreté des assiegez; pourquoy il concluoit a accorder et ratiffier la capitulation, prioit et conjuroit les assistans den dire librement et a la verité ce quil leur en sembloit pour trouver le repos et conservation de la ville, leurs femmes et enffans. Surquoy la plus saine partie des assistans (qui avoient bien consideré et digeré les parolles de M⁰ Jacques Faultré qui avoit rapporté plusieurs belles histoires sur le malheur de la guerre, de la division et de la misere qui en proceddoit) inclina a ladvis de Faultré, et fut les trois partz des assistans et plus dadvis daccepter la capitulation en la forme quelle leur estoit presenté; pourquoy les zelateurs de contraire advis furent contrainctz (pour estre en beaucoup plus petit nombre) de cedder aux aultres ce quilz desiroient. Occasion que depuis ceste assemblee les zelez rechercherent par tous moiens lamitié de ceulx quilz avoient auparavant en horreur quilz appelloient maheurtre et politicque, afin de sen servir a cacher leurs moiens et pour mectre en refuge en leurs maisons bled vin et aultres meubles comme ilz feirent nuictamment durant les dix jours accordez, pendant lesquelz il se feit par les gens de guerre vivandiers et aultres telles manieres de gens suivant les armees ung fort grand degast et ruyne aux bastimens des villaiges dallentour la ville et aux biens qui estoient sur terre.

Ceste assemblee faicte ou fut advoué et ratiffié la capitulation, les ostaiges promis a sa Majesté (pour asseurance des articles accordez) qui estoient M⁰ Du Glas evesque de Laon; Du Fresne, Bellefons, Laga, Nicolas Branche et M⁰ Claude Legras sallerent rendre a larmee du Roy, ou estans Branche et Legras manderent a la ville denvoier a Monsʳ le grand prevost de lhostel du Roy au logis duquel ilz estoient une piece

Juillet 1594.

Les zelez recherchent lamitié des gens de bien quilz appelloient maheutre

La cappitulation est ratifflee par lassemblee generalle.

Les ostaiges promis a sa majesté vont vers elle.

— 476 —

Juillet 1594. de vin du meilleur qu'on pourroit trouver, ce qui fut faict le xxiii° juillet.

Les xxviii° xxix et xxx° jours de juillet, fut con-clud en une assemblee particulliere quil seroit pris

Levee de LX pieces de vin dans Laon, plus 4 aultres pieces et encore XII pour faire presentz. soixante pieces de vin ès maisons des personnes denommez en lacte, quil seroit achepté quatre pieces de vin pour faire present par potz au Roy, princes et seigneurs de sa suicte, et encores douze pieces de vin pour presenter a Sa Majesté, princes, mareschaulx de France et aultres seigneurs. Ces trois assemblees icy et par trois divers jours suivans estoit pour consulter ensemble plus privement et se bailler advis lun a laultre de ce quilz pourroient faire de leurs meubles, car ilz croioient que tout ainsy quils avoient faict perir ceulx des realistes, les leurs prendroient une mesme fin, joinct quilz en possedoient qui appartenoient aux serviteurs du Roy desquelz ilz estoient bien empeschez.

Il s'est fait dans Laon plus de six cens assemblees durant la ligue. Icy doncq nous ferons la fin des assemblees des suppostz de la ligue en la ville de Laon qui finirent par la grace de Dieu a la fin de ce mois de juillet, et desquelles il sy en est faict tant particullieres que generalles depuis le jour que le prevost Martin et aultres habitans furent emprisonnez jusques a la reddition de la place au Roy, six cens et plus.

Aoust 1594. Le deuxiesme jour d'aoust M. V. C. IIII^{xx} XIIII, le filz de Monsieur le duc du Mayne, le gouverneur du Bourq,

Les gens de guerre et aultres du party de la ligue sortent de Laon et se retirent a Soissons. gentilzhommes cappitaines soldatz et aultres de la condition porté par la capitulation, sortirent de la ville de Laon par la porte Royer selon et en la mesme forme quil leur estoit permis pour aller a Soissons quilz avoient choisiz pour leur retraicte ; et entra dans

Le s^r de Marivaulx est establly gouverneur a Laon par Sa Majesté. ladite ville de Laon par la mesme porte la garnison ordonné par le Roy, a laquelle comme gouverneur commandoit Claude de Lisle seigneur de Marivaulx

Gravure extraite du Livre imprimé à Florence en 1610, ayant pour titre : ESEQUIE d'ARRICO QUARTO (etc.)

(Collection de M. LEFÈVRE de Bruyères.)

PROFLIGATIS HOSTIBVS LAODVNVM AD DEDITIONEM IMPELLIT.

NEL vedere effigiato nel tredicesimo quadro il Re armato di corazza, e con gran pennacchio, che a gloria della sua generosità, la quale sapena ne temere, ne odiare il nimico, stana a vedere uscir d'una Città le genti nimiche, ritornaua a mete, quando egli, auendo assediato Laon, lo fece diuentar sepolcro de suoi auuersari, auendo rotto, e volto negli amari passi di fuga, vn poderoso soccorso di gente, che vi mandaua il Duca d'Vmena, onde gli assediati caduti d'ogni speranza, pattuiti gli si renderono e a guisa degli altri, gustarono i frutti della sua clemenza, e della sua fede.

Lith. C. Guillaume, à Laon.

que Sa Majesté y avoit establi, auquel fut faict present par ladite ville de IIII pieces de vin.

Aoust 1594.

Le troisiesme jour d'aoust, le Roy accompaigné de plusieurs princes mareschaulx de France et de grand nombre de noblesse entra a cheval dans la ville par la mesme porte dou ses eunemis estoient sortiz; et estant arrivé au parvy de la grande eglise N^tre Dame meit pied a terre et se presenta a lentree de la grande porte, ou il fut receu par M^r Du Glas evesque et duc de Laon acompaigné des ecclesiasticques (non avec les armes comme ilz les portoient durant le siege) mais avec leurs habitz sacerdotaux, et le conduirent jusques a ung petit oratoire dressé dans le coeur, ou apres la messe celebré et la predication faicte devant le grand aultel par notre Me Jacob (qui donna peine a le trouver le Roy le voullant oir), Sa Majesté fut conduicte et logé en lhostel episcopal et les compaignies de ses gardes suisse et françoise mis es lieux proches.

Le Roy entre dans sa ville de Laon et receu devant la grande eglise par le clergé

Le lendemain et aultres jours suivans, Sa Majesté alla visiter les bresches faictes es murailles tant par le canon que par les minnes, aussi les endroictz les plus faibles de la ville ou il ordonna des esperons par dehors, des retranchements par dedans, avec aultres fortiffications qui y ont esté faictz depuis et qui sy voient a present. Pendant son sejour Mr de Marivaulx ordonna a Regnault Doulcet et a Symon Hubert, derniers gouverneurs de la ligue, de mectre au greffe du conseil de la ville les clefz du chartrier et du magazin pour les mectre es mains de Jehan Mercigay et Anthoine Lefebure gouverneurs modernes de ladite ville a quoy ilz obeirent le VIe aoust.

Le Roy visite les bresches de la ville de Laon et les murailles.

La ligue est despossedé des clefz du chartrier et du magazin de la ville.

Deux jours apres, le Roy (ayant auparavant congedié son armee) sortit de ladite ville accompagné de toute sa noblesse et des regimens de ses gardes et alla disner a Anizy le Chasteau, puis se retira en la ville

Le Roy sort de la ville de Laon.

Aoust 1594.

de Paris pour donner ordre aux aultres provinces du roiaulme.

Le degat faict dans la ville de Laon y faict arriver la cherté de bled et de vin

Le degast avoit esté grand dans la ville de Laon durant le siege pour le bled et pour le vin, et encores davantaiges arata du temps si tost la reddition faicte au moien du grand nombre de gens qui entrerent dedans tant par les bresches que par les portes quelque empeschement qui en eust esté faict de lordonnance du s^r de Marivaulx qui avoit establi des compaignies a la garde des bresches et portes ; si tost ses gens entrez ilz se fourrèrent dedans plusieurs maisons ou ilz vescurent a discretion quelque temps et jusques ad ce que plaincte en fut faicte au s^r de Marivaulx qui y apporta ung ordre, jugeant en soi que tel degast pourroit apporter une cherté de vivre comme il fut recongneu incontinent ; car apres que le Roy fut party de la ville, Me Charles Martin prevost de la citté, les gouverneurs et conseil de la ville furent contrainctz dentendre a la police ; et pourquoy ilz tindrent assemblee le xe jour d'aoust, ou il fut ordonné que le pot du meilleur vin ne se vendroit que huict solz, le mediocre six solz et le petit quatre solz, le petit pain du poix de huict onces douze deniers et la tourte unze deniers.

La charité des ligueurs vers les realistes.

Par le moien de la reduction de la ville de Laon, les absens et exhillez reprindrent possession de leurs maisons quilz trouverent sans meubles ; il y eut presse de leur en prester secretement ; ceste charité estoit plus pour la conservation de leurs meubles que aultrement, car plusieurs croioient destre mal traictez et de mesme quilz avoient faict des absens ; touteffois il nalla pas ainsy, seullement furent ilz contrainctz au paiement de leur cottité des xxx mil escus que le Roy avoit ordonné estre levee sur les habitans tant ecclesiasticques que seculiers pour satisfaire a une partie des fraiz de son siege ; encores sur cette somme le Roy ayant recongneu que les habitans subjectz a ceste contribution

Le corps de la ville de Laon est taxé pour les fraiz du siege a xxx mil escus.

nestoient en si grand nombre quil estimoit, feit declaration (pour leur soullagement) quil entendoit que les fraiz des bresches a refaire seroient pris la dessus.

Aoubt. 1595.

De ceste somme de trente mil escus, le clergé en fut a dix mil et les habitans seculiers et refugiez a vingt mil. La levee en fut fascheuse et difficile a raison que plusieurs tant habitans que refugiez habandonnerent la ville, mesmes plusieurs maisons trouvez sans meubles ni habitation parce que plusieurs habitans sestoient logez serrez et a lestroict en daultres maisons pour se redimer de la nourriture et logement quil failloit faire au commencement de la reddition apres que les gens du Roy furent entrez dedans la ville, et ces gens de guerre se voians sans hostes et maistres des maisons inhabitees y feirent de grandes ruines et deterriorations.

De laquelle somme le clergé en est a X mil escus.

Pour les refugiez, la taxe fut faicte sur eulx en particullier qui se montoit a quatre cens soixante dix sept escus ; mais ceste somme ne se peust si tost trouver comme il failloit tant pour labsence que insolvence dune partie dentre eulx qui lors avoient cachez leurs meubles dans la ville, ce qui donna beaucoup de peine a trouver leur somme pour faire la totalle qui estoit hastee.

Et les refugiez a IIII c. LXXVII escus.

Au regard du clergé, il esquivoit et dilaioit tousjours le paiement de sa cottité et le plus quil pouvoit ; il est vray quil se trouvoit a eulx quelzques meubles de bois et aultres ustancilles de mesnaige qui navoient peu estre cachez comme les aultres, mais les cappitaines et gens de guerre logez en leurs maisons qui sen servoient ne voullurent permectre quilz fussent executez ni moings transportez, tellement quil fallut contraindre par corps quelzques chanoines et des principaulx pour faire approcher les aultres, et de faict furent emprisonnez dans les prisons roialles de la ville ou ilz congnurent que le logement de ce lieu estoit

Le clergé dilaioit le paiement de sa cottité tant quil pouvoit.

beaucoup plus estroict et tenebreux que cellui de leurs maisons ; touteffois pour cela les aultres chanoines et gens deglise ne sadvancerent poinct davantaige a faire leur paiement, qui fut cause quil fallut continuer ceste mesme rigueur sur des aultres pour leur faire trouver argent et paier comme ilz feirent enfin.

Me Robert Prevost estoit le recepveur de ceste somme, qui du commencement emploia quelzques archers du prevost de lhostel du Roy retenuz expres pour trasser ce chemin de contraincte et de rigueur; touteffois on ne sceut si bien faire quil ne fut trouvé deux mil escus de mancque, laquelle somme fut depuis assis sur tout le corps de la ville.

Oultre ceste somme, il fallut encores lever unze cens cinquante escus pour satisfaire a plusieurs personnes qui furent denommez en lacte du conseil de ladicte ville du ixᵉ decembre, plus treize cens soixante deux escus pour plusieurs fraiz specifiez en lacte du xiiiᵉ de ce mois, et encores plusieurs aultres sommes qui furent levez par forme de corvees que je delaisse a particuliariser pour eviter prolixité; pourquoi il me suffit de dire que ayant joinct toutes ces sommes ensemble, jay trouvé que la somme totalle des deniers qui ont esté levez et imposez sur les habitans tant ecclesiasticques que seculiers est de unze mil escus depuis que la ville a esté reducte a lobeissance du Roy jusques a la fin de ceste annee IIIIxx xiiii, oultre les xxx mil escus et les deux mil escus de mancque desdits trente mil escus cy devant mentionnés.

Mais si nous fault il parler aussi des fraiz qui se sont faictz durant le siege au dedans de la ville, laquelle a la verité estoit bien munie de bled et de vin; aussi sur ceste recongnoissance par les gens de guerre il sen feit ung grand degast.

Au mois de juillet de ceste annee, les habitans estoient chargez de grande quantité de bled et de vin et

ne demandoient que a en fournir a la ville comme ilz *Aoust 1594.*
feirent soubz les obligations des gouverneurs de ladite
ville et en leurs qualitez de gouverneurs seullement,
encores en estoient ilz instamment priez. Jehan Gosset
et Olivier Labende comme commis feirent une levee a
ung coup de huict vingtz asnees de bled. Je cotte ceste
levee icy par expres par ce que la plus part des zela-
teurs y furent cottisez; je croi bien que cestoit de leur *Levee de bled qui*
volunté, il y a grande apparence, car qui eust esté si *sest faicte sur les*
ozé dedans la ville de taxer Innocent Labiche (juge de *zelateurs de Laon.*
police et ung des principaulx arc boutant de la ligue)
a XXVIII asnees de grain, la mere du cappitaine Thuret a XII asnees, le cappitaine Hubert a XVI asnees,
Me Jehan Vairon a XVIII asnees, Adam Gerault a IIII
asnees, et Charles Levent a VI asnees quilz paierent
sans bruict; mais ce paiement estoit faict pour daultant descharger leurs maisons et quilz voioient clairement quil ny avoit plus que tenir, aussi que par ceste
taxe ilz esperoient cy apres den estre plus tot paiez
que de lavoir fourni voluntairement et de gré a gré.
Les boullengiers de la ville feirent la reception de
ceste levee pour en faire du pain au poix et a la quantitee de chacune asnee comme il avoit esté advisé et
arresté entre eulx.

Ceste levee joincte avec les aultres qui furent faictes *Il sest levé de-*
par taxe et cottization depuis le siege formé jusques *dans Laon depuis*
a la redduction de la ville se monte a cinq cens soi- *le siege formé jus-*
xante huict asnees tant en froment moictain que *ques a la reduc-*
seigle; et a les estimer a quatre escus seullement *tion v. c. LXVIII*
chacune asnee lune portant laultre scelon que ledict *asnees de bled.*
grain valloit lors, cela se monte a deux mil deux cens
soixante douze escus. Aulcuns ont maintenu quil sest
faict levee en grains dedans ladite ville durant ledict
temps de sept cens quatre vingtz quatre asnees de
bled; je le croi bien; mais il peult estre quilz y com-
prennent deux cens seize asnees de bled qui furent

	convertiz en avoine pour la nourriture des chevaulx des gens de guerre, dont on ne fcit aulcun bruict tant pour entretenir les gens de guerre en leur debveoir que pour eviter le rumeur qui eust peu intervenir parmi le peuple qui scavoit bien que les gens de guerre estoient paiez en argent.
Aoust 1594.	
En vin vi. c. IIII^{xx} VII pieces.	Pour le vin il en fut uzé six cens quatre vingtz sept pieces a divers prix comme de xx livres xxi et xxiiii livres la piece qui se montent a cinq mil trois cens vingt cinq escus.
En pouldres a canon pour M. V. c. L. escus.	Pour les pouldres a canon qui furent faictz et acheptez de plusieurs personnes, elles se monterent a mil cinq cens cinquante escus y compris les sept cens livres paiez a la vefve du gouverneur de Rieux pour seize cens livres de pezant par elle fournie a la ville, aussi la grande provision de salpestre que Me François Blondel avoit faicte suivant la permission qui lui avoit esté octroié par le conseil de la ville dont est cy devant parlé. Cestui cy avoit eu de quoi faire ce mesnaige a son proffict particullier daultant quil avoit esté recepveur en ladicte ville durant la ligue de plusieurs natures de deniers, signaument de celle provenant de la vente des biens meubles appartenans a ceulx qui tenoient party contraire quil avoit manié a sa devotion avec Laurens Ponssin ; pourquoi je vous laisse a juger si sur sa recepte generalle qui fut de quarante six mil escus (comme il se recongnoit par ses comptes), il navoit pas bien eu le moien de gaigner quelques douze ou quinze sacs de salpestre pour le moings.
Me François Blondel a manié durant la ligue XLVI mil escus.	

Pour les reparations augmentations fortifications et aultres ouvraiges, materiaux fourniz et aultres choses couchez et mis soubz le nom de Nicolas Carlier m^d voier, et les paiemens faictz a Me Thomas Dorigny chirurgien, scelon les parties deux cens cinquante escus.

Pour chaux et aeraines trois cens vingt quatre escus.

Tellement que la totalle despense faicte durant le siege dedans la ville se monte a neuf mil sept cens vingt ung escu, sans toucher a largent baillé et delivré a plusieurs fois a Messieurs du conseil destat et aux gentilzhommes et cappitaines tant françois que neapolitains que Monsieur du Mayne avoit laissé en ladicte ville qui avoient receu trois mil escus ou peu sen failloit.

Par ainsy appert que tant durant le siege que peu apres la reddition, ladicte ville a fraié et desboursé la somme de cinquante cinq mil sept cens vingt deux escus.

Le narré preceddent vous a faict veoir les grandz fraiz que ceste ville de Laon a soubstenu en peu de temps, a raison de quoy elle se trouva du tout espuisee non seullement dargent mais aussi de bled et de vin ; et pour la combler en pauvreté elle fut chargee dune grosse garnison et des plus fascheuses et insolentes qui se pouvoit dire. La pluspart estoient gascons qui de leur nature ne tiennent pas longtemps leurs mains sans exercice ; ils estoient toujours en actions tant de nuict que de jour pour attrapper par toutes sortes dinventions les moins soigneux ; il ny avoit si gros barreaux de fer aux souppiraulx des celliers et caves respondans en la rue quilz ne fussent eslevez de nuict pour y introduire quelzques ungs deulx afin dy prendre ce qnilz y avoient descouvertz auparavant. Les visites qui se faisoient souvent aux maisons par les gens de guerre faschoit fort les habitans ; ces descouvertes ne leur plaisoit guerres ; ce fut la principalle cause qui les garda de faire leur provision de vivre. Le s^r de Marivaulx eut advis des insolences pilleries et mauvais traictement que ses soldatz faisoient aux habitans ; il y voullut remedier ; et a ce subject il feit

Aoust 1594.

La ville de Laon tant durant le siege que peu tapres sa reduction a fraié LV. M. VII. C. XXII escus.

Insolente garnison mise dans Laon.

Aoust 1594.

Le sʳ de Marivaulx faict dresser deux astrapades dans Laon.

dresser deux astrapades pour les chastier ; a celle qui fut plantee a la place du Bourq il y feit eslever deux ou trois coquins de soldatz convaincuz de larcin pour faire peur aux aultres, mais ces executions la ne feirent changer de complextion leurs compaignons.

Malladie incongneue dans Laon.

Parmy ces confuzions, il intervint en la ville une malladie comme extraordinaire avec une fiebvre chaulde et violente, laquelle avant quelle fust vrayment congneu des medecins pour le remedde, elle feit aller hors de ce monde dhonnorables habitans dauctoritee et de credict, lesquelz eussent grandement servi a notre petite republicque ; mais Dieu les nous osta de ce monde ayant determiné de punir notre pauvre ville par divers moyens.

Malladie contagieuse a Laon.

A la queue de ceste malladie sapparut la contagieuse qui escarmoucha beaucoup de gens tant habitans que aultres ; neaulmoings il fallut souffrir ce mauvais aer, car nul neust ozé quicter lhabitation de la ville pour prendre celle des champs, pour estre les villes de La Fere et de Soissons contraires a celle de Laon.

La grande cherté de vivre.

Au boult de la carriere, la grande cherté de vivre suivit, ou les plus riches habitans se trouverent bien empeschez pour nestre pourveu de bled scelon leur coustume et en ayder les aultres ; ilz avoient de grandz moyens en immeubles, mais peu dargent et poinct de provision au subject que jay dict. Se voians en neccessité, ilz eurent recours au sʳ de Marivaulx homme provide, lequel apres quil eust congnoissance par ses visiteurs du peu de grain quil y avoit en la ville, il sen pourveut tres bien et sen feit admener de dehors par charrois et par corvee soubz pretexte du magazin quil disoit le Roy lui avoir commandé ; puis apres il en feit tres bien son profict a la neccessité quil feit distribuer a plusieurs habitans a paiement soubz leurs obligations ; de quoy apres le payement faict, il enfut

Les gens de moyens sont renduz neccessiteux.

grandement remercié et en receut de lhonneur du publicq.

Si les riches estoient neccessiteux et malaisez pour ne rien recepveoir de leur bien, je vous laisse a pensser comme pouvoit estre le commun peuple, la pluspart duquel estoit sans argent pour lavoir emploié au paiement de leur cottité de ceste grande levee extraordinaire de xxx mil escus et a la continuation des levees ordinaires qui se faisoit lors par corvee chacune sepmaine. Ils eurent advis que lor et largent non monnoié se vendoit assez bien a Reims et beaucoup plus qu'a Laon ; pourquoy ceulx qui avoient bagues chaynes et joiaulx les envoierent vendre a Reims et les deniers emploiez en bled, lequel valloit lors icy soixante solz le quartel et si augmentoit de jour en jour, de quoy chacun sestonnoit. Lorphavrerie et argenterie widee et le bled mangé, on semeit a amasser lestain le thiersain chandrelat et potin qui furent menez par charrois a Chaallons ou il y avoit habondance de bled.

Les champenois trafficquans par eschange leur bled faisoient valloir ces metaulx icy plus de deux fois aultant quilz se vendoient en ce pais ; ces nouvelles rapportees feirent croistre la multitude des vendeurs et achepteurs, mesmes feirent rencherir le bled a Chaallons par la descouverte qui se feit de la neccessité de ce pais. On y feit quelzques deffenses du transport sinon avec limitation ; cela feit cesser le retour pour prendre le chemin de la ville de St Quentin, la ou comme en procession, on y cheminoit tant a pied que a cheval, non avec de lestain ni cuivre, car il ny en avoit plus, mais avec lictz travers garniz de plumes, linceux, nappes, serviettes, pieces de thoille tant de lin que de chanvre et de toutes sortes dhabillemens qui sestalloient la en plain marchet, pour apres la vente faicte en achepter du bled et le ramener au pais.

Aoust 1594.

La neccessité du commun peuple de Laon.

Voiaigers a Chaalons pour avoir du bled et depuis a St-Quentin.

Aoust 1594.

Les gens deglise en neccessité dans Laon.

Quant aux gens deglise peu dentre eulx se trouverent aisez et exemptz de neccessité, car les plus riches avoient esté estrillez comme les habitans seculiers. Les cappitaines et gens de commendemens logez en leurs maisons pour estre grandes et spacieuses les avoient escartez et reduictz au petit pied ; la discretion martial y avoit cheminé ; leur revenu ordinaire estoit retardé ; la ligue avoit faict leur cense et tressens sans habitation ; lobituaire estoit sans vertus ; les clefz et serrures des greniers de chappitre estoient enrouillees a faulte de frequentation ; les grosses souriz devenues maigres en leurs greniers commungs avoient faict dresser leurs conclusions pour faire citter les recepveurs de chappitre pour estre nourriz a lordinaire. Les gens deglise avoient tout loisir de dire et redire leur breviere ; leur heure ordinaire de unze heures du matin et de six heures du soir pour prendre leur refection estoit lors changee et muee en heures extraordinaires; et jusques la que aulcuns deulx furent reduictz a partir de la ville de grand matin pour aller a Liesse pour y avoir leur messe, ou les gens deglise ne mancquent nullement, parce que les seigneurs dames et gens de moyens pellerins estans a Liesse chargent le tresorier de ce lieu de faire dire certain nombre scelon leur devotion, et pour a quoy satisfaire ilz baillent argent au tresorier qui en faict registre pour en descharger sa conscience. Bref les ecclesiasticques eurent beaucoup de mal a passer le mauvais temps aussi bien que les seculiers.

Les pauvres gens de la ville de Laon se trouvent les plus aisez pour vivre.

Au regard des pauvres gens tant hommes femme que grandz enffans exemptz de malladie, ilz se trouverent les plus aisez a la ville y a passer le chertemp parce que journellement ilz estoient employez au travail de la desmolition de plusieurs maisons qui furer jectez par terre depuis leglise Nre Dame au march icelle comprise jusques au derriere leglise St Georges pour y construire la citadelle qui y est a present et a wyder les terrasses des fossez, de quoy ilz furent bien paiez scelon leur travail et par merreaux quilz rapportoient le soir de chacun jour daultant quil se levoit denier sur le plat pais pour ce faire ; aulcuns se mectoient aussy a faire guetz et factions de portes de la ville pour aultruy, de quoi ilz tiroient argent et par ainsy vivoient assez bien scelon leurs qualitez.

Aoust 1594.

Mais es villaiges circonvoisins de la ville la misere estoit grande. Les riches paisans avoient vendu la plus part de leurs heritaiges a fort vil prix pour avoir de lorge de lavoine et du son pour substanter eulx et leurs familles ; les pauvres quicterent le pais et estoient errans par les champs ; les aultres mouroient de faim de malladie et de mesaise, de fasson que plusieurs villaiges demeurerent deserts et sans habitation, les terres en friches, les vignes en savart et les pastures sans bestail, ce qui engendra comme ung quatriesme fleau de l'ire de Dieu envers ceulx qui restoient aux villaiges asscavoir la furie exercee par les loups, lesquelz ne trouvant aulcun bestial par les champs et affriandez de la chair humaine de plusieurs corps mortz tant durant la guerre famine que pestillence, sortirent des bois et forestz, se jectoient furieusement sur les personnes de tous sexes et aages et les devoroient et mangeoient en plusieurs parties de leurs corps avec grand rage et cruaulté, de sorte que a cause de la craincte diceulx on nozoit aller par les champs que en trouppes et bonne compaignie avec armes et bastons offensifz.

Les gens de villaige des environs de la ville sont renduz miserables.

Les loups font la guerre aux villageois et passans.

Voila lestat et la misere ou les habitans de Laon et les villageois du plat pais ont esté reduictz quelque temps et qui a esté assé congneu de tous, laquelle notre bon Dieu a faict cesser a la clameur de ses serviteurs qui ont invocqué sa bonté et misericorde pour lui faire resserrer les fleaux de son yre, encores que noz peschez ayent merité beaucoup plus grandz chastimens.

Pour doncques mectre fin ou du moings donner quelque relache a noz maulx et que je cesse de discourir plustost que vous de mentendre, comme cellui qui hors d'haleine mect les bornes de sa course ou il est forcé darrester, je finiray icy ces memoires en vous priant (amy lecteur) de curieusement pezer les choses que jay dict avec verité pour en faire votre proffict premier que den juger au desir de votre passion ou par le rapport de tel contredisant qui peult estre naura approché du faict sy pres que moy. Au reste je prie ce grand dominateur quil nous face la grace de nous regarder de son œil plus bening et gracieux que le passé ; mais si faut il aussi de notre part que nous ostions les vraies occasions de toutes riottes et malveillances, afin que ressemblions au bon chirurgien qui pour guarir la plaie ne se contente denlever linflamation et la douleur quelle y apporte, mais passant oultre pour oster la cause du mal evacue les mauvaises humeurs qui nourrissent et entretiennent l'ulcere, puis apres lavoir desseiché aisement joinct et consolide si bien la partie offensee qui rend tout le corps en son premier estat. Dieu nous en face la grace.

AULTRES MEMOIRES.

Lan mil v. c. quarante deux, le jour de lassumption n^tre Dame qui est le quinziesme jour daoust, sur les huict heures du matin, Jehan Maynon bourgeois de Laon estant dans leglise notre dame de Laon au millieu de plus de deux cens personnes faisant ses prieres a genoulx, le tonnoire du ciel le tua en ce lieu au grand estonnement de tout le peuple et fut enterré en ladicte eglise.

Jehan Mainon fut tué de la tonnoire dans leglise Notre Dame de Laon.

Lan mil v. c. quarante cinq, lempereur Charles le Quint avec son armee entra en France contre le roy François premier de ce nom et se campa devant Soissons ou la paix fut traicté entre eulx, avant laquelle et pour fortiffier la ville de Laon et faire bons rempartz et fossez du costé de labbaie St Vincent fut razee une petite eglise appellee leglise St Victor qui estoit size entre ladicte abbaie et ladicte ville; pareillement fut razé la nef de leglise St Estienne et ny resta que le cueur de ladicte eglise qui depuis et en lannee M. v. c. IIII^xx seize fut desmolie par le commandement du s^r de Marivaulx gouverneur pour le Roy en ladicte ville de Laon pour faire le retranchement qui sy voit a present, comme aussi il feit ruyner la grande halle qui estoit ung fort beau et puissant bastiment avec deux eglises et parroisses, lune de St Georges et laultre de n^tre Dame au marchet, et en ces lieux feit construire la citadelle et les fossez qui sy voient a present; et durant que la

Leglise St Victor et la nef de leglise St Estienne razees et desmolies.

La halle de Laon ruynee.

Desmolitions des eglises St Georges et de Notre Dame au Marchet.

ville tenoit le party de la ligue contre le Roy, qui fut depuis le dix septiesme jour. de febvrier M. V. C. IIII^{xx} IX jusques au deux^e jour daoust de lannee M. V. C. IIII^{xx} XIIII quelle sest rendue au Roy par son siege, fut desmolie une belle eglise appellee n^{tre} Dame de la profonde assize au derriere de leglise de labbaie St Jehan.

Ruyne de Notre Dame la profonde.

Lan mil v. c. quarante huict, le lundy quatriesme jour de juing environ deux heures apres midy se feit ung grand oraige de vens lorsque la foire se tenoit au champ St Martin de Laon; la marchandise de drapperie et de mercerie fut eslevé par dessus les murailles de la ville et quelzques pieces portez jusques au bois de Breuil; quelzques charrettes et charriotz estant en la place se traynoient au long dudict champ St Martin par le vent; un gros arbre que quatre hommes ne pouvoient embrasser planté devant leglise St Jullien fut rompu en deux pieces par le millicu.

Grand oraige de vens.

Lannee M. V. C. cinquante six au mois de juillet on commença a vendanger en ce pais de Laonnois et les plaines vendanges se feirent a la St Laurens; il faisoit bien chault et les vins furent bons et de garde.

Vendanges commencees au mois de juillet.

Lannee M. V. C. cinquante sept, le jour St Laurens dix^e jour daoust, les François perdirent la bataille devant la ville de St Quentin, et y fut tué M^r d'Anguien. Le lendemain de ceste journee ceste ville de Laon estoit plaine de gens de guerre de plusieurs nations pour la conservation de ladicte ville. En ce temps les prebtres et gens deglise laisserent croistre le poil de leurs barbes en longueur, ce quils ne faisoient auparavant parce que de mois en mois ils la faisoient razer tout pres; bien laissoient ilz croistre leurs cheveulx assez longs, et au boult hault de leur teste si faisoit une petite couronne pour faire parroistre leur profession; portoient longues robes tant fourrees que aultres plus legeres pour sen servir scelon la saison et le

La journee St Laurens.

temps et ne portoient poinct de manteau par la ville.
Je croi bien quilz se fussent remis en leur premier
estat apres que la paix fut faicte avec le roy Philippes ;
mais les guerres civiles de ce royaulme pour le faict
de la relligion revenant tost apres les a faict demeurer en cest estat, a raison que ceulx de la relligion
pretendue reformee les eussent trop tost congneuz a la
campaigne avec leurs barbes razees, et pourquoi ilz
eussent courruz risque desdits de la relligion leurs
grandz ennemis.

Environ ce temps les petitz douzains furent descriez
et encores apres reiterez ; pour les congnoistre plusieurs gens de ceste ville vendans denrees et marchandises avoient pendans en leurs sainctures des
petitz morceaux de cuivre ou il y avoit des fentes pour
congnoistre les petitz douzains, que quant ilz pouvoient passer a travers sans contraincte ilz estoient
refusez et ne se prenoit qu'avec diminution de prix
pour cellui qui les bailloit ; il ny avoit revenderesse
au marchet de ceste ville de Laon qui neust de telz
passois penduz a sa saincture pour congnoistre les
petitz patartz sur lesquelz il se forgea des chanssons.

*Les petitz dou-
zains descriez.*

Lannee m. v. c. cinquante neuf, le troisiesme jour
dapvril, au Chasteau en Cambrezy fut conclud et arresté la paix entre le roy de France Henry ii° de ce
nom et Philippes roy des Espaignes. A raison de ceste
paix tant desiree de tous crestiens qui fut publiee par
tout, il se feit en ceste ville de Laon de grandes alle-
gresses et rejouissances publicques et de toutes fassons qui durerent bien huict jours ; les grands portaulx des eglises furent ouvertz jour et nuict ; toutes
les cloches des eglises furent sonnees et carillonnez ;
processions faictes deglise en eglise, signaument a la
grande eglise n^{tre} Dame ; apres les feuz de joies par
toutes les rues ou cheminoit la jeunesse tant filz que

*La paix faicte
entre les Rois de
France et d'Espai-
gne.*

filles habillez en bergers et bergeres avec linges blancs et les houllettes en main conduictz par le son des cornemuses et flajolletz ; se feit plusieurs maisonnettes et feuillies de mais et verdures es rues ou disnoient et souppoient les voisins mis ensemble avec leurs portions a qui mieulx mieulx ; la le vin y estoit presenté a tous passans ; bref il se feit de grandz joies pour la paix. Mais helas la paix ne sejourna guerres en France, car voicy le dixiesme jour de juillet de la mesme annee arriva la mort de notre Roy Henry deuxᵉ frappé dun esclat de lance a la teste a ung esbatement et tournoi qui se feit a Paris au mariaige de Madame Elizabet sa fille aisnee, ja faict en leglise cathederalle de Paris avec le roy Philippes par son procureur le duc dAlbe. Par le moien de ceste mort, les plaisirs furent convertiz en soupirs, daultant que au commencement du regne du Roy François deuxᵉ filz dudit Henry iiᵉ et en la mesme annee de M. V. C. LIX il se feit ung tumulte a Amboise qui engendra le commencement des guerres civiles en ce royaulme pour le faict de la relligion, pour laquelle relligion du depuis il y a eu en divers temps plusieurs batailles et rencontres qui ont faict mourir plusieurs personnes.

La mort du Roy Henri 2ᵉ.

Lannee mil vᵉ soixante, le premier jour de juillet, Mᵉ Jehan Doc evesque de Laon decedda.

Deces de Mᵉ Jehan Doc evesque de Laon.

Lannee mil v. c. soixante ung, il se feit une publication par les carrefours de ceste ville de Laon que commandement estoit faict a tous proprietaires et detempteurs des maisons sizes dans ladite ville de boucher ou faire boucher et estoupper promptement en peines de grosses amendes les souppiraulx de leurs dites maisons qui estoient respondans sur la rue ; la raison de tel commandement estoit quil vint en ladicte ville des hommes envoiez secretement de la ville de Geneve chargez de plusieurs petitz livres fort bien reliez et accomodez et de belles lettres dimprimerie

Publication faicte a Laon contre les livres de la religion pretendue reformee.

qui estoient pseaulmes de David en françois et en ryme, prieres et oraisons pour dire tant au matin que au soir, des instructions et aultres choses faictes et composees par des ministres de Geneve ; ces livres estoient jectez par ces hommes icy secretement et nuictamment dans les caves et celliers par les soupiraulx, en sorte quil se trouva quelque peu de temps apres bon nombre dhabitans curieux de nouveaultez habandonner la relligion catholicque et romaine pour prendre la nouvelle qui sappelloit lors lutherienne, et ce par le moien de ces petitz livretz.

Lan mil v. c. soixante deux, le dix septiesme jour de janvier fut faict signé et arresté a St Germain en Laye ung eedict pour le faict de la relligion qui a esté et est encores communement appellé de tous leedict de Janvier. Par cest eedict il estoit baillé a tous liberté de conscience, avec permission a ceulx de la relligion pretendue reformee de faire lexercice de leurdite relligion dans toutes les villes de ce royaulme, et peu de villes en furent exemptes. En vertu de cest eedict, il se feit en ceste ville de Laon tous les jours presches et prieres publicques en la maison de Anthoine de Harbes ou a present faict sa demeure M° Pierre Doulcet esleu qui tient a une ruelle qui conduict a la poterne du prevost de la ville, laquelle maison de ce temps la et celle a present detenu par les heritiers feu M° Anthoine de Martigny nestoit qu'une, pourquoi elle estoit lors belle et spacieuse. A lentree de ceste maison se pozoit ung libraire vendant de toutes sortes de livres de ladicte relligion ; et se cheminoit par les rues plusieurs portapanniers chargez de livres comme font ces vendeurs dalmanach, crians publicquement et a haulte voix : la marmitte du pappe renversee ; mesmes a la foire de Laon dans les halles en hault ou sestalloient les merciers sexposa en vente des tableaux en detrempe inventez contre Sa Saincteté et les ecclesiasticques, con-

Leedict de Janvier.

tenans les figures dune marmitte a trois piedz qui se
renversoit et des relligieulx de plusieurs ordres qui
sefforçoient par tous moiens de retirer ceste marmitte
penchée. Cecy ne se doibt trouver estrange, car la
pluspart des principaulx officiers et gens dauctorité
et de credict en la ville estoient lors de ladite relligion pretendue et qui favorisoient ces vendeurs. Davantaige en ce temps la vint de Geneve en ceste ville
de Laon ung nommé Marc Heron qui avoit espouzé la
fille Jehan Defaulx habitant de ceste ville, lequel avec
sa femme cheminoit par les rues en la fasson que font
les pellerins de St Jacques, et a haulte voix chantoient
des pseaulmes de David ; touteffois ilz furent aprehendez par quelzques particulliers, menez et conduictz a
Monsr de Fremont abbé de St Jehan de Laon (estimé
scavant personnaige) pour reprimer ces chanteurs ;
les ayant oiz les renvoia a levesque ; levesque les renvoia a Me Ysaac de Hodicq, prevost de la citté ; mais
pour ce quil estoit question de la relligion, le prevost
nen voullut congnoistre, et par ainsy ilz demeurerent
la sans reprehension. Ceste grande liberté ne dura
gueres a ceulx de ladicte relligion parceque tost apres
il se publia ung eedict portant deffenses de ne plus
prescher ny faire aulcune exercice de ladicte relligion
dans les villes de ce royaulme, ains seullement aux
lieux (les prochains desdites villes) qui appartenoient
ausdits de la relligion ; pourquoy leur exercice fut
trasnferee a ung grand jardin siz pres la porte a Lusault qui lors appartenoit a Me Theodore Delamer procureur, ou ilz feirent quelque temps presches et priè-
res publicques, et jusques a la rupture dudit eedict
qui causa aussitost de grandz troubles avec grand
amas de part et daultre de gens de guerre qui donnerent une bataille pres Dreux.

Grand yver.   Lannee mil v. c. soixante quatre il y eut ung fort
grand yver ; les eaues des puis de ceste ville de Laon

furent engellees ; les rivieres portoient sur la glace, mesmes a Anvers la mer portoit chevaulx et charrettes.

Lannee mil v. c. soixante six, le xxve jour de janvier fut admené de Vrevin a Laon une jeune femme nommee Nicolle Aubry qui estoit posseddee du diable ; elle fut logee en lhostellerie des pourceletz et delivree en leglise Notre Dame le viiie jour de febvrier ensuivant apres les conjurations faictes par M^r levesque de Laon ; je nen feray plus long discours parcequil sen est faict plusieurs livres imprimez.

Nicolle Aulbry de de Vrevin posseddee de lennemy est admenee à Laon.

Lannee m. v. c. soixante sept sur la fin du mois de septembre, la ville de Soissons fut surprise par les pretenduz de la relligion reformee aultrement appellez huguenotz. Coucy le Chasteau et Chaulny furent quasi aussitost a leur devotion ; et feirent longtemps guerre en ce pais, signaument contre les prebtres qui furent contrainctz quicter les villaiges et se refugier dans les villes catholicques ; et par neccessité plusieurs deulx se rengerent de compaignie avec les gens de guerre des garnisons ; les habitans des villes nestoient mis a ransson et cheminoient librement par les champs et sans hazart.

La ville de Soissons surprise par ceulx de la religion pretendua reformee

En ladicte annee m. v. c. soixante sept, plusieurs compaignies de Metz vindrent en France au secours du prince de Condé, chef desdits de la relligion, logé lors a St Denis en France ; et passans ces compaignies par ce pais voullurent loger dedans Bruieres, mais lentree leur fut refuzee par les habitans, pourquoi par escallade a laide de quelzques harquebuziers mis sur le mont Pigeon pres ladite ville de Bruieres, elle fut forcee et prise à la perte et ruine desdits habitans ; ce fut la veuille de la St Martin diver audit an m. v. c lxvii ; et de la partie de ces compaignies a cheval se vindrent parroistre entre le faulxbourg d'Ardon et la ville de Laon, dou ilz envoierent ung trompette au

Bruieres prise par escallade

viel sr Dinxant gouverneur de ladite ville (estant lors a la porte Royer) pour avoir quelzques vivres, mais ledit sr Dinxant lui commanda se retirer en dilligence, ce quil ne sceut si tost faire quil ne receut ung coup dharquebuze qui lui feit perdre la vie environ le millieu du mont ; pourquoi ces gens de guerre mirent le feu a quelzques maisons qui estoient sizes au commencement dudit faulxbourg ung peu plus loing ou est a present lhostellerie de la croix verte et du reng mesme et les feirent consommer avant que partir, et ainsy passerent leur collere. Ceste propre journee de la veuille de la St Martin 1567, la bataille se donna entre Paris et St Denis ou Mr le Connestable fut tué.

<small>La bataille St-Denis.</small>

Lannee M. V. C. soixante huict, le treize jour de mars, la paix fut faicte avec les protestans françois aux conditions porté par leedict qui fut expedié et publié le XXIIIe jour dudict mois de mars en la ville de Paris.

<small>Paix accordee avec ceulx de ladicte religion pretendue.</small>

Lannee M. V. C. soixante dix au mois daoust, aultre paix faict avec lesdits protestans françois.

<small>Aultre paix.</small>

Lannee M. V. C. soixante douze, le XXIIIIe jour daoust, jour de St Berthelemi, le massacre de Paris.

<small>Le massacre de Paris.</small>

Lannee M. V. C. soixante seize, le sebmedy quinziesme jour de septembre en plain jour, le pignon dune maison size derriere les petites boucheries de ceste ville de Laon qui estoit composé et basty de fortes et grosses matieres tumba ; et furent toutes les petites maisons desdites boucheries acablees ruynees et jectees par terre sans quil y eut eu personne de blessé.

<small>Les petites boucheries de Laon acablees.</small>

Lannee M. V. C. LXXVII au mois de mars, se tira au champ St Martin de ceste ville de Laon par plusieurs habitans ung oizeau en figure qui estoit appelé le jai des mauproffitans, et sur les noms de chacun tireur qui furent appelez a tour de roolle pour bailler plaisir aux assistans fut mis quelque dicton facetieux sur son mauvais mesnaige, ce que Constantin Tristrand com-

<small>Le jai des mauprofflctans.</small>

paignon orphevre ne peust digerer pour y estre notté
a son prejudice se disant bon mesnagier ; pourquoy ce
jour la de nuict avec espee et rondache alla guetter
Anthoine Estienne qu'on disoit avoir faict le dicton ;
et comme il passoit a la rue des Cordelliers revenant
de soupper, ce Tristrand icy qui estoit en embusche
se jecta sur ledict Estienne qui estoit assisté de Nicolas Estienne son nepveu, lesquelz sur leurs deffenses
presserent et contraignerent Tristrand de reculler, ce
faisant il receut dudict Estienne ung coup destocquade
dans le corps au dessoubz sa rondache qui le feit
mourir peu de jours apres ; ledit Anthoine Estienne
obtint remission de ce faict et feit entheriner ses
lettres.

La mesme annee M. V. C. LXXVII, sur la fin du mois
de juillet, Claude Courtier gendre de M⁰ Jehan Genaille
conseillier au siege presidial de Laon estant a table
disnant avec son beau pere ou estoit M⁰⁵ Bertrand et
Jehan Genaille advocatz enffans dudit conseillier, sur
une maigre querelle remplie daudace et de superbité
faicte par ledit M⁰ Bertrand a Courtier son beau frere,
il frappa ledict Courtier d'un couteau et le rendit mort
a la place ; et combien que la mere dudict Bertrand
luy eust faict passaige et instruict du lieu ou il debveoit fuir et faire retraicte, neaulmoings il ne peust
avoir force ni vigueur de passer oultre le cimitiere du
villaige de Clacy ou il fut apprehendé et admené prisonnier en ceste ville de Laon, et depuis conduict a la
conciergerie du pallais a Paris par ordonnance de la
cour de parlement, ou les parens du decedé le poursuivirent tant sur ce faict que daultres joinctz ensemble ; que par arrest de ladicte cour ledit Bertrand
fut condamné a estre pendu et estranglé, ce qui fut
executé a la place de Greve a Paris ou son pere estant
dedans la bouticque dun marchant le veit conduire
dans ung tombereau.

<small>Claude Courtier tué par M. Bertrand Genaille.</small>

Premier voiaige de Mr au Pais bas.

Lannée M. V. C. LXXVIII au commencement du mois daoust, Monsieur frere du Roy feit son premier voiaige au Païs bas passant avec ses trouppes par ce païs, et y fut jusques au mois de janvier ensuivant.

Nicolas Brisbart et Roland Marteau tuez au villaige de Cheret.

La mesme annee de LXXVIII le XXVI° jour de septembre, Nicolas Brisbart greffier du baillaige de Vermandois estant au villaige de Pancy avec Rolland Marteau son clerq, et revenant en ceste ville de Laon apres avoir visité ses heritz furent rencontrez sur la montaigne par des gens de guerre qui les contraignerent daller avec eulx au villaige de Cheret, ou estans ces gens de guerre furent assailliz par la commune de plusieurs villaiges comme il leur estoit permis par eedict publié. Durant la charge qui fut faicte entre eulx, Brisbart et Marteau se penssans desgager de leurs mains prindrent la fuicte par dedans le jardin de la maison ou ilz estoient, mais ilz furent arrestez par une forte haie quilz trouverent et au cry de quelzques goujatz qui les veirent fuir; ces gens de guerre lors montez aux chambres et greniers tirerent quelzques harquebuzades apres Brisbart et Marteau qui les feit perdre la vie; les corps desquelz recherchez et retrouvez le lendemain parmy daultres ja enterrez par les villageois furent rapportez en ceste ville de Laon et mis en terre.

Le censier de Courbes tué par le grenetier Crochart.

Lannee M. V. C. LXXIX au mois de febvrier, M° Anthoine Crochart grenetier du grenier a sel de Laon, sur une petite disputte quil eust avec Jehan de Vendizy censier de Courbes et sur une parolle assé haultaine et arrogante du censier, Crochart le frappa a petite plaie dun trousseau de clefz quil tenoit, lequel en print telle collere que la fiebvre continue le saisit deux jours apres, et mourut le censier le dix° jour de sa blessure.

La mesme annee de M. V. C. LXXIX le XXIII° jour de

may, la Royne de France femme du Roy Henry IIIe arriva en ceste ville de Laon. *La Reine arrive à Laon.*

La mesme annee de M. V. C. LXXIX, le jour St André dernier jour de novembre, le prince de Condé par subtilité entra dans la ville de La Fere sur Oize ou le Roy feit mectre son siege lannee suivante. *La ville de la Fere sur Oize surprise par le prince de Condé.*

Lannee M. V. C. IIII^{xx}, le mercredy dapres Pasques, VIe jour dapvril environ les V a VI heures apres midy, il feit en ceste ville de Laon et es villaiges dallentour ung grand tremblement de terre. *Tremblement de terre.*

La mesme annee de M. V. C. IIII^{xx} le XXIIe jour de juing, est deceddé de malladie contagieuse Me Jehan de Bours evesque de Laon ; il si congneut ung charbon au genoulx ; touteffois malicieusement ses domesticques le cellerent ; et scelon la coustume des evesques deceddez en ladite ville, son corps fut mis en parrade habillé comme vivant ; la plus saine partie des habitans de la ville et faulxbourgs le furent veoir et baiser ses piedz, par le moien de quoy plusieurs furent attainctz de la malladie contagieuse qui ja regnoit a la ville et assé violente. *Deces de M^r levesque de Laon de la maladie contagieuse.*

La mesme annee de M. V. C. IIII^{xx}, le siege du Roy estoit devant La Fere. Estoit dedans M^r de La Personne qui y commandoit comme lieutenant de M^r le prince de Condé qui sestoit rendu absent peu auparavant le siege formé. Ceste ville de Laon estoit lors habandonnee de tous les habitans pour la grande malladie contagieuse qui y estoit ; il ny avoit dedans que des soldatz en garnison, aulcuns desquelz et assé bon nombre y laisserent la vie pour sestre adventurez au vol et larcin de quelzques maisons habandonnez. La justice sexerçoit lors a Bruieres ; il sy feit pres des portes au dehors quelque execution de mort. Ceste maladie contagieuse regna assé longtemps, et les pauvres mallades fort incomodez pour les continuelles pluies quil faisoit, pour ce quilz estoient logez allentour *Le siege du Roy devant la Fere.*

la ville et de tous costez et des petites meschantes huttes faictes de paille ou les loups les alloient visiter jour et nuict ; il mourut ceste annee grand nombre de creatures, et si ceste malladie recommença encores lannee suivante qui en emporta encores daultres habitans.

La grande furie de ceste malladie contagieuse cessee, les habitans revenuz dans la ville se trouverent fort opressez par les ratz et souriz qui sestoient fort multipliez durant leur absence par faulte de chatz qu'on avoit faict mourir de craincte du rapport quilz eussent peu faire de maison en aultre de la malladie ; et combien que chacun meit peine de suprimer ceste vermine, touteffois on nen pouvoit veoir la fin pour la grande multitude qui y estoit, qui fut cause que plusieurs coconniers et vendeurs ordinaires de poulletz et pigeons apporterent dans leurs caiges des jeunes chatz quilz exposerent en vente au marchet, et en ay veu vendre aulcuns a III s. et v s. et jusques a VI s. ce que plusieurs gens trouverent estrange de veoir faire telle vente publicque et en plain marchet.

Les petits chatz se sont venduz au marché de Laon comme des poullets.

Lannee M. V. C. III^{xx}, ung, le XXVIe jour de mars jour des Pasques communeaux, il feit en ceste ville de Laon ung fort impetueux vent qui jecta par terre le clocher de leglise St Cir avec plusieurs combles et édiffices en divers lieux ; on ozoit cheminer par les rues pour craincte de la cheute des bastimens qui bransloient fort et du grand nombre de thuilles qui tumboient.

Grandz et impetueulx ventz.

Le clocher de l'église Saint Cir tombe des vens.

En ceste mesme annee de M. V. C. III^{xx} I, le lundy VIIIe jour de may, sur ce que Bertrand le Roux maintenoit a Me Jehan Genaille son cousin germain quil abuzoit de Guillemette le Roux sa sœur par copulation charnelle, se feit ung duel entre eulx, et pour en wider se trouverent dans un pré au faulxbourg d'Ardon ou ilz se battirent a coups despee ; Bertrand le Roux y laissa la vie et Genaille bien blessé se

Duel entre Bertrand le Roux et Me Jehan Genaille.

retira en une maison dArdon ou il fut depuis faict prisonnier et admené a Laon, mais le tout sen alla en fumee et sans aulcune punition.

Lannee m. v. c. iiii^{xx} trois, le vendredy septiesme jour de janvier, le feu se print a la maison M° Pierre Guinet laisnel procureur size a Laon rue du Blocq ; il y eut beaucoup de pappiers bruslé et si on eust beaucoup de peine a esteindre le feu.

Le feu à la maison M° Pierre Guinet procureur

Ladicte annee de m. v. c. iiii^{xx} trois, le xi° jour de may fut decapité a la place du Bourq le s^r de Magny et sa teste mise au boult dune lance a la porte a Lusault pour les cas mentionnez en son proces.

Exécution faicte a la place du bourg du s^r de Magny.

La mesme annee de m. v. c. iiii^{xx} trois, il fut inventé par aulcuns de faire processions publicques comme il sen feit qui sappelloient processions blanches par ce que les hommes femmes et enffans estoient vestuz de linges blancs depuis les piedz jusques au sommet de la teste avec des croix grandes et petites scelon leur volunté, et ainsi sacheminoient au lieu ordonné ; les grandes processions se mectoient en deux rengs pres a pres ; au millieu des rengs se mectoit des hommes loing lun arriere de laultre de xx ou xxx pas qui avoient lœil sur les deux rengs pour les entretenir et faire marcher en ordre ; lesquelz tous chantoient plusieurs sortes dhimmes et chanssons spirituelles tant en latin qu'en françois et scelon la composition qui en avoit esté faicte par les inventeurs ; les gens deglise alloient les premiers comme ilz ont acoustumé et les seculiers apres rengez comme il a esté dict. La premiere de ces processions qui arriva en ceste ville de Laon, ce fut le xxv° jour daoust de ceste annee qui est le jour St Lois jour et feste des praticiens de Laon ; on fut bien estonné de veoir une telle procession que celle la pour la multitude des personnes qui alloient a Liesse et qui venoient des villaiges des environs la ville de Soissons ; le nombre ne fut compté pour la

Les processions blanches

— 502 —

surprise quilz feirent et a quoy on ne pensoit guerres, mais veit on bien que le commencement des deux rengs estoit pres leglise n^tre Dame de Laon et la fin estoit encores sur le mont de Semilli, ce qui feit penser a plusieurs que avec tel subject la ville se pouvoit surprendre, et y avoit lors du danger daultant que en ce temps la il y avoit des menees et factions secrettes entre des princes de ce royaulme qui se sont depuis manifestees, aulcuns jugeoient estre ung pressaige de pareille assemblee qui se feroit de gens de guerre comme cela advint tost apres, et des lors on commençoit a tenir a suspect ceulx qui nalloient en telles processions qui se continua assé longtemps et ou bon sembloit aux ecclesiasticques.

Le duc d'Aumalle seffurça dentrer dans Laon avec des gens de guere.

Lannee M. V. C. IIII^xx cinq, le XXIXe jour de may veuille de lassention n^tre Seigneur, le duc dAumalle avec bon nombre de gens de guerre tant de cheval que de pied se vint loger en tous les faulxbourgs de Laon et en quelzques villaiges les plus prochains, avec intention dentrer dans ladicte ville et la tenir pour le party du duc de Guise qui ja commençoit a faire parroistre ses projectz ; mais ledit duc dAumalle fut desceu de son intention par la veuille et bonne dilligence que les habitans seculiers apporterent a dissouldre la mauvaise volunté des gens deglise et de quelzques ungs meslez parmi eulx qui avoient promis lentree au duc, lequel fut trois jours a attendre lentree ; en fin ne voullant rien hazarder de ses trouppes et voiant que les habitans nestoient a sa devotion comme on luy avoit faict croire, il passa oultre.

Grande tonnoire.

La mesme annee de M. V. C. IIII^xx cinq, le XXVe jour de decembre qui estoit le jour de Noel, durant la predication qui se feit par notre Me Rolo (provincial des cordelliers) en leglise N^tre Dame de Laon entre une et deux heures apres midy, laer sobscursit fort et incontinent le tonnere a esclater comme ung coup de mousquet qui feit abaisser le predicateur dans sa chaiere par une fraieur, et aussitost ung redoublement espouventable du tonnere avec ung brandon de feu traverser la grande eglise, commenceant a entrer par la haulte verriere ronde de la grande porte de ladicte eglise du costé du parvy et sortant a une semblable verriere au boult de leglise qui est derriere le grand aultel, passa ce brandon de feu (en vray figure dun levrier la queue retroussee et les quatre piedz ouvertz) au dessus la teste du grand crucifix sans le toucher ny aussi sans toucher aulcune personne ny quil y eust aulcune rupture dans ladite eglise ; neaulmoings il donna une telle fraicur aux assistans en grand nombre a la predication pour estre ce jour la solémpnel quilz se jecterent teste baissee lun dans laultre comme si ceust été le dernier jour, et incontinent apres tumba aux rues grande habondance de gresle qui assiegea quelque temps le peuple dans ladicte eglise, et peu apres sa cheute apparut une moyenne clerté qui feit prendre corraige au predicateur et commença a chanter Domine non secundum qui sacheva par les assistans. On estoit lors en ceste ville de Laon divisez en trois partiz, asscavoir les ecclesiasticques qui depuis furent appellez ligueurs pour ung, les biens vivans amateurs de paix et soubstenant lauctorité royale qui depuis furent appellez politiques pour ung aultre, et ceulx de la relligion pretendue reformee qui depuis furent appelez maheute pour le troisiesme, se deffians ces trois lun de laultre, a raison que la congnoissance de leurs voluntez sestoit plainement manifesté au mois de may de ceste presente annee contre le duc dAumalle qui pretendoit avec ses forces entrer dans ceste ville de Laon comme il a esté cy devant dict ; Mr de Marly estoit lors gouverneur de ladicte ville, duquel on ne pouvoit juger sa volunté pour les variations qui se veoit en lui, et a la verité il taschoit a

<small>Les habitans de Laon estoient divisez en trois partiz.</small>

attrapper le plus fort party, mais il en fut deseeu comme il sest veu du depuis.

Vol et larcin de plusieurs reliques pris dans leglise Notre Dame de Laon.

Lannee mil v. c. iiii^{xx} six, le premier jour de mars du matin, fut retrouvé ung calice qui avoit esté desrobbé dans leglise n^{tre} Dame de Laon par ung jeune garson nommé nommé Jehan le Brum du villaige de St Gobain. Le mesme jour au soir fut retrouvé deux aultres calices cachetz. Peu de jours apres le larron fut descouvert, auquel le proces fut faict et parfaict et condamné a estre pendu et estranglé, ce qui fut executé au devant du grand portail de leglise n^{tre} Dame de Laon, entre leglise St Martin au parvis et leglise St Remy a la porte.

Thomas Delamer de son espee perça le corps de Me Philippes Courtier.

La mesme annee de m. v. c. iiii^{xx} six, le jour St Loys xxve jour daoust, Thomas Dalamer frappa Me Philippes Courtier receveur du domaine du Roy au baillaige de Vermandois dun coup despee a travers du corps ; touteffois il en fut guerry contre toute esperance humaine.

Limaige de la Vierge Marie fut consommé par feu dans leglise Notre Dame de Laon.

La mesme annee de m. v. c. iiii^{xx} six, la nuict dentre la veuille et le jour de Noel, le feu consomma lymaige de la vierge Marie qui estoit a leglise n^{tre} Dame de Laon au dessus de laultel qui est a main droicte en entrant dans le cueur, et fut ladicte ymaige et ses accoustremens reduictz en cendre ; des lors aulcuns seditieux sefforçoient faire croire que telle chose proceddoit de lindustrie de ceulx de la relligion pretendue refformee, mais on ny veoit poinct dapparence pour plusieurs raisons rapportees ; aussi que tost apres il fut congneu que tel inconvenient proceddoit de lavarice de cellui qui avoit faict le cierge pour estre allumé toute la nuict pres ladicte ymaige, en ce que ce cierge qui debveoit estre de cire estoit pour la plus part meslé de poix grace et poix razine et aultres semblables matieres qui petillent, qui feirent jecter les estincelles de feu au linge qui estoit dessus la teste de ladicte

ymaige et pendant en bas ou le feu se print et de la
aux ornemens et a lymaige qui estoit peinte en huille
et ainsy se consomma durant la nuict.

En ladicte annee de M. V. C. IIII^{xx} six et en celle de IIII^{xx} VII, le bled fut fort cher en ceste ville de Laon et longtemps a quarante solz le quartel, environ trois mois a LX s. et quelque peu de temps a LXX s.; le petit pain de boullanger de VIII onces se vendoit six blancs; depuis et au mois de juillet M. V. C. IIII^{xx} VII le quartel fut vendu C. solz. Pour eviter ceste grande cherté qui saugmentoit de jour a aultre, publication fut faicte par les carrefours de ladicte ville de lauctorité de Monsieur le prevost de la citté de Laon portant deffenses a toutes personnes de vendre le quartel de froment plus hault prix que soixante solz et de nen transporter hors la ville en peine de grosse amende, a quoi contrevenant Abraham Varlet et convaincu davoir depuis ladicte publication vendu du seigle a cent solz le quartel et nonobstant ses excuses qui disoit avoir baillé ledit bled a credict et au hazart du paiement, il fut condamné en une grosse amende qui fut appliqué a la reparation de lauditoire de la prevosté tant aux vitres bancs que a blanchir toutes les murailles ou fut appliqué plusieurs fleurs de lys et larges bordures de paintures comme il se veoit encores a present. Il mourut en ceste ville de Laon beaucoup de creatures a raison de ladicte cherté, signaument a lhostel Dieu environ environ IIII. C. pauvres en VIII mois scelon le rapport des fossoieurs.

Grande cherté de bled a Laon.

Je ne fais icy aulcune mention de ce qui est advenu dans la ville de Laon depuis le mois de febvrier M. V. C. IIII^{xx} IX jusques apres le siege que le Roy entra dedans qui fut le IIIe jour daoust de lannee M. V. C. IIII^{xx} XIIII, a raison que le tout est cy devant redigé par escript aux memoires de Me Anthoine Richard, sinon quil a esté obmis a dire que depuis la reduction de la dicte ville de Laon la piece de vin se vendit xv et xvi escus et le quartel de bled quarante solz et jusques a L solz. Ceste cherté continua assez longtemps et quasi trois ans a raison des sieges qui furent tant devant ceste ville de Laon que de la ville de La Fere ; rien ne se labouroit ny semoit en ce pais ; les terres estoient demeurees en friches ; on manequoit de chevaulx pour faire le labeur ; les laboureurs en demandoient a leurs maistres avec du grain pour semer, mais ils nen pouvoient fournir par ce que eulx mesmes en avoient neccessité pour leur nourriture, ce qui feit continuer la cherté et reproduire une grande villité de prix de tous heritages.

La cherté de bled et de vin a continué longtemps en ce pais de Laonnois.

Lannee M. V. C. IIIIxx XV, le treiziesme jour de febvrier, il se feit une grande assemblee generalle en la salle de la court du Roy a Laon de tous les habitans de ladicte ville ou se feit lacte qui suict et que jai ici redigé par escript.

En lassemblée generalle de tout ou la pluspart du peuple de la ville de Laon convocqué et assemblé a la grande salle de la court du Roy a son de trompe en la maniere acoustumee, president en icelle Monsr de Mange lieutenant particullier.

Assemblee generalle des habitans de Laon ou est desadvoué lemprisonnement de Me Charles Martin et des aultres prisonniers.

Sur ce qui a esté remonstré en ladicte assemblee par Me Hercules Crochart procureur audict Laon, que par cidevant les trois quartz et demi des habitans de la ville ou plus avoient presenté requeste au Roy notre sire et a nosseigneurs de son conseil, et par icelle remonstré que la cause de la rebellion advenue en ladicte ville nestoit proceddé desdits habitans, ains seullement du mouvement daulcuns particulliers dicelle en petit nombre qui avoient neaulmoings des principalles charges de ladicte ville et qui de leur auctorité et par force pour entretenir la guerre et penser parvenir a leurs pernicieux desseings ont imposé sur le peuple grandes sommes de deniers et faict faire des grandz et insuportables fraiz ; suppliant Sa Majesté de les rellever et affranchir desdits fraiz et de tout ce qui sestoit faict et passé en ladicte ville en consequence de ladicte rebellion ; a quoy sadite Majesté ayant esgard auroit ordonné avant faire droict que lesdits particulliers seroient sur ce ois, et ce pendant deffenses a eulx faictes de poursuivre aulcune chose desdits fraiz et a tous juges den congnoistre tant et jusques ad ce que parties oies il en soit aultrement ordonné scelon quil est plus amplement porté par la commission decernee de sadite majesté ; que pour poursuivre ceste affaire les habitans a la derniere assemblee nous auroient requis quil leur fust permis sassembler pour eslire entre eulx ung procureur scindicq afin de comparoir pour eulx, requerir advouer ou desadvouer poursuivre et deffendre tout ce qui sera requis et neccessaire ; touteffois quilz avoient esté remis, et sur ceste remise se sont adressez au prevost de la citté de Laon ou au conseil particullier de ladicte ville qui les ont renvoiez en la presente assemblee, leur permectant y eslire dentre eulx ledit procureur scindicq, un recepveur et aultres personnes pour entendre ausdites affaires scelon quil est plus amplement porté par lacte de conclusion dudict conseil en datte du ix° jour de ce mois, et partant nous requeroit ledict Crochart qui de ce a esté advoué de la plus grande et saine partie de ladicte assemblee vouloir advouer et permectre ladicte ellection estre presentement faicte. Surquoy oy le procureur du Roy illecq present qui ne la empesché, et le peuple qui a declaré a haulte voix quil desadvouoit lemprisonnement faict au commencement de ces troubles en ceste ville de la personne dudict prevost de la citté et aultres habitans de la ville, et apres que M° Regnault Doulcet a requis que ceulx qui avoient interest eussent à sortir et que ledict prevost sest a linstant departy de ladicte assemblee, nous avons ordonné que le peuple sassembleroit par parroisse en la maniere acoustumee pour adviser ad ce que dessus, ensemble eslire ung procureur scindicq et aultres personnes pour poursuivre et deffendre leur droict ; suivant quoy apres que le peuple sest retiré par parroisse et quil a sur ce donné et rapporté son advis et ellection, il s'est trouvé par le rapport diceulx advis quilz avoient esleu et nommé pour leur procureur scindicq la personne de M° Hercules Crochart, et pour lui donner conseil confort et ayde en ladicte charge et toutes aultres choses qui y seront requises et neccessaires les personnes de M° Jehan Ducrocq, Nicolas Labiche et Poncelet Delacampaigne, desadvouant ledit emprisonnement et tous les fraiz inutilement faictz durant ces troubles en ladicte ville ; et partant nous avons suivant lesdits advis et la requeste faicte par le peuple, permis audit Crochart et aultres dessus nommez, de pouvoir pour et au nom de la plus grande partie des habitans de ladicte ville, requerir advouer ou desadvouer poursuivre et deffendre tout ce qui sera requis et neccessaire pour lesdits habitans en ce que dict est, et speciallement desadvouer ledit emprisonnement avec tous les fraiz, et ce qui sest faict et passé en ladicte ville inutilement et sans adveu de tout le peuple durant quelle a esté occuppee par les rebelles ennemis du Roy, et remectre le tout sur ceulx qui de leur auctorité privé ont faict conclud et donné cause ausditz fraiz et a ladicte rebellion ; auxquelz habitans est aussi permis suivant leur requeste de lever sur eulz quelzques sommes de deniers pour fournir aux fraiz quil leur conviendra faire en ce que dict est ; et neaulmoings acte est accordé a M° Jehan Dasssonneville, ce requerant tant pour lui que pour les aultres prisonniers de la declaration faicte par le peuple quil desadvouoit lemprisonnement diceulx prisonniers pour eulx servir et valloir ce que de raison ; comme aussi

Pourtraict de la ligue Infernalle

La figure de la ligue a esté bruslé a laon au champ s^t martin le mercredi au soir xvii Juing m v^c iiii^{xx} xviii apres la procession generalle et feuz de Joie faictz en ladicte ville pour la paix dentre les Roys de france & despaigne publié a laon le Jour precedent xvi Juino acte est accordé audit Crochart ce requerant pour lesdits habitans de la declaration faicte en la presente assemblee par ledict prevost de la citté que lui et lesdits prisonniers scavent bien que leur emprisonnement ne provient du mouvement desdits habitans, ains seullement des praticques et menees de xx ou xxx particulliers autheurs de la rebellion de la ville qui pour executer leurs pernicieux desseings ont faict ledict emprisonnement, et partant quilz nentendoient eulx prendre ni repeter leurs dommaiges et interests sur iceulx habitans, ains seullement sur les xx ou xxx particulliers autheurs de ladicte rebellion. Signé Desmaretz.

Lannee m. v. c. IIII^{xx} seize, le mercredy vingt deux^e jour de may, la ville de La Fere sur Oize sest rendu au Roy, et Alvaro Asorio gouverneur et usurpateur de la place commandant aux espagnolz y estans sortit hors avec ses gens ce jour. — *La ville de la Fere est rendue au Roy par les espagnolz.*

Lannee m. v. c. IIII^{xx} xvII, le mardy xI^e jour de Mars, la ville dAmiens fut surprise par les espagnolz, et le jeudy xxve jour daoust ensuivant ilz en sortirent par composition. — *Amiens surprise par les espagnolz.*

Ladicte annee de m. v. c. IIII^{xx}xvII, le mardy v^e jour daoust, Me Mery de Louem fut instalé prevost de la citté de Laon et tint le siege en lauditoire de ladicte prevosté ledit jour. — *Me Meri de Louen est installé prevost de la citté de Laon.*

Lannee m. v. c, IIII^{xx}xvIII, le dimanche dixsept^e jour de may jour de la trinité, Mr de Marivaulx gouverneur de ceste ville de Laon decedda dans la citadelle. — *Deces du S^r d Marivaulx.*

Ladicte annee de m. v. c. IIII^{xx}xvIII, le mardy seiziesme jour de juing au soir, la paix generalle accordee entre les Roys de France et d'Espaigne fut publié en ceste ville de Laon et le lendemain faict processions et feuz de joie. — *La paix faicte entre les rois de France et dEspaigne.*

La mesme annee de m. v. c. IIII^{xx}xvIII, le mercredy vIII^e jour de juillet, Monsr de Vassen lieutenant de Mon-

Entree a Laon de M *lo marquis de Cœuvre gouverneur de Laon et de M* *de Vassen son lieutenant.*

sieur le marquis de Cœuvre gouverneur de la ville de Laon arriva dans ladicte ville avec sa compaignie qui estoit de LXI hommes de piedz et print possession de la citadelle, et ledit seigneur marquis y fait son entree le jeudy dix° jour de septembre de ladite annee IIII^{xx}XVIII.

M° François Vairon est intallé prevost de la citté de Laon.

Lannee de m. v. c. IIII^{xx}XIX, le jeudy treiziesme jour de may, M° François Vairon fut installé prevost de la citté de Laon a la resignation de M° Mery de Louem et a tenu le siege ledit jour en lauditoire de ladicte prevosté.

Arrest de la court publié a Laon sur les ampliations des sergens.

Lannee m. VI. c. le vendredy XVI° jour de juing, a esté leu en jugement aux plaictz du baillaige de Vermandois a Laon ung arrest contradictoire donné en la court de parlement a Paris portant reiglement pour les sergens dampliation, lequel arrest fut registré au greffe dudit baillaige.

Vendanges tardives.

Ladicte annee de m. VI. c. le jeudy XIX° octobre, on commença a vendanger en ce terroir de Laon ; le vendredy X° novembre ensuivant on pressuroit encores au pressoir de Monsr Despinois ; et y eut en ceste annee grande quantitee de vins, mais ilz estoient fort vertz.

M° Pierre Poullet installé lieutenant general au baillaige de Vermandois et president.

Ladicte annee de m. six cens, le vendredy XVII° jour de novembre, M° Pierre Poullet fut installé au siege du baillaige de Vermandois comme lieutenant general dudict baillaige et president au siege presidial de Laon.

M° Nicolas Hulleu chanoine a Laon executé a mort par effigie pour le peché de odomie.

Lannee m. VI. c. ung, le sebmedy vingtiesme jour de janvier, M° Nicolas Hulleu prebtre et chanoine de leglise N^{re} Dame de Laon absent et fugitif fut condamné par sentence de Monsieur le prevost de la citté de Laon a estre pendu et estranglé et apres son corps bruslé, attainct et convaincu du peché de Sodomie, ce qui fut executé par effigie en la place du bourq de Laon ledit jour.

— 511 —

Ladicte annee de m. vi. c. ung, le dimenche troisiesme jour de juing, frere Geoffroy de Billy abbé de labbaie St Vincent feit son entree a Laon comme evesque duc de Laon et second pair de France, receu et conduict tant par les ecclesiastiques que seculiers en procession dans la grande eglise N^re Dame.

Entree et reception de frere Geoffroy de Billy evesque de Laon.

Lannee m. vi. c. deux, le dimenche au soir dixiesme jour de mars, Me Daniel Delamer advocat au siege presidial de Laon fut frappé au corps dun coup de poignard par Claude Decloistre procureur audict siege, duquel coup ledict Delamer mourut le lendemain a xi heures de nuict ; et le sebmedy quatriesme jour de may ensuivant ledict Decloistre absent et fugitif fut condamné par monsieur le prevost de la citté de Laon a avoir le poing couppé pendu et estranglé a la place du bourq de Laon, ce qui fut executé par effigie a ladicte place ledit iiiie jour de may.

Mr Daniel de La Mer est tué par Claude de Cloistre procureur.

Ladicte annee m. vi. c. deux, le sebmedy troy^e jour daoust, il commença a faire de grandz ventz impetueux qui continuerent toute la nuict, ce qui feit perdre et gaster beaucoup de bled qui estoient sur terre.

Vens impetueux.

Lannee m. vi. c. trois, le lundy xxiiie jour du juing on commença a soier les bledz en ce pays.

Bledz soiez en juing.

Lannee m. vi. c. trois, le sebmedy douziesme jour de juillet, Marie de Medicis royne de France passa au pied de la montaigne de ceste ville de Laon du costé d'Ardon et alla au giste au chasteau de Marchay. Le lendemain treiziesme juillet elle alla a Liesse, et le même jour revint au giste en ceste ville environ les vi heures apres midy et se logea a levesché ; et le lendemain xiiiie dudit mois apres avoir oy la messe a la grande eglise, elle monta dans son carosse environ les ix heures du matin et sen retourna a Soissons.

La Royne arrive a Laon.

Ladicte annee de m. vi. c. trois, ung fille bigle dun oeil et dun laict regard daage denviron vingt cinq ans nommee Pasquette le jeune fille de feu Pierre le jeune

Pasquette le Jeune de la Neufville se disait posseddée.

vivant tavernier demeurant a La Neufville faulxbourg
de Laon se disoit estre posseddee de lennemi ; laquelle
apres avoir conferé de ce faict a Monsieur levesque de
Laon et a Monsr Triplot archediacre et predicateur de la
grande eglise, elle fut sequestree en plusieurs lieux
mesmes es prisons royalles de ladite ville ou elle fut
visitee (par auctorité de justice) des medecins chirurgiens et appoticaires qui touteffois ne tomberent d'accord quelle fust posseddee, mais rapporterent quil y
avoit de lextraordinaire sur sa nature ; depuis elle fut
menee es prisons de levesché ou on disoit quelle faisoit merveilles par sa force ; finablement il se feit ung
theatre dans la grande eglise N^re Dame pour conjurer
le demon qui la tourmentoit, et ce par atouchement de
grand nombre de relicques de plusieurs sainctz, ce
qui fut faict et reiteré plusieurs fois, mais il ny avoit
point dadvance, et si on ne sceut tirer delle autre langaige que celluy du pais. Ce bruict courut bien loing
avec augmentation (comme cest lordinaire) qui feit venir en la ville plusieurs doctes personnes tant eccle
siastiques que seculiers. Curieux de veoir ceste pretendue posseddee, ilz veirent la Pasquette qui jouoit
assé bien son jeu sur le theatre par ung mouvement
extraordinaire et dune enfleure quelle faisait grossir
en lune de ses cuisses quand elle voulloit ; et ja y
avoit plusieurs gens qui redigeoient par escript ce mis
tere en esperance de le faire publier partout pour se
conder Nicolle de Vrevin, mais les clervoians con
gnurent tant par les parolles de Pasquette que par effect quelle nestoit posseddee, mais bien quelle pouvoit
avoir communication secrette avec lennemi ; aussi fu
il lors rapporté par aulcuns de son villaige quelle han-
toit et frequentoit souvent les guerisseurs de bestial par
caractere et ceulx qui la veuille de la St Jehan alloient
de nuict chercher les grains de feucheres pour sen servir
a leur volunté, joinct la mauvaise renommee de ladite

Pasquette, qui fut cause que peu a peu elle fut delaissee et habandonnee des superieurs ecclesiastiques qui au commencement la soubstenoient en tout, et tous jugerent quil y avoit de la faulte de sa part ; estant ainsi habandonnee, elle se mit a vaccabonder çà et la en divers villaiges des envions de la ville faignant avoir receu quelque soullagement en sa malladie, et eut depuis deux enffans sans avoir esté mariee.

Lannee m. vi. c. quatre, il y eut grande quantitee de vin bien ung tier plus que lannee preceddente, mais ils nestoient si bons a beaucoup pres ; le tonneau de fustailles neufves se vendit xiiii livres, encores nen pouvoit on trouver ; plusieurs furent contrainctz dentonner leurs vins dans les cuves. *Cherté des fustailles.*

Lannee m. vi. c. six, le vendredy xvii° jour de mars, les castadotz ou pionniers de ceste ellection partirent de ceste ville de Laon pour aller a Chaallons et de la au siege de Sedam. *Les pionniers levés en lelection de Laon vont au siege de Sedain.*

En la dicte annee m. vi. c. six, le xxvii° jour de mars qui estoit le lendemain de pasques, il se feit un fort grand vent qui dura deux jours et deux nuictz ; les boultz des clochers de pierres de l'abbaie St Martin de ceste ville de Laon, des gros arbres maisons et ediffices en plusieurs lieux en furent abatuz. *Grandz vens.*

En ladicte annee m. vi c. six, le mercredy xxvi° jour dapvril environ les sept a huict heures du matin, ung nommé M° Martin Ystre venu de Louvain en France se precipita dans le puis qui est devant la porte de leglise St-Remy a la place de Laon et mourut dans ledit puis; on disoit quil sestoit desesperé a raison de lor et largent qu'on lui avoit osté sur les frontieres de France pour excedder lordonnance permis du port de finance permis aux entrans et sortans le royaulme, et estoit en ceste ville de Laon a la poursuicte pour en avoir restitution de quoi il ne pouvoit veoir la fin ; son corps fut tiré hors du puis, mis quelque temps a la *Precipitation dun flamen dans ung puy prez leglise St Remy a la place.*

prison, estendu sur la paille habillé de noir comme il estoit lors de sa precipitation, et apres porté en terre au cimitiere de lhostel dieu hors la ville.

Le Sr de Mauregny est tué par ung nommé Champaigne.

En ladicte annee de mil vi. c. six, le sebmedy deuxe jour de septembre, le seigr de Mauregny fut tué par ung nommé Champaigne demourant audit lieu faisant profession des armes, amy de Carpeau dAippe qui estoit grand ennemy dudit sr de Mauregny. Champaigne fut poursuivi et fut blessé par ung homme qui appartenoit audit sr, et tout blessé fut admené prisonnier a Laon et mourut aux prisons royalles dudit lieu le jeudi ensuivant viie jour de septembre veuille de la Nre Dame.

Ung corps mort trouvé sur la chaussee de Vaulx

En ladicte annee de m. vi. c. six, le lundy xxve jour de septembre, fut trouvé le corps dun homme mort de malladie au boult de la chaussee de Vaulx et enterré par auctorité de justice la aupres pour le soupson de la malladie contagieuse qui estoit lors en plusieurs pais.

Vol faict en la maison de Me Michel Marquette.

En ladicte annee de m. vi. c. six, le lundy deuxe jour doctobre, la maison Me Michel Marquette fut vollee de nuict, lui sa femme et famille absens ; le vol fut congneu environ quatre mois apres avoir esté faict par un nommé Pierre Boucher (duquel sera parlé a l'article suivant) avec Martin Fontaine natif de ceste ville de Laon.

Execution faicte par justice de Pierre Boucher et Pasquier Famelart

Lannee m. vi. c. sept, le lundy quinziesme jour de janvier, ledict Pierre Boucher qui estoit compaignon a marié venu de Brayne en ceste ville de Laon depuis peu de temps fut faict prisonnier audict Brayne par le prevost des mareschaulx en faisant de nuict ung vol en la maison de Yves Potier, bourgeois dudit lieu, avec Pasquier Famelart tonnellier a Laon qui fut le lendemain aprehendé en ceste ville, revenu de nuict avec grande peine pour la neige qui tomboit ne croiant poinct aoir esté descouvert en ladicte maison de laquelle il sestoit subtillement evadé ; leur proces fut faict et parfaict et condamnez a estre penduz et estranglez en la place du bourq de Laon, ce qui fut executé le sebmedy ensuivant jour de St Sebastien xxᵉ jour dudit mois de janvier.

Ladicte annee m. vi. c. sept, le jeudy dix septiesme jour de may apres midy, la plupart des chevrons du comble de la maison du costé de la rue ou se tient Pierre Jardel murquignier size en en ceste ville de Laon rue St-Martin cheurent par terre avec les lattes et thuilles qui comblerent la femme Andrieu Hottin masson et la femme Jehan Carme murquignier avec son enffant qui estoient en la rue ; avec diligence les deux femmes furent retirees vifves fort blessez, mais lenffant y fut trouvé mort. *Cheute dune partie du comble dune maison size a Laon rue Saint Martin.*

Ladicte annee m. vi. c. sept, le lundy xxiiiᵒ jour de septembre on commença a vendanger sur ce terroir de Laon. *Vendenge en septembre.*

Ladicte année m. vi. c. sept, le vendredy seiziesme jour de novembre, on feit ouverture a la place du bourcq de Laon dune blancque qui finit le jeudy au soir xxiiᵉ jour dudit mois de novembre. *Une blancque tiré a Laon.*

La mesme annee m. vi. c. sept, le mardy xiᵉ jour de decembre environ une heure apres midy, il feit un grand et impetueux vent qui jecta par terre le comble du college de ceste ville de Laon et le molin Classon. *Vens impetueux.*

En ladicte annee de m. vi. c. sept, depuis le xxiiᵉ jour de decembre jusques au vendredy xxvᵉ janvier ensuivant, il feit une tres grande et forte gellee laquelle cessa seullement deux jours et puis recommença jusques au xxᵒ jour dapvril ensuivant. *Grande gellee.*

Lanneem.viᵉ c. huit, le vendredi viiiᵉ jour daoust environ les cinq heures apres midy, une nommee Jehanne Saunoy native de Reims surnommee la belle bouchere femme de Nicolas Estienne boucher, fut frappé dun coup d'espee au corps par Mathieu de Deuxans dit la Bresche en la maison de Lois de Serveuze *Jehanne Jaunay surnommee la Belle Bouchere est frappé a mort par Mathieu de Deuxans dict la Bresche.*

chappellier en ceste ville de Laon ; elle en mourut le jour St Laurens dixiesme jour de ce present mois daoust environ les xi heures du matin ; pour raison de quoi le proces criminel fut faict et parfaict par contumace audict de Deuxans fugitif par M. le prevost de la citté de Laon et condamné a estre pendu et estranglé a la place du bourq de Laon, ce qui fut executé par effigie le sebmedi vi^e jour de septembre audit an. Cette belle bouchere icy estoit entretenue par ledict de Deuxans qui jaloux delle lalla trouver en ce lieu et lui donna ce coup.

Mr Nicolas Branche s'est installé prevost de la citté de Laon.

Lannee m. vi. c. et unze, le jeudy xxvie jour de may, Me Nicolas Branche sest installé prevost de la ville de Laon en lauditoire de la prevosté de la citté dudit Laon par la resignation a lui faicte par Me François Vairon.

Jehanne Hardy est tué de la tannoire dans leglise Notre Dame de Laon.

Ladicte annee de m. v. c. unze, le mardy xiiie jour de juing, une vielle femme nommee Jehanne Hardy fut tué de la tonnerre dans leglise N^{re} dame de Laon.

Deces de M^r levesque de Laon.

Lannee m. vi. c. douze, le xxie jour de mars, Me Geoffroy de Billy evesque de Laon est deceddé a Anizy le Chasteau.

Deces de Me Charles Martin jadis prevost de la citté de Laon.

Ladicte annee de m. vi c. douze, le mercredy xxiiie jour de may environ le minuict, Me Charles Martin jadis prevost de la ville et citté de Laon est deceddé au villaige de Chery en Lannois au il faisoit sa demeure.

Entree de M^r levesque de Laon.

Ladicte annee m. vi. c. douze, le dimenche troisiesme jour de juing, reverend preslat Me Benjamin de Brichanteau evesque de Laon feit son entree en ladicte ville et conduict a la grande eglise avec toutes es, solempnités acoustumez.

FIN.

INDICATION

DES LOCALITÉS DÉSIGNÉES DANS CET OUVRAGE

et qui sont aujourd'hui détruites ou peu connues.

ASSY (fort d'). Château-fort situé à Assis-sur-Serre, dans le bas du village, à peu de distance de la rivière qui en remplissait les fossés, il avait été bâti par Enguerrand III, seigneur de Coucy, vers la fin du XIIe siècle. Il n'en reste plus aucune trace.

AUTEL (fort d'). Château considérable qui dominait le village d'Ostel, canton de Vailly. On n'y voit plus que les fossés, les restes d'un pont et les bases de quelques murailles.

AVIN. Ferme située dans la partie ouest du territoire de Laon. Ancien domaine de l'abbaye de Saint-Martin. La chapelle Saint-Eloi dans l'église Saint-Martin servait de paroisse aux habitants de cette ferme qui appartenait à l'abbaye.

ANNOY (fort d'). Voir **AULNOIS**.

AULNOIS (fort d'). Château important situé à 6 kilomètres de Laon; au village d'Aulnois, on en voit encore le donjon, la porte et les murs d'enceinte parfaitement conservés. C'est aujourd'hui une exploitation rurale.

BASSINET (fort du). Château situé derrière Crépy et à peu de distance de cette petite ville, son souvenir est complètement effacé dans le pays. On croit cependant en reconnaître l'emplacement entre Fourdrain et le château actuel de la famille de Brancas, dans le fond près du moulin. Situation de l'ancien château reconstruit dans le siècle dernier à la place où on le voit aujourd'hui.

BEAUDOUIN (maison sise à Saint-), appartenant au prévôt Martin. Elle était dans le voisinage de la fontaine Saint-Baudouin, à l'entrée de la route qui conduit d'Ardon à Vaux.

BEFFROI (le). Ancienne tour qui renfermait les cloches de la commune, elle était située dans la partie de la ville occupée aujourd'hui par la citadelle. Quelques personnes croient le retrouver dans la tour carrée, enchâssée en quelque sorte, aujourd'hui, dans la partie nord des murailles de la citadelle.

BENOITE (église Sainte-). Aujourd'hui détruite, se trouvait au fond de l'impasse de ce nom, dans la rue de la porte Royer ou porte d'Ardon.

BLANCS-MONTS (les). Monticules sablonneux situés au pied de la montagne de Laon, à l'ouest du côté de Clacy.

BLOC (rue du). Aujourd'hui rue Sérurier.

BOURJOMONT. Bois de Berjeaumont appartenant aujourd'hui à l'Etat; il est situé à 20 kilomètres au nord de Laon, entre les communes de Dercy, Erlon, Bois-lès-Pargny et Châtillon-lès-Sons.

BOUCHERIES (les petites). Il n'est pas probable que cette désignation s'applique, comme on pourrait le supposer, marché à la viande dit *de la Placette*. En effet Richart s'exprime ainsi page 496 :

L'année 1576, le samedi 15e jour de septembre, en plein jour, le pignon d'une maison sise derrière les petites boucheries de cette ville de Laon, qui était composé et bâti de fortes et grosses matières, tomba; et furent toutes les petites maisons desdites boucheries accablées, ruinées et jettées par terre sans qu'il y ait eu personne de blessé.

Or la placette était loin d'être assez grande pour qu'on ait pu jamais construire dans son périmètre plusieurs maisons quelque petites qu'elles fussent.

BOUSSON. Source d'eau vive qui sort de terre au pied de la montagne, au midi, du côté d'Ardon. Un groupe de maisons, situées dans son voisinage, forme un petit hameau qui a pris le nom de la fontaine.

BOVE (fort de la). Aujourd'hui ferme et maison de campagne du territoire de Bouconville, canton de Craonne, c'était autrefois un des châteaux les plus remarquables de la province. La terre de la Bove avait été érigée en baronie dans le XVIe siècle.

Mesdames de France, tantes de Louis XVI, venaient tous les ans y passer quelque temps chez la duchesse de Narbonne. Elles avaient fait construire, pour s'y rendre, le chemin qui porte encore le nom de *Chemin des Dames*.

BOVE (maison de la). Hôtel et maison du sieur de la Bove, bailly de Vermandois, qui avait abandonné la Ligue et quitté la ville de Laon. Elle était située dans le quartier occupé aujourd'hui par la citadelle, près des murs de Chevresson.

BRAYE (fort de). Le fort de Braye n'était autre chose que l'église du village, placée sur une hauteur qui domine les habitations et entourée de murailles crénelées.

BREUIL (bois de). Situé dans la partie nord du territoire de Laon, au-delà de la gare du chemin de fer. Il en reste encore quelques parties.

BRUNEHAUT (fontaine). Fontaine située au pied de la montagne du côté du nord, dans le voisinage de la gare. La tradition rapporte que la reine Brunehaut avait autrefois un palais sur cet emplacement.

BUT (cense de). Ferme du territoire de Crépy, du côté de Couvron, elle appartenait dans le XIe siècle au domaine royal. Philippe Ier la donna dans la suite à Saint-Nicolas-aux-Bois.

CERF (le fort du). Voir le **SART-L'ABBÉ**.

CHAMBRETTE (la). Principal corps de garde de la ville; il paraît avoir été situé dans les bâtiments de l'ancienne cour du roi, à peu près vis-à-vis la rue du Bloc, aujourd'hui rue Sérurier.

CHAMP-LAMOUREUX, lieudit du territoire de Laon dans le voisinage du bois de Breuil.

CHAVAILLE. Ferme située sur le territoire de Martigny, dans la vallée au midi du village; elle était connue dès le XIIe siècle.

CHEVRESSON (place). La place Chevresson était la plus spacieuse de la ville, elle occupait le centre du quartier Saint-Georges, rasé en 1595 pour la construction de la citadelle.

CHEVRESSON (tour). La tour Chevresson défendait la partie orientale des murailles de la ville, où est aujourd'hui le mur extérieur de la citadelle, au-dessus de la Valise.

CLASSON (mont de). Monticule placé comme un contrefort de la montagne du côté du faubourg de Laneuville, vis-à-vis de la porte Gaillot.

CLERMONT. Aujourd'hui Clermont-lès-Fermes, canton de Rozoy, à 30 kilomètres nord-est de Laon, ancien domaine de l'abbaye de Saint-Martin.

COLLÉGE. Le collége, en 1555, était situé sur la paroisse Saint-Georges, comprise aujourd'hui dans la citadelle, on devait sa construction à la générosité de deux frères, Nicolas et Charles Carolet, qui y consacrèrent une partie de leur fortune.

Il fut transféré plus tard dans la rue qui porte encore le nom de *rue de l'Ancien-Collége*, et occupait l'emplacement du jardin, actuellement propriété des hospices dans cette même rue. Plus tard encore, et lorsque cet établissement fut confié aux Bénédictins, il fut installé dans l'abbaye de Saint-Jean, aujourd'hui la Préfecture, et y resta jusqu'à la Révolution. Après la tourmente révolutionnaire, on lui affecta les bâtiments de l'ancien hôtel-de-ville sis rue du Bloc, maintenant rue Sérurier. Peu d'années après, il fut enfin transféré dans l'ancien couvent des Minimes où nous le voyons aujourd'hui.

CORDELIERS (église des). Église aujourd'hui détruite. On en voit encore des traces dans le pâté de maison compris entre la rue des Cordeliers, la ruelle du même nom, la place de la Préfecture et la rue Saint-Jean-de-Jérusalem.

CARDELLE (la). Voir **NICOLAS CARDELLE** (Saint-).

CORNEILLE (cense de). Château et ferme situés dans le bois du même nom, territoire de Presles, à peu de distance du faubourg de Leuilly, démolis dans les commencements de ce siècle, on en voit encore aujourd'hui les vestiges.

COUR DU ROI (la). Le palais de la Cour du roi était situé au nord de la tour de Louis d'Outremer. C'était là que se réunissait le conseil de ville. Son emplacement est occupé en partie par l'Hôtel-de-Ville.

Le palais de la Cour du roi était le siége des tribunaux. Le manuscrit de Richart fait connaître que, de son temps et pendant les troubles de la Ligue, le conseil de ville y tenait également ses séances. Mais dans le XVIIIe siècle et jusqu'à la Révolution, ce conseil s'assemblait dans l'hôtel-de-ville même, qui était situé dans la rue du Bloc, aujourd'hui rue Sérurier. Les bâtiments en existent encore et sont devenus maison particulière (maison de M. Noizet, conseiller de préfecture). Le portail qui domine l'entrée de l'impasse qui y conduit porte encore l'écusson sur lequel étaient sculptées les armes de la ville maintenant effacées.

COURBES. Village du canton de La Fère sur les bords de la Serre. C'est un ancien domaine de l'abbaye de Saint-Vincent.

COURDEAU (cense de). Ferme située à l'extrémité nord du territoire de Laon, ancienne propriété du séminaire de Laon.

COURROIRE (la). Appelée la Boulloire, puis l'Esplanade, aujourd'hui la Coulloire, c'est la promenade qui s'étend de la porte d'Ardon à la pointe de la montagne qui domine le faubourg du même nom.

CREHAUT (porte). D'après M. Devismes la porte Créhaut remplacée par celle de Saint-Just, était située entre deux tours carrées, sous le jardin de l'ancien couvent de la Congrégation, aujourd'hui la prison.

DENNERY. Aujourd'hui Dendry, ferme située entre Laon et Crépy, sur la droite de la grande route.

DERCY (fort de). Eglise de Dercy, placée sur une hauteur et entourée de murs, elle servait de refuge aux habitants en temps de danger.

DERLON (fort). Voir **ERLON**.

ÉPERONNIER (porte de l'). Ancienne porte aujourd'hui détruite, elle était placée en avant de la porte de Vaux, au point de jonction des routes de Vaux et de Saint-Marcel, près d'une pièce de fortification dont l'emplacement porte encore aujourd'hui le nom de l'Eperon.

C'était sur l'emplacement dit l'*Eperon* qu'avaient lieu, depuis 1756, les exécutions des criminels condamnés au feu. Des condamnés au supplice de la roue y ont aussi été exécutés dans la seconde moitié du dernier siècle; c'était au contraire sur la place du Bourg qu'on pendait les criminels : toutefois, le manuscrit de Richart nous fait connaître que plusieurs ont subi ce genre de supplice sur le Champ-Saint-Martin pendant les troubles de la Ligue.

ERLON (fort d'). Ancien château d'Erlon, aujourd'hui exploitation rurale placée sur un coteau qui domine le cours de la Serre.

ÉTIENNE (église de Saint-). Cette église était placée vers l'endroit où a été percée la nouvelle porte de Soissons. La nef avait été démolie en 1545, le chœur le fût en 1575.

FRÉTY (le). Ferme ou maison isolée, aujourd'hui détruite, qui existait autrefois entre Laon et Soissons, vers l'emplacement actuel de l'Ange-Gardien.

GAILLOT. Emplacement d'un ancien château-fort ou citadelle, construit dans le Xe siècle par Herbert, comte de Vermandois, il occupait le terrain qui s'étend depuis le manége des Casernes jusqu'à la pointe des remparts, près de la fontaine qui porte encore aujourd'hui le nom de fontaine Gaillot.

GARDE-ASSIS (cense du), ou plutôt la cense du **GARD-D'ASSIS.** Ferme aujourd'hui détruite, elle était placée près du village d'Assis-sur-Serre, canton de Crécy-sur-Serre, sur le coteau qui la domine au sud.

GENEVIÈVE (église de Sainte-). Aujourd'hui détruite. Elle occupait le fond de l'impasse de la rue du même nom.

GEORGES (église Saint-). Elle était placée près la porte Chevresson dans le quartier Saint-Georges, occupé aujourd'hui par la citadelle.

L'ancienne paroisse Saint-Georges qui avait donné son nom au quartier dans lequel elle était située, a été détruite en 1595 lors de la construction de la citadelle ; tous ceux qui ont écrit sur l'histoire de Laon sont d'accord sur ce point et c'est un fait hors de doute. Mais il semblerait résulter d'indications données par le dernier missel de Laon, qu'il existait avant la Révolution une autre église Saint-Georges dans laquelle le chapitre de la Cathédrale était dans l'usage d'aller faire une stationle vendredi de la quatrième semaine après Pâques. Il est à remarquer que le Missel dont il s'agit, publié par le Cardinal de Rochechouart, avant-dernier évêque-duc de Laon, a été imprimé en 1773, c'est-à-dire moins de vingt ans avant la suppression de toutes les églises de la ville. Cependant, nulle part ailleurs il n'est fait mention de cet autre Saint-Georges, et les plus âgées des rares personnes qui ont connu le temps antérieur à 1789, n'en ont conservé aucun souvenir. On est réduit à supposer que c'était une des chapelles de Saint-Pierre-au-Marché, qu'on avait mise sous l'invocation de Saint-Georges, en mémoire de la paroisse de ce nom, détruite en 1595. Ce qui donne une certaine valeur à cette supposition, c'est que Dom Lelong, dans son histoire du diocèse de Laon imprimée en 1783, faisant l'énumération des paroisses de cette ville, s'exprime ainsi : *Saint-Georges dite Notre-Dame ou Saint-Pierre-au-Marché*.

GIZY (fort de). Église de Gizy qui, avec son cimetière entouré de murs, servait de refuge aux habitants.

HALLES (les). Elles occupaient le centre du quartier Saint-Georges et furent démolies avec toute cette partie de la ville lorsqu'elle fut englobée dans la construction de la citadelle. Ces halles passaient pour les plus belles de France, bâties à deux étages, elles contenaient un vaste local où les habitants se réunissaient en assemblées générale, et des boutiques occupées par des marchands de toute espèce.

HURLÉ (le). Aujourd'hui rue de la Hurée, partie du faubourg de Vaux qui contourne l'extrémité orientale de la montagne.

JEAN-AU-BOURG (église de Saint-). L'église de Saint-Jean-au-Bourg, qui était en même temps Collégiale, s'élevait près du rempart actuel de Saint-Jean ; on voit encore les restes du chœur dans la rue du Cloître-Saint-Jean.

JULIEN (église Saint-). Église disparue, elle s'élevait dans le groupe de maison qui forme le côté droit de l'entrée de la rue des Casernes, au coin du carrefour Saint-Julien qui lui doit son nom.

LAMBERT (fort de Saint-). Ancien domaine de la maison de Coucy, situé sur le territoire de Fourdrain, au bord de l'étang du même nom. On voit encore de beaux restes de ce château-fort, ainsi que l'église d'un prieuré qui avait été fondé dans son enceinte.

MAISON BASSE. Ancien fief seigneurial situé dans le village d'Eppes.

MAISONNETTES DES PESTIFÉRÉS. Cabanes en planches, couvertes en chaume, qui avaient été construites au bas de la montagne, du côté des Blancs-Monts, pour recevoir les pestiférés qu'on éloignait de la ville.

MARTIN-AU-PARVIS (église de Saint-). Cette église devait son nom à sa position sur la partie gauche du parvis de la cathédrale. On voit encore une grande partie de cet édifice, convertie aujourd'hui en écurie et en maison particulière.

MONCELLE (la). Éminence aujourd'hui disparue, elle était placée au sommet de l'angle formé par l'esplanade (la Conserve) et le mont Doyart.

MOTTE DE SAUVRESIS. Butte isolée et escarpée de toutes parts, située entre Molinchart et Bucy-les-Cerny. On trouve à son sommet quelques traces de l'époque romaine.

MONTIEUX (bois des). Monticule autrefois couvert de bois, placé à droite de la grande route de Laon à La Fère, derrière la maison isolée appelée la Mal-Bâtie.

NICOLAS-CORDELLE (Saint-). Église et prieuré qui dépendait de la Congrégation du Val-des-Écoliers. Les Minimes y furent introduits en 1710; c'est aujourd'hui le Collège.

NOTRE-DAME-AU-MARCHÉ. Église autrefois située dans le quartier Saint-Georges, et démolie avec cette partie de la ville pour faire place à la citadelle. L'église de Saint-Pierre-au-Marché portait aussi le nom de Notre-Dame-au-Marché.

Bien que la paroisse de Saint-Pierre-au-Marché ne soit désignée dans les livres liturgiques que sous ce nom unique, bien que la rue dans laquelle elle était située porte encore de nos jours le nom de *rue Saint-Pierre au Marché*, il n'est pas moins certain que cette église était connue aussi, sous le second vocable de *Notre-Dame-au-Marché*. En effet, le registre des baptêmes, mariages et inhumations de cette paroisse conservé à l'hôtel-de-ville de Laon a pour titre: *Notre-Dame-au-Marché*. D'autre part, dans le procès-verbal de l'assemblée des Trois-Ordres pour les États-Généraux de 1786, on trouve en tête de la liste des curés de la ville, celui de la paroisse de Notre-Dame-au-Marché. Ce second vocable avait probablement été donné à l'église dont il est question, pour conserver le souvenir de celle du même nom détruite en 1595 avec le quartier Saint-Georges dont elle faisait partie.

NOTRE-DAME-LA-PROFONDE. C'était la plus ancienne et une des principales églises de l'abbaye de Notre-Dame, qui devint plus tard l'abbaye de Saint-Jean, aujourd'hui la Préfecture. On voit encore des restes de cet édifice qui font corps avec les murs d'enceinte de la ville, derrière la Préfecture, au-dessus de l'Ancienne-Arquebuse.

PETIT-MARCHÉ. Paraît être la petite place située au point de jonction des rues Châtelaine, du Change, du Cloître et de la Herse.

PIERRE-LE-VIEL (église de Saint-). Saint-Pierre-le-Viel ou le Vif, s'élevait rue de l'Ancien-Collége, quartier Saint-Martin, reconstruite dans le siècle dernier, cette église sert aujourd'hui de maison particulière.

PISSOTTE (la). Fontaine qui coule derrière la caserne de cavalerie, non loin de la porte qui donne du Champ-Saint-Martin sur la promenade, dite porte Vinocq.

PLACETTE (la). Petite place carrée située autrefois à l'entrée de la rue du Bloc, aujourd'hui rue Sérurier. Elle a été réunie en 1833 à la place de l'Hôtel-de-Ville.

PORTE MARTEL. La porte Martel nommée aussi porte Mortée.

PORTE MARTEL OU MORTÉE. Cette porte était située près la descente des Chenizelles; elle séparait le bourg de la cité. L'église de Saint-Michel sur l'emplacement de laquelle ont été construites les maisons occupées par M. Magnan et M. Mallein, se trouvait ainsi enclose dans la cité.

PORTE LUPSAULT. Entrée principale de la ville du côté de Vaux.

PRESLES (le fort de). Château-fort, ancienne maison de campagne des évêques de Laon. On en voit encore de beaux restes au sommet du coteau qui domine le village de Presles.

REMY (tour Saint-). Grosse tour qui forme encore aujourd'hui l'extrémité des remparts de la ville, à l'angle de la promenade Saint-Jean et du jeu de paume, vis-à-vis de Saint-Vincent.

REMY-A-LA-PLACE (église de Saint-). Cette église tirait son nom de sa position sur la Placette; on la nommait aussi Saint-Remy-au-Velours parce quelle était particulièrement fréquentée par les familles riches de la ville.
C'est aujourd'hui la salle de spectacle.

REMY-PORTE (église de Saint-). Était placée à la porte du clocher, à droite du portail de la cathédrale. C'était un joli petit édifice de la Renaissance, démoli en 1840.

RETRANCHEMENTS (les). On appelait ainsi les vastes terrains qu'avait occupés le château de Gaillot, et qui s'étendent derrière les casernes du Champ-Saint-Martin.

ROYER (porte). Aujourd'hui porte d'Ardon, elle est désignée dans les chartes latines, tantôt sous le nom de *porta rigata*, à cause de la grande quantité d'eau à laquelle elle donne issue en temps de pluie, tantôt sous celui de *porta royalis* porte royale. On lui donne, de nos jours indistinctement, le nom de porte d'Ardon ou porte Royée. On l'appelait aussi, autrefois, porte de Meaux, parce qu'on sortait par cette porte pour gagner le chemin de Paris qui passait alors par la ville de Meaux.

SAINT-VINCENT (le petit). Construit en 1527 par l'abbé don Jean Charpentier, dernier abbé régulier de Saint-Vincent, pour servir en temps de guerre, de maison de refuge aux religieux de son abbaye. C'est aussi lui qui a fait bâtir le grand portail de son église. Il est mort le 8 septembre 1538.

SART-L'ABBÉ (le fort du). Ancien château dont il restait encore il y a quelques années, de belles ruines aujourd'hui disparues. Il était situé à l'extrémité ouest du territoire de Bucy-lès-Cerny, sur le bord de la forêt de Saint-Gobain.

SAUVOIR (le). Ancienne abbaye de filles de l'ordre de Citeaux, située sur le territoire de Laon, à l'est de la montagne; il n'en reste plus que quelques bâtiments sans caractère occupé par une exploitation agricole.

SAUVOIR (moulin du). Moulin à vent situé sur la route de Laon à Athies, vis-à-vis de l'ancienne abbaye du Sauveur dont il tire son nom.

SOLEIL-TOBIE (rue du). Aujourd'hui rue de la Préfecture.

THOMAS (fort de Saint-). Saint-Thomas, canton de Craonne. Le fort indiqué par Richart était probablement l'église du village, ou peut-être les bâtiments de l'ancien prieuré, forte construction flanquée d'une tour et entourée de murs.

TOUR LEMAIRE. Cette tour qui n'existe plus, défendait le rempart Saint-Just, elle était située à cinquante pas de la porte Créhaut, située autrefois sur l'emplacement ou dans le voisinage de la porte actuelle de Saint-Just.

TOUR DU ROI. Connue plus communément sous le nom de Tour de Louis-d'Outremer, elle s'élevait au centre de la ville, vis-à-vis de la porte des Chenizelles, à l'angle qui forme le coin de la rue du Bourg et de la place de l'Hôtel-de-Ville. Sa démolition date de 1831.

VICTOR (église Saint-). Cette église était placée dans les Chenizelles non loin de la porte de ce quartier.

VINCENT (le petit). Belle et vaste maison du XVIe siècle, connue encore aujourd'hui sous ce nom, et plus ordinairement sous le nom de la Maison aux Tourelles, elle appartenait à l'abbaye de Saint-Vincent.

www.ingramcontent.com/pod-product-compliance
Lightning Source LLC
Chambersburg PA
CBHW060300230426
43663CB00009B/1526